Jahrbuch 2005

Jahrbuch 2005

Leopoldina Reihe 3, Jahrgang 51

Herausgegeben von
Volker ter Meulen
Präsident der Akademie

Deutsche Akademie der Naturforscher Leopoldina, Halle (Saale) 2006
In Kommission bei Wissenschaftliche Verlagsgesellschaft mbH Stuttgart

Geographisches Institut
der Universität Kiel

Redaktion: Dr. rer. nat. Michael KAASCH und Dr. rer. nat. Joachim KAASCH
Fotos auf den Seiten 137, 139 und 141: Jens SCHLÜTER, Halle (Saale)

Die Schriftenreihe wird gefördert durch das Bundesministerium für Bildung und Forschung und das Kultusministerium des Landes Sachsen-Anhalt.

Bitte zu beachten:
Die Leopoldina Reihe 3 bildet bibliographisch die Fortsetzung von:
(R. 1) Leopoldina, Amtliches Organ... Heft 1–58 (Jena etc. 1859–1922/23)
(R. 2) Leopoldina, Berichte... Band 1–6 (Halle 1926–1930)

Zitiervorschlag: Jahrbuch 2005. Leopoldina (R. 3) 51 (2006)

Jede Verwertung des Werkes außerhalb der Grenzen des Urheberrechtes ist unzulässig und strafbar. Dies gilt insbesondere für Übersetzung, Nachdruck, Mikroverfilmung oder vergleichbare Verfahren sowie für die Speicherung in Datenverarbeitungsanlagen.

Die Wiedergabe von Gebrauchsnamen, Warenbezeichnungen und dgl. in diesem Jahrbuch berechtigt nicht zu der Annahme, daß solche Namen ohne weiteres von jedermann benutzt werden dürfen. Vielmehr handelt es sich häufig um gesetzlich geschützte eingetragene Warenzeichen, auch wenn sie nicht eigens oder als solche gekennzeichnet sind.

© 2006 Deutsche Akademie der Naturforscher Leopoldina e. V.
Emil-Abderhalden-Straße 37, 06108 Halle (Saale),
Postfach 11 05 43, 06019 Halle (Saale), Tel. (0345) 4 72 39 34

Herausgeber: Prof. Dr. Volker TER MEULEN, Präsident der Akademie
ISSN: 0949-2364
ISBN-10: 3-8047-2350-0
ISBN-13: 978-3-8047-2350-4
Printed in Germany
Satz und Druck: dmv druck-medienverlag GmbH, Halle-Queis

Inhalt

1. Personelles

Präsidium 11

Neugewählte Mitglieder 13
Roni Aloni, Mathias Bähr, Hans-Peter Blossfeld, Pierre Braunstein, Bernd Bukau, Christian Jean Bernard Chopin, Jörg Eberspächer, Karl Max Einhäupl, Bernd Fitzenberger, Dirk Görlich, Martin Grötschel, Rudolf Friedrich Guthoff, Theodor W. Hänsch, Rainer Hedrich, Hans-Jochen Heinze, Thomas Anton Henzinger, Otfried Höffe, Reinhard Hohlfeld, Eduard Hurt, Ellen Ivers-Tiffée, Søren Jepsen, Ulrich Benjamin Kaupp, Wolfgang Ketterle, Tadamitsu Kishimoto, Ulrich Konrad, Armin Kurtz, Gerd Leuchs, Nikos K. Logothetis, Ke Lu, Yongxiang Lu, Tobin J. Marks, Iain William Mattaj, Jukka Heikki Meurman, Joachim Milberg, Hannah Monyer, Erich Alois Nigg, Dan-Eric Nilsson, Roger M. Nitsch, Bengt Nordén, Rainer Rudolph, Hans Konrad Schackert, Frank Scherbaum, Friedrich Steinle, Michael Stolberg, Klaus Viktor Toyka, Gerhard Wagner, Emo Welzl, Simon D. M. White, Georg Wick, Ian Wilmut, Barbara Wollenberg, Jackie Y. Ying, Anton Zeilinger, Bernhard Christian Georg Zwißler

Verstorbene Mitglieder 121
Harald Aurich, Hans Albrecht Bethe, Raoul Bott, Hedi Fritz-Niggli, Oskar Glemser, Wolfgang Haupt, Gunnar Hoppe, Leopold Horner, Lennart Juhlin, Joachim Knabe, William P. Longmire, Ernst Mayr, Örjan Ouchterlony, Matti K. Paasonen, Detlev Ploog, Raymond M. Redheffer, Johannes Sayk, Karl-Heinz Schmidt, Ernst Volkmar Trommsdorff, Theo N. Waubke, Ernst Winkelmann, Wolfram Zillig

Auszeichnungen
- Verleihung der Ehrenmitgliedschaft an *Joachim-Hermann Scharf* 127
- Ernennung von *Berthold Beitz* zum Ehrensenator 127
- Verleihung der Cothenius-Medaillen an *Alfred Gierer* und *Hans Günter Schlegel* 127
- Verleihung der Carus-Medaillen an *Arndt Borkhardt* und *Oliver G. Schmidt* 128
- Verleihung der Mendel-Medaille an *Rolf Knippers* 128
- Verleihung der Schleiden-Medaille an *Wolfgang Baumeister* 128
- Verleihung des Leopoldina-Forschungspreises, gestiftet von der Commerzbank-Stiftung an *Bernd Bukau* 129

- Verleihung des Leopoldina-Preises für junge Wissenschaftler an *Melanie Blokesch* und *Sven Diederichs* 129
- Verleihung des Georg-Uschmann-Preises für Wissenschaftsgeschichte an *Gerhard Rammer* 129

Laudatio für Herrn Professor em. Dr. med. Dr. rer. nat. Dr. h. c. *Joachim-Hermann Scharf* anläßlich der Verleihung der Ehrenmitgliedschaft der Deutschen Akademie der Naturforscher Leopoldina 131
Laudatio für Herrn Professor Dr. h. c. mult. *Berthold Beitz* anläßlich der Ernennung zum Ehrensenator der Leopoldina 135
Laudatio für Herrn Professor Dr. Dr. h. c. mult. *Alfred Gierer* anläßlich der Verleihung der Cothenius-Medaille 137
Laudatio für Herrn Professor Dr. Dr. h. c. mult. *Hans Günter Schlegel* anläßlich der Verleihung der Cothenius-Medaille 139
Laudatio für Herrn Professor Dr. *Arndt Borkhardt* anläßlich der Verleihung der Carus-Medaille 141
Laudatio für Herrn Privat-Dozent Dr. *Oliver G. Schmidt* anläßlich der Verleihung der Carus-Medaille 143
Laudatio für Herrn Professor Dr. *Rolf Knippers* anläßlich der Verleihung der Mendel-Medaille 145
Laudatio für Herrn Professor Dr. *Wolfgang Baumeister* anläßlich der Verleihung der Schleiden-Medaille 149
Laudatio für Herrn Professor Dr. *Bernd Bukau* anläßlich der Verleihung des Leopoldina-Forschungspreises – gestiftet von der Commerzbankstiftung 153
Laudatio für Frau Dr. *Melanie Blokesch* anläßlich der Verleihung des Leopoldina-Preises für junge Wissenschaftler 155
Laudatio für Herrn Dr. *Sven Diederichs* anläßlich der Verleihung des Leopoldina-Preises für junge Wissenschaftler 157

Glückwunschschreiben (zum 80. Geburtstag) 159
Sir Alan R. Battersby, Walter Beier, Karl Decker, Fritz Eiden, Albert Eschenmoser, Sir Leslie Fowden, Hanns Hippius, Franz Huber, Josef Knoll, Hanns Gotthard Lasch, Olli Lehto, Otto-Erich Lund, Hans-H. Matthiass, Marco Mumenthaler, Hermann Passow, Peter L. Pauson, Gert-Horst Schumacher, Alois Stacher, Gerd Klaus Steigleder, Karl J. Ullrich, Friedrich Vogel, Günther Wilke, Hans Wondratschek, Charles Yanofsky

Persönliches aus dem Kreise der Mitglieder

Jubiläen 2005 213
Personelle Veränderungen und Ehrungen 217

2. Mitteilungen des Präsidiums

Senatssitzung	225
Mitgliederversammlung	227
Stellungnahme des Präsidiums zur Bekämpfung von Infektionskrankheiten	228
Stellungnahme des Präsidiums zur Arzneimitteltherapie im Kindesalter	228
G8-Stellungnahmen	228
Arbeitsgruppe »Chancen und Probleme einer alternden Gesellschaft«	229
Nationale Akademie	229
Thieme-Preis für Medizin	230
Besuch von Professor Yongxiang Lu	230
Vorbereitung der Wahl Junge Akademie 2006	230
Akademienprogramm	231

3. Leopoldina-Förderprogramm

Tätigkeitsbericht zum Leopoldina-Förderprogramm im Jahr 2005
(Bericht: *Andreas Clausing*) 233

4. Wissenschaftliche Veranstaltungen

Jahresversammlung 2005: Evolution und Menschwerdung

Paul B. Baltes: Begrüßung	237
Ulrich Kasparick: Grußwort des Ministeriums für Bildung und Forschung	243
Jan-Hendrik Olbertz: Grußwort des Kultusministeriums des Landes Sachsen-Anhalt	247
Volker ter Meulen: Ansprache des Leopoldina-Präsidenten	251
Richard Toellner: Von der Herkunft und Zukunft der Leopoldina – Johann Laurentius Bausch zum 400. Geburtstag	265

Tagungen und Kolloquien

Internationales Symposium: Protein Sorting (Bericht: *Nikolaus Pfanner* und *Peter Rehling*)	269
Meeting: Dendrimere: Plattformen für chemische Funktionalität (Bericht: *Jean-François Nierengarten* und *Lutz H. Gade*)	273

Meeting: Der Wandel der Erdoberfläche im vergangenen Jahrtausend
(Bericht: *Jürgen Hagedorn*) 279

Symposium: Chemistry and Art in Theory and Practice
(Bericht: *Herbert W. Roesky*) 281

Meeting: Christian Gottfried Nees von Esenbeck. Die Bedeutung der Botanik als Naturwissenschaft in der ersten Hälfte des 19. Jahrhunderts – Methoden und Entwicklungswege
(Bericht: *Irmgard Müller*) 285

Symposium: BSE – Status quo und Quo vadis?
(Bericht: *Gottfried Brem*) 293

International Conference: Frontiers in Microbiology and Infectious Diseases . 299

Meeting: Johann Laurentius Bausch zum 400. Geburtstag: Die Gründung der Leopoldina (*Academia Naturae Curiosorum*) im historischen Kontext
(Bericht: *Richard Toellner* und *Uwe Müller*) 303

Symposium: Die Zukunft der Wissenschaftsgeschichte zwischen historischer Forschung und Reflexionspotential der Naturwissenschaften
(Bericht: *Jürgen Renn*) 307

Symposium: Cardiovascular Imaging
(Bericht: *Georg Ertl*) 315

Meeting: Die Bedeutung der naturwissenschaftlichen Bildung für die Zukunft der Gesellschaft
(Bericht: *Gunnar Berg*) 323

Konferenz: Relativistic Astrophysics and Cosmology – Einstein's Legacy
(Bericht: *Joachim Trümper*) 327

Symposium der Paul-Martini-Stiftung 2005: Therapie mit monoklonalen Antikörpern – aktueller Stand und Perspektiven
(Bericht: *Peter C. Scriba*) 331

Beteiligung an der Langen Nacht der Wissenschaften
(Bericht: *Michael Kaasch*) 335

Sitzungsberichte

Gerd Gigerenzer: Einfache Heuristiken für komplexe Entscheidungen 337

Elmar Peschke: Neue Aspekte der Bedeutung von Melatonin für die Insulinsekretion 345

Thomas Lengauer: Bioinformatische Analyse von HIV-Resistenz 355

Hauke Hennecke: Symbiotisches Leben an der Grenze zur Anoxie 369

Bernhard Schink: Leben am Existenzminimum: Energetik syntropher mikrobieller Lebensgemeinschaften 375

Joachim Robert Kalden: Neue Therapieprinzipien bei entzündlich-rheumatischen Erkrankungen 383

Hartmut Esser: Der Anstieg der Scheidungsraten 389

Christof Niehrs: Mechanismus der embryonalen Kopfinduktion bei Amphibien 393

Dierk Scheel: Angeborene Immunität in Pflanzen und Tieren 399

Eckhard Wolf: Perspektiven des Klonens in der Tierzucht und in der biomedizinischen Forschung 407

Dietrich Stoyan: Statistik für poröse Medien 415

Ursula Ravens: Vorhofflimmern – eine häufige Rhythmusstörung aus pharmakologischer Sicht 421

Heiner Müller-Krumbhaar: Wie wächst ein Keim? Strukturbildung bei Schneeflocken, Ölförderung, Metallurgie und Bakterienkolonien 427

Wolfgang Baumeister: Elektronentomographie auf dem Weg zu einem molekularen Atlas der Zelle 441

Dieter Häussinger: Zelluläre Hydratation – biologische und klinische Relevanz 445

Hans Georg Bender: Frauenärztliche Tätigkeit und demographische Entwicklung 453

Eckart Altenmüller, Oliver Grewe, Frederik Nagel und *Reinhard Kopiez*: Musik als Sprache der Gefühle – Neurobiologische und musikpsychologische Aspekte 459

Wissenschaftshistorische Seminare 467

5. Reden, Berichte, Abhandlungen

Empfehlungen zur Bekämpfung von Infektionskrankheiten
  Herausgegeben vom Präsidium der Deutschen Akademie der Naturforscher Leopoldina 469

Empfehlungen zur »Arzneimitteltherapie im Kindesalter« und zum Vorschlag für eine Verordnung über Kinderarzneimittel der Europäischen Kommission
Herausgegeben vom Präsidium der Deutschen Akademie der Naturforscher Leopoldina.. 479

6. Veröffentlichungen der Akademie 485

7. Spender für das Archiv und die Bibliothek 2005 493

Personenregister... 495

1. Personelles

Präsidium

Präsident:
Prof. Dr. Volker TER MEULEN, Würzburg

Vizepräsidenten:
Prof. Dr. Dr. h. c. mult. Paul B. BALTES, Berlin (Wiederwahl am 6. Oktober 2005)
Prof. Dr. Gunter S. FISCHER, Halle (Saale) (Wiederwahl am 6. Oktober 2005)
Prof. Dr. Bärbel FRIEDRICH, Berlin (Wahl am 6. Oktober 2005)
Prof. Dr. Dr. h. c. Ernst-Ludwig WINNACKER, München (bis 6. Oktober 2005)
Prof. Dr. Dr. h. c. mult. Harald ZUR HAUSEN, Heidelberg

Sekretar für Mathematik und Naturwissenschaften:
Prof. Dr. Dr.-Ing. Gunnar BERG, Halle (Saale) (Wiederwahl am 6. Oktober 2005)

Sekretar für Medizin:
Prof. Dr. Dietmar GLÄSSER, Halle (Saale) (bis 6. Oktober 2005)
Prof. Dr. Dr. Ingo HANSMANN Halle (Saale) (Wahl am 6. Oktober 2005)

Präsidiumsmitglieder:
Prof. Dr. Dr. h. c. mult. Hubert E. BLUM, Freiburg (Br.)
Prof. Dr. Bärbel FRIEDRICH, Berlin (bis 6. Oktober 2005)
Prof. Dr. Philipp U. HEITZ, Zürich
Prof. Dr. Peter SCHUSTER, Wien (Österreich)
Prof. Dr. Rudolf K. THAUER, Marburg (Wahl am 6. Oktober 2005)
Prof. Dr. Dr. h. c. mult. Herbert WALTHER, Garching

Altpräsidialmitglieder mit beratender Stimme:
Prof. Dr. Dr. h. c. Benno PARTHIER, Halle (Saale)
Prof. Dr. Dr. Dr. h. c. Joachim-Hermann SCHARF, Halle (Saale), Director Ephemeridum
Prof. Dr. Dr. h. c. Ernst-Ludwig WINNACKER, München (ab 7. Oktober 2005)

Neugewählte Mitglieder

Das Präsidium wählte von Januar bis Dezember 2005 folgende Mitglieder:

Prof. Ph.D.
Roni Aloni
*December 2, 1944 Haifa (Israel)

Section: Organismic and Evolutionary Biology
Matricula number: 7028
Date of election: June 29, 2005

Present Position:
Professor of Plant Sciences at Tel Aviv University (Israel)

Education and Career:
- 1970–1973 Ph.D. student in Botany at the Hebrew University of Jerusalem (Israel) (advisors: A. FAHN and T. SACHS, Dissertation: »Organized Differentiation of Vascular Tissues«);
- 1974 Graduated from the Hebrew University of Jerusalem;
- 1974–1976 Postdoc in Biology at Princeton University (USA);
- 1974–1977 Lecturer in Biology at the Technion, the Israel Institute of Technology, Haifa (Israel);
- since 1976 Faculty Member in Plant Sciences at Tel Aviv University;
- 1989–1999 Adjunct Professor of Biology at the University of Waterloo, Ontario (Canada);
- A few sabbaticals at the following Universities:
- 1982–1983 Harvard University Cambridge, Mass. (USA);
- 1988–1989 University of Waterloo (Canada);
- 1991 University of Vermont (USA);
- 1995 University of Reading (UK);
- 1998–1999) University of California, Berkeley (USA);
- 2003 Technische Universität Darmstadt (Germany).

Main Fields of Work:
- Hormonal regulation of plant development, focusing on vascular differentiation in organized tissues and in tumors;

- theoretical and experimental contributions to the understanding how phytohormones regulate differentiation, regeneration and evolution of plant vascular systems, and the formation of wood in forest trees.

Memberships and Honours (Selection):
- 1974–1976 Lady Davis Fellowship for Postdocs at Princeton University (USA);
- 1981 Distinguished Teacher Award, Tel Aviv University (Israel);
- 1991 Member of the International Academy of Wood Science;
- 1996–1998 President of the Botanical Society of Israel.

Editorial Activities (Selection):
- since 1990 Editor *Trees, Structure and Function*;
- 1992–1998 Editor and a member of the Editorial Board of the following journals: *International Journal of Plant Sciences, Physiologia Plantarum, Journal of Plant Research*, and *Tree Physiology*.

Cooperation in Organisations and Committees (Selection):
- since 1990 Coordinator of the working party on Biological control of wood quality (Unit 5.01.01) of the International Union of Forestry Research Organizations (IUFRO);
- since 2005 Coordinator of the working party on Xylem Physiology (Unit 2.01.10) of IUFRO; http://www.iufro.org/.

Publications (Selection):
- ALONI, R.: Foliar and axial aspects of vascular differentiation: hypotheses and evidence. J. Plant Growth Regul. *20*, 22–34 (2001)
- ALONI, R.: The induction of vascular tissue by auxin. In: DAVIES, P. J. (Ed.): Plant Hormones: Biosynthesis, Signal Transduction, Action!; pp. 471–492. Dordrecht: Kluwer 2004
- ALONI, R., SCHWALM, K., LANGHANS, M., and ULLRICH, C. I.: Gradual shifts in sites of free-auxin production during leaf-primordium development and their role in vascular differentiation and leaf morphogenesis in *Arabidopsis*. Planta *216*, 841–853 (2003)
- ALONI, R., ALONI, E., LANGHANS, M., and ULLRICH, C. I.: Role of auxin in regulating *Arabidopsis* flower development. Planta *223*, 315–328 (2006)
- ALONI, R., ALONI, E., LANGHANS, M., and ULLRICH, C. I.: Role of cytokinin and auxin in shaping root architecture: regulating vascular differentiation, lateral root initiation, root apical dominance and root gravitropism. Ann. Bot. *97*, 883–893 (2006)

Prof. Dr. med.
Mathias Bähr
*24. 1. 1960 Mainz

Sektion: Neurowissenschaften
Matrikel-Nummer: 7008
Aufnahmedatum: 23. 2. 2005

Derzeitige berufliche Position:
Direktor der Abteilung Neurologie, Universitätsmedizin der Georg-August-Universität Göttingen und Leiter des Zentrums Neurologische Medizin

Ausbildung und beruflicher Werdegang:
- 1979–1985 Studium der Humanmedizin in Tübingen;
- 1986–1987 Assistenz-Arzt an der Neurologischen Klinik der Universität Düsseldorf;
- 1987–1989 DFG-Stipendium am Max-Planck-Institut (MPI) für Entwicklungsbiologie, Max-Planck-Stipendium an der Washington University St. Louis (USA);
- 1989–1993 wissenschaftlicher Assistent an der Neurologischen Universitätsklinik Tübingen;
- 1989–1995 Arbeitsgruppenleiter am MPI für Entwicklungsbiologie;
- 1993 Facharzt für Neurologie, Habilitation;
- 1994 Oberarzt der Klinik;
- ab 1998 Leitender Oberarzt;
- 1999 Ruf auf eine C4-Professur für Neurologie an der Universitätsklinik Homburg, abgelehnt 2000;
- 2001 Annahme des Rufes auf eine C4-Professur für Neurologie an der Georg-August-Universität Göttingen;
- 2001 Mitglied des Vorstandes des European Neuroscience Institutes Göttingen;
- 2002–2004 Vorsitzender des Vorstandes des Institutes für Multiple-Sklerose-Forschung Göttingen;
- seit 2002 Stellvertretender Sprecher des DFG-Neuro-Forschungszentrums für Molekularphysiologie des Gehirns (CMPB);
- 2003 Ruf auf eine C4-Professur für Neurologie der Universitätsklinik Freiburg – abgelehnt.

Hauptarbeitsgebiete:
- Klinische Neurologie;
- Neuronaler Zelltod;
- Neuroprotektion.

Mitgliedschaften und Ehrungen (Auswahl):
- 1994 Attempto-Preis der Universität Tübingen;
- 1995 Förderpreis des Kuratoriums ZNS und der Hannelore-Kohl-Stiftung;
- 1995 Nachwuchsgruppe des Ministeriums für Wissenschaft, Forschung und Kunst Baden-Württemberg;
- 1996 Herrmann-und-Lilly-Schilling-Stiftungsprofessur (C3) des Stifterverbandes der Deutschen Wirtschaft;
- 1998 Heinrich-Pette-Preis der Deutschen Gesellschaft für Neurologie;
- 2005 Vizepräsident der Deutschen Neurowissenschaftlichen Gesellschaft.

Herausgebertätigkeiten (Auswahl):
- *Journal of Neuroscience*;
- *Neurobiology of Disease*;
- *Neurodegenerative Diseases*;
- *Neuroforum*;
- *Befund MS*;
- *Georgia-Augusta*.

Mitarbeit in Organisationen und Gremien (Auswahl):
- Senat der Georg-August-Universität Göttingen;
- Zentrale Ethikkommission für Stammzellforschung;
- Vizepräsident der Deutschen Neurowissenschaftlichen Gesellschaft;
- Koordinator eines DFG-Schwerpunktprogrammes (1109);
- Koordinator eines EU-Biotech-Programmes;
- Vorstand eines EU-Networks of Excellence (NoE);
- Vorstandsmitglied des European Neuroscience Institutes Göttingen;
- Vorstandsmitglied des DFG-Forschungszentrums Göttingen (CMPB).

Veröffentlichungen (Auswahl):
- WIZENMANN, A., THIES, E., KLOSTERMANN, S., BONHOFFER, F., and BÄHR, M.: Appearance of target-specific guidance information for regenerating axons after CNS lesions. Neuron 11, 975–983 (1993)
- KERMER, P., KLÖCKER, N., LABES, M., and BÄHR, M.: Inhibition of CPP-32-like proteases rescues axotimized retinal ganglion cells from secondary death in vivo. J. Neurosci. 18/12, 4656–4662 (1998)
- DIEM, R., HOBOM, M., MAIER, K., WEISSERT, R., STORCH, M. K., MEYER, R., and BÄHR, M.: Methylprednisolene increases neuronal apoptosis during autoimmune CNS inflammation by inhibition of an endogenous neuroprotective pathway. J. Neurosci. 23/18, 6993–7000 (2003)
- DIEM, R., SÄTTLER, M. B., MERKLER, D., DEMMER, I., MAIER, K., STADELMANN, C., EHRENREICH, H., and BÄHR, M.: Combined therapy with methylprednisolone and erythropoietin in a model of multiple sclerosis. Brain 128, 375–385 (2005)
- LINGOR, P., KOEBERLE, P., KÜGLER, S., and BÄHR, M.: Downregulation of apoptosis mediators by RNA interference inhibits axotomy-induced retinal ganglion cell death *in vivo*. Brain 128, 550–558 (2005)

Prof. Dr. rer. pol.
Hans-Peter Blossfeld
*30. 7. 1954 München

Sektion: Ökonomik und Empirische Sozialwissenschaften
Matrikel-Nummer: 7050
Aufnahmedatum: 14. 12. 2005

Derzeitige berufliche Position:
Inhaber des Lehrstuhls für Soziologie I und Leiter des Staatsinstituts für Familienforschung an der Otto-Friedrich-Universität Bamberg

Ausbildung und beruflicher Werdegang:
- 1975–1980 Studium der Volkswirtschaftslehre, Soziologie, Wirtschaftsinformatik und Statistik an der Universität Regensburg;
- 1980–1984 Promotion zum Doktor der Wirtschaftswissenschaften an der Universität Mannheim;
- 1984–1988 Habilitation in Soziologie an der Freien Universität Berlin;
- 1980–1984 wissenschaftlicher Mitarbeiter (BAT IIa) beim Forschungsprojekt »Vergleichende Analysen der Sozialstruktur mit Massendaten« (VASMA), Universität Mannheim;
- 1984–1992 Leitender wissenschaftlicher Mitarbeiter (BAT Ia) am Max-Planck-Institut für Bildungsforschung (Forschungsbereich: Bildung, Arbeit und gesellschaftliche Entwicklung) in Berlin (beurlaubt von 1988–1992)
- 1988–1989 Fellow am Netherlands Institute for Advanced Study in the Humanities and Social Sciences (NIAS), Wassenaar (Niederlande);
- 1989–1992 Professor of Sociology (Chair in Political and Social Sciences), European University Institute in Florenz (Italien);
- 1992–1998 Professor für Soziologie (C4) mit dem Schwerpunkt Statistik und Methoden der empirischen Sozialforschung, Universität Bremen;
- 1998–2002 Professor für Allgemeine Soziologie (C4), insbesondere Theorie und empirische Analyse von Sozialstrukturen und Wirtschaftssystemen, Universität Bielefeld.

Hauptarbeitsgebiete:
- Allgemeine Soziologie, Soziologie des Lebenslaufs, Bildungssoziologie;
- Globalisierungsforschung, Soziologie des internationalen Vergleichs;
- Sozialstrukturanalyse;
- Soziologie der Dynamik sozialer Systeme und des sozialen Wandels;
- Soziologie der wirtschaftlichen und sozialen Entwicklung;
- Bevölkerungssoziologie, Familiensoziologie, Soziologie des Arbeitsmarktes;
- Schichtungs- und Mobilitätsforschung, Statistik (insbesondere Anwendung moderner Längsschnittverfahren im Rahmen der Lebenslaufforschung);

– formale Modellbildung, Methoden der Datenerhebung, empirische Sozialforschung.

Mitgliedschaften und Ehrungen (Auswahl):
– seit 2000 Fellow der European Academy of Sociology, London (Großbritannien);
– seit 2001 Mitglied des Wissenschaftlichen Beirates des Zentralarchivs für Empirische Sozialforschung an der Universität zu Köln (Mitglied des GESIS);
– seit 2002 Mitglied des *ESRC* National Longitudinal Strategy Committee, London (Großbritannien);
– seit 2002 Mitglied des Wissenschaftlichen Beirates des Deutschen Jugendinstituts, München;
– seit 2003 Mitglied der Executive Group for the European Science Foundation Programme »Quantitative Methods in the Social Sciences« (QMSS);
– seit 2004 Chairman des European Consortium of Sociological Research.

Herausgebertätigkeiten (Auswahl):
– seit 1990 Editor-in-Chief des *European Sociological Review*;
– seit 2003 Herausgeber der *Zeitschrift für Familienforschung* (ZfF);
– seit 1997 Mitherausgeber der *Zeitschrift für Erziehungswissenschaft* (ZfE).

Mitarbeit in Organisationen und Gremien (Auswahl):
– 2002 Hauptgutachter für das »Analysis of Large and Complex Datasets« (ALCD)-Forschungsprogramm (1993–2000) des Economic & Social Research Council, Swindon (Großbritannien);
– 1997 Mitglied der Kommission zur Evaluation des Research Centre on Micro-Social Change an der Universität Essex und des British Household Panels, eingesetzt durch das Economic and Social Research Council (ESRC), Swindon (Großbritannien);
– 1997 Mitglied der Kommission zur Begutachtung der wirtschafts- und sozialwissenschaftlichen Forschungsinstitute in Dänemark, eingesetzt durch die Danish National Research Foundation, Copenhagen (Dänemark).

Veröffentlichungen (Auswahl):
– BLOSSFELD, H.-P., and DROBNIC, S.: Careers of Couples in Contemporary Societies. Oxford: Oxford University Press 2001
– BLOSSFELD, H.-P., and ROHWER, G.: Techniques of Event History Modeling. New Approaches to Causal Analysis. Mahwah (N. J.): Erlbaum 2002
– BLOSSFELD, H.-P., KLIJZING, E., MILLS, M., and KURZ, K.: Globalization, Uncertainty and Youth in Society. London u. a.: Routledge 2005

Prof. Dr.-Ing.
Pierre Braunstein
*October 4, 1947 Mulhouse (France)

Section: Chemistry
Matricula number: 7029
Date of election: June 29, 2005

Present Position:
Director of Research with the CNRS and the Director of the Coordination Chemistry Laboratory (UMR 7177 CNRS) of the Université Louis Pasteur (ULP) in Strasbourg (France)

Education and Career:
– 1965–1969 Ingénieur Chimiste from the Ecole Nationale Supérieure de Chimie de Mulhouse;
– 1969–1971 Dr. Ing. ULP Strasbourg;
– 1971 Stagiaire de recherche CNRS;
– 1971–1972 Post-doctoral fellow (with R. S. Nyholm and R. J. H. Clark) at University College London (UK);
– 1973–1974 Dr. ès Sciences ULP Strasbourg;
– 1974–1975 Alexander-von-Humboldt-Stipendiat, TU München (with E. O. Fischer);
– 1975 Chargé de recherche CNRS;
– 1979 Maître de recherche CNRS;
– 1990 Directeur de recherche (1st class) CNRS;
– 2003 Directeur de recherche (except. class) CNRS.

Main Fields of Work:
– Coordination and organometallic chemistry;
– transition metal clusters, nanomaterials; functional ligands;
– homogeneous and heterogeneous catalysis.

Memberships and Honours (Selection):
– Alexander von Humboldt Research Award (1988);
– CNRS Silver Medal (1989);
– Max-Planck-Forschungspreis (1991);
– Raymond Beer Prize of the Société française de chimie (1995);
– Fellow of the Royal Society of Chemistry (1996);
– Franco-Spanish Award Paul Sabatier – Miguel Catalán (1998);
– Franco-German Award Victor Grignard – Georg Wittig (1999);
– Otto Warburg Prize (2002);
– Corresponding Member of the Academy of Sciences, Saragosse (Spain, 2002);

- Member of the Academia Europaea (2002);
- Member of the European Academy of Sciences (2002);
- Chini Lecture of the Italian Chemical Society (2003);
- Nyholm Medal and Lecture of the Royal Society of Chemistry (2003);
- Grand Prix de l'Institut Français du Pétrole, Académie des Sciences (Paris, 2004);
- Membre de l'Académie des Sciences (Paris, 2005).

Editorial Activities (Selection):
- Editor-in-chief *Comptes Rendus Chimie* (Académie des Sciences, 2002);
- Regional Editor *Monatshefte für Chemie* (2001);
- Editorial Board *Journal of Cluster Science* (1990), *Coordination Chemistry Review* (1997) and *New Journal of Chemistry* (2003).

Cooperation in Organisations and Committees (Selection):
- Member of the Council of the Royal Society of Chemistry (London) (2005);
- Member of numerous national and international evaluation committees.

Publications (Selection):
- BRAUNSTEIN, P. (Guest Editor): Inorganic chemistry in France. Coord. Chem. Rev. *178–180*, 1–1846 (1998)
- BRAUNSTEIN, P., ORO, L. A., and RAITHBY, P. R. (Eds.): Metal Clusters in Chemistry. Weinheim: Wiley-VCH 1999 (3 Vol.)
- BRAUNSTEIN, P., and MORISE, X.: Dehydrogenative coupling of hydrostannanes catalyzed by transition-metal complexes. Chem. Rev. *100*, 3541–3552 (2000)
- BRAUNSTEIN, P., and NAUD, F.: Hemilability of hybrid ligands and the coordination chemistry of oxazoline-based systems. Angew. Chem. Int. Ed. *40*, 680–699 (2001)
- BRAUNSTEIN, P., SIRI, O., TAQUET, J.-P., ROHMER, M.-M., BÉNARD, M., and WELTER, R.: A 6π + 6π potentially antiaromatic zwitterion preferred to a quinoidal structure: its reactivity towards organic and inorganic reagents. J. Amer. Chem. Soc. *125*, 12246–12256 (2003)
- SPEISER, F., BRAUNSTEIN, P., and SAUSSINE, L.: Catalytic ethylene dimerization and oligomerization: recent developments with nickel complexes containing P,N-chelating ligands. Acc. Chem. Res. *38*, 784–793 (2005)
- BRAUNSTEIN, P.: Bonding and organic and inorganic reactivity of metal-coordinated phosphinoenolates and related phosphine-derived anions. Chem. Rev. *106*, 134–159 (2006)

Prof. Dr. rer. nat.
Bernd Bukau
*5. 12. 1954 Leipzig

Sektion: Biochemie und Biophysik
Matrikel-Nummer: 7030
Aufnahmedatum: 29. 6. 2005

Derzeitige berufliche Position:
Institutsdirektor des Zentrums für Molekulare Biologie der Universität Heidelberg (ZMBH)

Ausbildung und beruflicher Werdegang:
- bis 1973 Europäische Schule Karlsruhe, Abitur 12. 7. 1973;
- 1973–1974 Studium der Naturwissenschaften, Université de Bésançon (Frankreich) (DEUG B, 1. und 2. Semester);
- 1974–1980 Studium der Biologie, Diplom 1980, Universität Konstanz;
- 1977 Praktikum, University of California, Santa Cruz (USA);
- 1979–1980 Diplomarbeit, Universität Konstanz;
- 1983–1986 Dissertation, Dr. rer. nat. 1986, Universität Konstanz;
- 1986–1989 Postdoktorand, Massachusetts Institute of Technology, Cambridge (USA);
- 1989–1994 Wissenschaftlicher Assistent und Projektgruppenleiter, Universität Heidelberg, ZMBH;
- 1994 Habilitation und Ernennung als »Universitätsdozent« für Mikrobiologie und Molekularbiologie;
- 1997–2002 C4-Professor für Biochemie an der Universität Freiburg, Institut für Biochemie und Molekularbiologie;
- seit 2002 C4-Professor für Molekularbiologie an der Universität Heidelberg, ZMBH;
- 2002–2004 Mitglied des Direktoriums des ZMBH;
- seit 2005 Institutsdirektor.

Hauptarbeitsgebiete:
- Proteinfaltung und Degradation;
- molekulare Chaperone und Proteasen;
- zelluläre Antworten auf Stress.

Mitgliedschaften und Ehrungen (Auswahl):
- Heinz-Maier-Leibnitz-Preis der DFG;
- gewähltes EMBO-Mitglied;
- Leopoldina-Forschungspreis;
- Mitglied der Vereinigung für Allgemeine und Angewandte Mikrobiologie;

- Mitglied für Gesellschaft für Mikrobiologie und Molekularbiologie;
- Mitglied der Deutschen Gesellschaft für Zellbiologie.

Herausgebertätigkeiten (Auswahl):
- *EMBO Journal* (Editorial Board);
- *EMBO Reports* (Editorial Board);
- *Biological Chemistry* (Editorial Board);
- *Faculty of 1000* (Editorial Board);
- *Cell Stress & Chaperones* (Editorial Board).

Mitarbeit in Organisationen und Gremien (Auswahl):
- Koordinator des Promotionskollegs Bioquant »Molecular machines: mechanisms and functional interconnections«;
- Mitglied der Rektoratskommission »BIOQUANT«;
- Mitglied des Auswahlkommittees der DFG für den Heinz-Maier-Leibnitz-Preis;
- Mitglied im EMBO Long-term Fellowship Committee.

Veröffentlichungen (Auswahl):
- MAYER, M. P., SCHRÖDER, H., RÜDIGER, S., PAAL, K., LAUFEN, T., and BUKAU, B.: Multistep mechanism of substrate binding determines chaperone activity of Hsp70. Nature Struct. Biol. *7*, 586–953 (2000)
- BREHMER, D., RÜDIGER, S., GÄSSLER, C. S., KLOSTERMEIER, D., PACKSCHIES, L., REINSTEIN, J., MAYER, M. P., and BUKAU, B.: Tuning of chaperone activity of Hsp70 proteins by modulation of nucleotide exchange. Nature Struct. Biol. *8*, 427–432 (2001)
- DOUGAN, D. A., REID, B. G., HORWICH, A. L., and BUKAU, B.: ClpS, a substrate modulator of the ClpAP machine. Mol. Cell *9*, 673–683 (2002)
- KRAMER, G., RAUCH, T., RIST, W., VORDERWÜLBECKE, S., PATZELT, H., SCHULZE-SPECKING, A., BAN, N., DEUERLING, E., and BUKAU, B.: L23 protein functions as a chaperone docking site on the ribosome. Nature *419*, 171–174 (2002)
- FERBITZ, L., MAIER, T., PATZELT, H., BUKAU, B., DEUERLING, E., and BAN, N.: Structure of the trigger factor chaperone complex with the ribosome defines the molecular environment of the emerging nascent protein chain. Nature *431*, 590–596 (2004)
- WEIBEZAHN, J., TESSARZ, P., SCHLIEKER, C., ZAHN, R., MAGLICA, Z., LEE, S., ZENTGRAF, H., WEBER-BAN, E., DOUGAN, D., TSAI, F. T. F., MOGK, A., and BUKAU, B.: Thermotolerance requires refolding of aggregated proteins by substrate translocation through the central pore of ClpB. Cell *119*, 653–665 (2004)
- ERBSE, A., SCHMIDT, R., BORNEMANN, T., SCHNEIDER-MERGENER, J., MOGK, A., ZAHN, R., DOUGAN, D. A., and BUKAU, B.: ClpS is an essential component of the N-end rule pathway in Escherichia coli. Nature *439*, 753–756 (2006)
- VOGEL, M., BUKAU, B., and MAYER, M. P: Allosteric regulation of Hsp70 chaperones by a proline switch. Mol. Cell *21*, 359–367 (2006)

Dr. rer. nat.
Christian Jean Bernard **Chopin**
*12. 1. 1955 Lyon (Frankreich)

Sektion: Geowissenschaften
Matrikel-Nummer: 7009
Aufnahmedatum: 23. 2. 2005

Derzeitige berufliche Position:
Directeur de recherche au CNRS, am Laboratoire de Géologie, Ecole normale supérieure, Paris (seit 1990)

Ausbildung und beruflicher Werdegang:
– 1964–1974 Grundstudium am Lycée du Parc, Lyon;
– 1974–1978 »Elève fonctionnaire« an der Ecole normale supérieure (ENS), Paris;
– 1974–1976 Studium der Geochemie und Geophysik, Universität Paris 7;
– 1976–1979 Studium der Petrologie und Geologie der Grundgebirge, Universität Paris 6;
– 1979 Doktorarbeit in Petrologie, Universität Paris 6;
– 1979–1981 DAAD-Postdoktoranden-Stipendiat am Institut für Mineralogie, Ruhr-Universität Bochum;
– 1981–1990 Chargé de recherche au Centre national de la recherche scientifique (CNRS), Laboratoire de Géologie, ENS, Paris;
– 1985 »Thèse d'état« (*cf.* Habilitation), Universität Paris 6;
– seit 1990 Directeur de recherche au CNRS, Laboratoire de Géologie, ENS.

Hauptarbeitsgebiete:
– Metamorphe und experimentelle Petrologie;
– Geologie der Hochdruck- und Ultrahochdruckgebiete, insbesondere der Westalpen;
– Phasenbeziehungen und Kristallchemie der Silikate und Phosphate;
– Mineralogie der Metamorphite.

Mitgliedschaften und Ehrungen (Auswahl):
– 1986 V.-M.-Goldschmidt-Preis der Deutschen Mineralogischen Gesellschaft;
– 1987 Médaille de bronze du CNRS;
– 1993 Médaille Van den Broeck de la Société belge de Géologie;
– 1994 Prix Buttgenbach de l'Académie royale de Belgique;
– 1994 Fellowship of the Mineralogical Society of America;
– 1995 Medal for Research Excellence of the European Mineralogical Union.

Herausgebertätigkeiten (Auswahl):
- 1988–2000 *European Journal of Mineralogy* (Chief editor);
- seit 2001 *European Journal of Mineralogy* (Managing editor).

Mitarbeit in Organisationen und Gremien (Auswahl):
- 2004–2007 Vize-Präsident, European Mineralogical Union.

Veröffentlichungen (Auswahl):
- CHOPIN, C., and SCHREYER, W.: Magnesiocarpholite and magnesiochloritoid: two index minerals of pelitic blueschists and their preliminary phase relations in the model system MgO-Al_2O_3-SiO_2-H_2O. American Journal of Science *283(A)*, Orville Volume, 72–96 (1983)
- CHOPIN, C.: Coesite and pure pyrope in high-grade blueschists of the western Alps: a first record and some consequences. Contributions to Mineralogy and Petrology *86*, 107–118 (1984)
- CHOPIN, C., HENRY, C., and MICHARD, A.: Geology and petrology of the coesite-bearing terrain, Dora-Maira massif, Western Alps. European Journal of Mineralogy *3*, 263–291 (1991)
- BRUNET, F., CHOPIN, C., and SEIFERT, F.: Phase relations in the MgO-P_2O_5-H_2O system and the stability of phosphoellenbergerite. Petrological applications. Contributions to Mineralogy and Petrology *131*, 54–70 (1998)
- CHOPIN, C.: Ultrahigh-pressure metamorphism: tracing continental crust into the mantle. Earth and Planetary Science Letters *212*, [Frontiers article] 1–14 (2003)

Prof. Dr.-Ing.
Jörg Eberspächer
*8. 10. 1945 Esslingen a. N.

Sektion: Informationswissenschaften
Matrikel-Nummer: 7010
Aufnahmedatum: 23. 2. 2005

Derzeitige berufliche Position:
C4-Professor für Kommunikationsnetze an der Technischen Universität München (seit 1990)

Ausbildung und beruflicher Werdegang:
- Studium der Elektrotechnik an der Universität Stuttgart (1970 Diplomarbeit);
- 1970–1977 wissenschaftlicher Assistent am Institut für Elektrische Nachrichtentechnik der Universität Stuttgart;
- 1976 Promotion (»Flipflops bei extrem kleinen Strömen«);
- 1977–1990 verschiedene leitende Positionen bei der Siemens AG (München) in der Forschung und Entwicklung sowie in internationalen Normierungsgremien auf den Gebieten der Informations- und Kommunikationstechnik (ISDN/BISDN, Optische Lokale Netze, Intelligente Netze); zuletzt Leiter der Systemplanung im Bereich Private Netze;
- 1990 Ruf an die Technische Universität München;
- Gastprofessor an der Tongji-Universität Schanghai (China).

Hauptarbeitsgebiete:
- Netztechnologien für das Internet der nächsten Generation;
- selbstorganisierende Kommunikationsnetze;
- Multimediakommunikation;
- drahtlose *Ad-hoc*-Netze;
- Fragen der zukünftigen Bedeutung der Informationstechnik für Wirtschaft und Gesellschaft.

Mitgliedschaften und Ehrungen (Auswahl):
- Informationstechnische Gesellschaft (ITG) im Verband der Elektrotechnik Elektronik Informationstechnik e. V. (VDE).

Herausgebertätigkeiten (Auswahl):
- Editor Board mehrerer wissenschaftlicher Zeitschriften.

Mitarbeit in Organisationen und Gremien (Auswahl):
- 1997–1999 Mitglied des Vorstands und 2000–2002 Vorsitzender der Informationstechnischen Gesellschaft (ITG) im Verband der Elektrotechnik Elektronik Informationstechnik e. V. (VDE);

- 1999–2002 Vorstandsmitglied des VDE;
- Vorstandsmitglied des Münchener Kreises, einer übernationalen Vereinigung zur interdisziplinären Kommunikationsforschung;
- Vorsitzender des Wissenschaftlichen Beirats des Forschungsinstituts für Telekommunikation Wien (Österreich);
- Mitglied des Kuratoriums des Deutschen Museums;
- Mitglied des Kuratoriums des Fraunhofer-Instituts für Offene Kommunikationssysteme FOKUS in Berlin;
- Mitglied des Wissenschaftlichen Beirats des Wissenschaftlichen Instituts für Infrastruktur und Kommunikationsdienste (WIK) in Bad Honnef;
- Direktor des Center for Digital Technology and Management (CDTM) in München.

Veröffentlichungen (Auswahl):
- EBERSPÄCHER, J., VÖGEL, H.-J., and BETTSTETTER, C.: GSM – Switching, Services and Protocols. Chichester: John Wiley & Sons 2001
- EBERSPÄCHER, J.: Systemtechnische Grundlagen. In: Handbuch für die Telekommunikation. S. 1-3–1-181. Berlin: Springer 2002
- EBERSPÄCHER, J., und GLASMANN, J.: QoS-Architekturen und Ressourcenmanagement im Intranet. In: Realtime Enterprise in der Praxis. S. 185–212. Berlin: Springer 2004
- EBERSPÄCHER, J.: Ad Hoc und Peer-to-Peer – Selbstorganisierende Netze auf dem Vormarsch. In: Kommunikation für Menschen. Tagungsband. S. 60–66. Frankfurt: VDE-Verlag 2004
- EBERSPÄCHER, J., and SCHOLLMEIER, R.: Past and future of peer-to-peer. In: Peer-to-Peer Systems and Applications; pp. 15–23. Berlin: Springer 2005

Prof. Dr. med.
Karl Max Einhäupl
*11. 1. 1947 München

Sektion: Neurowissenschaften
Matrikel-Nummer: 7007
Aufnahmedatum: 26. 1. 2005

Derzeitige berufliche Position:
C4-Professor und Direktor der Klinik und Poliklinik für Neurologie der Charité (seit 1993) und Leiter der Klinik und Poliklinik für Neurologie der Freien Universität nach Fusion der Medizinischen Fakultäten in Berlin (seit 1995)

Ausbildung und beruflicher Werdegang:
- 1968–1974 Medizinstudium an der Ludwig-Maximilians-Universität (LMU) München;
- 1971 Aufenthalt am Department of Cardiology, College of Medicine, Ohio State University (USA);
- 1971–1974 Doktorarbeit an der Medizinischen Poliklinik der LMU München (1975 Promotion);
- 1974 Deutsches Staatsexamen; 1975 Amerikanisches Staatsexamen ECFMG;
- 1974–1975 Medizinalassistent an der Frauenklinik vom Roten Kreuz, der Medizinischen Poliklinik der LMU München und der 1. Chirurgischen Abteilung des Krankenhauses Schwabing in München;
- 1975–1977 Praxisvertretungen, Mitarbeit in einer internistischen Praxis, Leitung einer Allgemein-Praxis;
- 1977–1992 Klinische und wissenschaftliche Tätigkeit an der Neurologischen Klinik der LMU München, Klinikum Großhadern;
- 1981–1982 Assistent an der Psychiatrischen Klinik der LMU München;
- 1982 Ärztliche Leitung des Neurologischen Behandlungszentrums Ebenhausen für chronisch Multiple-Sklerose-Kranke;
- 1982 Ernennung zum Oberarzt an der Neurologischen Klinik, Klinikum Großhadern;
- 1986 Habilitation für das Fach Neurologie an der Medizinischen Fakultät der LMU München;
- 1988 Berufung als C3-Professor für Neurologische Intensivmedizin der LMU München.

Hauptarbeitsgebiete:
- Zerebrale Venenthrombosen, venöse Zirkulation, Ultraschalldarstellung der venösen Hämodynamik;
- Schlaganfall-Schadenskaskade, Schlaganfalltherapie und -prävention;

- Kopfschmerzerkrankungen; Migränemechanismen, kortikotrigeminale Transmission;
- Akutneurologie und Intensivmedizin;
- Morbus Parkinson und Alzheimer-Demenz.

Mitgliedschaften und Ehrungen (Auswahl):
- Deutsche Gesellschaft für Neurologie;
- American Neurological Association;
- Österreichische Neurologische Gesellschaft (Ehrenmitgliedschaft);
- Deutsche Gesellschaft für Liquordiagnostik und Klinische Neurochemie;
- Deutsche AIDS-Gesellschaft;
- Deutsche Migräne- und Kopfschmerzgesellschaft;
- Deutsche Schlaganfallgesellschaft.

Herausgebertätigkeiten (Auswahl):
- zahlreiche Buchherausgaben.

Mitarbeit in Organisationen und Gremien (Auswahl):
- 1994 Leitung der Kommission für Planung und Entwicklung der Charité;
- 1995 Sprecher des DFG-Sonderforschungsbereichs 507 »Die Bedeutung nichtneuronaler Zellen bei neurologischen Erkrankungen«;
- 1997 Berufung in den Wissenschaftsrat; 2000 Stellvertretender Vorsitzender der Wissenschaftlichen Kommission des Wissenschaftsrates;
- 1999 Sprecher des Kompetenznetzes »Schlaganfall«;
- 2001–2005 Vorsitzender des Wissenschaftsrates;
- 2001 Ernennung zum Mitglied des Lenkungsgremiums des Nationalen Genomforschungsnetzes;
- 2001 Bestellung in die Sachverständigenkommission des Instituts für Medizinische und pharmazeutische Prüfungsfragen;
- 2002 Vorsitzender des Stiftungsrates der Stiftung Deutsche Schlaganfallhilfe;
- 2002 ao. Vorstandsmitglied der Deutschen Schlaganfallgesellschaft.

Veröffentlichungen (Auswahl):
- PREAC-MURSIC, V., WILSKE, B., SCHIERZ, G., PFISTER, H. W., and EINHÄUPL, K. M.: Repeated isolation of spirochetes from the cerebrospinal fluid of a patient with meningoradiculitis Bannwarth. Eur. J. Clin. Microbiol. *3*, 564–565 (1984)
- PFISTER, H. W., KÖDEL, U., DIRNAGL, U., HABERL, R. L., RUCKDESCHEL, G., and EINHÄUPL, K. M.: Effect of catalase on regional cerebral blood flow and brain edema during the early phase of experimental pneumococcal meningitis. J. Infect. Dis. *166*, 1442–1443 (1992)

Prof. Ph.D.
Bernd Fitzenberger
*14. 5. 1963 Friedberg (Hessen)

Sektion: Ökonomik und Empirische Sozialwissenschaften
Matrikel-Nummer: 7051
Aufnahmedatum: 14. 12. 2005

Derzeitige berufliche Position:
Professur (C4) für Volkswirtschaftslehre, insbesondere Labor Economics an der Johann-Wolfgang-Goethe-Universität Frankfurt (seit 2004)

Ausbildung und beruflicher Werdegang:
– 1982–1987 Studium der Volkswirtschaftslehre, Universität Konstanz;
– 1986–1989 Studium der Mathematik, Universität Konstanz;
– 1992 Master of Science in Statistics, Stanford University (USA);
– 1993 Ph.D. in Economics, Stanford University (USA);
– 1998 Habilitation und Venia legendi für Volkswirtschaftslehre und Ökonometrie an der Fakultät für Wirtschaftswissenschaften und Statistik, Konstanz;
– 1993–1996 wissenschaftlicher Mitarbeiter/Hochschulassistent, Universität Konstanz;
– 1996–1998 DFG-Habilitationsstipendium;
– 1998–1999 Professur (C3) für Volkswirtschaftslehre, insbesondere Sozialpolitik, Technische Universität Dresden;
– 1999–2004 Lehrstuhl (C4) für Volkswirtschaftslehre, insbesondere Ökonometrie, Universität Mannheim.

Hauptarbeitsgebiete:
– Lohnstruktur und Beschäftigung;
– Humankapital;
– Geschlechtsspezifische Erwerbs- und Verdienstentwicklung;
– Evaluation arbeitsmarktpolitischer Maßnahmen;
– Quantilsregressionen.

Mitgliedschaften und Ehrungen (Auswahl):
– Ständiger Gastprofessor, ZEW, Mannheim;
– International Research Associate am Institute for Fiscal Studies, London (Großbritannien);
– Research Fellow am Institut Zukunft der Arbeit (IZA), Bonn.

Herausgebertätigkeiten (Auswahl):
– *Empirical Economics* (Herausgeber);
– *Zeitschrift für ArbeitsmarktForschung* (Mitherausgeber);
– *Jahrbücher für Nationalökonomie und Statistik* (Herausgeberbeirat).

Mitarbeit in Organisationen und Gremien (Auswahl):
– Wissenschaftlicher Beirat, IAB Nürnberg;
– 2004–2006 Sprecher und Koordinator des DFG-Forschungsschwerpunktprogramms 1169 »Flexibilisierungspotenziale bei heterogenen Arbeitsmärkten«;
– Mitglied des Beirates des Instituts für Angewandte Wirtschaftsforschung (IAW), Tübingen;
– 2003–2004 Mitglied des Gründungsausschusses des Rates für Sozial- und Wirtschaftsdaten.

Veröffentlichungen (Auswahl):
– FITZENBERGER, B.: The moving blocks bootstrap and robust inference in linear least squares and quantile regressions. Journal of Econometrics *82*, 235–287 (1998)
– FITZENBERGER, B., KOENKER, R., and MACHADO, J. A. F.: Economic Applications of Quantile Regressions. Studies in Empirical Economics. Heidelberg: Physica-Verlag 2002 (gleichnamiger Sonderband der Zeitschrift Empirical Economics 2001)
– FITZENBERGER, B., and KUNZE, A.: Vocational training and gender: Wages and occupational mobility among young workers. Oxford Review of Economic Policy 2006

Prof. Dr. rer. nat.
Dirk Görlich
*18. 10. 1966 Halle (Saale)

Sektion: Biochemie und Biophysik
Matrikel-Nummer: 7031
Aufnahmedatum: 29. 6. 2005

Derzeitige berufliche Position:
Direktor am Max-Planck-Institut für Biophysikalische Chemie in Göttingen (seit 2005)

Ausbildung und beruflicher Werdegang:
- 1985–1989 Studium der Biochemie, Martin-Luther-Universität Halle (Saale);
- 1989 Diplom (mit Auszeichnung; Arbeit über Peptidyl-Prolyl-cis-trans-Isomerasen und über Proteinimport in das rauhe endoplasmatische Retikulum);
- 1990–1993 wissenschaftlicher Mitarbeiter in der Arbeitsgruppe von T. A. RAPOPORT am Max-Delbrück-Zentrum für Molekulare Medizin, Berlin (Arbeit über Proteinimport in das rauhe endoplasmatische Retikulum);
- 1993 Promotion (»summa cum laude«; Thema: Isolierung und Charakterisierung von Bestandteilen des Protein-Translokationstunnels);
- 1993–1995 Postdoktorand am Wellcome/CRC Institute in Cambridge (Großbritannien) (Untersuchungen zum Proteinimport in den Zellkern in der Arbeitsgruppe von R. A. LASKEY);
- seit 1996 Forschungsgruppenleiter am Zentrum für Molekulare Biologie der Universität Heidelberg (ZMBH) (Arbeit über Kern-Zytoplasma-Transport);
- seit 2001 C3-Professor für Molekularbiologie und Stellvertretender Direktor des ZMBH;
- 2004 Ruf auf eine C4-Professur für Molekularbiologie am ZMBH (abgelehnt).

Hauptarbeitsgebiete:
- Nuklearer Proteintransport (molekulare Basis für Selektivität);
- Nukleare Porenkomplexe (NPCs).

Mitgliedschaften und Ehrungen (Auswahl):
- 1985 Teilnahme und Gewinn einer Goldmedaille bei der Internationalen Chemie-Olympiade in Bratislava;
- 1993 Karl-Lohmann-Preis der Deutschen Gesellschaft für Biologische Chemie;
- 1994 Falcon-Preis der Deutschen Gesellschaft für Zellbiologie;
- 1994/95 HFSPO Long Term Fellowship;
- 1997 European Molecular Biology Organization (EMBO) Gold Medal;
- 1997 EMBO-Mitglied;

- 1997 Heinz-Maier-Leibnitz-Preis;
- 2000 Dozentenstipendium des Fonds der Chemischen Industrie;
- 2001 Alfried-Krupp-Förderpreis für junge Hochschullehrer.

Veröffentlichungen (Auswahl):
- GÖRLICH, D., and RAPOPORT, T. A.: Protein translocation into proteoliposomes reconstituted from purified components of the endoplasmic reticulum membrane. Cell *75*, 615–630 (1993)
- RIBBECK, K., and GÖRLICH, D.: Kinetic characterisation of translocation through nuclear pore complexes. EMBO J. *20*, 1320–1330 (2001)
- RIBBECK, K., and GÖRLICH, D.: The permeability barrier of nuclear pore complexes appears to operate through hydrophobic exclusion. EMBO J. *21*, 2664–2671 (2002)
- STÜVEN, T., HARTMANN, E., and GÖRLICH, D.: Exportin 6: a novel nuclear export receptor that is specific for profilin-actin-complexes. EMBO J. *22*, 5928–5940 (2003)
- MINGOT, J., BOHNSACK, M., JÄKLE, U., and GÖRLICH, D.: Exportin 7 defines a novel general nuclear export pathway. EMBO J. *24*, 3227–3236 (2004)
- BOHNSACK, M., STÜVEN, T., KUHN, C., CORDES, V., and GÖRLICH, D.: A selective block of nuclear actin export stabilizes the giant nuclei of *Xenopus* oocytes. Nature Cell Biol. *8/3*, 257–263 (2006)

Prof. Dr. rer. pol.
Martin Grötschel
*10. 9. 1948 Schwelm (Nordrhein-Westfalen)

Sektion: Informationswissenschaften
Matrikel-Nummer: 7011
Aufnahmedatum: 23. 2. 2005

Derzeitige berufliche Position:
Professor für Informationstechnik an der TU Berlin (Fakultät für Mathematik) und Vizepräsident des Konrad-Zuse-Zentrums für Informationstechnik Berlin (ZIB) (seit 1991)

Ausbildung und beruflicher Werdegang:
– 1969–1973 Studium der Mathematik und der Wirtschaftswissenschaften an der Universität Bochum;
– 1973–1982 wissenschaftlicher Mitarbeiter an der Universität Bonn;
– 1977 Promotion (Dr. rer. pol.) in Bonn;
– 1981 Habilitation (Operations Research) in Bonn;
– 1982–1991 Professor an der Universität in Augsburg (Lehrstuhl für Angewandte Mathematik);
– seit 2002 Sprecher des DFG-Forschungszentrums MATHEON »Mathematik für Schlüsseltechnologien« (an der TU Berlin), gefördert von der Deutschen Forschungsgemeinschaft.

Hauptarbeitsgebiete:
– Optimierung (Kombinatorische Optimierung, Online Optimierung);
– Diskrete Mathematik;
– Operations Research;
– polyedrische Kombinatorik;
– Konvexgeometrie;
– Graphen- und Matroidtheorie;
– Modellierung industrieller Probleme.

Mitgliedschaften und Ehrungen (Auswahl):
– 1982 Fulkerson Prize der American Mathematical Society und der Mathematical Programming Society;
– 1990 Karl-Heinz-Beckurts-Preis;
– 1991 George-B.-Dantzig-Preis der Mathematical Programming Society (MPS) und der Society of Industrial and Applied Mathematics (SIAM);
– 1995 Gottfried-Wilhelm-Leibniz-Preis der Deutschen Forschungsgemeinschaft (DFG);

- 1995 Ordentliches Mitglied der Berlin-Brandenburgischen Akademie der Wissenschaften;
- 1998 Ehrenmitglied der Deutschen Mathematiker-Vereinigung;
- 1999 Wissenschaftspreis der Gesellschaft für Operations Research;
- 1999 Foreign Associate of the National Academy of Engineering (USA);
- 2003 Mitglied des acatech-Konvents für Technikwissenschaften der Union der deutschen Akademien der Wissenschaften e. V.;
- 2004 EURO-Gold-Medaille 2004 (EURO – Vereinigung der Europäischen Gesellschaften für Operations Research).

Herausgebertätigkeiten (Auswahl):
- Editorial/Advisory Board oder Associate Editor von:
- *Computational and Applied Mathematics*;
- *Computing. Archives for Scientific Computing*;
- *Mathematical Methods of Operations Research*;
- *Mathematical Programming. Series A*;
- *Networks. An International Journal*;
- *Operations Research Letters*;
- *OR Transactions*;
- *SIAM Journal on Discrete Mathematics*;
- *European Journal of Applied Mathematics* (EJAM).

Mitarbeit in Organisationen und Gremien (Auswahl):
- 1983–1984 Prodekan, 1984–1986 Dekan der Fakultät für Mathematik und Naturwissenschaften der Universität Augsburg;
- 1986–1988 Mitglied des Akademischen Senates der Universität Augsburg;
- 1993–1994 Präsident der Deutschen Mathematiker-Vereinigung (DMV);
- seit 1999 Mitglied des Exekutivkomitees der Internationalen Mathematikervereinigung (IMU);
- seit 2001 Mitglied des Vorstandes der Berlin-Brandenburgischen Akademie der Wissenschaften;
- seit 2006 Generalsekretär der IMU.

Veröffentlichungen (Auswahl):
- GRÖTSCHEL, M., LOVÁSZ, L., and SCHRIJVER, A. (Eds.): Geometric Algorithms and Combinatorial Optimization. Berlin: Springer 1988
- GRAHAM, R. L., GRÖTSCHEL, M., and LOVÁSZ, L. (Eds.): Handbook of Combinatorics. Vol. *I* and *II*. North-Holland: Elsevier; Cambridge, MA (USA): The MIT Press 1995
- GRÖTSCHEL, M., KRUMKE, S. O., and RAMBAU, J. (Eds.): Online Optimization of Large Scale Systems. Berlin: Springer 2001

Prof. Dr. med.
Rudolf Friedrich **Guthoff**
*18. 2. 1948 Ingelheim

Sektion: Ophthalmologie, Oto-Rhino-Laryngologie und Stomatologie
Matrikel-Nummer: 7042
Aufnahmedatum: 28. 9. 2005

Derzeitige berufliche Position:
Professor (C4) und Direktor der Universitätsaugenklinik Rostock (seit 1992)

Ausbildung und beruflicher Werdegang:
- 1967–1974 Studium der Humanmedizin, Johann-Wolfgang-Goethe-Universität Frankfurt (Main);
- 1974 Promotion (Dr. med.);
- 1975–1976 Assistenzarzt an der Universitätsaugenklinik Frankfurt (Main) (Direktor: Wilhelm DODEN);
- 1976–1977 Ableistung des Wehrdienstes als Stabsarzt bei der Bundeswehr;
- 1977 Tätigkeit als Assistenzarzt, seit 1985 als Oberarzt an der Universitätsaugenklinik Hamburg (Direktor: Hans SAUTTER, seit 1982 Joerg DRAEGER);
- 1985 Habilitation und Venia legendi für das Fach Augenheilkunde;
- 1991 Ernennung zum apl. Professor der Universität Hamburg;
- seit 1. 10. 1992 Direktor der Universitätsaugenklinik Rostock;
- 10/1996–9/2000 Prodekan für Forschung an der Medizinischen Fakultät der Universität Rostock;
- 10/2000–9/2004 Dekan der Medizinischen Fakultät der Universität Rostock.

Hauptarbeitsgebiete:
- Bildgebende Diagnostik in der Augenheilkunde;
- Orbitaerkrankungen;
- Ophthalmoonkologie;
- Tränenwegserkrankungen;
- biomechanische Aspekte der Kunstlinsenimplantation;
- Epidemiologie der Kinderblindheit in der Dritten Welt unter besonderer Berücksichtigung der kongenitalen Katarakt.

Mitgliedschaften und Ehrungen (Auswahl):
- Ehrenmitgliedschaft der Ungarischen Ophthalmologischen Gesellschaft;
- »Löhn-Preis« der Steinbeis-Stiftung für die Entwicklung des Rostock Cornea Moduls;
- »Preis für Tropenophthalmologie« der Deutschen Ophthalmologischen Gesellschaft;
- Mitglied der Deutschen Ophthalmologischen Gesellschaft (DOG);

- Mitglied der American Society of Ophthalmic Plastic and Reconstructive Surgery (ASOPRS);
- Mitglied der Association for Research in Vision and Ophthalmology (ARVO);
- Mitglied der Tear Film and Ocular Surface Society (TFOS).

Herausgebertätigkeiten (Auswahl):
- Mitglied im Editorial Board der Zeitschriften *Der Ophthalmologe, Klinische Monatsblätter für Augenheilkunde* und *Essentials in Ophthalmology*.

Mitarbeit in Organisationen und Gremien (Auswahl):
- Sekretär der European Society of Ophthalmic Plastic and Reconstructive Surgery (ESOPRS);
- Mitglied des Vorstandes der Deutschen Ophthalmologischen Gesellschaft (DOG);
- Sprecher der DOG-Sektion Ophthalmoplastische und Rekonstruktive Chirurgie;
- Mitglied der DOG-Sektion Internationale Ophthalmologie.

Veröffentlichungen (Auswahl):
- SCHITTKOWSKI, M. P., GUNDLACH, K. K. H., und GUTHOFF, R. F.: Therapie des Kongenitalen klinischen Anophthalmus mit hoch hydrophilen Hydrogelexpandern. Der Ophthalmologe *100*/7, 525–534 (2003)
- STACHS, O., SCHNEIDER, H., STAVE, J., and GUTHOFF, R. F.: Potentially accommodating intraocular lenses – An in-vitro and in-vivo study using three-dimensional highfrequency ultrasound. J. Refractive Surgery *21*/1, 37–43 (2005) [mit dem Troutman-Preis der Sektion Cataract and Refractive Surgery der American Academy of Ophthalmology (AAO) ausgezeichnet]
- ECKARD, A., STAVE, J., and GUTHOFF, R. F.: In vivo-investigations of the corneal epithelium with the confocal Rostock-Laser-Scanning-Microscope (RLSM). Cornea *25*/2, 127–131 (2006)
- GUTHOFF, R. F., BAUDOUIN, C., and STAVE, J.: Atlas of Confocal Laser Scanning In-vivo Microscopy in Ophthalmology. Berlin u. a.: Springer 2006

Prof. Dr. rer. nat.
Theodor W. Hänsch
*30. 10. 1941 Heidelberg

Sektion: Physik
Matrikel-Nummer: 7052
Aufnahmedatum: 14. 12. 2005

Derzeitige berufliche Position:
Direktor am Max-Planck-Institut für Quantenoptik Garching und C4-Professor für Physik an der Ludwig-Maximilians-Universität (LMU) München (seit 1986)

Ausbildung und beruflicher Werdegang:
– 1961–1969 Studium der Physik an der Universität Heidelberg (1966 Diplom, 1969 Promotion mit »summa cum laude«);
– 1969–1970 Assistent, Institut für Angewandte Physik, Universität Heidelberg;
– 1970–1972 NATO Postdoctoral Fellow, Stanford University (USA);
– 1972–1975 Associate Professor of Physics, Stanford University;
– 1975–1986 Professor of Physics, Stanford University;
– Aufenthalte am College de France, Paris (Frankreich, 1978), an der Universität von Kyoto (Japan, 1979), der Universität von Florenz (Italien, 1979, 1995), der Fudan-Universität Shanghai (China, 1982), der Stanford University (USA, 1988); Ecole Normale Supérieure, Paris (Frankreich, 1992); am Caltech Pasadena (USA, 2001).

Hauptarbeitsgebiete:
– Ultrapräzise Laserspektroskopie;
– Quantenphysik ultrakalter Atome.

Mitgliedschaften und Ehrungen (Auswahl):
– 1983 American Academy of Arts and Sciences;
– 1985 William F. Meggers Award, Optical Society of America (OSA);
– 1986 The Franklin Institute, Philadelphia (USA), Life Member;
– 1986 Michelson Medal, The Franklin Institute, Philadelphia (USA);
– 1987 Italgas Prize for Research and Innovation, Italgas, Torino (Italien);
– 1988 Gottfried-Wilhelm-Leibniz-Preis, Deutsche Forschungsgemeinschaft;
– 1989 King Faisal International Prize for Science (Saudi-Arabien);
– 1991 Bayerische Akademie der Wissenschaften;
– 1995 Einstein Medal for Laser Science;
– 1996 Arthur L. Schawlow Prize for Laser Science, American Physical Society;
– 2000 Stern-Gerlach-Medaille, Deutsche Physikalische Gesellschaft;
– 2002 U. S. National Academy of Science (Foreign Associate);
– 2002 Accademia Nazionale dei Lincei (Italien, Auswärtiges Mitglied);

- 2002 Alfried-Krupp-Wissenschaftspreis;
- 2003 Bayerischer Maximiliansorden;
- 2003 Bundesverdienstkreuz 1. Klasse;
- 2005 Berlin-Brandenburgische Akademie der Wissenschaften;
- 2005 Académie des Sciences, Institut de France (Auswärtiges Mitglied);
- 2005 I. I. Rabi Award, IEEE;
- 2005 Frederic Ives Medal, Optical Society of America;
- 2005 Otto-Hahn-Preis der Gesellschaft Deutscher Chemiker, der Deutschen Physikalischen Gesellschaft und der Stadt Frankfurt (Main);
- 2005 Nobelpreis für Physik (gemeinsam mit J. L. HALL und R. GLAUBER).

Herausgebertätigkeiten (Auswahl):
- Editorial Board von *Metrologia* (1975–1983); *Optics Communications* (Advisory Editor, seit 1975); *Journal of the OSA* (1981–1984, Associate Editor); *Applied Physics B* (seit 1983); *Physics Today* (1985–1995 Advisory Committee); *Physics in Perspective* (seit 1997, Board of Editors); *Springer Series in Optical Sciences* (seit 1998), *Laser Physics Review* (seit 2004).

Mitarbeit in Organisationen und Gremien (Auswahl):
- 1989–1990 BMFT Referee Board, BESSYII-Project, Berlin;
- 1991 Ecole Normale Supérieure, Paris, Physics Department, Scientific Board;
- seit 1999 Advisory Board, Physikalisch-Technische Bundesanstalt;
- seit 2004 Advisory Board, Center for Quantum Optics and Quantum Information, Österreichische Akademie der Wissenschaften, Innsbruck (Österreich);
- 2004 Assessment Committee, Physics Research, Universiteit van Amsterdam and Vrije Universiteit Amsterdam (Niederlande);
- seit 2005 SUPA Advisory Committee, Scottish Universities Physics Alliance (Schottland).

Veröffentlichungen (Auswahl):
- MANDEL, O., GREINER, M., WIDERA, A., ROM, T., HÄNSCH, T. W., and BLOCH, I.: Controlled collisions for multiparticle entanglement of optically trapped atoms. Nature *425*, 937–940 (2003)
- BALTUSKA, A., UDEM, T., UIBERACKER, M., HENTSCHEL, M., GOULIELMAKIS, E., GOHLE, C., HOLZWARTH, R., YAKOVLEV, V. S., SCRINZI, A., HÄNSCH, T. W., and KRAUSZ, F.: Attosecond control of electronic processes by intense light fields. Nature *421*, 611–615 (2003)
- VIDNE, Y., ROSENBLUH, M., and HÄNSCH, T. W.: Pulse picking by phase coherent additive pulse generation in an external cavity. Opt. Lett. *28*, 2396–2398 (2003)

Prof. Dr. rer. nat.
Rainer Hedrich
*1. 4. 1957 Frankfurt (Main)

Sektion: Genetik/Molekularbiologie und Zellbiologie
Matrikel-Nummer: 7032
Aufnahmedatum: 29. 6. 2005

Derzeitige berufliche Position:
C4-Professor für Molekulare Pflanzenphysiologie und Biophysik, Julius-Sachs-Institut für Biowissenschaften der Universität Würzburg (seit 1996)

Ausbildung und beruflicher Werdegang:
- 1978–1981 Studium der Biologie an der Georg-August-Universität Göttingen;
- 1981 Diplom (Botanik, Biochemie, Physikalische Chemie), Diplomarbeit unter Anleitung von K. RASCHKE (»Messung der Wirkung von Abszisinsäure auf CO_2-Assimilation und Stomatätigkeit von Maisblättern« unter Anwendung der Infrarotgasanalysentechnik);
- 1982–1985 Promotionsarbeit bei K. RASCHKE (»Über den Stoffwechsel von Schließzellen im Licht und im Dunkeln«) am Pflanzenphysiologischen Institut und Institut für Biochemie der Pflanze (H.-W. HELDT);
- 1983–1984 außerhalb der Promotionsarbeit gelang der erste Nachweis pflanzlicher Ionenkanäle und wurde mit dem Heinz-Maier-Leibnitz-Preis der Deutschen Forschungsgemeinschaft ausgezeichnet;
- 1985 Promotion im Fach Biologie (»summa cum laude«);
- 1985–1987 Postdoktorand am Max-Planck-Institut für Biophysikalische Chemie Göttingen, Abteilung Membranbiophysik (E. NEHER; Projekt »Patch-Clamp-Studien an Membranen höherer Pflanzenzellen«);
- 1987 Akademischer Rat auf Zeit am Pflanzenphysiologischen Institut der Universität Göttingen (Projekte: 1. Regulation des Ionentransports durch Plasma- und Vakuolenmembranen, 2. Charakterisierung und Isolierung von Ionenkanälen pflanzlicher Membranen);
- 1989 Leiter einer unabhängigen Arbeitsgruppe im Rahmen der Gerhard-Hess-Förderung der Deutschen Forschungsgemeinschaft;
- 1990 Habilitation für Allgemeine Botanik (»Die Rolle von Ionenkanälen beim Salztransport höherer Pflanzen«);
- 1990 Ruf auf Fiebiger-C3-Professur, Botanisches Institut, Universität Hannover (abgelehnt);
- 1991 Heisenberg-Stipendiat der Deutschen Forschungsgemeinschaft;
- 1991 Ruf auf C4-Professor, Botanisches Institut, Universität Köln (abgelehnt);
- 1991 C4-Professor, Universität Hannover, Institut für Biophysik;
- 1991–1996 Geschäftsführender Leiter des Instituts für Biophysik;
- 1994 Ruf auf C4-Professor, Universität Freiburg (abgelehnt).

Hauptarbeitsgebiete:
- Entschlüsselung der Biologie pflanzlicher Ionenkanäle und Transporter;
- Regulation sowie Struktur-Funktionsbeziehungen von Membranproteinen;
- Physiologie des Ionentransportes;
- Isolierung und Phänotypisierung von entsprechenden Mutanten und Aufklärung von deren Rolle für Wachstum, Entwicklung und Stressmanagement von Pflanzen.

Mitgliedschaften und Ehrungen (Auswahl):
- 1984 Heinz-Maier-Leibnitz-Preis der Deutschen Forschungsgemeinschaft;
- 1989 Gerhard-Hess-Förderpreis der Deutschen Forschungsgemeinschaft;
- 1991 Heisenberg-Stipendium der Deutschen Forschungsgemeinschaft;
- 1999 Comenius-Preis (Wissenschaftlicher Film) für beste Hochschuldidaktik;
- 2001 Körber-Preis für die europäische Wissenschaft.

Mitarbeit in Organisationen und Gremien (Auswahl):
- 1993–1996 Dekan des Fachbereiches Biologie, Universität Hannover;
- 2001–2003 Dekan der Fakultät für Biologie, Universität Würzburg.

Veröffentlichungen (Auswahl):
- SCHROEDER, J. I., HEDRICH, R., and FERNANDEZ, J. M.: Potassium-selective single channels in guard cell protoplasts of *Vicia faba*. Nature *312*, 361–362 (1984)
- HEDRICH, R., and NEHER, E.: Cytoplasmic calcium regulates voltage-dependent ion channels in plant vacuoles. Nature *329*, 833–835 (1987)
- MÜLLER-RÖBER, B., ELLENBERG, J., PROVART, N., WILLMITZER, L., BUSCH, H., BECKER, D., DIETRICH, P., HOTH, S., and HEDRICH, R.: Cloning and electrophysiological analysis of KST1, an inward-rectifying K^+ channel expressed in potato guard cells. EMBO J. *14*, 2409–2416 (1995)
- PHILIPPAR, K., FUCHS, I., LÜTHEN, H., HOTH, S., BAUER, C. S., HAGA, K., THIEL, G., LJUNG, K., SANDBERG, G., BÖTTGER, M., BECKER, D., and HEDRICH, R.: Auxin-induced K^+ channel expression represents an essential step in coleoptile growth and gravitropism. Proc. Natl. Acad. Sci. USA *96*, 12186–12191 (1999)
- LEVCHENKO, V., KONRAD, K. R., DIETRICH, P., ROELFSEMA, M. R. G., and HEDRICH, R.: Cytosolic abscisic acid activates guard cell anion channels without preceding Ca^{2+} signals. *102*/11, 4203–4208 (2005)

Prof. Dr. med.
Hans-Jochen Heinze
*15. 7. 1953 Gummersbach

Sektion: Neurowissenschaften
Matrikel-Nummer: 7012
Aufnahmedatum: 23. 2. 2005

Derzeitige berufliche Position:
Direktor der Klinik für Neurologie II der Otto-von-Guericke-Universität Magdeburg (seit 1993). Koordinator und im Direktorium des BMBF *Center for Advanced Imaging* Magdeburg-Bremen (seit 2002), außerdem Direktor der Abteilung für Verhaltensneurologie am Leibniz-Institut für Neurobiologie in Magdeburg (seit 2005). Er leitet zudem die Max-Planck-Fellowship-Gruppe »Aufmerksamkeit und Bewußtsein«.

Ausbildung und beruflicher Werdegang:
– Studium der Medizin (1979 Dr. med., Medizinische Hochschule Hannover) und Mathematik (1981 Diplom, Universität Hannover);
– 1982–1987 Ausbildung zum Facharzt für Neurologie an der Medizinischen Hochschule Hannover;
– 1985 Habilitation an der Medizinischen Hochschule Hannover;
– 1987–1989 Stipendiat der Deutschen Forschungsgemeinschaft (DFG) im Department of Neurosciences, University of California San Diego (USA);
– 1990–1993 Leiter der Sektion »Klinische Neurophysiologie« und leitender Oberarzt der Neurologischen Klinik, Medizinische Hochschule Hannover;
– 2005 Max-Planck-Fellowship »Attention and Awareness«;
– 2005 Ruf als Direktor an das Max-Planck-Institut für Kognitions- und Neurowissenschaften Leipzig (abgelehnt);
– seit 2005 Sprecher des DFG-Sonderforschungsbereiches »Limbic Structures and Functions«.

Hauptarbeitsgebiete:
– Neurale Mechanismen der Kognition; Gehirnläsionen und Verhaltensänderungen;
– Gedächtnis und Sprache;
– visuelle Selektionsmechanismen; sensorische Prozesse;
– klinische EEG- und EMG-Analysen.

Mitgliedschaften und Ehrungen (Auswahl):
– Deutsche Gesellschaft für klinische Neurophysiologie;
– Deutsche Gesellschaft für Neurobiologie;
– 2002 Irving Diamond Award, Duke University, North Carolina (USA);

- 2002 Quadriennal Prize Dubois-Debauque for Electrophysiology (Belgien);
- 2003 Berlin-Brandenburgische Akademie der Wissenschaften.

Herausgebertätigkeiten (Auswahl):
- Associate Editor/Advisory Board von *Neuropsychobiology, Klinische Neurophysiologie, Aktuelle Neurologie, Medizinische Psychologie, Zeitschrift für Neuropsychologie*.

Mitarbeit in Organisationen und Gremien (Auswahl):
- 1994–2000 Mitglied des Vorstands der Gesellschaft Deutscher Naturforscher und Ärzte;
- seit 2000 Mitglied Advisory Board, International University Bremen;
- seit 2000 Mitbegründer der Dekade des Humanen Gehirns;
- seit 2001 Mitglied und Fachvertreter des Auswahlausschusses der Alexander-von-Humboldt-Stiftung;
- 2001 Mitglied der Leibniz-Gesellschaft und Mitglied des Board of Directors des Leibniz-Instituts für Neurobiologie Magdeburg;
- 2002 Koordinator des Center for Advanced Imaging Magdeburg-Bremen (BMBF gefördert);
- seit 2002 Mitglied des Kuratoriums der Hertie-Stiftung Tübingen;
- 2004 Scientific Advisory Board des Zentrum für systemische Neurowissenschaften Hannover;
- 2004 Vizepräsident bzw. designierter Präsident der Deutschen Gesellschaft für Klinische Neurophysiologie;
- 2004–2005 Mitglied des Fachkollegiums der Deutschen Forschungsgemeinschaft Bonn;
- 2005 Mitglied des Senates und des Hauptausschusses der Deutschen Forschungsgemeinschaft Bonn.

Veröffentlichungen (Auswahl):
- HEINZE, H. J., LUCK, S. J., MÜNTE, T. F., GÖS, A., MANGUN, G. R., and HILLYARD, S. A.: Attention to adjacent and separate positions in space: An electrophysiological analysis. Perception Psychophysics *56*/1, 42–52 (1994)
- HEINZE, H. J., MANGUN, G. R., BURCHERT, W., HINRICHS, H., SCHOLZ, M., MÜNTE, T. F., GÖS, A., JOHANNES, S., SCHERG, M., HUNDESHAGEN, H., GAZZANIGA, M. S., and HILLYARD, S. A.: Combined spatial and temporal imaging of spatial selective attention in humans. Nature *392*, 543–546 (1994)
- HEINZE, H. J., HINRICHS, H., MANGUN, G. R., and SCHOLZ, M.: Neural mechanisms of part whole processing: Combined PET and ERP study. J. Cogn. Neurosc. *10*/4, 485–498 (1998)
- NOESSELT, T., HILLYARD, S. A., WOLDORFF, M. G., SCHOENFELD, M. A., HAGNER, T., JAENCKE, L., TEMPELMANN, C., HINRICHS, H., and HEINZE, H. J.: Delayed striate cortical activation during spatial attention. Neuron *35*, 575–587 (2002)
- DÜZEL, E., HABIB, R., ROTTE, M., GUDERIAN, S., TULVING, E., and HEINZE, H. J.: Human hippocampal and parahippocampal activity during visual associate recognition memory for spatial and non-spatial stimulus configurations. J. Neurosci. *23*, 9439–9444 (2003)
- HOPF, J. M., LUCK, S. J., BOELMANS, K., SCHOENFELD, A., BOEHLER, N., RIEGER, J. W., and HEINZE, H. J.: The neural site of attention matches the spatial scale of perception. J. Neurosci. *26*/13, 3532–3540 (2006)

Prof. Ph.D.
Thomas Anton **Henzinger**
*December 8, 1962 in Linz (Austria)

Section: Informatics
Matricula nummer: 7013
Date of election: February 23, 2005

Present Position:
Professor, Computer and Communication Sciences, EPFL (Switzerland, since 2004)

Education and Career:
- 1982–1987 Diplom-Ingenieur, Informatik, Universität Linz (Österreich);
- 1985–1986 Master of Science, Computer and Information Sciences, University of Delaware (USA);
- 1987–1991 Ph.D., Computer Science, Stanford University (USA);
- 1991 Postdoctoral Scientist, University of Grenoble (France);
- 1992–1995 Assistant Professor, Computer Science, Cornell University (USA);
- 1996–1997 Assistant Professor, Electrical Engineering and Computer Sciences, University of California, Berkeley (USA);
- 1997–1998 Associate Professor, Electrical Engineering and Computer Sciences, University of California, Berkeley (USA);
- 1998–2004 Professor, Electrical Engineering and Computer Sciences, University of California, Berkeley (USA);
- 1999 Direktor, Max-Planck-Institut für Informatik, Saarbrücken.

Main Fields of Work:
- Mathematical logic, automata theory, game theory, and semantics of computation;
- Modeling and analysis of concurrent, reactive, real-time, and hybrid systems;
- Formal software and hardware verification;
- Design and implementation of embedded software.

Memberships and Honours (Selection):
- 2006 Academia Europaea;
- 2006 IEEE Fellow.

Publications (Selection):
- HENZINGER, T. A., NICOLLIN, X., SIFAKIS, J., and YOVINE, S.: Symbolic model checking for real-time systems. Information and Computation *111*, 193–244 (1994)
- HENZINGER, T. A., KOPKE, P. W., PURI, A., and VARAIYA, P.: What's decidable about hybrid automata? Journal of Computer and System Sciences *57*, 94–124 (1998)

- ALUR, R., and HENZINGER, T. A.: Reactive modules. Formal Methods in System Design *15*, 7–48 (1999)
- ALUR, R., HENZINGER, T. A., and KUPFERMAN, O.: Alternating-time temporal logic. Journal of the ACM *49*, 672–713 (2002)
- HENZINGER, T. A., JHALA, R., MAJUMDAR, R., and SUTRE, G.: Lazy abstraction. ACM Symposium on Principles of Programming Languages; pp. 58–70 (2002)
- HENZINGER, T. A., HOROWITZ, B., and KIRSCH, C. M.: Giotto: A time-triggered language for embedded programming. Proceedings of the IEEE *91*, 84–99 (2003)

Prof. Dr. phil. Dr. h. c.
Otfried Höffe
*12. 9. 1943 Leobschütz

Sektion: Kulturwissenschaften
Matrikel-Nummer: 7053
Aufnahmedatum: 14. 12. 2005

Derzeitige berufliche Position:
C4-Professor für Philosophie an der Universität Tübingen; Gründer und Leiter der Forschungsstelle Politische Philosophie (seit 1992); Mitglied der Juristischen Fakultät der Universität Tübingen (seit 1994) und ständiger Gastprofessor für Rechtsphilosophie an der Universität Sankt Gallen (Schweiz, seit 2002)

Ausbildung und beruflicher Werdegang:
– 1964–1970 Studium der Philosophie, Geschichte, Theologie und Soziologie in Münster, Tübingen, Saarbrücken und München (Promotion zum Dr. phil.);
– 1970–1971 Visiting Scholar, Columbia University in New York, NY (USA);
– 1971–1976 wissenschaftlicher Assistent an der Universität München;
– 1974/75 Habilitation für Philosophie in München;
– 1976–1978 erst Lehrstuhlvertreter, dann Ordentlicher Professor für Philosophie an der Universität Duisburg;
– 1978–1992 Lehrstuhlinhaber für Ethik und Sozialphilosophie sowie Direktor des Internationalen Instituts für Sozialphilosophie und Politik und Lehrbeauftragter für Rechtsphilosophie an der Universität Freiburg (Schweiz);
– 1985–1986 Wissenschaftliches Mitglied (Fellow) am Wissenschaftskolleg zu Berlin.

Hauptarbeitsgebiete:
– Politische Philosophie (Rechts- und Staatsphilosophie); Moralphilosophie;
– Angewandte Ethik (Biomedizinische Ethik, Ökologische Ethik, Technikethik, Wirtschaftsethik u. a.);
– Erkenntnistheorie;
– Werke von ARISTOTELES und KANT.

Mitgliedschaften und Ehrungen (Auswahl):
– 1999 Ehrendoktor der Universität in Porto Alegre (PUCRS, Brasilien);
– 1992 Preis der Margit-Egnér-Stiftung Zürich (Schweiz);
– 2002 Bayerischer Literaturpreis (Karl-Vossler-Preis) für wissenschaftliche Darstellungen von literarischem Rang;
– Heidelberger Akademie der Wissenschaften;
– Korrespondierendes Mitglied des Collegium Europaeum Jenense;
– Ehrenmitglied, Vereinigung der WeltbürgerInnen (Paris), Sektion Schweiz;
– Teheraner Akademie für Philosophie und Weltweisheit (Iran).

Herausgebertätigkeiten (Auswahl):
Beirat bzw. Editorial Board bzw. Consiglio direttivo von:
- *Applied Philosophy*; *Ars Interpretandi*; *Cuademos de Etica*; *Dialogo Cientifico*;
- *Internationales Jahrbuch für Rechtsphilosophie und Gesetzgebung*;
- *International Journal of Applied Philosophy*;
- *Jahrbuch politisches Denken*; *Jahrbuch für Wissenschaft und Ethik*;
- *Kantian Review*; *Hobbes Studies*; *Philosophie – Ethik*;
- *Rivista Internazionale di Filosofia del Diritto*; *Zeitschrift für Politik* (bis 2001).

Mitarbeit in Organisationen und Gremien (Auswahl):
- 1995–2004 Auswahlausschuß der Alexander-von-Humboldt-Stiftung;
- Mitglied des wissenschaftlichen Beirats der Fritz-Thyssen-Stiftung;
- 1997–2000 Mitglied der zentralen Ethikkommission der Deutschen Bundesärztekammer.

Veröffentlichungen (Auswahl):
- HÖFFE, O.: Praktische Philosophie – Das Modell des Aristoteles. München: Pustet 1971, Berlin: Akademie-Verlag 1975, ²1996
- HÖFFE, O.: Strategien der Humanität. Zur Ethik öffentlicher Entscheidungsprozesse. Frankfurt (Main): Suhrkamp ²1985
- HÖFFE, O.: Ethik und Politik. Grundmodelle und -probleme der praktischen Philosophie. Frankfurt (Main): Suhrkamp 1979, ⁵2000
- HÖFFE, O.: Immanuel Kant. Leben, Werk, Wirkung. München: Beck 1983, ⁶2004
- HÖFFE, O.: Politische Gerechtigkeit. Grundlegung einer kritischen Philosophie von Recht und Staat. Frankfurt (Main): Suhrkamp 1987, ⁴2003
- HÖFFE, O.: Den Staat braucht selbst ein Volk von Teufeln. Philosophische Versuche zur Rechts- und Staatsethik. Stuttgart: Philipp Reclam 1988
- HÖFFE, O.: Kategorische Rechtsprinzipien. Ein Kontrapunkt zur Moderne. Frankfurt (Main): Suhrkamp 1990, ³1995
- HÖFFE, O.: Moral als Preis der Moderne. Ein Versuch über Wissenschaft, Technik und Umwelt. Frankfurt (Main): Suhrkamp 1993, ⁴2000
- HÖFFE, O.: Aristoteles. Leben, Werk, Wirkung. München: Beck 1996, ³2004
- HÖFFE, O.: Vernunft und Recht. Bausteine zu einem interkulturellen Rechtsdiskurs. Frankfurt (Main): 1996, ²1998
- HÖFFE, O.: Demokratie im Zeitalter der Globalisierung. München: Beck 1999, ²2002
- HÖFFE, O.: Kleine Geschichte der Philosophie. München: Beck 2001, 2005
- HÖFFE, O.: Hörbuch: Kleine Geschichte der Philosophie. Grünwald: Komplett-Media 2006
- HÖFFE, O.: Gerechtigkeit. Eine philosophische Einführung. München: Beck 2001, ²2004
- HÖFFE, O.: Hörbuch: Gerechtigkeit. Eine philosophische Einführung. Grünwald: Komplett-Media 2007
- HÖFFE, O.: Medizin ohne Ethik? Frankfurt (Main): Suhrkamp 2002, ²2003
- HÖFFE, O.: Kants Kritik der reinen Vernunft. Die Grundlegung der modernen Philosophie. München: Beck 2003, ⁴2004
- HÖFFE, O.: Lebenskunst und Moral. München: Beck 2007
Übersetzungen in etwa 20 europäische und außereuropäische Sprachen

Prof. Dr. med.
Reinhard Hohlfeld
*26. 2. 1953 Berlin

Sektion: Neurowissenschaften
Matrikel-Nummer: 7014
Aufnahmedatum: 23. 2. 2005

Derzeitige berufliche Position:
Direktor des Instituts für Klinische Neuroimmunologie der Ludwig-Maximilians-Universität München und Leiter der klinischen Sektion der Abteilung für Neuroimmunologie am Max-Planck-Institut (MPI) für Neurobiologie Martinsried.

Ausbildung und beruflicher Werdegang:
- 1971–1978 Medizinstudium in Köln, London (Großbritannien) und Homburg (Saar), Stipendiat der Studienstiftung;
- 1979 Promotion zum Dr. med. an der Universität des Saarlandes;
- 1978–1981 Postdoktorandenstipendiat am MPI für Immunbiologie in Freiburg;
- 1981–1986 Assistenzarzt an der Neurologischen Universitätsklinik Düsseldorf;
- 1986 Facharztanerkennung für Neurologie;
- 1987 Habilitation und Venia legendi für Neurologie;
- 1987–1989 Research Fellow der Mayo-Klinik, Rochester (Minnesota, USA); Heisenberg-Stipendium;
- 1990–1998 C3-Professor für Neurologie, LMU München;
- seit 1998 C4-Professur für Neurowissenschaften und Klinische Neuroimmunologie (Stiftungs-Lehrstuhl, Hermann-und-Lilly-Schilling-Stiftung);
- seit 2000 Sprecher des SFB 571 »Autoimmunreaktionen: Von den Manifestationen über die Mechanismen zur Therapie«;
- seit 2006 auswärtiges Mitglied am MPI für Neurobiologie.

Hauptarbeitsgebiete:
- Pathogenese und Therapie neuroimmunologischer Erkrankungen wie Multiple Sklerose, Myasthenia Gravis, entzündliche Muskelerkrankungen.

Mitgliedschaften und Ehrungen (Auswahl):
- 1972–1978 Studienstiftung;
- 1980 Claude-Bernard-Preis;
- 1983 Duchenne-Erb-Preis;
- 1983 Heinz-Maier-Leibnitz-Preis;
- 1987–1990 Heisenberg-Stipendium;
- 1991 Sanofi-Preis der Deutschen Gesellschaft für Muskelkranke;
- 1994 Gastprofessur, Universität Ferrara (Italien);
- 1999 Jacobson Visiting Professor, University of Newcastle (Großbritannien);

- 2004 Sobek Prize for Multiple Sclerosis Research

Herausgebertätigkeiten (Auswahl):
- *Brain*;
- *Clinical and Experimental Immunology*;
- *Deutsche Medizinische Wochenschrift*;
- *Expert Opinion on Biological Therapy*;
- *International MS Journal*;
- *Journal of Neuroimmunology*;
- *Journal of Neurology*;
- *Multiple Sclerosis*;
- *Muscle & Nerve*;
- *Nervenarzt*;
- *Practical Neurology*.

Mitarbeit in Organisationen und Gremien (Auswahl):
- Deutsche Gesellschaft für Muskelkranke, Ärztlicher Beirat;
- Deutsche Multiple-Sklerose-Gesellschaft, Bundesverband, Ärztlicher Beirat;
- Deutsche Multiple-Sklerose-Gesellschaft, Landesverband Bayern, stellvertretender Vorsitzender;
- Advisory Board and Council, International Society for Neuroimmunology;
- Scientific Advisory Board, International Federation of Multiple Sclerosis Societies (IFMSS);
- Scientific Panel, European Federation of Neurological Societies (EFNS);
- Honorary Member, Belgian Neurological Society;
- Medical/Scientific Advisory Board, Myasthenia Gravis Foundation, USA;
- Research Programs Advisory Committee (RPAC), National Multiple Sclerosis Society, USA.

Veröffentlichungen (Auswahl):
- HOHLFELD, R., TOYKA, K. V., HEININGER, K., GROSSE-WILDE, H., and KALIES, I.: Autoimmune human T lymphocytes specific for acetylcholine receptor. Nature *310*, 244–246 (1984)
- HOHLFELD, R., ENGEL, A. G., II, K., and HARPER, M. C.: Polymyositis mediated by T lymphocytes that express the gamma-delta receptor. New Engl. J. Med. *324*, 877–881 (1991)
- HOHLFELD, R., and WEKERLE, H.: Autoimmune concepts of multiple sclerosis as a basis for selective immunotherapy: From pipe dreams to (therapeutic) pipelines. Proc. Natl. Acad. Sci. USA *101* (Suppl. 2), 14599–14606 (2004)
- HOHLFELD, R., and WEKERLE, H.: Drug insight: using monoclonal antibodies to treat multiple sclerosis. Nature Clinical Practice Neurology *1*, 34–44 (2005)

Prof. Dr. rer. nat.
Eduard Hurt
*7. 1. 1955 Hohenau (Bayern)

Sektion: Genetik/Molekularbiologie und Zellbiologie
Matrikel-Nummer: 7033
Aufnahmedatum: 29. 6. 2005

Derzeitige berufliche Position:
Professor (C4) und Stellvertretender Direktor des Biochemie-Zentrums der Universität Heidelberg (seit 2006, vorher Direktor von 2003 bis 2005)

Ausbildung und beruflicher Werdegang:
– 1974–1979 Studium der Biologie und Chemie an der Universität Regensburg;
– 1979 Staatsexamen in Biologie und Chemie;
– 1980–1983 Doktorarbeit an der Universität Regensburg am Lehrstuhl von W. TANNER im Labor von G. HAUSKA mit wissenschaftlichen Aufenthalten an der University of California in Berkeley und am Brookhaven National Laboratory, Long Island (USA) sowie an der Universität Bologna (Italien);
– 20. 6. 1983 Dr. rer. nat., verliehen durch die Naturwissenschaftliche Fakultät der Universität Regensburg;
– 7–12/1983 wissenschaftlicher Mitarbeiter in der Gruppe von G. HAUSKA;
– 1984–1986 Postdoktorand mit einem EMBO Long Term Fellowship im Labor von G. SCHATZ, Biozentrum, Universität Basel (Schweiz);
– 1987–1994 Forschungs-Gruppenleiter am European Molecular Biology Laboratory Heidelberg innerhalb des Zellbiologie-Programms;
– 7/1990 Habilitation im Fach Biochemie an der Universität Regensburg, Fachbereich Biologie;
– 5/1993 Ruf auf eine C4-Professur im Fach Biochemie an der Universität Heidelberg;
– 1995 C4-Professor an der Universität Heidelberg innerhalb der Medizinischen Fakultät.

Hauptarbeitsgebiete:
– Nukleozytoplasmatischer Transport;
– Analyse des Kernporenkomplexes;
– Aufklärung des Mechanismus der Entstehung, Reifung und des Exports von Boten-RNA und ribosomalen Untereinheiten aus dem Zellkern ins Zytoplasma.

Mitgliedschaften und Ehrungen (Auswahl):
– 1988 Wahl zum Mitglied von EMBO;
– Sprecher der Studiengruppe »Molekulare Zellbiologie« innerhalb der GBM;
– 2001 Gottfried-Wilhelm-Leibniz-Preis der DFG.

Herausgebertätigkeiten (Auswahl):
– seit 2001 Editor *Journal of Cell Biology.*

Mitarbeit in Organisationen und Gremien (Auswahl):
– seit 1997 Gutachter im Zentralen Auswahlausschuß der Alexander-von-Humboldt-Stiftung;
– 2005 Berufung in die Überprüfungskommission des Instituts für medizinische und pharmazeutische Prüfungsfragen (IMPP).

Veröffentlichungen (Auswahl):
– NEHRBASS, U., KERN, H., MUTVEI, A., HORSTMANN, H., MARSHALLSAY, B., and HURT, E.: NSP1: a yeast nuclear envelope protein localized at the nuclear pores exerts its essential function by its carboxy-terminal domain. Cell *61*, 979–989 (1990)
– SINIOSSOGLOU, S., WIMMER, C., RIEGER, M., DOYE, V., TEKOTTE, H., WEISE, C., EMIG, S., SEGREF, A., and HURT, E.: A novel complex of nucleoporins which includes Sec13p and a Sec13p homologue is essential for normal nuclear pores. Cell *84*, 265–275 (1996)
– STRÄSSER, K., and HURT, E.: The splicing factor Sub2p interacts directly with the mRNA transport factor Yra1p and is required for nuclear mRNA export. Nature *413*, 648–652 (2001)
– STRÄSSER, K., MASUDA, S., MASON, P., PFANNSTIEL, J., OPPIZZI, M., RODRIGUEZ-NAVARRO, S., RONDÓN, A. G., AGUILERA, A., STRUHL, K., REED, R., and HURT, E.: TREX is a conserved complex coupling transcription with mRNA export. Nature *417*, 304–308 (2002)
– RODRIGUEZ-NAVARRO, S., FISCHER, T., LUO, M.-J., ANTUNEZ, O., BRETTSCHNEIDER, S., PEREZ-ORTIN, J. E., REED, R., and HURT, E.: Sus1, a functional component of the SAGA histone acetylase complex and the nuclear pore-associated mRNA export machinery. Cell *116*, 75–86 (2004)

Prof. Dr.-Ing.
Ellen Ivers-Tiffée
*24. 9. 1951 Frankfurt (Main)

Sektion: Technikwissenschaften
Matrikel-Nummer: 7015
Aufnahmedatum: 23. 2. 2005

Derzeitige berufliche Position:
Universitätsprofessor (C4) und Leiterin des Instituts für Werkstoffe der Elektrotechnik, Fakultät Elektrotechnik und Informationstechnik, Universität Karlsruhe (TH) (seit 1996)

Ausbildung und beruflicher Werdegang:
- 1970–1975 Studium der Mineralogie/Kristallographie, Philipps-Universität Marburg;
- 1975 Diplom;
- 1975–1980 Promotionsstudium Werkstoffwissenschaften, Friedrich-Alexander-Universität Erlangen;
- 1980 Promotion (Dr.-Ing.);
- 1980–1996 Siemens AG München, Zentrale Technik, Fachgebiet Elektronische Keramik;
- seit 1996 Universitätsprofessor (C4) und Leiterin des Instituts für Werkstoffe der Elektrotechnik, Fakultät Elektrotechnik und Informationstechnik, Universität Karlsruhe (TH).

Hauptarbeitsgebiete:
- Werkstoffe und Verbundstrukturen der Hochtemperatur-Festelektrolyt-Brennstoffzelle;
- Nanoskalige Funktionsschichten und Grenzflächen von leitfähigen Metalloxiden;
- Methoden der Systemtheorie zur modellgestützten Werkstoffentwicklung.

Mitgliedschaften und Ehrungen (Auswahl):
- 1996 Preis der Schweizer Gesellschaft für Thermoanalytik und Kalorimetrie (STK) für Arbeiten auf dem Gebiet der Angewandten Chemischen Thermodynamik;
- 2000 Gastprofessur an der Oita University (Japan);
- 2003–2005 Mitglied des Vorstandes der International Society for Solid State Ionics;
- 1996–2005 Mitglied des Vorstandes der Deutschen Keramischen Gesellschaft (DKG);
- 2006 Gordon Research Conference on High Temperature Materials, USA (eingeladener Vortrag).

Herausgebertätigkeiten (Auswahl):
- wissenschaftliche Leitung (Scientific Chairman) und Organisation der »International Conference on Solid State Ionics SSI-15« (2005).

Mitarbeit in Organisationen und Gremien (Auswahl):
- 1996–1998 Mitglied des Senats der Universität Karlsruhe (TH);
- 1997–2000 Mitglied des Kuratoriums der Akademie für Technikfolgenabschätzung;
- 1998–2002 Prorektorin für Studium und Lehre, Universität Karlsruhe (TH);
- 1999–2002 Mitglied des Landesforschungsbeirats Baden-Württemberg;
- 1999–2004 Mitglied des Auswahlausschusses des Landesforschungspreises Baden-Württemberg;
- seit 1999 Mitglied des wissenschaftlichen Beirates des Leibniz-Instituts für Festkörper- und Werkstoffforschung, IFW, Dresden;
- seit 2001 Mitglied des Senats der Helmholtz-Gemeinschaft, HGF, Bonn;
- seit 2004 Mitglied des Findungsausschusses »Körber-Preis für die Europäische Wissenschaft«.

Veröffentlichungen (Auswahl):
- IVERS-TIFFÉE, E., and VIRKAR, A. V.: Electrode polarisations. In: SINGHAL, S. C., and KENDALL, K. (Eds.): High Temperature Solid Oxide Fuel Cells – Fundamentals, Design and Applications; pp. 229–260. Oxford: Elsevier Ltd. 2003
- IVERS-TIFFÉE, E., WEBER, A., and SCHICHLEIN, H.: Electrochemical impedance spectroscopy. In: VIELSTICH, W., LAMM, A., and GASTEIGER, H. (Eds.): Handbook of Fuel Cells. Vol. 2: Electrocatalysis; pp. 220–235. New York: John Wiley & Sons Ltd. 2003
- IVERS-TIFFÉE, E., WEBER, A., and SCHICHLEIN, H.: O_2 Reduction at High Temperatures. In: VIELSTICH, W., LAMM, A., and GASTEIGER, H. (Eds.): Handbook of Fuel Cells. Vol. 2: Electrocatalysis; pp. 587–600. New York: John Wiley & Sons Ltd. 2003
- IVERS-TIFFÉE, E., WEBER, A., SCHMID, K., and KREBS, V.: Macroscale modeling of cathode formation in SOFC. Solid State Ionics *174*, 223–231 (2004)

Prof. Dr. med. Dr. med. dent., M.S.
Søren Jepsen
*23. 3. 1958 Hamburg

Sektion: Ophthalmologie, Oto-Rhino-Laryngologie und Stomatologie
Matrikel-Nummer: 7043
Aufnahmedatum: 28. 9. 2005

Derzeitige berufliche Position:
Professor (C4) und Direktor der Poliklinik für Parodontologie, Zahnerhaltung und Präventive Zahnheilkunde der Rheinischen Friedrich-Wilhelms-Universität Bonn (seit 2002)

Ausbildung und beruflicher Werdegang:
- 1976–1981 Studium der Zahnmedizin, Universität Hamburg;
- 1982–1986 Studium der Medizin, Universität Hamburg;
- 1981 Approbation als Zahnarzt;
- 1983 Promotion (Dr. med. dent.), Medizinische Fakultät Hamburg;
- 1982–1985 Wissenschaftlicher Mitarbeiter, Abteilung für Zahnärztliche Prothetik und Werkstoffkunde, Universität Hamburg;
- 1986 Approbation als Arzt;
- 1987–1988 DAAD-Auslandsstipendium, Postgraduate Program Periodontology, Loma Linda University (Kalifornien, USA);
- 1987 US National Dental Board I and II;
- 1989 Vertretung in Hamburger Zahnarztpraxis;
- 1990 US-Certificate in Periodontology (Fachzahnarzt);
- 1990–1991 DFG-Forschungsstipendium; Postdoktorand im Laboratory for Mineral Metabolism (D. J. BAYLINK), V.A.-Hospital, Loma Linda (Kalifornien, USA);
- 1992 Master of Science, Loma Linda University (Kalifornien, USA);
- 1992–2002 Oberarzt in der Klinik für Zahnerhaltungskunde und Parodontologie, Universität Kiel;
- 1995 Promotion (Dr. med.), Medizinische Fakultät Kiel;
- 1999 Habilitation und Venia legendi für das Fach Zahn-, Mund- und Kieferheilkunde an der Medizinischen Fakultät, Universität Kiel;
- 1999 Diplomate of the American Board of Periodontology;
- 2002 Ruf auf die C4-Professur für Zahnerhaltung und Parodontologie, Universität Bonn.

Hauptarbeitsgebiete:
- Klinische (multizentrische) Studien zur antiinfektiösen und regenerativen Parodontaltherapie;
- antimikrobielle Peptide und orale Immunabwehr;

- genetischer Hintergrund der aggressiven Parodontitis;
- Laseranwendungen in der Kariologie.

Mitgliedschaften und Ehrungen (Auswahl):
- 1992 Young Investigator Award (American Association for Dental Research/ Mineralized Tissue Group – AADR);
- 1997 Eugen-Fröhlich-Preis der Deutschen Gesellschaft für Parodontologie (DGP);
- 1996–2005 European Academy of Periodontology: Eingeladener Teilnehmer am 2., 3., 4. und 5. European Workshop on Periodontology (Europäische Konsensuskonferenzen);
- 2000, 2003, 2006 Eingeladene Hauptvorträge auf den EuroPerio 3, 4, 5-Konferenzen.

Herausgebertätigkeiten (Auswahl):
- *Journal of Dental Research*;
- *Journal of Clinical Periodontology*;
- *Clinical Oral Implants Research*.

Mitarbeit in Organisationen und Gremien (Auswahl):
- seit 1998 Vorstandsmitglied der Deutschen Gesellschaft für Parodontologie (DGP);
- seit 1998 Deutscher Repräsentant in der European Federation of Periodontology (EFP);
- seit 2002 Chairman des Research Committee, Executive Board der European Federation of Periodontology (EFP);
- seit 2002 Vorsitzender Prüfungsausschuß für die Zahnärztliche Prüfung der Rheinischen Friedrich-Wilhelms-Universität Bonn;
- seit 2004 Mitglied Promotionsausschuß und seit 2006 Mitglied Habilitationsausschuß der Medizinischen Fakultät der Universität Bonn.

Veröffentlichungen (Auswahl):
- Jepsen, S., Schiltz, P., Strong, D., Scharla, S., Snead, M., and Finkelman, R. D.: Transforming growth factor-beta 1 mRNA in neonatal ovine molars visualized by in situ hybridization: potential role for the stratum intermedium. Arch. Oral Biol. 8, 645–653 (1992)
- Jepsen, S., Springer, I., Buschmann, A., Hedderich, J., and Acil, Y.: Elevated levels of collagen cross-link residues in gingival tissues and crevicular fluid of teeth with periodontal disease. Eur. J. Oral Sci. *111*, 198–202 (2003)
- Jepsen, S., Heinz, B., Jepsen, K., Arjomand, M., Hoffmann, T., Richter, S., Reich, E., Sculean, A., Gonzales, J., Bödeker, R. H., and Meyle, J.: A randomized clinical trial comparing enamel matrix derivative and membrane treatment of buccal class II furcation involvement in mandibular molars Part I: Study design and results for primary outcomes. J. Periodontol. *75*, 1150–1160 (2004)
- Dommisch, H., Acil, Y., Dunsche, A., Winter, J., and Jepsen, S.: Differential gene expression of human β-defensins (hBD-1, -2, -3) in inflammatory gingival diseases. Oral Microbiol. Immunol. *20*, 186–190 (2005)

Prof. Dr. rer. nat.
Ulrich Benjamin Kaupp
*13. 4. 1949 Tübingen

Sektion: Biochemie und Biophysik
Matrikel-Nummer: 7034
Aufnahmedatum: 29. 6. 2005

Derzeitige berufliche Position:
Professor für Biophysikalische Chemie, Universität zu Köln, und Direktor am Institut für Biologische Informationsverarbeitung, Forschungszentrum Jülich

Ausbildung und beruflicher Werdegang:
- 1968–1971 Studium der Chemie und Psychologie, Universität Tübingen;
- 1971–1974 Studium der Chemie und Psychologie, TU Berlin;
- 1979 Promotion (Dr. rer. nat.) TU Berlin;
- 1980–1988 wissenschaftlicher Mitarbeiter, Hochschulassistent an der Universität Osnabrück;
- 1983 Habilitation und Venia legendi für das Fach Biophysik, Universität Osnabrück;
- 1987 Feodor-Lynen-Stipendiat am Department of Medical Chemistry, Faculty of Medicine, University of Kyoto (Japan);
- seit 1988 Universitätsprofessor (C4) an der Universität zu Köln;
- seit 1988 Direktor des Instituts für Biologische Informationsverarbeitung, Forschungszentrum Jülich;
- 1993–1995 Kommissarischer Gründungsdirektor am Forschungsinstitut für Molekulare Pharmakologie in Berlin (Ruf abgelehnt).

Hauptarbeitsgebiete:
- Signalverarbeitung in Sinneszellen;
- Funktion und Struktur von Ionenkanälen;
- Chemotaxis von Spermien;
- Rhythmogenese im Herzen und in Nervenzellen;
- Fluoreszenzspektroskopie und -mikroskopie in der Zellbiologie.

Mitgliedschaften und Ehrungen (Auswahl):
- 1994 Alcon Research Award;
- 1987 Feodor-Lynen-Fellowship;
- 1999 Novartis Lecture;
- Keynote Lectures auf internationalen Konferenzen.

Veröffentlichungen (Auswahl):
- KAUPP, U. B., NIIDOME, T., TANABE, T., TERADA, S., BÖNIGK, W., STÜHMER, W., COOK, N. J., KANGAWA, K., MATSUO, H., HIROSE, T., MIYATA, T., and NUMA, S.: Primary structure and functional expression from complementary DNA of the rod photoreceptor cyclic GMP-gated channel. Nature *342*, 762–766 (1989)
- GAUSS, R., SEIFERT, R., and KAUPP, U. B.: Molecular identification of a hyperpolarization-activated channel in sea urchin sperm. Nature *393*, 583–587 (1998)
- KAUPP, U. B., SOLZIN, J., HILDEBRAND, E., BROWN, J. E., HELBIG, A., HAGEN, V., BEYERMANN, M., PAMPALONI, F., and WEYAND, I.: The signal flow and motor response controling chemotaxis of sea urchin sperm. Nature Cell Biology *5*, 109–117 (2003)

Prof. Dr. rer. nat.
Wolfgang Ketterle
*21. 10. 1957 Heidelberg

Sektion: Physik
Matrikel-Nummer: 7016
Aufnahmedatum: 23. 2. 2005

Derzeitige berufliche Position:
John D. MacArthur Professor of Physics, Massachusetts Institute of Technology Cambridge (USA) (seit 1998)

Ausbildung und beruflicher Werdegang:
- 1976–1978 Studium der Physik, Diplom-Vorprüfung in Physik, Universität Heidelberg;
- 1978–1982 Technische Universität München, Diplom in Physik;
- 1982–1986 Promotion in Physik, Ludwig-Maximilians-Universität München und Max-Planck-Institut für Quantenoptik, Garching;
- 1982–1988 wissenschaftlicher Mitarbeiter, Max-Planck-Institut für Quantenoptik, Garching;
- 1989–1990 wissenschaftlicher Mitarbeiter im Physikalisch-chemischen Institut der Universität Heidelberg;
- 1990–1993 Postdoktorand, Massachusetts Institute of Technology (MIT), Cambridge (USA)
- 1993–1997 Assistant Professor of Physics am MIT;
- 1997–1998 Professor of Physics am MIT.

Hauptarbeitsgebiete:
- Ultrakalte Atome;
- Bose-Einstein-Kondensation;
- Atom-Interferometrie;
- Fermi-Gase;
- Superfluidität.

Mitgliedschaften und Ehrungen (Auswahl):
- American Physical Society (APS, Fellow, 1997);
- Deutsche Physikalische Gesellschaft (DPG);
- Optical Society of America (OSA, Fellow, 2006);
- 1976–1982 Stipendium der Studienstiftung des deutschen Volkes;
- 1990–1991 NATO/DAAD Postdoctoral Fellowship;
- 1994 Michael and Philip Platzman Award (MIT, Cambridge, USA);
- 1996 David and Lucile Packard Fellowship;
- 1997 I. I. Rabi Prize of the American Physical Society;

- 1997 Gustav-Hertz-Preis der Deutschen Physikalischen Gesellschaft;
- 1998–1999 Distinguished Traveling Lecturer, Division of Laser Science, American Physical Society;
- 1998 Discover Magazine Award for Technological Innovation;
- 1999 Fritz London Prize in Low Temperature Physics;
- 1999 Dannie-Heineman-Preis der Akademie der Wissenschaften Göttingen;
- 1999 Benjamin Franklin Medal in Physics;
- 1999 American Academy of Arts and Sciences (AAAS, Fellow);
- 2001 Nobelpreis für Physik (zusammen mit E. A. CORNELL und C. E. WIEMAN);
- 2002 European Academy of Sciences and Arts;
- 2002 Heidelberger Akademie der Wissenschaften;
- 2002 Institute of Physics (IOP, Fellow);
- 2002 National Academy of Sciences (USA, Foreign Associate);
- 2002 European Academy of Arts, Sciences and Humanities (Titular Member);
- 2002 Officer in the Order of Legion of Honour of France;
- 2002 Verdienstorden des Landes Baden-Württemberg;
- 2002 Bundesverdienstkreuz der Bundesrepublik Deutschland;
- 2003 Bayerische Akademie der Wissenschaften;
- 2004 Killian Award (MIT, Cambridge, USA);
- 2005 Honorary Degree of Doctor of Science from Gustavus Adolphus College St. Peter (USA).

Veröffentlichungen (Auswahl):
- DAVIS, K. B., MEWES, M.-O., ANDREWS, M. R., VAN DRUTEN, N. J., DURFEE, D. S., KURN, D. M., and KETTERLE, W.: Bose-Einstein condensation in a gas of sodium atoms. Phys. Rev. Lett. 75, 3969–3973 (1995)
- INOUYE, S., ANDREWS, M. R., STENGER, J., MIESNER, H.-J., STAMPER-KURN, D. M., and KETTERLE, W.: Observation of Feshbach resonances in a Bose-Einstein condensate. Nature 392, 151–154 (1998)
- ZWIERLEIN, M. W., ABO-SHAEER, J. R., SCHIROTZEK, A., SCHUNCK, C. H., and KETTERLE, W.: Vortices and superfluidity in a strongly interacting Fermi gas. Nature 435, 1047–1051 (2005)

Prof. Dr. med. Dr. h. c.
Tadamitsu Kishimoto
*May 7, 1939 Osaka (Japan)

Section: Microbiology and Immunology
Matricula number: 7054
Date of election: December 14, 2005

Present Position:
Professor of Immunology, Graduate School of Frontier Biosciences, Osaka University (since 2003)

Education and Career:
- 1964 Graduated from Osaka University Medical School;
- 1970–1973 Research Fellow, Department of Medicine, Johns Hopkins University, School of Medicine, Baltimore (USA);
- 1973–1974 Assistant Professor in the Department of Medicine, Johns Hopkins University, School of Medicine, Baltimore (USA);
- 1974–1979 Assistant Professor, Department of Medicine III, Osaka University Medical School;
- 1979–1983 Professor, Department of Pathology and Medicine, Osaka University Medical School;
- 1983–1991 Professor, Institute for Molecular and Cellular Biology, Osaka University;
- 1983–1991 Professor and Chairman, Department of Medicine III, Osaka University Medical School;
- 1995–1997 Dean, Osaka University Medical School;
- 1997–2003 President, Osaka University.

Main Fields of Work:
- Interleukin-6 and its receptor system;
- cytokine signal transduction and its regulation;
- autoimmune diseases;
- anti-interleukin-6 receptor (Tocilizumab) therapy.

Memberships and Honours (Selection):
- 1991 Foreign Associate, The US National Academy of Science;
- 1992 Honorary Member, the American Association of Immunologists;
- 1995 Member, the Japan Academy;
- 1996 The Avery-Landsteiner Prize from the German Immunology Society;
- 1997 Foreign Associate Member, the Institute of Medicine of the National Academy of Science (USA);
- 1997 Honorary Member, the American Society of Hematology;

- 1998 The Order of Culture from Emperor;
- 2003 Robert Koch Gold Medal.

Editorial Activities (Selection):
- *Advances in Immunology* (until 2005);
- *The FASEB Journal*;
- *Annual Review of Immunology* (Corresponding Editor);
- *Immunity* (Cell) (until 2004);
- *International Immunology* (Editor-in-Chief);
- *Cytokine*.

Cooperation in Organisations and Committees (Selection):
- 1991–1992 President, Japanese Society of Immunology;
- 1991–1994 President, International Society of Immunopharmacology;
- 1994–1995 President, International Cytokine Society;
- 1997–1998 President, Japanese Society of Allergology;
- 1997–2002 President, Japanese Society of Clinical Immunology.

Publications (Selection):
- HIRANO, T., YASUKAWA, K., HARADA, H., TAGA, T., WATANABE, Y., MATSUDA, Y., KASHIWAMURA, S., NAKAJIMA, K., KOYAMA, K., IWAMATSU, A., TSUNASAWA, S., SAKIYAMA, F., MATSUI, H., TAKAHARA, Y., TANIGUCHI, T., and KISHIMOTO, T.: Complementary DNA for a novel human interleukin (BSF-2) that induces B lymphocytes to produce immunoglobulin. Nature *324*, 73–76 (1986)
- KISHIMOTO, T., AKIRA, S., and TAGA, T.: Interleukin 6 and its receptor: A paradigm for cytokines. Science *258*, 593–597 (1992)
- KISHIMOTO, T., TAGA, T., and AKIRA, S.: Cytokine signal transduction. Cell *76*, 253–262 (1994)
- NAKA, T., NARAZAKI, M., HIRATA, M., MATSUMOTO, T., MINAMOTO, S., AONO, A., NISHIMOTO, N., KAJITA, T., TAGA, T., YOSHIZAKI, K., AKIRA, S., and KISHIMOTO, T.: Structure and function of a new STAT-induced STAT inhibitor-1. Nature *387*, 924–929 (1997)
- KISHIMOTO, T.: Interleukin-6: From basic science to medicine, 40 years in immunology. Annu. Rev. Immunol. *23*, 1–21 (2005)
- YOKOTA, S., MIYAMAE, T., IMAGAWA, T., IWATA, N., KATAKURA, S., MORI, M., WOO, P., NISHIMOTO, N., YOSHIZAKI, K., and KISHIMOTO, T.: Therapeutic efficacy of humanized recombinant anti-IL-6 receptor antibody for children with systemic-onset juvenile idiopathic arthritis. Arthritis Rheum. *52*, 818–825 (2005)

Prof. Dr. phil.
Ulrich Konrad
*14. 8. 1957 Bonn

Sektion: Kulturwissenschaften
Matrikel-Nummer: 7055
Aufnahmedatum: 14. 12. 2005

Derzeitige berufliche Position:
C4-Professor für Musikwissenschaft und Vorstand des Instituts für Musikwissenschaft an der Universität Würzburg

Ausbildung und beruflicher Werdegang:
- 1977–1983 Studium der Fächer Musikwissenschaft, Ältere Deutsche Literaturgeschichte/Sprachwissenschaft, Neuere Deutsche Literaturgeschichte und der Mittleren und Neueren Geschichte an der Universität Bonn;
- 1981–1982 Studium an der Universität Wien (Österreich);
- 1983 Promotion (Dr. phil.);
- 1980–1983 Stipendiat der Studienstiftung des deutschen Volkes;
- 1983–1991 wissenschaftlicher Angestellter, dann Hochschulassistent (C1) am Musikwissenschaftlichen Seminar der Universität Göttingen;
- 1991 Habilitation; Venia legendi für das Fach »Musikwissenschaft«;
- 1991–1993 Hochschuldozent (C2) an der Universität Göttingen;
- WS 1991–1992 Lehrstuhlvertretung am Musikwissenschaftlichen Institut der Freien Universität Berlin (Rudolf STEPHAN);
- 1993–1996 Professor (C4) für Musikwissenschaft an der Staatlichen Hochschule für Musik Freiburg;
- 1996 Berufung als C4-Professor für Musikwissenschaft und Vorstand des Instituts für Musikwissenschaft an der Universität Würzburg.

Hauptarbeitsgebiete:
- Geschichte der europäischen Kunstmusik;
- Orgeltabulaturen vom 14. bis 16. Jahrhundert;
- deutsche instrumentale Ensemblemusik des 17. Jahrhunderts;
- Musik des 18. Jahrhunderts (Wolfgang Amadé MOZART) und 19. Jahrhunderts (Otto NICOLAI, Robert SCHUMANN, Richard WAGNER);
- Kompositionsgeschichte in der ersten Hälfte des 20. Jahrhunderts.

Mitgliedschaften und Ehrungen (Auswahl):
- Hermann-Abert-Preis der Gesellschaft für Musikforschung;
- Dent-Medal der Royal Musical Association London;
- Musikeditionspreis des Deutschen Musikverleger-Verbandes;
- Silberne Mozart-Medaille der Internationalen Stiftung Mozarteum Salzburg;

- Gottfried-Wilhelm-Leibniz-Preis der DFG;
- Mitglied der Akademie der Wissenschaften Göttingen;
- Mitglied der Academia Europaea;
- Akademie für Mozart-Forschung der Internationalen Stiftung Mozarteum (Vorsitzender).

Herausgebertätigkeiten (Auswahl):
- *Acta Mozartiana*;
- *Abhandlungen zur Musikgeschichte* (mit J. HEIDRICH, H. J. MARX und M. STAEHELIN);
- *Würzburger Musikhistorische Beiträge*;
- *Quellen und Studien zur Musikgeschichte Würzburgs und Mainfrankens*.

Mitarbeit in Organisationen und Gremien (Auswahl):
- Musikgeschichtliche Kommission (stellvertretender Vorsitzender);
- Kuratorium der Internationalen Stiftung Mozarteum Salzburg;
- Fachausschuß Kunstwissenschaften der DFG (stellvertretender Sprecher);
- Ausschuß Musikeditionen der Union der Akademien der Wissenschaften Mainz;
- Gesellschaft für Musikforschung (Vizepräsident);
- Vorstandsmitglied des Répertoire Internationale des Sources Musicales;
- Robert-Schumann-Forschungsstelle (stellvertretender Vorsitzender).

Veröffentlichungen (Auswahl):
- KONRAD, U.: Otto Nicolai (1810–1849). Studien zu Leben und Werk. Baden-Baden: Koerner 1986
- KONRAD, U.: Robert Schumann und Richard Wagner. Studien und Dokumente. Augsburger Jahrbuch für Musikwissenschaft 4, 211–320 (1987)
- KONRAD, U.: Mozarts Schaffensweise. Studien zu den Werkautographen, Skizzen und Entwürfen. Göttingen: Vandenhoeck & Ruprecht 1992
- KONRAD, U.: Aufzeichnungsform und Werkbegriff in der frühen Orgeltabulatur. In: BOOCKMANN, H. (Ed.): Literatur, Musik und Kunst im Übergang vom Mittelalter zur Neuzeit. Bericht über Kolloquien der Kommission zur Erforschung der Kultur des Spätmittelalters 1989 bis 1992. S. 162–186. Göttingen: Vandenhoeck & Ruprecht 1995
- KONRAD, U.: Aspekte musikalisch-theologischen Verstehens in Mariane von Zieglers und Johann Sebastian Bachs Kantate Bisher habt ihr nichts gebeten in meinem Namen BWV 87. AfMw 57, 199–221 (2000)
- KONRAD, U.: Wolfgang Amadé Mozart. Leben Musik Werkbestand. Kassel u. a.: Bärenreiter 2005, ³2006
- KONRAD, U.: »... tout est dans Bach«. Johann Sebastian Bach in Musikanschauung und Werk Arthur Honeggers. In: FISCHER, U., HINRICHSEN, H.-J., und LÜTTEKEN, L. (Ed.): Nähe aus Distanz. Bach-Rezeption in der Schweiz. S. 198–218. Winterthur: Amadeus 2005

Prof. Dr. med.
Armin Kurtz
*7. 1. 1955 Straubing

Sektion: Physiologie und Pharmakologie/Toxikologie
Matrikel-Nummer: 7056
Aufnahmedatum: 14. 12. 2005

Derzeitige berufliche Position:
Professor (C4) und Direktor des Institutes für Physiologie der Universität Regensburg

Ausbildung und beruflicher Werdegang:
- 1974–1976 Studium der Medizin, Universität Regensburg;
- 1976–1980 Studium der Medizin, TU München;
- 1980 Approbation als Arzt;
- 1982 Promotion (Dr. med.), Universität Regensburg;
- 1987 Habilitation und Venia legendi an der Medizinischen Fakultät, Universität Zürich (Schweiz);
- 1981–1984 wissenschaftlicher Assistent am Physiologischen Institut der Universität Zürich;
- 1984–1991 wissenschaftlicher Oberassistent am Physiologischen Institut der Universität Zürich;
- 1988 Forschungsaufenthalt am Max-Planck-Institut für Biophysikalische Chemie Göttingen;
- seit 1991 Universitätsprofessor (C4) am Physiologischen Institut der Universität Regensburg;
- 2000 Ablehnung eines Rufes auf eine C4-Professur am Physiologischen Institut der Universität Heidelberg.

Hauptarbeitsgebiete:
- Nierenphysiologie;
- Renin-Angiotensin-System;
- sauerstoffabhängige Genregulation.

Mitgliedschaften und Ehrungen (Auswahl):
- Deutsche Physiologische Gesellschaft;
- Gesellschaft für Nephrologie;
- American Society of Physiology;
- Stipendiat der Bayerischen Begabtenförderung;
- 1982 Kulturpreis Ostbayern für Dissertation;
- 1988 Stipendiat der Max-Planck-Gesellschaft;
- 1989 Volhard-Preis der Gesellschaft für Nephrologie.

Herausgebertätigkeiten (Auswahl):
– European Journal of Physiology;
– American Journal of Physiology;
– Hypertension;
– Kidney and Blood Pressure Research.

Mitarbeit in Organisationen und Gremien (Auswahl):
– 1999–2001 Dekan der Fakultät für Biologie und Vorklinische Medizin an der Universität Regensburg;
– 2002–2005 stellvertretender Generalsekretär, seit 2005 Generalsekretär der Gesellschaft für Nephrologie;
– seit 2004 Prorektor der Universität Regensburg.

Veröffentlichungen (Auswahl):
– Kurtz, A., Della Bruna, R., Pfeilschifter, J., Taugner, R., and Bauer, C.: Atrial natriuretic peptide. Proc. Natl. Acad. Sci. USA 83, 4769–4773 (1986)
– Kurtz, A., and Penner, R.: Angiotensin II induces oscillations of intracellular calcium and blocks anomalous inward rectifying potassium current in mouse renal juxtaglomerular cells. Proc. Natl. Acad. Sci. USA 86, 3423–3427 (1989)
– Kurtz, A., Götz, K. H., Hamann, M., and Wagner, C.: Stimulation of renin secretion by nitric oxide is mediated by phosphodiesterase 3. Proc. Natl. Acad. Sci. USA 95, 4743–4747 (1998)

Prof. Dr. rer. nat.
Gerd Leuchs
*14. 6. 1950 Wuppertal

Sektion: Physik
Matrikel-Nummer: 7017
Aufnahmedatum: 23. 2. 2005

Derzeitige berufliche Position:
Professor (C4) und Direktor am Institut für Optik, Information und Photonik der Friedrich-Alexander-Universität Erlangen-Nürnberg (seit 2003)

Ausbildung und beruflicher Werdegang:
- 1970–1975 Studium der Physik und Mathematik an der Universität zu Köln;
- 1975 Diplom in Physik, Universität zu Köln;
- 1975–1983 wissenschaftlicher Assistent, Sektion Physik, Universität München;
- 1978 Promotion (Dr. rer. nat.), Sektion Physik, Universität München;
- 1980–1981 Gastwissenschaftler an der University of Colorado in Boulder (USA);
- 1982 Habilitation für das Fach Experimentalphysik an der Sektion Physik der Universität München;
- 1983–1985 Gastwissenschaftler an der University of Colorado in Boulder (USA);
- 1986 Venia legendi für das Fach Experimentalphysik, Universität München;
- 1985–1989 wissenschaftlicher Angestellter (C3) am Max-Planck-Institut für Quantenoptik in Garching;
- 1990–1994 Technischer Leiter der Nanomach AG in Buchs, Kanton St. Gallen (Schweiz);
- 1994–2003 Professor (C4) am Physikalischen Institut der Universität Erlangen-Nürnberg.

Hauptarbeitsgebiete:
- Optik, Interferometrie und Mikroskopie;
- Atomphysik;
- Quantenoptik;
- Quanten-Informationsverarbeitung und Kommunikation.

Mitgliedschaften und Ehrungen (Auswahl):
- 1979 Visiting Fellow, Joint Institute for Laboratory Astrophysics, University of Colorado in Boulder (USA);
- 1980 Feodor-Lynen-Stipendium der Alexander-von-Humboldt-Stiftung;
- 1983 Heisenberg-Stipendium der Deutschen Forschungsgemeinschaft;
- 2003 Fellow der Optical Society of America;

- 2004 Fellow des Institute of Physics (London);
- 2005 Quantum Electronics Prize (Applied) der European Physical Society.

Herausgebertätigkeiten (Auswahl):
- *European Physical Journal D*;
- *Reports on Progress in Physics*.

Mitarbeit in Organisationen und Gremien (Auswahl):
- 1996–2005 Mitglied des Boards der Quantum Electronics and Optics Division der European Physical Society;
- 1998–2000 Vorsitzender des Fachverbands Quantenoptik der Deutschen Physikalischen Gesellschaft;
- Koordinator des DFG-Schwerpunktprogramms 1078 »Quanten-Informationsverarbeitung«;
- Fachgutachter der DFG;
- Mitglied des Beirats verschiedener in- und ausländischer Institute bzw. Fakultäten (Konstanz, Jena, Orsay/Frankreich, Kopenhagen/Dänemark, Brisbane/Australien).

Veröffentlichungen (Auswahl):
- LEUCHS, G., SMITH, S. J., KHAWAJA, E., and WALTHER, H.: Quantum beats observed in photoionization. Optics Communications *31*, 313–316 (1979)
- GALLAS, J. A. C., LEUCHS, G., WALTHER, H., and FIGGER, H.: Rydberg atoms – High-resolution spectroscopy and radiation interaction – Rydberg molecules. Advances in Atomic and Molecular Physics *20*, 413–466 (1985)
- SIZMANN, A., HOROWICZ, R. J., WAGNER, G., and LEUCHS, G.: Observation of amplitude squeezing of the up-converted mode in 2nd harmonic-generation. Optics Communications *80*, 138–142 (1990)
- SILBERHORN, C., LAM, P. K., WEISS, O., KÖNIG, F., KOROLKOVA, N., and LEUCHS, G.: Generation of continuous variable Einstein-Podolsky-Rosen entanglement via the Kerr nonlinearity in an optical fiber. Physical Review Letters *86*, 4267–4270 (2001)
- KOROLKOVA, N., LEUCHS, G., LOUDON, R., RALPH, T. C., and SILBERHORN, C.: Polarization squeezing and continuous-variable polarization entanglement. Physical Review A *65*, 052306 (2002)
- DORN, R., QUABIS, S., and LEUCHS, G.: Sharper focus for a radially polarized light beam. Physical Review Letters *91*, 233901 (2003)

Prof. Dr. rer. nat.
Nikos K. Logothetis
*5. 11. 1950 Istanbul (Türkei)

Sektion: Neurowissenschaften
Matrikel-Nummer: 7018
Aufnahmedatum: 23. 2. 2005

Derzeitige berufliche Position:
Professor (C4) und Direktor des Max-Planck-Instituts für biologische Kybernetik, Tübingen (seit 1996)

Ausbildung und beruflicher Werdegang:
- 1977 Mathematik-Diplom, Kapodistria University, Athen (Griechenland);
- 1980 Biologie-Diplom, Aristotle University, Thessaloniki (Griechenland);
- 1985 Dr. rer. nat. in Humanbiologie, Ludwig-Maximilians-Universität (LMU) München;
- 1985–1987 Postdoktorandentraining am Massachusetts Institute of Technology (MIT), Cambridge (MA, USA);
- 1982–1985 wissenschaftlicher Assistent, LMU München;
- 1985–1987 Research Associate am MIT, Cambridge (MA, USA);
- 1987–1990 Forscher am MIT, Cambridge (MA, USA);
- 1987–1990 Research Scientist, MIT, Cambridge (MA, USA);
- 1990–1994 Research Associate Professor, Division of Neuroscience, Baylor College of Medicine, Houston (TX, USA);
- 1992–1994 Adjunct Associate Professor, Salk Institute San Diego (CA, USA);
- 1994–1997 Professor, Division of Neuroscience, Baylor College of Medicine, Houston (TX, USA);
- seit 1994 Adjunct Professor, Salk Institute San Diego (CA, USA);
- seit 1995 Adjunct Professor, Department of Ophthalmology, Baylor College of Medicine, Houston (TX, USA);
- seit 1996 Professor und Direktor, Max-Planck-Institut für Biologische Kybernetik Tübingen;
- seit 2001 Visiting Professor, MIT, Cambridge (MA, USA);
- seit 2001 Associate, The Neurosciences Institute, San Diego (CA, USA).

Hauptarbeitsgebiete:
- Wahrnehmung;
- Kodierung visueller Objekte im visuellen System;
- Funktionelle Organisation des visuellen Kortex;
- Studien zu Informationstheorien der neuronalen Antworten;
- Anwendung statistischer Mustererkennungstechniken zum Verständnis der Bildkodierung im visuellen Bereich der Temporallappen.

Mitgliedschaften und Ehrungen (Auswahl):
- 1985 American Association for the Advancement of Science;
- 1987 Society for Neuroscience;
- 1987 Association for Research in Vision and Ophthalmology;
- 1987 New York Academy of Sciences;
- 1994 European Neuroscience Association;
- 1994 Society for Industrial and Applied Mathematics;
- 1994 American Mathematical Society;
- 1994 Mathematical Association of America;
- 1996 Recipient of the DeBakey Award for Excellence in Science;
- 1999 Organization of Human Brain Mapping (OHBM);
- 1999 Golden Brain Award of the Minerva Foundation;
- 2002 Advisory Board of McGovern Institute, MIT;
- 2003 Advisory Board of Brain and Cognitive Sciences, MIT (Presidential nominee) Louis-Jeantet Prize in Medicine;
- 2003 SFN Presidential Lecture (Pfizer) New Orleans, USA;
- 2004 Member of the Rodin Remediation Academy;
- 2004 Joachim H. Zülch Prize;
- 2004 Thomas Willis Lecture, Montreal Neurological Institute;
- 2005 Plenary Lecture, Japan Neuroscience Meeting;
- 2005 Grass Lecture, Halifax, Canada;
- 2005 Advisory Board of Posit Science, San Francisco.

Mitarbeit in Organisationen und Gremien (Auswahl):
Mitglied der Fachbeiräte von: McGovern Institute, Brain and Cognitive Sciences am MIT, Cambridge (USA); Posit Science Corporation, San Francisco (USA); ICM-ADREC, Paris (Frankreich); Centre of Excellence in Systems Neuroscience of the Academy of Finland, Helsinki (Finnland); Brain Imaging Center, Frankfurt am Main, Institut für Grenzgebiete der Psychologie und Psychohygiene, Freiburg i. Br.; Brain Center of the Hebrew University, Jerusalem (Israel).

Veröffentlichungen (Auswahl):
- LOGOTHETIS, N. K., and SCHALL, J. D.: Neuronal correlates of subjective visual perception. Science *245*, 761–763 (1989)
- LOGOTHETIS, N. K., PAULS, J., AUGATH, M., TRINATH, T., and OELTERMANN, A.: Neurophysiological investigation of the basis of the fMRI signal. Nature *412*, 150–157 (2001)
- SMIRNAKIS, S. M., BREWER, A. A., SCHMID, M. C., TOLIAS, A. S., SCHÜZ, A., AUGATH, M., INHOFFEN, W., WANDELL, B. A., and LOGOTHETIS, N. K.: V1 reorganization revisited: macaque fMRI and electrophysiology after retinal lesions. Nature *435*, 300–307 (2005)

Prof. Ph.D.
Ke Lu
*May 23, 1965 Gansu (China)

Section: Physics
Matricula number: 7019
Date of election: February 23, 2005

Present Position:
Professor and Director of Shenyang National Laboratory for Materials Science, Director of the Institute of Metal Research, Chinese Academy of Sciences (Shenyang, China)

Education and Career:
- 1981–1985 undergraduate student, Department Materials Science and Engineering, Nanjing University of Science and Technology (China);
- 1985–1990 Master and Ph.D. student, Institute of Metal Research, Chinese Academy of Science (Shenyang, China; Advisor; Jingtang WANG);
- 1990–1991 Associate Professor and group leader, Institute of Metal Research, Chinese Academy of Science (Shenyang, China);
- 1991–1993 Visiting Scientist, Max-Planck-Institut für Metallforschung (Stuttgart), Department of B. PREDEL;
- 1993–present Professor and group leader, Institute of Metal Research, Chinese Academy of Science (Shenyang, China);
- 1996–1997 Visiting Professor, Department Materials Science & Engineering, University of Wisconsin-Madison (USA);
- 1999–2003 group leader of MPG (Max Planck Society) – CAS Partner Group on materials science in Shenyang;
- 2001–present Director of the Institute of Metal Research, Chinese Academy of Science (Shenyang, China);
- 2001–present Director of the Shenyang National Laboratory for materials Science (China).

Main Fields of Work:
- Nanostructured materials: synthesis and processing, microstructure characterization, mechanical properties, physical properties, thermal stability, and phase transformation;
- amorphous alloys: crystallization, glass transition, pressure effect on thermal stability;
- melting and superheating of low-dimensional materials: nanoparticles, nanogranular structures, multilayer thin films, computer simulations.

Memberships and Honours (Selection):
- 1995 Qiushi Distinguished Young Scientist Award;
- 1996 The Distinguished Young Scientists Award of China;
- 1997 National Nature Science Award (China);
- 1998 *ISMANAM'98* Gold Medal and Junior Scientist Award;
- 1999 Ho-Leung-Ho-Lee Technology Science Award;
- 2000 The Third World Academy TWNSO Technology Prize;
- 2002 Hasiguti Foundation Prize;
- 2003 Member of the Chinese Academy of Sciences;
- 2004 Member of the Third World Academy of Sciences.

Editorial Activities (Selection):
- *Nanostructured Materials* (Associate Editor, 1997–1999);
- *Zeitschrift für Metallkunde* (Advisory Board Member, from 2000);
- *Journal of Materials Science and Technology* (Vice-Chairman of Editorial Committee, from 2002);
- *Scripta Materialia* (Editor, from 2004);
- *Science* (Reviewing Editor, from 2006).

Cooperation in Organisations and Committees (Selection):
- 1998–present Member of International Committee on Nanostructured Materials;
- 1998–present Member of the Asia-Pacific Academy of Materials (APAM);
- 2002–present Vice Chairman of the Chinese Society of Metals (CSM);
- 2003–present Vice President of Chinese Materials Research Society (C-MRS);
- 2003–present International Advisory Committee Member of International Conference on Rapidly Quenched and Metastable Materials (RQ);
- 1995–present International Advisory Committee Member of International Symposium on Metastable, Mechanically Alloyed and Nanocrystalline Materials (ISMANAM).

Publications (Selection):
- Lu, K.: Nanocrystalline materials crystallized from amorphous solids: Nanocrystallization, structure, and properties. Materials Science and Engineering Reports *16*, 161–221 (1996)
- Lu, K., and Li, Y.: Homogeneous nucleation catastrophe as a kinetic stability limit for superheated crystal. Physical Review Letters *80*, 4474–4477 (1998)
- Lu, L., Sui, M. L., and Lu, K.: Superplastic extensibility of nanocrystalline copper at room temperature. Science *287*, 1463–1466 (2000)
- Tong, W. P., Tao, N. R., Wang, Z. B., Lu, J., and Lu, K.: Nitriding iron at lower-temperatures. Science *299*, 686–688 (2003)
- Lu, L., Shen, Y. F., Chen, X. H., Qian, L. H., and Lu, K.: Ultrahigh strength and high electrical conductivity in copper. Science *304*, 422–426 (2004)

Prof. Dr.-Ing. mult. hon. Dr. Eng.
Yongxiang Lu
*28. 4. 1942 Ningbo (China)

Sektion: Technikwissenschaften
Matrikel-Nummer: 7020
Aufnahmedatum: 23. 2. 2005

Derzeitige berufliche Position:
Ordentlicher Professor und akademischer Vorsitzender des Instituts für hydraulische und pneumatische Antriebe und Steuerungen an der Zhejiang Universität, Hangzhou (China, seit 1983) sowie Präsident der Chinese Academy of Sciences (seit 1997)

Ausbildung und beruflicher Werdegang:
– 1959–1964 Studium des Maschinenbaus, Zhejiang-Universität Hangzhou (ZUH; China);
– 1964–1978 Assistent und Dozent, ZUH (China);
– 1978–1981 Alexander-von-Humboldt-Stipendiat am Institut für hydraulische und pneumatische Antriebe und Steuerungen (IHP), RWTH Aachen;
– 1981 Promotion (Dr.-Ing.), Fakultät Maschinenwesen, RWTH Aachen;
– 1981–1983 Associate Professor der Fakultät für Maschinenbau der ZUH (China);
– 1983 Ordentlicher Professor und akademischer Vorsitzender des Instituts für hydraulische and pneumatische Antriebe und Steuerungen der ZUH;
– 1985–1988 Vizepräsident der ZUH;
– 1986–1996 stellvertretender Vorsitzender der China Association for Science and Technology;
– 1990–1994 Vorsitzender des Higher Education Consultative Committee of the State Education Commission;
– 1998 stellvertretender Vorsitzender des Academic Degrees Committee of the State Council;
– 1988–1995 Präsident der ZUH und akademischer Vorsitzender des nationalen Zentrallabors für fluidtechnische Antriebe und Steuerungen;
– 1993–1997 Vizepräsident der Chinese Academy of Sciences (CAS);
– seit 1997 Präsident der Chinese Academy of Sciences (CAS).

Hauptarbeitsgebiete:
– Hydraulische und pneumatische Antriebe und Steuerungen;
– Messungen und Diagnose;
– digitale Simulation;
– systematische Erkennung und Analyse;
– Anwendungen der Fluidtechnik;
– Anwendungsfluidmechanik.

Mitgliedschaften und Ehrungen (Auswahl):
- 1988 2nd Nationaler Erfinder-Preis (China);
- 1989 3rd Nationaler Erfinder-Preis (China);
- 1990 Mitglied von TWAS;
- 1991 Mitglied von CAS;
- 1994 Mitglied von CAE;
- 1997 Rudolf-Diesel-Medaille in Gold (Deutschland);
- 1998 Alexander-von-Humboldt-Medaille (Deutschland);
- 1999 Ausländisches Ehrenmitglied der Koreanischen Akademie der Wissenschaften und Technologie;
- 2001 Werner-Heisenberg-Medaille (Deutschland);
- 2004 Ausländisches Ehrenmitglied der Ungarischen Akademie der Wissenschaften;
- 2004 Ehrenmitglied von IME (UK);
- 2004 Ehrenmitglied der Australischen Akademie der Wissenschaften;
- 2005 1st National Higher Education Prize (China).

Herausgebertätigkeiten (Auswahl):
- *Technical Handbook of Hydraulics and Pneumatics* (Beijing: China Machine Press);
- *Hydraulics and Pneumatics* (China);
- *Bulletin of Chinese Academy of Sciences*;
- *Science in China* (E-Technological Sciences).

Mitarbeit in Organisationen und Gremien (Auswahl):
- 2001 Chairman der Chinese Mechanical Engineering Society (CMES);
- 2005 Co-Chair des InterAcademy Council (IAC).

Veröffentlichungen (Auswahl):
- Lu, Y., und Trudzinski, R. M.: Betriebverhalten Vorgesteuerter 2-Wege-Strömregel-Ventile unterschiedlicher Bauform. Ö+P *25*/9, Germany (1981)
- Lu, Y., Lu, Y., und Hu, D. H.: Untersuchung und Entwicklung eines neuen Druckminderventils. Ö+P *33*/12, Germany (1989)
- Lu, Y., Tao, G., and Wang, X.: Research on the continuous trajectory tracking control to pneumatic-servo robot with three-degree-of-freedom. CJME *37*/3, 65–69 (2001)

Prof. Ph.D.
Tobin J. Marks
*November 25, 1944 Washington, D.C. (USA)

Section: Chemistry
Matricula number: 7035
Date of election: June 29, 2005

Present Position:
Vladimir N. Ipatieff Professor of Catalytic Chemistry (since 1999) and Professor of Materials Science and Engineering (since 1987), Northwestern University Evanston (IL, USA)

Education and Career:
- 1966 B.Sc. University of Maryland (USA);
- 1971 Ph.D. Massachusetts Institute of Technology, Cambridge (MA, USA);
- 1970–1974 Assistant Professor of Chemistry, Northwestern University Evanston (IL, USA);
- 1970–1978 Associate Professor, Northwestern University Evanston (IL, USA);
- 1978 Professor, Northwestern University Evanston (IL, USA);
- seit 1986 Charles E. and Emma H. Morrison Professor of Chemistry.

Main Fields of Work:
- Transition metal and f-element organometallic chemistry; catalysis;
- vibrational spectroscopy; nuclear magnetic resonance;
- synthetic facsimiles of metalloprotein active sites;
- solid state chemistry and low-dimensional molecular metals;
- nonlinear optical materials;
- polymer chemistry;
- tetrahydroborate coordination chemistry;
- macrocycle coordination chemistry.

Memberships and Honours (Selection):
- American Chemical Society; Society for Applied Spectroscopy; International Society for Magnetic Resonance; Materials Research Society;
- Sigma Xi; Phi Beta Kappa;
- 1989 American Chemical Society Award in Organometallic Chemistry;
- 1993 American Academy of Arts and Sciences (Fellow);
- 1993 U. S. National Academy of Sciences (Member);
- 1994 American Chemical Society Award in Inorganic Chemistry;
- 1997 Centenary Medal, Royal Society of Chemistry (UK);
- 1998 Francis Clifford Phillips Award, University of Pittsburgh (USA);
- 1999 Paolo Chini Award, Italian Chemical Society;

- 2000 Cotton Medal, ACS Texas A&M Section;
- 2001 American Chemical Society Award in the Chemistry of Materials;
- 2001 Burwell Award, North American Catalysis Society;
- 2001 Williard Gibbs Medal, ACS Chicago Section;
- 2001 Linus Pauling Medal, Oregon-Washington ACS Sections;
- 2002 American Institute of Chemists Gold Medal;
- 2003 Karl-Ziegler-Preis, Gesellschaft Deutscher Chemiker;
- 2003 Evans Medal, Ohio State University (USA);
- 2004 Sir Edward Frankland Prize, Royal Society of Chemistry (UK);
- 2005 University of Maryland Alumni Hall of Fame (USA);
- 2005 Royal Society of Chemistry (UK, Fellow);
- 2005 John Bailar Medal, University of Illinois (USA).

Editorial Activities (Selection):
- Editorial/Advisory Boards: *Journal of Inorganic and Nuclear Chemistry*; *Organometallics*; *Conductimer Corporation*; *Inorganica Chimica Acta*; *Polyhedron*; *Nouveau Journal de Chimie/New Journal of Chemistry*; *Chemistry of Materials*; *Progress in Inorganic Chemistry*; *Oxford Monographs on the Physics and Chemistry of Materials*; *Chemical Communications*; *Advanced Materials, CVD*; *Journal of Molecular Catalysis*; *Topics in Organometallic Chemistry*; *Catalysis Letters*; *Polymer*; *Topics in Catalysis*; *Accounts of Chemical Research*.

Cooperation in Organisations and Committees (Selection):
- 1980–1985 National Research Council Solid State Sciences Advisory Panel;
- 1990–1992 National Science Foundation Chemistry Advisory Committee;
- since 1996 DOE-BES Council on Chemical Sciences (Chair 1999–2001);
- 1996–1997 Task Force, ACS Review of Inorganic Chemistry;
- since 2000 National Research Council Board on Chemical Sciences and Technology;
- 2006 National Academy of Sciences and National Research Council Study on Benchmarking Chemical Research;
- 2006 Department of Energy Taskforce on Research Grand Challenges for the Next Two Decades.

Publications (Selection):
- CHEN, E. Y.-C., and MARKS, T. J.: Co-catalysts for metal-catalyzed olefin polymerization. Activators, activation processes, and structure-activity relationships. Chem. Rev. *100*, 1391–1434 (2000)
- HONG, S., and MARKS, T. J.: Organolanthanide-catalyzed hydroamination. Accts. Chem. Res. *37*, 673–686 (2004)
- MARKS, T. J., and STAIR, P. C. (Eds.): The Interface Between Heterogeneous and Homogeneous Catalysis. Topics in Catalysis Vol. *34*. New York: Springer Publishers 2005
- VEINOT, J. G. C., and MARKS, T. J.: Toward the ideal organic light-emitting diode: The versatility and utility of interfacial tailoring by siloxane self-assembly. Accts. Chem. Res. *38*, 632–643 (2005)

Dr. (Ph.D.)
Iain William **Mattaj**
*5. 10. 1952 St. Andrews (Großbritannien)

Sektion: Genetik/Molekularbiologie und Zellbiologie
Matrikel-Nummer: 7036
Aufnahmedatum: 29. 6. 2005

Derzeitige berufliche Position:
Generaldirektor, Europäisches Laboratorium für Molekularbiologie (EMBL), Heidelberg (seit 2005)

Ausbildung und beruflicher Werdegang:
- 1970–1974 Bachelor-Studium, Universität Edinburgh (Schottland);
- 1974–1978 Promotionsstudium, Fachbereich Genetik, Universität Leeds (England);
- 1979–1982 Forschungsstudium nach der Promotion, Friedrich-Miescher-Institut, Basel (Schweiz);
- 1982–1985 Forschungsstudium nach der Promotion, Biozentrum, Universität Basel (Schweiz);
- 1985–1990 Gruppenleiter, EMBL Heidelberg;
- 1990–2005 Programmkoordinator, Abteilung Genexpression, EMBL Heidelberg;
- 1999–2005 Wissenschaftlicher Direktor, EMBL Heidelberg.

Hauptarbeitsgebiete:
- RanGTPase als Raumregulator;
- Aufbau des Zellkerns;
- Bildung der Kernspindel;
- RNA-Processing;
- Wechselwirkungen zwischen RNA und Proteinen.

Mitgliedschaften und Ehrungen (Auswahl):
- 1989 Wahl zum Mitglied der EMBO;
- 1998–2001 Designierter Präsident und Präsident der RNA Society;
- 1999 Wahl zum Mitglied der Academia Europaea;
- 1999 Wahl zum Fellow der Royal Society (FRS);
- 2000 Wahl zum Fellow der Royal Society of Edinburgh (FRSE);
- 2001 Verleihung des Louis-Jeantet-Preises für Medizin;
- 2001 Wahl in die American Academy of Arts and Sciences;
- 2002 Ernennung zum Treuhänder des Darwin Trust, einer gemeinnützigen Stiftung zur Förderung junger Wissenschaftler aus Entwicklungsländern;
- 2006 Ernennung zum Mitglied des Wissenschaftsausschusses des Louis-Jeantet-Preises für Medizin.

Herausgebertätigkeiten (Auswahl):
- 1988–1992 Mitglied der beratenden Redaktion von *Seminars in Cell Biology*;
- 1991–2004 Leitender Redakteur des *EMBO Journal*;
- 1993–1994 Gründungsmitglied der RNA Society und eines von fünf Mitgliedern des Lenkungsausschusses zur Formalisierung von Gründungsentwürfen der Zeitschrift der Society, *RNA*;
- seit 1994 Editorial Board von *RNA*;
- seit 1996 Associate Editor von *Cell*;
- seit 1999 Editorial Board von *Current Biology*;
- seit 2000 Editorial Board von *EMBO Reports*;
- seit 2005 Editorial Board von *EMBO Journal*.

Mitarbeit in Organisationen und Gremien (Auswahl):
- seit 2000 Max-Planck-Institut für Entwicklungsbiologie, Tübingen (Vorsitz);
- seit 2000 Wellcome Trust/MRC/Universität Dundee, Institut für Biochemie und Zellbiologie (Vorsitz);
- 2001–2002 Geschäftsführung von E-Biosci, der europäischen Initiative für Online-Publikationen;
- 2000–2003 Prüfungsausschuß des staatlichen französischen Programms »Genopole«;
- seit 2000 Wellcome Trust Centre for Cell Biology, Universität Edinburgh;
- seit 2000 Centre for Genomic Regulation, Barcelona (Spanien);
- seit 2000 Institute for Molecular Medicine, Lissabon (Portugal);
- 2001–2004 Auswahlkomitee des EMBO Young Investigator Programme;
- seit 2000 Biogem Ariano Irpinio, Neapel (Italien);
- 2003–2005 Leitendes Gremium zur Wissenschaftsförderung, Cancer Research (Großbritannien);
- seit 2000 Genzentrum, Ludwig-Maximilians-Universität München;
- seit 2000 RUK London Research Institute.

Veröffentlichungen (Auswahl):
- Fornerod, M., Ohno, M., Yoshida, M., and Mattaj, I. W.: CRM1 is an export receptor for leucine-rich nuclear export signals. Cell 90, 1051–1060 (1997)
- Carazo-Salas, R. E., Guarguaglini, G., Gruss, O. J., Segref, A., Karsenti, E., and Mattaj, I. W.: Generation of GTP-bound Ran by RCC1 is required for chromatin-induced mitotic spindle formation. Nature 400, 178–181 (1999)
- Hetzer, M., Bilbao-Cortés, D., Walther, T. C., Gruss, O. J., and Mattaj, I. W.: GTP hydrolysis by Ran is required for nuclear envelope assembly. Mol. Cell 5, 1013–1024 (2000)

Prof. Ph.D. M.D. Dr. h.c.
Jukka Heikki **Meurman**
*September 14, 1947 Helsinki (Finland)

Section: Ophthalmology, Oto-Rhino-Laryngology and Stomatology
Matricula number: 7044
Date of election: September 28, 2005

Present Position:
Professor of Oral Infectious Diseases at the Institute of Dentistry, University of Helsinki, and Head Physician at the Department of Oral and Maxillofacial Diseases, Helsinki University Central Hospital (since 1996); currently Vice-Dean of the Faculty of Medicine

Education and Career:
– 1972 DDS University of Helsinki;
– 1977 Dr. odont. University of Helsinki;
– 1980 Dr. med. University of Helsinki;
– 1986 Specialist in clinical dentistry;
– 1992 Ph.D. University of Helsinki;
– 1981–1982 Senior Research Fellow of the Academy of Finland;
– 1983 Associate Professor and Head of the Department of Oral Pathology (Helsinki);
– 1986 Associate Professor in Cariology (Helsinki);
– 1987 Professor of Preventive Dentistry (Oulu);
– 1989–1990 Visiting Professor in Strasbourg (France);
– 1991–1995 Professor of Preventive Dentistry (Kuopio);
– 1993–1995 Dean, Faculty of Dentistry (Kuopio).

Main Fields of Work:
– Oral infection and systemic disease;
– oral health in medically compromised patients;
– oral microbiology and pathology.

Memberships and Honours (Selection):
– 1991 Echelon Argent, Ville de Paris (France);
– 1992 Pohjola Prize, Helsinki (Finland);
– 1992 Pehr Gadd Prize, Helsinki (Finland);
– 2004 SalusAnsvar Prize, Stockholm (Sweden);
– 2004 Dr. h. c., Université Louis Pasteur, Strasbourg (France);
– 2005 Member in Societas Scientiarum Fennica, Helsinki (Finland);
– 2005 Distinguished Scientist Award, Baltimore (USA).

Editorial Activities (Selection):
– Referee to a great number of international research journals.

Cooperation in Organisations and Committees (Selection):
– Councilor, International Association for Dental Research, Bethesda (MD, USA);
– Secretary-General, Scandinavian Division of IADR.

Publications (Selection):
– JANKET, S. J., QVARNSTRÖM, M., MEURMAN, J. H., BAIRD, A., NUUTINEN, P., and JONES, J. A.: Asymptotic dental score and prevalent coronary heart disease. Circulation *109*, 1095–1100 (2004)
– MEURMAN, J. H., SANZ, M., and JANKET, S.-J.: Oral health, atherosclerosis and cardiovascular disease. Crit. Rev. Oral Biol. Med. *15*, 403–413 (2004)
– MEURMAN, J. H.: Probiotics: do they have a role in oral medicine and dentistry? Eur. J. Oral Sci. *113*, 188–196 (2005)
– KARHUNEN, V., FORSS, H., GOEBELER, S., HUHTALA, H., ILVESKOSKI, E., KAJANDER, O., MIKKELSSON, J., PENTTILÄ, A., PEROLA, M., RANTA, H., MEURMAN, J. H., and KARHUNEN, P. J.: Radiographic assessment of dental health in middle-aged men following sudden cardiac death. J. Dent. Res. *85*, 89–93 (2006)
– JANKET, S.-J., MEURMAN, J. H., NUUTINEN, P., QVARNSTRÖM, M., NUNN, M., BAIRD, A. E., VAN DYKE, T. E., and JONES, J. A.: Salivary lysozyme and prevent coronary heart disease. Possible effects of oral health on endothelial dysfunction. Arterioscler. Thromb. Vasc. Biol. *26*, 433–434 (2006)

Prof. Dr.-Ing. Dr. h. c. mult. Dr.-Ing. E. h. mult.
Joachim Milberg
*10. 4. 1943 Verl

Sektion: Technikwissenschaften
Matrikel-Nummer: 7021
Aufnahmedatum: 23. 2. 2005

Derzeitige berufliche Position:
Präsident acatech – Konvent für Technikwissenschaften der Union der deutschen Akademien der Wissenschaften e. V. (seit 2002); Vorsitzender des Aufsichtsrats der BMW AG, München (seit 2004)

Ausbildung und beruflicher Werdegang:
- 1953–1959 Realschule;
- 1959–1962 Ausbildung zum Maschinenschlosser;
- 1962–1965 Studium der Fertigungstechnik an der Staatlichen Ingenieurschule Bielefeld;
- 1966–1969 Studium der Fachrichtung Fertigungstechnik an der Technischen Universität (TU) Berlin, Stipendiat der Studienstiftung des deutschen Volkes;
- 1970–1972 Wissenschaftlicher Assistent am Institut für Werkzeugmaschinen und Fertigungstechnik der TU Berlin (G. SPUR);
- 1971 Promotion zum Doktor-Ingenieur (Dr.-Ing.) mit der Arbeit »Analytische und experimentelle Untersuchungen zur Stabilitätsgrenze bei der Drehbearbeitung«;
- 1972–1978 Leitender Angestellter bei der Werkzeugmaschinenfabrik Gildemeister AG, Bielefeld;
- 1978–1981 Leiter des Geschäftsbereiches »Automatische Drehmaschinen« der Gildemeister AG, Bielefeld;
- 1981–1993 Ordinarius für Werkzeugmaschinen und Betriebswissenschaften an der Technischen Universität München (Institut für Werkzeugmaschinen und Betriebswissenschaften);
- 1991–1993 Dekan der Fakultät für Maschinenwesen der Technischen Universität München;
- 1993–1999 Mitglied des Vorstandes (Produktion) der BMW AG, München;
- 1999–2002 Vorstandsvorsitzender der BMW AG, München.

Mitgliedschaften und Ehrungen (Auswahl):
- 1988 Gottfried-Wilhelm-Leibniz-Preis der Deutschen Forschungsgemeinschaft (DFG);
- 1991 Fritz-Winter-Preis;
- 1992 Herwart-Opitz-Ehrenmedaille des Vereins deutscher Ingenieure (VDI);
- 1994 Verdienstkreuz am Bande des Verdienstordens der Bundesrepublik Deutschland;

- 1994 Ehrendoktorwürde der Universität Ljubljana (Slowenien);
- 1996 Ehrendoktorwürde der Universität Hannover;
- 1998 Honorarprofessor für das Fachgebiet »Werkzeugmaschinen und Betriebswissenschaften« an der Technischen Universität München;
- 1999 Staatsmedaille für besondere Verdienste um die bayerische Wirtschaft;
- 2000 Grashof-Denkmünze des Vereins Deutscher Ingenieure (VDI);
- 2001 Bayerischer Verdienstorden;
- 2001 General Pierre Nicolau Award der CIRP (College International pour la Recherche en Productique – Internationale Forschungsgemeinschaft für Mechanische Produktionstechnik);
- 2001 Ehrenpreis »Goldenes Lenkrad« des Axel-Springer-Verlags;
- 2002 Ehrendoktorwürde der Universität Cranfield (Großbritannien);
- 2002 Bayerische Umweltmedaille für besondere Verdienste um Umweltschutz und Landesentwicklung;
- 2003 Ernst-Blickle-Preis der SEW-Eurodrive-Stiftung, Bruchsal;
- 2004 Ehrendoktorwürde der Technischen Universität Berlin;
- 2004 Carl-Friedrich-Gauß-Medaille der Braunschweigischen Wissenschaftlichen Gesellschaft (BWG);
- 2005 Arthur-Burkhardt-Preis.

Mitarbeit in Organisationen und Gremien (Auswahl):
- Aufsichtsratsmandate bei Allianz VersicherungsAG, München; Bertelsmann AG; BMW AG, München (Vorsitzender); FESTO AG, Esslingen; John Deere & Company, Moline (Illinois, USA); Leipziger Messe GmbH, Leipzig; MAN AG, München;
- Mitglied des Verwaltungsrates und des Senates der Max-Planck-Gesellschaft, München;
- Mitglied des Gesellschafterausschusses der TÜV Süddeutschland Holding, München.

Veröffentlichungen (Auswahl):
- MILBERG, J. (Ed.): Werkzeugmaschinen Grundlagen. Berlin, Heidelberg, New York: Springer 1992
- *VDI-Gemeinschaftsausschuss* CIM (Ed.) [Obmann: MILBERG, J.]: Rechnerintegrierte Konstruktion und Produktion. Bd. 1: CIM Management. Bd. 2: Integrierte Produktdatenverarbeitung. Bd. 3: Auftragsabwicklung. Bd. 4: Flexible Fertigung. Bd. 5: Produktionslogistik. Bd. 6: Kommunikations- und Datenbanktechnik. Bd. 7: Qualitätssicherung. Bd. 8: Flexible Montage. Düsseldorf: VDI-Verlag 1992
- MILBERG, J., und REINHART, G. (Eds.): Unsere Stärken stärken – Der Weg zu Wettbewerbsfähigkeit und Standortsicherung. Landsberg: mi Verlag 1994
- MILBERG, J., und REINHART, G. (Eds.): Mit Schwung zum Aufschwung – Information, Inspiration, Innovation. Landsberg: mi Verlag 1997
- MILBERG, J., und SCHUH, G. (Eds.): Erfolg in Netzwerken. Berlin, Heidelberg, New York: Springer 2002

Prof. Dr. med.
Hannah Monyer
*3. 10. 1957 Großlasseln (Rumänien)

Sektion: Neurowissenschaften
Matrikel-Nummer: 7022
Aufnahmedatum: 23. 2. 2005

Derzeitige berufliche Position:
Ärztliche Direktorin der Abteilung Klinische Neurobiologie der Neurologischen Universitätsklinik Heidelberg (seit 1999)

Ausbildung und beruflicher Werdegang:
– 1976–1982 Studium der Medizin an der Universität Heidelberg (Doktorarbeit mit dem Thema »Das Phänomen ›Eifersucht‹ bei Marcel Proust und in der Psychiatrie seiner Zeit«, bei D. von Engelhardt);
– 1983 Approbation als Ärztin;
– 1983–1984 Assistenzärztin an der Abteilung für Kinder- und Jugendpsychiatrie, Zentralinstitut für Seelische Gesundheit, Mannheim (M. Schmidt);
– 1984–1986 Assistenzärztin an der Universitätskinderklinik, Abteilung für Neuropädiatrie, Lübeck (C. Petersen);
– 1986–1987 Postdoctoral Fellow im EEG-Labor (B. Tharp) am Stanford University Medical Center, Department of Neurology, Stanford, California (USA);
– 1987–1989 Postdoctoral Research Fellow im Neurology Research Laboratory (D. W. Choi) am Stanford University Medical Center, Department of Neurology, Stanford, California (USA);
– 1989–1994 Wissenschaftliche Angestellte am Zentrum für Molekulare Biologie, Universität Heidelberg (P. H. Seeburg);
– 1993 Habilitation an der Fakultät für Naturwissenschaftliche Medizin, Universität Heidelberg;
– 1993 Erteilung der Venia legendi für das Fach Biochemie;
– 1994 Zuerkennung einer Hermann-und-Lilly-Schilling-Stiftungsprofessur.

Hauptarbeitsgebiete:
– Gehirnfunktionen, die höhere Leistungen des Gehirns wie Gedächtnis und Kognition ermöglichen;
– molekulare Mechanismen, die der Entstehung synchroner Netzwerkaktivität und deren Modulation zugrunde liegen;
– elektrophysiologische und anatomische Arbeiten an genetischen Mausmodellen;
– Zell-Zell-Kommunikation.

Mitgliedschaften und Ehrungen (Auswahl):
- 1977–1982 Stipendium der Studienstiftung des deutschen Volkes;
- 1987 Clinical Neuroscience Trainee Award, Los Angeles Society of Neurology and Psychiatry (USA);
- 1988–1989 Stanford University Dean's Postdoctoral Fellowship (USA);
- 1993 The Drs. C. and F. Demuth Swiss Medical Research Foundation Annual Award;
- 1999 Bundesverdienstkreuz am Bande;
- 2004 Gottfried-Wilhelm-Leibniz-Preis der Deutschen Forschungsgemeinschaft;
- 2005 Prix Franco-Allemand Gay-Lussac-Humboldt.

Mitarbeit in Organisationen und Gremien (Auswahl):
- 2001 Sprecherin des Graduiertenkollegs »Neurale Entwicklungs- und Degenerationsprozesse«.

Veröffentlichungen (Auswahl):
- BLATOW, M., ROZOV, A., KATONA, I., HORMUZDI, S. G., MEYER, A. H., WHITTINGTON, M. A., CAPUTI, A., and MONYER, H.: A novel network of multipolar bursting interneurons generates theta frequency oscillations in neocortex. Neuron 38, 805–817 (2003)
- BRUZZONE, R., HORMUZDI, S. G., BARBE, M. T., HERB, A., and MONYER, H.: Pannexins, a family of gap junction proteins expressed in brain. Proc. Natl. Acad. Sci. USA *100*, 13644–13649 (2003)
- MONYER, H., and MARKRAM, H.: Interneuron Diversity Series: Molecular and genetic tools to study GABAergic interneuron diversity and function. Trends Neurosci. *27*, 90–97 (2004)

Prof. Dr. rer. nat.
Erich Alois **Nigg**
*28. 11. 1952 Uster (Schweiz)

Sektion: Biochemie und Biophysik
Matrikel-Nummer: 7037
Aufnahmedatum: 29. 6. 2005

Derzeitige berufliche Position:
Direktor am Max-Planck-Institut für Biochemie, Abteilung Zellbiologie, Martinsried (seit 1999) und Honorarprofessor für Zellbiologie an der Ludwig-Maximilians-Universität, München (seit 2000)

Ausbildung und beruflicher Werdegang:
– 1971–1976 Studium in Biochemie und Mikrobiologie, Eidgenössische Technische Hochschule (ETH), Zürich (Schweiz);
– 1977–1980 Promotion (Dr. rer. nat.), Institut für Biochemie, ETH, Zürich;
– 1980–1982 Promovierter wissenschaftlicher Mitarbeiter (Postdoctoral Fellow), Department of Biology, University of California, San Diego (USA);
– 1982–1987 Oberassistent, Institut für Zellbiologie, ETH, Zürich;
– 1987–1995 Forschungsgruppenleiter am Schweizerischen Institut für Experimentelle Krebsforschung (ISREC), Epalinges (Schweiz);
– 1988–1996 Privatdozent, ETH Zürich, (Habilitation »Nuclear function and organization: The potential of immunochemical approaches«);
– 1995–1999 Ordentlicher Professor für Molekularbiologie, Universität Genf (Schweiz);
– 1997–1998 Institutsvorstand, Molekularbiologie, Universität Genf;
– seit 1997 Wissenschaftliches Mitglied der Max-Planck-Gesellschaft;
– seit 1999 Direktor am Max-Planck-Institut für Biochemie, Abteilung Zellbiologie, Martinsried;
– seit 2000 Honorarprofessor für Zellbiologie, Ludwig-Maximilians-Universität, München.

Hauptarbeitsgebiete:
– Proteinkinasen;
– Zellzyklus-Regulation (Mitose und Zellteilung);
– Zentrosomenzyklus;
– Chromosomale Instabilität.

Mitgliedschaften und Ehrungen (Auswahl):
– 1976 Preis und Medaille der ETH Zürich (Diplomarbeit);
– 1977 Mitgliedschaft in der Schweizerischen Gesellschaft für Experimentelle Biologie (USGEB);

- 1980 Preis und Medaille der ETH Zürich (Doktorarbeit);
- 1986 Mitgliedschaft in der American Society for Cell Biology;
- 1987 START-Forschungsstipendium des Schweizerischen Nationalfonds zur Förderung der wissenschaftlichen Forschung (SNF);
- 1989 Auszeichnung der Huggenberger-Bischoff-Stiftung;
- 1991 Mitgliedschaft bei EMBO;
- 1992 Friedrich-Miescher-Preis;
- 1993 R.-Wenner-Preis für Krebsforschung;
- 1998 Mitgliedschaft in der Academia Europaea;
- 2004 Meyenburg-Preis.

Herausgebertätigkeiten (Auswahl):
- seit 2003 Verantwortlicher Herausgeber der Zeitschrift *Chromosoma* (Springer-Verlag);
- Mitgliedschaft unter den Editoren von
- seit 1991 *Journal of Cell Science*;
- 1992–1994 *EMBO Journal*;
- 1994 Band *Seminars in Developmental Biology* (Herausgeber);
- 1994 Band *Current Opinion in Cell Biology* (Mitherausgeber);
- 1995–1998 *Genes to Cells*;
- seit 1995 *Current Opinion in Cell Biology*;
- 1995–2005 *Biochimica et Biophysica Acta* (Reviews on Cancer);
- 2002–2004 *Molecular Biology of the Cell*;
- seit 2003 *Molecular Cancer Research*.

Mitarbeit in Organisationen und Gremien (Auswahl):
- 1994–2002 Mitglied im Auswahl-Komitee für START/Förder-Professuren des Schweizerischen Nationalfonds;
- Mitgliedschaft in Evaluationsgremien für das Deutsche Krebsforschungszentrum (mehrfach), Cancer UK (mehrfach), Institut Curie (mehrfach), usw.

Veröffentlichungen (Auswahl):
- NIGG, E. A.: Centrosome aberrations: cause or consequence of cancer progression? Nature Rev. Cancer 2, 815–825 (2002)
- BARR, F. A., SILLJE, H. H., and NIGG, E. A: Polo-like kinases and the orchestration of cell division. Nature Rev. Mol. Cell Biol. 5, 429–440 (2004)

Prof. Dr. rer. nat.
Dan-Eric Nilsson
*November 13, 1954 Goteborg (Sweden)

Section: Organismic and Evolutionary Biology
Matricula number: 7038
Date of election: June 29, 2005

Present Position:
Professor of Zoology (Chair), Faculty of Sciences, University of Lund (Sweden)

Education and Career:
- 1973–1977 Undergraduate student, Chemistry, Biology and Zoology, University of Goteborg;
- 1977–1983, Ph.D. student, Structural Zoology, University of Lund (Advidsor: Rolf ELOFSSON, Dissertation: »Proximal refractive index gradients in the crystalline cones of crustacean compound eyes«);
- 1983–1984 Postdoctoral Fellow, Department of Neurobiology, Australian National University, Canberra (Australia);
- 1984–1989 Research Fellow, Department of Zoology, University of Lund;
- 1987 Awarded Docent degree (DSc.), University of Lund;
- 1989–1990 Visiting Fellow: Centre for Visual Sciences, Australian National University, Canberra;
- 1989–1995 Lecturer, Department of Zoology, University of Lund;
- 1996 Visiting Professor: School of Biological Sciences, Flinders University, South Australia;
- since 1995 Professor, chair in Zoology: functional morphology, Department of Zoology (from 2002 Department of Cell and Organism Biology), Lund University;
- 1999 Visiting Professor: Vision Touch and Hearing Research Center, University of Queensland (Australia).

Main Fields of Work:
- Visual optics;
- eye evolution;
- comparative physiology of animal eyes;
- early visual processing;
- visual neuroethology.

Memberships and Honours (Selection):
- 1988 The Florman Award, Royal Swedish Academy of Sciences;
- 1997 Fellow of the Wissenschaftscolleg, Berlin;
- elected 1998 Fellow of the Royal Physiographic Society;

- elected 2002 Fellow of the Swedish Academy of Sciences, Stockholm;
- elected 2002 Fellow of the Academia Europaea;
- elected 2003 Fellow of the World Innovation Foundation.

Editorial Activities (Selection):
- 1996–current *Journal of Comparative Physiology A*;
- 1995–1998 *Zoomorphology*;
- 1996–2004 *Acta Zoologica*;
- 2005–current *Trends in Comparative Biochemistry and Physiology*.

Cooperation in Organisations and Committees (Selection):
- 1996–1998 Chairman National Professors Council for Basic Research;
- 1997–2000 Member, the Biology committee, the Swedish Natural Science Research Council;
- 1996–2001 Chairman, Lund Biology Centre Planning Committee;
- 1999–2000 Member, Lund University Strategic Research Committee;
- 2000–2006 Dean of Research, Natural Sciences Faculty, Lund University;
- 2000–2006 Chairman, the Faculty Appointments Board for Biology and Geosciences.

Publications (Selection):
- NILSSON, D.-E.: Evolutionary links between apposition and superposition optics in crustacean eyes. Nature *302*, 818–821 (1983)
- NILSSON, D.-E., LAND, M. F., and HOWARD, J.: Afocal apposition optics in butterfly eyes. Nature *312*, 561–563 (1984)
- NILSSON, D.-E.: A new type of imaging optics in compound eyes. Nature *332*, 76–78 (1988)
- NILSSON, D.-E.: Optics and evolution of the compound eye. In: STAVENGA, D. G., and HARDIE, R. (Eds.): Facets of Vision. Berlin, Heidelberg: Springer 1989
- NILSSON, D.-E.: From cornea to retinal image in invertebrate eyes. Trends Neurosci. *13*, 55–64 (1990)
- NILSSON, D.-E., and PELGER, S.: A pessimistic estimate of the time required for an eye to evolve. Proc. R. Soc. Lond. B *256*, 53–58 (1994)
- NILSSON, D.-E., and RO, A.-I.: Did neural pooling for night vision lead to the evolution of neural superposition eyes? J. Comp. Physiol. A. *175*, 289–302 (1994)
- NILSSON, D.-E.: Eye ancestry: Old genes for new eyes. Curr. Biol. *6*, 39–42 (1996)
- DACKE, M., NILSSON, D.-E., WARRANT, E. J., BLEST, A. D., LAND, M. F., and O'CARROLL, D. C.: Built in polarizers form part of a compass organ in spiders. Nature *401*, 470–473 (1999)
- LAND, M. F., and NILSSON, D.-E.: Animal Eyes. Oxford: Oxford University Press 2002
- DACKE, M., NILSSON, D.-E., SCHOLTZ, C. H., BYRNE, M., and WARRANT, E. J.: Insect orientation to polarized moonlight. Nature *424*, 33 (2003)
- NILSSON, D.-E.: Eye evolution: a question of genetic promiscuity. Curr. Opin. Neurobiol. *14*, 407–414 (2004)
- NILSSON, D.-E., GISLÉN, L., COATES, M. M., SKOGH, C., and GARM, A.: Advanced optics in a jellyfish eye. Nature *435*, 201–205 (2005)

Prof. Dr. med.
Roger M. Nitsch
*17. 7. 1961 Backnang

Sektion: Pathologie und Rechtsmedizin
Matrikel-Nummer: 7057
Aufnahmedatum: 14. 12. 2005

Derzeitige berufliche Position:
Ordentlicher Professor für Molekulare Psychiatrie an der Universität Zürich und Direktor der Abteilung für Psychiatrische Forschung (seit 1998, Schweiz)

Ausbildung und beruflicher Werdegang:
– 1982–1987 Studium der Medizin an den Universitäten Heidelberg und Göttingen;
– 1984–1987 Doktorand am Max-Planck-Institut für Medizinische Forschung in Heidelberg (1987 Dr. med.);
– 1987–1990 Postdoktorand in Neurochemie an der Universität Heidelberg;
– 1993 Habilitation in Neurobiochemie an der Universität Heidelberg;
– 1990–1995 Research Fellow und Instructor am Massachusetts General Hospital der Harvard Medical School Boston (USA) und Research Associate am Department of Brain and Cognitive Sciences des Massachusetts Institute of Technology in Cambridge (USA);
– 1995–1998 Gruppenleiter am Zentrum für Molekulare Neurobiologie der Universität Hamburg.

Hauptarbeitsgebiete:
– Neurobiologie und Genetik der Alzheimer-Erkrankung;
– Lebenszyklus von Gehirnamyloiden;
– Rolle der Proteinaggregation bei Hirnerkrankungen.

Mitgliedschaften und Ehrungen (Auswahl):
– 1981 AEG Science Award;
– 1984 Stipendium der Max-Planck-Gesellschaft;
– 1987 Fidia Research Fellowship;
– 1991 Hoffman Fellowship in Alzheimer's Disease, Harvard Medical School (USA);
– 1993 German Brain League Award;
– 2004 Potamkin Prize for Research in Pick's, Alzheimer's and Related Diseases.

Herausgebertätigkeiten (Auswahl):
– Editorial Board *Amyloid*;
– Editorial Board *Journal of Neural Transmission*;
– Editorial Board *Neurodegenerative Diseases*.

Mitarbeit in Organisationen und Gremien (Auswahl):
- 1995–1998 Coordinator and Speaker, German Research Foundation (DFG) Group on Alzheimer's disease;
- 1997–2003 Project Leader, German Federal Ministry for Education and Research, Research Program on Molecular Medicine;
- seit 1999 Coordinator, European Union DIADEM Research Consortium – Diagnosis of Dementia;
- seit 1999 Mitglied, seit 2004 geschäftsführender Direktor des Direktoriums des Psychiatrischen Universitätshospitals Zürich;
- seit 2000 Project Leader, National Center of Competence in Research on Neural Plasticity and Repair (Schweiz);
- seit 2002 Steering Committee Member, Zurich Neuroscience Center (Schweiz);
- seit 2002 Chairman, Board of Trustees, Center for Medical Research, University Hospital Zurich;
- seit 2002 Chairman, Board of Trustees, Foundation for Research, University of Zurich Medical School;
- seit 2002 Prodekan der Medizinischen Fakultät der Universität Zürich;
- seit 2003 Coordinator, European Union APOPIS Research Consortium – Abnormal Proteins in Disease.

Veröffentlichungen (Auswahl):
- NITSCH, R. M., SLACK, B. E., WURTMAN, R. J., and GROWDON, J. H.: Release of Alzheimer amyloid precursor derivatives stimulated by activation of muscarinic acetylcholine receptors. Science *258*, 304–307 (1992)
- GÖTZ, J., CHEN, F., VAN DORPE, J., and NITSCH, R. M.: Abeta42 fibrils induce the formation of neurofibrillary tangles in P301L tau transgenic mice. Science *293*, 1491–1495 (2001)
- HOCK, C., KONIETZKO, U., PAPASSOTIROPOULOS, A., WOLLMER, A., STREFFER, J., ROTZ, R. C. VON, DAVEY, G., MORITZ, E., and NITSCH, R. M.: Generation of antibodies specific for beta-amyloid by vaccination of patients with Alzheimer disease. Nature Med. *8*, 1270–1275 (2002)
- HOCK, C., KONIETZKO, U., STREFFER, J. R., TRACY, J., SIGNORELL, A., MÜLLER-TILLMANNS, B., LEMKE, U., HENKE, K., MORITZ, E., GARCIA, E., WOLLMER, M. A., UMBRICHT, D., QUERVAIN, D. J. F. DE, HOFMANN, M., MADDALENA, A., PAPASSOTIROPOULOS, A., and NITSCH, R. M.: Antibodies against beta-amyloid slow cognitive decline in Alzheimer's disease. Neuron *38*, 547–554 (2003)

Prof. Ph.D.
Bengt Nordén
*May 15, 1945 Lund (Sweden)

Section: Chemistry
Matricula number: 7039
Date of election: June 29, 2005

Present Position:
The Chair of Physical Chemistry of Chalmers University of Technology, in Gothenburg (Sweden). Member of the Royal Swedish Academy of Sciences and President for its Class of Chemistry

Education and Career:
- 1964–1967 B.Sc. in Chemistry (Honors), Mathematics and Theoretical Physics at the University of Lund;
- 1967–1971 Ph.D. student, Department of Inorganic Chemistry, University of Lund (advisor: Ragnar LARSSON, Dissertation »Polarized spectroscopy on cobalt(III) amine outer sphere complexes«);
- 1972–1978 Employment as Docent (Associate Professor) of Inorganic Chemistry, University of Lund;
- 1979 Acting Professor of Inorganic Chemistry, University of Lund;
- 1979 Appointed to the Chair of Physical Chemistry of Chalmers University of Technology (Gothenburg).

Main Fields of Work:
- Development and study DNA-binding ligands, including bis-intercalating ruthenium compounds and peptide nucleic acids (PNA);
- polarized-light spectroscopy (linear dichroism) and quantum chemical calculations for determining electronic transition moment directions and supra-molecular structure;
- linear dichroism as tool for studying 3-D structure in non-crystallizable protein, nucleic acid and membrane systems;
- cell-penetrating peptides, mechanisms of membrane interactions.

Memberships and Honours (Selection):
- The Fabian Gyllenborgs Prize for Ph.D. thesis in Chemistry 1972;
- Member of the Royal Society of Arts and Sciences in Göteborg 1984;
- Member of the Royal Swedish Academy of Sciences 1991;
- The Göran Gustafsson Prize of Chemistry 1992;
- Member of The Royal Physiographic Society of Lund (Academy for Natural Sciences and Medicine) 1992;
- Member of The Royal Swedish Academy of Engineering Sciences 2006.

Editorial Activities (Selection):
- since 1989 *The Swedish National Encyclopedia* (NE);
- since 1998 *Journal of Physical Chemistry*;
- since 2000 *Chemical Physics Letters*;
- since 2002 *Biophysica et Biochimica Acta*;
- since 2003 *Quarterly Reviews of Biophysics*.

Cooperation in Organisations and Committees (Selection):
- since 1996 Board of Erna & Victor Hasselblad's Research Foundation (Gothenburg);
- since 2003 President of the Chemistry Class of the Royal Swedish Academy of Sciences, awarding the Nobel Prizes in Chemistry;
- since 2003 Chairman of a final-selection committee of European Young Scientists' Awards of the European Science Foundation;
- since 2005 Director of the EU nano-program »Addressable Molecular Node Assembly«;
- since 2006 Member of the Prize Committee of The Millennium Technology Prize (Finland).

Publications (Selection):
- NORDÉN, B., KUBISTA, M., and KURUCSEV, T.: Linear dichroism spectroscopy of nucleic acids. Quart. Reviews of Biophysics *25*, 51–170 (1992)
- WITTUNG, P., NIELSEN, P. E., BUCHARDT, O., EGHOM, M., and NORDÉN, B.: DNA-like double helix formed by peptide nucleic acid – direct observation of helical seeding. Nature *368*, 561–563 (1994)
- ÖNFELT, B., LINCOLN, P., and NORDÉN, B.: A molecular staple for DNA: Threading bis-intercalating Δ-[Ru(phen)$_2$DPPZ]$^{2+}$ dimer. J. Amer. Chem. Soc. *121*, 10846–10847 (1999)
- RAY, A., and NORDÉN, B.: Peptide nucleic acid (PNA): its medical and biotechnical applications and promise for the future. FASEB J. *14*, 1041–1060 (2000)
- MORIMATSU, K., TAKAHASHI, M., and NORDÉN, B.: Arrangement of RecA protein in its active filament determined by polarized-light spectroscopy. Proc. Natl. Acad. Sci. USA *99*, 11688–11693 (2002)
- WILHELMSSON, M., WESTERLUND, F., LINCOLN, P., and NORDÉN, B.: Binding of semi-rigid binuclear ruthenium complex delta-delta [μ-11,11'-bidppz)(phen)$_4$Ru$_2$]$^{4+}$: Extremely slow intercalation kinetics. J. Amer. Chem. Soc. *124*, 12092–12093 (2002)
- THORÉN, P., PERSSON, D., ESBJÖRNER, E., GOKSÖR, M., LINCOLN, P., and NORDÉN, B.: Membrane binding and translocation of cell-penetrating peptides. Biochemistry *43*, 3471–3489 (2004)

Prof. Dr. rer. nat.
Rainer Rudolph
*10. 3. 1949 Usingen (Taunus)

Sektion: Biochemie und Biophysik
Matrikel-Nummer: 7040
Aufnahmedatum: 29. 6. 2005

Derzeitige berufliche Position:
C4-Professor für Technische Biochemie an der Martin-Luther-Universität Halle-Wittenberg (seit 1995)

Ausbildung und beruflicher Werdegang:
- 1968–1974 Studium der Chemie an der Johann-Wolfgang-von-Goethe-Universität in Frankfurt (Main) (1970 Diplom-Vorprüfung, 1973 Diplom-Hauptprüfung im Fach Chemie);
- 1973–1974 Diplomarbeit über »Fluoreszenz- und Stopped Flow Untersuchungen zum N/F Übergang von Serumalbumin« am Lehrstuhl für Biochemie II der Universität Regensburg (R. JAENICKE);
- 1974–1978 Doktorarbeit am gleichen Institut über »Faltungsmechanismen glykolytischer Enzyme« (ausgezeichnet mit dem Kultuspreis Ostbayern);
- 1976–1978 Verwalter der Dienstgeschäfte eines wissenschaftlichen Assistenten am Institut für Biophysik und Physikalische Biochemie in Regensburg;
- 1978–1984 wissenschaftlicher Assistent am Institut für Biophysik und Physikalische Biochemie in Regensburg (1978–1979 beurlaubt);
- 1978–1979 Postdoktorand in der Arbeitsgruppe von H. A. SCHERAGA am Department of Chemistry der Cornell University, Ithaca, NY (USA) (unterstützt durch ein Ausbildungsstipendium der DFG);
- ab 1979 Aufbau einer Arbeitsgruppe an der Universität Regensburg am Lehrstuhl für Biochemie II (Arbeiten zur Faltung, Assoziation und Disulfidverbrückung von monomeren und oligomeren Proteinen und *In-vitro*-Renaturierung von therapeutischen Proteinen aus transformierten Mikroorganismen);
- 1984 Habilitation für das Fach Biochemie an der Universität Regensburg (»Faltung und Assoziation von Proteinen«);
- 1984 Ernennung zum Akademischen Oberrat auf Zeit;
- 1987 Mitarbeiter der Firma Boehringer Mannheim GmbH, Bereich Forschung;
- 1989 Leiter der Abteilung Biochemie im Bereich Forschung Biotechnologie der Firma Boehringer Mannheim GmbH;
- 1990 Ruf auf eine C3-Professur für Biochemie an der Universität Köln;
- 1991 Ernennung zum außerplanmäßigen Professor an der Universität Regensburg;
- 1992 Ruf auf eine C4-Professur für Technische Biochemie an der Martin-Luther-Universität Halle-Wittenberg;

- 1994 Ruf auf eine C4-Professur für Biochemie an der Technischen Universität München (abgelehnt).

Hauptarbeitsgebiete:
- *In-vitro*-Faltung rekombinanter Proteine;
- Gewinnung, Charakterisierung und Verbesserung von therapeutischen Humanproteinen.

Mitgliedschaften und Ehrungen (Auswahl):
- 1979 Forschungspreis der Universität Regensburg.

Veröffentlichungen (Auswahl):
- WINTER, J., NEUBAUER, P., GLOCKSHUBER, R., and RUDOLPH, R.: Increased production of human proinsulin in the periplasmic space of *Escherichia coli* by fusion to DsbA. J. Biotechnol. *84*, 175–185 (2000)
- RATTENHOLL, A., RUOPPOLO, M., FLAGIELLO, A., MONTI, M., VINCI, F., MARINO, G., LILIE, H., SCHWARZ, E., and RUDOLPH, R.: Pro-sequence assisted folding and disulfide bond formation of human nerve growth factor. J. Mol. Biol. *305*, 523–533 (2001)
- BAZARSUREN, A., GRAUSCHOPF, U., WOZNY, M., REUSCH, D., HOFFMANN, E., SCHÄFER, W., PANZNER, S., and RUDOLPH, R.: *In vitro* folding, functional characterization, a disulfide pattern of the extracellular domain of human GLP-1 receptor. Biophys. Chem. *96*, 305–318 (2002)

Prof. Dr. med.
Hans Konrad Schackert
*17. 7. 1953 Speyer

Sektion: Chirurgie, Orthopädie und Anästhesiologie
Matrikel-Nummer: 7045
Aufnahmedatum: 28. 9. 2005

Derzeitige berufliche Position:
Professor (C3) und Leiter der Abteilung Chirurgische Forschung am Universitätsklinikum »Carl Gustav Carus« der Technischen Universität Dresden (seit 1995)

Ausbildung und beruflicher Werdegang:
- 1971–1977 Medizinstudium an der Universität Heidelberg;
- 1977 Approbation als Arzt;
- 1977 Promotion zum Dr. med. an der Universität Heidelberg;
- 1979–1982 Assistenzarzt an der Chirurgischen Universitätsklinik Erlangen;
- 1982–1986 Assistenzarzt an der Chirurgischen Universitätsklinik Heidelberg;
- 1986 Facharzt für Chirurgie;
- 1986–1988 Visiting Scientist am Department of Cell Biology, MD Anderson Cancer Center, Houston, Texas (USA);
- 1988–1995 Assistenzarzt an der Chirurgischen Universitätsklinik Heidelberg;
- 1991 Habilitation im Fach Chirurgie;
- 1992 Venia legendi für das Fach Chirurgie;
- 1992–1995 Leiter der Molekularbiologischen Arbeitsgruppe und des Molekularbiologischen Labors der Chirurgischen Universitätsklinik Heidelberg;
- 1995 Oberarzt an der Chirurgischen Universitätsklinik Heidelberg;
- seit 1995 C3-Professor für Chirurgische Forschung und Leiter der selbständigen Abteilung für Chirurgische Forschung an der Technischen Universität Dresden.

Hauptarbeitsgebiete:
- Molekulare Diagnostik vererbbarer Tumoren;
- molekulare Therapie von soliden Tumoren.

Mitgliedschaften und Ehrungen (Auswahl):
- 1973–1977 Stipendiat des Cusanuswerkes;
- 1990 Ferdinand-Sauerbruch-Forschungsstipendium;
- seit 1983 Mitglied der Deutschen Gesellschaft für Chirurgie;
- seit 1994 Mitglied der Deutschen Arbeitsgemeinschaft für Gentherapie e. V.;
- seit 1999 Mitglied der Deutschen Krebsgesellschaft.

Herausgebertätigkeiten (Auswahl):
- Beirat *Der Chirurg;*
- Editorial Board *Langenbeck's Archives of SURGERY.*

Mitarbeit in Organisationen und Gremien (Auswahl):
- seit 1999 Vorstandsmitglied im Zentrum für Interdisziplinäre Technikforschung an der TU Dresden;
- seit 1999 Sprecher des Zentrums Dresden des Verbundprojektes »Familiärer Darmkrebs« der Deutschen Krebshilfe;
- 1997–2001 Vorsitzender der Chirurgischen Arbeitsgemeinschaft Molekulare Diagnostik und Therapie (CAMO) der Deutschen Gesellschaft für Chirurgie;
- seit Juli 2006 Vorsitzender der Sektion Chirurgische Forschung der Deutschen Gesellschaft für Chirurgie.

Veröffentlichungen (Auswahl):
- FITZE, G., CRAMER, J., ZIEGLER, A., SCHIERZ, M., SCHREIBER, M., KUHLISCH, E., ROESNER, D., and SCHACKERT, H. K.: Association between c135G/A genotype and RET proto-oncogene germline mutations and phenotype of Hirschsprung's disease. Lancet *359,* 1200–1205 (2002)
- FITZE, G., APPELT, H., KÖNIG, I. R., GÖRGENS, H., STEIN, U., WALTHER, W., GOSSEN, M., SCHREIBER, M., ZIEGLER, A., ROESNER, D., and SCHACKERT, H. K.: Functional haplotypes of the RET proto-oncogene promoter are associated with Hirschsprung disease (HSCR). Hum. Mol. Genet. *12,* 3207–3214 (2003)
- PLASCHKE, J., ENGEL, C., KRÜGER, S., HOLINSKI-FEDER, E., PAGENSTECHER, C., MANGOLD, E., MÖSLEIN, G., SCHULMANN, K., GEBERT, J., KNEBEL, D. M. VON, RÜSCHOFF, J., LÖFFLER, M., and SCHACKERT, H. K.: Lower incidence of colorectal cancer and later age of disease onset in 27 families with pathogenic MSH6 germline mutations compared with families with MLH1 or MSH2 mutations: the German Hereditary Nonpolyposis Colorectal Cancer Consortium. J. Clin. Oncol. *22,* 4486–4494 (2004)
- PLASCHKE, J., KRÜGER, S., JESKE, B., THEISSIG, F., KREUZ, F. R., PISTORIUS, S., SAEGER, H. D., IACCARINO, I., MARRA, G., and SCHACKERT, H. K.: Loss of MSH3 protein expression is frequent in MLH1-deficient colorectal cancer and is associated with disease progression. Cancer Res. *64,* 864–870 (2004)
- KRÜGER, S., SILBER, A. S., ENGEL, C., GÖRGENS, H., MANGOLD, E., PAGENSTECHER, C., HOLINSKI-FEDER, E., KNEBEL, D. M. VON, MÖSLEIN, G., DIETMAIER, W., STEMMLER, S., FRIEDL, W., RÜSCHOFF, J., and SCHACKERT, H. K.: Arg462Gln sequence variation in the prostate-cancer-susceptibility gene RNASEL and age of onset of hereditary non-polyposis colorectal cancer: a case-control study. Lancet Oncol. *6,* 566–572 (2005)

Prof. Dr. rer. nat.
Frank Scherbaum
*29. 3. 1953 Herrsching/Ammersee (Bayern)

Sektion: Geowissenschaften
Matrikel-Nummer: 7023
Aufnahmedatum: 23. 2. 2005

Derzeitige berufliche Position:
Professor (C4) für Geophysik am Institut für Geowissenschaften der Universität Potsdam (seit 1997)

Ausbildung und beruflicher Werdegang:
- 1971–1977 Studium der Physik und Geologie, Universität Tübingen;
- 1980 Promotion (Dr. rer. nat.) im Fach Geophysik;
- 1980–1983 wissenschaftlicher Angestellter am Institut für Geophysik der Universität Stuttgart;
- 1983–1984 Research Associate (Max-Kade-Stipendiat) am Cooperative Institute for Research in Environmental Sciences (CIRES), University of Colorado at Boulder (USA);
- 1984–1986 wissenschaftlicher Angestellter am Institut für Geophysik der Universität Stuttgart;
- 1986 Habilitation an der Universität Stuttgart im Fach Geophysik;
- 1986–1988 Research Associate (Heisenberg-Stipendiat) am CIRES, University of Colorado at Boulder (USA), Department of Geological Sciences, University of Colorado at Boulder: Assistant Professor Adjoint;
- 1988–1989 Visiting Scientist am National Center for Disaster Prevention in Tsukuba (Japan);
- 1989–1997 Professor für Geophysik (C3) an der Ludwig-Maximilians-Universität München.

Hauptarbeitsgebiete:
- Erdbebengefährdungsanalyse;
- digitale Signalverarbeitung;
- Arrayseismologie.

Mitgliedschaften und Ehrungen (Auswahl):
- 1987 CIRES Visiting Scholars Award;
- 1992 Deutsch-Österreichischer Hochschul-Software-Preis;
- Direktorium des Zentrums für komplexe Systeme der Universität Potsdam;
- 2003–2009 Board of Directors der Seismological Society of America.

Herausgebertätigkeiten (Auswahl):
- 1995–2004 Editorial Board *Journal of Seismology*;
- Publication Committee *Bulletins of the Seismological Society of America*;
- Mitherausgeber *IASPEI Software Library*.

Mitarbeit in Organisationen und Gremien (Auswahl):
- seit 2002 Mitglied der Geokommission der Deutschen Forschungsgemeinschaft;
- seit 1992 Deutscher Repräsentant in der European Seismological Commission;
- 2002–2004 Arbeitsgruppe Seismologie der Reaktorsicherheitskommission der BRD;
- Mitglied des Lenkungsausschusses des Gerätepools des GeoForschungsZentrums Potsdam.

Veröffentlichungen (Auswahl):
- SCHERBAUM, F.: Combined inversion for the three-dimensional Q structure and source parameters using microearthquake spectra. J. Geophys. Res. *95*, 12423–12438 (1990)
- SCHERBAUM, F., and SATO, H.: Inversion of full seismogram envelopes based on the parabolic approximation: Estimation of randomness and attenuation in SE-Honshu, Japan. J. Geophys. Res. *96*, 2223–2332 (1991)
- SCHERBAUM, F.: Modelling the Roermond Earthquake of April 13, 1992 by stochastic simulation of its high frequency strong ground motion. Geophys. J. Int. *119*, 31–43 (1994)
- SCHERBAUM, F., KRÜGER, F., and WEBER, M.: Double Beam Imaging: Mapping lower mantle heterogeneities using combinations of source and receiver arrays. J. Geophys. Res. *102*, 507–522 (1997)
- SCHERBAUM, F., BOMMER, J. J., BUNGUM, H., COTTON, F., and ABRAHAMSON, N. A.: Composite ground-motion models and logic trees: methodology, sensitivities, and uncertainties. Bull. Seismol. Soc. Amer. *95/5*, 1575–1593 (2005)

Prof. Dr. rer. nat.
Friedrich Steinle
*16. 4. 1957 Mühlacker

Sektion: Wissenschafts- und Medizingeschichte
Matrikel-Nummer: 7058
Aufnahmedatum: 14. 12. 2005

Derzeitige berufliche Position:
Professor für Geschichte (Wissenschafts- und Technikgeschichte), Bergische Universität Wuppertal (seit 2004)

Ausbildung und beruflicher Werdegang:
- 1976–1982 Studium der Physik an der Universität Karlsruhe;
- 1982–1990 Promotionsstudium Geschichte der Naturwissenschaften, Universität Tübingen, vielfältige Nebentätigkeiten;
- 1990 Doktorexamen, Dissertation zur Entwicklung der mechanischen Begriffe bei NEWTON. Gesamtnote summa cum laude;
- 1990–1995 wissenschaftlicher Mitarbeiter am Philosophischen Seminar der Universität Göttingen, teils in Drittmittelprojekten (Leitung L. KRÜGER);
- Winter 1994/1995 Forschungsaufenthalt an der Maison des Sciences de l'Homme (MSH) in Paris (Frankreich), gefördert durch MSH und DAAD;
- 1996–1997 Habilitationsstipendium der DFG;
- 1997–1998 wissenschaftlicher Mitarbeiter am Max-Planck-Institut (MPI) für Wissenschaftsgeschichte in Berlin (Projekt zur Entwicklung des Begriffes vom Naturgesetz);
- 1998–1999 »Senior Fellow« (full year) am Dibner Institute for the History of Science and Technology, Massachusetts Institute of Technology, Cambridge (MA, USA);
- 1999–2002 wissenschaftlicher Mitarbeiter am MPI für Wissenschaftsgeschichte in Berlin;
- 2000 Habilitation im Fach »Geschichte und Philosophie der Naturwissenschaften« an der TU Berlin;
- Sommer 2002 Lehrstuhlvertreter an der Universität Bern;
- 2002–2003 Forschungsprojekt zur Elektrizität des 18. Jahrhunderts: Begriffsbildung und Experiment (Thyssen-Stiftung und MPI für Wissenschaftsgeschichte);
- 2003–2004 Lehrstuhlvertreter an der Universität Stuttgart;
- 2004 Professeur, Histoire et épistémologie des sciences, Université Lyon I (Frankreich).

Hauptarbeitsgebiete:
- Geschichte und Philosophie des Experimentes;
- Experimentelle Arbeitspraxis und Mathematisierung in der Elektrodynamik;

- Elektrizitätsforschung im 18. Jahrhundert;
- Praxis und Theorie der geomagnetischen Forschung im 17. und 18. Jahrhundert;
- Farbenforschung im 18. und 19. Jahrhundert;
- Methodologische Begriffe in der frühen Neuzeit (Naturgesetz, Fakt).

Mitgliedschaften und Ehrungen (Auswahl):
- 2001 Förderpreis der Deutschen Gesellschaft für Geschichte der Medizin, Naturwissenschaften und Technik (DGGMNT);
- Mitglied Deutsche Gesellschaft für Geschichte der Medizin, Naturwissenschaften und Technik (DGGMNT), Gesellschaft für Wissenschaftsgeschichte (GWG), British Society for the History of Science (BSHS), History of Science Society (HSS), Deutsche Physikalische Gesellschaft (DPG).

Herausgebertätigkeiten (Auswahl):
- Fachherausgeber (zusammen mit R. REITH, Salzburg) für »Naturwissenschaften und Medizin« und »Natur, Umwelt und technischer Wandel« in der *Enzyklopädie der Neuzeit* (Metzler Verlag, Stuttgart, und Kulturwissenschaftliches Institut, Essen, Friedrich JÄGER).
- Fachgutachter für wissenschaftshistorische Journale und Verlage.

Mitarbeit in Organisationen und Gremien (Auswahl):
- 2004–2007 Mitbegründer der Forschungsgruppe »Generating experimental knowledge: experimental systems, concept formation, and the pivotal role of error«, zusammen mit H.-J. RHEINBERGER (Berlin) und Giora HON (Haifa): German-Israeli Foundation of Scientific Research and Development (G. I. F.);
- Mitglied des »Advisory Board« der Mommsen Foundation for the Foundation for the Advancement of Goethe Research, Palo Alto (CA, USA).

Veröffentlichungen (Auswahl):
- STEINLE, F.: Newtons Manuskript »de gravitatione«: Ein Stück Entwicklungsgeschichte seiner Mechanik. Boethius 26. Stuttgart: Franz Steiner 1991
- STEINLE, F.: »Das Nächste ans Nächste reihen«: Goethe, Newton und das Experiment. Philosophia Naturalis 39, 141–172 (2002)
- STEINLE, F.: Experiments in history and philosophy of science. Perspectives on Science 10, 408–432 (2003)
- STEINLE, F.: Explorative Experimente. Ampère, Faraday und die Ursprünge der Elektrodynamik. Boethius 50. Stuttgart: Franz Steiner 2005
- STEINLE, F.: Concept formation and the limits of justification. »Discovering« the two electricities. In: SCHICKORE, J., and STEINLE, F. (Eds.): Revisiting Discovery and Justification. Historical and Philosophical Perspectives on the Context Distinction; pp. 183–195. Dordrecht: Springer Archimedes 2006

Prof. Dr. med. Dr. phil.
Michael Stolberg
*2. 4. 1957 München

Sektion: Wissenschafts- und Medizingeschichte
Matrikel-Nummer: 7059
Aufnahmedatum: 14. 12. 2005

Derzeitige berufliche Position:
C4-Professur für Geschichte der Medizin am Institut für Geschichte der Medizin in Würzburg (seit 2004)

Ausbildung und beruflicher Werdegang:
- 1977–1984 Medizinstudium an der Ludwig-Maximilians-Universität (LMU) München;
- 1985–1987 Ärztliche Tätigkeit an Münchner Krankenhäusern (Innere Medizin/Kardiologie und Interdisziplinäre Intensivstation);
- 1986 Promotion an der Technischen Universität (TU) München mit einer medizinhistorischen Arbeit;
- 1987–1989 DFG-Postdoktoranden-Stipendiat in Italien (Mentalitäten- und Wissenschaftsgeschichte der Cholera);
- 1989–1995 Akademischer Rat am Institut für Geschichte der Medizin und Medizinische Soziologie der TU München;
- 1992 Habilitation für Geschichte der Medizin und Medizinische Soziologie an der TU München;
- 1994 Zweitpromotion zum Dr. phil. mit den Fächern Neuere Geschichte, Geistes- und Universitätsgeschichte und Philosophie an der LMU München mit einer Arbeit zu frühindustriellen Umweltkonflikten;
- 1995–1996 Forschungsstipendiat am Zentrum für venezianische Studien in Venedig (Umweltgeschichte Venedigs);
- 1996–1998 DFG-Heisenberg-Stipendiat an der Wellcome Unit for the History of Medicine, Department for the History and Philosophy of Science, Cambridge (Großbritannien);
- 1998–2001 Heisenberg-Stipendiat am Institut für Geschichte der Medizin der TU München (Frühneuzeitliche Medizin- und Patientengeschichte);
- 2001–2003 Projekt »Die Pluralisierung des Leibes« im Rahmen des DFG-Sonderforschungsbereichs 573 »Pluralisierung und Autorität in der Frühen Neuzeit« an der LMU München.

Hauptarbeitsgebiete:
- Theorie und Praxis der vormodernen Medizin;
- Historische Anthropologie der Körper- und Krankheitserfahrung;
- Geschichte der medizinischen Ethik.

Mitgliedschaften und Ehrungen (Auswahl):
- Deutsche Gesellschaft für Geschichte der Medizin, Naturwissenschaften und Technik;
- European Association for the History of Medicine;
- International Society for the History of Medicine;
- Society for the Social History of Medicine;
- 2. Platz für Buch *Homo patiens* in der Wahl zum »Historischen Buch des Jahres 2004« in der Sparte »innovative und provokative« Werke.

Herausgebertätigkeiten (Auswahl):
- Gesamtbereich Geschichte der Medizin im *Archiv der europäischen Lexikographie* (Erlangen: Harald Fischer).

Mitarbeit in Organisationen und Gremien (Auswahl):
- 1998–2000 Vorstand der Deutschen Gesellschaft für Geschichte der Medizin, Naturwissenschaften und Technik;
- Stellvertretender Vorsitzender der Ethikkommission der Medizinischen Fakultät der Universität Würzburg.

Veröffentlichungen (Auswahl):
- STOLBERG, M.: Ein Recht auf saubere Luft? Umweltkonflikte am Beginn des Industriezeitalters. Erlangen: Fischer 1994
- STOLBERG, M.: Die Cholera im Großherzogtum Toskana. Ängste, Deutungen und Reaktionen im Angesicht einer tödlichen Seuche. Landsberg: ecomed 1995
- STOLBERG, M.: A woman's hell? Medical perceptions of menopause in early modern Europe. Bulletin of the History of Medicine *73*, 408–428 (1999)
- STOLBERG, M.: Alternative medicine, irregular healers, and the medical market in 19th century Bavaria. In: EKLÖF, M., NELSON, M., and JÜTTE, R. (Eds.): Historical Aspects of Unconventional Medicine. Approaches, Concepts, Case Studies; pp. 139–162. Sheffield: European Association for the History of Medicine and Health Publications 2001
- STOLBERG, M.: The crime of Onan and the laws of nature. Religious and medical discourses on masturbation in the late 17th and early 18th centuries. Paedagogiga historica 701–717 (2003)
- STOLBERG, M.: A woman down to her bones. The anatomy of sexual difference in early modern Europe. Isis *94*, 274–299 (2003)
- STOLBERG, M.: Homo patiens. Krankheits- und Körpererfahrung in der Frühen Neuzeit. Köln, Weimar, Wien: Böhlau 2003
- STOLBERG, M.: Medizinische Deutungsmacht und die Grenzen ärztlicher Autorität in der Frühen Neuzeit. In: VAN DÜLMEN, R., und RAUSCHENBACH, S. (Eds.): Macht des Wissens. Entstehung der modernen Wissensgesellschaft 1500–1820. S. 111–130. Köln, Weimar: Böhlau 2004
- STOLBERG, M.: Negotiating the meanings of illness. Medical popularization and the patient in the 18th century. In: BLÉCOURT, W. DE, and USBORNE, C. (Eds.): Cultural Approaches to the History of Medicine. Mediating Medicine in Early Modern and Modern Europe; pp. 89–107. Basingstoke, New York: Palgrave Macmillan 2004

Prof. Dr. med. habil.
Klaus Viktor **Toyka**
*15. 4. 1945 Biberach an der Riß

Sektion: Neurowissenschaften
Matrikel-Nummer: 7046
Aufnahmedatum: 28. 9. 2005

Derzeitige berufliche Position:
Professor (C4) und Direktor der Klinik und Poliklinik für Neurologie der Julius-Maximilians-Universität Würzburg (seit 1989)

Ausbildung und beruflicher Werdegang:
- 1964–1970 Medizinstudium, Ludwig-Maximilians-Universität München;
- 1970 Promotion (Dr. med.) München und Approbation als Arzt;
- 1978 Habilitation und Venia legendi für das Fach Neurologie an der Medizinischen Fakultät der TU München; Facharzt für Neurologie;
- 1970–1974 Medizinalassistent München, Bundeswehr (SA d. R.) und DFG-Ausbildungsstipendiat für Neuropädiatrie an der Universität München;
- 1974–1976 Clinical and Research Fellow, Department of Neurology, Johns Hopkins Medical School, Baltimore (USA);
- 1976–1979 Wissenschaftlicher Assistent, Neurologische Klinik, TU München;
- 1979–1989 Universitätsprofessor (C3 auf Lebenszeit) an der Neurologischen Klinik der Universität Düsseldorf, Oberarzt;
- seit 1989 Universitätsprofessor, Lehrstuhl Neurologie, Direktor Neurologische Klinik Julius-Maximilians-Universität Würzburg.

Hauptarbeitsgebiete:
- Neuroimmunologie – Pathogenese- und Therapieforschung;
- Krankheitsmodelle neurodegenerativer neuromuskulärer Erkrankungen.

Mitgliedschaften und Ehrungen (Auswahl):
- Fellow of the Royal College of Physicians, London (FRCP) (Großbritannien);
- Honorary Member, Society of Scholars, Johns Hopkins University Baltimore (USA);
- Corresponding Fellow, American Academy of Neurology (FAAN);
- Corresponding Fellow, American Neurological Association;
- Ehrenmitglied, Belgische, Französische und Polnische Gesellschaft für Neurologie;
- Special Award of the Myasthenia Gravis Foundation (USA);
- Heinrich-Pette-Forschungspreis, Deutsche Gesellschaft für Neurologie;
- Käthe-Hammersen-MS-Preis und Ursula-Späth-Preis, Deutsche Gesellschaft für Multiple Sklerose.

Mitarbeit in Organisationen und Gremien (Auswahl):
- 1996–1998 Dekan, Medizinische Fakultät, Universität Würzburg;
- 1998–2002 Prodekan, Medizinische Fakultät;
- 1990–1995 Sprecher, BMBF-Klinische Forschungsgruppe »Multiple Sklerose und Neuroimmunologie«;
- 1994–2000 Sprecher, DFG-Klinische Forschergruppe »Neuroregeneration« (M. SENDTNER);
- seit 2000 Stellvertretender Sprecher, DFG-Sonderforschungsbereich 581 »Transgene Modelle für Erkrankungen des Nervensystems«;
- seit 2000 Mitglied des Senats der Universität Würzburg;
- 1996–2004 Auswahlausschuß Alexander-von-Humboldt-Stiftung, Max-Planck-Forschungspreis;
- seit 1999 Wissenschaftlicher Beirat, Max-Planck-Institut für Psychiatrie, München;
- Vorsitzender des Wissenschaftlichen Beirats, Sobek-MS-Forschungspreis, Sobek-Stiftung;
- Vorsitzender des Ärztlichen Beirats, DMSG;
- Gründungsvorstandsmitglied European Neurological Society und Peripheral Nerve Society, USA (Präsident ENS 2001–2002).

Veröffentlichungen (Auswahl):
- TOYKA, K. V., DRACHMAN, D. B., and PESTRONK, A., and KAO, I.: Myasthenia gravis: passive transfer from man to mouse. Science *190*, 397–399 (1975) [Citation Classic]
- BESINGER, U. A., TOYKA, K. V., ANZIL, A. P., FATEH-MOGNADAM, A., ROUSCHER, R., and HEININGER, K.: Myeloma neuropathy: passive transfer from man to mouse. Science *213*, 1027–1030 (1981)
- HOHLFELD, R., TOYKA, K. V., HEININGER, K., GROSSE-WILDE, H., and KALIES, I.: Autoimmune human T lymphocytes specific for acetylcholine receptor. Nature *310*, 244–246 (1984)
- WEISHAUPT, A., GOLD, R., GAUPP, S., GIEGERICH, G., HARTUNG, H. P., and TOYKA, K. V.: Antigen therapy eliminates T cell inflammation by apoptosis: effective treatment of experimental autoimmune neuritis with recombinant myelin protein P2. Proc. Natl. Acad. Sci. USA *94*, 1338–1343 (1997)
- BUCHWALD, B., AHANGARI, R., WEISHAUPT, A., and TOYKA, K. V.: Intravenous immunoglobulins neutralize blocking antibodies in the Guillain-Barré syndrome. Ann. Neurol. *51*, 673–680 (2002)
- LINKER, R. A., MAURER, M., GAUPP, S., MARTINI, R., HOLTMANN, B., GIESS, R., RIECKMANN, P., LASSMANN, H., TOYKA, K. V., SENDTNER, M., and GOLD, R.: CNTF is a major protective factor in demyelinating CNS disease: a neurotrophic cytokine as modulator in neuroinflammation. Nature Med. *8*, 620–624 (2002)
- SOMMER, C., WEISHAUPT, A., BRINKHOFF, J., BIKO, L., WESSIG, C., GOLD, R., and TOYKA, K. V.: Paraneoplastic stiff-person syndrome: Passive transfer to the rat with IgG antibodies to amphiphysin. Lancet *365*, 1406–1411 (2005)

Prof. Dr. rer. nat.
Gerhard Wagner
*15. 9. 1945 Haid (Bor, Tschechien)

Sektion: Biochemie und Biophysik
Matrikel-Nummer: 7041
Aufnahmedatum: 29. 6. 2005

Derzeitige berufliche Position:
Elkan Rogers Blout Professor of Biological Chemistry and Molecular Pharmacology, Harvard Medical School, Boston (seit 1990).

Ausbildung und beruflicher Werdegang:
- 1967–1971 Studium der Physik, Technische Universität, München;
- 1972–1977 Promotion (Dr. rer. nat.), Biophysik, ETH Zürich;
- 1978–1979 Research Associate, Department of Chemistry, MIT Cambridge;
- 1979–1982 Assistent, ETH Zürich;
- 1982 Habilitation und Venia legendi im Fach Biophysik an der ETH Zürich;
- 1982–1991 Privatdozent, ETH Zürich;
- 1987–1988 Associate Professor Biological Chemistry, University of Michigan, Ann Arbor (MI, USA);
- 1988–1990 Professor, Biological Chemistry, University of Michigan, Ann Arbor;
- seit 1990 Professor for Biological Chemistry and Molecular Pharmacology, Harvard Medical School, Boston (MA, USA);
- seit 1992 Elkan Rogers Blout Professor of Biological Chemistry and Molecular Pharmacology, Harvard Medical School.

Hauptarbeitsgebiete:
- Struktur-Funktionsbeziehungen von Proteinen;
- NMR-Methoden für Proteinuntersuchungen;
- Translation-Initiation;
- T-Zellen-Aktivierung;
- Apoptosis;
- Metabolomics.

Mitgliedschaften und Ehrungen (Auswahl):
- 1970–1974 Studienstiftung des Deutschen Volkes;
- 1992 Zürich Protein Lecture, ETH Zürich;
- 1998 The Wellcome Lecture in Structural Biology, Kansas State University (USA);
- 2001 Elected Fellow to American Association for the Advancement of Science;
- 2003 The Cleveland Structural Biology Lecture;
- 2004 Eastern Anal. Symposium Achievement Award in Magnetic Resonance.

Herausgebertätigkeiten (Auswahl):
- Associate Editor *Journal of Biomolecular NMR*;
- Associate Editor *Quarterly Reviews of Biophysics*;
- Editorial Advisory Board *Cell*;
- Editorial Advisory Board *Biochemistry*;
- Editorial Advisory Board *Journal of Magnetic Resonance*.

Mitarbeit in Organisationen und Gremien (Auswahl):
- 1988–1991 NSF Study Section, Biophysics Program;
- 1998–2001 NIH Study Section BBCB;
- 1995, 1997 und 1999 Organisator Keystone Symposium: Frontiers of NMR in Molecular Biology;
- seit 2002 Mitglied NIH Protein Structure Initiative Advisory Committee.

Veröffentlichungen (Auswahl):
- WÜTHRICH, K., and WAGNER, G.: NMR investigations of the dynamics of the aromatic amino acid residues in the basic pancreatic trypsin inhibitor. FEBS Lett. *50*, 265–268 (1975)
- ZHOU, P., SUN, L. J., DÖTSCH, V., WAGNER, G., and VERDINE, G. L.: Structural basis for signal integration by NFATc. Cell *92*, 687–696 (1998)
- CHOU, J. J., LI, H., SALVESEN, G. S., YUAN, J., and WAGNER, G.: Solution structure of BID, an intracellular amplifier of apoptotic signaling. Cell *96*, 615–624 (1999)
- LIN, Y., FLETCHER, C. M., ZHOU, J., ALLIS, C. D., and WAGNER, G.: Solution structure of the catalytic domain of tetrahymena GCN5 histone acetyltransferase in complex with coenzyme A. Nature *400*, 86–89 (1999)
- SUN, Z.-Y. J., KIM, K. S., WAGNER, G., and REINHERZ, E. L.: Mechanisms contributing to T cell receptor signaling and assembly revealed by the solution structure of an ectodomain fragment of the CD3epsilongamma heterodimer. Cell *105*, 913–923 (2001)
- GROSS, J. D., MOERKE, N. J., VON DER HAAR, T., LUGOVSKOY, A. A., SACHS, A. B., MCCARTHY, J., and WAGNER, G.: Ribosome loading onto the mRNA cap is driven by conformational coupling between eIF4G and eIF4E. Cell *115*, 739–750 (2003)
- KIM, P., SUN, Z.-Y. J., BLACKLOW, S. C., WAGNER, G., and ECK, M. J.: A zinc clasp structure tethers Lck to T-cell coreceptors CD4 and CD8. Science *301*, 1725–1728 (2003)
- WALENSKY, L. D., KUNG, A. L., ESCHER, I., MALIA, T. J., BARBUTO, S., WRIGHT, I. R., WAGNER, G., VERDINE, G. L., and KORSMEYER, S. J.: Activation of apoptosis in vivo by a hydrocarbon-stapled BH3 helix. Science *305*, 1466–1470 (2004)
- MARINTCHEV, A., and WAGNER, G.: Translation initiation: structures, mechanisms and evolution. Quart. Rev. Biophys. *37*, 197–284 (2005)
- OBERER, M., MARINTCHEV, A., and WAGNER, G.: Structural basis for the enhancement of eIF4A helicase activity by eIF4G. Genes and Development *19*, 2212–2223 (2005)

Prof. Dr. techn.
Emo Welzl
*4. 8. 1958 Linz (Österreich)

Sektion: Informationswissenschaften
Matrikel-Nummer: 7024
Aufnahmedatum: 23. 2. 2005

Derzeitige berufliche Position:
Professor für Informatik und Vorsteher des Instituts für Theoretische Informatik an der ETH Zürich (Schweiz, seit 1996)

Ausbildung und beruflicher Werdegang:
- 1977–1981 Studium der Technischen Mathematik an der Technischen Universität Graz (Österreich);
- 1983 Promotion (Dr. techn.), Technische Universität Graz (Betreuer Hermann MAURER);
- 1984 Postdoktorand an der Rijksuniversiteit Leiden (Niederlande);
- 1985 ein Semester Gastprofessor an der University of Denver (CO, USA);
- 1988 Habilitation (Grundlagen der Informatik) an der Naturwissenschaftlichen Fakultät der Technischen Universität Graz;
- 1987–1996 Professor (C4) für Mathematik an der Freien Universität Berlin;
- 1994 ein Semester Forschungsaufenthalt am International Computer Science Institute, Berkeley (CA, USA);
- seit 1996 Professor für Informatik an der ETH Zürich (Schweiz).

Hauptarbeitsgebiete:
- Theoretische Informatik;
- Algorithmische und diskrete Geometrie;
- Optimierung.

Mitgliedschaften und Ehrungen (Auswahl):
- 1992 Max-Planck-Forschungspreis (mit Micha SHARIR, Tel-Aviv-Universität, Israel);
- 1995 Gottfried-Wilhelm-Leibniz-Preis der DFG;
- 1998 Fellow, Association for Computing Machinery;
- 2006 Mitglied der Academia Europaea.

Herausgebertätigkeiten (Auswahl):
- *Journal of Discrete and Computational Geometry*;
- *Journal of Symbolic Computation* (bis 2003);
- *Computational Geometry-Theory and Applications*;

- *Journal for Universal Computer Science*;
- *Fundamenta Informaticae*;
- *ORDER*.

Mitarbeit in Organisationen und Gremien (Auswahl):
- 1991–1996 Sprecher des Graduiertenkollegs *Algorithmische Diskrete Mathematik* der Freien Universität, der Humboldt-Universität, der Technischen Universität und des Konrad-Zuse-Zentrums in Berlin;
- 2000–2005 Sprecher (am Standort Zürich) des Europäischen Graduiertenkollegs *Combinatorics, Geometry, and Computation*.

Veröffentlichungen (Auswahl):
- WELZL, E.: Color families are dense. Theoretical Computer Science *17*, 29–41 (1982)
- WELZL, E., and HAUSSLER, D.: Epsilon-nets and simplex range queries. Discrete and Computational Geometry *2*, 127–151 (1987)
- WELZL, E.: Partition trees for triangle counting and other range searching problems. Proc. 4th Annual ACM Symposium on Computational Geometry, 23–33 (1988)
- WELZL, E., ALT, H., MEHLHORN, K., and WAGENER, H.: Congruence, similarity, and symmetries of geometric objects. Discrete and Computational Geometry *3*, 237–256 (1988)
- WELZL, E., CLARKSON, K. L., EDELSBRUNNER, H., GUIBAS, L. J., and SHARIR, M.: Combinatorial complexity bounds for arrangements of curves and spheres. Discrete and Computational Geometry *5*, 99–160 (1990)
- WELZL, E.: Smallest enclosing disks (balls and ellipsoids). In: MAURER, H. (Ed.): New Results and New Trends in Computer Science. Lecture Notes in Computer Science *555*, 359–370 (1991)
- WELZL, E., MATOUŠEK, J., and SHARIR, M.: A subexponential bound for linear programming. Algorithmica *16*, 498–516 (1996)
- WELZL, E.: Entering and leaving j-facets. Discrete and Computational Geometry *25*, 351–364 (2001)
- WELZL, E., and WAGNER, U.: A continuous analogue of the Upper Bound Theorem. Discrete and Computational Geometry *26*, 205–219 (2001)
- WELZL, E., and SZABÓ, T.: Unique sink orientations of cubes. Proc. 42nd Annual IEEE Symposium on Foundations of Computer Science, 547–555 (2001)
- WELZL, E., LOVÁSZ, L., VESZTERGOMBI, K., and WAGNER, U.: Convex quadrilaterals and k-sets. In: PACH, J. (Ed.): Towards a Theory of Geometric Graphs. J. Contemporary Mathematics *342*, 139–148 (2004)

Prof. Ph.D.
Simon D. M. White
*30. 9. 1951 Ashford (Kent, Großbritannien)

Sektion: Physik
Matrikel-Nummer: 7025
Aufnahmedatum: 23. 2. 2005

Derzeitige berufliche Position:
C4/W3-Professor und Direktor am Max-Planck-Institut für Astrophysik (MPA) (seit 1994) bzw. geschäftsführender Direktor des MPA (seit 2006)

Ausbildung und beruflicher Werdegang:
- 1972 B.A. in Mathematik am Jesus College, Cambridge (Großbritannien);
- 1974 Master of Science in Astronomie an der University of Toronto (Kanada);
- 1977 Ph.D. in Astronomie an der University of Cambridge (Großbritannien);
- 1977–1978 Lindemann Fellow, University of California, Berkeley (CA, USA);
- 9/1978–12/1978 Visiting Research Astronomer, National Radio Astronomy Observatory (NRAO), Charlottesville (VA, USA);
- 1979–1980 Research Fellow, Churchill College, Cambridge (Großbritannien);
- 1/1979–6/1980 Attaché am Centre National de la Recherche Scientifique, Institut d'Astrophysique de Paris (Frankreich);
- 1980–1984 Senior Fellow, Space Science Laboratory, und 1981–1984 Adjunct Assistant Professor, University of California, Berkeley;
- 1982 Mitglied des Institute for Advanced Study, Princeton (NJ, USA);
- 1984 Mitglied des Institute for Theoretical Physics, Santa Barbara (CA, USA);
- 1984–1987 Associate Professor/Astronomer, 1987–1991 Professor/Astronomer, Steward Observatory, University of Arizona (USA);
- 1990 Mitglied des Institute for Advanced Study, Jerusalem (Israel);
- 1991–1994 Sheepshanks Reader, University of Cambridge (Großbritannien);
- seit 1992 Research Professor, Steward Observatory, University of Arizona Tucson (AZ, USA);
- 1992–1994 Direktor, European Association for Research in Astronomy;
- seit 1994 Direktor, Max-Planck-Institut für Astrophysik;
- seit 1994 Visiting Professor, University of Durham (Großbritannien);
- seit 1995 Honorarprofessor an der Ludwig-Maximilians-Universität München.

Hauptarbeitsgebiete:
- Kosmologie;
- Entstehung und Entwicklung von Galaxien;
- Dynamik der Galaxien und größeren Strukturen.

Mitgliedschaften und Ehrungen (Auswahl):
- 1984 NSF Presidential Young Investigator;
- 1986 Helen B. Warner Prize, American Astronomical Society;
- 1997 Fellow of the Royal Society;
- 1999 Honorarprofessor am National Observatory Beijing (China);
- 2000 Max-Planck-Forschungspreis;
- 2001 Honorarprofessor am Shanghai Astronomical Observatory (China);
- 2005 Dannie-Heineman-Preis, AIP/AAS;
- 2005 Gold Medal, Royal Astronomical Society.

Herausgebertätigkeiten (Auswahl):
- seit 1992 Editor *Monthly Notices of the Royal Astronomical Society*;
- seit 2002 Kuratoriumsmitglied des *Physik Journals*.

Mitarbeit in Organisationen und Gremien (Auswahl):
- seit 1995 Mitglied verschiedener Struktur- und Berufungskommissionen innerhalb der Max-Planck-Gesellschaft;
- 1997–2004 Vorstandsvorsitzender der European Association for Research and Astronomy;
- 2004 Mitglied des externen Begutachtungsgremiums des Physik-Departments der Universität Bonn;
- Mitglied verschiedener Beratungs- und Begutachtungsgremien im Ausland, z. B. am Observatoire de Paris, Meudon (Frankreich); am Physics Department der Ecole Normale Supérieur, Paris (Frankreich); DAPNIA, Laboratoire de recherches sur les lois fondamentales de l'Univers, Saclay (Frankreich); am Institute for Astrophysics, University of Porto (Portugal).

Veröffentlichungen (Auswahl):
- WHITE, S. D. M., and REES, M. J.: Core condensation in heavy halos: A two-stage theory for galaxy formation and clustering. Monthly Notices of the Royal Astronomical Society *183*, 341 (1978)
- DAVIS, M., EFSTATHIOU, G., FRENK, C. S., and WHITE, S. D. M.: The evolution of large-scale structure in a universe dominated by cold dark matter. Astrophysical Journal *292*, 371 (1985)
- KAUFFMANN, G., WHITE, S. D. M., and GUIDERDONI, B.: The formation and evolution of galaxies within merging dark matter halos. Monthly Notices of the Royal Astronomical Society *264*, 201 (1993)
- NAVARRO, J. F., FRENK, C. S., and WHITE, S. D. M.: A universal density profile from hierarchical clustering. Astrophysical Journal *478*, 435 (1997)
- MO, H. J., MAO, S., and WHITE, S. D. M.: The formation of galactic disks. Monthly Notices of the Royal Astronomical Society *295*, 319 (1998)
- KAUFFMANN, G., COLBERG, J. M., DIAFERIO, A., and WHITE, S. D. M.: Clustering of galaxies in a hierarchical universe: I. Methods and results at z = 0. Monthly Notices of the Royal Astronomical Society *303*, 1988 (1999)

Prof. Dr. med.
Georg Wick
*28. 4. 1939 Klagenfurt

Sektion: Mikrobiologie und Immunologie
Matrikel-Nummer: 7060
Aufnahmedatum: 14. 12. 2005

Derzeitige berufliche Position:
Ordentlicher Universitätsprofessor und Direktor der Sektion für Experimentelle Pathophysiologie und Immunologie, Biozentrum, Medizinische Universität Innsbruck (MUI) (Österreich)

Ausbildung und beruflicher Werdegang:
- 1964 Promotion zum Dr. med., Universität Wien (Österreich);
- 1965–1966 Universitätsassistent, Institut für Allgemeine und Experimentelle Pathologie der Universität Wien;
- 1967 Krankenhaus Floridsdorf, Innere Medizin, Wien;
- 1967–1970 Center for Immunology, State University of New York at Buffalo (NY, USA);
- 1970–1974 Leiter der Arbeitsgruppe Immunpathologie am Institut für Allgemeine und Experimentelle Pathologie der Universität Wien;
- 1971 Universitätsdozent, 1974 außerordentlicher Professor für Allgemeine und Experimentelle Pathologie (Immunpathologie), Wien;
- seit 1975 Direktor der Sektion für Experimentelle Pathophysiologie und Immunologie der Medizinischen Universität Innsbruck;
- 1987–1990 Leiter der Forschungsstelle für Immunendokrinologie der Österreichischen Akademie der Wissenschaften, Innsbruck;
- 1991–2003 Direktor des Instituts für Biomedizinische Altersforschung der Österreichischen Akademie der Wissenschaften, Innsbruck;
- 2003–2005 Präsident Fonds zur Förderung der wissenschaftlichen Forschung (FWF), Wien.

Hauptarbeitsgebiete:
- Autoimmunität: essentielle genetische und modulierende Faktoren bei Autoimmunität: Tiermodelle mit spontan auftretenden organspezifischen und systemischen Autoimmunerkrankungen;
- Immunendokrinologie: Rolle von Glukokortikoidhormonen bei T-Zell-Differenzierung und Selektion; immunendokrine Kommunikation über die Hypothalamus-Hypophysen-Nebennieren-Achse;
- Immunologie der Atherosklerose; Immunsystem im Alter.

Mitgliedschaften und Ehrungen (Auswahl):
- American Association of Immunologists (AAI); British Society for Immunology (BSI); Society of Leukocyte Biology (seit 1990); Deutsche Gesellschaft für Immunologie (seit 1970); Österreichische Gesellschaft für Pathologie; European Society for Cell Biology;
- International Society for Comparative and Developmental Immunology (Präsident, 1994–1997);
- Österreichische Gesellschaft für Allergologie und Immunologie (Präsident, 1992–1994);
- Gesellschaft der Ärzte in Wien (korrespondierendes Mitglied seit 1986);
- Royal College of Pathologists – Fellow (FRC Path.) (seit 1990);
- Mitglied der Academia Europaea (seit 1993);
- 1986 Wissenschaftspreis des Landes Tirol;
- 1994 Österreichischer »Wissenschaftler des Jahres«;
- 2002 Douglas C. Powers Award for Excellence in Aging and Vaccine Research, Washington;
- 2004 Karl-Landsteiner-Medaille, Österreichische Gesellschaft für Allergologie und Immunologie ÖGAI.

Herausgebertätigkeiten (Auswahl):
- *International Archives of Allergy and Applied Immunology* (Editor-in-Chief 1991–1997);
- *Experimental Gerontology* (Editor-in-Chief bis 2004);
- Editorial Board *European Journal of Immunology, Developmental and Comparative Immunology, Journal of Autoimmunity.*

Mitarbeit in Organisationen und Gremien (Auswahl):
- International Union of Immunological Societies (Member of the Council);
- WHO Steering Committee, Task Force on Immunological Fertility Control, Genf;
- Oberster Sanitätsrat (Österreich; bis 2004);
- Kommission für Tierversuchsangelegenheiten, BMBWK (bis 2004);
- Fonds zur Förderung der wissenschaftlichen Forschung (FWF) (Präsident 2003–2005).

Veröffentlichungen (Auswahl):
MILLONIG, G., SCHWENTNER, C., MÜLLER, P., MAYERL, C., and WICK, G.: The vascular-associated lymphoid tissue: a new site of local immunity. Current Opinion in Lipidology *12*, 547–553 (2001)

GRUBECK-LOEBENSTEIN, B., and WICK, G.: The aging of the immune system. Adv. Immunol. *80*, 243–284 (2002)

WICK, G., KNOFLACH, M., and XU, Q.: Autoimmune and inflammatory mechanisms in atherosclerosis. Annu. Rev. Immunol. *22*, 361–403 (2004)

Prof. Ph.D. DSc. DSc. DSc.
Ian Wilmut
*July 7, 1944 Warwickshire (Großbritannien)

Sektion: Veterinärmedizin
Matrikel-Nummer: 7047
Aufnahmedatum: 28. 9. 2005

Derzeitige berufliche Position:
Director of the Centre of Regenerative Medicine, University of Edinburgh (Schottland) (seit 2005)

Ausbildung und beruflicher Werdegang:
- Studium der Tierphysiologie, School of Agriculture, University Nottingham;
- 1967–1971 MLC Post-graduate Scholarship bei E. J. C. POLGE am Darwin-College Cambridge (Großbritannien) (Ph.D.);
- 1971–1973 Postdoktorand an der ARC Unit of Reproductive Physiology and Biochemistry at Cambridge;
- 1973–1981 Senior Scientific Officer, AFRC Animal Breeding Research Organisation;
- 1981–2000 Principal Investigator (PSO/UG7; IM Band 3), AFRC/BBSRC Animal Breeding Research Organisation/Institute of Animal Physiology and Genetics Research/Roslin Institute;
- 1993–1998 Honorary Fellow, Institute of Ecology and Resource Management, University of Edinburgh (Schottland);
- seit 1998 Honorary Professor, Division of Biological Sciences, University of Edinburgh (Schottland);
- 1998 DSc., University of Nottingham;
- 1999 DSc., North Eastern University Boston (USA);
- 2000–2005 Leiter der Abteilung Gene Expression and Development, Roslin Institute;
- 2002 DSc., Edinburgh University.

Hauptarbeitsgebiete:
- Genetik und Reproduktionsbiologie bei Schafen;
- Erzeugung transgener Schafe (Gewinnung humantherapeutisch wertvoller Proteine aus deren Milch);
- Klonierungstechniken.

Mitgliedschaften und Ehrungen (Auswahl):
- 1998 Golden Plate Award, Academy of Achievement (USA);
- 1998 Sir John Hammond Memorial Prize, Society for Study of Fertility;
- 1998 The Lord Lloyd of Kilgerran Prize;

- 1999 OBE, Queen's Birthday Honours;
- 1999 The Academy of Medical Sciences (Fellowship);
- 1999 Sir William Young Award, The Royal Highland and Agricultural Society of Scotland;
- 1999 Research Medal, Royal Agricultural Society of England;
- 2000 Royal Society of Edinburgh (Fellow);
- 2001 The Scotsman Innovator of the Year Award, Edinburgh;
- 2002 The Royal Society, London (Fellow);
- 2002 Ernst Schering Research Foundation Prize, Berlin;
- 2002 Honorary Fellowship, Royal Medical Society, Edinburgh;
- 2005 Paul-Ehrlich-und-Ludwig-Darmstädter-Preis, Frankfurt (Main).

Herausgebertätigkeiten (Auswahl):
- 1991–1997 Editorial Board *Journal of Reproduction and Fertility*;
- seit 1998 Editor-in-Chief *Cloning and Stem Cells*.

Mitarbeit in Organisationen und Gremien (Auswahl):
- 1973–1975 Treasurer, Low Temperature Biology Society;
- 1985–1990 Committee Member, 1988 Programme Secretary Society for Study of Fertility;
- 1991–1995 Mitglied, Board, 1991 Joint Programme Chairman, 1994 Präsident, International Embryo Transfer Society.

Veröffentlichungen (Auswahl):
- CAMPBELL, K. H., McWHIR, J., RITCHIE, W. A., and WILMUT, I.: Sheep cloned by nuclear transfer from a cultured cell line. Nature *380*, 64–66 (1996)
- JAENISCH, R., and WILMUT, I.: Don't clone humans! Science *291*, 2552 (2001)
- WILMUT, I., CAMPBELL, K., und TUDGE, C.: Dolly – Der Aufbruch ins biotechnische Zeitalter. München: Hanser 2001

Prof. Dr. med.
Barbara Wollenberg
*8. 5. 1964 München

Sektion: Ophthalmologie, Oto-Rhino-Laryngologie und Stomatologie
Matrikel-Nummer: 7048
Aufnahmedatum: 28. 9. 2005

Derzeitige berufliche Position:
Professorin (C4) und Direktorin der Hals-Nasen-Ohrenklinik der Universität Lübeck

Ausbildung und beruflicher Werdegang:
- 1982–1988 Studium der Humanmedizin an der Universität Saarbrücken und der Ludwig-Maximilians-Universität (LMU) München;
- 1990 Promotion (Institut für Immunologie der LMU, G. RIETHMÜLLER);
- 1994 Fachärztin für Hals-Nasen-Ohrenheilkunde;
- 1996 Gründung der Arbeitsgruppe »Immunologische Therapieverfahren«;
- 1996–2003 Oberärztin an der Klinik und Poliklinik für Hals-, Nasen- und Ohrenkranke am Klinikum Großhadern der LMU München mit Erwerb der Zusatzausbildungen Allergologie, Spezielle HNO-Chirurgie, Plastische Operationen, Laserschutz, Strahlenschutz, Beauftragte für Biologische Sicherheit, Ausbilder für Ultraschallanwendung im Kopf-Hals-Bereich (A-mode, B-mode, Dopplersonographie);
- 1999 Habilitation und Venia legendi für Hals-Nasen-Ohren-Heilkunde;
- 2001–2003 Leitung der Projektgruppe Kopf-Hals-Tumoren am Tumorzentrum München;
- 2001–2003 Heisenberg-Stipendium der Deutschen Forschungsgemeinschaft;
- 2002 Ruf auf den Lehrstuhl für Hals-Nasen-Ohrenheilkunde der Universität Lübeck.

Hauptarbeitsgebiete:
- Entwicklung neuer individualisierter immunologischer Therapieverfahren für Patienten mit Kopf-Hals-Karzinomen (HNSCC);
- Tumorbiologie;
- Untersuchungen an der Schnittstelle von Tumor und Immunsystem, insbesondere Charakterisierung von *Immune-Escape*-Mechanismen durch Dysregulation von Zellen der *Innate Immunity*;
- Regulation von Toll-*like*-Rezeptoren;
- Charakterisierung von Mechanismen der Progression von HNSCC;
- Charakterisierung von in HNSCC präsenten Stammzellen;
- Charakterisierung neuer Tumorantigene.

Mitgliedschaften und Ehrungen (Auswahl):
- Deutsche Gesellschaft für Hals-, Nasen- und Ohren-Heilkunde und Kopf-Hals-Chirurgie;
- Deutsche Gesellschaft für Plastische und Wiederherstellungschirurgie;
- American Society for Otorhinolaryngology and Head and Neck Surgery;
- European Working Group on Gene Therapy (EWGT);
- Deutsche Krebsgesellschaft;
- Deutsche Gesellschaft für Immuntherapie;
- 1999 Anton-von-Troeltsch-Preis der Deutschen Gesellschaft für Hals-, Nasen- und Ohren-Heilkunde und Kopf-Hals-Chirurgie;
- 2001 Monika-Kutzner-Preis für Krebsforschung der Berlin-Brandenburgischen Akademie der Wissenschaften;
- 2002 Aufnahme in den Weltverbund Collegium Amicitiae Sacrum Otorhinolaryngologicum (CORLAS) als eine der 13 deutschen Vertreter.

Herausgebertätigkeiten (Auswahl):
- *HNO*;
- *Laryngo-Rhino-Otologie*;
- *Acta-Oto-Rhinologica*;
- *European Archives of Oto-Rhino-Laryngology*;
- *Journal of Inflammation*.

Mitarbeit in Organisationen und Gremien (Auswahl):
- Prodekanin der Medizinischen Fakultät der Universität Lübeck;
- Berufung ins Institut für medizinische und pharmazeutische Prüfungsfragen (IMPP).

Veröffentlichungen (Auswahl):
- ZEIDLER, R., CSANADY, M., GIRES, O., LANG, S., SCHMITT, B., and WOLLENBERG, B.: Tumor cell-derived prostaglandin E2 inhibits monocyte function by interfering with CCR5 and Mac-1. FASEB J. *14/5*, 661–668 (2000)
- HARTMANN, E., WOLLENBERG, B., GIRES, O., ROTHENFUSSER, S., WAGNER, M., GIESE, T., ENDRES, S., and HARTMANN, G.: Tumor-infiltrating plasmacytoid dendritic cells as target for immunotherapy with CpG ODN in head and neck cancer. Cancer Research *63/19*, 6478–6487 (2003)
- WOLLENBERG, B., und ZIMMERMANN, F.: Manual des Tumorzentrums München: Empfehlungen zur Diagnostik, Therapie und Nachsorge von Kopf-Hals-Malignomen. München: Zuckschwerdt 2003
- PRIES, R., and WOLLENBERG, B.: Cytokines in head and neck cancer. Cytokine Growth Factor Review *17/3*, 141–146 (2006)

Prof. Ph.D.
Jackie Y. Ying
*April 30, 1966 Taipei (Taiwan, Republic of China)

Section: Physics
Matricula number: 7026
Date of election: February 23, 2005

Present Position:
Executive Director of the Institute of Bioengineering and Nanotechnology (Singapore, since 2003), and Adjunct Professor of Chemical Engineering at Massachusetts Institute of Technology (MIT), Cambridge (MA, USA)

Education and Career:
– 1983–1987 The Cooper Union (USA), B.E. in Chemical Engineering, »summa cum laude« (1987);
– 1987–1991 Princeton University (USA), General Electric Graduate Fellow, M.A. in Chemical Engineering (1988), AT&T Bell Laboratories Ph.D. Scholar, Ph.D. in Chemical Engineering (1991);
– 1991–1992 Institut für Neue Materialien, Universität des Saarlandes (Germany), NSF-NATO Postdoctoral Fellow, Alexander von Humboldt Research Fellow;
– since 1992 Department of Chemical Engineering, Massachusetts Institute of Technology (USA), Thomas D. and Virginia W. Cabot Assistant Professor (1992–1996), Raymond A. and Helen E. St. Laurent Associate Professor (1996–2001), Professor (2001–2005), Adjunct Professor (since 2005).

Main Fields of Work:
– Synthesis of nanoparticulate, nanoporous and nanocomposite materials;
– advanced catalysts, ceramics and membranes;
– targeted delivery of drugs, proteins and genes;
– tissue engineering, artificial organs and implants;
– heterogenized catalysts for chemicals and pharmaceuticals synthesis;
– functionalized nanocrystals for bioimaging and biosensing;
– medical and biological devices.

Memberships and Honours (Selection):
– Best of Small Tech Advocate Award Finalist, Small Times Magazine (2005);
– Peter V. Danckwerts Memorial Lectureship, Chemical Engineering Science and World Congress of Chemical Engineering (2005);
– World Economic Forum Young Global Leader (2004–2009);
– American Institute of Chemical Engineers Allan P. Colburn Award (2000);
– Technology Review TR100 Young Innovator Award (1999);
– Union Carbide Innovation Recognition Awards (1998, 1999);

- American Chemical Society Faculty Fellowship Award in Solid-State Chemistry (1997);
- Camille Dreyfus Teacher-Scholar Award (1996);
- David and Lucile Packard Fellowship for Science and Engineering (1995);
- Royal Academy of Engineering ICI Fellowship for Young Academic Chemical Engineers (1995);
- American Ceramic Society Ross C. Purdy Award for the Most Valuable Contribution to the Ceramic Technical Literature (1995);
- Office of Naval Research Young Investigator Award (1995);
- 3M Innovation Fund Award (1993–94);
- National Science Foundation Young Investigator Award (1992).

Editorial Activities (Selection):
- Editor *Advances in Chemical Engineering* (1999–2004);
- Associate Editor *Acta Materialia* (2000–2001), *Scripta Materialia* (2000–2001), *Nanostructured Materials* (1997–1999);
- Advisory Editor *Molecular and Supramolecular Science* (since 2000);
- Guest Editor *Chemistry of Materials* (1997), *The AIChE Journal* (1997), *Nanostructured Materials* (1997), *Materials Science and Engineering A* (1995);
- Advisor in *Life Sciences and Medicine*, World Scientific Publishing Co.;
- Editorial Advisory Panel *Biomolecular Frontiers* (since 2006), *Nano Today* (since 2006), *Materials Today* (since 2002);
- Editorial Board *Canadian Journal of Chemical Engineering* (since 2006), *Biomedical Materials: Materials for Tissue Engineering and Regenerative Medicine* (since 2005), *Journal of Nanomaterials* (since 2005), *Journal of Experimental Nanoscience* (since 2005), *Applied Catalysis A: General* (2000–2004), *Journal of Metastable and Nanostructured Materials* (since 2000), *Nanoparticle Science and Technology* (since 1998), *Journal of Electroceramics* (since 1996), *Journal of Porous Materials* (since 1993).

Publications (Selection):
- SUN, T., and YING, J. Y.: Synthesis of microporous transition-metal-oxide molecular sieves by a supramolecular templating mechanism. Nature *389*, 704–706 (1997)
- ZARUR, A. J., and YING, J. Y.: Reverse microemulsion synthesis of nanostructured complex oxides for catalytic combustion. Nature *403*, 65–67 (2000)
- WAN, A. C. A., TAI, B. C. U., LECK, K.-J., and YING, J. Y.: Silica-incorporated polyelectrolyte complex fibers as tissue engineering scaffolds. Advanced Materials *18*, 641–644 (2006)
- YI, D. K., SELVAN, S. T., LEE, S. S., PAPAEFTHYMIOU, G. C., KUNDALIYA, D., and YING, J. Y.: Silica-coated nanocomposites of magnetic nanoparticles and quantum dots. J. Amer. Chem. Soc. *127*, 4990–4991 (2005)

Prof. Dr. rer. nat.
Anton Zeilinger
*20. 5. 1945 Ried (Innkreis, Österreich)

Sektion: Physik
Matrikel-Nummer: 7027
Aufnahmedatum: 23. 2. 2005

Derzeitige berufliche Position:
Ordentlicher Universitätsprofessor der Experimentalphysik, Universität Wien (seit 1999)

Ausbildung und beruflicher Werdegang:
- 1963–1971 Studium der Physik und Mathematik, Universität Wien;
- 1971 Promotion an der Universität Wien (»Neutron Depolarization in Dysprosium Single Crystals«, unter Anleitung von H. RAUCH);
- 1972–1981 Universitätsassistent, Atominstitut Wien (bei H. RAUCH);
- 1979 Habilitation in »Neutron and Solid State Physics« an der Technischen Universität (TU) Wien;
- 1974–1989 Gastforscher (Teilzeit) am Institut Laue-Langevin in Grenoble (Frankreich);
- 1977–1978 Fulbright Fellow in den USA als Research Associate im Diffraction Laboratory (C. G. SHULL) am Massachusetts Institute of Technology (MIT) Cambridge (USA);
- 1981–1983 Associate Professor of Physics am MIT;
- 1983–1990 außerordentlicher Universitätsprofessor, TU Wien;
- 1984 Visiting Professor, University of Melbourne (Australien);
- 1986–1989 Adjunct Full Professor (Teilzeit), Hampshire College, Amherst (USA);
- 1988–1989 Lehrstuhlvertretung an der TU München;
- 1990–1999 Ordentlicher Universitätsprofessor für Experimentalphysik, Universität Innsbruck;
- 1995 Gastprofessor, College de France Paris (Frankreich);
- 1998 Visiting Research Fellow, Merton College, Oxford University (Großbritannien);
- seit 2004 Direktor (stv.), Institut für Quantenoptik und Quanteninformation, Österreichische Akademie der Wissenschaften.

Hauptarbeitsgebiete:
- Quanteninformation; Quantencomputer; Quantenkommunikation;
- Quantenoptik mit Photonen und Materiewellen;
- fundamentale Fragen der Quantenphysik.

Mitgliedschaften und Ehrungen (Auswahl):
- 1975 Prize of the City of Vienna for the Encouragement of Young Scientists;
- 1979 Preis für junge Wissenschaftler der Kardinal-Innitzer-Stiftung, Wien;
- 1980 Preis der Theodor-Körner-Stiftung, Wien;
- 1984 Sir Thomas Lyle Fellow, University of Melbourne (Australien);
- 1994 Österreichische Akademie der Wissenschaften (Korrespondierendes Mitglied);
- 1995 Prix Vinci d'Excellence, Fondation LVHM, Paris (Frankreich);
- 1996 Kardinal-Innitzer-Würdigungspreis, Wien;
- 1996 Austrian Scientist of the Year;
- 1997 European Optics Prize, European Optical Society;
- 1998 Honorary Professor, University of Science and Technology of China;
- 1998 Ordentliches Mitglied der Österreichischen Akademie der Wissenschaften;
- 1999 American Physical Society (Fellow);
- 2000 Academia Scientiarum et Artium Europaea;
- 2000 Senior Humboldt Fellow Prize, Alexander-von-Humboldt-Stiftung;
- 2000 Wissenschaftpreis der Stadt Wien;
- 2001 Ehrenzeichen für Wissenschaften und Künste der Republik Österreich;
- 2001 Orden Pour le Mérite für Wissenschaften und Künste;
- 2002 Berlin-Brandenburgische Akademie der Wissenschaften;
- 2002 Johannes-Kepler-Preis, Oberösterreich;
- 2003 Sartorius-Preis, Akademie der Wissenschaften zu Göttingen;
- 2004 Descartes-Preis der Europäischen Kommission;
- 2004 Klopsteg Memorial Lecture Award der American Association of Physics Teachers (AAPT);
- 2004 Lorenz-Oken-Medaille der Gesellschaft Deutscher Naturforscher und Ärzte;
- 2005 King-Faisal-Preis der King Faisal Foundation, Saudi-Arabien;
- 2005 Ehrenmitglied der Slowakischen Akademie der Wissenschaften;
- 2005 Dr. h. c. der Humboldt-Universität zu Berlin;
- 2005 Wilhelm-Exner-Medaille des Österreichischen Gewerbevereins;
- 2006 Großes Goldenes Ehrenzeichen der Stadt Wien;
- 2006 Dr. h. c. der Universität Danzig.

Mitarbeit in Organisationen und Gremien (Auswahl):
- 1996–1998 Präsident, Österreichische Physikalische Gesellschaft;

Veröffentlichungen (Auswahl):
- BOUWMEESTER, D., PAN, J.-W., MATTLE, K., EIBL, M., WEINFURTER, H., and ZEILINGER, A.: Experimental quantum teleportation. Nature *390*, 575–579 (1997)
- ZEILINGER, A.: Einsteins Schleier. München: C. H. Beck 2003
- ZEILINGER, A.: Einsteins Spuk. München: C. Bertelsmann 2005

Prof. Dr. med.
Bernhard Christian Georg **Zwißler**
*4. 4. 1960 München

Sektion: Chirurgie, Orthopädie und Anästhesiologie
Matrikel-Nummer: 7049
Aufnahmedatum: 28. 9. 2005

Derzeitige berufliche Position:
Professor (C4) und Direktor der Klinik für Anästhesiologie, Intensivmedizin und Schmerztherapie der Johann-Wolfgang-Goethe-Universität Frankfurt (Main) (seit 2003)

Ausbildung und beruflicher Werdegang:
- 1978–1984 Studium der Humanmedizin, Ludwig-Maximilians-Universität (LMU) München;
- 1984 Ärztliche Prüfung und Approbation;
- 1985 Promotion (Dr. med.), Medizinische Fakultät, LMU München;
- 1985–1986 Grundwehrdienst als Truppenarzt;
- 1986–1987 wissenschaftlicher Assistent, Klinik für Anästhesiologie, LMU München;
- 1987–1990 Forschungsaufenthalt, Abteilung für Experimentelle Chirurgie, Ruprecht-Karls-Universität Heidelberg;
- 1990–1991 wissenschaftlicher Assistent, Institut für Chirurgische Forschung, LMU München;
- 1992 Habilitation für Experimentelle Anästhesiologie, LMU München;
- 1993 Venia legendi für das Fach Experimentelle Anästhesiologie;
- 1995 Facharztanerkennung für Anästhesiologie;
- 1996 Venia legendi für das Fach Anästhesiologie;
- 1997 Universitätsprofessor (C3) auf Lebenszeit an der LMU München;
- 2000–2003 Leitender Oberarzt und Stellvertreter des Klinikdirektors an der Klinik für Anästhesiologie der Universität München.

Hauptarbeitsgebiete:
- Therapie des akuten Lungenversagens und der pulmonalen Hypertension;
- Therapie mit inhalierten Pharmaka;
- Myokardfunktion während Beatmung.

Mitgliedschaften und Ehrungen (Auswahl):
- Deutsche Gesellschaft für Anästhesiologie und Intensivmedizin (DGAI);
- American Society of Anesthesiologists (ASA);
- American Society of Critical Care Medicine (SCCM);
- Mitglied des Klinischen Ethik-Komitees der Universität Frankfurt (Main);

- 1993 Karl-Thomas-Preis der Deutschen Gesellschaft für Anästhesiologie und Intensivmedizin;
- 2002 Einladung als Visiting Professor, Harvard Medical School, Boston (USA);
- 2005 Preis für exzellente Lehre an der Universität Frankfurt am Fachbereich Medizin.

Herausgebertätigkeiten (Auswahl):
- 1992–1997 Schriftleiter (Managing Editor), seit 1992 Mitglied des Wissenschaftlichen Beirats *Infusionstherapie und Transfusionsmedizin*;
- seit 1999 Mitherausgeber *Der Anaesthesist*;
- 2001–2002 Section Editor (Thoracic Anesthesia) *Current Opinion in Anesthesiology*.

Mitarbeit in Organisationen und Gremien (Auswahl):
- seit 2004 Sprecher der Hochschulprofessorengruppe »Ratio« (Mehrheitsfraktion im Senat) an der Universität Frankfurt (Main);
- seit 2005 Mitglied des Fachbereichsrats Medizin der Universität Frankfurt (Main).

Veröffentlichungen (Auswahl):
- Zwissler, B., Kemming, G., Habler, O., Kleen, M., Merkel, M., Haller, M., Briegel, J., Welte, M., and Peter, K.: Inhaled prostacyclin (PGI_2) versus inhaled nitric oxide in adult respiratoy distress syndrome (ARDS). Amer. J. Respir. Crit. Care Med. *154*, 1671–1677 (1996)
- Kisch-Wedel, H., Kemming, G., Meisner, F., Flondor, M., Kuebler, W. M., Bruhn, S., Koehler, C., and Zwissler, B.: The prostaglandins epoprostenol and iloprost increase left ventricular contractility in vivo. Intensive Care Medicine *29*, 1574–1583 (2003)
- Hofstetter, C., Flondor, M., Hoegl, S., Mühl, H., and Zwissler, B.: Interleukin-10 aerosol reduces proinflammatory mediators in bronchoalveolar fluid on endotoxemic rats. Crit. Care Med. *33*, 2317–2322 (2005)
- Kemming, G. I., Flondor, M., Hanser, A., Pallivathukal, S., Holtmannspötter, M., Kneisel, F. F., Reuter, D., Kisch-Wedel, H., and Zwissler, B.: Effects of perfluorohexan vapor on gas exchange, respiratory mechanics and lung histology in pigs with lung injury after endotoxin infusion. Anesthesiology *103*, 585–594 (2005)

Verstorbene Mitglieder

(1. Januar – 31. Dezember 2005 und Nachträge)

Zusammengestellt von Susanne HORN. Außer den bis Redaktionsschluß bekannt gewordenen Nekrologen wurden auch Laudationes u. ä. verzeichnet, die dem Archiv zugänglich sind. Hinweise auf weitere Nachrufe (bzw. Separata) nimmt das Archiv der Akademie dankbar entgegen.

Name, Geburtsdatum und -ort	Sektion und Jahr der Wahl Matrikel-Nr.	Sterbedatum und -ort
Aurich, Harald 23. 4. 1932 Oberhohndorf/Zwickau	Biochemie und Biophysik 1983 6087	10. 4. 2005 Polenz

Nachruf: [1] SORGER, H.: Nachruf für Prof. Dr. med. habil. Harald Aurich. Ärzteblatt Sachsen-Anhalt 16/8, 39 (2005), m. Bild.

Bethe, Hans Albrecht 2. 7. 1906 Straßburg	Physik 1978 5971	6. 3. 2005 Ithaca, NY (USA)

Nachrufe: [1] *Anonym*: Nachruf Hans Albrecht Bethe (1906–2005). www.astronomie.de/bibliothek/artikel/geschichte/bethe/. [2] *Anonym*: Physiker Hans Bethe gestorben. www.merkur-online.de/nachrichten/vermischtes/leute/art272,374849.html, m. Bild. [3] *Anonym*: Hans Bethe gestorben. www.n-tv.de/5504915.html. [4] *Anonym*: Shiningstar. Science 307/5716, 1719 (2005), m. Bild. [5] *Anonym*: Nobelpreisträger Hans Bethe ist tot. www.spiegel.de/wissenschaft/mensch/0,1518,345247,00.html, m. Bild. [6] *Anonym*: Hans Bethe – der Zweifler. www.stern.de/wissenschaft/forschung/537519.html?nv=cp_L1_tt, m. Bild. [7] DYSON, F.: Hans A. Bethe (1906–2005). Science 308/5719, 219 (2005), m. Bild. [8] GOTTFRIED, K., und SALPETER, E. E.: Hans A. Bethe (1906–2005). Nature 434, 970–971 (2005), m. Bild. [9] GÜNTHER, P.: Der Theoretiker der Bombe. Hans Bethe ist im Alter von achtundneunzig Jahren gestorben. FAZ vom 9. 3. 2005, m. Bild. *Biographisches*: [10] *Anonym*: Notes and Records of the Royal Society 53/2, 282–288 (1999). *Würdigung*: [11] *Anonym*: Einstein Peace Prizes for Bethe and Rotblat. Physics Today 46/3, (1993), m. Bild. [12] HARDY, A.: Und zum Schluß siegte doch das Gewissen. Ein Schlingerkurs: Hans Bethes Ringen um die Wasserstoffbombe war geprägt von Pragmatismus und Skrupel. FAZ vom 22. 3. 2006. *Würdigung zum 90. Geburtstag*: [13] HOFFMANN, D.: Hans Bethe – ein Interview zum 90. Geburtstag. Physik in unserer Zeit 27/5, 214–217 (1996), m. Bild. *Laudatio zum 90. Geburtstag ist bibliographiert*: [14] Jahrbuch 1996. Leopoldina (R. 3) 42, 86 (1997). *Würdigung zum 95. Geburtstag ist bibliographiert*: [15] Jahrbuch 2001. Leopoldina (R. 3) 47, 217 (2002).

Name, Geburtsdatum und -ort	Sektion und Jahr der Wahl Matrikel-Nr.	Sterbedatum und -ort
Bott, Raoul 24. 9. 1923 Budapest	Mathematik 1980 6018	20. 12. 2005 Carlsbad, CA (USA)

Nachruf: [1] PEARCE, J.: Raoul Bott, an innovator in mathematics, dies at 82. www.nytimes.com/2006/01/08/national/08bott.html, m. Bild. *Würdigung*: [2] HATZIPOLAKIS, A. P.: Wolf-Preise. Internationale mathematische Nachrichten *183*/4, 80–81 (2000). *Laudatio zum 80. Geburtstag*: [3] Jahrbuch 2003. Leopoldina (R. 3) *49*, 211–213 (2004).

Fritz-Niggli, Hedi 22. 10. 1921 Zürich	Radiologie 1965 5293	31. 5. 2005 Zürich
Glemser, Oskar 12. 11. 1911 Stuttgart	Chemie 1962 5170	5. 1. 2005 Göttingen

Würdigung zum 75. Geburtstag ist bibliographiert: [1] Leopoldina (R. 3) *32*.1986, 89 (1988). *Laudatio zum 80. Geburtstag*: [2] Jahrbuch 1991. Leopoldina (R. 3) *37*, 40–41 (1992).

Haupt, Wolfgang 24. 1. 1921 Bonn	Organismische und Evolutionäre Biologie 1975 5845	16. 10. 2005 Röttenbach

Nachruf: [1] *Anonym*: Zum Tod von Prof. Wolfgang Haupt. www.uni-erlangen.de/infocenter/presse/pressemitteilungen/personalmeldungen_2005/personalia/11_2005.shtml. *Laudatio zum 80. Geburtstag*: [2] Jahrbuch 2001. Leopoldina (R. 3) *47*, 140–142 (2002). *Würdigungen zum 80. Geburtstag*: [3] *Anonym*: Prof. Wolfgang Haupt zum 80. Geburtstag. www.presse.uni-erlangen.de/Aktuelles/2001/Personalia_2001/Haupt80.html. [4] *Anonym*: Prof. Wolfgang Haupt zum 80. Geburtstag. www.uni-protokolle.de/nachrichten/id/67277/.

Hoppe, Gunnar 24. 12. 1914 Skällvik	Geowissenschaften 1968 5467	24. 1. 2005 Solna

Nachruf: [1] HAGEDORN, H.: Gunnar Hoppe 1914–2005. Jahrbuch der Bayerischen Akademie der Wissenschaften 2005, 332–334, m. Bild. *Laudatio zum 80. Geburtstag*: [2] Jahrbuch 1994. Leopoldina (R. 3) *40*, 72–74 (1995).

Horner, Leopold 24. 8. 1911 Kehl/Rhein	Chemie 1975 5862	5. 10. 2005 Mainz

Biographisches: [1] *Anonym*: Wer ist's – Leopold Horner. Nachr. Chem. Techn. *21*/13, 289–290 (1973), m. Bild. *Laudatio zum 80. Geburtstag*: [2] Jahrbuch 1991. Leopoldina (R. 3) *37*, 41–42 (1992).

Juhlin, Lennart 27. 8. 1926 Stockholm	Innere Medizin und Dermatologie 1986 6197	17. 10. 2005 Uppsala (Schweden)

Nachruf: [1] VAHLQUIST, A.: Professor Lennart Juhlin 1926–2005. Forum for Nord Derm. Ven. *10*/11, 103–104 (2005), m. Bild.

Name, Geburtsdatum und -ort	Sektion und Jahr der Wahl Matrikel-Nr.	Sterbedatum und -ort
Knabe, Joachim 18. 1. 1921 Wilsdruff	Chemie 1977 5944	28. 5. 2005 Buxtehude

Nachruf: [1] Anonym: Prof. Dr. Joachim Knabe †. www.uni-saarland.de/verwalt/presse/campus/ 2005/3/61-trauer.html, m. Bild. *Würdigung*: [2] *Anonym*: Dem Verdienste seine Kronen. Die DPhG ehrte verdiente Mitglieder: Deutsche Apotheker Zeitung *121*/41, 2190 (1081), m. Bild. *Würdigung zum 65. Geburtstag ist bibliographiert*: [3] Leopoldina (R. 3) *32*.1986, 91 (1988). *Würdigung zum 80. Geburtstag*: [4] *Anonym*: Prof. Dr. Joachim Knabe 80 Jahre. Campus – Univ. d. Saarlandes, 31. 4. 2001, m. Bild. *Laudatio zum 80. Geburtstag*: [5] Jahrbuch 2001. Leopoldina (R. 3) *47*, 148–150.

Mayr, Ernst 5. 7. 1904 Kempten	Organismische und Evolutionäre Biologie 1972 5704	3. 2. 2005 Cambridge (USA)

Nachrufe: [1] *Anonym*: Ernst Mayr mit 100 in Cambridge gestorben. www.wams.de/data/ 2005/02/06/459278.html. [2] COYNE, J. A.: Ernst Mayr (1904–2005). Science *307*/5713, 1212–1213 (2005), m. Bild. [3] DIAMOND, J.: Ernst Mayr (1904–2005). Nature *433*/7027, 700–701 (2005), m. Bild. [4] HÖLLDOBLER, B.: Ernst Mayr 5. 7. 1904 – 3. 2. 2005. Jahrbuch der Bayerischen Akademie der Wissenschaften 2005, 335–339, m. Bild. [5] IRSCH, W.: Ernst Mayr verstorben. Biol. in unserer Zeit *35*/2, 75 (2005). [6] JUNKER, T.: Ernst Mayr (5. Juli 1904–3. Februar 2005). In: KAASCH, M., KAASCH, J., und WISSEMANN, V. (Eds.): Netzwerke. Verhandlungen zur Geschichte und Theorie der Biologie Bd. *12*, S. 11–14. Berlin: VWB 2006. [7] MEYER, A.: Alles Leben im Lichte der Evolution sehen. FAZ vom 9. 2. 2005. [8] MEYER, A.: Der Meister des Warum. Die Zeit *7*, 38 (10. 2. 2005), m. Bild. [9] SCHWÄGERL, C.: Der Zusammendenker. FAZ vom 5. 2. 2005, S. 37, m. Bild. [10] WINSOR, M. P.: Ernst Mayr, 1904–2005. Isis *96*/3, 415–418 (2005). *Biographisches*: [11] BAHNEN, A.: O wie schön ist Singapur. FAZ vom 6. 10. 1998. [12] HAFFER, J.: Ernst Mayr – Ornithologe, Evolutionsbiologe, Historiker und Wissenschaftsphilosoph. J. Ornithol. *142*, 496–503 (2001), m. Bild. *Würdigungen sind bibliographiert*: [13] Leopoldina (R. 3) *29*.1983, 88 (1986). [14] Leopoldina (R. 3) *32*.1986, 92 (1988). [15] Jahrbuch 1994. Leopoldina (R. 3) *40*, 108 (1995). [16] Jahrbuch 1997. Leopoldina (R. 3) *43*, 88 (1998). *Laudatio zum 80. Geburtstag*: [17] Leopoldina (R. 3) *30*.1984, 31–32 (1986). *Würdigung zum 90. Geburtstag*: [18] *Anonym*: Zufällig intelligent. Bild der Wissenschaft *2*, 23 (1995), m. Bild. *Würdigung zum 95. Geburtstag ist bibliographiert*: [19] Jahrbuch 1999. Leopoldina (R. 3) *45*, 131 (2000). *Würdigungen zum 100. Geburtstag*: [20] *Anonym*: Ernst Mayr. Biol. in unserer Zeit *34*/5, 338 (2004), m. Bild. [21] *Anonym*: Ernst Mayr (1904). home.tiscalinet.ch/biografien/biografien/mayr.htm, m. Bild. [22] AYALA, F. J.: What makes biology unique? Ernst Mayr at 100. Hist. Phil. Life Science *26*/2, 243–256 (2004) [23] HÖLLDOBLER, B.: Ernst Mayr: the doyen of twentieth century evolutionary biology. Naturwissenschaften *91*/6, 249–254 (2004), m. Bild. [24] GLAUBRECHT, M., und TEICHMANN, A.: Der Darwin des 20. Jahrhunderts. Geo *7*, 78–79 (2004), m. Bild. [25] GLAUBRECHT, M.: Ernst Mayr – Vom Systematiker zum Begründer einer neuen Biophilosophie. Naturwiss. Rdsch. *57*/7, 357 (2004), m. Bild. [26] GROLLE, J.: Theorie des Lebendigen. Der Spiegel *28*, 148–149 (2004), m. Bild. [27] MEYER, A.: Learning from the Altmeister. Nature *428*/6986, 897 (2004), m. Bild. [28] RITTER, H.: Lob der Verschiedenheit. FAZ *153*, 31 (2004), m. Bild. [29] SCHWÄGERL, C., und MÜLLER-JUNG, J.: Darwins Apostel. FAZ *60*, 47 (2004), m. Bild. [30] SCHWÄGERL, C.: Er galt als tot. FAZ *60*, 47 (2004). [31] VOGEL, G.: 80 years of watching the Evolutionary Scenery. Science *305*/5680, 46–47 (2004), m. Bild.

Name, Geburtsdatum und -ort	Sektion und Jahr der Wahl Matrikel-Nr.	Sterbedatum und -ort
Paasonen, Matti K. 10. 12. 1925 Mikkeli	Physiologie und Pharmakologie/Toxikologie 1970 5611	7. 4. 2005 Helsinki (Finnland)
Ploog, Detlev 29. 11. 1920 Hamburg	Neurowissenschaften 1972 5688	7. 12. 2005 München

Nachruf: [1] SCHNEIDER, D.: Detlev Ploog 29. 11. 1920–7. 12. 2005. Jahrbuch der Bayerischen Akademie der Wissenschaften 2005, 355–359, m. Bild. *Biographisches*: [2] *Anonym.*: Em. Wissenschaftliches Mitglied Prof. Dr. Detlev Ploog. Jahrbuch der Max-Planck-Gesellschaft 1990, 349–352. *Laudatio zum 80. Geburtstag*: [3] Jahrbuch 2000. Leopoldina (R. 3) 46, 136–139 (2001).

Redheffer, Raymond M. 17. 4. 1921 Chicago	Mathematik 1976 5879	13. 5. 2005 Los Angeles (USA)

Laudatio zum 80. Geburtstag: [1] Jahrbuch 2001. Leopoldina (R. 3) 47, 179–182 (2002).

Sayk, Johannes 28. 9. 1923 Hirschen (Ostpreußen)	Neurowissenschaften 1968 5486	4. 12. 2005 Rostock

Biographisches: [1] SAYK, J.: Von den Masurischen Seen über Königsberg nach Jena und Rostock: Stationen eines Arztes und Forschers. 2. verb. Aufl. Rostock: Altstadt Verlag, 1998. *Laudatio zum 80. Geburtstag*: [2] Jahrbuch 2003. Leopoldina (R. 3) 49, 256 (2004).

Schmidt, Karl-Heinz 3. 4. 1932 Calbe (S.)	Physik 1975 5873	4. 12. 2005 Potsdam
Trommsdorff, Ernst Volkmar 17. 9. 1936 Darmstadt	Geowissenschaften 1997 6511	17. 6. 2005 Meilen (Schweiz)
Waubke, Theo(dor) N. 27. 4. 1928 Bielefeld	Ophthalmologie, Oto-Rhino-Laryngologie und Stomatologie 1986 6200	3. 1. 2005 Essen
Winkelmann, Ernst 26. 1. 1931 Freiberg (Sa.)	Anatomie und Anthropologie 1977 5954	22. 1. 2005 Dresden

Nachruf: [1] *Anonym*: Ernst Winkelmann. www.uni-protokolle.de/nachrichten/id/94430/.

Name, Geburtsdatum und -ort	Sektion und Jahr der Wahl Matrikel-Nr.	Sterbedatum und -ort
Zillig, Wolfram 31. 5. 1925 Trier	Genetik/Molekularbiologie und Zellbiologie 1987 6235	23. 4. 2005 Gauting

Nachruf: [1] *Anonym*: Vater der molekularen Genetik gestorben. www.biochem.mpg.de/gl/Pressemitteilungen/.

Nachträge

Longmire, William P. Jr. 14. 9. 1913 Sapulka/Oklahoma	Chirurgie, Orthopädie und Anästhesiologie 1978 5969	3. 5. 2003 Los Angeles (USA)

Nachruf: [1] MULDER, D. G.: In memoriam William P. Longmire. www.universityofcalifornia.edu/senate/inmemoriam/WilliamP.LongmireJr..htm. *Laudatio zum 80. Geburtstag*: [2] Jahrbuch 1993. Leopoldina (R. 3) *39*, 58–59 (1994).

Ouchterlony, Örjan 14. 1. 1914 Stockholm	Mikrobiologie und Immunologie 1971 5652	25. 9. 2004 Kungälv (Schweden)

Nachruf: [1] NILSSON, L.-Å., HOLMGREN, J., and LINDGREN, P.-E.: Professor Örjan Ouchterlony, FEMS President (1976–1980). FEMS Circular *59*, 7 (2006), m. Bild.

Auszeichnungen

Verleihung der Ehrenmitgliedschaft

In der Eröffnungssitzung der Jahresversammlung am 7. Oktober 2005 überreichte Präsident Volker TER MEULEN die Urkunde über die *Ehrenmitgliedschaft* an Herrn Joachim-Hermann SCHARF (*7. 11. 1921), Halle (Saale). Die höchste Auszeichnung der Akademie war Herrn SCHARF »in Anerkennung seiner fachspezifischen und uneigennützigen sozialen Aktivitäten für die Leopoldina« verliehen worden.[1]

Ernennung zum Ehrensenator

Herr Professor Dr. h. c. Berthold BEITZ (*26. 9. 1913), Vorsitzender des Kuratoriums der Alfried Krupp von Bohlen und Halbach-Stiftung, Essen, wurde im Rahmen der Jahresversammlung der Deutschen Akademie der Naturforscher Leopoldina am 7. Oktober 2005 zum Ehrensenator ernannt.

Er erhielt diese Auszeichnung in Anerkennung seiner richtungsweisenden erfolgreichen Förderung der Zusammenführung von wissenschaftlich-akademischer Kompetenz auf nationaler und internationaler Ebene.[2]

Herr BEITZ konnte die Ehrenurkunde leider nicht zur Jahresversammlung 2005 entgegennehmen, so daß Präsident TER MEULEN sie ihm am 13. Oktober 2005 in Essen persönlich überreichte.

Verleihung der Cothenius-Medaillen

Ebenfalls in der Eröffnungssitzung der Jahresversammlung verlieh Präsident TER MEULEN die goldene *Cothenius-Medaille* an

Herrn Alfred GIERER (*15. 4. 1929), Tübingen, Mitglied der Akademie, »für sein naturwissenschaftliches und kulturwissenschaftliches Lebenswerk«;[3] und Herrn Hans Günter SCHLEGEL (*24. 10. 1924), Göttingen, Mitglied der Akademie, »für sein der Mikrobiologie in Forschung und Lehre gewidmetes Lebenswerk«.[4]

---

1 Laudatio auf S. 131.
2 Laudatio auf S. 135.
3 Laudatio auf S. 137.
4 Laudatio auf S. 139.

Verleihung der Carus-Medaillen

Mit der *Carus-Medaille*, die mit dem von der Stadt Schweinfurt verliehenen Carus-Preis verbunden ist, wurden durch den Leopoldina-Präsidenten geehrt

Herr Arndt BORKHARDT (*22. 9. 1963), München, »für seine erfolgreichen pädiatrisch-onkologischen Studien zur Aufklärung neuer Onkogene und Suppressorgene sowie zur akuten lymphatischen Leukämie im Kindesalter«;[5] und
Herr Oliver G. SCHMIDT (*4. 7. 1971), Stuttgart, »für seine bahnbrechenden Arbeiten über Bildung, Wachstum, Strukturen und Eigenschaften von Halbleiternanostrukturen«.[6]

Verleihung der Mendel-Medaille

Die *Mendel-Medaille* ging zur Eröffnung der Jahresversammlung an

Herrn Rolf KNIPPERS (*18. 4. 1936), Konstanz, »für seine wegweisenden Arbeiten auf dem Gebiet der Genetik«.[7]
Da Herr KNIPPERS die Mendel-Medaille zur Jahresversammlung nicht persönlich entgegennehmen konnte, wurde sie ihm von Frau Vizepräsidentin Bärbel FRIEDRICH im Rahmen des Festaktes zur Verleihung des Carus-Preises der Stadt Schweinfurt an die Träger der Carus-Medaille der Leopoldina am 3. Februar 2006 in der Gründungsstadt der Akademie feierlich überreicht.

Verleihung der Schleiden-Medaille

Mit der *Schleiden-Medaille*, die für hervorragende Forschungsarbeiten auf dem Gebiete der Zellbiologie vergeben wird, wurde anläßlich der Jahresversammlung ausgezeichnet

Herr Wolfgang BAUMEISTER (*22. 11. 1946), Mitglied der Akademie, Martinsried, in Anerkennung seiner »grundlegenden Beiträge zur Kenntnis von Struktur und Funktion großer Proteinkomplexe, speziell des Proteasoms, mittels elektronenmikroskopischer und neuer kryoelektronentomographischer Methoden«.[8]

---

[5] Laudatio auf S. 141.
[6] Laudatio auf S. 143.
[7] Laudatio auf S. 145.
[8] Laudatio auf S. 149.

Verleihung des Leopoldina-Forschungspreises, gestiftet von der Commerzbank-Stiftung

Der *Leopoldina-Forschungspreis*, gestiftet von der Commerzbank-Stiftung, wurde an

Herrn Bernd BUKAU (*5. 12. 1954), Mitglied der Akademie, Heidelberg, für seine »grundlegenden Arbeiten zum Verständnis der molekularen Chaperone im Zusammenhang mit Proteinfaltung, Proteinaggregation und Proteinabbau in der Zelle« verliehen. [9]

Verleihung des Leopoldina-Preises für junge Wissenschaftler

Den Nachwuchspreis der Akademie erhielten auf der Eröffnungsveranstaltung der Jahresversammlung

Frau Melanie BLOKESCH (*30. 6. 1976), Stanford (USA), für ihre herausragenden Arbeiten zur Biogenese und Funktion eines metallhaltigen Redoxkatalysators (Ni-Fe-Hydrogenase) in *Escherichia coli*, [10] und
Herr Sven DIEDERICHS (*23. 11. 1976), Boston (USA), für seine überaus wertvollen Arbeiten über die Wirkung von Zellzyklusregulatoren im Prozeß der Tumorgenese. [11]

Verleihung des Georg-Uschmann-Preises für Wissenschaftsgeschichte

Der von Eugen und Ilse SEIBOLD für den Nachwuchs in der Wissenschaftsgeschichte gestiftete *Leopoldina-Preis für Wissenschaftsgeschichte* ging zur Jahresversammlung 2005 an

Herrn Gerhard RAMMER (*28. 7. 1972), Wuppertal, für die ausgezeichneten Ergebnisse seiner Dissertation »Die Nazifizierung und Entnazifizierung der Physik an der Universität in Göttingen«.

---

9 Laudatio auf S. 153.
10 Laudatio auf S. 155.
11 Laudatio auf S. 157.

Laudatio für Herrn
Professor em. Dr. med. Dr. rer. nat. Dr. h. c. Joachim-Hermann Scharf anläßlich der Verleihung der Ehrenmitgliedschaft der Deutschen Akademie der Naturforscher Leopoldina

Sehr verehrter Herr SCHARF!

Die Wurzeln für Ihren wissenschaftlichen Weg wurden durch eine vorzügliche humanistische Ausbildung in der Klosterschule Roßleben und spätere Begegnungen mit dem von Ihnen hochgeschätzten Ludwig VON BERTALANFFY in Wien gelegt. Nach schwerer Kriegszeit mit verschiedenen Verwundungen schlossen Sie 1950 in Mainz ein Medizinstudium und 1953 ein Biologiestu-

dium mit jeweils hervorragenden Dissertationen ab. Mit einer bereits 1956 vorgelegten Habilitationsschrift empfahlen Sie sich als ernstzunehmender Neurohistologe und Physikochemiker. Ihr kämpferisch-engagiertes Eintreten wider die Reticulumtheorie war Ausdruck Ihrer tiefschürfenden neurohistologischen Untersuchungen und Ihrer hohen Verehrung für RAMÓN Y CAJAL. Das Sie ehrende Anerbieten, einen Band in VON MÖLLENDORFFS *Handbuch der Mikroskopischen Anatomie* über »Sensible Ganglien« zu übernehmen, stellte einen ersten Meilenstein in Ihrem wissenschaftlichen Leben dar.

Erst 36jährig erhielten Sie einen Ruf nach Jena und ein Jahr später nach Halle, wo Sie 1958 zunächst als Kommissarischer Direktor und 1959 als Ordinarius und Direktor des Anatomischen Institutes für fast 30 Jahre die Amtsgeschäfte übernommen haben. In diese Zeit fällt die Zuwendung zu experimentell-endokrinologischen Arbeiten und biokybernetischen Betrachtungen, die Ihren Niederschlag in zahlreichen Publikationen über regelmechanistische Analysen fanden. Eine größere Übersichtsarbeit erschien 1963 in den *Nova Acta Leopoldina*. In den folgenden Jahren stellten Sie die Brücke zur Mathematik und zur physikalischen Chemie in der Überzeugung her, daß exakte Analysen von Wachstumsvorgängen und anderen biologischen Prozessen ohne Anwendung mathematischer Methoden nicht erreichbar seien. 1975 untersuchten Sie auf dem von Ihnen und Ihrem Freund Heinz VON MAYERSBACH ausgerichteten Leopoldina-Symposium »Die Zeit und das Leben« in einem Vortrag über »Das Zeitproblem in der Biologie« chronobiologische Fragestellungen, in dem Sie bis dahin wenig beachtete Oszillationen von geophysikalischen Variablen diskutierten. Analysen zur Dialektik der Zeit folgten in späteren Publikationen. Faszinierend sind ferner Ihre Beiträge zur Geschichte der Biolinguistik und zur Sprachevolution, die einmal mehr Ihre weitgefächerten Interessen unterstreichen. Schließlich seien die geisteswissenschaftlichen Arbeiten zur Medizin- und Kulturgeschichte erwähnt, wozu verschiedene Arbeiten über GOYA zählen. Die letztgenannten Untersuchungen sind ein beredtes Zeugnis Ihres eindrucksvollen und vielseitigen Opus, das Ihre universellen Interessen und Kenntnisse widerspiegelt.

Als Ausdruck Ihres umfangreichen Arbeitspensums und Ihrer Ehrungen sollen beispielhaft aufgeführt werden: Herausgabe bzw. Mitherausgabe von nicht weniger als 11 wissenschaftlichen Zeitschriften, Mitgliedschaften in der Deutschen Akademie der Naturforscher Leopoldina und deren *Director Ephemeridum* auf Lebenszeit, in der *Royal Microscopical Society* in Oxford, in der Akademie der Wissenschaften und Literatur zu Mainz, in der Sächsischen Akademie der Wissenschaften zu Leipzig, in der *International Biometric Society* in Washington sowie Ehrenmitgliedschaften in der Anatomischen Gesellschaft, in den Gesellschaften der Anatomen, Histologen und Embryologen Bulgariens, Rußlands und Ungarns sowie der *Associatio medicorum Bohemoslovacorum Johannes Evangelista Purkinje*. Hinzu kommen Auszeichnungen mit der Gauß-Ehrenplakette, der Karl-Lohmann-Medaille, der Verdienstmedaille der Deutschen Akademie der Naturforscher Leopoldina, der Medaille »Leningrad – gorod geroj« sowie der Medaille »Quondam ordo« der Medizinischen Akademie Poznań, die Ihnen 1975 auch die Ehrendoktorwürde verlieh. Schließlich wurden Sie am 12. April 2000 mit dem Großen Verdienstkreuz des Verdienstordens der Bundesrepublik Deutschland geehrt.

Sie schauen auf nahezu 270, oft sehr umfangreiche und – für unsere Zeit nicht typisch – überwiegend allein verfaßte wissenschaftliche Arbeiten zurück, die sich in vorbildhafter Weise durch Exaktheit, Geisteskultur und Sprachdisziplin auszeichnen. Ihr Gesamtwerk hat Ihnen das Votum eingetragen, zu den herausragenden Vertretern der theoretischen Medizin unserer Zeit zu zählen. Ausdruck der internationalen Akzeptanz Ihrer wissenschaftlichen Tätigkeit waren drei Rufangebote, die Sie – Halle treu bleibend – abgelehnt haben.

Aus den bisherigen Ausführungen geht bereits hervor, daß Sie sich der Deutschen Akademie der Naturforscher Leopoldina, deren Mitglied Sie seit mehr als 40 Jahren sind, in besonders aktiver Weise verbunden fühlten. 1961 wurden Sie zum Mitglied gewählt, 1964 zum Medizinischen Sekretar und 1967 zum *Director Ephemeridum*. In dieses Amt wurden Sie sodann 1973, 1978 und 1983 wiedergewählt, um 1993 diesen Titel auf Lebenszeit verliehen zu bekommen. Während Ihrer verantwortungsvollen Tätigkeit in schwerer Zeit haben Sie zahlreiche Neuerungen – wie beispielsweise Vorabdrucke der Jahresversammlungsvorträge als Kurzfassungen sowie Besprechungen der Vorträge in DDR- und BRD-Zeitschriften – durchgesetzt. 1977 wurde Ihnen in Anerkennung Ihrer Leistungen die Verdienstmedaille der Leopoldina verliehen.

Mit der Herausgabe der *Nova Acta Leopoldina* Nr. 277 im Jahre 1991 endete Ihre Herausgebertätigkeit im Präsidium der Leopoldina. Im selben Jahr wurden Sie zum Verantwortlichen für juristische Auseinandersetzungen in Rentenangelegenheiten von Leopoldina-Mitgliedern oder ihren Angehörigen gewählt, ein Amt, das profunde juristische Kenntnisse, vor allem aber Durchhaltevermögen verlangt und von Ihnen mit erstaunlicher Akribie und aufopferungsvollem Einsatz bis in die Gegenwart wahrgenommen wird. Der schwere Anfang dieser neuen Aufgabe gelang, weil Sie sich Rat bei herausragenden Persönlichkeiten holten. Mittlerweile sind Sie selbst zu einer kompetenten Auskunftsperson im Rentenrecht geworden, Ihr Rat wird nicht nur von Laien, sondern auch von Rechtsanwälten geschätzt. So hat sich der Anatom SCHARF auch auf dem Gebiet der Jurisprudenz bewährt. Sie haben in mehr als 45 vor Gericht vertretenen Verfahren für Leopoldina-Mitglieder oder ihre Angehörigen Rentennachzahlungen in Millionenhöhe erstritten, eine Leistung, die entsprechende Würdigung verdient.

Sehr verehrter Herr SCHARF, in Anbetracht Ihrer über 40 Jahre währenden außerordentlichen Verdienste um die Leopoldina, zunächst als Mitglied, dann als Medizinischer Sekretar, als *Director Ephemeridum* und seit 1991 als Verantwortlicher für streitige Rentenangelegenheiten von Leopoldina-Mitgliedern oder ihren Angehörigen ehren Sie heute Präsidium und Senat mit der höchsten Auszeichnung für Mitglieder, der Ehrenmitgliedschaft der Deutschen Akademie der Naturforscher Leopoldina.

Volker TER MEULEN Elmar PESCHKE (Halle/Saale)
Präsident

Laudatio für Herrn Professor Dr. h. c. mult. Berthold Beitz anläßlich der Ernennung zum Ehrensenator der Leopoldina

Berthold BEITZ, Kuratoriumsvorsitzender der Krupp-Stiftung (*rechts*), nahm am 13. Oktober 2005 in Essen die Urkunde zur Verleihung der Ehrensenatorenwürde der Deutschen Akademie der Naturforscher Leopoldina aus den Händen von Präsident Volker TER MEULEN entgegen (Fotografie: Peter WIELER, Essen).

Sehr verehrter Herr BEITZ!

Anläßlich der Jahresversammlung im April 1987 wurden Sie zum Ehrenförderer unserer Akademie ernannt in Anerkennung Ihrer besonderen Verdienste um die Förderung der Wissenschaften und der internationalen Zusammenarbeit. Diese Ehrung war der Dank der Akademie für die finanzielle Zuwendung aus der Krupp-Stiftung als Anschubfinanzierung für den Hörsaalbau der Leopoldina in der Mitte der 80er Jahre des vorigen Jahrhunderts. Diese war eine notwendige Voraussetzung für unsere Akademie, das Bauvorhaben in jener schwierigen Zeit der DDR-Regierung verständlich zu machen und eine Bauzusage sowie Finanzierungszusage zu erreichen. Dem damaligen Präsidenten Heinz BETHGE war das in unsäglich mühevoller Kleinarbeit gelungen, aber erst nach freundlicher Beihilfe aus höheren politischen Regionen, zu denen Sie, dank Ihres Ansehens und Bemühens, Zugang fanden.

Nach wie vor sind Sie, verehrter Herr BEITZ, unserer Akademie mit Verständnis und Wohlwollen zugetan und haben in den letzten Jahren tatkräftig die Leopoldina unterstützt, wissenschaftliche Aussprachen und Symposien auch im europäischen Ausland durchzuführen. In jüngster Zeit haben Sie durch die Bereitstellung einer größeren Summe der Krupp-Stiftung zur Förderung der Wissenschaften für die Schaffung eines Internationalen Begegnungszentrums in der Universitätsstadt Halle einen weiteren Höhepunkt Ihrer visionären Wissenschaftsförderung im wiedervereinigten Deutschland signalisiert.

Das Präsidium der Leopoldina möchte Ihre Hilfsbereitschaft, Großzügigkeit und Gewogenheit der Akademie gegenüber mit Ihrer Ernennung zum »Ehrensenator der Leopoldina« dankbar anerkennen. Es ist die zweite Ehrung dieser Art, die unsere Akademie an herausragende Persönlichkeiten des öffentlichen Lebens vergibt, nachdem der damalige Bundesaußenminister Hans-Dietrich GENSCHER 1993 diese Auszeichnung erhielt.

Ähnlich wie Herr GENSCHER zur politischen Wiedervereinigung der Deutschen beigetragen hat, anerkennen wir Ihr erfolgreiches Bemühen, die wissenschaftliche und akademische Zusammengehörigkeit national gefördert und international mitgestaltet zu haben. Speziell der Leopoldina gegenüber bedeutet dies eine außergewöhnliche Unterstützung ihrer Ambitionen in ihren wissenschaftlichen und kulturellen Wirkungsbereichen.

Volker ter MEULEN
Präsident

Benno PARTHIER,
Altpräsident (Halle/Saale)

Laudatio für Herrn Professor Dr. Dr. h. c. mult. Alfred Gierer anläßlich der Verleihung der Cothenius-Medaille

Sehr verehrter Herr GIERER!

Sie sind eines unserer ideenreichsten Mitglieder mit einem breiten Interessenspektrum, ein »Akademiker« im besten Sinne des Wortes. Zudem können Sie ein fachlich hochkarätiges experimentelles Œuvre aufweisen, das die Physik wie die Biologie interagierend einschließt, um die Rolle physikalischer Prozesse für das Verständnis komplexer biologischer Vorgänge zu eruieren. Ihr Werk und Wirken ist weltweit anerkannt und von bedeutender Originalität.

Sie sind seit 40 Jahren unser Mitglied, wurden schon im Alter von 35 Jahren zugewählt. Bereits mit 20 Jahren haben Sie Ihre ersten Publikationen physikalischer Art zur Wasserstruktur veröffentlicht und wurden mit 30 Jahren zum jüngsten Wissenschaftlichen Mitglied der Max-Planck-Gesellschaft ernannt.

Als Physiker beschäftigten Sie sich intensiv mit entwicklungsbiologischen Problemen (Morphogenese und Zelldifferenzierung, Neuroembryologie, Prinzipien biologischer Strukturbildung und Evolution).

Sie wurden den Molekularbiologen früh bekannt durch den Nachweis, daß die RNA des Tabakmosaikvirus die infektiöse Komponente darstellt, eine Entdeckung, die die ganze virale Infektionsbiologie beeinflußte. Damit hatten Sie eine grundlegende Entdeckung bei den einsetzenden Forschungen über die molekulare Funktion der Erbsubstanz am Vorabend des Watson-Crick-Modells gemacht.

Sie haben auch später als Wissenschaftler und als Direktor im Max-Planck-Institut für Entwicklungsbiologie in Tübingen wie auch als Leopoldina-Mitglied gehalten, was Sie der Wissenschaft als »jugendliche Hoffnung« versprachen: Sie sind ebenso Theoretiker wie Experimentator, ebenso Physiker wie Biologe, ebenso Wissenschaftsphilosoph wie Wissenschaftshistoriker. Auf allen diesen Gebieten haben Sie in Vorträgen und Publikationen maßgeblich zum Erkenntnisfortschritt beigetragen. Stets sind Sie, der Spekulationen nicht schätzt, mit Ihren erkenntnistheoretischen Anregungen auf den experimentellen Fundamenten geblieben, so bei den Problemen von Struktur-Funktions-Beziehungen, bei der Komplexität von ontogenetischer und phylogenetischer Evolution, der biologischen Kybernetik und ihrem Einfluß auf technologische Innovationen; nicht zuletzt fragten Sie nach der biologischen Basis von humanneurologischen Leistungen wie Empathie und menschlicher Kooperativität. Ihre Bücher, Monographien und zahlreichen Originalpublikationen bestätigen diese Breite Ihres Kenntnis- und Interessenkreises. Sie waren und sind ein gesuchter Redner, konnten auch die Leopoldina durch Ihre Vorträge und Diskussionsbeiträge zu Jahresversammlungen bereichern, haben das Symposium über Georg Ernst STAHL (*Acta Historica Leopoldina* Nr. 30) angeregt und mitorganisiert. Als Senator unserer Akademie haben Sie wichtige Ratschläge und Ideen eingebracht, waren aktiver Teilnehmer bei vielen leopoldinischen Veranstaltungen und fast bei jeder Jahresversammlung präsent.

Für Ihr naturwissenschaftliches und kulturwissenschaftliches Lebenswerk, das sich nicht zuletzt in Ihren leopoldinischen Aktivitäten widerspiegelt, ehrt Sie die Deutsche Akademie der Naturforscher heute mit der Verleihung der Cothenius-Medaille.

Volker TER MEULEN
Präsident

Benno PARTHIER,
Altpräsident (Halle/Saale)

Laudatio für Herrn Professor Dr. Dr. h. c. mult. Hans Günter Schlegel anläßlich der Verleihung der Cothenius-Medaille

Sehr verehrter Herr SCHLEGEL!

Die Deutsche Akademie der Naturforscher Leopoldina ehrt Sie heute mit der Cothenius-Medaille für Ihr wissenschaftliches Lebenswerk, das der Mikrobiologie dazu verholfen hat, in Deutschland in den Fächerkanon der naturwissenschaftlichen Fakultäten aufgenommen zu werden. Ihre Beschäftigung mit den molekularen Mechanismen des Stoffwechsels von Mikroorganismen hat dabei ganz entscheidend dazu beigetragen, diese Forschungsrichtung in Deutschland auf höchstem internationalem Standard zu etablieren.

Sie studierten nach einem Notabitur und dem Wehrdienst von 1946 bis 1949 in Halle und Leipzig Biologie und wurden 1950 in Halle promoviert. 1954 habilitierten Sie sich. Zunächst in Halle und dann in Gatersleben bei MOTHES beschäftigten Sie sich mit den biochemischen Leistungen von Mikroorganismen. Nach einem Forschungsaufenthalt bei LYNEN und einem Postdoc-Aufenthalt in Cleveland bei KRAMPITZ übernahmen Sie 1958 den Lehrstuhl für Mikrobiologie an der Landwirtschaftlichen Fakultät der Universität Göttingen.

Schon bald nach Übernahme des Lehrstuhls haben Sie die Mikrobiologie in Göttingen dynamisch weiterentwickelt, so daß schon nach wenigen Jahren ein Mikrobiologisches Institut an der Naturwissenschaftlichen Fakultät geschaffen wurde. Aus Ihrem Institut sind unter Ihrer Obhut in Deutschland allein 15 Lehrstühle besetzt worden, insgesamt konnten Sie 40 Professorenpositionen im In- und Ausland mit Ihren Schülern besetzen.

Ihre ca. 350 Publikationen, die sich mit einer großen Bandbreite von Themen befassen, sind im In- und Ausland sehr geschätzt. Mehrere Ehrendoktorate sowie Mitgliedschaften in Akademien bestätigen dies. Für die Etablierung der naturwissenschaftlichen Mikrobiologie in Deutschland und das Renommee der von Ihnen und Ihrem Schüler Gerhard GOTTSCHALK vertretenen »Göttinger Schule« war die Publikation des Lehrbuches *Allgemeine Mikrobiologie* im Jahre 1969 ein Meilenstein. Dieses Buch ist inzwischen in der siebten Auflage erschienen und wurde in acht Sprachen übersetzt. Es vermittelt in leicht verständlicher Form die Physiologie und Genetik von Mikroorganismen und wird von Studenten und Wissenschaftlern unterschiedlicher Fachrichtungen gleichermaßen geschätzt.

Verehrter Herr SCHLEGEL, Sie werden als ein ganz ungewöhnlicher Wissenschaftler geehrt, der die Verbindung zur Leopoldina und zu seiner Heimat-Universität Halle stets gepflegt hat. Der Leopoldina, deren Mitglied Sie bereits im Jahre 1966 wurden, sind Sie später immer treu geblieben. Sie fungierten von 1989 bis 1999 als Obmann der Sektion Mikrobiologie. In der Schriftenreihe *Acta Historica Leopoldina* publizierten Sie 1999 eine *Geschichte der Mikrobiologie*, die inzwischen in der zweiten Auflage erschienen ist. Sie sind nach wie vor ein aktives Mitglied der Akademie, das an Jahresversammlungen teilnimmt und die fachspezifischen Diskussionen der Sektion Mikrobiologie immer wieder durch Beiträge und Ideen befruchtet.

Volker TER MEULEN Jörg HACKER (Würzburg)
Präsident

Laudatio für Herrn Professor Dr. Arndt Borkhardt anläßlich der Verleihung der Carus-Medaille

Sehr geehrter Herr BORKHARDT!

Die Leopoldina ehrt Sie heute mit der Carus-Medaille für Ihre bisherigen erfolgreichen wissenschaftlichen Leistungen und deren Erkenntnisgewinn.

Sie gehören zu den kreativsten und erfolgreichsten Nachwuchsforschern in der deutschsprachigen Pädiatrie. Nach Ihrer Promotion 1990 an der Medizinischen Fakultät der Otto-von-Guericke-Universität Magdeburg mit Untersuchungen über »Hirnelektronische Korrelate der Gedächtnisleistung«, die Sie mit

»summa cum laude« abschlossen, folgte eine außergewöhnlich erfolgreiche wissenschaftliche Arbeitsperiode von 1991 bis 2002 an der Universitätskinderklinik der Justus-Liebig-Universität in Gießen. Hier wandten Sie sich der pädiatrischen Onkologie zu und etablierten neue methodische Verfahren. So konnten Sie neue Onkogene auf den Chromosomen Xq13 und 9q34 klonieren sowie ein neues Tumorsuppressor-Gen auf Chromosom 3q31 isolieren, dessen Nukleotid- und Aminosäurensequenz sowie diagnostische und potentiell therapeutische Anwendung weltweit patentrechtlich geschützt sind. Sie leisteten einen wichtigen Beitrag zur Aufklärung der Protein-Protein-Interaktion dieses Tumorsuppressor-Gens.

In internationaler und nationaler Zusammenarbeit führten Sie den Nachweis, daß *in utero* Zellen mit chromosomalen Translokationen entstehen. Damit haben Sie wesentlich zum Verständnis der Pathogenese der akuten lymphatischen Leukämie im Kindesalter beigetragen.

Kürzlich induzierten Sie durch sequenzhomologe Doppelstrang-RNA-Moleküle im eigenen Labor die Apoptose von spezifischen Leukämie- und Lymphomzellen, sogenannten BCR/ABL- bzw. NPK/ALK-positiven Zellen.

Mit Untersuchungen zur inhibitorischen Ribonukleinsäure-Interferenz konnten Sie in nationaler und internationaler Zusammenarbeit ein neues wissenschaftliches Feld erschließen, welches gegenwärtig im Mittelpunkt Ihres wissenschaftlichen Schaffens steht.

Ihre wissenschaftlichen Leistungen verdienen nicht nur wegen ihres Erkenntnisgewinns speziell für die pädiatrische Onkologie besondere Erwähnung, sondern auch deshalb, weil Sie während Ihrer Tätigkeit in Gießen in das Weiterbildungscurriculum eines Klinikers, mit allen physisch sowie psychisch belastenden Tätigkeiten, eingebunden waren und Ihre Studien ausschließlich in Deutschland durchführten.

Volker TER MEULEN Lothar PELZ (Rostock)
Präsident

Laudatio für Herrn Privat-Dozent Dr. Oliver G. Schmidt anläßlich der Verleihung der Carus-Medaille

Sehr geehrter Herr Dr. SCHMIDT!

Sie sind ein höchst einfallsreicher, analytisch scharfer und dynamischer junger Physiker, der weltweit anerkannte, grundlegende und bahnbrechende Arbeiten auf dem Gebiet des Wachstums von Halbleiternanostrukturen selbst durchgeführt und initiiert hat. Dabei kombinieren Sie auf intelligente Weise neuartige Selbstorganisationseffekte an Oberflächen und etablierte Methoden aus der Halbleitertechnik. Damit wird es ermöglicht, dreidimensionale Halbleiterarchi-

tekturen auf der Nanometerskala zu konzipieren. Sie haben die Bildungsmechanismen der Strukturen und ihre Eigenschaften tiefgreifend erforscht.

So ist es Ihnen gelungen, hierarchisch selbstorganisierte Quantenpunkte und Quantenpunktmoleküle zu erzeugen, die als künstliche Atome und künstliche Moleküle für die Quanteninformationstechnologie geeignet erscheinen. Diese besondere Art von Nanostrukturen entsteht durch ein einzigartiges Verfahren, das atomar präzise Wachstums- und Ätzprozesse kombiniert.

Durch die Verknüpfung der beiden fundamentalen Ansätze der Nanotechnologie (*Bottom-up* und *Top-down*) konnten Sie, analog zu normalen Kristallen, künstliche Quantenpunktkristalle erzeugen und deren neuartige (u. a. elastische) Eigenschaften nachweisen.

Sie haben Ihre Ergebnisse auf vielen wichtigen Kongressen und Symposien Ihres Gebietes in über 55 eingeladenen Vorträgen präsentiert. Allein im letzten und in diesem Jahr haben und werden Sie 19 eingeladene Vorträge in aller Welt halten. Dies zeugt von der Anerkennung, die Ihrer Arbeit zuteil wird.

Ihre Arbeiten und Vorträge wurden in den letzten Jahren mit wichtigen Preisen ausgezeichnet. Sie erhielten die Otto-Hahn-Medaille 1999, den Philip-Morris-Forschungspreis 2002 und den Heinrich-Düker-Preis 2003. Sie sind Preisträger eines vom BMBF ausgeschriebenen Wettbewerbs zur Nanotechnologie (2003) und Editor/Koautor des Buches *Lateral Alignment of Epitaxal Quantum Dots*, das im Springer-Verlag erscheinen wird.

Die Deutsche Akademie der Naturforscher Leopoldina ehrt Sie heute für Ihre bedeutenden naturwissenschaftlichen Entdeckungen und Forschungsleistungen mit der Carus-Medaille.

Volker TER MEULEN
Präsident

Dieter H. BIMBERG (Berlin)

Laudatio für Herrn Professor Dr. Rolf Knippers anläßlich der Verleihung der Mendel-Medaille

Sehr geehrter Herr KNIPPERS!

Die Deutsche Akademie der Naturforscher Leopoldina ehrt Sie heute mit der Verleihung der Mendel-Medaille für Ihre wegweisenden Arbeiten auf dem Gebiet der Genetik.

Als Mediziner haben Sie einen ungewöhnlichen Berufsweg gewählt: Sie widmeten sich der biologischen Grundlagenforschung fernab eines Krankenhauses, zunächst am Friedrich-Miescher-Laboratorium der Tübinger Max-Planck-Institute, und dann, nach Gründung der Konstanzer Universität Ende der 1960er Jahre, etablierten Sie dort Anfang der 1970er Jahre den Lehrstuhl für Molekulare Genetik. Ihr besonderes Interesse galt über all die Jahre der DNA-Replikation

und ihrer Initiation. Dabei spiegeln die Organismen, an denen Sie DNA-Replikation untersuchten, die Geschichte der Genetik der vergangenen 30 Jahre wider, zunächst Phagen und Bakterien, später Viren und Zellkulturen von Säugern. Dabei war Ihr Interesse aber nicht einseitig auf die DNA gerichtet, wie manche das vielleicht gerne von einem Genetiker erwarten möchten, sondern Sie hatten sehr früh die Wechselwirkung der DNA mit den Proteinen im Blick, insbesondere den Histonen, und auch die Rolle der Nukleosomenstruktur bei der Replikation. Eng damit verbunden ist natürlich die Frage, wie Replikation im Rahmen des Zellzyklus reguliert wird. Stichwort für Ihre Forschungsarbeiten ist hier der Einfluß von Phosphorylierungen durch Cyclin-abhängige Kinasen auf präreplikative Komplexe in Oozyten-Extrakten von *Xenopus laevis*.

DNA-Replikation in Säugerzellen erfolgt natürlich nicht im luftleeren Raum, sondern ist eingebunden in die Struktur der Kernmatrix. Ihre Arbeiten über die Verankerung des replizierenden Chromatins an die Kernmatrix und die funktionelle Charakterisierung daran beteiligter Proteine waren wegweisend. Ihre aktuellen Arbeiten zeigen aber auch, daß diese sehr grundlagenorientierten Fragen ganz schnell einen klinischen Bezug bekommen können – eines dieser chromatin-assoziierten Proteine wirkt als Autoantigen in einem relativen großen Prozentsatz von Patienten mit Autoimmunerkrankungen, wie rheumatoider Arthritis, systemischem *Lupus erythematosus* oder der Sarkoidose.

Ihr unermüdlicher Einsatz für neue Erkenntnisse in der Molekulargenetik hat sich in 175 Veröffentlichungen niedergeschlagen – dazu kommen all die, die nicht in »Medline« aufgezählt sind, sondern eher den Feuilletons von Tageszeitungen, Wochen- oder Monatsschriften zuzurechnen sind. Dort diskutierten Sie dann eher die ethischen und politischen Implikationen der Genetik: Ein besonderes Anliegen war Ihnen dabei auch die Aufarbeitung der Rolle der »Vererbungslehre« (und einiger ihrer Repräsentanten) vor und während der Nazidiktatur und des Holocausts. Damit haben Sie nicht nur den Lehrstuhl für Molekulare Genetik an der Universität Konstanz zu einer national und international hoch angesehenen Institution ausgebaut – diese Wertschätzung gilt auch und ganz besonders Ihrer eigenen Person.

Parallel zu Ihren Forschungsarbeiten führten Sie Generationen von jungen Biologen mit Ihren anregenden Vorlesungen in die Genetik ein. Im Zusammenhang mit dieser Tätigkeit entstand Ihr Lehrbuch der »Molekularen Genetik«, dessen erste Auflage noch in Tübingen entstand und 1971 veröffentlicht wurde. In Ihrem Vorwort schrieben Sie damals: »Ich hoffe, daß der Bericht über die bisherigen Erkenntnisse der molekularen Genetik zu einem Lesebuch wird.« Dies ist Ihnen wohl gelungen – wurde doch »der Knippers« von Auflage zu Auflage im Umfang erweitert und ständig aktualisiert. Mit seiner inzwischen 8. Auflage ist er im deutschen Sprachraum zu einem »Klassiker« geworden, und die vielen Übersetzungen zeigen, daß das nicht nur für Deutschland gilt.

Ihr Engagement galt darüber hinaus auch der Selbstverwaltung der Wissenschaft. Als erstes sei Ihre Tätigkeit als Vorsitzender der (deutschen) Gesellschaft für Genetik genannt; in dieser Funktion haben Sie von 1998 bis 2002 wertvolle Arbeit geleistet und wichtige neue Akzente gesetzt, und bis heute gestalten Sie als Vizepräsident die Aktivitäten der Gesellschaft für Genetik mit. Außerdem waren Sie dreimal Dekan der Fakultät für Biologie der Universität Konstanz und wirkten in mehreren Gremien der deutschen Wissenschaftsorganisation verantwortungsvoll als Gutachter.

Abschließend sei dankbar betont, daß Sie sich jahrelang maßgeblich – und im Zusammenwirken mit Kollegen – intensiv und schließlich erfolgreich darum bemüht haben, daß der nächste Internationale Genetik-Kongreß im Jahre 2008 in Deutschland in Berlin stattfinden wird – das erste Mal wieder seit 1927. Das ist für uns alle eine große Freude.

Im Namen des Präsidiums wünschen wir Ihnen Gesundheit, für Ihre Arbeit weiterhin Erfolg, und das notwendige Maß an Zufriedenheit.

Volker TER MEULEN
Präsident

Jochen GRAW, Neuherberg

Laudatio für Herrn Professor Dr. Wolfgang Baumeister anläßlich der Verleihung der Schleiden-Medaille

Sehr geehrter Herr BAUMEISTER!

Die Deutsche Akademie der Naturforscher Leopoldina ehrt Sie heute als einen der führenden Strukturbiologen mit der Schleiden-Medaille. Diese Auszeichnung wird Ihnen verliehen für Ihre grundlegenden Beiträge zum Verständnis der Struktur und Funktion großer Proteinkomplexe wie dem Proteasom und für

Professor Wolfgang BAUMEISTER (*rechts*) erhält von Leopoldina-Präsident Volker TER MEULEN die Schleiden-Medaille überreicht (Fotografie: Jens SCHLÜTER, Halle/Saale).

die Entwicklung der Kryoelektronentomographie, einer Methode, die völlig neue Einblicke in das Innenleben von Zellen erlaubt.

Sie wurden am 22. November 1946 in Wesseling geboren, studierten Biologie in Münster und Bonn und promovierten 1973 am Department für Biophysik in Düsseldorf. Nach der Habilitation waren Sie von 1981 bis 1982 als Heisenberg-Fellow am Cavendish-Labor in Cambridge und kamen dann 1983 zunächst als Gruppenleiter an das Max-Planck-Institut für Biochemie in Martinsried, wo Sie seit 1988 Direktor der Abteilung für Strukturbiologie sind.

In Ihren wissenschaftlichen Arbeiten verwenden Sie hochmoderne Methoden der Elektronenmikroskopie gepaart mit Techniken der Molekularbiologie, Biochemie und Genomanalyse. Schon früh haben Sie begonnen, sich mit sogenannten makromolekularen Maschinen zu beschäftigen; das sind große Proteinkomplexe, die für verschiedene grundlegende Funktionen in allen Zellen verantwortlich sind. Dabei haben Sie sich auf das Proteasom, einen zylindrischen Komplex von ca. 800 000 kDa konzentriert, von dem in den 1980er Jahren eine Funktion beim Proteinabbau bekannt wurde. Fortan haben Sie diese und ähnliche Proteinkomplexe fasziniert, denn Proteine dieser Größe konnten Sie damals schon mit dem Elektronenmikroskop sichtbar machen. Bereits 1989 gelang Ihnen die Isolierung des Proteasomkomplexes aus dem Archaebakterium *Thermoplasma acidophilum*. Die Entdeckung, daß Proteasomen auch bei Prokaryoten vorkommen, ebnete Ihnen den Weg für eine detaillierte strukturelle und funktionelle Analyse dieser Zellbestandteile, von denen heute klar ist, daß sie essentielle Aufgaben nicht nur beim normalen Abbau von Proteinen haben, sondern auf vielfältige Weise auch an der Zellregulation beteiligt sind. Innerhalb kurzer Zeit konnten Sie die erste dreidimensionale Struktur des Proteasoms, basierend auf elektronenmikroskopischer Analyse, vorlegen. Es wurde klar, daß es sich um einen Hohlzylinder handelt, der aus vier übereinander gelagerten Ringen von Alpha- und Beta-Untereinheiten besteht. Einhergehend mit funktionellen Studien konnten Sie nicht nur die generelle Architektur des Proteasoms aufklären, sondern auch seine grundlegende Funktionsweise verstehen, daß der Proteinabbau nämlich im Inneren des Komplexes in einem von der zellulären Bulklösung abgeschirmten Kompartiment stattfindet. Somit war konzeptuell klar, wie sichergestellt ist, daß der Abbau durch das Proteasom nicht wahllos jedes Protein trifft. 1995 gelang es Ihnen, durch elegante Mutageneseexperimente das aktive Zentrum der proteolytisch aktiven Beta-Untereinheiten zu definieren. Auf dieser Entdeckung basierte nicht zuletzt die Entwicklung von spezifischen Proteasominhibitoren, die heute von erheblicher Bedeutung bei der Behandlung von Krebserkrankungen sind. Schließlich gelang Ihnen in diesem Jahr in Zusammenarbeit mit Robert HUBER die Lösung der Kristallstruktur des Proteasoms, die in wunderbarer Weise Ihre elektronenmikroskopische Analyse und funktionellen Vorhersagen bestätigte. Es wurde klar, daß für den Abbau bestimmte Proteine in entfalteter Form durch die enge Öffnung des Proteasoms in die innere proteolytische Kammer eingefädelt werden müssen. An diesem Prozeß sind in Eukaryoten eine Reihe regulatorischer Komponenten beteiligt, die einen eigenen Subkomplex bilden, der sich mit dem Proteasom verbindet. Auch diesen Komplex haben Sie im Detail untersucht. Außerdem haben Sie mehrere andere ähnlich faszinierende molekulare Maschinen entdeckt und aufgeklärt. Diese Arbeiten haben Ihnen höchste internationale Anerkennung und viele ehrenvolle Auszeichnungen gebracht.

Neben Ihren grundlegenden Arbeiten am Proteasom haben Sie sich aber auch intensiv über viele Jahre der Weiterentwicklung elektronenmikroskopischer Techniken gewidmet, mit der Vision, einmal in der Lage zu sein, Proteinkomplexe wie das Proteasom in ihrer intakten zellulären Umgebung bei molekularer Auflösung sichtbar zu machen. Dieses Ziel haben Sie in den letzten Jahren in spektakulärer Weise mit der Entwicklung der 3D-Kryoelektronentomographie erreicht. Mit dieser Methode, die ohne Übertreibung eine Revolution in der Zellbiologie darstellt, gelingt es, intakte Zellen ohne jede Vorbehandlung im tiefgefrorenen Zustand zu untersuchen und alle makromolekularen Komplexe in ihrem funktionellen Kontext abzubilden. Sie erhalten damit praktisch ein 3D-Bild des zellulären Proteoms. Damit haben Sie Wirklichkeit werden lassen, wovon Zellbiologen bis vor kurzem nur träumen konnten. Nicht umsonst wurde diese Errungenschaft von den Editoren der Zeitschrift *Science* im Jahr 2002 als einer der großen Durchbrüche bezeichnet. Sie haben mit der neuen Methode u. a. bereits Zytoskelettstrukturen und den Kernporenkomplex *in situ* untersucht. Das enorme Anwendungspotential der Kryoelektronentomographie beginnt sich gerade erst zu erschließen und wird Sie sicher noch Jahre beschäftigen.

Im Namen des Präsidiums wünschen wir Ihnen für Ihre weitere wissenschaftliche Arbeit viel Erfolg.

Volker TER MEULEN Franz-Ulrich HARTL (Matinsried)
Präsident

Laudatio für Herrn Professor Dr. Bernd Bukau anläßlich der Verleihung des Leopoldina-Forschungspreises – gestiftet von der Commerzbankstiftung

Sehr geehrter Herr BUKAU!

Präsidium und Senat der Deutschen Akademie der Naturforscher Leopoldina haben beschlossen, Sie mit dem Leopoldina-Forschungspreis auszuzeichnen, gestiftet von der Commerzbank-Stiftung und dotiert mit 15 000 Euro. Der Preis wird verliehen an jüngere Wissenschaftler(innen), die hochkarätige Grundlagenforschung unter dem Aspekt der Anwendung bevorzugt in der Medizin durchführen.

Sie sind ein führender Wissenschaftler auf dem Gebiet der molekularen Chaperone. Sie erhielten eine mikrobiologische Ausbildung und leisteten bereits frühzeitig fundamentale Beiträge zur Regulation der Hitzeschockantwort in *Escherichia coli*. Von diesen Arbeiten ausgehend sind Sie in den letzten 12 Jahren zu einem Experten auf dem Gebiet der Proteinfaltung, insbesondere zur Funktion der Hitzeschockproteine und ihrer Co-Chaperone, geworden. Ihre Arbeitsgruppe hat ein überzeugendes Modell zur molekularen Reaktionssequenz des DnaK/DnaJ/GrpE-Systems erarbeitet und konnte Proteine des zelleigenen Regenerierungssystems für aggregierte Proteine charakterisieren. Die Funktion der bakteriellen Triggerfaktoren wurde durch die Identifizierung der ribosomalen Ankerproteine für diese Enzyme in ein völlig neues Licht gesetzt. In einer beeindruckenden Serie von originellen Beiträgen haben Sie sowohl die Strukturbiologie als auch die Molekularbiologie und die Proteinchemie durch neue bedeutsame Erkenntnisse und methodische Entwicklungen bereichert. In den letzten Jahren haben Sie grundlegende Prinzipien der Interaktion zwischen Chaperonen und Enzymen des Proteinabbaus aufklären können. Der großen Bedeutung Ihrer Arbeiten entsprechend, legen Sie eine überaus beeindruckende Publikationsliste mit zahlreichen Veröffentlichungen in den besten Zeitschriften vor.

Ihr Arbeitsgebiet ist im interdisziplinären Bereich von Biochemie, Biophysik und Mikrobiologie angesiedelt. Aufgrund der Exzellenz Ihrer Arbeiten wurden Sie mit dem Gottfried-Wilhelm-Leibniz-Preis der Deutschen Forschungsgemeinschaft ausgezeichnet.

In diesem Jahr wählte Sie die Leopoldina zu ihrem Mitglied. Wir wünschen Ihnen mit Hilfe des heute an Sie verliehenen Preises auch zukünftig weitere bemerkenswerte Erfolge im Sinne des Leopoldina-Leitmotivs: Die Natur zu erforschen zum Wohle des Menschen.

Volker TER MEULEN　　　　　　　　　　Gunter S. FISCHER (Halle/Saale)
(Präsident)

Laudatio für Frau Dr. Melanie Blokesch anläßlich der Verleihung des Leopoldina-Preises für junge Wissenschaftler

Sehr geehrte Frau Dr. BLOKESCH!

Sie wurden vom Präsidium und dem Senat der Deutschen Akademie der Naturforscher Leopoldina für die Verleihung des Leopoldina-Preises für junge Wissenschaftler ausgewählt. Die Akademie würdigt Sie als eine sehr begabte, zielstrebige, passionierte junge Wissenschaftlerin, die bereits als Doktorandin mit Begeisterung, Souveränität und großem Sachverstand ihr Arbeitsgebiet auf internationalen Tagungen vorgestellt hat und darüber hinaus eine Vielzahl vorzüglicher Publikationen vorweisen kann.

Sie haben mit Ihren wissenschaftlichen Arbeiten maßgeblich zu dem Verständnis des komplexen Biosyntheseprozesses eines metallhaltigen Redoxkatalysators beigetragen. Sie konnten zeigen, daß die proteinkatalysierte Assemblierung des [NiFe]-Zentrums in die Hydrogenasen von *Escherichia coli* in mehreren Teilreaktionen abläuft. Dabei haben Sie den Proteinkomplex, bestehend aus HypC und HypD, gereinigt und mit vielfältigen Methoden charakterisiert. Sie entdeckten, daß dieser Komplex das Eisen bindet, an das in einer weiteren Reaktion, katalysiert durch HypE, die Cyanidgruppen assoziiert werden. Bemerkenswert ist auch Ihr Befund, daß an dem abschließenden Nickeleinbau in die Hydrogenasen ein dritter Metallochaperon-Komplex, bestehend aus HypA und HypB, beteiligt ist.

Für Ihre herausragenden Arbeiten über [NiFe]-Hydrogenasen von *Escherichia coli* und den Einbau des Metallzentrums ehrt Sie die Deutsche Akademie der Naturforscher heute mit dem Leopoldina-Preis für junge Wissenschaftler.

Volker TER MEULEN   Bärbel FRIEDRICH (Berlin)
Präsident

Laudatio für Herrn Dr. Sven Diederichs anläßlich der Verleihung des Leopoldina-Preises für junge Wissenschaftler

Sehr geehrter Herr Dr. DIEDERICHS!

Sie zeichnen sich besonders durch Ihren außerordentlichen Enthusiasmus für Wissenschaft, Ihre analytischen Fähigkeiten, fundiertes Fachwissen, schnelle Auffassungsgabe, kreative Lösungsansätze und methodische Bandbreite aus, die zu wertvollen Daten und den Fortschritt mehrerer Projekte führten.

Bereits zuvor, während Ihres Grundstudiums der Biochemie an der Universität Tübingen, sammelten Sie aus eigener Initiative praktische Erfahrungen in wissenschaftlicher Forschung in anerkannten amerikanischen Arbeitsgruppen. Ihr Biochemie-Hauptstudium an der Universität Witten/Herdecke haben Sie zü-

gig und, wie bereits zuvor, konstant nur mit den besten Noten abgeschlossen. Für Studium und Ihre Promotion wurden Sie von der Studienstiftung des deutschen Volkes gefördert.

Ihre Doktorarbeit fertigten Sie an der Universität Münster in Kooperation mit der Universität Witten/Herdecke an. Als Dissertationsthema wählten Sie die Untersuchung von Zellzyklusregulatoren im Prozeß der Tumorgenese. Ihre Promotion, die Sie in nur zweieinhalb Jahren beenden konnten, wurde mit der Note »summa cum laude« bewertet. Ihre signifikanten Ergebnisse konnten Sie in renommierten Zeitschriften veröffentlichen, so daß Sie im Alter von gerade 28 Jahren bereits über eine eindrucksvolle Publikationsliste von zwanzig Publikationen, einschließlich fünf Erstautorschaften verfügen. Zwei weitere Publikationen werden zur Zeit begutachtet; eine davon ist eine Erstautorschaft, die die bedeutendsten Ergebnisse Ihrer Promotion zu einem neu entdeckten Zellzyklusinhibitor beinhaltet und voraussichtlich in einer hervorragenden Zeitschrift publiziert werden wird. Ein Teil dieser Daten wurde bereits mit einem *Scholar in Training Award* auf der Jahrestagung der *American Association for Cancer Research* ausgezeichnet. Damit haben Sie eine für einen Nachwuchswissenschaftler herausragende wissenschaftliche Leistung auf dem Gebiet der Molekular- und Zellbiologie mit unmittelbarer Relevanz für onkologische Fragestellungen erbracht.

Beeindruckend ist, daß Sie neben Ihrer kurzen Promotionszeit auch noch das Grundstudium der Wirtschaftswissenschaften absolvierten und mit der Note »sehr gut« abgeschlossen haben.

Nach dem erfolgreichen Abschluß Ihrer Promotion arbeiten Sie nun als Postdoktorand seit Beginn des Jahres 2005 in der erstklassigen Arbeitsgruppe von Daniel HABER am *MGH Cancer Center* der *Harvard Medical School* in Boston, um sich auf eine akademische Karriere in Deutschland vorzubereiten und sich weiterzuqualifizieren.

Die Leopoldina ehrt Sie heute mit dem Leopoldina-Preis für junge Wissenschaftler für Ihre Arbeiten über die Rolle von Zellzyklusregulatoren im Prozeß der Tumorgenese.

Volker TER MEULEN   Axel ULLRICH (Martiensried)
Präsident

Glückwunschschreiben

(Die durch den Präsidenten ausgesprochenen Glückwünsche anläßlich der 80. Geburtstage, die wir hier wiedergeben, beruhen auf Entwürfen des mitunterzeichnenden Mitglieds der Leopoldina.)

Sir Alan R. BATTERSBY
Cambridge University Chemical Laboratory
Lensfield Road, Cambridge CB2 1EW, Great Britain

Halle (Saale), 4th March, 2005

Dear Sir Alan,

It is our great pleasure, on behalf of the Presidium of the Leopoldina, to extend to you our sincere and most cordial congratulations on the occasion of your 80th birthday.

We would like to take this opportunity to review, briefly, your most important contributions to the field of natural products chemistry and your services to science in general. As the general theme in your scientific life, we recognize detailed investigations into the chemistry of biosynthetic pathways of natural products. Your research career started in the field of the isoquinoline and the indole-alkaloids, which are associated with a great variety of biological activities and present many intellectually challenging stereochemical problems. Your research culminated in the elucidation of the biosynthetic pathways of the most important pigments of life – haem and vitamin B12.

In the area of indole-alkaloids, we owe not only pioneering work in the very »early« steps of biosynthesis to you, but also in disclosing the elegance and beauty that lies in the various cascade-like rearrangements that give rise to these characteristic, and pharmaceutical useful, polycyclic alkaloids.

With a keen eye on the enzymes that trigger and direct the key steps, this aspect gained even more importance in your subsequent investigations aiming at the complete understanding of all details of the biogenetic pathway leading to haemine and vitamin B12 synthesis. Particularly, this phase of your scientific career clearly illustrates the development of a natural products chemist, with deep roots in preparative chemistry, into a modern molecular biologist that has the rare talent to perfectly orchestrate the whole arsenal of enzymatic and spectroscopic methods together with the powerful tools of up-to-date preparative organic chemistry.

Since the efficient and optimally coordinated application of these techniques is a »conditio sine qua non« of modern biogenetic research, and since the origin of natural products chemistry looks like an important prerequisite for this talent, it seems appropriate at this stage to highlight the career development of the scientist Alan R. BATTERSBY.

After your education at Manchester University, leading to an M.Sc. in Chemistry, your research career started in 1949 with a dissertation at St. Andrews University on the theme of natural products.

Your early work dealt with the alkaloid-*grandseigneur* emetine, covering its structure, its stereochemistry and its synthesis. Your interests extended to the equally important group of benzyl-isoquinolines. With your appointment at Bristol University, you began to research in the field of biosynthesis, an area that would gain overwhelming importance for your scientific life. Every alkaloid of any fame and order was included in the list, ranging from emetine and papaverine *via* colchizine, lycorine, narcotine and morphine to the large group of indole-alkaloids. It was particularly in this field where the contributions from your laboratory led the way and were admired all over the world.

After the fundamental role of the C10-terpene-units loganine and secologanine had been discovered, you proceeded to elucidate the relationship between indole- and quinine-alkaloids. In addition to a series of research papers and review articles, everybody remembers particularly well your clear and very precise, beautiful lectures on your biosynthetic work; for instance, the Tilden lecture in 1963 and your presentation at the symposium on the biochemistry and physiology of alkaloids, which was organized by our former Leopoldina President K. MOTHES in Halle in 1965. In this period of your scientific life, you received an offer from Liverpool University in 1962 to move into the newly established second Chair of Organic Chemistry, which you accepted.

A few years later, however, you changed to the prestigious chair of Organic Chemistry at Cambridge that was combined with an appointment as professorial fellow at St. Catherines College. At this stage, your focus shifted from the biosynthesis of alkaloids to the pigments of life. The multitude and complexity of the problems in this field demanded a high degree of interdisciplinary approaches together with a broad spectrum of methods. Everybody observing you in these years was particularly impressed by your masterful ability to play this complicated scientific organ and draw together the registers of modern biosynthetic research. Extremely efficient chromatographic methods were tuned with highly developed MS- and NMR-spectroscopy, which went as far as spin-echo-techniques for the determination of C13-labels. Additionally, in this concert, the absolutely indispensable enzymatic methods not only played their part in the understanding of enzyme-directed steps in the biogenetic sequence, but also made decisive contributions to the synthesis of isotopically labelled compounds.

As one would expect with challenging, interdisciplinary work such as this, an experienced and open-minded experimentalist like you, was presented with some of those unexpected, but highly valued nuggets, that nature keeps in stock as a reward for the most dedicated and engaged scientists. Indeed, from year to year, you handed over a cornucopia of these nuggets to the scientific community.

Out of the many reports from this area, we all remember particularly well, your brilliant talk at the Princes Congress in Bangkok in 1988 and the very impressive reviews on the subject, including the »Grand Finale« in *Science* in 1994 and in *Angewandte Chemie* in 1995.

You have been awarded so many honours, prizes, titles and medals that we would have to add many more pages to complete the list. But, at least, a few should be mentioned here: The Paul Karrer Medal in 1977, the Robert Adams Award in 1980, and the Robert Robinson Medal in 1986. These honours were followed by the Wolf Prize in Chemistry 1989 and the August Wilhelm von Hoffmann Memorial Medal in 1992, not to forget the Hans-Herloff Inhoffen Medal in 1997.

Also, there is a long list of lectureships, fellowships and memberships in societies and academies, which cannot be repeated here. But let us remember your election to the Leopoldina in 1967 and your knighthood in 1992.

What a wealth of remarkable contributions to natural products chemistry and what a number of groundbreaking results!

We are very happy and extremely proud to have you among our ranks. We wish you continuing fun with chemistry, together with good luck and good health. *Ad multos annos.*

Yours sincerely,
Volker TER MEULEN   Ekkehard WINTERFELDT (Isernhagen)
Präsident

Herrn
Prof. Dr. Walter BEIER
Marperstraße 6, 04229 Leipzig

Halle (Saale), zum 9. Mai 2005

Sehr verehrter Herr BEIER,

anläßlich der 80. Wiederkehr Ihres Geburtstages ist es uns eine besondere Ehre und Freude, Ihnen, zugleich im Namen des Präsidiums der Deutschen Akademie der Naturforscher Leopoldina, die herzlichsten Glückwünsche übermitteln zu dürfen.

Am 9. Mai 1925 wurden Sie in Leipzig geboren. Damit gehören Sie zu einem derjenigen Jahrgänge, die von den Kriegs- und Nachkriegswirren besonders schwer betroffen wurden. Im Krieg leicht verwundet, kehrten Sie im Herbst 1945 nach Leipzig zurück. Hier bestanden Sie die Prüfung zur Hochschulreife und begannen 1946 mit dem Studium der Physik, welches Sie 1951 mit der Promotion nach einer experimental-physikalischen Dissertation abschlossen. Nach Ihrer Promotion entwickelten Sie ein sehr starkes Interesse an physikalischen Aspekten der Medizin, das schließlich im Jahre 1955 zu dem weit beachteten Buch *Die Physik und ihre Anwendung in Medizin und Biologie* führte, welches Sie gemeinsam mit dem Mediziner E. DÖRNER verfaßten. Es folgten eine Reihe von weiteren Büchern im Grenzgebiet zwischen Physik und Medizin. Sie wurden begleitet von einer regen Lehr- und Herausgebertätigkeit, die schließlich 1963 in den offiziellen Start eines biophysikalischen Lehrangebots an der Universität Leipzig mündeten. Der Aufbau dieses Biophysik-Lehrganges ist als eine Ihrer großen Leistungen anzusehen.

Innerhalb der Biophysik interessierten Sie sich seit dem Ende der 1960er Jahre für allgemeine Entwicklungstendenzen weit mehr als für molekulare oder organismische Details. Damals wurde diese Richtung mit dem Begriff »Bionik« beschrieben. In diesem Gebiet fanden Sie frühzeitig Ihr Steckenpferd, die Altersforschung, das Sie seitdem außerordentlich intensiv weiter verfolgten. Hier suchten Sie insbesondere nach Einflüssen, die einen Organismus destabilisieren. Zeitlebens verfeinerten Sie die Beschreibung solcher Einflüsse mit Hilfe eines physikalisch-mathematischen Formelgerüstes. Infolge Ihrer erfolgreichen Arbeiten wurden Sie 1973 im Alter von 48 Jahren in die Leopoldina aufgenommen. Ihre Forschung auf diesem Gebiet fand schließlich eine sehr breite Beachtung, die im Jahre 1990 mit der Verleihung des Max-Bürger-Preises der Deutschen Gesellschaft für Gerontologie gekrönt wurde.

Verglichen mit Ihrer Forschung war Ihre Lehrtätigkeit an der Universität Leipzig natürlicherweise stärker dem politischen Umfeld ausgesetzt. Hier litten Sie zunehmend unter Ihrer inneren Ablehnung der Auswüchse der sozialistischen Regierungsform, was schließlich zu Ihrer vorzeitigen Abberufung im Alter von 57 Jahren von der Leipziger Professur führte. Derart behindert bemühten Sie sich anschließend um die Ausreise nach West-Berlin, die Ihnen 1984 schließlich bewilligt wurde. Im Westen konnten Sie dann ungehindert die Entwicklung Ihrer interessanten Modelle und Beschreibungsansätze des Alterungsprozesses fortsetzen und in diversen internationalen Begegnungen vertreten. Hier liegt Ihre zweite große Leistung. Trotz der totalen Entwurzelung durch Verlust von Professur, wissenschaftlichem Umfeld und Besitz schafften Sie es im fortgeschrittenen Alter, sich in einem neuen andersgearteten Umfeld zu etablieren und Ihre wissenschaftliche Tätigkeit fortzusetzen. Durch die politische Wende konnten Sie im Jahr 1994 schließlich nach Leipzig zurückkehren und dort Ihre wissenschaftlichen Interessen weiter pflegen.

Nachdem wir mehrere Jahrzehnte lang eine dominierende molekulare Biophysik erlebt haben, kommen wir derzeit wieder auf die physikalischen Beschreibungen der biologischen Systeme zurück, nun nicht mehr unter dem Begriff »Bionik«, sondern als »Biosystemanalyse«. Dieser Rückschwung des Pendels auf Ihre originären Ansätze wird Sie sehr erfreuen. Die allseits neu geschaffenen Biosystem-Institute dürften das schönste Geschenk zu Ihrem 80. Geburtstag sein. Mögen Ihnen im Kreise Ihrer Familie, der Freunde, Kollegen und zahlreichen Schüler noch viele Jahre voller Schaffensfreude und Glück beschieden sein.

Mit herzlichen Grüßen
Ihr
Volker TER MEULEN   Georg E. SCHULZ (Freiburg i. Br.)
Präsident

Herrn
Prof. Dr. Karl DECKER
Maria-Theresia-Straße 14, 79199 Kirchzarten

Halle (Saale), zum 14. Februar 2005

Sehr geehrter, lieber Herr Kollege DECKER,

am 14. Februar 2005 begehen Sie Ihren 80. Geburtstag. Im Namen des Senates und des Präsidiums sowie der Mitglieder der Deutschen Akademie der Naturforscher Leopoldina gratulieren wir Ihnen sehr herzlich und wünschen Ihnen für die kommenden Jahre alles Gute, vor allem Gesundheit, weiterhin Schaffenskraft und viel Freude im Kreis Ihrer Familie, Ihrer Kollegen und Ihrer zahlreichen akademischen Schüler. Dies ist für die Leopoldina ein schöner Anlaß, Ihnen für Ihre aktive Mitarbeit während Ihrer nahezu 30jährigen Mitgliedschaft in der Akademie zu danken, vor allem für die langjährige Wahrnehmung Ihrer Verantwortung als Obmann der Sektion Biochemie und Biophysik und als Senatsmitglied.

Als national und international hochangesehener und vielfach geehrter Forscher haben Sie viele grundlegende Beiträge zum Erkenntnisfortschritt in der Biochemie und Zellbiologie geleistet. Als langjähriger, begeisterter und vorbildlicher akademischer Lehrer setzten Sie Maßstäbe in der Ausbildung junger Wissenschaftler und mehrerer Generationen von Studenten. Sie können auf ein reichhaltiges und erfolgreiches wissenschaftliches Leben mit großem Wirkungsradius zurückblicken.

Von Feodor LYNEN wurden Sie als junger Chemiker vor etwa 50 Jahren in München in die Kunst biochemischen Experimentierens eingeführt. Sie wurden sogleich mit zentralen Fragen der damaligen Biochemie konfrontiert, nämlich mit der Rolle des Coenzyms A bei der Fettsäureaktivierung und dem Fettsäureabbau sowie der Ketonkörper- und Cholesterinbiosynthese. Damit legten Sie die Grundlagen für eine lebenslange und erfolgreiche wissenschaftliche Arbeit, die sich in etwa 500 Originalpublikationen widerspiegelt. 1961 habilitierten Sie an der Naturwissenschaftlichen Fakultät der Universität München und 1962 für

Physiologische Chemie an der Medizinischen Fakultät der Universität Freiburg. Sie waren 1967 bis 1968 Gastprofessor am *Department of Biochemistry, Michigan State University*, und wurden 1968 zum Ordentlichen Professor und Direktor des Biochemischen Institutes der Universität Freiburg berufen.

Eine Würdigung Ihres wissenschaftlichen Werkes in dem Zeitraum von 50 Jahren, in denen Ihr Fachgebiet, die Biochemie in Verbindung mit der Zell- und Molekularbiologie, eine grandiose Entwicklung erlebt hat, führt unschwer zu zwei, Ihre Forschungsarbeit bestimmenden Hauptrichtungen, eine molekularbiologisch-katalytische und eine zellbiologische Richtung.

Ihr katalytisch orientiertes Forschungsgebiet widmete sich den Flavinenzymen, in dessen Mittelpunkt die Regulationsmechanismen der Biosynthese sowie die Katalysemechanismen und Spezifitäten der 6-Hydroxynicotin-Oxidasen standen. Sie klärten die Genstrukturen und die Eigenschaften von plasmidkodierten Enzymen des Nicotinabbaues in verschiedenen *Arthrobacter*-Species auf und untersuchten die Wirkungen gezielter Mutationen auf die Aktivität, den FAD-Einbau und die Bildung hochmolekularer Komplexe der 6-Hydroxynicotin-Oxidase mit dem Chaperon GroEL.

Ihre zellbiologischen Forschungen waren dem Stoffwechsel der Leber und ihrer Zelltypen, vor allem der Kupffer-Zellen, gewidmet. Im Vordergrund Ihres Interesses stand die Funktion der Leber in Entzündungsprozessen. Ihre Arbeiten zum Mechanismus der Entstehung der Galactosamin-induzierten Hepatitis und Leberzirrhose, zu den Mechanismen der Lebernekrose und zur Phagozytose, zur Aktivierung des entzündungsfördernden Transkriptionsfaktors NF-κB und des Tumornekrosefaktors, zur Expression des Interleukin-6-Rezeptors, zur Biosynthese von α_1- und α_2-Makroglobulin und Fibronectin sowie zur Gangliosid- und Prostaglandinsynthese waren von großem Erkenntnisgewinn für die Biochemie, die molekulare Zellbiologie und die medizinische Wissenschaft. Sie sind Meilensteine moderner, zellbiologisch orientierter, biomedizinischer Grundlagenforschung.

Ihre Forschungsgebiete gaben den Ausschlag dafür, daß sich zwischen Ihrem Institut und zahlreichen Kliniken des In- und Auslandes sehr fruchtbare Formen der Zusammenarbeit entwickelten und Ihnen dadurch nachhaltige Wirkungen auf die Ausbildung klinisch tätiger Ärzte zuwuchsen. So wurde Ihr Institut zu einem Anziehungspunkt und Ausbildungszentrum für junge wissenschaftlich interessierte Ärzte und biomedizinische Forscher, auf deren wissenschaftliche Arbeiten Sie von prägendem Einfluß waren. Eine große Anzahl Ihrer Schüler wurde auf Lehrstühle und in leitende Stellungen wissenschaftlicher Zentren berufen und wirken multiplikativ in der Entwicklung der Wissenschaft und der Ausbildung junger Ärzte.

Neben Ihrer Arbeit im Labor und im Hörsaal haben Sie in beispielhafter Weise Verpflichtungen in Ihrer Universität, in außeruniversitären Gremien sowie in nationalen und internationalen wissenschaftlichen Gesellschaften wahrgenommen. 1970 bis 1971 waren Sie Dekan der Medizinischen Fakultät und 1972 bis 1977 Prorektor für Forschung der Universität Freiburg. Sie waren Mitglied des Senates und des Hauptausschusses der DFG, Präsident der Gesellschaft für Biologische Chemie und Vorstandsmitglied der Dr.-Mildred-Scheel-Stiftung für Krebsforschung. Sie bekleideten Funktionen als Direktor des Institutes der Görres-Gesellschaft für Interdisziplinäre Forschung, im wissenschaftlichen Beirat des Genzentrums München sowie im Max-Planck-Institut für Biochemie Martinsried und des Leibniz-Preiskomitees der Deutschen Forschungsgemeinschaft. Im internationalen Rahmen waren sie Vorsitzender des *Executive Committee of the Federation of European Biochemical Societies* (FEBS) und Vorsitzender des *FEBS Publications Committee*. Sie sind Ehrenmitglied der *American Society of Biological Chemistry* und der *Vitamin Society Japan* und erhielten den Lucie-Bolte-Preis der *German Association for the Study of the Liver* sowie das *Diplôme d'Honneur* der FEBS.

Lieber Herr DECKER, wir sind stolz darauf, Sie als Mitglied in unserer Akademie zu wissen. Wir wünschen Ihnen einen erfüllten Lebensabend in körperlicher und geistiger Frische. Mögen Ihnen Energie und Gesundheit noch lange erhalten bleiben.

Mit herzlichen Grüßen, auch an Ihre liebe Frau,
Ihr
Volker TER MEULEN   Eberhard HOFMANN (Halle/Saale)
Präsident

Herrn
Professor Dr. Fritz EIDEN
Hartnagel-Straße 11, 82166 Gräfelfing

Halle (Saale), zum 29. August 2005

Sehr verehrter, lieber Herr EIDEN,

zur Vollendung Ihres 80. Lebensjahres am 29. August 2005 gratulieren wir Ihnen, auch im Namen des Präsidiums der Deutschen Akademie der Naturforscher Leopoldina und Ihrer Mitglieder, ganz herzlich. Sie gehören unserer Leopoldina nunmehr seit 23 Jahren an. Wir wünschen Ihnen Glück, weiterhin gute Gesundheit und viel Freude am Verfolgen der wissenschaftlichen Entwicklungen sowie an Ihren privaten Neigungen.

Sie wurden im Jahr 1925 im schönen Trier an der Mosel in eine Juristenfamilie hineingeboren. Es folgte ein zehnjähriger Besuch der Schule in Trier. Dann siedelte die Familie nach Bremen um. Sie brachen die Schullaufbahn ab, um eine praktische Ausbildung als Maschinenbaupraktikant auf einer Werft zu absolvieren. 1943 holten Sie als »Externer« das Abitur nach. Unmittelbar darauf wurden Sie zur Wehrmacht einberufen, nahmen als Granatwerfer-Schütze am Krieg teil, wurden verwundet und gerieten in Gefangenschaft.

Welch ein Geschenk, daß Sie den Krieg mehr oder weniger unbeschadet überstanden haben!

Nach dem Krieg hatte sich Ihre Lebensplanung verändert. Sie wandten sich vom Maschinenbau ab und dem Apothekerberuf zu. Es folgten drei Jahre Apotheken-Praktikum in Bremen. Danach, ab 1949, zog es Sie an das damalige »Mekka« der Pharmazie, nämlich an die Universität Marburg (Lahn). Nach dem Abschluß des Pharmazie-Studiums 1952 mit dem Staatsexamen folgten bereits 1953 die Diplomchemiker-Hauptprüfung und der Beginn der Promotion unter Anleitung von Horst BÖHME. Die Promotion zum Dr. phil. 1955 basierte auf einer Dissertation über »Diaminomethanderivate und ihre Salze« – eine Arbeit, die Ihr Mentor Ihnen vorgeschlagen hatte. Danach übernahmen Sie eine Stelle bei der Firma E. Merck in Darmstadt, wollten offensichtlich die Praxis kennenlernen. Sie kehrten aber schon zwei Jahre später an das Pharmazeutische Institut in Marburg zurück, um sich der Forschung zu widmen.

Der Hochschullehrer Horst BÖHME hing der gesunden Regel an, daß zwar die Themen der Promotionsarbeiten von den Doktorvätern stammen sollen, daß es aber zum Wesen einer Habilitation gehöre, daß der Bewerber sich in einem ureigenen Fachgebiet ausweisen würde. Auf der Basis eines Konrad-Adenauer-Stipendiums habilitierten Sie sich 1961 an der Philosophischen Fakultät der Philipps-Universität im Fach Pharmazeutische Chemie mit dem Thema »Carbonylreaktionen von Säurederivaten«, Ihrem ganz eigenen Fachgebiet. Im Jahr der Habilitation erhielten Sie als Oberassistent am Marburger Institut ein Mannich-Stipendium der Deutschen Pharmazeutischen Gesellschaft. Es ermöglichte eine dreijährige fruchtbare, experimentelle Zeit in Marburg. Dann erreichte Sie ein erster Ruf auf ein Extraordinariat für Pharmazeutische Chemie an der Freien Universität Berlin. Im gleichen Jahr folgte die Ernennung zum Ordentlichen Professor und Direktor des dortigen Instituts. 1969 erhielten Sie – dies war in der damaligen Zeit noch möglich! – zwei Rufe gleichzeitig, den einen an Ihre *Alma mater* in Marburg, den anderen an das Institut für Pharmazie und Lebensmittelchemie an der Ludwig-Maximilians-Universität in München, als Nachfolger von Eugen BAMANN. Nachdem Sie ja Deutschlands Westen, Norden und Osten nun kannten, entschieden Sie sich, den Ruf an die süddeutsche Metropole anzunehmen. Sie blieben von 1970 bis zu Ihrer Emeritierung 1993 Ihrer Münchner Universität treu.

Von Anfang an hatten es Ihnen Sauerstoffheterocyclen, wie Pyrane und Chromane, angetan. In Ihren ersten Arbeiten befaßten Sie sich mit den Reaktionen 2-substituierter 4-Pyrone und Benzo-4-pyrone mit CH-aziden Verbindungen. Später folgten Untersuchungen zur Darstellung von Arzneistoffen nach dem »Dimeren-Prinzip«, der Verknüpfung von Pyranen, Chromonen und Cumarinen über eine Methan- oder über eine Ethanbrücke. In diesem Rahmen beschäftigten Sie sich auch mit der Klasse der Cannabinoide, einem gerade in jüngster Zeit wieder besonders aktuellem Gebiet in der Arzneimittelforschung.

Intensiv bearbeiteten Sie die Stoffklasse der N-Acylenamine. Neben dem Beleg der erwarteten zytostatischen Eigenschaften ging es dabei vorrangig um die Entwicklung neuer Synthesemethoden zur effizienten Darstellung von Heterocyclen, wie Isochinolonen, Isoxazolonen oder Benzoxazinen, um nur einige zu nennen.

Bei Ihren Studien ist es Ihnen fast immer geglückt, neuartige und originelle Ansätze in der Synthesechemie geschickt mit biologischen Fragestellungen zu verknüpfen. Dies gilt in ganz besonderem Maße für das in Ihrem Arbeitskreis stets wiederkehrende Thema zum Einfluß einer Sauerstoffheterosubstitution auf die pharmakologischen und pharmakokinetischen Eigenschaften von Wirkstoffen. Dabei standen insbesondere Oxa-Analoga von Arzneistoffen mit Wirkung auf das Zentralnervensystem im Vordergrund. Von diesen seien hier beispielhaft die Oxatropane und Oxabenzomorphane genannt. Zudem griffen Sie Fragen der Analytik auf. Unter Einsatz moderner Trennungs- und Nachweismethoden ließen Sie z. B. Husten- und Sonnenschutzpräparate, Psychopharmaka und Antianginosa untersuchen. Ihr Œuvre ist in über 200 Publikationen und etwa 40 Patenten niedergelegt.

Damit möchten wir Ihre fundierten, in den Grundprinzipien der chemischen Reaktionsmechanismen zutiefst verankerten Kenntnisse als Lehrer in der Pharmazeutischen Chemie würdigen. Mit Spontanität und großer Geschwindigkeit, die dem Entstehungsprozeß einer künstlerischen Skizze glichen, entwickelten Sie an der Tafel für Ihre Studenten die möglichen Reaktionen eines Moleküls mit den verschiedensten noch denkbaren Reaktanden. Das Ergebnis war stets ein beeindruckendes Zeugnis für diese Kreativität, aber auch für die markante Sicherheit in der Materie. Sie vermochten es, den Studierenden und Doktoranden die Vielfältigkeit chemischer Moleküle und Reaktionen sowie die mögliche arzneiliche Verwendung als Spiegel der Unerschöpflichkeit der Natur spannend zu vermitteln. Ihre Lehre und Ihre Diktion waren von dieser kreativen Beweglichkeit stets durchdrungen.

Selbst hochschulpolitisch waren Sie aktiv und wach. Sie haben die exzessiven Reformvorschläge aus der Mitte der neunziger Jahre gegeißelt. Auch heute noch ist Ihr Artikel in der *Pharmazeutischen Zeitung* aus dem Jahr 1995 zu empfehlen, der die markante Überschrift trägt: »Anleitung zum Ruinieren eines angesehenen Berufsstandes«. Zwar ist er von mehreren Autoren unterschrieben, jedoch von Ihnen selbst verfaßt worden.

Neben Ihren breiten wissenschaftlichen Kenntnissen zeichnet Sie eine bemerkenswerte Allgemeinbildung aus. Diese ist in einer großen Liebe zum Klassischen Altertum begründet und zeigt sich in Ihrem Wissen und Ihren Ambitionen in moderner Literatur, Kunst und Musik.

So wünschen wir Ihnen, verehrter Herr EIDEN, daß Ihnen noch viele Jahre vergönnt sein mögen, in denen Sie mit Genugtuung verfolgen können, wie Ihr wissenschaftlicher Nachwuchs die vielfältigen Unternehmungen ausbaut und weiterführt, die Sie begonnen haben.

Wir sind stolz darauf, Sie unter unseren Mitgliedern zu wissen.

Mit herzlichen Grüßen
Ihr
Volker TER MEULEN   Meinhart H. ZENK (Halle/Saale)
Präsident

Herrn
Professor Dr. Albert ESCHENMOSER
Bergstraße 9, 8700 Küsnacht, Schweiz

Halle (Saale), zum 5. August 2005

Sehr geehrter, lieber Herr Kollege ESCHENMOSER,

am 5. August 2005 begehen Sie Ihren 80. Geburtstag. Im Namen des Senates und des Präsidiums sowie der Mitglieder der Deutschen Akademie der Naturforscher Leopoldina gratulieren wir Ihnen sehr herzlich und wünschen Ihnen für die kommenden Jahre alles Gute, vor allem Gesundheit.

Sie sind ein national und international hochangesehener, vielfach geehrter Forscher und gehören zu den prominenten Gestaltern zeitgenössischer organischer Chemie. Ihr gesamtes Werk basiert auf einem intuitiven Verständnis jener Faktoren, welche die Reaktivität organischer Moleküle bestimmen; es ist durch Originalität gekennzeichnet und verbindet schöpferische Phantasie mit intellektuellem Scharfsinn. Als mechanistische Leitlinie für die Ermittlung neuer Strukturen und für die kritische Überprüfung älterer Strukturzuordnungen auf dem Gebiet der Terpene nutzten Sie Ihre frühen Beiträge zur säurekatalysierten Cyclisierung aliphatischer Polyene. Die stereochemische Ausweitung Ihrer Gedanken gab einen richtungsweisenden Anstoß zur Entwicklung der endgültigen Form der biogenetischen Isoprenregeln.

Immer wieder haben Sie Ihre große Fähigkeit bewiesen, neues Licht in grundlegende Probleme der organischen Chemie zu bringen. Die Studien Ihrer Vielseitigkeit in der Geometrie von Übergangszuständen bei S_N2-Reaktionen an Kohlenstoffzentren, die Aufklärung wichtiger mechanistisch-sterischer Aspekte der Oxidation von alicyclischen Alkoholen mit Chromtrioxid, die Herstellung organischer Moleküle mit einem langsam invertierenden pyramidalen Stickstoffatom sowie die raffinierte, in Ihrem Werk gleichsam als Leitmotiv in immer neuer Form wiederkehrende präparative Nutzung von Fragmentierungsreaktionen, deren Natur und Bedeutung Sie schon in den Anfängen Ihrer Laufbahn vor allen anderen erkannt hatten, gelten als Paradebeispiel.

Sie sind für Ihre Leistungen in der organischen Synthese wahrscheinlich am besten bekannt. Ihre einmalige Beherrschung von Strategie und Taktik, für geübte Augen bereits bei der Totalsynthese des Alkaloids Colchicin erkennbar, wurde mehr und mehr im Verlaufe der langen und schwierigen Untersuchungen offensichtlich, welche teilweise in kompetitiver Zusammenarbeit mit Robert B. WOODWARD, der schon verstorben ist, durchgeführt wurden und in einer Totalsynthese von Vitamin B_{12} gipfelten. Zu Recht wurde diese Synthese als bis dahin ehrgeizigstes Projekt in organischer Chemie bezeichnet; die Vollendung bestätigte eindrücklich das Leistungsvermögen moderner Synthesestrategien. Sie haben im Verlaufe und im Anschluß an diese Arbeiten eine Vielfalt synthetischer Zugänge zu corrinoiden und porphinoiden Verbindungen erschlossen, wodurch eine systematische Untersuchung ihrer chemischen Eigenschaften erst möglich wurde. Dem dabei zutage geförderten ungeahnten Reaktionspotential dürfte zentrale Bedeutung für ein besseres Verständnis biogenetischer Zusammenhänge innerhalb dieser biologisch wichtigen Pigmentklasse zukommen.

Durch die sich anbahnende Möglichkeit fasziniert, den Bildungsmodus derart komplexer Strukturen anhand einfacher Kriterien chemischer Reaktivität weitgehend zu entmystifizieren, bemühten Sie sich in der Folge darum, experimentelle Belege für das kühne Konzept beizubringen, wonach allen biologisch wichtigen niedermolekularen Verbindungen, insbesondere den Cofaktoren, eine Art Selbstkodierung innewohnt, welche die spontane Entstehung entsprechender Prototypen in der präbiotischen Sphäre ermögliche. Im Anschluß an einen Satz spektakulärer Erfolge im Zusammenhang mit Tetrapyrrolpigmenten sind diese Arbeiten in den letzten Jahren auf die Chemie von Nukleinsäuren übertragen worden. Wie die spezielle Natur der Zuckerkomponente das Paarungsverhalten der entsprechenden Oligonukleotide maßgebend beeinflußt, haben sorgfältige Untersuchungen der Eigenschaften von Homo-DNA und neuerdings von Pyranose-RNA zum ersten Mal eindrücklich belegt.

Sehr verehrter Herr ESCHENMOSER, Sie haben als Forscher eine weltweite Anerkennung erlangt. Dies belegt eine große Sammlung an Preisen und akademischen Ehrungen.

Unserer Akademie gehören Sie seit 1976 an, und wir sind sehr stolz darauf. Wir wünschen Ihnen einen erfüllten Lebensabend in körperlicher und geistiger Frische im Kreise Ihrer Familie.

Mit herzlichen Grüßen
Ihr
Volker TER MEULEN
Präsident

Duilio ARIGONI (Zürich)
Dieter SEEBACH (Zürich)

Professor Dr. Sir Leslie FOWDEN
31 Southdown Road, Harpenden
Hertfordshire, AL5 1PF, Great Britain

Halle (Saale), to 13th October, 2005

Dear Sir Leslie,

It is a great pleasure for me to congratulate you on the event of your 80th birthday, both personally and on behalf of the Praesidium of the Leopoldina. On this occasion, we wish you the best of good health and particularly your continued support and enthusiasm for biology, to which you have devoted your life's work.

Born in Rochdale, Lancashire, your school education led to a first class honours B.Sc. degree in chemistry from the University of London, followed by a Ph.D. in physical organic chemistry at University College London in 1948, for which you studied »Bimolecular halogen exchange with some alkyl bromides«. Immediately after your Ph.D., you investigated the amino acid composition of peanuts (groundnuts, *Arachis hypogea*), when the newly elected UK Labour government began the ill-fated »Groundnut Scheme« in Tanganyika (now Tanzania). Using the new method of paper chromatography, you identified two previously uncharacterized amino acids, γ-methyleneglutamic acid and γ-methyleneglutamine, from peanuts. There were at that time very few known examples of non-protein amino acids and the compounds that you discovered were particularly unusual in that they did not act as intermediates in amino acid biosynthetic pathways.

One extremely interesting compound that you isolated later was azetidine-2-carboxylic acid (A-2-C) from *Convalaria majalis*. A-2-C is the lower homologue of proline and as such is toxic to most organisms, due to incorporation into protein in place of proline. A-2-C was originally thought to be restricted to liliaceous species and a small number of legume trees. Interestingly, those plants that synthesized A-2-C in high quantities were shown to have evolved a proline aminoacyl tRNA synthetase that is able to discriminate against A-2-C as a substrate. You were particularly excited when, contrary to all expectations, A-2-C was isolated in kg quantities, when the extract from 100,000 tonnes of sugar beet was separated out on a gigantic cation-exchange column. This discovery led to the question as to whether all plants possess the necessary enzymes and thus genes needed to carry out complex synthetic reactions, even if only at low rates. You also isolated α-(methylenecylopropyl)glycine from seeds of the lychee (*Litchi chinensis*). This required the consumption of large amounts of the lychee fruit by members of the department at UCL over a weekend, provided that the stones were returned on the Monday morning!

You went on to become the world authority on non-protein amino acids by isolating over 50 different amino acids from ever more exotic plants, which had a wide range of chemical structures. You were particularly interested in establishing the pathways of the synthesis and metabolism of non-protein amino acids that you had isolated and seeking novel uses for them.

During these scientific developments, you were on the staff of the Human Nutrition Unit of the Medical Research Council until 1950, then Lecturer, Reader and Professor of Plant Chemistry at University College London until 1973, and Dean of Science for three years from 1970. You then made the prestigious move to Directorship of Rothamsted Research, then called Rothamsted Experimental Station, a post in which you remained until your formal retirement in 1988.

Your election to Fellow of the Royal Society, the United Kingdom's senior scientific academy, was in 1964, and you served on the Royal Society Council for two years up to 1972. In 1982 you were knighted by Her Majesty Queen ELIZABETH II for your services to agriculture. Prior to that, in 1971 you were elected Foreign Member of the Deutsche Akademie der Naturforscher Leopoldina, and have since contributed to our Academy in various ways, for example as joint organizer of the Leopoldina Symposium *The Terrestrial Nitrogen Cycle as Influenced by Man* Halle (Saale), September 1993, with Hans MOHR and Klaus MÜNTZ. During this period, you added to your over 150 published scientific papers by editing or contributing to many books, including *Trace Element Deficiency: Metabolic and Physiological Consequences* (1981), *Crop Protection Chemicals: Directions of Future Development* (1981), *Food Nutrition and Climate* (1982), *Seed Storage Proteins* (1983), *Clay Minerals: Their Structure, Behaviour and Use* (1984), *Technology in the 1990s–Agriculture and Food* (1985), *Plant Adaption to Environmental Stress* (1993), *Food, Nutrition and Climate* (1993) and *Feeding a World Population of More than Eight Billion People: A Challenge to Science* (1998).

During your period as Director at Rothamsted, you established new areas of science in the biochemistry and molecular biology of cereal storage proteins with Peter SHEWRY and John PICKETT'S work on chemical ecology. In addition, you presided over the spectacular discovery and development of the synthetic pyrethroids by Michael ELLIOTT'S group. During this time, there were many pressures on funding and organizational aspects at Rothamsted and you were highly successful in maintaining a vibrant research programme and high morale amongst the staff in spite of these difficulties.

You have always greatly enjoyed travel, often accompanied by Peggy, which is good since you have had to do so very much, not least in your services to the international science community and in particular the Royal Society and the British Council. You were always an impressive figure of fitness when cycling to work in London, irrespective of the weather, and when visiting London from Rothamsted, walking at a pace that your other colleagues found difficult to maintain.

Leslie, we, your friends and colleagues in the UK and around the world, and particularly in the Leopoldina, conclude by reiterating our congratulations and sincere thanks for all your efforts in support of ourselves and our science, and wish you and your family continued health and happiness.

Yours sincerely,
Volker TER MEULEN   John PICKETT (Hertfordshire)
Präsident   Peter LEA

Herrn
Professor Dr. Hanns HIPPIUS
Mühlenstraße 8, 83139 Untershofen-Söchtenau

Halle (Saale), zum 18. April 2005

Lieber Herr HIPPIUS,

zur Vollendung Ihres 80. Lebensjahres möchten wir Ihnen – zugleich im Namen des Präsidiums der Deutschen Akademie der Naturforscher Leopoldina – ganz herzlich gratulieren und Ihnen für die Zukunft eine stabile Gesundheit und viel Freude wünschen.

Mit Ihnen hat die Leopoldina 1977 eine der herausragenden Persönlichkeiten der deutschen Nachkriegspsychiatrie als Mitglied gewinnen können. Sie gehören zu jenen Psychiatern, die in den 1950er Jahren schnell internationale Kontakte finden und entwickeln konnten. In Ihren Funktionen in internationalen Arbeitsgruppen und Gremien, später auch als Präsident der Deutschen Gesellschaft für Psychiatrie und Nervenheilkunde (DGPN 1973–1974) sowie als Präsident des *Collegium Internationale Neuropsychopharmacologicum* (CINP 1972–1974) trugen Sie maßgeblich dazu bei, daß die durch Beteiligung deutscher Psychiater an nationalsozialistischen Verbrechen isolierte deutsche Psychiatrie wieder in die internationale Gemeinschaft zurückkehren konnte.

Sie haben durch Ihr starkes und anhaltendes Engagement in strukturellen Fragen der Psychiatrie und Psychiatriepolitik die Entwicklung der psychiatrischen Versorgung in unserem Lande mitgeprägt, so als gesuchter Berater auf Bundes- und Landesebene und besonders durch Ihre Mitarbeit in führender Position an der Bundestagsenquete zur Lage der Psychiatrie (1971–1975), deren politische Resonanz zu einer wesentlichen Verbesserung der Versorgung psychisch Kranker führte. Sie haben in Ihren Ordinariaten, in Berlin mit der Begründung der Psychiatrischen Klinik II von 1968 bis 1970 an der Freien Universität und (nach Ablehnung eines Rufes auf die Nachfolge von BÜRGER-PRINZ nach Hamburg), dann vor allem ab 1971 mit Übernahme des Kraepelinschen Lehrstuhles an der Ludwig-Maximilians-Universität in München, leistungsfähige, in Forschung und Lehre auf der Basis einer therapeutisch engagierten Krankenversorgung arbeitende Psychiatrische Universitätskliniken aufgebaut und zu international bekannten klinischen Forschungszentren entwickelt. Die Münchener Klinik haben Sie nach dem Prinzip einer integrierten Departmentstruktur unter einheitlicher Leitung neu geordnet und personell mit der Gewinnung zahlreicher vielversprechender Mitarbeiter sowie baulich mit einem, in den historisch engagiert renovierten Altbau hervorragend eingepaßten, Neubau so gestaltet, daß sie mit ihren therapeutischen und wissenschaftlichen Möglichkeiten den Anforderungen der Zeit voll gerecht werden konnte. 27 Mitarbeiter wurden unter Ihrer Leitung zwischen 1971 und 1994 habilitiert, von denen die Mehrzahl zu Direktoren psychiatrischer Kliniken, davon neun auf einen Lehrstuhl des Faches, berufen wurden. Darüber hinaus haben die kreative und offene Atmosphäre sowie die wissenschaftlichen Möglichkeiten Ihrer Klinik viele jüngere Kollegen aus dem In- und Ausland für Studienaufenthalte angezogen, Kollegen, die dann in ihren Ländern in Leitungspositionen einziehen konnten.

Diese strategischen, organisatorischen und edukativen Leistungen wären natürlich ohne die allgemeine Anerkennung Ihrer hohen wissenschaftlichen und klinischen Kompetenz nicht möglich gewesen. Diese hatten Sie sich nach zweijähriger Arbeit im Emil-von-Behring-Institut für Experimentelle Therapie in Marburg und anschließend ab 1952 als wissenschaftlicher Assistent, ab 1960 als Oberarzt bei Helmut SELBACH an der Psychiatrischen und Neurologischen Klinik der Freien Universität in Berlin erarbeitet. Dort bauten Sie – vorgebildet durch Ihre Arbeit in den Behringwerken – ein serologisches Labor, speziell zur Serodiagnostik der Neurolues, auf und habilitierten sich 1963 mit den Ergebnissen dieser sich über 10 Jahre erstreckenden Untersuchungen zur serologischen Diagnostik der Neurolues.

Vor allem aber hatten Sie nach Ihrem Doppelstudium der Medizin und der Chemie in Marburg, Freiburg und Berlin die besten Voraussetzungen, die mit der Entdeckung der antipsychotischen Wirkung des Chlorpromazins 1952 beginnende Entwicklung der modernen psychiatrischen Pharmakotherapie von Beginn an mitzugestalten. Dabei kam Ihnen Ihre Fähigkeit zugute, Kollegen für Ihre Ideen zu begeistern und im Diskurs zur Mitarbeit zu gewinnen.

Gemeinsam mit Dieter BENTE, Walter PÖLDINGER und K. STACH faßten Sie Überlegungen zu der Frage zusammen, ob und inwieweit die antidepressive Wirkung der Antidepressiva von deren sterischer Konfiguration, vor allem dem Winkel zwischen den beiden seitlichen Ringen des trizyklischen Grundgerüstes und der Verdrehung der Seitenkette zum Ringsystem, abhängt.

Mit Karl KANIG und Helmut SELBACH differenzierten Sie Nebenwirkungen im umfänglichen Spektrum der klinisch bedeutsamen Wirkungen der Psychopharmaka terminologisch klärend und erkannten sie als einen Weg, »Aufschlüsse über Partialfaktoren der Wirkungsweise der Psychopharmaka zu erhalten«. Die Analyse der humoralen Nebenwirkungen der Antidepressiva und Neuroleptika ergab keinen prinzipiellen Unterschied zwischen beiden Substanzgruppen. Dadurch angeregte vergleichende Untersuchungen der klinischen Wirkungsprofile der trizyklischen Psychopharmaka zeigten, »daß Antidepressiva und Neuroleptika nicht grundsätzlich zu trennen sind«.

Zusammen mit Klaus HARTMANN, Hildegard ENSS und Horst-Eberhard RICHTER beschrieben Sie erstmals das klinische Wirkungsprofil von Perazin. Mit stärkerer antipsychotischer Wirksamkeit und geringeren Nebenwirkungen als das Megaphen entwickelte es sich zum Standardantipsychotikum der Berliner Klinik. Auf dieser Grundlage haben Sie mit ENSS und RICHTER 1958 die in Deutschland erste Katamnese als Forschungsinstrument für die wissenschaftliche Analyse der Langzeitverläufe von Schizophrenien mit der Frage eingerichtet, ob die Langzeitbehandlung mit Perazin Remissionen nach schizophrenen Krankheitsepisoden stabilisiert und die Rezidivneigung abschwächt. Beide Fragen wurden in mehrjährigen Katamnesen von schizophren Kranken positiv beantwortet. Schon sehr früh machten Sie dabei auch auf die sozialpsychiatrische Bedeutung der antipsychotischen Pharmakotherapie schizophren Kranker aufmerksam.

Bereits bei der klinischen Erstprüfung des Clozapin (20 Jahre vor der als Durchbruch in der Schizophreniebehandlung gefeierten Wiederentdeckung in den USA) wurde dessen damals einzigartiges Wirkungsprofil erkannt, in einer multizentrischen Studie des von Ihnen mitgegründeten deutsch-schweizerischen Forschungsverbundes bestätigt, und als Herausforderung des gerade etablierten Begriffes Neuroleptikum verstanden. Denn bis dahin schien die antipsychotische Potenz eines deswegen sogenannten Neuroleptikums an dessen extrapyramidalmotorische (Neben-)Wirkung gebunden, mit der Folge, daß sich das gesamte tierexperimentelle Screening neuer Substanzen auf antipsychotische Wirkung an ihrer kataleptischen Wirkung orientierte.

In einer wegweisenden Arbeit mit dem Pharmakologen Günter STILLE kritisierten Sie, daß eine Nebenwirkung in die Definition und Namensgebung der Antipsychotika eingegangen war und legten die Grundlage für die heute übliche Bezeichnung der *atypischen* Neuroleptika, obwohl damit das Ziel der Forschung, nämlich die Entwicklung von möglichst selektiven *Antipsychotika*, immer noch nicht zutreffend bezeichnet ist.

Zusammen mit Dieter BENTE, Max-Peter ENGELMEIER, Kurt HEINRICH und Walter SCHMITT (um 1960 jeweils Oberärzte in Erlangen, Münster, Mainz, Homburg/Saar) suchten Sie frühzeitig, die klinischen Wirkungen der Psychopharmaka auch quantitativ einzuschätzen. Die Bemühungen dieser »Fünfergruppe« trafen mit gleichartigen Interessen einer Gruppe von Oberärzten der Schweizer Psychiatrischen Universitätskliniken zusammen. Daraus entwickelten sich in vielen gemeinsamen Sitzungen eine psychiatrische Befunddokumentation und schließlich das AMDP-System. In den 1970er Jahren initiierten Sie ein Arzneimittelüberwachungssystem (AMÜP), das in den 1990er Jahren durch Eckart RÜTHER und Renate GROHMANN an Ihrer Klinik zu einem System der »Arzneimittel-Sicherheit in der Psychiatrie« (AMSP) für die Erfassung von unerwünschten Wirkungen der Psychopharmakotherapie unter Beteiligung vieler psychiatrischer Kliniken in Deutschland und der Schweiz ausgebaut wurde.

1968 erreichten Sie mit einem internationalen Symposium in Berlin sehr erfolgreich (und oft zitiert) das Ziel, die seit Mitte der 1960er Jahre aktivierte, klinisch-nosologische und psychopathologische ebenso wie die biochemische und pharmakotherapeutische Depressionsforschung umfassend darzustellen. 1974 erschien – nach einem Grundriß der psychiatrischen Pharmakotherapie 1966 – die erste Auflage Ihres gemeinsam mit Otto BENKERT verfaßten (und inzwischen in 8 Auflagen erschienenen) Standardwerkes *Psychiatrische Pharmakotherapie.*

Im gleichen Jahr wurden Ihre Leistungen auf diesem Gebiet auch dadurch anerkannt, daß Sie (der erste deutsche) Präsident des *Collegium Internationale Neuropsychopharmacologicum* (CINP) und des Pariser CINP-Kongresses wurden. Ebenso führte die Intensivierung der psychopharmakologischen Forschung mit der von Ihnen in München gegründeten und mit Norbert MATUSSEK erfolgreich besetzten Abteilung für Neurochemie zu internationaler Anerkennung, indem Ihre Klinik die Funktion des »National Collaborating Centers for Biological Psychiatry« und des »International Reference Centers for Psychotropic Drugs« durch die WHO übertragen bekam. Ihre wissenschaftlich-strategische Leitidee einer engen Zusammenarbeit zwischen Grundlagenforschern und Klinikern konnten Sie dann mit Manfred ACKENHEIL und Peter PROPPING durch Realisierung des DFG-Schwerpunktes »Psychiatrische Genetik« noch intensivieren.

Auch wenn Ihre eigenen wissenschaftlichen Schwerpunkte der biologischen Dimension der Psychiatrie, der sogenannten Biologischen Psychiatrie, galten, so haben Sie an Ihrer Klinik doch Ihr Interesse für die Breite der Psychiatrie weitgehend institutionalisieren und durch Mitarbeiter wissenschaftlich erfolgreich bearbeiten lassen können, so etwa die forensische Psychiatrie, die an KRAEPELIN anknüpfende experimental-psychologische Forschung sowie die psychiatrische Versorgungsforschung und Epidemiologie. Gerade für letztere hatten Sie mit Horst DILLING und Manfred FICHTER sowie Michael VON CRANACH versorgungsinteressierte Oberärzte und konnten durch sie mit breiten Ambulanzangeboten (u. a. Tagesklinik, Angstambulanz) wesentliche Forderungen der Psychiatrie-Enquete für Zentral-München umsetzen.

Ihr besonderes Interesse galt immer auch sozialen Aspekten der Behandlung Ihrer Patienten und ist bis jetzt in Ihren Bemühungen um einen Dialog zwischen Patienten, Angehörigen und Therapeuten wach geblieben. Mit Ihrem psychiatriehistorischen Interesse konnten Sie in den letzten fünf Jahren fast alle deutschen psychiatrischen Universitätskliniken dafür gewinnen, in Schizophrenie-Kolloquien nicht nur den aktuellen Stand der Schizophreniebehandlung, sondern auch die Geschichte der jeweiligen Klinik (sowie die Ihrer Münchener Klinik zu deren Hundertjahrfeier in einem eigenen Band) darzustellen und mit deren Publikation einen einzigartigen Überblick zum aktuellen Stand der deutschen Universitätspsychiatrie dem Interessierten zur Verfügung zu stellen.

Sie waren Zentrum und treibende Kraft einer lebendigen Klinik, zu der auch vielfältige Feste, Ausflüge mit Ihren Studenten, repräsentative große Tagungen ebenso wie die jährlichen Wochenseminare an hervorragenden Skiorten gehörten, in denen sich Wissenschaft mit Lebensfreude zu einer Synthese mischten, die Ihrer Klinik einen unverwechselbaren Charme gab.

Aus Thüringen stammend, in Berlin wissenschaftlich und durch die brodelnden 1960er Jahre geprägt, haben Sie Ihre Lebensleistung mit Ihrer Klinik in Ihrer Wahlheimat Bayern zum Gipfel gebracht und sich deshalb auch zu recht über den Bayerischen Verdienstorden sehr gefreut.

Mit vielen Kollegen gratulieren wir an Ihrem Ehrentag heute und wünschen Ihnen, daß Sie Ihren vielfältigen Interessen weiter nachgehen können und die Gemeinsamkeit mit Ihrer Gattin noch lange erhalten bleiben.

Mit herzlichen Grüßen
Volker TER MEULEN   Hanfried HELMCHEN (Berlin)
Präsident

Herrn
Prof. Dr. Dr. h. c. mult. Franz HUBER
Watzmannstraße 16, 82319 Starnberg

Halle (Saale), zum 20. November 2005

Sehr verehrter, lieber Herr HUBER,

am kommenden Sonntag, dem 20. November 2005, vollenden Sie Ihr 80. Lebensjahr. Hierzu dürfen wir Ihnen, auch im Namen des Präsidiums der Deutschen Akademie der Naturforscher Leopoldina, von ganzem Herzen gratulieren. Mit Ihnen hat die Leopoldina seit nunmehr über 30 Jahren ein hochgeschätztes Mitglied in ihren Reihen, das die Zoologie und Neurobiologie über viele Jahrzehnte entscheidend geprägt hat. Wir wünschen Ihnen für die kommenden Jahre alles Gute, vor allem natürlich Gesundheit und den Erhalt Ihrer bewundernswerten Schaffenskraft. – Unser Glückwunsch soll auch Gelegenheit zu einem Rückblick auf Ihren persönlichen und wissenschaftlichen Lebensweg geben.

Geboren 1925 in Nußdorf im Chiemgau, verlebten Sie, wie Sie selbst sagen, zunächst eine unbeschwerte Kindheit, auf die freilich bald ein Schatten durch den frühen Tod Ihres Vaters fiel. Nachdem Sie zunächst in Ihrem Heimatdorf zur Volksschule gegangen waren, besuchten Sie für sechs Jahre das anspruchsvolle Domgymnasium in Freising. Im Alter von 17 Jahren wurden Sie zum Arbeitsdienst und dann zur Wehrmacht eingezogen, um noch für fast ein Jahr an der Front im Osten dienen zu müssen. Nach zum Glück nur kurzer Kriegsgefangenschaft erwarben Sie im Jahre 1946 Ihr Kriegsteilnehmer-Abitur und konnten ab 1947 das Studium der Biologie, Chemie, Physik und Geographie an der Ludwig-Maximilians-Universität München aufnehmen, wo Sie 1951 das Staatsexamen ablegten.

Gefördert durch die Studienstiftung des deutschen Volkes, hatten Sie bereits ein Jahr zuvor unter der Anleitung von Werner JACOBS mit der Arbeit an Ihrer Dissertation begonnen, die Sie 1953 mit dem Prädikat »summa cum laude« abschlossen. Diese Arbeit, die durch Ihre wissenschaftliche Kreativität weit über den ursprünglich vom Doktorvater vorgegebenen Rahmen hinausging, ist einer der Grundsteine der Neuroethologie. Es gelang Ihnen, durch mechanische Stimulation des winzigen Gehirns der Feldgrille, deren artspezifische Gesänge auszulösen und damit zum ersten Male bei einem Insekt Einblick in die zentralnervöse Organisation eines komplexen Verhaltens zu gewinnen. Damit war eine bis dahin nicht für möglich gehaltene Brücke zwischen Verhaltensforschung und Neurobiologie geschlagen. In den folgenden Jahren haben Sie die Analyse der zentralen Kontrollstrukturen des Verhaltens durch die Anwendung der elektrischen Hirnreizung, die bis dahin nur an den ungleich größeren Hirnen von Katzen erprobt war, immer weiter verfeinert und mit anatomischen Techniken kombiniert. Frucht dieser Jahre war dann Ihre großartige Habilitationsschrift von 1960 über die Funktion des Zentralnervensystems bei der Fortbewegung und Lauterzeugung der Grillen. In der folgenden Zeit kamen dann auch elektrophysiologische Registrierungen bei freibeweglichen Grillen und Heuschrecken hinzu. Verhalten konnte damit in der Sprache des Nervensystems erfaßt und analysiert werden.

Nach Ihrer mit der Habilitation abgeschlossenen Assistentenzeit am Tübinger Zoophysiologischen Institut gingen Sie für ein Jahr als Gastforscher zu Theodor HOLMES BULLOCK nach Los Angeles. Dieser Aufenthalt sollte der Beginn einer lebenslangen, durch viele persönliche Freundschaften geprägten weltweiten Zusammenarbeit mit den bedeutendsten Neurobiologen werden. Das sich in diesen Jahren in einer großen internationalen Gemeinschaft entwickelnde Gebiet der Neuroethologie ist von Ihnen maßgeblich geprägt worden. Durch die von Ihnen eingeführten Methoden wurde es möglich, Verhalten auf die Funktionen von Zentralnervensystem, Sinnesorganen und Muskulatur und deren Zusammenspiel zurückzuführen. Über das Spezielle Ihres Forschungsgebietes hinaus haben Sie gezeigt, daß sich die Wissenschaft nicht notwendigerweise immer weiter aufsplittert, sondern daß bis dahin getrennte Fächer, wie hier beispielsweise die Ethologie und die Neurobiologie, zusammengeführt werden können.

Sie sind dann 1963 als Ordinarius an die Universität Köln berufen worden und haben dort das Institut für Tierphysiologie aufgebaut, das in wenigen Jahren internationale Anerkennung fand. Hier nun kam neben Ihrer Fähigkeit zu hervorragender Forschung eine weitere Eigenschaft zum Ausdruck, nämlich die des begeisterten und begeisternden Hochschullehrers. Sie haben es in Vorlesungen und in Praktika verstanden, junge Studenten in die Gedankenwelt einer ganzheitlich ausgerichteten und trotzdem in die Tiefe gehenden Biologie einzuführen. Davon zeugen nicht nur ihre zahlreichen Schüler, die der Wissenschaft verbunden geblieben sind, sondern nicht zuletzt auch jene, die später einen anderen Lebensweg eingeschlagen haben und die trotzdem bekennen, daß sie von Ihnen entscheidende Eindrücke empfangen haben.

Im Jahre 1973 folgten Sie dem ehrenvollen Ruf als Nachfolger von Konrad LORENZ an das Max-Planck-Institut für Verhaltensphysiologie in Seewiesen, das Ihnen in weitaus größerem Maße als eine Universität Forschungsmöglichkeiten bot. Sie haben sich dort mit Ihren Mitarbeitern vor allem dem Studium des Hörens bei Insekten und der zentralnervösen Grundlagen von Erkennungsleistungen im Rahmen der akustischen Kommunikation zugewandt. Eine große Zahl weiterer Doktoranden und viele Gastforscher, die zu Ihnen aus aller Welt kamen, belegen die Lebendigkeit Ihrer Abteilung und Ihre stimulierende Aktivität, die 1993 mit Ihrer Emeritierung lediglich ein formales Ende fand. Zahlreiche Ehrungen, die Ihnen in diesen Jahren entgegengebracht wurden, würdigen Ihr großes Lebenswerk. Sie alle aufzuzählen, ist in dem vorgegebenen Rahmen dieses Briefes unmöglich, doch seien die Karl-Ritter-von-Frisch-Medaille der Deutschen Zoologischen Gesellschaft, die Napoleon-Cybulski-Medaille der Polnischen Physiologischen Gesellschaft und die vier Ehrendoktorwürden der Universitäten Köln, Toulouse, Odense und Zürich erwähnt, wie auch Ihre Mitgliedschaften in der Nordrhein-Westfälischen Akademie der Wissenschaften, der Mainzer Akademie der Wissenschaften und der Literatur sowie der Bayerischen Akademie der Wissenschaften.

Sie haben, sehr verehrter und lieber Herr HUBER, mit ganzem Einsatz all Ihrer Kräfte, mit Verstand, aber auch mit Herz der Wissenschaft und der Ausbildung Ihrer Studenten gedient und sich dabei nicht geschont. Neben der Forschung hat die Sorge um die Ihnen anvertrauten Mitarbeiter und Studenten immer im Mittelpunkt Ihres Handelns gestanden. Es ist ein großes wissenschaftliches wie persönliches Lebenswerk, auf das Sie zurückblicken können, und es ist für uns eine ebenso große Ehre, daß wir Sie in unserer Mitte haben dürfen. Bei aller Freude darüber, daß Sie Ihren Geburtstag im Kreise Ihrer Kinder und Enkel sowie Ihrer Schüler und Freunde feiern dürfen, möchte ich aber nicht vergessen, auch Ihrer verehrten Gattin zu gedenken, der es nicht mehr vergönnt ist, an diesem Ehrentag bei Ihnen zu sein. Sie haben uns oft gesagt, wie viel sie ihr, die Sie fast 50 Jahre auf Ihrem Lebensweg begleitet hat, zu verdanken haben. So gilt unser Dank für das, was Sie geleistet haben, auch Ihr.

Seien Sie mit all unseren guten Wünschen von Herzen gegrüßt von Ihren

Volker TER MEULEN Norbert ELSNER (Göttingen)
Präsident

Herrn
Prof. Dr. Dr. h. c. mult. Josef KNOLL
Semmelweis University, Dept. Pharmacology
Nagyvárad ter 4., P.O.Box 370, H 1445 Budapest

Halle (Saale), zum 30. Mai 2005

Sehr verehrter, lieber Herr KNOLL,

zur Vollendung Ihres 80. Lebensjahres möchten wir Ihnen, auch im Namen des Präsidiums der Deutschen Akademie der Naturforscher Leopoldina, ganz herzliche Grüße und Glückwünsche übermitteln. Sie wurden zum Mitglied der Leopoldina in Anerkennung Ihrer weltweit anerkannten wissenschaftlichen Verdienste als vergleichsweise junger Kollege schon 1974 gewählt.

Geboren im heutigen Kosice, Slovakei, besuchten Sie in Budapest das Gymnasium, studierten dort von 1946 bis 1951 Medizin und erhielten 1951 den M.D. 1949, als Student, wurden Sie bereits Lehrassistent.

Ihre gesamte so erfolgreiche und beeindruckend schnelle Entwicklung zum Leiter der bekannten Budapester Pharmakologen-Schule in der Nachfolge des weltbekannten Bela ISSEKUTZ und Ihr gesamtes Leben ist bis heute auf das engste mit Budapest verbunden: 1951–1958 Assistenzprofessor, 1958–1962 Dozent, 1962 geschäftsführender Direktor, 1963 – Sie waren damals 28 Jahre alt! – Professor für Pharmakologie und Institutsdirektor (bis 1992).

Ihre gesamte wissenschaftliche Arbeit ist beeindruckend vielseitig und erfolgreich, sie wurde von Ihnen in Gruppen zusammengefaßt:

1. Entwicklung einer neuen Familie von antiinflammatorischen Analgetika, der Pyrido-(1,2a)-Pyrimidine. Rymazolium (Probon) wurde 1976 auf den Markt gebracht.
2. Entwicklung einer neuen Familie von Opioid-Analgetika, den Azidomorphinen, mit einem besonderen pharmakologischen Spektrum.
3. Entwicklung von (-)Deprenyl (Selegiline, Eldepryl, Jumex, Movergan), des ersten selektiven MAO-B-Inhibitors mit neuroprotekiven Wirkungen. Registriert in 63 Ländern, wird diese Verbindung nun weltweit in der Therapie von Morbus Parkinson und in wachsendem Maß von Morbus Alzheimer eingesetzt.
4. Entdeckung der Celluline, einer Familie potenter endogener Kardiotonika mit hochspezifischem Wirkmechanismus.
5. Entdeckung des Satietins, einer endogenen Familie von anorektischen Substanzen mit spezifischer Funktion bei der Kontrolle der Nahrungsaufnahme.
6. Entdeckung von Angiohypotensin, einer endogenen Substanz, die selektiv die Freisetzung von Noradrenalin aus den intramuralen sympathischen Nerven der Widerstandsgefäße hemmt.

Die Einzelergebnisse wurden in etwa 770 Publikationen (sogenannten Originalarbeiten und Kongreß-Berichten) niedergelegt, hinzu kommen 50 Patente.

Diese wissenschaftlichen Erfolge wurden weltweit, in Ost und West, auf allen Kontinenten durch Einladungen zu persönlichen Vorträgen, vor allem aber zu Hauptvorträgen und Leitungen von Symposien und Kongreß-Sektionen gewürdigt, sie wurden durch Berufungen in *Editorial (Advisory) Boards* in ungarischen und zahlreichen internationalen Zeitschriften anerkannt.

Früh erfolgten auch Ehrungen dieser vielseitigen wissenschaftlichen Arbeiten und Erfolge: Nach der Wahl zum Korrespondierenden Mitglied der Ungarischen Akademie der Wissenschaften 1970 erhielten Sie in Ihrem Heimatland 1981 den Semmelweis-Preis, 1982 die höchste Ehrung für einen Pharmakologen, den Issekutz-Preis, und 1985 den Nationalpreis Ungarns. Im Ausland folgte, wie schon erwähnt, die Zuwahl in die Leopoldina; Sie sind weiterhin *Honorary Fellow* der *Royal Society of Medicine London* (1990) und *Foreign Member* der Polnischen Akademie für Kunst und Wissenschaften (1995). Ehrendoktorate erhielten Sie von der Medizinischen Akademie Magdeburg (1984) und der Universität Bologna (1989).

Mit Ihrem Namen sind nicht nur zahlreiche wissenschaftliche Erfolge verknüpft, Sie haben ständig wissenschaftlichen Nachwuchs gefördert, und Sie haben auch die zeitraubenden organisatorischen Aufgaben nicht gescheut: Ein Jahr nach der Ernennung zum Institutsdirektor wurden Sie mit 29 Jahren Vizepräsident der Universität für 6 Jahre. Sie hatten langjährig Funktionen in der Ungarischen Akademie der Wissenschaften. Sie waren Gründungsmitglied der Ungarischen Pharmakologischen Gesellschaft 1962, Generalsekretär 1962–1967, Präsident 1967–1983, seither sind Sie Ehrenpräsident auf Lebenszeit.

Den Helfer beim Entwurf dieser Laudatio (W. KLINGER, Jena) kennen Sie wahrscheinlich nicht mehr: Ich besuchte Sie nach der Verhaftung meines Chefs, H. HOFMANN, im Mai 1962 im Sommer als junger, unbekannter Assistent in Ihrem Institut. Sie empfingen mich sehr freundlich, erkundigten sich nach meinen Interessen und baten einen Ihrer Mitarbeiter (Kollegen SZEGI), mir Ihr Institut zu zeigen: der Beginn meiner dauerhaften Kontakte zu ungarischen Freunden. Aber mein Arbeitsgebiet lag immer weitab von Ihren Interessen, und ich hörte Sie nur gelegentlich, u. a. auf einem Leopoldina-Symposium in Halle – aber: Eine wichtige Funktion von Ihnen, im Verbund mit Ihren ungarischen Kollegen, lag in Ihrer sehr bewußt wahrgenommenen, aufwendigen und arbeitsintensiven Brückenfunktion zwischen sogenannten Ost- und Westkollegen. Unvergessen sind die Kongresse der Ungarischen Pharmakologischen Gesellschaft in Budapest, zu denen eingeladen zu werden, eine besondere Ehre war, und wo die Ergebnisse unter Ihrer Regie als *General Editor* der *Proceedings* im Verlag der Ungarischen Akademie der Wissenschaften die wissenschaftliche Welt erreichten, wo wir auf den Spezialsektionen wesentliche Vertreter unserer Arbeitsrichtungen von Paris bis Moskau erstmalig erlebten und bei den glänzenden Gesellschaftsabenden im aufregend internationalen und schönen Budapest auch näher kennenlernen konnten. Bis heute andauernde Freundschaften, nicht zuletzt zu ungarischen Kollegen, sind so entstanden!

Wir wünschen Ihnen weiterhin gute Gesundheit (*no sports!*) und viel Freude an der Familie und bei Ihren Leidenschaften für Literatur/Poesie und Malerei sowie bei ihren geliebten Reisen, vor allem nach Italien.

Mit herzlichen Grüßen
Volker TER MEULEN
Präsident

Wolfgang KLINGER (Jena)

Herrn
Prof. Dr. Dr. med. vet. h.c., Dr. med. h. c. Hanns Gotthard LASCH
Universität Gießen, Zentrum für Innere Medizin
Klinikstraße 36, 35392 Gießen

Halle (Saale), zum 29. September 2005

Hochverehrter, lieber Herr Kollege LASCH,

zu Ihrem 80. Geburtstag gratulieren wir Ihnen im Namen des Präsidiums der Deutschen Akademie der Naturforscher Leopoldina sehr herzlich und freuen uns, einen vorbildlichen Arzt, Wissenschaftler, Forscher, Hochschullehrer und Wissenschaftsmanager mit herausragender Bedeutung würdigen zu können.

In Liegnitz geboren, legten Sie 1943 in Breslau Ihr Abitur ab, nahmen dort dann das Medizinstudium auf, wurden jedoch nach dem 1. Semester zunächst zum Arbeitsdienst, anschließend zur Wehrmacht einberufen.

Nach Ihrer Entlassung aus der Kriegsgefangenschaft setzten Sie im Wintersemester 1946/1947 Ihr Medizinstudium in Erlangen fort und konnten es 1951 abschließen. Ihre Promotionsarbeit über »Gerinnungsfaktoren bei Leberkrankheiten« befaßte sich bereits mit der damals noch nicht so benannten Hämostaseologie, die Sie wenig später maßgeblich mitbegründeten.

Im Anschluß an die Medizinalpraktikantenzeit, zuletzt bei Karl MATTHES in der Medizinischen Universitätspoliklinik Erlangen, unterzogen Sie sich einer physiologisch-chemischen Ausbildung bei Kurt FELIX in Frankfurt. Zusammen mit Ladislaus RÁKA arbeiteten Sie über die Frage des Bildungsortes von Gerinnungsfaktoren. Schon 1953 entstand aufgrund der Schlußfolgerungen und den im Rahmen dieser Untersuchungen erhobenen Befunden der Begriff der »latenten Gerinnung«, dessen Inhalt der ständige Umsatz von Gerinnungsfaktoren unter gleichbleibendem und gleichwertigem Einfluß gerinnungshemmender und -fördernder Substanzen war. Diese Betrachtungsweise des Gerinnungssystems – nicht stationäres Potential, sondern dauernder Umsatz im Bereich der Fibrinolyse und Gerinnung – charakterisiert offenkundig diese Erkenntnis, die Sie nach Ihrer Rückkehr

zu Karl MATTHES, der inzwischen nach Heidelberg an die Ludolf-Krehl-Klinik berufen worden war, in Ihre dort fortgesetzte klinische Tätigkeit übernahmen.
Sie stellten weiterhin fest, daß Blutumlaufgeschwindigkeit und Blutgerinnungsaktivität sich entgegengesetzt verhielten. Experimentelle und klinische Beobachtungen hinsichtlich ihrer Ätiologie völlig verschiedenartiger Krankheitsbilder mit einer hämorrhagischen Diathese führten zur Konzeption der sogenannten Verbrauchskoagulopathie. Mit diesem Begriff ist eine komplexe Störung des Gerinnungssystems definiert. Hypozirkulation kann unter entsprechenden Voraussetzungen über eine Hyperkoagulabilität zu einem systemischen, im kapillären Bereich ablaufenden Gerinnungsprozeß mit gesteigerter Fibrinolyse führen. Ist die Neubildung gerinnungsaktiver Faktoren dem Verbrauch nicht mehr adäquat, dann führen Verlust und Mangel an gerinnungsaktivem Potential zur hämorrhagischen Diathese. Diese Vorstellung wurde in tierexperimentellen Untersuchungen am Modell des Endotoxinschocks des Kaninchens, dem sogenannten generalisierten Shwartzman-Pänomen, belegt und präzisiert. Die Unterbrechung dieses überstürzten Gerinnungsprozesses, als dessen Folge der Mangel an gerinnungsaktivem Material durch Heparin anzusehen war, führte zum Anstieg der Gerinnungsfaktoren und damit zur Behebung der hämorrhagischen Diathese. Die Richtigkeit dieser Vorstellungen konnten Sie in primär paradox erscheinendem Vorgehen durch die Gabe von Heparin bei septischem Schock mit hämorrhagischer Diathese durch eindeutige und schnelle Besserung des Krankheitsbildes belegen. Es ist das unbestreitbare Verdienst von Ihnen, lieber Herr LASCH, diese Therapie durch eingehende Tierexperimente und Studien begründet und gegen eine Vielzahl von Skeptikern im In- und Ausland mit der Ihnen eigenen Überzeugungskraft vertreten zu haben. Inzwischen sind Existenz, Diagnostik und Therapie der Verbrauchskoagulopathie zum festen Bestandteil pathophysiologischen und klinischen Wissens geworden. In Fortsetzung Ihrer Bemühungen um die Abklärung der Pathophysiologie des Kreislaufschocks haben Sie durch Einsatz von Streptokinase in Kenntnis der schockbedingten Veränderungen der rheologischen Eigenschaften des Blutes mit Mikrozirkulationsstörungen in Form von Ausbildung kapillärer Thromben und Entstehung von Fibrinablagerungen durch die Gabe von Streptokinase sinnvoll behandelt. Diese, schon zu Beginn der 1960er Jahre inaugurierte Schockbehandlung konnte sich durch experimentelle und klinisch eindeutige Belege sehr schnell in die Praxis umsetzen lassen.
Aufgrund dieser hervorragenden und klinisch so wichtigen Erkenntnisse, die Sie bei Ihrem hochverehrten Lehrer MATTHES und dann auch unter Gotthard SCHETTLER erarbeitet haben, wurden Sie schon am 28. April 1965 als jüngster deutscher Ordinarius an die Medizinische Universitätsklinik Gießen berufen. Diese verließen Sie trotz Berufungen nach Freiburg und Bonn bis zur Emeritierung nicht. Sie haben in Zusammenarbeit mit Hans Adolf KÜHN und Thure VON UEXKÜLL das Zentrum für Innere Medizin in Gießen zu einem führenden medizinischen Schwerpunkt ausgebaut, einerseits durch geschickte Auswahl Ihrer Mitarbeiter, andererseits auch durch die fruchtbare Synthese zwischen bioche-

mischer und klinischer Forschung. Folgerichtig haben Sie dann die neu hinzugekommene Intensivmedizin entscheidend geprägt und gefördert, als auch die Einrichtung der klinischen Forschungsgruppe für Blutgerinnung und Thrombose durch die Max-Planck-Gesellschaft, den Aufbau der pneumologischen Forschungsgruppe »Respiratorische Insuffizienz« und die Konzeption des Sonderforschungsbereiches »Kardiopulmonales Gefäßsystem« initiiert.

Das hohe Niveau der von Ihnen induzierten und koordinierten experimentellen und klinischen Forschung fand höchste Anerkennung, die sich u. a. in der Verleihung des Titels eines Dr. med. vet. h. c. durch die veterinärmedizinische Fakultät der Universität Gießen niederschlug, und führte zur Berufung in zahlreiche wissenschaftliche Vereinigungen, von denen nur einige hier genannt werden können. Mitglied der Deutschen Akademie der Naturforscher Leopoldina, Präsident und Erster Vorsitzender der Deutschen Interdisziplinären Vereinigung für Intensivmedizin, Wahl in das engere Präsidium der Deutschen Gesellschaft für Innere Medizin, Mitglied in Senat und Hauptausschuß der Deutschen Forschungsgemeinschaft, Mitglied im Präsidium der Europäischen Gesellschaft für Intensivmedizin, Erster Vorsitzender der Deutschen Gesellschaft für Transfusionsmedizin und Immunhämatologie. Nominierung für den Wissenschaftsrat, Berufung in den Gesundheitsforschungsrat, Vorsitzender des Wissenschaftlichen Beirats der Universität Jena/Erfurt, Verleihung der Ehrendoktorwürde durch die Medizinische Fakultät des Klinikums rechts der Isar in München, Mitglied des Landesforschungsbeirates Baden-Württemberg.

Weitere zahlreiche Ehrungen blieben nicht aus: Max-Ratschow-Medaille, Ehrenbrief des Landes Hessen, Bundesverdienstkreuz 1. Klasse, Ernst-von-Bergmann-Plakette, Liebig-Medaille, Verdienstorden der Bundesrepublik Deutschland, Rudolf-Jürgen-Medaille in Gold, E.-K.-Frey-Medaille in Gold, Ehrenplakette der Landesärztekammer Hessen, Hippokrates-Preis der Hellenischen Gesellschaft für Innere Medizin, Ludwig-Heilmeyer-Medaille in Gold, Paracelsus-Medaille der Bundesärztekammer.

Wertvoller als diese äußeren zutiefst berechtigten Orden und Ehrenzeichen ist jedoch die Tatsache, daß Sie aufgrund Ihrer warmherzigen, optimistischen und mitreißenden Art mehreren Ärztegenerationen vorgelebt haben, was wahres Arzttum und Forschergeist beinhaltet und darstellt. Sie haben so vielen Patienten als auch Ihren Mitarbeitern immer – wenn möglich und durchführbar – Hilfestellungen und Unterstützungen geboten. Sie haben ein immenses Arbeitspensum mit scheinbarer Leichtigkeit und Agilität in bewundernswerter Vorbildhaltung gemeistert. Sie haben ein für universitäre Verhältnisse ungewöhnlich gut harmonisierendes Team zusammengeführt und durch Ihr Verhalten *non ex autoritate sed virtute et exemplo* ungewöhnliche Erfolge aufzuweisen. So kamen aus Ihrer Schule acht Lehrstuhlinhaber für Innere Medizin, ein Direktor eines Max-Planck-Instituts, zahlreiche Hochschullehrer, viele hervorragende Chefärzte.

Auch auf zahlreichen bedeutenden, zum Teil internationalen Kongressen traten Sie immer als bestechende Erscheinung und mitreißender Redner auf. Sie haben auch in den Jahren 1993 bis 2001 als Generalsekretär der Deutschen Gesellschaft für Innere Medizin (DGIM) mit viel Geschick und Enthusiasmus für den Zusammenhalt aller Disziplinen der Inneren Medizin gewirkt und dafür gesorgt, daß von den vielen Teilgebieten in den Beirat der DGIM nur die besten Spezialisten einbezogen wurden, die aber das Gesamtgebiet der Inneren Medizin nicht aus den Augen verloren haben.

Auch für unsere Akademie, die Sie zum Mitglied am 7. 12. 1971 berufen hat, haben Sie in großartiger Weise gewirkt. Sie waren Adjunkt für das Land Hessen von 1973 bis 1984 und Obmann der Sektion Innere Medizin von 1991 bis 1996. Sie haben an zahlreichen Veranstaltungen, insbesondere bei wissenschaftlichen Kongressen über Gerinnung, Mikrozirkulation und Pathophysiologie und Klinik des Schocks, diese Thematik in brillanter Art und Weise dargestellt.

So können wir also mit Recht hoffen, sehr verehrter Herr LASCH, daß wir auch weiterhin aufgrund Ihrer bestechenden Vitalität, Ihres weitaus überdurchschnittlichen Engagements und Ihres außergewöhnlichen geistigen Fundus noch zahlreiche Anregungen und Erfahrungen aus Ihrem Wissensschatz erhalten werden. Voraussetzung dazu ist natürlich weiterhin eine gute Gesundheit und eine ungebrochene Schaffenskraft, die wir Ihnen für die Zukunft von Herzen wünschen.

Volker TER MEULEN   Hubert MÖRL (Bammental)
Präsident

Herrn
Professor Dr. Olli LEHTO
Ritarikatu 3 A 7, 00170 Helsinki, Finnland

Halle (Saale), zum 30. Mai 2005

Sehr verehrter Herr LEHTO,

zu Ihrem 80. Geburtstag am 30. Mai möchten wir Ihnen, auch im Namen des Präsidiums der Deutschen Akademie der Naturforscher Leopoldina, sehr herzlich gratulieren und die besten Wünsche für Ihre Gesundheit übermitteln.

Seit fast zwanzig Jahren sind Sie Mitglied der Leopoldina, die sich glücklich schätzt, nach Rolf NEVANLINNA mit Ihnen wieder einen bedeutenden finnischen Mathematiker in ihren Reihen zu wissen.

Als Schüler NEVANLINNAS wurden Sie 1949 an der Universität Helsinki promoviert. Die Publikationen, die in den ersten zehn Jahren Ihrer wissenschaftlichen Arbeit entstanden, stehen noch ganz in der bedeutenden Tradition finnischer Mathematiker wie Ernst LINDELÖF, Lars AHLFORS, Pekka MYRBERG, Rolf NEVANLINNA und gehören zur klassischen komplexen Analysis. Sie haben wichtige und wegweisende Beiträge zur Theorie holomorpher und meromorpher Funktionen, insbesondere zu ihrem Randverhalten und zur Werteverteilungslehre, geliefert, und wir verdanken Ihnen auch interessante Beiträge zur Theorie der konformen Abbildungen und damit verbundenen Extremalaufgaben. Danach haben Sie sich einem neuen großen Arbeitsgebiet zugewandt, der Theorie der quasikonformen Abbildungen und der Teichmüllerräume, und dies wurde zum Hauptgegenstand Ihrer wissenschaftlichen Arbeit. Mit zahlreichen grundlegenden Publikationen haben Sie die Entwicklung dieses Gebietes vorangetrieben, das, aus der komplexen Analysis hervorgegangen, immer mehr ins Zentrum der modernen Mathematik gerückt ist. Als profunder Kenner haben Sie 1965 den damaligen Kenntnisstand, zusammen mit Ihrem Kollegen Kalle VIRTANEN, auf glänzende Weise in einem Bande zusammengefaßt, der unter dem Titel »Quasikonforme Abbildungen« in der Reihe »Grundlehren der mathematischen Wissenschaften« des Springer-Verlags erschienen ist; einige Jahre danach entstand eine Übersetzung ins Englische. An der Universität Helsinki, der Sie seit 1956 als Professor angehören, haben Ihre Schüler Ihre Arbeit mit größtem Erfolg fortgeführt, und so blüht die finnische Mathematik in bewundernswerter Weise, schön wie eh und je. Das ist ein Verdienst Ihrer fruchtbaren und anregenden Forschung, und nicht zuletzt auch Ihrer vielgerühmten klaren und stimulierenden Vorlesungen und wissenschaftlichen Vorträge.

Die Wirksamkeit und der Erfolg Ihrer wissenschaftlichen Arbeit sowie Ihrer administrativen und organisatorischen Tätigkeit sind überall mit Händen zu greifen und haben national wie international große Anerkennung gefunden. Nicht nur haben Ihre Kollegen Sie zum Rektor der Universität Helsinki und dann zu deren Kanzler gewählt, Ämter, die Sie lange Jahre verwalteten. Sie waren Präsident des Internationalen Mathematikerkongresses 1978 und Mitglied – später auch Sekretär – des Exekutivkomitees der Internationalen Mathematischen Union sowie zahlreicher weiterer internationaler wissenschaftlicher Institutionen. Seit 1964 gehörten Sie zur Redaktion einer der bedeutendsten mathematischen Zeitschriften, der *Acta Mathematica*. Für all diese Leistungen sind Sie vielfach geehrt und ausgezeichnet worden. Die wissenschaftlichen Akademien in Finnland, Norwegen, Schweden und Deutschland haben die Ehre, Sie unter ihren Mitgliedern zu wissen, und die Universität Turku hat Ihnen die Ehrendoktorwürde verliehen.

Ihre Zuneigung gehört außer der Mathematik einem Gebiete, das neben der Musik häufig die Liebe der Mathematiker zu finden scheint, der bunten Vielfalt der Schmetterlinge und Falter.

Verehrter Herr LEHTO, wir wünschen Ihnen noch viel Freude bei Ihrer Arbeit und bei der Verfolgung Ihrer vielseitigen Interessen.

Mit herzlichen Grüßen
Volker TER MEULEN
Präsident

Stefan HILDEBRANDT (St. Augustin)

Herrn
Prof. Dr. med. Otto-Erich Lund
Hanfstaenglstraße 23a, 80336 München

Halle (Saale), zum 19. August 2005

Sehr geehrter Herr Kollege Lund,

zur Vollendung Ihres 80. Geburtstags am 19. August möchten wir Ihnen, zugleich im Namen des Präsidiums der Deutschen Akademie der Naturforscher Leopoldina, herzlich gratulieren und Ihnen viele gute Wünsche für die kommenden Jahre mit auf den Weg geben. Sie gehören der Leopoldina seit 1985 in der Sektion »Ophthalmologie« an, und wir schätzen Sie sehr als unser Mitglied.

Ihre Jugend war ohne Zweifel geprägt durch den Zweiten Weltkrieg. Mit 17 Jahren wurden Sie zur Infanterie einberufen und leisteten Kriegsdienst von 1943 bis 1945. Wegen eines Oberarmschusses rechts hatten Sie eine mehrmonatige Lazarettzeit zu bewältigen.

Nach dem Abitur in Lübeck 1946 studierten Sie zunächst ein Semester Veterinärmedizin in Hannover, dann Humanmedizin in Bonn (1946 bis 1953) mit dem Abschluß Staatsexamen und Promotion. Ihre klinische und theoretische Ausbildung starteten Sie in der Inneren Medizin bei Paul Martini sowie in der Neuropathologie bei Gerd Peters, beides in Bonn. Erst 1957 begannen Sie Ihre Karriere in der Augenheilkunde, zunächst bei H. K. Müller in Bonn und dann bei Gerd Meyer-Schwickerath in Essen. Ihre Habilitationsarbeit basiert auf einer ophthalmologisch-neuropathologischen Studie über »Den Wert retinaler Gefäßveränderungen in der Diagnostik der Arteriosklerose«.

Vom 1. September 1968 an haben Sie bis 1993 Verantwortung für die größte Universitätsaugenklinik im deutschen Sprachraum getragen und die Klinik auf internationalen Standard geführt. Früh erkannten Sie, daß auch innerhalb der Augenheilkunde eine Arbeitsteilung unerläßlich ist, und zwar auf der Basis von Schwerpunkten; nicht im Sinne einer Zersplitterung in voller Verselbständigung, sondern in Form selbständiger Abteilungen unter »liberaler Klinikleitung«. Dabei ist Ihnen der Erhalt der Augenheilkunde als Ganzes immer wichtig gewesen. Die Ausbildung des wissenschaftlichen Nachwuchses in Ihrer Klinik ist Ihnen immer ein besonderes Anliegen gewesen. Sie haben 12 Stipendiaten ins englischsprachige Ausland geschickt, 20 Ihrer Mitarbeiter der Münchner Klinik begleiteten Sie zur Habilitation. Neben den ärztlichen Mitarbeitern legten Sie Wert darauf, auch Nachbardisziplinen aus den Naturwissenschaften in die klinische Forschung zu integrieren. Zugleich betonten Sie immer wieder, daß eine eigene Verwaltung für eine gegliederte Augenklinik unerläßlich ist, möglichst bei einem Minimum, wie Sie es auszudrücken pflegten, von »Klinikumsdirektionen«. Über viele Jahre haben Sie gemeinsam mit

Herrn WAUBKE mit der jährlichen Essener Fortbildung für Augenärzte die Weiterbildung im deutschsprachigen Raum geprägt. Die von Ihnen geleiteten Wakker-Kurse in München erfreuten sich großer Beliebtheit.

Ihre Arbeitsgebiete umfaßten in den frühen Jahren die Neuropathologie, insbesondere Fehlbildungen des zentralen Nervensystems und kraniofaziale Dysplasien. Später haben Sie sich mit der vergleichenden Morphologie von Gefäßveränderungen in Auge und Hirn beschäftigt, ebenso mit den Phakomatosen. Als einer der ersten haben Sie Gewebekulturen von intraokularen Tumoren studiert. Später wurden Diagnostik und Therapie der Netzhautablösung eines Ihrer Hauptarbeitsgebiete sowie die ophthalmopathologischen Studien von malignen Melanomen nach Licht- und Lasertherapie. Für sonst hoffnungslose Narbenzustände des vorderen Augensegments leisteten Sie in Deutschland Pionierarbeiten zur künstlichen Hornhaut im Sinne einer Keratoprothese.

Die Ergebnisse Ihrer Studien haben Sie in über 250 Publikationen und Lehrbuchbeiträgen dokumentiert und in zahlreichen Vorträgen und eingeladenen Referaten im In- und Ausland zur Diskussion gestellt.

Internationale Verbindungen bleiben ein anhaltendes Interesse Ihrer aktiven Zeit bis heute. Sie sind Mitglied zahlreicher Fachgesellschaften sowie Ehrenmitglied der Polnischen, Bulgarischen und Ungarischen Ophthalmologischen Gesellschaften. Unvergessen ist allen Teilnehmern Ihre glanzvolle Ausrichtung der Jahrestagung der *European Ophthalmic Pathology Society* in München 1976.

Auch in der Gutachtergruppe der Alexander-von-Humboldt-Stiftung machten Sie Ihren Einfluß geltend.

1981 waren Sie Vorsitzender der Deutschen Ophthalmologischen Gesellschaft und leiteten mit der 125-Jahrfeier dieser Gesellschaft einen Höhepunkt. Seit 1994 dienten Sie als Generalsekretär der Deutschen Ophthalmologischen Gesellschaft.

Ohne Zweifel waren Sie von 1970 bis 2000 eine der prägenden Persönlichkeiten der Augenheilkunde im deutschsprachigen Raum und in Europa.

An Anerkennungen hat es nicht gefehlt. Ich erwähne nur die Mitgliedschaft in der Bayerischen Akademie der Wissenschaften seit 1975 sowie den *Special Recognition Award* der *American Academy of Ophthalmology* 1994.

Nicht zu übersehen bleibt Ihr Engagement für die Verbesserung der Augenheilkunde in der Dritten Welt. Seit 1978 erarbeiteten Sie zusammen mit Herrn KLAUSS das Modell einer internationalen Partnerschaft zwischen den Universitätsaugenkliniken München und Nairobi, dort wurden gemeinsam inzwischen 80 ostafrikanische Augenärzte ausgebildet.

Die Wertschätzung Ihrer Fachgesellschaft, deren Ehrenmitglied Sie seit 1994 sind, finden Sie auch in der Leopoldina. Ihr fachlicher und persönlicher Rat wird weiterhin von vielen gesucht.

Wir wünschen Ihnen Gesundheit und Zufriedenheit im Blick zurück auf ein erfolgreiches erfülltes Leben mit Vertrauen in die Zukunft.

Mit den besten Wünschen
Volker TER MEULEN
Präsident

Gottfried NAUMANN (Erlangen)

Herrn
Professor Hans-H. MATTHIASS
Scharnhorststraße 4, 48143 Münster

Halle (Saale), zum 4. Mai 2005

Sehr verehrter Herr MATTHIASS,

zur Vollendung Ihres 80. Lebensjahres übermitteln wir Ihnen, auch im Namen des Präsidiums der Deutschen Akademie der Naturforscher, die herzlichsten Grüße und Glückwünsche.

Sie haben 1942 mitten im Krieg Ihr Abitur abgelegt und sofort zu studieren begonnen, absolvierten das Physikum im Sommersemester 1944 in Tübingen und waren anschließend bis 1945 bei der Marine tätig. Nach einer kurzen Gefangenschaft konnten Sie Ihr Studium in Kiel ab dem Wintersemester 1945/46 fortsetzen und Ihr Staatsexamen im Dezember 1948 in Kiel ablegen. Ein Jahr später wurden Sie zum Dr. med. mit einer Dissertation über »Abnutzungserkrankungen an der Wirbelsäule« promoviert.

Bereits ab dem 1. 6. 1950 arbeiteten Sie an der Orthopädischen Abteilung der Chirurgischen Universitätsklinik in Kiel unter Eduard GÜNTZ und Oskar HEPP und folgten HEPP 1955 an die Universitätsklinik (Hüfferstiftung) in Münster, wo Sie 1957 zum Oberarzt ernannt wurden.

Ihre Habilitation erfolgte im Januar 1961 zu Fragen der »Haltungsfehler und Fehler der Rückenform bei Schulkindern«. Ab 1962 waren Sie Geschäftsführender Oberarzt der Klinik und wurden 1968 zum Ordentlichen Professor für Orthopädie und zum Direktor der Orthopädischen Universitätsklinik in Münster als Eigenberufung bestellt. Ihnen verdanken wir, daß die Universitätsklinik in Münster zu einem ganz breit angelegten Zentrum für Orthopädische Chirurgie ausgebaut wurde, das noch heute beispielgebend in Deutschland ist.

Neben der sehr starken konservativen Behandlungsausrichtung mit einer eigenständigen Abteilung für Orthopädietechnik, der Förderung der physikalischen und manuellen Therapie, für die es heute ein entsprechendes Spezialinstitut gibt, haben Sie sich sehr früh mit den Operationen der Wirbelsäule, aber auch mit den orthopädietechnischen und operativen Möglichkeiten der Behandlung der Mißbildungen, insbesondere bei Thalidomidschädigung in den 1970er Jahren, engagiert.

Neben der klinischen Seite verstanden Sie es, sehr früh auch eine wissenschaftliche Abteilung in die Klinik einzubinden, und Sie haben all die Jahre die Grundlagenforschung und die angewandte klinische Forschung tonangebend in Deutschland mitbestimmt.

Es konnte deshalb nicht ausbleiben, daß Sie viele Ehrungen erfuhren. So wurden Sie 1972 Präsident der Norddeutschen Orthopädenvereinigung mit Ausrichtung eines entsprechenden Kongresses. 1979 waren Sie Präsident der Deutschen Gesellschaft für Orthopädie und Traumatologie und hielten deren Jahreskongreß 1980 in Münster ab, und 1989/90 waren Sie Tagungspräsident der Internationalen Cotrel-Dubousset-Gesellschaft, die ihren Jahreskongreß ebenfalls in Münster 1990 abhielt. Daneben waren Sie Präsident der Deutschen Gesellschaft für Osteologie von 1980 bis 1991, Ehrenmitglied der Österreichischen Orthopädischen Gesellschaft sowie korrespondierendes Mitglied der Ungarischen, der Türkischen und Chilenischen Orthopädischen Gesellschaft.

Die Gesellschaft für Orthopädie und Orthopädische Chirurgie verdankt Ihrem Wirken, daß Bereiche, wie die spastische Lähmung des Kindes und deren operative und konservative Behandlung, aber auch die technische Orthopädie in der klinischen Arbeit, die Behandlung von Wirbelsäulenerkrankungen und Knochentumoren, alles Felder, die in vielen Kliniken heute kaum noch den gebührenden Platz haben, etabliert und gefördert wurden.

Dabei handelt es sich fast ausschließlich um Erkrankungsgebiete und Erkrankungsgruppen, die auch in Zeiten des Zusammengehens von Orthopädie und Unfallchirurgie Domänen des Fachgebietes sind. Durch Ihre weitsichtige Konzentration in Forschung und Klinik auf diese haben Sie wesentlichen Anteil an dem positiven Erscheinungsbild der Orthopädie bis heute, wofür wir Ihnen sehr dankbar sind.

Sehr verehrter Herr MATTHIASS, mit größter Hochachtung vor Ihrem Lebenswerk ist die Leopoldina stolz darauf, Sie seit 1989 in ihren Reihen zu wissen.

Von ganzem Herzen wünschen wir Ihnen nun einen schönen Lebensabend in Gesundheit und geistiger Frische.

Mit herzlichen Grüßen
Ihre
Volker TER MEULEN   Hans Wolfram NEUMANN (Magdeburg)
Präsident

Herrn
Prof. Dr. Marco MUMENTHALER
Witikonerstraße 326, 8053 Zürich, Schweiz

Halle (Saale), zum 23. Juli 2005

Verehrter Jubilar,
lieber Herr MUMENTHALER,

Präsident, Präsidium und die Mitglieder Ihrer Leopoldina-Akademie in Halle, der Sie seit 1978 angehören, gratulieren Ihnen herzlich zu Ihrem 80. Geburtstag. Wir alle sind glücklich, Sie in unseren Reihen zu wissen.
  Sie haben durch Ihre Lehrbücher Generationen von Neurologen die klinische Kunst des Untersuchens gelehrt, wie keiner der noch Lebenden in unserem Sprachraum. Sie haben ärztliches Wissen durch Ihr Lehrbuch der Neurologie und vor allem Ihr Buch über die Läsionen peripherer Nerven in immer wiederkehrenden Neuauflagen zum Klassiker unter den deutschen Medizinbüchern gemacht. Sie haben als Leiter der Neurologie im Berner Inselspital eine große Schule der klinischen Neurologie geführt. Ihr Blick für das neurologisch Wesentliche, Ihre reiche Erfahrung und Ihr didaktisches Geschick machen Sie noch heute zum Protagonisten der medizinischen Lehre. Sehr zu Recht hat Ihnen die Deutsche Gesellschaft für Neurologie daher nicht nur den Erb-Becher (1994), sondern auch die Max-Nonne-Gedenkmünze (2001) verliehen. Wir ehren in Ihnen den forschenden Kliniker, den beharrlichen und innovativen Beobachter, den anregenden und überaus freundlichen Menschen und den erfolgreichen Leiter der Neurologie am Berner Kantonsspital.
  Wir wünschen Ihnen, verehrter Herr MUMENTHALER, noch viele Lebensjahre in voller Gesundheit im Kreise Ihrer Familie und heitere Gelassenheit im Blick auf die Zukunft und zurück auf Ihr erfolgreiches Leben.

Mit herzlichen Grüßen
Ihre Ihnen sehr ergebenen
Volker TER MEULEN   Johannes DICHGANS (Tübingen)
Präsident

Herrn
Professor Dr. Hermann PASSOW
Universität Jena, Institut für Biochemie und Biophysik
Philosophenweg 12, 07743 Jena

Halle (Saale), zum 18. Dezember 2005

Sehr verehrter Herr PASSOW,

zur Vollendung Ihres 80. Geburtstages möchten wir Ihnen, und dies auch im Namen des Präsidiums der Deutschen Akademie der Naturforscher Leopoldina, herzlich gratulieren und damit beste Wünsche für Ihr Wohlergehen verbinden.

Am 18. Dezember 1925 wurden Sie in Tübingen geboren. Nach Ihrem Abitur im Jahre 1945 begannen Sie 1946, in den schweren Nachkriegsjahren, Ihr Studium der Biologie und der Menschlichen Physiologie an der Universität in Göttingen, welches Sie als Doktorand im Physiologischen Institut Hamburg-Eppendorf unter der Anleitung von R. MOND 1951 mit der Promotion in den Prüfungsfächern Menschliche Physiologie, Physikalische Chemie und Botanik abschlossen. Damit war der Grundstein für Ihre spätere erfolgreiche Tätigkeit in Ihren Arbeitsgebieten im Rahmen einer Theoretischen Medizin gelegt.

Schon bald nach Ihrer Habilitation für Physiologie an der Medizinischen Fakultät Hamburg-Eppendorf im Jahre 1956 gingen Sie von 1957 bis 1958 als *Postdoc* nach Rochester (USA), um zwei Jahre bei Aser ROTHSTEIN zu arbeiten. Hier begegneten Sie der Biophysik, deren Forschungsgegenstand damals noch vorwiegend das Studium der Einwirkung energiereicher Strahlung auf biologische Systeme war.

1962 erfolgte Ihre Berufung als Professor für Physiologie an die Universität des Saarlandes in Homburg, wo acht Jahre lang das Zweite Physiologische Institut unter Ihrer Leitung stand. Hier gelang es Ihnen, die neue Fachrichtung einer Theoretischen Medizin zu etablieren, wobei Ihr Hauptanliegen der Molekularen Membranforschung galt.

Gemeinsam mit Robert STÄMPFLI begründeten Sie in den 60er Jahren des vergangenen Jahrhunderts den Schwerpunkt »Molekulare Membranforschung« der Homburger Physiologie. Dieser Forschungsbereich, an dem Sie wesentlichen Anteil hatten, nahm 1968 als Sonderforschungsbereich »Membranforschung« seine Arbeit auf. Ihrem unermüdlichen Einsatz ist es zu danken, daß dieser Forschungsbereich 15 Jahre Bestand hatte und dann in einen neuen Sonderforschungsbereich einmündete, dessen wissenschaftliche Bedeutung nicht zuletzt vier Bewilligungsperioden ausweisen. Danach wurde in einem dritten Sonderforschungsbereich diese Tradition fortgesetzt.

Durch Ihre Beiträge zur Molekularen Membranforschung gelang es Ihnen, in Ihrer Homburger Zeit durch zahlreiche Forschungsarbeiten das neue Fachgebiet der Theoretischen Medizin auszubauen. Mit einer faszinierenden Synthese von biophysikalischen und biochemischen Methoden konnten Sie das Verhalten derjenigen Proteine studieren, die den Ionentransport durch Membranen vermitteln. Damit begründeten Sie eine Arbeitsrichtung, die heute weit verbreitet und selbstverständlich geworden ist. Ihre Arbeiten erfuhren hohe Anerkennung und waren oftmals richtungsweisend für andere Forschungsgruppen.

In den Jahren 1964 und 1970 lehrten Sie neben Ihrer Tätigkeit an der Universität des Saarlandes als *Visiting*-Professor an der *University of Rochester*, N. Y., USA.

1970 wechselten Sie an das Max-Planck-Institut für Biophysik in Frankfurt am Main. Diese Berufung war für Sie ein weiterer Höhepunkt in Ihrer wissenschaftlichen Laufbahn. Nunmehr lehrten und forschten Sie an dem bedeutenden, in Ihrem Geburtsjahre von Friedrich DESSAUER gegründeten und von seinem Schüler Boris RAJEWSKY viele Jahre lang geleiteten Max-Planck-Institut für Biophysik. Hier waren Sie bis zu Ihrer Emeritierung im Jahre 1993 als Direktor der Abteilung Zellphysiologie tätig.

Die in der Frankfurter Zeit entstandenen Forschungsarbeiten, die insbesondere den Anionentransport durch die Zellmembran der Erythrozyten, die Identifikation eines Anionenaustauschers (AE 1), seine Molekularbiologie und die systematische Auswertung des Einflusses zahlreicher Punktmutationen auf die Transportkinetik betrafen, haben weltweite Anerkennung gefunden und waren Anlaß zu zahlreichen Ehrungen Ihrer Person.

Sie sind Ehrenmitglied der *International Cell Research Organisation* (ICRO) und der *American Physiological Society*. 1988 erfolgte Ihre Wahl zum Mitglied der Deutschen Akademie der Naturforscher Leopoldina. Die Universität des Saarlandes verlieh Ihnen 1999 in Anerkennung Ihres wissenschaftlichen Lebenswerkes und Ihrer großen Verdienste um die Medizinische Fakultät in Homburg die Ehrendoktorwürde der Medizin.

Auch nach Ihrer Emeritierung haben Sie 1994 mit der Ihnen eigenen Begeisterung für wissenschaftliches Arbeiten die Leitung einer Arbeitsgruppe am Institut für Biochemie und Biophysik der Friedrich-Schiller-Universität in Jena übernommen und sind bis heute dort wissenschaftlich tätig.

Miterleben zu dürfen, wie Ihr Lebenswerk, die Theoretische Medizin, die Sie besonders im molekularen und im zellulären Bereich entscheidend mitgeprägt haben und die heute die Grundlage vieler medizinischer Forschungen bildet, sich weiter entwickelt, ist für Sie sicher ein sehr schönes Geburtstagsgeschenk.

Die Deutsche Akademie der Naturforscher Leopoldina rechnet es sich zur Ehre an, Sie in den Reihen ihrer Mitglieder zu wissen, und wir wünschen Ihnen noch für viele Jahre alles Gute und weiterhin Freude an Ihrer Arbeit.

Mit herzlichen Grüßen
Volker TER MEULEN   Walter BEIER (Leipzig)
Präsident

Herrn
Professor Dr. Peter L. PAUSON
Half Red House, 40a Stat. Road, Bearsden,
Glasgow G61 4AL, Großbritannien

Halle (Saale), zum 30. Juli 2005

Sehr verehrter, lieber Herr PAUSON,

zur Vollendung Ihres 80. Lebensjahres am 30. Juli möchten wir Ihnen, zugleich im Namen des Präsidiums der Deutschen Akademie der Naturforscher Leopoldina, sehr herzlich gratulieren und verbinden damit die besten Wünsche für Gesundheit, Wohlergehen und weitere Lebensfreude.

In Bamberg geboren, wurde Ihnen im Alter von 13 Jahren wegen Ihrer jüdischen Herkunft die weitere Schulbildung am dortigen Gymnasium verwehrt, und Sie sind dann Anfang 1939 unter dem Druck der nationalsozialistischen Verfolgung mit Ihren Eltern nach Großbritannien emigriert. Nach dem Schulabschluß in Glasgow konnten Sie 1942 an der dortigen Universität das Chemiestudium beginnen, in dem Sie sich – angeregt durch Ihre Lehrer T. S. STEVENS und J. W. COOK – besonders der Organischen Chemie zuwandten. Nach dem erfolgreichen Studienabschluß wechselten Sie 1946 an die Universität Sheffield und promovierten 1949 bei R. D. HAWORTH mit einer Arbeit zur Synthese und Chemie des »Purpurogallins«, des Trihydroxybenzotropolons, wodurch Sie mit der zu dieser Zeit besonders aktuellen Thematik der »Nichtbenzoiden Aromaten« und auch der organischen Oxydationschemie vertraut wurden. Im gleichen Jahr begannen Sie Ihre Hochschullehrerlaufbahn als *Assistant*-Professor an der *Duquesne University* in Pittsburgh (USA). Dort gelang Ihnen gemeinsam mit T. KEALY in dessen Magisterarbeit 1951 die Darstellung des Dicyclopentadienyleisen(II), einer übergangsmetallorganischen Verbindung von äußerst ungewöhnlicher Stabilität, die sich dann als erster Vertreter einer völlig neuartigen Verbindungsklasse, den sandwichartig aufgebauten π-Komplexen des Cyclopentadienylanions, den sogenannten Metallocenen, erwies.

Die Entdeckung des Ferrocens war ein Startpunkt für die bis heute ungebrochen anhaltende rasante Entwicklung der π-Organoübergangsmetallchemie und führte zu einem grundlegend neuen Verständnis von Struktur und chemischer Reaktivität in der Chemie.

Mit Ihren weiteren Arbeiten haben Sie sehr wesentlich zu dieser bedeutungsvollen Entwicklung beigetragen. Zunächst verbrachten Sie 1951/52 ein akademisches Jahr an der *University of Chicago* bei M. S. KHARASCH, verbunden mit einem Ausflug in die Organische Radikalchemie, kamen dann mit einem DuPont-Forschungsstudium an die *Harvard University*, wo Sie durch präparative Arbeiten am Ausbau der Sandwich-Komplexchemie mitgewirkt haben. 1953 kehrten Sie als Dozent für Organische Chemie an die Universität Sheffield zurück und konnten nun mit einer eigenen Arbeitsgruppe die Chemie des Ferrocens eingehender studieren und grundlegende Ergebnisse zu dessen Funktionalisierung erzielen. Außerdem wurde das Prinzip der π-Komplexbildung unter Einbeziehung konjugierter Diene und des Tropylium-Ions weiter ausgedehnt. 1959 erhielten Sie dann die Berufung auf den »Freeland«-Lehrstuhl für Chemie des *Royal College of Science and Technology* in Glasgow, der heutigen *University of Strathclyde*, den Sie über 40 Jahre bis zu Ihrer Emeritierung innehatten. Damit konnten Sie Ihre wissenschaftlichen Arbeiten konsequent und zielgerichtet in einem größeren Rahmen fortführen. Weitere Übergangsmetalle – hauptsächlich Chrom, Mangan und Cobalt – und die volle Breite ungesättigter Kohlenwasserstoffe mit ihrer unterschiedlichen Haptizität bei der π-Komplexbildung in Kombination mit Carbonyl-, Cyanid-, Isonitril- und Methinyl-Liganden wurden in die Untersuchungen einbezogen und so entscheidend mit zur weiteren Erschließung der π-Organoübergangsmetallchemie beigetragen. Die π-Koordination des heterozyklischen Pyrrolanions gelang am Mangan und Eisen. Mit dem Studium nukleophiler Additionsreaktionen verschiedener kationischer π-Organoübergangsmetallkomplexe wurden wesentliche Einsichten in die Struktur-Reaktivitätsbeziehungen gewonnen, die auch völlig neue Möglichkeiten für die organische Synthesechemie eröffneten. Ein besonders großer Erfolg war die Entdeckung, daß Hexacarbonyldicobalt-Alkin-Komplexe mit Alkenen zu Cyclopent-2-en-1-onen reagieren. Diese Reaktion, die als Pauson-Khand-Reaktion in die Fachliteratur eingegangen ist, ermöglicht in perfekter Atomökonomie und konkurrenzloser Flexibilität den Aufbau fünfgliedriger Ringe aus den drei Komponenten Alkin, Alken und Kohlenmonoxid und ist, wie Sie mit Ihrem Mitarbeiter I. U. KHAND erstmalig gezeigt haben, auch katalytisch durchführbar. Die Reaktion bildet einen sehr attraktiven Zugang in der Naturstoffsynthese und wird nach wie vor intensiv untersucht und immer weiter ausgebaut.

So können Sie mit Freude und tiefer Befriedigung auf ein umfangreiches wissenschaftliches Lebenswerk zurückblicken, das weltweite Beachtung und Anerkennung gefunden hat. Sie sind Mitglied der *Chemical Society* und der *American Chemical Society*, 1959 wurden Sie mit der *Tilden Lecture* der *Chemical Society* ausgezeichnet, und seit 1960 sind Sie Mitglied des *Royal Institute of Chemistry* und der *Royal Society of Edinburgh*. Von 1966 bis 1967 waren Sie als Gastprofessor für Chemie an der *University of Arizona* tätig. Immer wieder haben Sie Angebote wahrgenommen, in Plenarvorträgen, Übersichtsarbeiten und Buchbeiträgen wichtige Teilgebiete der sich rasch entwickelnden Metallorganischen Chemie zusammenfassend darzustellen, wobei Sie durch Ihre umfassende und präzise Kenntnis den jeweiligen Entwicklungsstand außerordentlich kompetent zu charakterisieren wußten und damit sehr wesentlich die Verbreitung des neuen Wissens und den weiteren Fortschritt gefördert haben. Diesem Anliegen diente auch die Herausgabe der Monographie *Organometallic Chemistry* 1967 in London.

1976 erfolgte die Wahl in die Deutsche Akademie der Naturforscher Leopoldina. Die Akademie ist stolz auf Ihre Mitgliedschaft und verbindet die Glückwünsche zu Ihrem Geburtstag mit dem Dank und der Anerkennung für Ihre bedeutenden wissenschaftlichen Leistungen als Pionier eines neuen, die organische und anorganische Chemie verbindenden Wissenschaftsgebietes, der Metallorganischen Chemie.

Mit herzlichen Grüßen
Ihre Ihnen sehr ergebenen
Volker TER MEULEN
Präsident

Rudolf TAUBE (Halle/Saale)

Herrn
Professor Dr. Dr. Gert-Horst SCHUMACHER
Gerhart-Hauptmann-Straße 25, 18055 Rostock

Halle (Saale), zum 21. Mai 2005

Sehr verehrter Herr SCHUMACHER,

zur Vollendung Ihres 80. Lebensjahres am 21. Mai 2005 möchten wir Ihnen – zugleich im Namen des Präsidiums der Deutschen Akademie der Naturforscher Leopoldina, der Sie nunmehr seit 35 Jahren angehören – ganz herzlich gratulieren und Ihnen für die Zukunft eine stabile Gesundheit und viel Freude wünschen.

In Berlin geboren, konnten Sie zunächst eine sorglose Kindheit verbringen. Von den Schrecken des Zweiten Weltkrieges blieben Sie aber nicht verschont. Unmittelbar nach Abschluß der Oberschule für Jungen in Hohenlychen wurden Sie 1943 zum Kriegsdienst eingezogen und 1945 kurz vor Kriegsende verwundet.

Von 1946 bis 1952 studierten Sie dann in Greifswald Medizin und Zahnmedizin und fanden durch R. N. WEGNER, der Ihnen eine Hilfsassistentenstelle im Anatomischen Institut anbot, den Weg zur wissenschaftlichen Arbeit in der Morphologie. So erscheint die nach kurzer Tätigkeit im Pathologischen Institut Greifswald und im öffentlichen Gesundheitswesen am 1. Mai 1953 angetretene Assistentenstelle im Anatomischen Institut der Ernst-Moritz-Arndt-Universität Greifswald nur folgerichtig, wenn auch zunächst noch der Erwerb fundierter anatomischer Kenntnisse für eine kieferchirurgische Laufbahn ein Beweggrund gewesen sein mag. Sehr bald konnten die ersten Früchte Ihrer wissenschaftlichen Tätigkeit geerntet werden. So wurden Sie bereits am 20. Mai 1953 mit der Arbeit »Über strukturelle und funktionelle Kernveränderungen in aktivierten retikulohistiozytären Geweben« zum Dr. med. promoviert und erlangten am 5. April 1954 den Dr. med. dent. mit einer vergleichend-anatomischen Arbeit über die Kiefermuskulatur der Schildkröten. Das war der massive Einstieg in Ihr wissenschaftliches Hauptgebiet, das orofaciale System. Bereits am 4. November 1958 folgte die Habilitation mit einer Schrift über vergleichend-anatomische Untersuchungen zur funktionellen Morphologie der Kaumuskulatur bei verschiedenen Säugern und beim Menschen. Vorausgegangen waren die bestandenen Prüfungen zum Facharzt für Anatomie 1956 mit der nachfolgenden Ernennung zum Oberarzt und am 1. Juni 1958 (bis 31. Dezember 1958) die Übernahme der kommissarischen Leitung des Anatomischen Instituts nach der Emeritierung von Professor WEGNER. Nach der Ernennung zum Hochschuldozenten für Anatomie an der Universität Greifswald erhielten Sie bereits am 1. September 1959 den Ruf auf den Lehrstuhl für Anatomie der Universität Rostock.

In Rostock haben Sie erfolgreich Ihre wissenschaftliche Arbeit fortgesetzt. So erschien 1961 die Monographie *Funktionelle Morphologie der Kaumuskulatur*. Besonders über postnatale Wachstumsveränderungen der Kaumuskeln und Strukturveränderungen bei verschiedenen Dysgnathien konnten Sie Anfang der 1960er Jahre in zahlreichen Publikationen und Vorträgen im In- und Ausland berichten. Die systematischen Untersuchungen an den Kaumuskeln verschiedener Spezies waren die Voraussetzung für Ihre tierexperimentellen Arbeiten am Kieferapparat, die weltweit beachtet wurden und u. a. ihren Niederschlag in der Monographie *Der maxillo-mandibuläre Apparat unter dem Einfluß formgestaltender Faktoren* (1968) fanden. Unter Ihrer Leitung entwickelte sich das Rostocker Institut für Anatomie zu einer Lehr- und Forschungsstätte von internationalem Rang, an der neben Grundlagenforschung auch intensiv klinische Fragestellungen bearbeitet wurden.

In Anerkennung Ihrer Leistungen wurden Sie in die Spitzengremien zahlreicher wissenschaftlicher Gesellschaften gewählt. So waren Sie unter anderem Gründungspräsident der Gesellschaft für Osteologie der DDR (1967–1971), Vorsitzender der Gesellschaft für Anatomie der DDR (1971–1976), Vorsitzender der (internationalen) Anatomischen Gesellschaft (1975/1976) und Senator unserer Akademie von 1975 bis 1984, der Sie seit 1970 angehören. Unvergessen ist Ihre ausgezeichnete Organisation des Leopoldina-Symposiums »Craniogenesis and Cranio-facial Growth« in Rostock 1980. Aber auch zahlreiche weitere wissenschaftliche Tagungen von internationalem Rang haben Sie in Rostock und Warnemünde unter nicht ganz einfachen Bedingungen organisiert und geleitet. Besonders hinweisen möchte ich auf die 71. Versammlung der (internationalen) Anatomischen Gesellschaft (1976), die »13th Conference of the European Teratology Society« (1985) und die sieben Interdisziplinären Symposien der Oralanatomie (1979–1990), die sich ebenfalls starker internationaler Beteiligung erfreuten. Es würde den Rahmen dieses Glückwunschschreibens sprengen, wollte man alle von Ihnen organisierten und geleiteten wissenschaftlichen Tagungen nennen. Gleiches gilt für die zahlreichen Ehrungen, die Sie in Würdigung Ihrer wissenschaftlichen Arbeiten erfahren haben. So sind Sie Ehrenmitglied der Fachgesellschaften für Anatomie Bulgariens, der UdSSR und später der GUS, der

Tschechoslowakei, Jugoslawiens und Polens. Mit zahlreichen Medaillen sind Sie sowohl in Deutschland als auch in den USA, Japan, Kuba, Rumänien, Tschechien, Thailand, Estland, Litauen und Italien geehrt worden. Für Ihre umfangreichen populärwissenschaftlichen Aktivitäten erhielten Sie die Ehrennadel in Gold der Urania-Gesellschaft zur Verbreitung wissenschaftlicher Kenntnisse.

Mit neuen wissenschaftlichen Erkenntnissen haben Sie nicht nur die Morphologie des orofacialen Systems unter Einbeziehung der klinischen und der vergleichenden Anatomie bereichert, sondern auch wesentliche Beiträge zur Osteogenese, zur Embryologie und Teratologie, zur Biomechanik der Schädelknochen und zur Medizingeschichte erarbeitet, wie durch über 600 Publikationen aus Ihrer Hand belegt ist.

Als Chefredakteur haben Sie von 1977 bis 1991 wesentlich zur positiven Entwicklung des *Anatomischen Anzeigers* beigetragen und waren im Redaktionskollegium weiterer Zeitschriften, darunter *Zahn-, Mund- und Kieferheilkunde* und *European Journal of Morphology*, erfolgreich tätig. Als kompetenter Fachgutachter sind Sie für viele Zeitschriften nach wie vor aktiv.

Tausenden Medizin- und Zahnmedizinstudenten sind Sie als Lehrbuchautor und engagierter Hochschullehrer, der ständig um eine Optimierung der Lehr- und Lernmethoden bemüht war, im Gedächtnis geblieben. Sie haben viele auf den Weg zum wissenschaftlichen Arbeiten geführt, so daß während Ihrer Amtszeit im Rostocker Institut für Anatomie über 150 Promotionen und 11 Habilitationsverfahren erfolgreich abgeschlossen worden sind.

Auch nach Ihrer Emeritierung im Jahre 1990 sind Sie in der Lehre aktiv geblieben und haben Vertretungsprofessuren im Fach Anatomie an der Johannes-Gutenberg-Universität Mainz (1992), an der Philipps-Universität Marburg (1992–1996), an der Naresuan-Universität in Phitsanulok/Thailand (1996–1997) und an der Universität Riga/Litauen (2000–2001) wahrgenommen und auch an der Chinesischen Universität in Hongkong und an der Universität Turku/Finnland Anatomie-Wissen vermittelt. Auch haben Sie mit neuen Auflagen Ihre Lehrbücher dem sich ständig erweiternden Wissen angepaßt, als Beispiel sei hier nur die Ende 2004 erschienene 7. Auflage der *Topographischen Anatomie des Menschen* genannt. Daneben haben Sie auch mit Vorträgen und Publikationen Ihre wissenschaftlichen Aktivitäten unterstrichen, beispielhaft sei hier nur der Artikel »Teratology in cultural documents and today« in den Ann. Anat. *186* (2004) angeführt.

Sie haben mit Ihrem bisherigen Lebenswerk den leopoldinischen Geist im besten Sinne gepflegt. Mögen Ihnen noch viele Lebensjahre in geistiger und körperlicher Frische vergönnt sein!

Mit herzlichen Grüßen
Ihre Ihnen sehr ergebenen
Volker TER MEULEN   Werner LINSS (Jena)
Präsident

Herrn
Professor Alois STACHER
Matznergasse 21/1/7, 1140 Wien, Österreich

Halle (Saale), zum 16. Februar 2005

Sehr verehrter Herr STACHER,

zur Vollendung Ihres 80. Lebensjahres dürfen wir Ihnen persönlich und im Namen des Präsidiums der Deutschen Akademie der Naturforscher von ganzem Herzen gratulieren.

Der Tradition unserer Akademie folgend, möchten wir eine Rückschau auf Ihren Lebensweg als Wissenschaftler, aber auch als Gesundheitspolitiker halten und insbesondere auch Ihre Verdienste um die Beziehungen Österreichs zu Deutschland und den osteuropäischen Staaten auf dem Gebiet der Hämatologie würdigen.

Sie wurden am 16. Februar 1925 in Wien geboren und machten Ihr Abitur am 26. Februar 1943. Danach wurden Sie zur deutschen Wehrmacht eingezogen und kurz vor Ende des Krieges schwerst verwundet. Erst im April 1947 kehrten Sie aus der Kriegsgefangenschaft, nach zahlreichen Krankenhausaufenthalten, nach Hause zurück. Sofort nach Ihrer Rückkehr begannen Sie mit dem Medizinstudium an der Universität Wien und wurden am 15. Juli 1952 zum Dr. med. univ. an der Universität Wien promoviert. Sie begannen Ihre ärztliche Tätigkeit am Pathologischen Institut des Hanusch-Krankenhauses, arbeiteten dann in der Chirurgischen Abteilung und traten im Januar 1954 in die 1. Medizinische Abteilung des Hanusch-Krankenhauses in Wien ein. Dort begannen Sie bald mit dem Aufbau der ersten hämatologischen Spezialstation Österreichs.

Sie beschäftigten sich mit allen Aspekten hämatologischer Erkrankungen, insbesondere Anämien und Leukämien, sowie der fibrinolytischen Therapie. 1959 erhielten Sie die Facharztanerkennung für Innere Medizin und habilitierten sich 1967 für dieses Fachgebiet an der Universität Wien. 1968 gründeten Sie das Ludwig-Boltzmann-Institut für Leukämieforschung und übernahmen dessen Leitung. Dieses Institut war das erste Institut der Ludwig-Boltzmann-Gesellschaft in Österreich. 1974 wurden Sie zum außerordentlichen Universitätsprofessor ernannt und 1976 zum Vorstand der 3. Medizinischen Abteilung des Hanusch-Krankenhauses Wien.

Wissenschaftlich und klinisch war Ihr Schwerpunkt die Diagnostik und Therapie von Blutkrankheiten, wobei Ihr Interesse auf diesem Gebiet breit gestreut war. Ein besonderer Schwerpunkt waren die malignen Lymphome. Sie gründeten zusammen mit Karl LENNERT (Kiel) die Internationale Lymphomgruppe, die grundlegende Studien über den Verlauf maligner Lymphome durchführte und eine vorbildhafte neue Lymphomklassifikation erarbeitete. Sie publizierten 370 wissenschaftliche Arbeiten und waren Herausgeber oder Autor von 24 wissenschaftlichen Büchern.

Neben Ihrer wissenschaftlichen Tätigkeit galt Ihr Interesse in besonderem Maße der Entwicklung der Hämatologie (später Hämatoonkologie) in Österreich und einer intensiven Kooperation der Österreichischen und der Deutschen Gesellschaft für Hämatologie und Onkologie. Auf Ihre Anregung hin werden (bis heute) die Kongresse der beiden Gesellschaften gemeinsam in Deutschland oder Österreich durchgeführt. Sie veranstalteten zahlreiche Symposien und Kongresse in Österreich, zu denen nicht nur viele deutsche Kollegen, sondern auch zahlreiche Kollegen aus der damaligen DDR und den Oststaaten eingeladen wurden. Dadurch ermöglichten Sie noch zur Zeit des eisernen Vorhangs einen lebhaften und sehr wichtigen Kontakt mit diesen Kollegen, die Ihnen für Ihre damaligen Aktivitäten noch heute sehr dankbar sind. Sie waren Präsident und Vizepräsident zahlreicher nationaler und internationaler Kongresse.

Von 1986 bis 1989 waren Sie amtsführender Stadtrat für Gesundheit und Soziales in Wien. Sie haben in dieser Zeit mit großer Intensität, Hingabe und Sachkenntnis wichtige Reformen im Wiener Gesundheitswesen bewirkt, wobei Sie sich besonders durch die Gründung eines flächendeckenden psychosozialen Dienstes zur Versorgung ambulanter psychiatrischer Patienten ein bleibendes Denkmal geschaffen haben. Als Präsident des Medizinisch-Wissenschaftlichen Fonds der Bundeshauptstadt Wien haben Sie sehr viel für die wissenschaftliche Entwicklung der Medizin in Wien bewirkt.

Es ist nicht überraschend, daß Sie für Ihre Tätigkeit zahlreiche Ehrungen und Preise erhalten haben, von denen ich nur einige erwähnen möchte, wie den Kardinal-Innitzer-Preis (1965), das Österreichische Verdienstkreuz für Wissenschaft und Kunst 1. Klasse (1975), das Große Verdienstkreuz mit Stern und Schulterband des Verdienstordens der Bundesrepublik Deutschland (1979) sowie das Große Goldene Ehrenzeichen für Verdienste um das Land Wien (1988). 1978 wurden Sie Mitglied der Deutschen Akademie der Naturforscher Leopoldina, 1994 Mitglied der *New York Academy of Sciences* und 1991 Ehrendoktor der Schlesischen Medizinischen Akademie in Kattowitz.

Nach Beendigung Ihrer Tätigkeit als Leiter der 3. Medizinischen Abteilung waren Sie weiter medizinisch tätig und widmeten sich einem Gebiet, das Sie schon seit Beginn Ihrer medizinischen Tätigkeit faszinierte und immer begleitet hat – die Ganzheitsmedizin. Sie gründeten die Wiener Internationale Akademie für Ganzheitsmedizin mit dem Ziel, die sogenannte »Schulmedizin« und die Erfahrungsheilkunde miteinander zu verbinden (»versöhnen«), ein Anliegen das gerade jetzt besondere Aktualität hat.

Wir wünschen Ihnen, daß Sie in voller Gesundheit und geistiger Frische noch viele Jahre genießen werden.

Mit herzlichen Grüßen
Ihre sehr ergebenen
Volker ter Meulen   Klaus Lechner (Wien)
Präsident

Herrn
Professor Gerd Klaus STEIGLEDER
Arno-Holz-Straße 29, 50931 Köln

Halle (Saale), zum 25. Januar 2005

Sehr verehrter Herr STEIGLEDER,

in der akademischen Dermatologie unseres Landes verdanken wir es einer Reihe von glücklichen Umständen, daß hochangesehene Persönlichkeiten nicht nur ihr Fachgebiet als Lehrer, Forscher und als Ärzte herausragend vertreten haben, sondern auch in beispielhafter Weise mitwirken konnten, die Medizin und speziell die Dermatologie von den Wunden des Krieges und den Wirren der Nachkriegszeit zu befreien und neu zu schaffen.

Zu Ihnen zählen Sie, sehr verehrter Herr STEIGLEDER. Sie feiern heute Ihren 80. Geburtstag, zu dem wir Ihnen, auch im Namen des Präsidiums der Leopoldina, von ganzem Herzen gratulieren möchten.

Sie wurden in Fulda geboren und wuchsen inmitten einer prägenden humanistischen Schulerziehung in Frankfurt auf. Sie erhielten 18jährig das Reifezeugnis.

In der Folgezeit durchlebten Sie Arbeitsdienst und Wehrdienst, die mit Ende des Krieges in eine nur kurze Gefangenschaft führten. Schon 1945 konnten Sie studieren und die Prüfungen des Physikums ablegen. Drei Jahre später bestanden Sie mit der Note »sehr gut« das Staatsexamen, und noch im gleichen Jahr wurden Sie mit Auszeichnung zum Dr. med. promoviert.

Der weitere Weg führte Sie in die Anatomie, die Innere Medizin und in die theoretische Medizin im Chemisch-Physiologischen Institut, alles das in Frankfurt.

Sie entdeckten für sich dann die Dermatologie und wurden 1950 an der Universitätshautklinik Frankfurt Assistenzarzt. Wieder konnten Sie die Stufen der akademischen Treppe in kürzester Zeit bewältigen: 1952 (mit 27 Jahren) Habilitation, 1955 Ernennung zum Oberarzt und 1958, nun 33jährig, außerplanmäßiger Professor.

In dieser Zeit wurde in den USA, vorangetrieben vor allem durch emigrierte und vertriebene europäische Forscher und Ärzte, ein neues und aufregendes Kapitel in der Entwicklung des Faches aufgeschlagen. Sie vernahmen die Signale von drüben und wurden *Full-time*-Professor am *Columbia Medical Center* der *Columbia University* New York. Zuvor waren Sie mehrmonatig Gast bei dem Begründer der modernen Dermatologie, dem Ungarn Stephen ROTHMAN, in Chicago.

Die Zeit in den USA war außerordentlich prägend. Sie waren tätig in Klinik, Lehre und Forschung und erlebten sozusagen täglich die Begeisterung für das wissenschaftliche Arbeiten.

1961 kehrten Sie nach Frankfurt zurück, doch nicht lange verblieben Sie in der Funktion des Oberarztes, denn 1964 erhielten Sie den Ruf nach Köln. Sie blieben dort als Direktor der Universitätshautklinik bis zu Ihrer Emeritierung im Jahre 1990.

Sie erfuhren in Ihrem akademischen Leben zahllose Ehrungen, nicht zuletzt, weil Sie sich ehrenvollen, aber auch arbeitsreichen Aufgaben immer und bereitwillig zu stellen wußten. Die Pflichten eines Prodekans und Dekans, des Generalsekretärs der Deutschen Dermatologischen Gesellschaft (über insgesamt 9 Jahre), des Präsidenten dieser Gesellschaft, die Mitarbeit im Berufsverband, die Tätigkeiten als Schriftleiter und Redaktionsmitglied wissenschaftlicher Zeitschriften, als Leiter von Kongressen und Tagungen zählen dazu.

Der Lohn Ihres erfolgreichen akademischen Lebens sind Medaillen, ernannte Mitgliedschaften, Auszeichnungen, Ehrenvorlesungen, vielzitierte Werke und Bücher.

Sie dürfen sich einer großen Zahl von Ehrungen aus Europa, den amerikanischen Kontinenten und Asien erfreuen. Ihr wissenschaftliches Verdienst findet in der international hohen Anerkennung Ihrer histopathologischen Arbeiten seinen Widerhall. Sie führten das Oscar-Gansche Lehrbuch *Histologie der Hautkrankheiten* in die zweite Auflage und wirkten als Autor zahlreicher Veröffentlichungen und Handbuchartikel auf diesem Gebiet. Aus Ihrer Feder stammen zahlreiche klinische Arbeiten, darunter Erstbeschreibungen.

Die Freude an der klinischen Dermatologie blieb auch nach Ihrer Emeritierung erhalten und führte Sie seit 1990 in die privatärztliche Tätigkeit.

Verehrter lieber Herr STEIGLEDER, Sie können ein reiches und erfolgreiches Leben als Wissenschaftler und Arzt Ihr Eigen nennen, das große Anerkennung unter Ihren Kollegen und Dankbarkeit Ihrer Patienten erfahren hat. Die Leopoldina ist glücklich, Sie unter ihren Mitgliedern zu wissen. Wir wünschen Ihnen, daß Sie noch viele Jahre an der Seite Ihrer lieben Frau mit Stolz und Befriedigung auf Ihr Lebenswerk zurückblicken können.

Mit herzlichen Grüßen
Ihre
Volker TER MEULEN   Enno CHRISTOPHERS (Kiel)
Präsident

Herrn
Prof. Dr. med. Dr. h. c. mult. Karl J. Ullrich
Röderweg 20, 61462 Königstein-Falkenstein

Halle (Saale), zum 18. November 2005

Sehr geehrter Herr Ullrich,

zur Vollendung Ihres 80. Lebensjahres möchten wir Ihnen, auch im Namen des Präsidiums der Deutschen Akademie der Naturforscher Leopoldina, die herzlichsten Glückwünsche übermitteln. Wir hoffen, daß Sie diesen Ehrentag mit Ihren Kindern, Enkeln und Freunden in bester Stimmung verbringen können. Mit unseren Glückwünschen verbinden wir einen kurzen Rückblick auf Ihr Lebenswerk, auf das Sie wahrhaft stolz sein können.

Sie wurden am 18. 11. 1925 geboren und wuchsen in Hammelburg auf, wo Ihr Vater Lehrer war. Von der Schulbank weg wurden Sie in den Krieg geschickt. Nach Kriegsende holten Sie die Reifeprüfung nach, studierten in Erlangen Biologie und ab 1946 in Würzburg Medizin. Nach dem Staatsexamen arbeiteten Sie kurz an der Würzburger Universitätsklinik, wo Ihnen Clearance-Experimente einen ersten Einblick in die Nierenfunktion gewährten. 1952 wurden Sie Assistent von Kurt Kramer am Physiologischen Institut in Marburg. Damals war die Nierenphysiologie noch »terra incognita«. W. Kuhn und H. Wirz aus Basel hatten aber eben ein Modell publiziert, wonach der Harn durch Multiplikation lokaler Einzelschritte im Gegenstromsystem des Nierenmarks konzentriert werden sollte. Durch die Analyse von Gewebsschnitten konnten Sie zeigen, daß der vorhergesagte Konzentrationsgradient im Nierenmark in der Tat existiert und vom Diuresezustand abhängt. Darüber hinaus fanden Sie, daß nicht nur Kochsalz und Harnstoff angereichert werden, sondern auch Sorbit und überraschenderweise Glyzerylphosphorylcholin. Erst 25 Jahre später wurde Ihr »Nierenstoff« in den USA »wiederentdeckt«. Heute wissen wir, daß er zusammen mit Harnstoff und Sorbit die intrazellulären Proteine vor der Denaturierung durch hohe Salzkonzentrationen schützt.

1955 folgten Sie K. Kramer nach Göttingen und habilitierten sich mit einer Arbeit über die Harnkonzentration, die bald ein »Citation Classic« wurde. Diese Zeit brachte stürmische Entwicklungen. Dank Ihrer sprühenden Phantasie und einer exzellenten Werkstatt wurden Mikrotechniken zur Untersuchung von Nierenkanälchen entwickelt: Mikrokatheter, die Mikroperfusionspumpe, eine Kapillarschleifmaschine und eine Mikroküvette zur photometrischen Konzentrationsmessung in kleinsten Volumina. Hier begegneten Sie auch R. Schlögl vom Max-Planck-Institut für Physikalische Chemie, dessen theoretische Ansätze die experimentellen Beobachtungen an Nierenkanälchen erklärten. In diese Zeit fällt auch Ihr achtmonatiger USA-Aufenthalt im Labor von C. Gottschalck, dem es gelungen war, die frühen Punktionstechniken für Kaltblüternieren auf die viel kleineren Tubuli der Warmblüterniere zu übertragen. Nach der Rückkehr aus den USA wurden Sie an die Freie Universität in Berlin berufen und bauten dort ein florierendes Institut auf. Zusammen mit Ihrem technischen Assistenten G. Rumrich und mit Gastwissenschaftlern aus den USA bestimmten Sie die Transportraten der Harnkanälchen für Na^+, K^+, und Ca^{2+} sowie die Wasserpermeabilität. Außerdem wurden Schweiß- und Speicheldrüsen untersucht sowie später das Pankreas.

Die Berufung zum Direktor am Max-Planck-Institut für Biophysik in Frankfurt (Main) erlaubte Ihnen 1967, die Forschung zu intensivieren und die Ergebnisse in Zusammenarbeit mit den anderen Abteilungen des Instituts auf einer soliden theoretischen Basis zu interpretieren. Damals wurden die grundlegenden Transporteigenschaften proximaler Harnkanälchen beschrieben: die Abhängigkeit der tubulären Na^+-Resorption von HCO_3^-, die aktiven und passiven Komponenten der tubulären Na^+-, HCO_3^-- und Cl^--Resorption und des Harnstofftransports sowie die einzelnen Transportschritte der Natrium-gekoppelten Transporte für Zucker, Aminosäuren, H^+, Ca^{2+}, Phosphat, Sulfat und für Mono- und Dicarboxylsäuren. Ein Grund für die Spitzenstellung Ihres Instituts in der Epithelforschung war der parallele Einsatz dreier unabhängiger Techniken: der Flußmessung in Mikropunktionsexperimenten an der Rattenniere, der elektrophysiologischen Analyse am gleichen Präparat und der Untersuchung des Ein- und Ausstroms von Stoffen an Membranvesikeln, die aus der apikalen oder basolateralen Membran der Epithelzellen isoliert wurden. Alle wichtigen Forschungsergebnisse des Instituts aufzuzählen, ist nicht möglich, zumal sich viele Ihrer Schüler selbst zu hervorragenden Wissenschaftlern entwickelten und die Forschungsthematik ausweiteten, bevor sie wegberufen wurden.

Angesichts der großen Erfolge entwickelte sich das Frankfurter Max-Planck-Institut bald zu einem Mekka der Transportforschung, das Kollegen von überall her anzog. Viele Gäste haben das Institut besucht und Anregungen gegeben und mitgenommen. Nahezu 100 Wissenschaftler haben hier längere Zeit gearbeitet. Mehr als 800 Publikationen sind erschienen, darunter mehrere »Citation Classics«. Daß Sie nie als Koautor fungierten, wenn Ihr eigenes Labor keine Daten beigetragen hatte, hat Ihr Ansehen nicht geschmälert. Aus aller Welt haben Sie Einladungen zu Vorträgen erhalten – darunter sehr ehrenvolle wie die *Walter B. Cannon Lecture* zur Hundertjahrfeier der *American Physiological Society*. Sie sind mit allen großen Preisen des Fachgebiets dekoriert worden – wie dem *Homer W. Smith Award* der *New York Heart Association* (1975), dem *A. N. Richards Award* der *International Society of Nephrology* (1990) und dem Preis der Ernst-Jung-Stiftung für Wissenschaft und Medizin in Hamburg (1987) – sind Ehrenmitglied nationaler und internationaler Fachgesellschaften, mehrfacher Ehrendoktor und Träger zahlreicher Medaillen sowie des Bundesverdienstkreuzes 1. Klasse.

Seit Sie 1969 zum Mitglied der Leopoldina gewählt wurden, lag Ihnen die Verbindung zu den Wissenschaftlern der damaligen DDR besonders am Herzen. Wann immer möglich, haben Sie auch Kollegen aus Ostblockländern Aufenthalte finanziert und mit Material oder Geräten geholfen. Unzählige Besucher haben die herzliche Gastfreundschaft Ihres Hauses genossen, haben lange Abende über die Welt und die Wissenschaft diskutiert und sind von Ihrer lieben Frau Gemahlin kulinarisch verwöhnt worden. Durch den frühen Tod Ihrer Gattin, die Sie nach Ihrer Emeritierung jahrelang aufopfernd gepflegt hatten, gehören diese Stunden der Vergangenheit an – sind aber unvergessen. M. BURG, Direktor am NIH in Bethesda, MD, USA, hat im Rückblick auf seine eigene erfolgreiche Karriere nur einen Kollegen persönlich gewürdigt: Karl ULLRICH. Seine Worte könnten treffender nicht sein: »a really talented German renal physiologist, a marvellous person, and good friend«.

Möge Ihnen Ihre Gesundheit, Ihre geistige Frische und Ihr unvermindertes Interesse am kulturellen Leben, am Fortschritt der Biologie und an den Arbeiten Ihrer früheren Mitarbeiter weiterhin erhalten bleiben.

Mit herzlichen Grüßen
Ihre Ihnen sehr ergebenen
Volker TER MEULEN   Eberhard FRÖMTER (Heusenstamm)
Präsident

Herrn
Professor Dr. Friedrich VOGEL
Im Bubenwingert 19, 69181 Leimen

                                              Halle (Saale), zum 6. März 2005

Sehr verehrter Herr VOGEL,

zur Vollendung Ihres 80. Lebensjahres am 6. März 2005 übermitteln wir Ihnen, auch im Namen des Präsidiums der Deutschen Akademie der Naturforscher Leopoldina sowie der Mitglieder der Sektion Humangenetik und Molekulare Medizin, besonders herzliche Grüße und Glückwünsche.

Sie haben die Entwicklung der Humangenetik im Deutschland der Nachkriegszeit entscheidend geprägt. Wenn man Ihren Einfluß auf die Humangenetik richtig würdigen will, muß man zunächst an die Situation des Faches Anfang der 50er Jahre des vergangenen Jahrhunderts erinnern. Damals gab es das Fach »Humangenetik«, das mit der schweren Hypothek seiner fachlichen Vorväter leben mußte, in Deutschland praktisch nicht mehr.

Sie begannen nach der Kriegsgefangenschaft 1946 mit dem Medizinstudium an der Humboldt-Universität zu Berlin und wechselten 1948 als einer der ersten Studenten an die Freie Universität Berlin. Nach der Promotion im Jahr 1952 traten Sie in das von Hans NACHTSHEIM geleitete Max-Planck-Institut für vergleichende Erbbiologie und Erbpathologie ein. Hier habilitierten Sie sich 1957 und verfaßten 1961 das *Lehrbuch der allgemeinen Humangenetik.* 1962 nahmen Sie den Ruf auf den neu geschaffenen Lehrstuhl für Anthropologie und Humangenetik in Heidelberg an, der unter Ihrer Leitung eine national und international herausragende Stellung erlangte. Beeindruckt hat uns, daß Sie nie modischen Trends gefolgt sind, sondern frühzeitig wissenschaftliche Perspektiven und Entwicklungschancen erkannt haben, und so der Zeit immer etwas voraus waren. Dies zeigte sich bereits an der Hinwendung zur Humangenetik.

Im Mittelpunkt Ihrer wissenschaftlichen Tätigkeit standen die Mutationsforschung und die Pharmakogenetik, die Populationsgenetik und die Verhaltensforschung, Gebiete, auf denen Sie richtungsweisende Erkenntnisse erzielten, die inzwischen zum festen Bestand der Humangenetik geworden sind.

1968 verfaßten Sie gemeinsam mit W. FUHRMANN das erste Buch über »Genetische Familienberatung« in deutscher Sprache, das sich an fachkundige Mediziner richtet. Ihr gemeinsam mit Peter PROPPING verfaßtes Buch *Ist unser Schicksal mitgeboren* wendet sich hingegen an den fachlich nicht vorgebildeten Leser, um ihm grundlegende Einsichten in die Erbe-Umwelt-Problematik zu vermitteln. Ihr bislang letztes Buch aus dem Jahr 2000 *Genetics and the Electroencephalogram* ist zugleich die erste Monographie dieses Gebietes, in dem die genetischen und klinisch neurophysiologischen Aspekte zusammenfassend behandelt werden.

Im Jahr 1964 waren sie maßgeblich an der Gründung der Zeitschrift *Humangenetik* beteiligt, die später in *Human Genetics* umbenannt wurde. Auch darüber haben Sie die Entwicklung des Faches mitbestimmt. In ganz besonderem Maße gilt dies für Ihr 1979 gemeinsam mit Arno MOTULSKY verfaßtes Buch *Human Genetics – Problems and Approaches,* das inzwischen in dritter Auflage vorliegt. Es ist das Ergebnis Ihrer Zeit als *Fellow* am *Center for Advanced Study in the Behavioral Sciences,* Stanford (1976/1977). In diesem Werk wird der aktuelle Stand des Wissens aus der historischen Entwicklung hergeleitet und in den wissenschaftstheoretischen Zusammenhang gestellt. Zudem wird ausführlich auf Wertefragen und die praktischen Auswirkungen des Fortschritts in der Humangenetik eingegangen. Angesichts der Differenziertheit der Darstellung und der Fülle des Gebotenen fragen sich viele, wie es überhaupt möglich ist, dieses umfassende Wissen zu erwerben.

Wir wollen hier nicht weiter auf Ihre enge Verbindung zur DFG als Fachgutachter, Sprecher eines Sonderforschungsbereichs und Initiator von Schwerpunktprogrammen eingehen. Wir wollen auch nur kurz darauf hinweisen, daß Sie den ersten Gegenstandskatalog »Biologie für Mediziner« entscheidend mitgeprägt und damit die Verankerung der Genetik im Medizinstudium begründet haben. Als Ausdruck Ihrer engen Verbindung zu Indien erwähnen wir nur Ihre Gastprofessur an der *Delhi University* (1971).

Es war Ihrem hohen Ansehen zu verdanken, daß der siebte internationale Kongreß für Humangenetik im Jahr 1986 nach Deutschland vergeben wurde. Dies war seit 1927 der erste große internationale Genetikkongreß überhaupt, der wieder in unserem Lande durchgeführt wurde. Er dokumentierte ein Stück Vergangenheitsbewältigung, in mancher Hinsicht auch einen neuen Anfang.

Von Ihren vielen Ehrungen sollen hier nur die Verleihung des Hans-Berger-Preises der Deutschen EEG-Gesellschaft (1966), der Jacob-Henle-Medaille durch die Medizinische Fakultät Göttingen (1995) und die Ehrendoktorwürde durch die FU Berlin (1988) angeführt werden.

Der großen Anzahl Ihrer Schüler, darunter viele Lehrstuhlinhaber, haben Sie vorgelebt, wie hohes Ansehen mit persönlicher Bescheidenheit, großes Verantwortungsbewußtsein mit absoluter Integrität einhergeht. Sie verkörpern den Typ des Gelehrten, der höchste fachliche Kompetenz mit umfassender Bildung verbindet, in Philosophie und Geschichte, Kunst und Literatur bewandert ist. Mit Ihrem Blick für das Prinzipielle waren Sie dem jeweiligen Zeitgeist stets voraus. Sie hatten dabei auch das Glück, daß Ihr Wirken in eine Zeit fiel, in der Ihr Fachgebiet selbst eine tiefgreifende Veränderung erfuhr, angefangen bei der Aufklärung der Struktur der DNA, über die molekulare Analyse genetisch bedingter Krankheiten bis hin zur Durchführung des Humangenomprojektes, des größten biologisch-medizinischen Forschungsvorhabens überhaupt.

Sie, lieber Herr Kollege VOGEL, haben sich von Anbeginn an den älteren deutschen und vor allem angelsächsischen Genetikern orientiert und sich als Schüler NACHTSHEIMS immer dem rationalen Umgang mit den Erkenntnissen der Humangenetik verpflichtet. Man darf Sie als den führenden deutschen Humangenetiker der Nachkriegszeit bezeichnen. Wir können Sie zu Ihrem so reichen wissenschaftlichen Werk nur beglückwünschen und Ihnen zugleich für Ihre Leistungen im Namen der Leopoldina vielmals danken.

Es grüßen Sie in Verbundenheit herzlich
Ihre
Volker TER MEULEN   Karl SPERLING (Berlin)
Präsident

Herrn
Professor Dr. Dr. h. c. mult. Günther WILKE
Leonhard-Stinnes-Straße 44, 45470 Mülheim an der Ruhr

Halle (Saale), zum 23. Februar 2005

Sehr verehrter, lieber Herr WILKE,

zur Vollendung Ihres 80. Lebensjahres am 23. Februar 2005 möchten wir Ihnen, auch im Namen des Präsidiums der Deutschen Akademie der Naturforscher Leopoldina, herzlich gratulieren und für die Zukunft das Allerbeste wünschen.

Sie wurden im Jahre 1925 in der Universitätsstadt Heidelberg geboren, in der Ihr allzu früh verstorbener Vater Professor für Physikalische Chemie war. Nach dem Abitur am humanistischen Gymnasium in Heidelberg und Wehrdienst bei den Gebirgsjägern 1943–1945 nahmen Sie das Chemiestudium an der Technischen Hochschule Karlsruhe auf, wechselten dann aber nach Heidelberg, wo Sie 1951 unter der Leitung von Professor Karl FREUDENBERG mit einem Thema zur Chemie des Lignins promovierten.

Als Sie 1951 wissenschaftlicher Assistent beim späteren Chemie-Nobelpreisträger Professor Karl ZIEGLER am Max-Planck-Institut für Kohlenforschung in Mülheim an der Ruhr wurden, ahnten Sie nicht, daß Sie in dieser Stadt mindestens 54 Jahre verweilen würden! Nach der 1960 abgeschlossenen Habilitation an der Rheinisch-Westfälischen Technischen Hochschule in Aachen (Titel der Habilitationsschrift: »Synthese und Reaktionen von Cyclododecatrienen-(1,5,9)«) und einem Lehrauftrag an der Universität Köln wurden Sie 1963 zum Wissenschaftlichen Mitglied am Max-Planck-Institut für Kohlenforschung berufen und zugleich zum Ordentlichen Professor für Organische Chemie an der Ruhr-Universität Bochum ernannt. Nur vier Jahre später erfolgte die Ernennung zum zweiten Direktor des Mülheimer Instituts. Ein Höhepunkt des beruflichen Werdegangs war die Übernahme der Leitung des Max-Planck-Instituts für Kohlenforschung als Nachfolger von Karl ZIEGLER im Jahre 1969.

Der frühe Wechsel von Heidelberg nach Mülheim bedeutete, den Weg zur metallorganischen Chemie gefunden zu haben. Aufbauend auf den Arbeiten von Karl ZIEGLER zur katalytischen Wirkung von Titan- und Nickelverbindungen bei der Polymerisation sowie Dimerisierung von Alkenen, untersuchten Sie zunächst den Einfluß dieser metallorganischen Komplexe auf die Reaktion von Butadien. Titanhaltige Ziegler-Katalysatoren führten zu einem überraschenden Ergebnis: Nicht Polybutadien, sondern Cyclodecatrien war entstanden. Eine solche Cyclotrimerisierung unter Bildung eines 12-Ringes hatte es bis dato nicht gegeben und wurde von der Fachwelt als Sensation betrachtet. Diese ungewöhnliche Reaktion führte bald zur technischen Anwendung. Die Industrie nutzte die hocheffiziente Synthese von Cyclodecatrien, um daraus Nylon-12 herzustellen. Es handelt sich um einen Kunststoff, aus dem u. a. Fußballschuhe hergestellt wurden. Ferner fanden Sie, daß auch bestimmte Nickel-Katalysatoren die Cyclotrimerisierung induzieren. Von großer Bedeutung für die metallorganische Chemie und für die homogene Katalyse war der spätere Befund, daß eine Steuerung der Reaktion mit Hilfe von unterschiedlichen Liganden am Nickel möglich ist: Je nach Natur der phosphorhaltigen Liganden gelang es, entweder 6-, 8- oder 12-Ringe gezielt aufzubauen. Neben den Nickelkatalysatoren stellten Sie zahlreiche weitere neue metallorganische Verbindungen her, z. B. unter Beteiligung von Chrom, Cobalt, Molybdän, Zirkonium oder Hafnium. In weiteren Arbeiten haben Sie den von ZIEGLER ursprünglich beobachteten Nickel-Effekt mechanistisch studiert, Untersuchungen, die wiederum zu neuen Katalysatoren führten. Dabei handelt es sich um die Kombination von bestimmten Nickelverbindungen und sogenannten

Lewis-Säuren. In Gegenwart von Phosphinen katalysieren sie die Dimerisierung von Alkenen wie Ethylen oder Propylen, wobei die verwendeten Bimetallverbindungen die bislang aktivsten Katalysatoren darstellen, die je synthetisch erzeugt worden sind. Die Dimerisierung von Propen ist technisch bedeutsam. Auch hier erwiesen sich Ligandeneffekte als entscheidend, wie auch bei den von Ihnen untersuchten enantioselektiven Reaktionen.

Diese Ergebnisse sowie weitere hier nicht im Detail erwähnte Untersuchungen haben ihren Niederschlag in mehr als 200 Veröffentlichungen und zahlreichen Patenten gefunden. Dabei haben Sie die Schnittstelle zwischen Grundlagenforschung und anwendungsbezogener bzw. industrieller Forschung nicht aus den Augen verloren. Ihre wissenschaftlichen Arbeiten fanden rasch nationale und internationale Anerkennung. Von den vielen Auszeichnungen, die Sie erhalten haben, seien insbesondere die sechs Ehrendoktortitel sowie Ehrungen, wie der Ruhrpreis für Kunst und Wissenschaften 1965, die Emil-Fischer-Medaille der Gesellschaft Deutscher Chemiker 1970, die Wilhelm-Exner-Medaille des Österreichischen Gewerbevereins 1980, die *Willard Gibbs Medal* der *American Chemical Society, Chicago Section* 1991, der *Sir Edward Frankland Prize of the Royal Society of Chemistry* 1992, das Österreichische Ehrenzeichen für Wissenschaft und Kunst 1993, der Verdienstorden des Landes Nordrhein-Westfalen 1997 und das Große Verdienstkreuz mit Stern des Verdienstordens der Bundesrepublik Deutschland, erwähnt. Sie sind nicht nur seit 1976 Mitglied der Leopoldina, sondern auch Mitglied der Rheinisch-Westfälischen Akademie der Wissenschaften, der Königlichen Niederländischen Akademie der Wissenschaften, der Akademie der Wissenschaften zu Göttingen (korrespondierend), der Österreichischen Akademie der Wissenschaften (korrespondierend), der Heidelberger Akademie der Wissenschaften (korrespondierend), der *Academia Europaea* und der *Academia Scientiarum et Artium Europaea.*

Sie haben auch viele wichtige Ämter auf dem Gebiet der akademischen Selbstverwaltung und Wissenschaftspolitik bekleidet. Beispiele sind: Dekan der Abteilung für Chemie der Ruhr-Universität Bochum 1968–1969, Vorsitzender der Chemisch-Physikalisch-Technischen Sektion der Max-Planck-Gesellschaft 1973–1976, Vizepräsident der Max-Planck-Gesellschaft 1978–1990, Präsident der Gesellschaft Deutscher Chemiker 1980–1981 sowie 1994–1997 Präsident der Nordrhein-Westfälischen Akademie der Wissenschaften. Im Rahmen dieser Tätigkeiten gelang es Ihnen, stets eigene Akzente zu setzen. Als Präsident der Gesellschaft Deutscher Chemiker setzten Sie sich z. B. mit dem Problem der Technikfeindlichkeit beharrlich auseinander. Nicht zuletzt erwähnen wir Ihre langjährige fruchtbare Tätigkeit als Senator unserer Akademie.

Verehrter, lieber Herr WILKE, Sie gelten als Paradebeispiel für das Bindeglied zwischen Wissenschaft, Wirtschaft und Politik. Sie können mit Stolz auf Ihre Beiträge zurückschauen. Wir wünschen Ihnen noch viele glückliche und erfreuliche Jahre.

Mit herzlichen Grüßen, auch an Ihre Frau Dagmar, mit der Sie in diesem Jahr die Goldene Hochzeit feiern werden,

Ihre
Volker TER MEULEN   Manfred T. REETZ (Mülheim)
Präsident

Herrn
Professor Dr. Hans WONDRATSCHEK
Pfaffstraße 18, 76227 Karlsruhe

Halle (Saale), zum 7. März 2005

Sehr verehrter, lieber Herr WONDRATSCHEK,

zur Vollendung Ihres 80. Lebensjahres übermitteln wir Ihnen, zugleich im Namen des Präsidiums der Deutschen Akademie der Naturforscher Leopoldina, sehr herzliche Glückwünsche. Mögen Ihnen auch weiterhin Gesundheit und Lebensfreude erhalten bleiben.

Sie wurden am 7. März 1925 in Bonn geboren, gingen dort auch zur Schule und – unterbrochen vom Wehrdienst – studierten Sie von 1945 bis 1950 Mathematik, Physik, Chemie und Mineralogie an der Universität Bonn mit dem Ziel des Staatsexamens für den höheren Schuldienst, das Sie 1950 ablegten. Gleichzeitig entwickelten Sie ein großes Interesse an der Mineralogie und vor allem der Kristallographie. Sie promovierten 1953 am Mineralogischen Institut in Bonn bei W. KLEBER mit einer Arbeit »Über tensorielle Eigenschaften symmetrischer Körper«, die bereits früh Ihr großes Interesse und Ihre herausragenden Fähigkeiten im Bereich der mathematischen Kristallographie und der Symmetrielehre offenbarte.

Nach einer mehrjährigen Tätigkeit am Max-Planck-Institut für Silikatforschung in Würzburg bei H. JAGODZINSKI und an der ETH Zürich bei F. LAVES, in der Sie sich vor allem experimentellen Fragen der Glasstruktur, der Phosphat-Apatite und der IR-Spektroskopie widmeten, kehrten Sie 1959 nach Bonn zurück, wo Sie sich 1961 bei A. NEUHAUS für Mineralogie und Kristallographie mit einer Arbeit über Blei-Apatite habilitierten. Nach einer dreijährigen Dozententätigkeit in Freiburg wurden Sie 1964 auf den Lehrstuhl für Mineralogie und Kristallographie an der Universität Karlsruhe berufen. Sie waren ein begeisternder Hochschullehrer, der auch abstrakte Sachverhalte anschaulich, stets aber präzise und immer humorvoll vermitteln konnte. Unvergessen sind Ihre Vorlesungen in den Hochtagen der Faschingszeit, in denen allen Ernstes die Gruppentheorie mit roter Pappnase vermittelt wurde. Trotz attraktiver Rufe nach Saarbrücken, Freiburg und Bonn sind Sie Karlsruhe bis zu Ihrer Emeritierung und sogar bis heute treu geblieben. Es ist wohl bekannt bei Ihren Freunden, daß Sie auch heute noch täglich in Ihrem Institut auftauchen und engagiert wissenschaftlich tätig sind.

In Karlsruhe hat sich Ihr bereits in der Promotion angelegtes Interessengebiet der Gruppentheorie und Theoretischen Kristallographie zur international anerkannten Meisterschaft entwickelt. Als »highlights« aus dieser Zeit seien erwähnt: 1. die Ableitung der vierdimensionalen Raumgruppen als Ergebnis einer langen, intensiven und fruchtbaren Kooperation mit den Mathematikern J. NEUBÜSER in Aachen sowie H. ZASSENHAUS in Ohio, USA; das einschlägige Buch erschien 1978 unter dem Titel *Crystallographic Groups of Four-dimensional Space*; 2. Die systematische Ableitung der Untergruppen der Raumgruppen, wiederum zusammen mit J. NEUBÜSER, und deren Anwendung auf chemische Strukturprobleme durch H. BÄRNIGHAUSEN in Karlsruhe (ab 1966); 3. die Ableitung der *Non-characteristic orbits of the space groups*, zusammen mit P. ENGEL, T. MATSUMOTO und G. STEINMANN (als Buch 1984); 4. die intensive Mitarbeit (ab 1972) am Band A der *International Tables for Crystallography: Space-Group Symmetry*, erschienen 1983 (5. Auflage 2002), insbesondere das Verfassen des grundlegenden Kapitels »Introduction to space-group symmetry« sowie die Auflistung der Untergruppen der Raumgruppen.

Die Fortsetzung dieser Arbeiten kulminierte vor wenigen Monaten (2004) in der Herausgabe des Bandes A1 der *International Tables*, gemeinsam mit U. MÜLLER, M. AROYO und anderen, in dem die Untergruppen der Raumgruppen erstmals vollständig und in einer für den Anwender brauchbaren Form dargestellt werden.

Nicht vergessen sei Ihr ständiges großes Interesse an den Problemen der Mineralogie, insbesondere Ihre langjährigen experimentellen Untersuchungen der »Sanidine von Volkesfeld«, eines ungewöhnlichen Feldspatvorkommens aus der Eifel.

Alle diese Arbeiten haben Ihnen international hohes Ansehen gebracht. Dies wurde noch verstärkt durch zahlreiche persönliche Kontakte im In- und Ausland sowie durch die Abhaltung etlicher »Sommerschulen« seit 1988 für jüngere Wissenschaftler, gemeinsam mit Freunden und Kollegen. Hervorgehoben sei die besondere Konzentration dieser Kurse auf Osteuropa: Prag, Sofia, St. Petersburg. Diese wissenschaftlichen Aktivitäten haben Ihnen mehrfach Preise und Ehrungen mineralogischer und kristallographischer Gesellschaften in Deutschland und Österreich eingetragen, nicht zuletzt die Mitgliedschaft in unserer Akademie.

Mit den herzlichsten Grüßen zu Ihrem Ehrentag verbinden wir den aufrichtigen Wunsch, daß Sie noch lange und mit Freude Ihren wissenschaftlichen Tätigkeiten nachgehen können.

Volker TER MEULEN
Präsident

Theo HAHN (Aachen)
Werner F. KUHS (Göttingen)

Herrn
Professor Dr. Charles YANOFSKY
Stanford University, Dept. Biol. Science, Stanford
CA 94305-5020, USA

Halle (Saale), zum 17. April 2005

Sehr verehrter Herr YANOFSKY,

am 17. April feiern Sie Ihren 80. Geburtstag. Dieses Datum bedeutet keineswegs, daß wir einen Menschen in seinem wohlverdienten Ruhestand antreffen, sondern wir können noch immer einen aktiven Kollegen würdigen.
Ihr äußerst erfolgreiches wissenschaftliches Leben begann mit der ersten Veröffentlichung 1949 über »Quinolinic acid accumulation in the conversion of 3-hydroxyanthranilic acid to niacin in Neurospora« (Proc. Nat. Acad. Sci. USA 35, 576–581) und ein Ende Ihrer beruflichen Arbeit ist, Gott sei Dank, nicht absehbar. Ihre letzte Arbeit in *Trends in Genetics* 20, 367–374, erfolgte im Jahr 2004 und beschäftigt sich mit »The different roles of tryptophan transfer RNA in regulating trp operon expression in *E. coli* versus *B. subtilis*«. In den dazwischen liegenden 55 Jahren wissenschaftlicher Tätigkeit erschienen 415 andere Publikationen von Ihnen.
Auch nur 5 % Ihrer und Ihrer Mitarbeiter wichtigsten Entdeckungen im Einzelnen hier besprechen zu wollen, würde den Rahmen einer Laudatio sprengen. Dennoch sollen die Ergebnisse einiger weniger Arbeiten vorgestellt werden:
Ihre bahnbrechenden Studien begannen in den frühen 1950er Jahren mit einer groß angelegten Suche nach Mutanten, die Defekte im Tryptophan-Stoffwechsel von *Neurospora crassa* aufwiesen. Die von BEADLE und TATUM aufgestellte Ein-Gen-Ein-Enzym-Hypothese konnte hierdurch überzeugend unterstützt werden. In den nächsten beiden Jahrzehnten beschäftigte sich Ihr Laboratorium vorrangig mit den Beziehungen zwischen Gen- und Proteinstruktur. In *Escherichia coli* entschlüsselten Sie die Zwischenprodukte der Tryptophan-Biosynthese und identifizierten die dabei beteiligten Enzyme sowie die sie kodierenden Gene. Eine sehr detaillierte genetische Analyse der Feinstruktur des Tryptophan-Syntethase-A-Gens sowie die Bestimmung der Primärstruktur dieses Proteins kulminierten im Beweis der Ko-Linearität von Gen- und Proteinstruktur. Diese wegweisenden Untersuchungen, die 1964 in *Proceedings of the National Academy of Sciences USA* 51, 266–272, publiziert wurden, führten außerdem zur Entdeckung der *Missense*-Suppression und lieferten somit auch Information über den genetischen Code wie auch über die Veränderung von genetischem Material durch Mutation.
In späteren Jahren wandten Sie sich mit Ihren Mitarbeitern dann mehr den Fragen der Regulation der Ausprägung genetischer Information zu. Im Zentrum der Forschung standen dabei die Mechanismen der Regulation der Transkription der Tryptophan-Gene in *E. coli*, wobei sie einen neuen Mechanismus der

Kontrolle von Genexpression in Bakterien entdeckten. Bis dahin wurde angenommen, daß die Steuerung der bakteriellen Genexpression durch die Wechselwirkung von Repressoren mit ihren Operatoren erfolgt, ganz wie Jacob und Monod es beschrieben hatten. Ihre Untersuchungen zeigten jedoch, daß eine Transkriptionsterminationsstelle vor den Strukturgenen in der Transkriptionseinheit lokalisiert ist und daß diese Stelle für die Kontrolle der Transkription der Strukturgene genutzt wird. Das Neue an dem vorgeschlagenen Mechanismus war, daß die Translation des beginnenden Transkripts über die weitere Transkription entscheidet. Regulation erfolgt dann durch Veränderung der Sekundärstruktur des Transkripts. Attenuation ist das Stichwort, das in die Lehrbücher eingegangen ist, und scheint ein weit verbreiteter Mechanismus der Regulation von Genexpression zu sein.

Aus dem Rahmen fallend, aber bahnbrechend, war die Arbeit »Plasmid ColEI as a molecular vehicle for cloning and amplification of DNA« von Herschfield, Boyer, Yanofsky, Lovett und Helinski, die am Anfang der Gentechnik-Ära stand.

In den 1980er Jahren fanden Sie wieder zurück zu *Neurospora crassa*. Die globale Regulation der Ausprägung von Genen der Aminosäure-Biosynthese durch das trans-aktivierende Protein CPC1, das die Transkription von 50–100 Genen steuert, faszinierte Sie dabei besonders. Davon unabhängig versuchten Sie, den entwicklungsbiologisch kontrollierten Genen der Sporenbildung von *N. crassa* auf die Spur zu kommen. Hier gelang die Isolierung der Gene, die differentiell während der Sporenbildung ausgeprägt werden. Das Fernziel liegt wohl in der Entschlüsselung der Mechanismen der Anschaltung dieser entwicklungsgesteuerten Gene.

Bereits durch diesen kurzen Ausschnitt aus Ihrem Œuvre wird verständlich, warum der Jubilar so reichlich geehrt wurde. Vor mehr als 40 Jahren wurden Sie in die *American Academy of Arts and Sciences* gewählt, zwei Jahre später in die *National Academy of Sciences* und 1976 dann in unsere Deutsche Akademie der Naturforscher Leopoldina; weitere Akademien folgten. Von den vielen Auszeichnungen, die Sie erhielten, sollen hier stellvertretend nur die erste und die letzte genannt sein; der *Lederle Medical Faculty Award* (1955–1957) und der *William C. Rose Award of the American Society for Biochemistry and Molecular Biology* (1997).

Zu diesem besonderen Tag wünschen Ihnen das Präsidium, die Mitglieder der Leopoldina nicht nur alles Gute und viel Gesundheit, sondern viele weitere aktive und erfolgreiche Jahre.

Mit herzlichen Grüßen
Ihre
Volker ter Meulen   Heinz Saedler (Köln)
Präsident

Persönliches aus dem Kreise der Mitglieder

Jubiläen 2005

65 Jahre wurden: *Friedrich G. Barth*, Wien, am 18. April – *Henning Beier*, Aachen, am 26. Oktober – *Gunnar Berg*, Halle (Saale), am 29. März – *Michail S. Davidoff*, Hamburg, am 18. Juli – *Helmut Denk*, Graz, am 5. März – *Norbert Elsner*, Göttingen, am 11. Oktober – *Bernd Giese*, Basel, am 2. Juni – *Martin Heisenberg*, Würzburg, am 7. August – *Franz Jacobs*, Leipzig, am 12. April – *Horst Kessler*, Garching, am 5. April – *Andreas Kleinert*, Halle (Saale), am 16. Oktober – *Paul J. Kühn*, Leinfelden-Echterdingen, am 29. Dezember – *Eduard Linsenmair*, Würzburg, am 8. Februar – *Stephen J. Lippard*, Cambridge, USA am 12. Oktober – *Randolf Menzel*, Berlin, am 7. Juni – *Axel Michelsen*, Ødense, am 1. März – *Gernot Neugebauer*, Jena, am 20. Juli – *Manfred J. M. Neumann*, Bonn, am 15. Dezember – *Dieter Oesterhelt*, Martinsried, am 10. November – *Bohdan Paczyński*, Warszawa, am 8. Februar – *Peter Paufler*, Dresden, am 18. Februar – *Ernst Pöppel*, München, am 29. April – *Alfred Pühler*, Bielefeld, am 28. September – *Günther Schütz*, Heidelberg, am 1. Mai – *J. Rüdiger Siewert*, München, am 8. Februar – *Arndt Simon*, Stuttgart, am 14. Januar – *Dietrich Stoyan*, Freiberg (Sa.), am 26. November – *Manfred Thelen*, Mainz, am 20. Februar – *Jürgen Troe*, Göttingen, am 4. August – *Klaus-Rüdiger Trott*, Gmund, am 16. Juli – *Rüdiger Wehner*, Zürich, am 6. Februar – *Carl Joachim Wirth*, Hannover, am 11. August – *Sigmar Wittig*, Köln, am 25. Februar – *Eduard Zehnder*, Greifensee, am 10. November – *Eberhard Zeidler*, Leipzig, am 6. Oktober.

70 Jahre wurden: *Dietrich Demus*, Halle (Saale), am 12. April – *Hans-Joachim Freund*, Ratingen, am 17. August – *Eberhard Frömter*, Heusenstamm, am 11. Juli – *Wolfgang Frühwald*, Augsburg, am 2. August – *Gerhard Gottschalk*, Göttingen, am 27. März – *Klaus Hahlbrock*, Hinterzarten, am 4. November – *Renate Hanitzsch*, Leipzig, am 11. Mai – *Horst Klinkmann*, Rostock, am 7. Mai – *Fritz Krafft*, Weimar (Lahn), am 10. Juli – *Hubert Mörl*, Bammental, am 30. Dezember – *Gottfried O. H. Naumann*, Erlangen, am 25. April – *Gerhard Neuweiler*, Seefeld, am 18. Mai – *Satoshi Ōmura*, Tokyo, am 12. Juli – *John M. Opitz*, Salt Lake City, UT, am 15. August – *Uwe Pörksen*, Freiburg (Br.), am 13. März – *Manfred Regitz*, Kaiserslautern, am 20. August – *Herbert W. Roesky*, Göttingen, am 6. November – *Heinz Schulz*, München, am 5. Juni – *Peter C. Scriba*, München, am 19. August – *Pál Venetianer*, Szeged, am 15. April – *Herbert Walther*, Garching, am 19. Januar – *Peter von Wichert*, Hamburg, am 30. September – *Klaus Wolff*, Wien, am 4. Dezember.

75 Jahre wurden: *Lothar Berg*, Rostock, am 28. Juli – *Norbert Bischof*, Bernried, am 6. März – *Jaromír Demek*, Kunštát na Moravě, am 14. August – *Robert Fischer*, Köln, am 7. Februar – *Hans Grauert*, Göttingen, am 8. Februar – *Siegfried Großmann*, Lahntal-Goßfelden, am 28. Februar – *Ulrich Heber*, Würzburg, am 25. Oktober – *Johannes Heydenreich*, Halle (Saale), am 20. Juni – *Eberhard Hofmann*, Halle (Saale), am 19. April – *Rainer Jaenicke*, Schwalbach a. Ts., am 30. Oktober – *Horst Kleinkauf*, Berlin, am 13. November – *Kurt Kochsiek*, Würzburg, am 3. März – *Hans Kummer*, Mettmenstetten, am 4. November – *Felix Largiadèr*, Erlenbach, am 18. Dezember – *Hans Mohr*, Freiburg (Br.), am 11. Mai – *Gerhard Pulverer*, Köln, am 4. März – *Rigomar Rieger*, Gatersleben, am 17. Februar – *Hans Rorsman*, Lund, am 2. März – *Günther Schilling*, Halle (Saale), am 16. August – *Ernst Schmutzer*, Jena, am 26. Februar – *Werner Schreyer*, Bochum, am 14. November – *Manfred Schulz*, Merseburg, am 16. März – *Niels Sönnichsen*, Berlin, am 22. Dezember – *Hans J. Stetter*, Wien, am 8. April – *Horst Stoeckel*, Bonn, am 26. September – *Jacques Tits*, Paris, am 12. August – *Richard Toellner*, Rottenburg-Bieringen, am 2. Januar – *J. Peter Toennies*, Göttingen, am 3. Mai – *Manfred Tost*, Halle (Saale), am 17. Juni – *Eugen Weiss*, Gießen, am 24. Februar – *Hans Georg Zachau*, München, am 16. Mai.

80 Jahre wurden: *Sir Alan R. Battersby*, Cambridge, GB, am 4. März – *Walter Beier*, Leipzig, am 9. Mai – *Karl Decker*, Gau-Algesheim, am 14. Februar – *Fritz Eiden*, Gräfelfing, am 29. August – *Albert Eschenmoser*, Küsnacht, am 5. August – *Sir Leslie Fowden*, Harpenden, Herts, am 13. Oktober – *Hanns Hippius*, Untershofen-Söchtenau, am 18. April – *Franz Huber*, Starnberg, am 20. November – *Josef Knoll*, Budapest, am 30. Mai – *Hanns Gotthard Lasch*, Gießen, am 29. September – *Olli Lehto*, Helsinki, am 30. Mai – *Otto-Erich Lund*, München, am 19. August – *Hans-H. Matthiaß*, Münster, am 4. Mai – *Marco Mumenthaler*, Zürich, am 23. Juli – *Hermann Passow*, Jena, am 18. Dezember – *Peter L. Pauson*, Glasgow, am 30. Juli – *Gert-Horst Schumacher*, Rostock, am 21. Mai – *Alois Stacher*, Wien, am 16. Februar – *Gerd Klaus Steigleder*, Köln, am 25. Januar – *Karl J. Ullrich*, Königstein-Falkenstein, am 18. November – *Friedrich Vogel*, Heidelberg, am 6. März – *Günther Wilke*, Mülheim, am 23. Februar – *Hans Wondratschek*, Karlsruhe, am 7. März – *Charles Yanofsky*, Stanford, CA, am 17. April.

85 Jahre wurden: *Nicolaas Bloembergen*, Tucson, AZ, am 11. März – *Reinier J. A. M. van Dongen*, Bilthoven, am 10. Dezember – *Eduard Gitsch*, Wien, am 3. August – *Hans Haller*, Dresden, am 17. Dezember – *Fritz Hartmann*, Hannover, am 17. November – *Reinhard J. Haschen*, Lohmar, am 1. März – *Osamu Hayaishi*, Osaka, am 8. Januar – *Hartmut Hoffmann-Berling*, Heidelberg, am 7. April – *Rolf Huisgen*, München, am 13. Juni – *Stefania Jabłońska*, Warszawa, am 7. September – *Werner Janzarik*, Heidelberg, am 3. Juni – *Zdenka Kadla*, St. Petersburg, am 11. Januar – *Otto Kandler*, München, am 23. Oktober

– *Walter Kirsche*, Bestensee, am 21. Juni – *Heinrich Köle*, Graz, am 24. Dezember – *Kirill Kondratyev*, St. Petersburg, am 14. Juni – *Leopold G. Koss*, New York, am 2. Oktober – *Yves Laporte*, Paris, am 21. Dezember – *Otto Mayrhofer*, Wien, am 2. November – *Saburo Nagakura*, Kawasaki-shi, am 3. Oktober – *Hugo L. Obwegeser*, Schwerzenbach, am 21. Oktober – *Wilhelm Oelßner*, Leipzig, am 3. März – *Detlev Ploog*, München, am 29. November – *Egbert Schmiedt*, Grünwald, am 20. November – *Paul Speiser*, Wien, am 28. November – *Paul Stefanovits*, Budapest, am 24. November – *Otto H. Wolff*, London, am 10. Januar.

90 Jahre wurden: *Rosemarie Albrecht*, Jena, am 19. März – *Ihsan Doğramaci*, Ankara, am 3. April – *Karl Maramorosch*, New Brunswick, NJ, am 16. Januar – *Shoji Shibata*, Tokyo, am 23. Oktober – *Friedrich-Ernst Stieve*, München, am 5. November – *Sakari Timonen*, Helsinki am 17. März – *Hans-Rudolf Wiedemann*, Kiel, am 16. Februar.

91 Jahre wurden: *Margot Becke*, Heidelberg, am 10. Juni – *Klaus Betke*, Lochham, am 30. Oktober – *Kamiel Dierickx*, Gent, am 13. Dezember – *Charles Fehrenbach*, Combas, am 29. April – *Moshe Wolman*, Tel Aviv, am 19. Oktober – *Szczesny L. Zgliczyński*, Warszawa, am 20. November.

92 Jahre wurden: *Britton Chance*, Philadelphia, PA, am 24. Juli.

93 Jahre wurden: *Rodolfo Amprino*, Torino, am 5. Januar – *Gertrude Henle*, Newtown Square, am 3. April – *Vasilij V. Kuprijanov*, Moskva, am 1. Januar – *George E. Palade*, La Jolla, CA, am 19. November – *Wolfgang Schneider*, Vörstetten, am 31. Juli – *Carl Friedrich Frhr. von Weizsäcker*, Starnberg, am 28. Juni.

94 Jahre wurden: *Leopold Horner*, Mainz, am 24. August – *Hans Joachim Müller*, Großhansdorf, am 11. November – *Frederick Seitz*, New York, am 4. Juli.

95 Jahre wurden: *Ben Roy Burmester*, Boise, ID, am 13. Juni – *Wolf Baron von Engelhardt*, Tübingen, am 9. Februar – *J. Ariëns Kappers*, Blaricum, am 9. Juli – *Wilhelm Menke*, Leverkusen, am 18. Juni – *Władysław Pożaryski*, Konstancin, am 4. Dezember – *Hugo Strunz*, Unterwössen, am 24. Februar – *Armen L. Takhtajan*, St. Petersburg, am 10. Juni.

97 Jahre wurden: *William Beveridge*, Wentworth Falls, NSW, am 23. April – *Boris V. Petrovskij*, Moskva, am 27. Juni – *Dimitrij F. Tschebotarew*, Kiev, am 17. September.

99 Jahre wurden: *Reinhard Aschenbrenner*, Hamburg, am 15. Juni.

Personelle Veränderungen und Ehrungen

2005 und Nachträge

Eduard Arzt, Stuttgart: Wissenschaftspreis des Stifterverbandes für die Deutsche Wissenschaft, *dazu*: [1] DUZ Magazin *5*, 39 (2005)

Gerd Assmann, Münster: Roche-Preis der Universität Münster, *dazu*: [1] DUZ Magazin *4*, 43 (2005)

Lothar Berg, Rostock: Goldene Ehrennadel der Deutschen Mathematiker-Vereinigung anläßlich seines 75. Geburtstages

Hubert E. Blum, Freiburg (Br.): Ausländisches Ehrenmitglied der Academia Nacional de Medicina, *dazu*: [1] DUZ Magazin *3*, 43 (2006); [2] Freiburger Universitäts-Blätter *170/4*, 109 (2005)

August Böck, München: Dr. sc. h. c. der ETH Zürich, *dazu*: [1] Mitteilung vom ETH-Departement für Biologie

Hans-Rudolf Bork, Kiel: Wahl zum 1. Vorsitzenden des Verbandes der Geographen an Deutschen Hochschulen, *dazu*: [1] DUZ Magazin *3*, 44 (2006)

Hartwig Bostedt, Gießen: Dr. h. c. der Universität Leipzig, *dazu*: [1] Journal Uni Leipzig *6*, 30 (2005)

Horst Bredekamp, Berlin: Max-Planck-Forschungspreis 2006 der Max-Planck-Gesellschaft und Alexander-von-Humboldt-Stiftung, *dazu:* [1] DUZ Magazin *3*, 32–33 (2006)

Enno Christophers, Kiel: Karl-Herxheimer-Medaille der Universität Kiel, *dazu*: [1] DUZ Nachrichten *7*, 11 (2005)

Paul J. Crutzen, Mainz: Gründungsmitglied des Europäischen Forschungsrates, *dazu*: [1] http://www.i-med.ac.at/mypoint/news/2005090901.xml

Hannelore Daniel, Freising-Weihenstephan: Preis für gute Lehre 2004 des bayerischen Wissenschaftsministers, *dazu*: [1] DUZ Magazin *7*, 10 (2005)

Detlev Drenckhahn, Würzburg: Ehrenamtlicher Präsident des World Wide Fund for Nature (WWF), *dazu*: [1] Blick, Magazin der Universität Würzburg *1*, 107 (2005)

Irenäus Eibl-Eibesfeldt, Andechs: Verleihung der Ehrendoktorwürde für Psychologie der Universität Bologna (Italien)

Volker Ewerbeck, Heidelberg: Ernennung zum Präsidenten der Deutschen Gesellschaft für Plastische und Wiederherstellungschirurgie für das Jahr 2008, *dazu*: [1] Rhein-Neckar-Zeitung vom 3. 11. 2005, S. 14

Kurt von Figura, Göttingen: Wahl zum Präsidenten der Landeshochschulkonferenz in Niedersachsen, *dazu*: [1] DUZ *2*, 11 (2005); Körber-Preis 2004, *dazu*: [2] Naturwiss. Rdsch. *58/3*, 169 (2005)

Bernhard Fleckenstein, Erlangen: Wahl zum Dekan der Medizinischen Fakultät an der Universität Erlangen-Nürnberg, *dazu*: [1] DUZ Magazin *10*, 42 (2005)

Hannes Flühler, Zürich: Dr. h. c. der Universität Göttingen, *dazu* [1] DUZ Magazin *9*, 41 (2005)

Hans-Joachim Freund, Ratingen: Gründungsmitglied des Europäischen Forschungsrates, *dazu*: [1] http://www.i-med.ac.at/mypoint/news/2005090901.xml

Wolfgang Frühwald, Augsburg/Bonn: Großes Verdienstkreuz mit Stern des Verdienstordens der BRD, *dazu*: [1] Humboldt Kosmos *86*, 60–61 (2005); *Laudationes zum 70. Geburtstag*: [2] MANGOLD, I.: Von Bindungen und Lösungen. Wolfgang Frühwald, Germanist und Wissenschaftsmanager, wird 70. Süddeutsche Zeitung vom 2. 8. 2005, Nr. 176, S. 13; [3] *Anonym*: Präsident Wolfgang Frühwald feiert 70. Geburtstag. Humboldt Kosmos *86*, 60–61 (2005)

Peter Fulde, Dresden: Ernennung zum Prof. e. h. vom Wissenschaftlichen Rat des Institute for Low Temperature and Structure Research der Polnischen Akademie der Wissenschaften

Alois Fürstner, Mülheim (Ruhr): Mitglied der Nordrhein-Westfälischen Akademien der Wissenschaften, *dazu*: [1] DUZ Magazin *4*, 41 (2005)

Carl Friedrich Gethmann, Essen: Präsident der Deutschen Gesellschaft für Philosophie e. V. für die Wahlperiode 2006–2008, *dazu*: [1] Newsletter Europäische Akademie *59*, 3 (2005)

Jane Goodall, Hants (Großbritannien): Jubiläumsmedaille der Unesco; Offizier der französischen Ehrenlegion, *dazu*: [1] FAZ vom 19. 1. 2006

Manfred Göthert, Bonn: Eintritt in den Ruhestand, Universität Bonn, *dazu*: [1] DUZ Magazin *3*, 42 (2006)

Gerhard Gottschalk, Göttingen: Wiederwahl zum Präsidenten der Union der deutschen Akademien der Wissenschaften, *dazu*: [1] DUZ Magazin *11*, 44 (2005); Bundesverdienstkreuz 1. Klasse am 31. 3. 2005

Heiner Greten, Hamburg: Emeritierung an der Universität Hamburg, *dazu*: [1] DUZ *2*, 11 (2005)

Peter Gruss, München: Niedersächsischer Staatspreis 2004, *dazu*: [1] DUZ Magazin *1*, 43 (2005)

Peter Hänggi, Augsburg: Dr. h. c. der Universität Kattowitz (Polen); Dr. h. c. der Universität Camerino (Italien); Dr. h. c. der Universität Barcelona (Spanien); ausländisches Mitglied (Fellow) vom Council der American Association for the Advancement of Science (AAAS), *dazu*: [1] DUZ *11*, 34 (2005)

F. Ulrich Hartl, Martinsried: Ernst-Jung-Preis für Humanmedizin, *dazu*: [1] DUZ Magazin *6*, 28–29 (2005)

Harald zur Hausen, Heidelberg: Raymond Bourgine Award (Frankreich), *dazu*: [1] DUZ Magazin *3*, 45 (2006)

Dieter Häussinger, Düsseldorf: Mitglied der Nordrhein-Westfälischen Akademien der Wissenschaften, *dazu*: [1] DUZ Magazin *4*, 41 (2005)

Christian H. Herfarth, Heidelberg: Ernst-Jung-Medaille für Medizin in Gold, *dazu*: [1] DUZ Magazin *7*, 40 (2005)

Wolfgang A. Herrmann, München: Wiederwahl zum Präsidenten der Technischen Universität München, *dazu*: [1] DUZ Magazin *6*, 42 (2005)

Jules A. Hoffmann, Strasbourg: Robert-Koch-Preis 2004, *dazu*: [1] Biologie unserer Zeit *35*, 1/8 (2005)

Bert Hölldobler, Würzburg: Alfried-Krupp-Wissenschaftspreis 2004, *dazu*: [1] Blick, Magazin der Universität Würzburg *1*, 80–81 (2005)

Bernhard Horsthemke, Essen: Preis der Europäischen Gesellschaft für Humangenetik, *dazu*: [1] DUZ Magazin *2*, 39 (2005)

Martin Jansen, Stuttgart: Dr. h. c. der Universität München, *dazu*: [1] Nachrichten aus der Chemie (GDCh) *53*/1, 43 (2005)

Joachim R. Kalden, Erlangen: Dr. h. c. der Universität Lund; Internationaler Rheumatologiepreis der Japanese Academy for Rheumatology, *dazu*: [1] Akademie Aktuell *2*, 58 (2005)

Otto Kandler, München: Bayerischer Verdienstorden, *dazu*: [1] Akademie Aktuell *2*, 58 (2005)

Rudolf Kippenhahn, Göttingen: Eddington-Medaille der Royal Astronomical Society in London, *dazu*: [1] Sterne und Weltraum *5*, 15 (2005)

Thomas Kirchner, München: Annahme des Lehrstuhls für Allgemeine Pathologie und Pathologische Anatomie an der Universität München, *dazu*: [1] DUZ Magazin *10*, 43 (2005)

Andreas Kleinert, Halle (Saale): *Laudatio zum 65. Geburtstag*: [1] CERANSKI, B., und HOFFMANN, D.: Andreas Kleinert zum 65. Geburtstag. NTM *13*/4, 258–259 (2005); [2] *Festschrift der Leopoldina*: SPLINTER, S., GERSTENGARBE, S., REMANE, H., und PARTHIER, B. (Eds.): *Physica et historia*. Festschrift für Andreas Kleinert zum 65. Geburtstag. Acta Historica Leopoldina Nr. *45* (2005)

Klaus von Klitzing, Stuttgart: Carl-Friedrich-Gauß-Medaille der Braunschweigischen Wissenschaftlichen Gesellschaft, 25. 5. 2005

Eberhard Knobloch, Berlin: Wahl zum Präsidenten der Internationalen Akademie für Wissenschaftsgeschichte in Paris, *dazu*: [1] DUZ Magazin *9*, 28 (2005)

Arthur Konnerth, München: Berufung auf den Lehrstuhl für molekulare Physiologie an der Technischen Universität München, *dazu*: [1] Naturwiss. Rdsch. *58*/7, 401 (2005)

Fritz Krafft, Weimar: *Laudatio zum 70. Geburtstag*: [1] FRIEDRICH, C.: Fritz Krafft, 70 Jahre. DAZ Beilage, Geschichte der Pharmazie *57*/4, 69–70 (2005)

Bernt Krebs, Münster: Emeritierung an der Universität Münster, *dazu*: [1] DUZ Magazin *2*, 37 (2005)

Gerhard Krüger, Waldbronn: Dr.-Ing. E. h. der Universität Rostock

Peter Lichter, Heidelberg: Deutscher Krebshilfe-Preis 2004, *dazu*: [1] DUZ *2*, 11 (2005)

Friedrich Luft, Berlin: Richard Bright Award der American Society for Hypertension, *dazu*: [1] DUZ Magazin 5, 39 (2005)

Elke Lütjen-Drecoll, Erlangen: Präsidentin der Mainzer Akademie der Wissenschaften und der Literatur, *dazu:* [1] DUZ Magazin 7, 33 (2005); Auszeichnung mit dem höchsten Preis in der Augenheilkunde. Das »Alcon Research Institute« in Fort Worth (USA) würdigte damit ihre Arbeiten zur Entstehung und zum Verlauf der Glaukomerkrankungen; [2] DUZ 3, 9 (2005)

Thomas A. Luger, Münster: Mitglied der Nordrhein-Westfälischen Akademie der Wissenschaften, *dazu*: [1] Naturwiss. Rdsch. 58/11, 618 (2005)

Hubert Markl, Konstanz: Hanns-Martin-Schleyer-Preis 2005, *dazu*: [1] DUZ Magazin 4, 28 (2005)

Jürgen Mittelstraß, Konstanz: Wahl zum Vorsitzenden des Österreichischen Wissenschaftsrates

Achim Müller, Bielefeld: Emerson Center Visiting Fellowship Award, Emory University, Atlanta (USA); 2004/5 Lewis Lecture, University of Cambridge (Großbritannien); Elhuyar-Goldschmidt-Preis 2005 der Königlich-Spanischen Gesellschaft für Chemie

Erwin Neher, Göttingen: Vizepräsident des Ordens Pour le mérite, *dazu:* [1] DUZ Nachrichten 7, 9 (2005)

Hans Wolfram Neumann, Magdeburg: Bundesverdienstorden 1. Klasse der Bundesrepublik Deutschland, *dazu*: [1] Mitteldeutsche Zeitung vom 19. 5. 2005 mit Bild

Christiane Nüsslein-Volhard, Tübingen: Gründungsmitglied des Europäischen Forschungsrates, *dazu*: [1] http://www.i-med.ac.at/mypoint/news/2005090901.xml; Ernennung zur Präsidentin der Gesellschaft Deutscher Naturforscher und Ärzte für die Amtszeit 2007/2008, *dazu*: [2] Nachrichten aus der Chemie (GDCh) 53/1, 46 (2005)

Andreas Oksche, Gießen: Ehrenpräsident der European Biological Rhythms Society; Wahl zum Ombudsmann zur Sicherung guter wissenschaftlicher Praxis vom Senat der Universität Gießen für die 3. Amtszeit

Svante Pääbo, Leipzig: Louis-Jeantet-Medizinpreis 2005, *dazu*: [1] FAZ vom 14. 1. 2005

Peter Paufler, Dresden: Ehrung durch die Benennung eines neuen Minerals als »Pauflerit«. Das neue Mineral und der Mineralname wurden von der International Mineralogical Association anerkannt, *dazu*: [1] Wiss. Zeitung TU Dresden 54/167, 3–4 (2005)

Heinz Penzlin, Jena: Dr. h. c. der Universität Rostock

Nikolaus Pfanner, Freiburg (Br.): Mitglied der Heidelberger Akademie der Wissenschaften, *dazu*: [1] DUZ 2, 11 (2005)

Stefan Pollak, Freiburg (Br.): Wahl zum Präsidenten der Deutschen Gesellschaft für Rechtsmedizin, *dazu*: [1] DUZ Magazin 6, 42 (2005)

Reinhard Putz, München: Wiederwahl zum Prorektor an der Ludwig-Maximilians-Universität München, *dazu*: [1] DUZ 3, 11 (2005)

Hans-Joachim Queisser, Stuttgart: Ehrenmitglied der Japan Academy

Manfred T. Reetz, Mülheim: Karl-Ziegler-Preis der Gesellschaft Deutscher Chemiker, *dazu*: [1] DUZ Magazin 9, 28 (2005)

Markus Riederer, Würzburg: Mitglied der Bayerischen Akademie der Wissenschaften, *dazu*: [1] DUZ Magazin 5, 38 (2005)

Herbert W. Roesky, Göttingen: Mitglied der Europäischen Akademie der Wissenschaften und Künste; Mitglied der Academy Nacional de Ciencias Exactes, Fisicias y Naturales Buenos Aires (Argentinien); Verleihung des Titels Honorary Professor der Central South University in Changsha (China), *dazu*: [1] Nachrichten aus der Chemie (GDCh) 53/1, 44 (2005)

Frank Rösler, Marburg: Berufung zum Vorsitzenden des Wissenschaftlichen Beirats für das Max Wertheimer Minerva Center for Cognitive Processes and Human Performance in Haifa (Israel) von der Minerva-Stiftung für 2 Jahre, *dazu*: [1] Marburger Uni Journal 21, 44 (2005)

Reinhard Rummel, München: Dr. h. c. der Technischen Universität Graz (Österreich) und der Universität Bonn, *dazu*: [1] Akademie Aktuell 2/58 (2005)

Werner A. Scherbaum, Düsseldorf: Wahl zum Präsidenten der MEDICA (Deutsche Gesellschaft zur Förderung der Medizinischen Diagnostik), *dazu*: [1] DUZ Magazin 5, 38 (2005)

Hans Robert Schöler, Münster: Mitglied der Nordrhein-Westfälischen Akademie der Wissenschaften, *dazu*: [1] Naturwiss. Rdsch. 58/11, 618 (2005)

Markus Schwaiger, München: Freedom to Discover Award der Firma Bristol-Myers Squibb, *dazu*: [1] Akademie Aktuell 2, 58 (2005); Mitglied der Bayerischen Akademie der Wissenschaften, *dazu*: [2] DUZ Magazin 5, 38 (2005)

Dieter Seebach, Zürich: Verleihung des von Takasago International gestifteten und von der Society of Synthetic Organic Chemistry, Tokyo, verwalteten Ryoji Noyori Prize 2004, *dazu*: [1] Nachrichten aus der Chemie (GDCh) 53/1, 44 (2005)

Friedrich A. Seifert, Bayreuth: Abraham-Gottlob-Werner-Medaille in Silber der Deutschen Mineralogischen Gesellschaft, *dazu*: [1] Naturwiss. Rdsch. 58/3, 169 (2005)

Fritz F. Steininger, Eggenburg: Kulturpreis für Wissenschaft und Technik der Stadt Wien, *dazu*: [1] Natur und Museum 135/3,4, 94 (2005)

Manfred Tost, Halle (Saale): Ehrensymposium am 18. 6. 2005 zum 75. Geburtstag, *dazu*: [1] Scientia halensis 2, 36 (2005)

Rüdiger Wehner, Zürich: Foreign Honorary Member der American Academy of Arts and Sciences

Felix Wieland, Heidelberg: Preis der Feldberg-Foundation, *dazu*: [1] DUZ Nachrichten 10, 11 (2005)

Otmar D. Wiestler, Heidelberg: Verdienstkreuz am Bande der Bundesrepublik Deutschland, *dazu*: [1] DUZ Nachrichten 7, 11 (2005)

Eberhard Zeidler, Leipzig: *Laudatio zum 65. Geburtstag*: [1] SCHULTE, V.: Mathematik macht bescheiden. Eberhard Zeidler zum 65. Journal Uni Leipzig 6, 28 (2005)

Meinhart H. Zenk, St. Louis (USA): Wahl zum Mitglied der französischen Akademie der Wissenschaften; Carl-Mannich-Medaille der Deutschen Pharmazeutischen Gesellschaft

Klaus F. Zimmermann, Bonn: Wahl zum Vorsitzenden der Arbeitsgemeinschaft deutscher wirtschaftswissenschaftlicher Forschungsinstitute (ARGE), *dazu*: [1] DUZ Nachrichten 4, 9 (2005); Wahl in den Senat der Fraunhofer-Gesellschaft; [2] DUZ Magazin 2, 38 (2005)

Rolf M. Zinkernagel, Zürich: Gründungsmitglied des Europäischen Forschungsrates, *dazu*: [1] http://www.i-med.ac.at./mypoint/news/2005090901.xml

Pieter Adriaan van Zwieten, Amsterdam: Fellow der British Pharmacological Society (2005)

2. Mitteilungen des Präsidiums

Von Volker TER MEULEN, Halle (Saale)
Präsident der Akademie

Senatssitzung

In der Senatssitzung im Vorfeld der Leopoldina-Jahresversammlung »Evolution und Menschwerdung« in Halle (Saale) wurden am 6. Oktober 2005 folgende Themen behandelt:

Namensänderung der Leopoldina

Die Mitglieder der neuen Sektionen (Wissenschaftstheorie, Ökonomik und Empirische Sozialwissenschaften, Empirische Psychologie und Kognitionswissenschaften, Kulturwissenschaften) hatten im Vorfeld den Wunsch geäußert, in den Gremien der Akademie eine mögliche Namensänderung zu diskutieren, da diese Kollegen sich nicht als Naturforscher im engeren Sinne verstehen. Ebenso stand die Frage im Raum, ob eine Namensänderung bei gesellschaftlich relevanten Analysen und Empfehlungen das für derartige Zielsetzungen breitere disziplinäre Spektrum der Leopoldina besser kommunizieren würde. Es wurde zur Diskussion gestellt, den Begriff Naturforscher im Namen der Leopoldina durch Wissenschaften zu ersetzen und die Leopoldina zukünftig »Leopoldina. Deutsche Akademie der Wissenschaften« zu nennen. Im Senat zeigte sich jedoch bei einer umfassenden und gedankenreichen Diskussion, wie wichtig offensichtlich der traditionell gewachsene Begriff Naturforscher für viele Mitglieder ist. Der Senat ist daher zu der Ansicht gelangt, eine Änderung des Namens zur Zeit nicht zu empfehlen, sondern zunächst die Weiterentwicklung der Leopoldina abzuwarten und erst zu einem späteren Zeitpunkt zu entscheiden, ob eine Namensänderung sinnvoll ist.

Weiterentwicklung der Sektion Ökowissenschaften

Die Sektion Ökowissenschaften entstand 1998 im Zuge der Neustrukturierung der Sektionen. Seither erwies es sich als schwierig, einen Konsens über die inhaltliche Ausrichtung der Sektion herzustellen. Einige Mitglieder aus der Tier- und Pflanzenökologie waren an einer Fokussierung der Sektion auf eine rein biologisch orientierte Ökowissenschaft (Eu-Ökologie) interessiert. Andere Mitglieder der Sektion sahen hingegen die Notwendigkeit, die Sektion sehr viel interdisziplinärer anzulegen und alle Bereiche der Umweltwissenschaften abzudecken. Das Präsidium hatte Gespräche mit verschiedenen Beteiligten geführt und schlug vor, die Sektion zunächst ruhen zu lassen und eine Arbeitsgruppe »Umweltwissenschaften« mit Mitgliedern verschiedener Sektionen einzurichten, um eine Konzeption für die Sektion zu erstellen. Der Senat folgte diesem Vorschlag. Die Mitglieder der Sektion Ökowissenschaften werden anderen Sektionen zugeordnet. Der Senat wird dieses Thema erneut aufgreifen, sobald die Arbeitsgruppe »Umweltwissenschaften« eine Konzeption vorgelegt hat.

Leopoldina-Jahreskonferenz 2006 in Dresden

Die Leopoldina-Jahreskonferenz 2006 findet zum Thema »Embryonic and Somatic Stem Cells – Regenerative Systems for Cell and Tissue Repair« im Internationalen Congress Center Dresden vom 24. bis 27. September statt. Unter Federführung des Leopoldina-Mitglieds Anna M. WOBUS, Gatersleben, ist ein ausgezeichnetes Programm entstanden.

Jahresversammlung 2007 in Halle

Der Senat folgte dem Vorschlag der Obleute und des Präsidiums und wählte das Thema »Migration« für die Jahresversammlung 2007 aus, die vom 5. bis 7. Oktober 2007 in Halle (Saale) stattfinden wird. Am Vortag, am 4. Oktober 2007, finden traditionell die Sitzungen der Sektionen und eine Senatssitzung statt.

Neuwahl bzw. Wiederwahl von Präsidiumsmitgliedern

Im Frühjahr 2005 endete turnusgemäß die zweimal fünfjährige Amtszeit von Ernst-Ludwig WINNACKER als Leopoldina-Vizepräsident und von Dietmar GLÄSSER als Sekretar für Medizin im Präsidium. Beide Personen konnten satzungsgemäß nicht wiedergewählt werden. Der Senat wählte als Nachfolgerin von Herrn WINNACKER das Präsidiumsmitglied Bärbel FRIEDRICH, Berlin, Mitglied der Teilsektion Mikrobiologie seit 1994, zur Vizepräsidentin und als Nachfolger für Herrn GLÄSSER das Mitglied Ingo HANSMANN, Halle (Saale), Mitglied der Sektion Humangenetik und Molekulare Medizin seit 1998. Rudolf THAUER, Marburg, Mitglied der Teilsektion Biochemie seit 1984, wurde zum Mitglied des Präsidiums gewählt und tritt die Nachfolge von Frau FRIEDRICH an.

Drei Mitglieder des Präsidiums, deren erste fünfjährige Amtszeit ebenfalls zu Ende ging, konnten wiedergewählt werden. Der Senat wählte Paul B. BALTES, Berlin, Mitglied der Sektion Empirische Psychologie und Kognitionswissenschaften seit 1992, für weitere fünf Jahre zum Vizepräsidenten. Wiedergewählt wurden auch Gunter S. FISCHER, Halle (Saale), Mitglied der Teilsektion Biochemie seit

1994, für eine zweite fünfjährige Amtszeit als Vizepräsident sowie Gunnar BERG, Halle (Saale), Mitglied der Teilsektion Experimentelle Physik seit 1999, für eine zweite Amtszeit als Sekretar für Naturwissenschaften.

Entlastung des Vorstandes für die Haushaltsjahre 2003 und 2004

Die beiden Kassenprüfer Johannes SCHUBERT, Halle (Saale), Senator der Sektion 20, und Thomas HERRMANN, Dresden, Senator der Sektion 21, prüften im August 2005 die Kontenführung der Akademie und bestätigten dem Senat eine ordnungsgemäße Führung. Auf Antrag der Kassenprüfer erteilte der Senat dem Vorstand für die Haushaltsjahre 2003 und 2004 Entlastung.

Mitgliederversammlung

An der satzungsgemäß einberufenen Mitgliederversammlung am 7. Oktober 2005 in Halle (Saale) nahmen 175 Mitglieder teil. Das Präsidium informierte die Mitglieder über die Entwicklung der Sektion Ökowissenschaften, den Stand der Vorbereitung der Jahreskonferenz 2006 in Dresden, das Thema der Jahresversammlung 2007, die Neu- und Wiederwahl von Präsidiumsmitgliedern sowie die Entlastung des Vorstandes für die Haushaltsjahre 2003 und 2004.

Präsident TER MEULEN berichtet darüber hinaus über die im Senat geführte Diskussion einer Namensänderung der Leopoldina und den dort gefaßten Entschluß, eine Änderung des Namens zur Zeit nicht zu empfehlen, sondern die Weiterentwicklung der Leopoldina abzuwarten und erst zu einem späteren Zeitpunkt zu entscheiden. Auch in der Mitgliederversammlung bestand Einvernehmen darüber, eine Namensänderung derzeit nicht weiter zu verfolgen. Daher erfolgte keine Beschlußfassung. Über dieses Ergebnis wurden im Anschluß alle Mitglieder überwiegend per E-Mail informiert.

Das Mitglied Johannes ECKERT, Zürich, Sprecher des *Human Rights Committee* (HRC) der Leopoldina, dem neben ihm selbst die Mitglieder Rudolf COHEN, Konstanz, und Horst ASPÖCK, Wien, angehören, referierte über die laufenden Aktivitäten des HRC. Präsident TER MEULEN berichtete auf Bitten des Mitglieds Dorothea KUHN, Marbach am Neckar/Weimar, langjährige Herausgeberin der Leopoldina-Ausgabe von *Goethes Schriften zur Naturwissenschaft*, daß der Erläuterungsband zur Astronomie und Meteorologie mittlerweile erschienen ist.

Stellungnahme des Präsidiums zur Bekämpfung von Infektionskrankheiten

Nach dem Würzburger Symposium »Threat of Infections: Microbes of High Pathogenic Potential – Strategies for Detection, Control and Eradication« hatte das Präsidium eine *Ad-hoc*-Kommission eingesetzt, um die Ergebnisse der Tagung thesenartig zusammenzufassen. Die Kommission unter Vorsitz des Leopoldina-Mitglieds Hans-Dieter KLENK, Marburg, hat eine entsprechende Stellungnahme erarbeitet (in diesem Band S. 469, www.leopoldina-halle.de/infections.pdf) und dabei auch die Ergebnisse der Heidelberger Leopoldina-Jahreskonferenz 2004 »Microbes in Malignancy« mit berücksichtigt.

Diese Stellungnahme steht im Zusammenhang mit einer umfangreicheren Stellungnahme, die im Auftrag des *European Academies Science Advisory Council* (EASAC) angefertigt und mittlerweile publiziert wurde. Diese Stellungnahme mit dem Titel »Infectious Diseases – Importance of Co-ordinated Activity in Europe« (www.leopoldina-halle.de/easac-report05.pdf) richtet sich vornehmlich an die Europäische Union. Sie entstand unter Beteiligung von Experten mehrerer europäischer Länder unter Vorsitz des Leopoldina-Präsidenten und Virologen Volker TER MEULEN. EASAC ist ein Zusammenschluß der nationalen Akademien der EU-Mitgliedsländer und sieht es als seine Aufgabe an, sich in Form von Empfehlungen und Stellungnahmen zu gesellschaftlich relevanten Themen zu äußern. Leopoldina-Präsident Volker TER MEULEN stellte diese Empfehlung am 14. Juni 2005 EU-Parlamentariern in Brüssel vor.

Stellungnahme des Präsidiums zur Arzneimitteltherapie im Kindesalter

Die Stellungnahme zur Arzneimitteltherapie im Kindesalter (in diesem Band S. 479, www.leopoldina-halle.de/arzn_kind.pdf) entstand unter Federführung des Obmannes der Teilsektion Pädiatrie, Lothar PELZ, Rostock. Sie beruht auf den Ergebnissen zweier Tagungen: der gemeinsamen Veranstaltung der Paul-Martini-Stiftung und der Leopoldina zum Thema »Arzneimitteltherapie bei Kindern und Jugendlichen – Probleme und Perspektiven« (federführend organisiert vom Leopoldina-Mitglied Peter C. SCRIBA, München, im November 2004 in Berlin) und der Veranstaltung zum Thema »Priority Medicine for the Citizens of Europe and the World« (November 2004 in Den Haag), organisiert vom niederländischen Gesundheitsministerium.

G8-Stellungnahmen

Das Präsidium der Leopoldina hat gemeinsam mit den nationalen Akademien der anderen G8-Staaten (Frankreich, Großbritannien, Italien, Japan, Kanada, Rußland, USA) im Vorfeld des im Juli 2005 abgehaltenen G8-Gipfels zwei Stellungnahmen veröffentlicht. Eine Stellungnahme unter dem Titel »Joint Science Academies' Statement: Science and Technology for African Development« (www.leopoldina-halle.de/african_dev.pdf) weist darauf hin, daß es nach wie vor großer Anstrengungen und Initiativen bedarf, damit sich Afrika wissenschaftlich und technologisch entwickeln und gegenüber anderen Regionen in der Welt aufholen kann.

Eine zweite Stellungnahme mit dem Titel »Joint Science Academies' Statement: Global Response to Climate Change« (www.leopoldina-halle.de/climate_change.pdf) appelliert an die Regierungen der G8-Staaten, sich der Klimaveränderungen bewußt zu werden, ihren Ursachen entgegenzuwirken, aber auch Wissenschaft und Forschung auf diesen Gebieten voranzutreiben.

Arbeitsgruppe »Chancen und Probleme einer alternden Gesellschaft«

Die Leopoldina hat gemeinsam mit dem acatech-Konvent für Technikwissenschaften eine Arbeitsgruppe zum Thema »Chancen und Probleme einer alternden Gesellschaft: Die Welt der Arbeit und des lebenslangen Lernens« eingesetzt. Die Arbeitsgruppe wird von der Jacobs-Stiftung finanziell unterstützt, wobei allerdings die Autonomie der Arbeitsgruppe voll gesichert ist. Die Tätigkeit der AG ist auf drei Jahre angelegt. Den Vorsitz hat Jürgen KOCKA, Berlin, übernommen. Die konstituierende Sitzung fand im April 2005 statt. In die AG sind 19 Wissenschaftlerinnen und Wissenschaftler aus Deutschland, Österreich und der Schweiz eingebunden. Ihr gehören Mediziner, Neurowissenschaftler, Historiker, Soziologen, Ökonomen, Rechtswissenschaftler, Technikwissenschaftler, Kulturwissenschaftler und Psychologen, aber auch erfahrene Führungskräfte aus Großunternehmen an.

Nationale Akademie

Zu diesem Thema fanden zahlreiche Gespräche statt, an denen Vertreter der Deutschen Forschungsgemeinschaft (DFG), der Max-Planck-Gesellschaft (MPG), der Leopoldina, des acatech-Konvents für Technikwissenschaften sowie der Union der deutschen Akademien der Wissenschaften beteiligt waren. Über die Ergebnisse dieser Gespräche wurde Vertraulichkeit vereinbart. Das Präsidium der Leopoldina ist jedoch der Auffassung, daß es in absehbarer Zeit gelingen könnte, zu einer gemeinsamen Konzeption zu kommen. Ziel soll es sein, zum einen die wirkungsvolle Vertretung der in Deutschland tätigen Wissenschaftlerinnen und Wissenschaftler im Ausland wahrzunehmen und zum anderen wissenschaftsbasierte Politikberatung zu betreiben.

Thieme-Preis für Medizin

Dem Präsidium ist es gelungen, vom Eigentümer der Thieme-Verlagsgruppe in Stuttgart, Herrn Albrecht HAUFF, die Zusage zu erhalten, der Thieme-Verlag werde fünfmal einen Thieme-Preis der Leopoldina für Medizin stiften. Der Preis soll mit 15 000 € dotiert sein, analog zum Leopoldina-Forschungspreis, gestiftet von der Commerzbank-Stiftung. Die erste Vergabe wird voraussichtlich zur Jahresversammlung 2007 stattfinden können. Der Preis soll für »neue Erkenntnisse zur Ätiologie, Pathogenese und Therapie humaner Erkrankungen« vergeben werden. Die genauen Modalitäten sind noch festzulegen.

Besuch von Professor Yongxiang Lu

Vom 18. bis 20. September 2005 war Professor Yongxiang LU, Präsident der Chinesischen Akademie der Wissenschaften, in der Leopoldina zu Gast. Herr LU, der seit Beginn des Jahres 2005 Leopoldina-Mitglied (Sektion Technikwissenschaften) ist, wurde in Aachen als Ingenieur promoviert und hat bei seinem Besuch in Halle das Diplom seiner Mitgliedschaft in der Leopoldina erhalten. In Gesprächen, die das Präsidium der Leopoldina mit Herrn LU und seiner Delegation geführt hat, wurde vereinbart auszuloten, ob es künftig gemeinsame Aktivitäten zu den Themen Umweltforschung, Alternsforschung sowie zur Energieproblematik geben kann. Im Rahmen des Aufenthaltes fand auch ein Besuch im BMW-Werk in Leipzig statt.

Vorbereitung der Wahl Junge Akademie 2006

Im Jahr 2006 sind die beiden Elternakademien, die Berlin-Brandenburgische Akademie der Wissenschaften (BBAW) und die Leopoldina, verantwortlich für die Wahl von zehn Mitgliedern in die Junge Akademie. Die Administration hierfür liegt in den Händen der Leopoldina. Alle Leopoldina-Mitglieder in den Stammländern Deutschland, Österreich und Schweiz wurden aufgerufen, Vorschläge zu unterbreiten. Darüber hinaus sind die Mitglieder der BBAW sowie die großen Wissenschaftsorganisationen Deutsche Forschungsgemeinschaft (DFG), Max-Planck-Gesellschaft, Hochschulrektorenkonferenz und andere vorschlagsberechtigt. Zum Stichtag 30. November 2005 sind 85 Anträge eingegangen. Einer Auswahlkommission, bestehend aus Mitgliedern der BBAW und der Leopoldina, obliegt es, aus den Vorschlägen Kandidaten auszuwählen, die zu einer Anhörung eingeladen werden. Die Aufnahme der zehn neuen Mitglieder erfolgt im Rahmen der Festveranstaltung der Jungen Akademie Mitte 2006.

Der Vorstand der Jungen Akademie hat zum 27. Juni 2005 gewechselt. Ihm gehören derzeit an: Björn FALKENBURGER (Sprecher), Universität Göttingen, Abteilung für Neurodegeneration und Neurorestauration; Julia FISCHER, Deutsches Primatenzentrum der Georg-August-Universität Göttingen; Martin VON KOPPENFELS, Freie Universität Berlin, Institut für Allgemeine und Vergleichende Literaturwissenschaft; Cord MÜLLER, Universität Bayreuth, Theoretische Physik; Katja WINDT, Bremer Institut für Betriebstechnik und angewandte Arbeitswissenschaft.

Akademienprogramm

Nach der Evaluierung des Akademienprogramms durch den Wissenschaftsrat im Jahr 2003 war es aufgrund seiner Empfehlung notwendig, Veränderungen in dem von der Union der deutschen Akademien der Wissenschaften verwalteten Akademienprogramm vorzunehmen, an dem die Leopoldina mit zwei Vorhaben beteiligt ist. Diese Veränderungen betreffen die Zusammensetzung der wissenschaftlichen Kommission, die für die Einholung von Gutachten und zur Vorbereitung der vom Präsidium der Union zu treffenden Beschlüsse bezüglich Neuaufnahme, Weiterführung und Verlängerung von Vorhaben notwendig ist. Neben Vertretern der sieben Länderakademien sind jetzt auch sieben Experten in der Kommission vertreten, die von der DFG benannt werden und keine Mitglieder von Akademien sein müssen. Weiterhin sind Vertreter der Zuwendungsgeber von Bund und Ländern in der Kommission vertreten. Außerdem wurde das Verfahren der Antragstellung für neue Vorhaben verändert.

Prof. Dr. Volker TER MEULEN
Präsident
Deutsche Akademie der Naturforscher
Leopoldina
Emil-Abderhalden-Straße 37
06108 Halle (Saale)
Bundesrepublik Deutschland
Tel.:   +49 345 4723915
Fax: +49 345 4723919
E-Mail: president@leopoldina-halle.de

3. Leopoldina-Förderprogramm

Tätigkeitsbericht zum Leopoldina-Förderprogramm im Jahr 2005

Von Andreas CLAUSING, Halle (Saale)

Förderung

Das Postdoktoranden-Stipendienprogramm der Leopoldina ermöglicht seit 1997 herausragenden promovierten Nachwuchswissenschaftlerinnen und -wissenschaftlern einen Auslandsaufenthalt an einem renommierten Gastinstitut. Bisher wurden über 275 Personen in dem Programm unterstützt. Das Bundesministerium für Bildung und Forschung (BMBF) finanziert die Förderung des wissenschaftlichen Nachwuchses.

Im Berichtsjahr 2005 hat sich die Gesamtzahl der Bewerbungen für das Förderprogramm weiter erhöht. Wie im Vorjahr fanden vier Vergabesitzungen statt. Die Bearbeitungszeit von drei bis fünf Monaten zwischen Eingang der Antragsunterlagen und Bewilligung oder Ablehnung konnte gehalten werden; insgesamt wurden 98 Neuanträge bearbeitet. Die Anträge wurden in der Regel – sofern nicht anders beantragt – für zwei Jahre bewilligt. Die bewilligten Haushaltsmittel ermöglichten es, weiterhin etwa 40 Stipendiaten pro Monat zu fördern. Im Jahr 2005 wurden Fördermittel an insgesamt 57 Stipendiaten vergeben, darunter 19 an Frauen (= 33 %). 18 Stipendiaten nahmen im Jahresverlauf 2005 die Projektarbeit auf.

Die Vereinigten Staaten von Amerika blieben weiterhin das gefragteste Ziel für Postdoktoranden-Projekte; der Anteil der dort geförderten Projekte hat sich im Vergleich zu den Vorjahren von 60 bis 70 % auf 40 % der Gesamtförderungen reduziert. Dieser Rückgang setzte 2001 ein und ist zum Teil durch Visa-Probleme in Folge der Ereignisse im September 2001 verursacht. Großbritannien hat seinen Stellenwert auf 20 % ausgebaut, es arbeitet dort gegenüber dem Vorjahr die doppelte Anzahl an Stipendiaten. Belgien und Frankreich haben unter den europäischen Standorten an Attraktivität gewonnen, so wie europäische Länder als Aufenthaltsorte insgesamt seit 2001 attraktiver geworden sind.

Die gewählten Gastinstitute befinden sich an namhaften Standorten: Amherst/MA (USA, Univ.), Ann Arbor/MI (USA, Univ.), Århus (Dänemark, Univ.), Athens/GA (USA, Univ.), Atlanta/GA (USA, Univ.), Basel (Univ.), Belo Horizonte (Brasilien, Univ.), Berkeley/CA (USA, Univ.), Bethesda/MD (USA, NIH),

Brüssel (Belgien, Univ.), Boston/MA (USA, Univ. und Harvard), Boulder/CO (USA, Univ.), Cambridge (GB, Univ.), Dunedin (Neuseeland, Univ.), Göteborg (Schweden, Univ.), Kingston (Kanada, Univ.), Laval (Kanada, Univ.), Leicester (GB, Univ.), Leiden (NL, Univ.), Leuven (Belgien, Univ.), London (GB, Univ. College), Los Angeles/CA (USA, UCLA), Madison/WN (USA, Univ.), Madrid (Spanien, Univ.), Milwaukee/WI (USA, Medical College), New Haven/CT (USA, Univ. und Yale), New York/NY (USA, Mount Sinai Hospital), Ottawa (Kanada, Univ.), Oxford (GB, Univ.), Paris (Frankreich, Pasteur-Institut), Pasadena/CA (USA, Caltech), Peterborough (Kanada, Univ.), Rochester/NY (USA, Univ.), San Antonio/TX (USA, Univ.), San Diego/CA (USA, La Jolla, Kimmel Cancer Center und Univ.), San Francisco/CA (USA, Univ. und Stanford), Seattle/WA (USA, Cancer Research Center und Univ.), Sussex (GB, Univ.), Sydney (Australien, Univ.), Tallahassee/FL (USA, Univ.), Tel Aviv (Israel, Weizmann-Institut), Uppsala (Schweden, Astronomisches Observatorium), Washington/DC (USA, Univ.), York (GB, Univ.) und Zürich (ETH).

Die bearbeiteten Projekte lassen sich den folgenden Teildisziplinen zuordnen, wobei die Grenzen zwischen biowissenschaftlichen und medizinischen Bereichen vielfach fließend sind: Astronomie/Astrophysik (3), Biochemie (6), Biophysik (2), Botanik (1), Anorganische/Physikalische Chemie (3), Organische Chemie (4), Geowissenschaften (3), Immunologie (1), Mathematik (1), Mikrobiologie (2), Molekular-/Zellbiologie (6), Ökologie-/Klimaforschung (3), Physik (4), Zoologie (2), Humanmedizin (16) [davon Dermatologie (2), Hämatologie (1), Innere Medizin (4), Neurowissenschaften (7), Pathologie (1), Psychologie (1)].

Die Ergebnisse aus der Förderung wurden wieder in zahlreichen wissenschaftlichen Publikationen in angesehenen Fachzeitschriften veröffentlicht (darunter *Nature* und *Science*, *PNAS*). Vorträge und Posterpräsentationen auf Fachtagungen wurden auch im Jahr 2005 von den Stipendiaten genutzt, um ihre aktuellen Erkenntnisse der wissenschaftlich interessierten Öffentlichkeit und den Fachkollegen vorzustellen.

Verbleib nach der Förderung und Nachbetreuung

Die meisten Leopoldina-Stipendiaten beabsichtigen, nach Abschluß der Förderung nach Deutschland zurückzukehren. Ein Teil der Stipendiaten verbleibt im Ausland, dabei werden häufig Verlängerungen des Auslandsaufenthalts wahrgenommen, die durch das Gastinstitut ermöglicht wurden. Daneben ist festzustellen, daß einige Stipendiaten Arbeitsangebote im Ausland annehmen, nachdem sie zuvor nach Deutschland zurückgekehrt waren.

Zurückkehrende Stipendiaten nehmen in Deutschland Stellen an Universitäten, Kliniken und in Forschungsinstituten an. In der Regel sind dies befristete Projektstellen, Juniorprofessuren und Gruppenleiterpositionen. Positionen in der Industrie wurden nur selten angenommen, wenn, dann auch im Ausland.

Vom 9. bis 11. September 2005 fand erneut ein Treffen deutscher Nachwuchswissenschaftler in Nordamerika, diesmal in San Diego, statt. Die Veranstaltung wurde von der *German Scholars Organization* (GSO) in Kooperation mit dem Deutschen Akademischen Austauschdienst (DAAD), der Alexander-von-Humboldt-Stiftung (AvH) und der Deutschen Forschungsgemeinschaft (DFG) und erstmals mit Beteiligung der Leopoldina ausgerichtet. Unter dem Titel »Wissenschaft im Wettbewerb – Transatlantische Konkurrenz und Kooperation« veranstaltet, konnten Stipendiaten aus dem Westen der USA und Kanadas die Gelegenheit zum gegenseitigen Austausch und zu persönlichen Kontakten mit Vertretern deutscher Wissenschaftsorganisationen, Forschungsinstitute und Wirtschaftsunternehmen wahrnehmen. Die Veranstalter haben sich unter anderem zum Ziel gesetzt, dem »Brain Drain« der vergangenen Jahre entgegenzuwirken. Im Hinblick auf die gewünschte Rückkehr nach Deutschland unterstützte die Akademie die Teilnahme von Leopoldina-Stipendiaten an dem Treffen. Diese stellten Ihre Projekte mit Postern vor und beteiligten sich aktiv an verschiedenen der angebotenen Workshops.

Im Vorfeld zur Jahresversammlung der Akademie traf sich am 6. Oktober 2005 ein Kreis von Personen, um Vorgehensweise und Aktivitäten des »Netzwerks Ehemaliger« zu besprechen. Ehemalige Stipendiaten, der vormalige und der derzeitige Koordinator des Leopoldina-Förderprogramms, Dr. Roland RIEDEL und Dr. Andreas CLAUSING, nahmen an der Veranstaltung teil. Das Tagungsprogramm umfaßte wissenschaftliche Vorträge und eine Rundtisch-Diskussion. In der Diskussion wurde festgelegt, diese Art von Treffen in der Zukunft fortzuführen. Die zeitliche und örtliche Bindung an die Leopoldina-Jahresversammlungen wurde dabei von allen Teilnehmern als sinnvoll erachtet. Damit wird eine Teilnahme an der Jahresversammlung möglich. Die Treffen sollen somit immer alternierend zum zweijährigen Meeting der Stipendiaten erfolgen.

PD Dr. Andreas CLAUSING
Deutsche Akademie der Naturforscher
Leopoldina
Förderprogramm Leopoldina
Emil-Abderhalden Straße 37
06108 Halle (Saale)
Bundesrepublik Deutschland
Tel.:   +49 345 4723950
Fax: +49 345 4723959
E-Mail: stipendium@leopoldina-halle.de

4. Wissenschaftliche Veranstaltungen

Jahresversammlung 2005
Evolution und Menschwerdung

Vom 7. bis 9. Oktober 2005 fand die Jahresversammlung mit dem Thema »Evolution und Menschwerdung« statt. Die wissenschaftlichen Vorträge erscheinen in den Nova Acta Leopoldina Bd. *93*, Nr. 345.

Begrüßung

Von Paul B. BALTES, Berlin
Vizepräsident der Akademie

Unter dem tiefen Eindruck des musikalischen Erlebens dieser Eröffnung[1] begrüße ich Sie in der Bescheidenheit der Sprache. Gerade einer Akademie wie der Leopoldina tut es gut, die Zukunft der Jugend und des Musiklebens in so guten Händen zu sehen. Übrigens, Musikgymnasien für hochbegabte Kinder und Jugendliche sind aus historischen Gründen eher eine Domäne der Neuen Bundesländer. Neben Weimar gibt es ein zweites in Dresden und ein drittes, eher kleines, in Berlin.

Hohe Festversammlung,
sehr geehrte Damen und Herren,

die diesjährige Jahresversammlung verspricht viel. Im 353. Jahr des Bestehens der Leopoldina ist sie, so hoffen wir im Präsidium, ein weiterer Höhepunkt in der Entwicklung der Deutschen Akademie der Naturforscher. Als einer ihrer Vizepräsidenten ist es mir daher eine besondere Freude, diese Begrüßungsworte im Namen unseres Präsidiums sprechen zu dürfen.

---

[1] Schülerinnen und Schüler des Musikgymnasiums Schloss Belvedere Weimar unter der künstlerischen Leiterin Prof. Bettina BORN spielten Werke von Eugène WALCKIERS (1793–1866), George ENESCU (1881–1955), Henryk WIENIAWSKI (1835–1880), Dmitrij SCHOSTAKOWITSCH (1906–1975) und Fritz KREISLER (1875–1962).

Ich begrüße zunächst die Repräsentanten der für uns so wichtigen politischen Welt. Die Ehre ihres Kommens entbieten uns Herr Ulrich KASPARICK als Parlamentarischer Staatssekretär im Bundesministerium für Bildung und Forschung und Herr Prof. Dr. Jan-Hendrik OLBERTZ als Kultusminister des Landes Sachsen-Anhalt, und ich darf hinzufügen, als ein hochgeschätzter Hochschulkollege in Sachen Bildungsforschung. Ich darf weiter, und dies freut uns ganz besonders, weil sie damit die Kontinuität der politischen Unterstützung der Leopoldina signalisieren, die beiden ehemaligen Regierungschefs Sachsen-Anhalts, Herrn Dr. Christoph BERGNER und Herrn Dr. Reinhard HÖPPNER, willkommen heißen. In diesen Gruß schließe ich auch sehr gern die Abgeordneten und Mitglieder des Bundestags und des Landtags von Sachsen-Anhalt ein. Gerade im Interesse der Stärkung des Diskurses zwischen Politik und Wissenschaft ist es hochwillkommen, auch auf dieser Ebene des Politikgeschehens die wechselseitige Kommunikation zu pflegen. Und genau in diesem Sinne begrüße ich gleichfalls die Mitglieder des Stadtrates von Halle. Halle ist für uns ein wichtiger Ort, dessen Förderung auch der Leopoldina zuträglich ist.

Wenn Sie mir einen kleinen Einschub gestatten, so will ich kurz über die Begegnung mit einer Bekanntheit aus dem Theaterleben Halles berichten. Als wir uns zufällig auf dem Weg von Berlin nach Halle im Zuge trafen, und ich nach einem anregenden Gespräch mit ihm sagte, ich käme jetzt häufiger nach Halle, weil ich in der Leopoldina tätig sein werde, und ich würde darüber nachdenken, was für Fehler man machen könne, wenn ein Saarländer oder Berliner nach Halle käme, sagte er mir mit einem verschmitzten Lächeln um den Mund: »Das ist doch ganz einfach. Verstehen Sie einfach Folgendes: Die Seele von Halle – einer für alle, alle für Halle und keiner für Berlin.« Ich muß mich bei ihm entschuldigen, denn er hat es am Ende etwas anders formuliert. Er hat gesagt: »... und *nichts mehr* für Berlin«. Es war gut gemeinter Humor, und ich glaube, als alter Weisheitsforscher habe ich ihn wohl verstanden.

Zur Wissenschaft im engeren Sinne in alter und immer wieder hochgeschätzter Tradition begrüße ich die Präsidenten und Vorsitzenden deutscher wissenschaftlicher Förderungseinrichtungen, Herrn Prof. Dr. Peter GRUSS, Präsident der Max-Planck-Gesellschaft (MPG), dann Herrn Prof. Dr. Ernst-Ludwig WINNACKER, Präsident der Deutschen Forschungsgemeinschaft (DFG), der seit gestern Alt-Vizepräsident der Leopoldina ist (und ich darf sagen, daß wir alle ihn sehr im Präsidium vermissen werden), Herrn Prof. Dr. Karl Max EINHÄUPL, Vorsitzender des Wissenschaftsrats, Herrn Prof. Dr. Wolfgang FRÜHWALD, Präsident der Alexander-von-Humboldt-Stiftung, und Herrn Prof. Dr. Konrad SANDHOFF, Präsident der Gesellschaft deutscher Naturforscher und Ärzte (GDNÄ).

Ganz besonders wichtig für eine Akademie sind natürlich die Vertreter anderer hochangesehener Akademien, mit denen sie gemeinsam herausragende Wissenschaftler ehren und die Wissenschaft gemeinsam gestalten kann. Ich beginne mit einem Willkommensgruß an eine ausländische Akademie, nämlich an Herrn Prof. Dr. Josef SYKA, Präsident der Tschechischen Akademie der Wissenschaften.

Ich begrüße die Vertreter der in Deutschland ansässigen Wissenschaftsakademien. Wir danken für den so zahlreichen und uns ehrenden Besuch. Ich begrüße Herrn Prof. Dr. Günter STOCK, den designierten Präsidenten der Berlin-Brandenburgischen-Akademie der Wissenschaften, Herrn Prof. Dr. Herbert ROESKY, Präsident der Göttinger Akademie der Wissenschaften, Herrn Prof. Dr. Heinrich NÖTH, Präsident der Bayerischen Akademie der Wissenschaften, Herrn Prof. Dr. Uwe-Frithjof HAUSTEIN, Präsident der Sächsischen Akademie der Wissenschaften zu Leipzig, Herrn Prof. Dr. Graf Peter KIELMANNSEGG, Präsident der Heidelberger Akademie der Wissenschaften, Frau Prof. Dr. Elke LÜTJEN-DRECOLL, Präsidentin der Mainzer Akademie der Wissenschaften und Literatur, Herrn Prof. Dr. Günter WILKE als Stellvertreter für den Präsidenten der Nordrhein-Westfälischen-Akademie der Wissenschaften, Herrn Prof. Dr. Werner KÖHLER, Präsident der Akademie gemeinnütziger Wissenschaften zu Erfurt, Herrn Prof. Dr. Joachim KLEIN, Präsident der Braunschweigischen Wissenschaftlichen Gesellschaft, sowie Herrn Prof. Dr. Kurt PAWLIK, Präsident der aus der Joachim-Jungius-Gesellschaft neugegründeten Hamburger Akademie.

Hier darf ich auch mit Dank für Ihr Erscheinen die Generalsekretäre der Akademien sowie den Generalsekretär der Bund-Länder-Kommission, Herrn Jürgen SCHLEGEL, sowie denjenigen des Wissenschaftsrates, Herrn Wedig VON HEYDEN, begrüßen.

Nun, Akademien leben von der Vitalität der Universitäten. Es freut uns daher, die Rektoren der uns in Halle nahestehenden Universitäten begrüßen zu dürfen: Herrn Prof. Dr. Wilfried GRECKSCH, Rektor der Martin-Luther-Universität Halle-Wittenberg, Herrn Prof. Dr. Klaus DICKE, Rektor der Friedrich-Schiller-Universität zu Jena, Herrn Prof. Dr. Volker HÖLLT, stellvertretend für den Rektor der Otto-von-Guericke-Universität Magdeburg, sowie Herrn Prof. Ulrich KLIEBER, Rektor der Hochschule für Kunst und Design Burg Giebichenstein.

Damit sind wir bei der Begrüßung unserer örtlichen Schirmherrschaften. Was wäre die Leopoldina ohne ihren Gründungsort Schweinfurt und die derzeitige Heimatstadt Halle? Ich entbiete Ihnen, sehr geehrte Frau Oberbürgermeisterin der Stadt Schweinfurt, Frau Gudrun GRIESER, sowie Ihnen, sehr geehrte Frau Oberbürgermeisterin der Stadt Halle, Frau Ingrid HÄUSSLER, zwei oder drei warm empfundene Willkommensgrüße.

Aus Halle möchten wir einen weiteren guten Nachbarn erwähnen, eine nachbarliche Institution, deren positives Wirken zum öffentlichen Prestige der Wissenschaften und deren Bedeutung für das Wohlergehen der Gesellschaft in dieser Stadt entscheidend beiträgt. Ich begrüße den Vorsitzenden des Kuratoriums der Franckeschen Stiftungen zu Halle, Herrn Prof. Dr. Helmut OBST, und danke ihm stellvertretend für die gute Zusammenarbeit.

Zur Leopoldina selbst – denn man darf in einer so festlichen Stunde die Mitstreiter der Leopoldina nicht vergessen. Eine Akademie blüht und lebt von dem Einsatz ihrer Mitglieder und Ehrenmitglieder, von der Pflege einer die Generationen umgreifenden Mentalität sowie der Arbeiten ihrer Gremien. Ich sehe vor mir, und offeriere Ihnen, lieber Herr PARTHIER als Altpräsident der Leopoldina, die besonderen und nachdrücklichen Grüße des Präsidiums. Gleiches gilt für die Ehrenmitglieder, die Herren Professoren Klaus BETKE, Gottfried GEILER, Reimar LÜST und Eugen SEIBOLD. Und ich sehe auch vor mir und begrüße mit Dank und Freude die Ehrenförderer, Herrn Rolf MÖLLER, Herrn Dr. Hans ROTTA sowie Herrn Prof. Hans F. ZACHER, zugleich Altpräsident der Max-Planck-Gesellschaft. Ich begrüße natürlich die Mitglieder des Senats der Leopoldina sowie meine Kolleginnen und Kollegen im Präsidium.

Bei wissenschaftlichen Publikationen gibt es zwei Plätze in der Autorenliste, wo man am liebsten steht – am Anfang oder am Ende. Am Ende steht oft die Person, die dem Ganzen einen Rahmen und das wissenschaftliche Umfeld gegeben hat. In diesem Sinne des *last but far from the least* einer Autorenreihenfolge entbiete ich die Willkommensgrüße der Leopoldina denjenigen, die sie nach innen und außen langfristig symbolisieren und repräsentieren. Ich heiße alle Damen und Herren willkommen, die heute eine Auszeichnung empfangen oder als Redner wirken – die Mitglieder, das Fundament der Leopoldina, und unsere Gäste aus nah und fern. Letztlich sind sie – die Gäste, die Mitglieder, die Redner – entscheidend für die Wirkung dieser Veranstaltung. Genauso wie die Wissenschaftsjournalisten, deren zahlreiche Anwesenheit uns das Gefühl gibt, daß die Wissenschaft nicht nur eine Bringschuld hat, sondern die aufgeklärte Öffentlichkeit auch eine Lese- und Hörschuld.

Meine sehr verehrten Damen und Herren, das Präsidium hat für die diesjährige Versammlung das Thema *Evolution und Menschwerdung* gewählt. Dieses Thema berührt nicht nur alle Sektionen unserer Akademie. Es ist auch ein Thema, dessen Bearbeitung sich durch jüngste Fortschritte in den Wissenschaften in grundlegender Weise veränderte. Durch ihre Ausweitung in die Verhaltens-, Sozial- und Kulturwissenschaften ist die Leopoldina nun besser positioniert, um das dynamische Wechselspiel zwischen Anlage und Umwelt in historischen und ontogenetischen Evolutionsprozessen angemessen zu verstehen. Und diese neue aus der Forschung gewachsene Interdisziplinarität ist wichtig, denn die Menschwerdung ist mehr als evolutionäre Biologie. Je weiter sich die menschliche Evolution entwickelt hat, um so mehr entstand ihr Fortschritt aus einer gemeinsamen Leistung, einer Ko-Konstruktion zwischen ebenbürtigen Partnern – Genetik und Kultur im breitesten Sinne. Ohne Gesellschaft und Kultur gäbe es den Menschen, wie wir ihn heute kennen, nicht. Genauso wie es ohne das menschliche Genom keine Kulturentwicklung geben könnte. Dies trifft wahrscheinlich auch auf einige der Grundeigenschaften des Menschen zu. Nehmen wir Intentionalität als Beispiel – das vorausblickende, sich über längere Zeiträume erstreckende, zielführende Handeln. Es ist schwer darzulegen, wie diese Art von Langzeitintentionalität des Menschen aus seinem Genom genetisch selbstorganisierend gewachsen sein könnte. Höhere Formen der Intentionalität zumindest sind vor allem ein Produkt des Lernens und der Art von Wissenskörper, die Kultur und Gesellschaft – die Plastizität des Hirns nutzend – dem Einzelnen während der ontogenetischen

Entwicklung anbieten. In einem gewissen Sinne ist also beispielsweise das Gehirn Geber und Nehmer zugleich. Es verändert und wird verändert. Langzeitintentionalität liegt primär in der Struktur des kulturellen Wissens, das dann in das Gehirn des Einzelnen transportiert wird. Gerade im letzten Jahrzehnt haben sich zur Beantwortung solcher und ähnlicher Fragen neue wissenschaftliche Felder und Kooperationsmuster aufgetan. Ich denke an die jüngsten Fortschritte in der Entwicklungsbiologie, in der Entwicklungsgenetik, der Entwicklungspsychologie und der historischen Kultursoziologie bzw. Kulturanthropologie. Neue Konzepte katapultierten sich in den Vordergrund. Neue methodische Orientierungen, wie etwa der biokulturelle Ko-Konstruktivismus, gewannen an intellektueller Macht. Neue methodische Instrumente wurden geschaffen, um Wechselspiele und Kokonstruktionsmuster zwischen Genom und Umwelt besser zu verstehen.

Da wir zu Anfang dieser Jahresversammlung die von Schülerinnen und Schülern dargebotene, musikalische Pracht genießen durften, nutze ich abschließend das Orchester als Metapher. Wir sind dabei, am Entstehen eines neuen Orchesters der Wissenschaften teilzuhaben. Es ist zwar noch kein philharmonisches Orchester, denn es gibt noch gelegentliche Kakophonien, Dissonanzen und kooperationsunfähige Einzelgänger. Einstimmigkeit kann sowieso kaum erwartet werden. Und welche Instrumente die neu Hinzukommenden spielen werden, wann sie einsetzen, wo sie im Orchester sitzen, wie laut und energisch sie eingreifen, wie oft sie Fehler spielen oder die Fehler anderer überspielen – all das sind noch offene Fragen. Ich lobe also das anstehende wissenschaftliche Programm auch deshalb, weil es den Fortschritt der Leopoldina als Akademie widerspiegelt.

Ganz in diesem Sinne gilt mein letzter Willkommensgruß dem Organisator dieser wissenschaftlichen Veranstaltung, dem Vizepräsidenten Herrn Harald ZUR HAUSEN. Man soll zwar den Tag nicht vor dem Abend loben, aber der versprochene Reichtum an Themenfeldern und herausragenden Rednern und Rednerinnen ist eine Gala der Entwicklungswissenschaften. Zumindest das gedruckte Programm ehrt die Leopoldina. Dafür gebührt Ihnen, lieber Herr ZUR HAUSEN, unser aller Dank. In diesem Sinne wünsche ich Ihnen und uns allen gute und schöne Tage für die Wissenschaft, den Intellekt und nicht zuletzt auch für das Herz.

Noch einmal herzlich willkommen.

Prof. Dr. Dr. h. c. mult. Paul B. BALTES
Max-Planck-Institut für Bildungsforschung
Lentzeallee 94
14195 Berlin
Bundesrepublik Deutschland
Tel.:   +49 30 82406414
Fax: +49 30 8249939
E-Mail: sekbaltes@mpib-berlin.mpg.de

Grußwort des Ministeriums für Bildung und Forschung

Von Ulrich KASPARICK (Berlin)
Parlamentarischer Staatssekretär im Bundesministerium für Bildung und Forschung

Sehr geehrter Herr Präsident,
sehr geehrter Herr Kultusminister,
Frau Oberbürgermeisterin,
Frau Parlamentarische Staatssekretärin,
meine Damen und Herren,

dieses Land braucht nichts so dringend wie eine starke Wissenschaft. Wenn es uns nicht gelingt, Wissenschaft und Forschung zum zentralen Politikfeld zu machen, dann werden wir mittel- und langfristig wirtschaftlich in große Turbulenzen geraten. Deshalb ist alles wichtig, nützlich und hilfreich, was die deutsche Forschung und die deutsche Wissenschaft stark macht. Nichts ist allerdings so wichtig wie die Kunst des Dialogs, gerade in solchen Zeiten wie den gegenwärtigen. Jetzt sind weniger jene gefragt, die etwas von Kanonendonner verstehen, sondern diejenigen, die sich auf die Kunst des Kompromisses einlassen. Dialogfähigkeit ist in einer hoch komplexen Gesellschaft eine zentrale Bedingung für gelingendes Miteinander. Ich hoffe, daß wir diese Tage, die wir jetzt erleben, nutzen, um auch in diesem wichtigen Bereich voranzukommen.

Ich bin gern nach Halle gekommen; als Sachsen-Anhaltiner kommt man immer gern in diese Stadt. Ich darf Sie ganz herzlich von der Bundesministerin, Frau Edelgard BULMAHN, grüßen, die heute leider verhindert ist.

Frau Ministerin BULMAHN und ich sind uns in diesen zentralen Punkten einig: Nichts braucht dieses Land mehr als eine starke Wissenschaft – gerade angesichts des demographischen Wandels, und nichts braucht dieses Land mehr als die Kunst des Dialogs. Ich freue mich deshalb sehr, daß die Leopoldina zu beiden Feldern maßgebliche Beiträge liefert. Ein ganz zentrales Anliegen der Leopoldina ist der Dialog der Disziplinen untereinander. Diejenigen, die sich tagtäglich mit Innovationen beschäftigen, wissen, daß wir Innovationen insbesondere dort erwarten dürfen, wo sich die Spezialgebiete begegnen, d. h. wo das oft schwierige mühsame Gespräch der Disziplinen miteinander beginnt. Dies gilt auch für den Diskurs zwischen Geistes- und Naturwissenschaften und selbstverständlich auch für den Dialog zwischen den naturwissenschaftlichen Disziplinen selbst. Die Leopoldina hat sich immer als Ort solcher Diskussionen und gewissermaßen als »Trainingsort« für ein solches Gespräch verstanden. Herzlichen Dank dafür Ihnen allen, die daran beteiligt sind.

Wie bereits erwähnt, ist der Dialog in der Politik heute vielleicht mehr als sonst erforderlich. Glücklicherweise gibt es wichtige zentrale Erkenntnisse und Einsichten, welche die großen politischen Familien in unserem Land verbinden. Wir sind uns einig, daß wir es, sobald es irgendwie geht, schaffen müssen, 3 % des Bruttoinlandproduktes für Forschung und Entwicklung aufzuwenden. Von diesem Ziel sind wir noch ziemlich weit entfernt. Wir müssen einen deutlich stärkeren Subventionsabbau durchführen, um Mittel für die Forschung freizubekommen. Die großen politischen Fraktionen sind sich ebenfalls darin einig, daß wir gemeinsam diese Anstrengungen unternehmen wollen, denn sie sind das Fundament für das, was zu tun ist.

Wir sind uns auch einig, daß es für die wirtschaftliche Leistungsfähigkeit dieses Landes zwingend notwendig ist, den Bereich Wissenschaft und Forschung zu dem Politikfeld überhaupt zu machen. Da sind wir auf gutem Wege, aber noch längst nicht dort, wo wir sein sollten. Andere Länder sind hier schneller als Deutschland. Der internationale Wettbewerb wird härter. Der Wettbewerb um die Standorte – auch der Wirtschaftsstandorte – wird zunehmend danach entschieden, wo die höchste wissenschaftliche Kompetenz zu finden ist.

Wir sind uns außerdem einig, daß wir im Wissenschaftssystem mehr Wettbewerb wollen und eine verbesserte Vernetzung der universitären und der außeruniversitären Forschung brauchen. Sie wissen, daß das Forschungsministerium vor kurzem gemeinsam mit den Ländern den Pakt für Forschung und Innovation sowie den Wettbewerb »Exzellenzinitiative Spitzenuniversitäten« für Deutschland auf den Weg gebracht hat. Wenn man jetzt durchs Land fährt und in die Hochschulen und Forschungseinrichtungen »hineinhört«, merkt man, daß da eine Aufbruchstimmung zu spüren ist. Der Wettbewerb wird die Stärksten nach vorn stellen und die besten Forschungsstandorte noch stärker machen. Die ersten Meilensteine sind gesetzt, und ich bin zuversichtlich, daß es den Dialoggeübten jetzt auch gelingen wird, diese Gemeinsamkeiten zu politischen Konzepten zusammenzuführen.

An dieser Stelle möchte ich der Leopoldina für das, was sie für die Neustrukturierung der Wissenschaftslandschaft in den neuen Ländern geleistet hat, Dank sagen. Das muß man einmal erwähnen, wenn man über die Stärke der Forschungslandschaft redet. Viele von Ihnen leisteten an maßgeblicher Stelle einen Beitrag dafür, daß die neuen Bundesländer zumindest mittel- und langfristig die Chance bekommen, zu einer selbsttragenden wirtschaftlichen Entwicklung zu gelangen. Alle Sachkundigen wissen, daß diese selbsttragende wirtschaftliche Entwicklung nur mit einer exzellenten und starken Forschungslandschaft glücken wird. Daher sind alle diejenigen willkommen, die geholfen haben und helfen, die Wissenschaft in Ostdeutschland an die Spitze zu bringen und hiesige Forschungsstandorte zu stärken. Ich glaube nach wie vor, daß es ein zentraler Fehler des Einigungsprozesses war, als erstes die Forschungsabteilungen der Unternehmen zu zerschlagen. Wir müssen nun mühsam wieder aufbauen, nacharbeiten und wieder ins Leben bringen, was an starker Forschung vorhanden war – insbesondere an Industrieforschung und an guter naturwissenschaftlicher Forschung. Deshalb sei an dieser Stelle der Leopoldina herzlich gedankt, weil sie sich auf diesem zentralen Politikfeld des mühsamen Wiederaufbaus maßgeblich betätigt hat.

Die Leopoldina äußert sich zu zentralen politischen Fragen und zeigt auch hier ihre Dialogfähigkeit. An dieser Stelle möchte ich meinen ausdrücklichen Dank für dieses »Einmischen in die eigenen Angelegenheiten« aussprechen, wie es z. B. wichtige Stellungnahmen verdeutlichen, z. B. zum Gentechnikgesetz, zur Bekämpfung von Infektionskrankheiten, die global noch immer eine große Gefahr darstellen, und zu aktuellen Themen, etwa BSE. Kürzlich gründete sich eine gemeinsame Arbeitsgruppe von Leopoldina und acatech zum Thema »Chancen und Probleme einer alternden Gesellschaft«. Hier kommen Herausforderungen auf uns alle gemeinsam zu, deren Dimensionen vorerst nur sehr wenige erkennen. Sie werden Ansprüche an unser politisches und gesellschaftliches System von einem Ausmaße stellen, das uns noch große Sorgen machen wird. Deswegen möchte ich meinen herzlichen Dank an die Leopoldina aussprechen, weil sie sich bereits jetzt intensiv und in einem großen internationalen Diskurs diesem wichtigen Politikfeld widmet.

Der Dialog mit Öffentlichkeit und Politik ist ein zentrales Anliegen der Leopoldina. Das gilt in Deutschland, aber es gilt auch international. An dieser Stelle möchte ich Präsident TER MEULEN für sein Engagement herzlich danken, die Leopoldina noch stärker, als bereits in der Vergangenheit geschehen, international zu verorten und einzubinden. Jeder Forscher weiß, daß Internationalität in der *Community* eine Selbstverständlichkeit ist, aber in der Gesellschaft, in der wir leben, noch nicht. Deshalb sind uns alle die Pioniere hochwillkommen, die uns helfen, das, was in der Forschung und in der Wissenschaft schon Alltag ist, auch in der Gesellschaft zu verankern. Wenn es gelingt, unsere Wissenschaftsstrukturen, unsere großen Förderorganisationen und die unterstützenden Strukturen, wie die Akademien, stärker am internationalen Dialog zu beteiligen, dann ist das von sehr großer Bedeutung für unser Land. Wichtig dabei ist, daß sich die Leopoldina frühzeitig um das Thema Osterweiterung bemüht hat und Kooperationsvereinbarungen mit den Akademien in Estland, Lettland, Litauen, Polen und anderen osteuropäischen Staaten getroffen hat.

Einen weiteren Bereich möchte ich noch besonders hervorheben, weil er mir eine Schlüsselrolle zu spielen scheint. Das ist das Bemühen der Akademie um den Nachwuchs. Die Einrichtung einer Jungen Akademie, erstmals in Deutschland, als Plattform für das Üben des Dialogs und des transdisziplinären Denkens. Wir reden schon viel davon, doch sieht man einmal genauer in die Institute und in die Hochschulen hinein, dann wird der Unterschied von Reden und Handeln deutlich. Es ist daher erfreulich, daß es solche Plattformen wie die Junge Akademie gibt, wo man früh beginnen kann, sich in den wichtigen dialogischen Bemühungen auszuprobieren. Das Bundesforschungsministerium unterstützt dieses Vorhaben. Wir fördern auch das Leopoldina-Stipendienprogramm für Postdoktoranden. Man liegt sicher richtig, wenn man feststellt, daß diese Förderung ein kleines, aber feines Programm umfaßt, das auf Qualität ausgerichtet ist. Ich wünschte mir, daß man in diesem Bereich vielleicht noch einen Schritt weiter geht und überlegt, wie man die Exzellentesten der in jenem Programm geförderten jungen Leute noch stärker in die Arbeit der Akademie einbindet, weil es so wichtig ist, den Dialog mit der jüngeren Generation auch organisatorisch strukturell zu verankern.

Ich beschreibe diese Dinge so ausführlich, weil sie Bausteine für ein großes gemeinsames Vorhaben der Wissenschaftlergemeinschaft in Deutschland sind – nämlich für den Versuch, die deutsche Wissenschaft mit einer Stimme sprechen zu lassen. Es ist dringend erforderlich, daß die deutsche Wissenschaft eine zentrale international anerkannte Stimme erhält. Wir begrüßen daher ausdrücklich die Gespräche, die in dieser Hinsicht in Gang gekommen sind. Ich kann Ihnen versichern, daß der Deutsche Bundestag und auch das Bundesforschungsministerium all denen zur Seite stehen werden, die sich im Konsens aller Beteiligten um eine Lösung bemühen, die diese Einstimmigkeit und die internationale Wahrnehmbarkeit befördern. Wie man das Konstrukt später einmal nennen wird, ist dann eher zweitrangig. Wichtig ist vielmehr, daß das Gespräch begonnen wurde und daß wir an dieser Stelle zeigen, wie dialog- und kompromißfähig man in Deutschland ist.

Die Leopoldina-Jahrestagung hat ein wichtiges Thema. Ich bin sicher, daß von dieser Veranstaltung ein starker Impuls ausgehen wird, und zwar nicht nur gesellschaftspolitischer Natur und vielleicht in die Medien, sondern auch in die Parlamente, weil all das, was uns in der Wissenschaftspolitik beschäftigt und berührt (hier seien nur die Stichworte Gentechnik und Stammzellforschung genannt und der so dringende Dialog mit den Geisteswissenschaften eingefordert), zeigt, daß wir in einer Zeit sich beschleunigender Veränderungen stehen und auch die anstehenden politischen Entscheidungen im Lichte dieser neuen Kenntnisse und veränderten gesellschaftlichen Bedingungen geprüft werden müssen. Wir benötigen den Dialog miteinander, und wir brauchen Akademien wie die Leopoldina, die eine solche Diskussion organisieren.

Ich wünsche Ihnen von Herzen, daß uns diese Tagung einen Schritt in dem Miteinander zwischen Wissenschaft und Politik weiterbringt, denn wir brauchen für dieses Land nichts dringender als eine starke Wissenschaft und einen gelingenden Dialog. Ich hoffe, daß diese Jahrestagung zu beidem einen wirksamen Beitrag leisten kann.

Staatssekretär
Ulrich KASPARICK, MdB
Büro des Parlamentarischen Staatssekretärs
beim Bundesminister für Verkehr, Bau und
Stadtentwicklung
Invalidenstraße 44
10115 Berlin
Bundesrepublik Deutschland
Tel.:   +49 30 22772250
Fax: +49 30 22770055
E-Mail: psts-k@bmvbs.bund.de
(seit 12/2005)

Grußwort des Kultusministeriums des Landes Sachsen-Anhalt

Von Jan-Hendrik OLBERTZ, Magdeburg

Kultusminister des Landes Sachsen-Anhalt

Sehr geehrter Herr Staatssekretär KASPARICK,
sehr geehrter Herr Präsident Prof. TER MEULEN,
sehr geehrte Damen und Herren Vizepräsidenten,
verehrte Mitglieder der Leopoldina,
liebe Gäste!

Im Namen der Landesregierung begrüße ich Sie sehr herzlich zu Ihrer diesjährigen Jahresversammlung hier in Halle, dem angestammten Sitz der Leopoldina. Wenn wir an die Eröffnungsveranstaltung zur letzten Jahresversammlung vor zwei Jahren zurückdenken, so werden Sie sich mit mir erinnern, daß jenes Treffen von einer fast diffusen Umbruchstimmung mitgeprägt war. Halle stand im Jahr 2003 noch ganz im Zeichen des 350jährigen Jubiläums der Akademie und des 500jährigen Jubiläums der Martin-Luther-Universität Halle-Wittenberg. Die Akademie hatte kurz zuvor einen Präsidentschaftswechsel vollzogen, und so verband sich mit dem Rückblick auf die erfolgreichen Wissenschaftstraditionen auch ein Ausblick auf die Zukunft und eine neue Positionsbestimmung der Leopoldina unter den deutschen Wissenschaftsakademien insgesamt.

In der öffentlichen Wahrnehmung scheint die Frage nach der Funktion und der Profilierung der Wissenschaftsakademien in Deutschland seitdem etwas in den Hintergrund getreten zu sein, was gewiß auch darauf zurückzuführen ist, daß sich aktuelle Probleme der Hochschulpolitik und der Forschungsförderung in dieser Zeit besonders zuspitzten: Denken wir an den sogenannten *Bologna-Prozeß*, die Auswirkungen der Verfassungsgerichtsurteile zur Habilitation oder zu den Studiengebühren, oder denken wir an das elende Hin und Her zwischen Bund und Ländern zum Thema Spitzenforschung.

Was die Akademien der Wissenschaften betrifft, so warteten wir damals auf eine bevorstehende Empfehlung des Wissenschaftsrates zur Gründung einer Nationalen Akademie der Wissenschaften und damit zur künftigen Strukturierung der Akademien in Deutschland insgesamt. Diese Empfehlung liegt inzwischen vor, aber man kann nicht sagen, daß – ungeachtet des Bekenntnisses des Wissenschaftsrates zu einer Nationalen Akademie – ein Durchbruch zu einer Neuordnung der Akademienlandschaft erreicht wurde (wenn auch die Meinungen darüber, ob dies wünschenswert ist, auseinandergehen).

Ich selbst hatte der Leopoldina vor zwei Jahren geraten, zur Durchsetzung ihres Führungsanspruchs unter den deutschen Akademien nicht zuerst die Schaffung entsprechender wissenschaftspolitischer Rahmenbedingungen abzuwarten, sondern den eingeschlagenen Weg der programmatischen Befassung mit wissenschaftlichen Querschnittsthemen von allgemeiner gesellschaftlicher Bedeutung unbeirrt und zielstrebig fortzusetzen, diesen Anspruch also gleichsam zu leben, schon bevor er formell anerkannt wird.

Bereits der erste Blick auf das Thema der Jahresversammlung 2005 »Evolution und Menschwerdung« und auf das Programm zeigen, wie konsequent die Leopoldina einen solchen Weg geht. Daß eine Akademie der Naturforscher den Eröffnungsvortrag ihrer Jahresversammlung durch einen Historiker halten läßt, wie Sie es nachher durch Hans-Joachim GEHRKE erleben werden, ist keineswegs selbstverständlich. Es läßt eine Akzentverschiebung – oder -bereicherung – gegenüber dem Jahr 1973 erkennen, als das Rahmenthema der Jahresversammlung einfach »Evolution« lautete.

»Evolution und Menschwerdung« assoziiert ja bereits, daß hier etwas voneinander zu unterscheiden ist, und daß das Rätsel der Menschwerdung (oder des Menschseins) mit Evolution allein nicht zu erklären ist. Nicht die Evolutionstheorie an sich, sondern die mit ihr verbundene biologische Erklärung der Menschwerdung war der eigentliche Skandal, den DARWINS *Entstehung der Arten* seinerzeit auslöste. Aus heutiger Sicht ist die Dramatik des Streits um das wahre Bild von der Entstehung des Menschen, der im 19. Jahrhundert ausgelöst wurde, kaum noch nachvollziehbar, da wir Heutigen die Erklärung für den damaligen Streit wissenschaftshistorisch gleich miterlernen.

Vordergründig läßt er sich damit erklären, daß man die Bibel als wissenschaftliches Buch auffaßte, dessen Aussagen dann natürlich im Widerstreit zu jeder anderslautenden naturwissenschaftlichen These standen. Ein bedeutender Exeget unserer Zeit bezeichnete es einmal als Tragik, daß das Alte Testament aus dem Denken und in der Sprache des Orients geschrieben, aber im Abendland und mit dessen Logik erklärt werde. Der Grund für die Auseinandersetzung ist in der Sache ja keineswegs entfallen. Es geht um die Frage, ob naturwissenschaftliche Theorien über den Menschen ihn eben unter naturwissenschaftlicher Rücksicht erklären können, oder ob die Naturwissenschaft beanspruchen kann, ihn sozusagen *restlos* zu erklären, und zwar in dem Sinne, daß z. B. alle Fragen nach dem Sinn, dem Ziel oder gar der Bestimmung des Menschen als unkontrolliertes neuronales Flimmern aufzulösen seien.

Sie merken, sobald wir solche aktuellen Fragen aufwerfen, regt sich eine Leidenschaft, die man an einer historischen Debatte kaum noch nachzuempfinden vermag. Für die damalige Diskussion läßt sich vielleicht sagen, daß sie sich im wesentlichen einer mangelnden kategorialen Trennung zwischen naturwissenschaftlicher Erklärung einerseits und theologischer oder auch philosophischer und anthropologischer Deutung des Menschen und seiner Stellung in der Welt andererseits verdankte. Grundsätzlich ist eine naturwissenschaftliche Erklärung deutungsfrei oder deutungsoffen. Man kann natürlich versuchen, selbst alle Ansätze einer solchen theologischen oder philosophischen Deutung auch wiederum ausschließlich als evolutionär entstandene Prozesse zu erklären. Aber das ist und war kein notwendiger Bestandteil der ursprünglichen Theorie. Und abgesehen davon gestattet eine naturwissenschaftliche Erklärung über die Entstehung des Menschen keinen Schluß über seine etwaige Bestimmung oder Nicht-Bestimmung, sowenig wie eine hirnphysiologische Erklärung für die menschliche Suche nach Sinn den Schluß zuläßt, es gebe diesen Sinn nicht. Mit anderen Worten: Nichts hindert im Falle der evolutionären Entwicklung logisch an der Annahme, es sei ein Schöpfergott gewesen, der sie in Gang gesetzt habe. Übrigens hindert auch nichts an der Fragestellung, ob der Mensch sich nicht nur einem evolutionären Prozeß verdanke, sondern ihn auch steuere – und ob eine solche Steuerung ihrerseits komplett als Ergebnis der Evolution angesehen werden könne oder ob hier nicht doch ein Neues hinzukomme.

Wenn wir also fragen – und Sie tun das ja –, dann steht das Thema »Evolution und Menschwerdung« keineswegs nur für eine historische Debatte, sondern für ein Thema, das denkende Menschen immer bewegen wird.

Axel MEYER, der übermorgen an der Podiumsdiskussion über die »Beeinflussung der Evolution durch den Menschen« teilnehmen wird, schrieb nun in der *Welt* vom 8. August dieses Jahres, daß die wissenschaftliche Freiheit durch den Vormarsch eines neuen christlichen Fundamentalismus bedroht sei, der sich insbesondere gegen die biologische Evolutionslehre richte. In Deutschland kann ich bisher keinen nennenswerten Anlaß für derartige öffentliche Wahrnehmung erkennen, und außerdem denke ich, daß schon unterschieden werden muß, ob man die Evolutionstheorie als Teufelswerk betrachtet oder nur zu verstehen geben will, daß es außerhalb ihrer noch Fragen gibt, die zu stellen sich lohnt. Im übrigen gibt es kaum eine andere Religion, die sich insgesamt dem rationalen Diskurs mit anderen Disziplinen so öffnet wie das Christentum, ja teilweise diese Disziplinen erst in ihrem »Herrschaftsraum« entstehen oder gedeihen ließ. Ich will gerade hier in Halle an die innere Verwandtschaft von Pietismus und Aufklärung im 18. Jahrhundert erinnern, an das Bild des vernunftbegabten, aufgeklärten Christenmenschen. Dabei geht es ja um nichts anderes als das tiefe Bedürfnis nach dem Selbstverstehen des Menschen und seiner Beziehung zu anderen Menschen und zu seiner Welt.

Dieses Erkenntnisinteresse schließt auch die Fragen nach dem *Woher* und dem *Wohin* des Menschen ein – oder andersherum: »Die Wissenschaft« insgesamt muß sich mit ihren Theorien und Erklärungsmodellen immer auch vor dem Verstand und vor Kriterien ihrer jeweiligen Methodik bewähren; und gewiß hat sie sich angesichts der enormen Kosten, die sie verursacht, auch in der Wirtschaft, Medizin, Gesellschaft oder Kunst als nützlich zu erweisen. Vor allem aber kommt sie nicht umhin, auch in den – philosophischen oder religiösen – Verstehenshorizont einzutreten, in dem solche »letzten Fragen« gestellt werden, wenn sie weiterhin als eigentliches Medium des menschlichen Erkenntnisinteresses angesehen werden will.

Deshalb ist es so wichtig, daß wissenschaftliche Institutionen, wie die Leopoldina, diesen Bogen von Theorien und Konzepten der Erforschung naturwissenschaftlicher Einzel- und Grundsatzprobleme bis zu ihrer Anwendung auf historische, kulturelle und soziale Fragen hin spannen. Daß sich das Konzept der Evolution hierbei inzwischen von seiner ursprünglichen Verwendung in biologisch-genetischen Fragestellungen abgelöst hat und nicht nur metaphorisch, sondern im engeren Sinne methodisch auch auf Kulturphänomene wie Sprache und Religion angewendet wird, macht den besonderen interdisziplinären Reiz der diesjährigen Konferenz aus.

Ich wünsche Ihnen allen eine interessante und anregende Jahresversammlung und der Leopoldina viel Erfolg bei ihrem weiteren Weg zu einer nicht nur für die Fachwelt, sondern für die interessierte Öffentlichkeit insgesamt bedeutsamen Mittlerin zwischen Wissenschaft und Gesellschaft.

Prof. Dr. Jan-Hendrik OLBERTZ
Kultusminister des Landes Sachsen-Anhalt
Turmschanzenstraße 32
39114 Magdeburg
Bundesrepublik Deutschland
Tel.:   +49 391 5673714
Fax: +49 391 5673770
E-Mail: minister@mk.lsa-net.de

Ansprache des Leopoldina-Präsidenten

Von Volker TER MEULEN, Halle (Saale)/Würzburg

I.

Sehr geehrter Herr Staatssekretär KASPARICK,
lieber Herr Minister OLBERTZ,
verehrte Gäste,
liebe Leopoldina-Mitglieder und Angehörige,
hochgeschätzte Festversammlung,

für einen Präsidenten ist es besonders erfreulich, wenn eine Jahresversammlung einen großen Zuspruch erhält und viele Mitglieder mit ihren Angehörigen sowie Gäste anreisen und teilnehmen. Dies ist heute wiederum der Fall, und Ihre Anwesenheit belegt, daß wir ein für Sie ansprechendes und interessantes wissenschaftliches Thema gewählt haben. Ich danke Ihnen für Ihr Kommen.

Leider mußten einige unserer älteren Mitglieder, die fast alle eine besonders enge Beziehung zur Leopoldina haben, auf ihre Teilnahme verzichten, doch begleiten uns ihre guten Wünsche für eine erfolgreiche Veranstaltung.

Die attraktive Durchführung unserer alle zwei Jahre stattfindenden Jahresversammlungen, wie auch viele andere unserer Aktivitäten, verdankt die Akademie ihren Zuwendungsgebern der Bundesregierung, vertreten durch das BMBF, sowie dem Land Sachsen-Anhalt, vertreten durch dessen Kultusministerium. Beiden Repräsentanten, Herrn Staatssekretär KASPARICK und Herrn Minister OLBERTZ, danke ich für diese Unterstützung, für Ihr Kommen und Ihre Grußworte, auch im Namen von Präsidium und Senat. Wir sind glücklich darüber, daß Sie immer für unsere Wünsche, Sorgen und Belange offen waren und sind und anerkennen, daß es trotz der schwierigen Haushaltsituation, mit den damit verbundenen Sparmaßnahmen, möglich war, unsere Arbeit und unsere Aktivitäten zu fördern. Ich darf Ihnen versichern, daß wir uns auch in Zukunft darum bemühen werden, den Erwartungen, die Sie als Zuwendungsgeber an uns stellen, im Interesse der Wissenschaft zu entsprechen. Besonders erfreut sind wir jedoch darüber, daß Sie und Ihre Mitarbeiter Interesse an unserer Arbeit, unseren Publikationen und wissenschaftsbezogenen Stellungnahmen haben.

Willkommen heißen möchte ich auch unsere neugewählten Mitglieder, denen wir morgen ihre Diplome übergeben werden. Seit der letzten Jahresversammlung im Oktober 2003 wurden 137 Mitglieder hinzugewählt, die sich gleichmäßig auf fast alle Sektionen verteilen. Ihr Durchschnittsalter von 54 Jahren belegt, daß wir uns bemühen, jüngere Mitglieder zu gewinnen, um damit neuen Ideen Zugang zur Akademie zu ermöglichen. Unter Ihnen sind wieder zahlreiche Wissenschaftlerinnen und Wissenschaftler aus europäischen und nicht-europäischen Ländern.

Wir trauern um 52 Mitglieder, die seit der letzten Jahresversammlung verstorben sind. Darunter sind viele Mitglieder, die sich um unsere Akademie verdient gemacht haben, so daß ihr Leben und Wirken einer besonderen Würdigung bedürfte, was am heutigen Tage nicht möglich ist. Allerdings sollte der Verlust von drei Kollegen hervorgehoben werden, die die altersmäßige Spitze unserer Akademie bildeten: der Mediziner und unser Ehrenmitglied Hans Erhard BOCK im 101., der Geologe Ehrhard VOIGT im 100. und der Biologe Ernst MAYR im 101. Lebensjahr.

Wir wollen in Dankbarkeit und stillem Gedenken von allen Verstorbenen Abschied nehmen, und ich darf Sie bitten, sich dafür zu erheben.

Ich danke Ihnen.

II.

Meine Damen und Herren,
in unserer Senatssitzung gestern Abend haben wir nicht nur Fragen nach der Weiterentwicklung unserer Akademie behandelt, sondern es standen auch mehrere Wahlen für das Präsidium an.

Die fünf Jahre währenden Amtszeiten der Vizepräsidenten Ernst-Ludwig WINNACKER, Paul BALTES und Gunter FISCHER sowie die des Sekretars für Naturwissenschaften Gunnar BERG sind ausgelaufen. Eine erneute Wiederwahl von Herrn WINNACKER verbietet unsere Satzung, während dies für die Kollegen BALTES, BERG und FISCHER möglich ist. Alle drei Kollegen stellten sich dieser Wahl und wurden von den Senatoren wiedergewählt. Dies ist sicher die schönste Anerkennung für ein erfolgreiches Wirken im Präsidium der Leopoldina. Ich persönlich bin dankbar und freue mich, daß Herr BALTES und Herr FISCHER noch einmal für fünf Jahre als Vizepräsidenten tätig sein werden und Herr BERG für weitere fünf Jahre das Amt des Sekretars für Naturwissenschaften wahrnehmen wird, denn ich möchte auf ihre wertvolle Mitarbeit nicht verzichten.

Mit Herrn WINNACKER scheidet ein Vizepräsident aus, dem das Präsidium und der Präsident zu großem Dank verpflichtet sind.

Lieber Herr WINNACKER, Sie traten 1995 Ihr Amt als Vize-Präsident in der Nachfolge von Herrn BRAUN-FALCO an. Zu dieser Zeit waren Sie noch als Biochemiker und Molekularbiologe am Genzentrum in München tätig und hatten sich bereits damals große Verdienste um eine Akzeptanz der Gentechnologie in der Öffentlichkeit erworben. Kurze Zeit später wählten die Mitglieder der Deutschen Forschungsgemeinschaft Sie zu ihrem Präsidenten als Nachfolger von Herrn FRÜH-

WALD. Trotz dieser sehr arbeits- und zeitintensiven Tätigkeit als DFG-Präsident haben Sie immer das Präsidium beraten und standen der Leopoldina zur Verfügung. Das Präsidium und ich danken Ihnen für Ihr großes Engagement für diese Akademie, für Ihren immer zur Verfügung stehenden Rat, und wir freuen uns, daß Sie sich bereiterklärt haben, mit beratender Stimme dem Präsidium als »Alt-Präsidialmitglied« weiter zur Verfügung zu stehen.

Als Nachfolger von Herrn WINNACKER im Amt des Vizepräsidenten wählte der Senat am gestrigen Tag Frau Professor Bärbel FRIEDRICH. Frau FRIEDRICH wurde 1994 als Mitglied in die Leopoldina aufgenommen und vom Senat 2003 zum Mitglied des Präsidiums gewählt. Daß Frau FRIEDRICH jetzt die Nachfolge von Herrn WINNACKER als erste Vizepräsidentin in der 353 Jahre alten Leopoldina antritt, erfreut uns sehr, denn als international angesehene Wissenschaftlerin und mit ihrer großen Erfahrung im Wissenschaftsmanagement als ehemaliges Mitglied des Wissenschaftsrates und als langjährige Vizepräsidentin der Deutschen Forschungsgemeinschaft ist ihre aktive Mitarbeit im Präsidium der Leopoldina von großem Wert.

Als Nachfolger von Frau FRIEDRICH wurde Herr Professor Rudolf THAUER ins Präsidium gewählt. Herr THAUER ist Mitglied der Leopoldina seit 1984, war Vizepräsident der DFG und gehört zu den Spitzenforschern auf dem Gebiet der Biochemie des Stoffwechsels von Mikroorganismen. Ich bin Herrn THAUER sehr dankbar, daß er im Präsidium mitarbeiten wird.

Von den Sekretaren scheidet Dietmar GLÄSSER aus Altersgründen aus. Er war für den Bereich Medizin in der Akademie zuständig. Herr GLÄSSER ist einer der Hallenser Leopoldina-Mitglieder, der immer für die Leopoldina zur Verfügung stand und aufopfernd, trotz großer persönlicher Belastungen, seine Aufgaben in unserer Akademie wahrgenommen hat. Sein Überblick über die Sektionsmitglieder in der Medizin und seine stetige Sorgfalt, daß bei den Zuwahlen auch die qualifiziertesten Kandidaten gewählt werden, zeichnen ihn besonders aus. Wir sind ihm sehr dankbar für seine zehnjährige rege Mitarbeit im Präsidium.

Als Nachfolger wählte der Senat Herrn Professor Ingo HANSMANN, der seit 1998 Mitglied der Leopoldina ist. Herr HANSMANN ist Lehrstuhlinhaber für Humangenetik an der Martin-Luther-Universität Halle-Wittenberg, und wir sind sicher, mit ihm nicht nur einen würdigen Nachfolger von Herrn GLÄSSER gewonnen zu haben, sondern auch einen Fachkollegen in den so wichtig gewordenen biopolitischen und bioethischen Fragen.

Weiter wurde im Senat die Thematik der nächsten Jahresversammlung festgelegt, die wir im Oktober 2007 – wie immer in Halle – zum Thema »Migration« abhalten werden. Dazu darf ich Sie bereits heute alle einladen.

Zu erwähnen wären auch noch drei weitere Tagesordnungspunkte, die ich nur streifen möchte, da sie auf der Mitgliederversammlung heute Abend besprochen werden. Es sind dies die Gründung eines »Leopoldina-Freundeskreises«, die Einrichtung eines »Leopoldina-Medizin-Preises« und ein kurzer Hinweis auf die Diskussion zur vorgeschlagenen Namensänderung unserer Akademie.

Seit geraumer Zeit wird vom Präsidium nach einer Möglichkeit gesucht, einen »Freundeskreis« der Leopoldina zu gründen, der von Nicht-Akademie-Mitgliedern geleitet wird, um hierdurch vornehmlich in nicht-universitären Gesellschaftskreisen für die Leopoldina zu werben und unsere Akademie einer größeren Öffentlichkeit bekanntzumachen. Mit der Bildung dieses Freundeskreises können wir jetzt beginnen, da Herr Dr. Horst Dietz, Präsident des *Industrial Investment Council* (IIC), Berlin, sich bereiterklärt hat, diese Aufgabe zu übernehmen. Lieber Herr Dietz, Präsidium und Senat sind Ihnen sehr dankbar für Ihr Ja-Wort, und wir freuen uns, daß Sie als ehemaliger Hallenser zu uns gestoßen sind.

Einen Leopoldina-Medizin-Preis haben wir Herrn Albrecht Hauff, Inhaber des Thieme-Verlags Stuttgart, zu verdanken. Dieser Preis, der als »Thieme-Preis der Leopoldina für Medizin« in Zukunft vergeben werden wird und mit 15 000 Euro dotiert ist, wurde von Herrn Hauff für die nächsten fünf Jahresversammlungen fest zugesagt. Hiermit wollen wir junge Wissenschaftler auszeichnen, die wesentliche neue Erkenntnisse zu Ätiologie, Pathogenese, Therapie und Prävention menschlicher Erkrankungen erarbeitet haben. Verehrter Herr Hauff, wir danken Ihnen sehr für dieses großzügige Angebot.

Nun kurz zur Namensänderung. Mit dem Aufbau neuer Sektionen, wie Wissenschaftstheorie, Ökonomik und Empirische Sozialwissenschaften, Empirische Psychologie und Kognitionswissenschaften sowie Kulturwissenschaften, hat in unserer Akademie eine Diskussion begonnen, ob der Begriff »Naturforscher« in unserem Namen nicht besser durch »Wissenschaften« zu ersetzen sei. Um festzustellen, ob die Mitglieder unserer Akademie bereit wären, diesem Wunsch nach Änderung zu entsprechen, hat das Präsidium den Vorschlag einer Namensänderung zur Diskussion auf die Tagesordnung der Senatssitzung und der Mitgliederversammlung gesetzt. Der Senat hat sich ausführlich mit einer möglichen Namensänderung befaßt und die Vor- und Nachteile dieses Schrittes diskutiert. Wie zu erwarten war, wurde noch keine endgültige Entscheidung getroffen. Auf Einzelheiten der Diskussion kann ich jetzt aus Zeitgründen nicht eingehen, sondern werde dies auf der Mitgliederversammlung tun.

III.

Meine Damen und Herren,
für alle Akademien gilt es, sich durch Zuwahl neuer Mitglieder disziplinär und interdisziplinär so aufzustellen, daß die in der Akademie anstehenden wissenschaftlichen Themen sachgerecht behandelt werden können. Bis zum Jahr 1996 hat die Leopoldina ihre Mitglieder fast ausschließlich aus den Disziplinen der Naturwissenschaften und Medizin gewählt. Erst zu diesem Zeitpunkt haben wir begonnen, unser Fächerspektrum zu erweitern, um zu wichtigen wissenschaftlichen Fragen aus dem Bereich der Naturwissenschaften und der Medizin, die un-

mittelbar die Gesellschaft betreffen, Stellung beziehen zu können. Ich erinnere an Themen wie Energiegewinnung und -nutzung, Gesundheitsforschung oder Umweltforschung.

Schauen wir uns die wissenschaftlichen Aktivitäten der Leopoldina seit dieser Zeit an, so ist erkennbar, daß die Mitglieder dieser neuen Sektionen sich von Anfang an aktiv an der Gestaltung der Programme unserer Veranstaltungen beteiligt haben und mit dazu beitrugen, daß die behandelten wissenschaftlichen Themen eine breite Perspektive erhielten. Dies ist beispielhaft sichtbar am Programm der letzten Jahresversammlung zum Thema »Energie«, an vielen Meetings und Symposien der letzten Jahre, und insbesondere auch in der Programmgestaltung unserer heute beginnenden Jahresversammlung.

Für unsere Akademie sind diese wissenschaftlichen Veranstaltungen ein wichtiger Bestandteil, da wir mit ihnen Rechenschaft über unsere Aktivitäten abgeben. Seit der letzten Jahresversammlung vor zwei Jahren wurden neben Meetings und den traditionellen Monatssitzungen über 17 Symposien von unserer Akademie organisiert, wobei die größte Zahl dieser Symposien außerhalb Halles in deutschen Universitätsstädten und darüber hinaus in anderen europäischen Städten, in Breslau, Paris, Wien und Ittingen (Schweiz), stattfanden. Die Bandbreite der Themen ist beeindruckend und umfaßt naturwissenschaftliche, medizinische und geisteswissenschaftliche Themen, wobei wir besonders Wert gelegt haben auf Interdisziplinarität und auf die Möglichkeit, mit anderen Akademien, insbesondere europäischen Akademien, gemeinsame Tagungen zu veranstalten.

Aber unsere Kontakte reichen inzwischen weit über Europa hinaus. Vor zwei Wochen hatten wir den Präsidenten der Chinesischen Akademie der Wissenschaften, Herrn Professor Yongxiang Lu, zu Gast, der Anfang dieses Jahres in unsere Akademie in die Sektion Technikwissenschaften aufgenommen wurde. Wir haben mit ihm eine enge Zusammenarbeit vereinbart und werden mit der chinesischen Akademie zu einigen Themenkomplexen, die beide Akademien interessieren, Gesprächsforen einrichten.

Aus der Vielzahl der Themen, die in Symposien und Meetings in den letzten beiden Jahren behandelt wurden, möchte ich drei herausgreifen und etwas näher darauf eingehen, da sie gute Beispiele für interdisziplinäre Vernetzungen sind, so wie wir sie uns wünschen.

In dem Leopoldina-Symposium »From Bench to Bedside in the Neurosciences: Meeting the Pioneers and Looking into the Future« in der Schweiz war es das Ziel, eine Plattform der Verknüpfung von Grundlagenforschung mit der Entwicklung von Therapien bis hin zu klinischen Studien darzustellen, wobei auch in der Industrie tätige Wissenschaftler und Vertreter von Industriemanagement zu Wort kamen, denn in der Pharmaindustrie sind die Neurowissenschaften ein besonders dynamisches Forschungsgebiet mit großem Entwicklungspotential. Für die teilnehmenden jungen Neurowissenschaftler, die nicht aus der Medizin kamen, war das Programm sehr kontrastreich, da es immer eine Gegenüberstellung gab zwischen Laborbefunden und klinischen Erkrankungen. So wurden Bereiche wie Neuroinformation und -degeneration, Stammzellen und Reparatur, axonales Wachstum und Plastizität kritisch aus der Sicht der Grundlagenforschung und der klinischen Anwendung dargestellt und diskutiert. Das Symposium führte zu neuen, interdisziplinären Kooperationen und Verbindungen zur Industrie.

Das Symposium »Science und Music – The Impact of Music« fand in Halle statt und war von seinem Aufbau und Ablauf eine außergewöhnliche Veranstaltung der Leopoldina. Die Initiative ging aus von unseren Mitgliedern, dem Physiker Hans WEIDENMÜLLER, der zugleich Mitglied der Heidelberger Akademie der Wissenschaften ist, und von Uzy SMILANSKY aus Rehovot, Israel, die zusammen mit den Musikwissenschaftlern, Herrn AUHAGEN und Herrn RUF aus Halle, ein hoch interessantes, interdisziplinäres Programm erstellt hatten. An diesem Symposium nahmen Physiker, Mediziner, Physiologen, Psychologen, Musikwissenschaftler, Komponisten und Musiker teil, und es wurde ein weiter Bogen gespannt von Musikentstehung über Musikaufnahme zu Musikempfindung. So gab es nicht nur Beiträge zur musikalischen Psycho-Akustik, zur Schallausbreitung, zur Physiologie und Neurologie des Hörens, sondern auch darüber, wie das menschliche Gehirn Musik verarbeitet und welchen Einfluß Musik auf die phylogenetische und ontogenetische Entwicklung des Menschen hat. Das Symposium wurde durch zwei öffentliche Konzerte eingerahmt, die vieles aus den Beiträgen im Symposium sinnfällig machten. Dargeboten wurden zeitgenössische Kompositionen, die dem Hörer den Eindruck von Mikrotonalität vermittelten.

Die dritte Thematik betrifft Infektionskrankheiten, mit der wir uns in den letzten eineinhalb Jahren in vier Veranstaltungen auseinandergesetzt haben. Mitte vorigen Jahres fand ein internationales Symposium in Würzburg zum Thema »Threat of Infection – Microbes of High Pathogenic Potential: Strategies for Detection Control and Eradication« statt, das wir zusammen mit der Französischen Akademie der Wissenschaften veranstalteten. Im Oktober 2004 führten wir die erste Leopoldina-Jahreskonferenz in Heidelberg zum Thema »Microbes in Malignancy« durch. Vor drei Monaten wurde zusammen mit der Österreichischen Akademie der Wissenschaften in Wien ein Symposium zum Thema »BSE – Status quo und Quo vadis« abgehalten, und vor drei Wochen fand in Paris ein internationales Symposium zum Thema »Frontiers in Microbiology and Infectious Diseases« statt, das die Leopoldina gemeinsam mit der Französischen Akademie der Wissenschaften und der Französischen und Britischen Akademie der Medizin durchführte.

Infektionskrankheiten sind in den Entwicklungsländern für ca. 45 % aller Todesfälle und in den Industrienationen immer noch für ca. 30 % aller Todesfälle verantwortlich. Es ist offensichtlich, daß zur Bekämpfung und Eindämmung von Infektionskrankheiten vielfältige Anstrengungen erforderlich sind. Diese betreffen das gesamte Gesundheitswesen, die Forschungsinitiativen zur Aufklärung von Pathogenese, Therapie und Prävention von Infektionen, die industrielle Entwicklung von Vakzinen und antimikrobiellen Substanzen und auch gesundheitspolitische Maßnahmen wie Infektionsschutzgesetze, Alarmpläne bei bioterroristischen Bedrohungen oder Grippepandemiepläne.

Die in Würzburg und Paris durchgeführten Symposien und die Leopoldina-Jahreskonferenz in Heidelberg haben diese gesamte Bandbreite der Probleme heutiger Infektionskrankheiten behandelt, einschließlich der politischen und sozialen Aspekte, die Infektionskrankheiten bedingen.

Die Sorge einer sich möglicherweise entwickelnden Influenza-Pandemie durch Adaptation des Vogelgrippevirus an den Menschen wird von allen virologischen Experten geteilt, und die politisch Verantwortlichen der Industrieländer sind aufgerufen, Vorsorgemaßnahmen zu treffen, einschließlich der Vorhaltung von Neuraminidasehemmern. Unter dem Einfluß dieser Bedrohung und der Erkenntnisse des Leopoldina-Symposiums in Würzburg und der Leopoldina-Jahrestagung in Heidelberg setzte unser Präsidium in Abstimmung mit dem *European Academies Science Advisory Council* (abgekürzt EASAC) eine internationale Kommission ein, die Empfehlungen zur Bekämpfung von Infektionskrankheiten und zur Infektionsforschung erarbeitete, die sich an die Europäische Union richten.

Diese Empfehlungen wurden unter dem Titel »Infectious Diseases – Importance of Coordinated Activity in Europe« veröffentlicht und im Juni 2005 der EU-Kommission in Brüssel vorgestellt. Da diese europäischen Empfehlungen nicht gezielt auf nationale Besonderheiten der einzelnen EU-Länder eingehen konnten, haben wir aus Mitgliedern dieser internationalen Kommission eine nationale *Ad-hoc*-Kommission gebildet, die sich dieser Thematik aus Sicht der Notwendigkeiten der Bundesrepublik Deutschland zuwandte. Diese Empfehlung wurde parallel mit der EASAC-Stellungnahme veröffentlicht[1] und allen Forschungsorganisationen und politischen Instanzen zugeleitet. Die bisherigen Reaktionen auf diese beiden Stellungnahmen waren sehr ermutigend, insbesondere die Gespräche, die wir in Brüssel geführt haben.

Die Mitarbeit der Leopoldina im *European Academies Science Advisory Council* als derzeitiger Vertreter der deutschen Akademien gestaltet sich sehr positiv, da sich das *Council* auch künftig mit Teilaspekten von Infektionskrankheiten, aber auch mit der Thematik »Energie« beschäftigen wird. Unter der Federführung der Leopoldina wurde jetzt eine Arbeitsgruppe eingesetzt, die eine Stellungnahme zur Prävention von Infektionserkrankungen mit dem Schwerpunkt »Vakzine-Entwicklung« erarbeiten soll.

Da die Leopoldina die einzige europäische Akademie ist, die sich in den letzten zehn Jahren mit der Energieproblematik beschäftigt hat, werden die Ergebnisse unserer Jahresversammlung von vor zwei Jahren die Basis für die Arbeit der EASAC-Energie-Arbeitsgruppe bilden.

---

1 In diesem Band auf den Seiten 469–478 abgedruckt.

IV.

Außer Empfehlungen zu Infektionskrankheiten wurden vom Präsidium Stellungnahmen zum Entwurf des novellierten Gentechnikgesetzes und zur Arzneimitteltherapie im Kindesalter abgegeben. Ebenso beteiligte sich die Leopoldina an zwei internationalen Akademie-Initiativen anläßlich des G8-Gipfels im Juli 2005 in Schottland. Dazu noch ein paar Worte.

Als im vorigen Jahr der Gesetzentwurf zur Neuordnung des Gentechnikrechts vorgelegt wurde, der die Freisetzung genetisch veränderter Organismen in die Umwelt regeln sollte, war offensichtlich, daß dieser Entwurf weitreichende negative Konsequenzen für die zukünftige Entwicklung der sogenannten »Grünen Gentechnik« in Deutschland – sowohl für die Forschung als auch für die wirtschaftliche Verwertung – haben würde. Diese Auffassung wurde nicht nur vom Präsidium und zahlreichen Mitgliedern aus unseren Sektionen vertreten, sondern auch von allen Forschungs- und Förderorganisationen sowie allen Länderakademien.

Unter der Federführung der deutschen Forschungsgemeinschaft und der Max-Planck-Gesellschaft wurden mehrere gemeinsame Aktionen gestartet, um die verantwortlichen Politiker auf die Konsequenzen dieses Gesetzes hinzuweisen, jedoch ohne wesentlichen Erfolg. Der Gesetzentwurf wurde Realität. Es ist vorhersehbar, daß durch dieses Gesetz die Grüne Gentechnik in Deutschland keine wissenschaftliche oder ökonomische Zukunft haben wird.

Die Leopoldina-Empfehlung zur Arzneimitteltherapie im Kindesalter[2] entstand im Anschluß an die von der Paul-Martini-Stiftung und der Leopoldina gemeinsam in Berlin Ende letzten Jahres durchgeführte Tagung »Arzneimitteltherapie bei Kindern und Jugendlichen: Probleme und Perspektiven«. Während für die Behandlung von Erkrankungen bei Erwachsenen die Dosisfindung, der Wirksamkeitsnachweis und die Nutzen/Risikobewertung des anzuwendenden Arzneimittels vorgeschrieben sind, fehlen in Deutschland derartige Regelungen für Arzneimittel bei Kindern und Jugendlichen. Es ist offensichtlich, daß hier ein großes Defizit besteht, und in einer Stellungnahme, die von einer *Ad-hoc*-Kommission der Leopoldina erarbeitet wurde, werden diese Defizite angesprochen und Empfehlungen für die künftige Arzneimittelforschung dargelegt.

Vor einem halben Jahr wurde die Mitarbeit der Leopoldina von der *Royal Society* in London erbeten, um gemeinsam mit den nationalen Akademien der G8-Länder (Kanada, Frankreich, Italien, Japan, Rußland und USA) *Joint Science Academies' Statements* zu den Themen »Global Response to Climate Change« und »Science and Technology for African Development« zu erstellen. Beide Stellungnahmen wurden kürzlich auf dem G8-Gipfel in Schottland den politisch Verantwortlichen der G8-Staaten übergeben.

---

2 In diesem Band auf den Seiten 479–484 abgedruckt.

V.

Im Kontext unserer Bemühungen, auf wichtigen Forschungsgebieten unserer Akademie wissenschaftsbasierte gesellschaftspolitische Empfehlungen zu geben, hat das Präsidium in Zusammenarbeit mit dem Präsidium von acatech eine Arbeitsgruppe zu dem Thema »Probleme und Chancen einer alternden Gesellschaft: Die Welt der Arbeit und des lebenslangen Lernens« eingerichtet. Ausgangspunkt für das Thema der Arbeitsgruppe ist die bekannte demographische Bevölkerungsstruktur in unserem Land mit all ihren Folgen und Problemen. Wir alle werden länger und länger leben und im Alter mehr Vitalität haben, doch die existierenden gesellschaftlichen Strukturen sind für eine jüngere Population geschaffen. Die Konsequenz ist eine immer größer werdende Diskrepanz zwischen Lebenslänge und Lebensarbeitszeit, die Probleme auf mehrfacher Ebene schafft.

Wissenschaftler verschiedener Disziplinen scheinen sich weitgehend einig, daß eine Reform der existierenden gesellschaftlichen Motivation-, Kompetenz- und Strukturdefizite nur durch die Entwicklung von institutionellen Partnerschaften und die Schaffung neuer Normen bzw. Erwartungshaltungen über den Lebensverlauf erreicht werden kann. Das gegenwärtige Bild vom Alter ist weitgehend negativ besetzt und nicht auf gesellschaftliche Produktivität und Weiterentwicklung ausgerichtet. Es bedarf deshalb gemeinsamer Anstrengungen von Wissenschaft, Bildungswesen, Industrie und Politik, eine neue Sicht vom Lebensverlauf und der Arbeitswelt zu schaffen, die attraktiv und in ihrer Struktur altersfreundlich ist.

Um diese Problemlage wissenschaftlich anzugehen, bedarf es der Zusammenarbeit einer ganzen Reihe von Disziplinen und Spezialgebieten, und es ist offensichtlich, daß der Zeit- und Arbeitsaufwand sowie die Arbeitsbelastung für diese Arbeitsgruppe sehr groß sein werden und hierfür eine Drittmittelfinanzierung erforderlich ist. Diese wurde uns gewährt von der in der Schweiz ansässigen Jacobs-Stiftung, die großes Interesse an dieser Thematik hat. Wir sind der Jacobs-Stiftung, und insbesondere Herrn Dr. Christian JACOBS, sehr dankbar für die großzügige finanzielle Unterstützung.

Dank gebührt in diesem Zusammenhang auch noch zwei Mitgliedern unserer Akademie, ohne die das Konzept und die Etablierung dieser Arbeitsgruppe nicht zustande gekommen wären. Es sind dies Herr BALTES, der das Konzept maßgeblich entwickelt und viele Wege geebnet hat, sowie Herr KOCKA, Obmann der Kulturwissenschaftlichen Sektion, der sich bereiterklärt hat, diese Arbeitsgruppe zu leiten.

VI.

Meine Damen und Herren,
ich komme zum Thema unserer Jahresversammlung »Evolution und Menschwerdung«.
 Diese Thematik stand schon einmal auf einer Jahresversammlung im Mittelpunkt der Diskussion. 1973 wurden Aspekte der Evolution abgehandelt wie: Kosmos und Erde, Evolution des Lebens und Evolution menschlicher Kultur. International hoch angesehene Wissenschaftler waren gewonnen worden. Aus den Aufzeichnungen dieser Jahresversammlung und Publikationen wird deutlich, daß sehr interessante Vorträge gehalten, lebhafte Diskussionen geführt wurden und diese Versammlung eine große Resonanz fand. Ich denke, die Älteren unter uns, die damals an dieser Jahresversammlung teilnahmen, können sich noch gut an diese wissenschaftliche Veranstaltung erinnern.
 Heute hat unser wissenschaftliches Programm andere Schwerpunkte der Evolution gesetzt und spiegelt den enormen Fortschritt der vergangenen 32 Jahre wider. Allerdings haben sich nicht nur die wissenschaftlichen Fragestellungen aufgrund des dramatisch gewachsenen Wissenszuwachses geändert und erweitert, sondern auch die Diskussionsebenen innerhalb der Wissenschaft, mit der Gesellschaft, und damit auch zum Teil mit der Politik, haben sich verschoben. Die Evolution des Menschen, dessen physische, geistige und kulturelle Entwicklungstendenzen, stehen im Mittelpunkt des wissenschaftlichen Programms.
 Auf welchen wissenschaftlichen Gebieten haben sich wesentlich neue Erkenntnisse ergeben?
 Ich denke, man findet sie insbesondere

– in der Kosmologie, die die Ausgangsbedingungen, die herrschten, bevor Leben in die Welt kam, jetzt besser definieren kann;
– in der Molekular- und Zellbiologie, durch die Einblicke in die physiko-chemischen Wechselwirkungen gewonnen werden konnten, die reproduktionsfähige Strukturen ermöglichen;
– in den molekular-biologischen Genomanalysen, durch die die evolutionären Gesetzmäßigkeiten analysierbar wurden, die die Ausdifferenzierung zu Pflanzen und Tieren bedingen;
– in der Entzifferung des menschlichen Genoms, die die Voraussetzung ist, die Herkunft und Funktion unseres eigenen Genoms zu bestimmen und
– in den Neurowissenschaften, durch die die Hirnfunktionen besser verstanden werden können.

In der Kosmologie wurde mit immer empfindlicheren Teleskopen und Detektoren sowie immer ausgefeilterten Beobachtungstechniken die Ausbildung großräumiger Strukturen, die Entstehung von Galaxiehaufen, Galaxien, Sternen und Planeten vermessen. Durch den Vergleich von diesen Beobachtungen mit theoretischen Überlegungen können die das Universum bestimmenden Parameter wie

Masse, Energie und die Geometrie des Raumes abgeleitet werden. So scheint es, daß in den letzten Jahren auf mehreren Gebieten der Kosmologie ein Paradigmenwechsel eingetreten ist. Die Existenz der »dunklen Materie« hat sich konkretisiert und eine das Universum dominierende »dunkle Energie«, welche die Galaxienexpansion noch weiter beschleunigt, wurde entdeckt.

Kaum ein anderes Ereignis in der Wissenschaft hat in den vergangenen Jahren so viel öffentliche Aufmerksamkeit erzeugt wie die Entzifferung des menschlichen Genoms. In der Tat, dies ist ein Meilenstein auf dem Weg zum Verständnis, wie sich die Menschheit entwickelt hat. Einer der wichtigsten Wege, dies zu erreichen, sind umfassende Vergleichsstudien mit anderen Spezies, insbesondere mit anderen Primaten. Auch wenn bislang nur komplette Genomsequenzen von einigen wenigen Spezies, nämlich Maus, Fisch, Fliegen und Würmern, bekannt sind, was diese Vergleichsstudien einengt, so kann man doch schon feststellen, daß zwischen diesen Spezies große Sequenzübereinstimmungen bestehen und der Sequenzunterschied viel kleiner ist, als dies angenommen wurde. So weisen die bisher untersuchten Vertebraten gleiche Core-Gene auf, die essentiell für die Vertebratenfunktionen sind. Offensichtlich haben wir sehr viel von unserem genetischen Rüstzeug mit unseren entfernten Verwandten gemeinsam. Zu dieser Problematik veranstalten wir heute abend einen öffentlichen Vortrag, den Herrn PÄÄBO zum Thema »Menschwerdung aus Sicht eines Molekulargenetikers« halten wird.

Aus medizinischer Sicht wird die genetische Diagnostik durch die Möglichkeit der Genom- und Genstudien große Fortschritte machen, insbesondere vor dem Hintergrund der vielen Polymorphismen, da eine gewisse Anzahl von ihnen wahrscheinlich die Basis für multifaktorielle Krankheiten und Krankheitsdispositionen sind. Die Aufklärung der Beiträge einzelner Genotypen zu multifaktoriellen Krankheitsprozessen ist eine der großen Herausforderungen der wissenschaftlichen Medizin.

Es ist zu erwarten, daß die genetische Forschung das Wissen über die Pathophysiologie dieser ätiologisch oft schlecht verstandenen Krankheiten wesentlich erweitern und neue Aspekte für die Therapie eröffnen wird. Die zu erwartenden Erkenntnisse und Feststellungen des individuellen Krankheitsrisikos können wahrscheinlich dazu verwandt werden, die umweltbedingten und verhaltensbedingten Komponenten von alltäglichen Krankheiten zu verändern. Dies könnte dazu führen, daß durch dieses Wissen Maßnahmen, die zu einem frühen Zeitpunkt im Leben eingesetzt werden, den Ausbruch einer Krankheit verhindern oder ihn in einen späteren Lebensabschnitt verschieben.

Voraussetzung für diese Erkenntnisse sind Populations- und Kohortenstudien, für die eine gesellschaftliche Akzeptanz notwendig ist. Die Wissenschaft muß hierfür werben und offen dafür eintreten, daß genetische Analysen von verschiedenen menschlichen Bevölkerungsgruppen möglich sind und nicht mißbraucht werden. Dies ist besonders relevant, wenn es sich dabei um verschiedene ethnische Gruppen handelt. So versuchte kürzlich ein Politiker in Sachsen die humangenetischen Analysen an Sorben gleichzusetzen mit den Untersuchungen zur Zeit der Nationalsozialisten, um sich damit im Wahlkampf zu profilieren. Bisherige Studien lassen jedoch erkennen, daß der menschliche Genpool ausgesprochen gemischt ist und vererbte Merkmale nur von einem winzigen Teil unserer Gene bestimmt werden. Es wird sich deshalb als töricht erweisen, wenn Individuen aufgrund eines Nachweises von gewissen Allelen stigmatisiert werden.

Wir alle wissen, daß für die Evolution des Menschen die Entwicklung des Zentralnervensystems, und hier die der Großhirnrinde, von entscheidender Bedeutung ist. Die letzten 15 Jahre haben viele neue Erkenntnisse erbracht, die uns bessere Einblicke in die Arbeitsweise dieses Organs ermöglichen. Die methodischen Fortschritte der Molekular- und Zellbiologie sowie der bildgebenden nicht-invasiven Verfahren und der Einzelzellableitung sind erste Schritte, um Funktionsabläufe verschiedener Hirnareale besser zu erfassen. Allerdings sind wir noch weit davon entfernt, z. B. die Fähigkeit des kulturellen Lernens, die prinzipielle Fähigkeit zur Sprache oder Intentionalität nur annähernd zu verstehen.

Es ist offensichtlich, daß zur Zeit mehr Fragen von den verschiedenen wissenschaftlichen Disziplinen, einschließlich der Geisteswissenschaften, an die Neurowissenschaften gestellt werden, als Antworten gegeben werden können. Trotz zahlreicher Einzelerkenntnisse fehlt uns der Ein- und Überblick in das informationsverarbeitende Prinzip des Zentralnervensystems.

Dies verhindert jedoch nicht stimulierende Streitgespräche und Auseinandersetzungen, wie sie in den letzten Jahren in der Wissenschaft zwischen den Disziplinen, aber auch in der interessierten Öffentlichkeit stattgefunden haben. Diskussionen in der Öffentlichkeit sind jedoch nicht mehr steuerbar, und Aussagen von Hirnforschern werden dann z. B. so wiedergegeben: »Unser Leben ist eine Illusion, so der lapidare Befund, mit dem Neurowissenschaftler die Szene aufmischen. In Wirklichkeit denke niemand, sondern das Gehirn spiele ein Spiel der Neuronen. Zu diesen Illusionen gehört nicht nur sein Denken, sondern auch sein Fühlen und Wollen, sein Glauben, Hoffen und Lieben.«[3]

Meine Damen und Herren,
so kann sich eine Diskussion verselbständigen und zu Fehlinterpretationen führen. Allerdings ist dies nicht verwunderlich, wenn die Frage nach uns selbst verbunden wird mit allgemeinen biologischen Grundtatsachen. Biologische Einsichten bringen uns in dem, was wir sind, sicher weiter, aber sie können wohl nicht die Frage nach dem Wesen des Menschen beantworten.

Mit dem Programm unserer diesjährigen Jahresversammlung wollen wir eine auf dem heutigen Erkenntnisstand gegründete wissenschaftliche Standortbestimmung zu Fragen der Evolution und Menschwerdung geben. Das Tagungsprogramm spannt einen weiten Bogen, und die wichtigsten Themenkomplexe

---

3 Christian GEYER, Hirnforschung und Willensfreiheit: zur Deutung der neuen Experimente. Suhrkamp Verlag Frankfurt/Main, 2004.

werden angesprochen. Unsere Tagung endet mit einer Podiumsdiskussion zum Thema »Beeinflussung der Evolution durch den Menschen«.

Unseren Vortragenden und Moderatoren, die das wissenschaftliche Niveau unserer Jahresversammlung bestimmen, möchte ich herzlich danken für ihre Bereitschaft, nach Halle zu kommen.

Ich wünsche uns allen interessante drei Tage mit neuen wissenschaftlichen Erkenntnissen, guten Begegnungen und vielen persönlichen Gesprächen, und ich möchte nicht schließen, ohne allen, die zum Gelingen dieser Tagung beigetragen haben und beitragen werden, dafür herzlich zu danken.

Prof. Dr. Volker TER MEULEN
Präsident
Deutsche Akademie der Naturforscher
Leopoldina
Emil-Abderhalden-Straße 37
06108 Halle (Saale)
Bundesrepublik Deutschland
Tel.:   +49 345 4723915
Fax: +49 345 4723919
E-Mail: president@leopoldina-halle.de

Von der Herkunft und Zukunft der Leopoldina – Johann Laurentius Bausch zum 400. Geburtstag

Von Richard Toellner, Rottenburg-Bieringen

Mitglied der Akademie

Vor 400 Jahren, am 30. September 1605, ist Johann Laurentius Bausch, der erste Präsident unserer Akademie, geboren. Selbstverständlich hat die Leopoldina ihres Gründungsvaters in seiner Geburts- und unserer Gründungsstadt Schweinfurt gedacht. Dort hat vor acht Tagen ein Leopoldina-Symposium stattgefunden zum Thema »Johann Laurentius Bausch und die Gründung der Academia Naturae Curiosorum in ihren historischen Bedingungen«.[1] Die Sektion Wissenschaftsgeschichte, als älteste geisteswissenschaftliche Sektion unserer Akademie, sah sich in der Pflicht. Ihnen über die Ergebnisse dieser Tagung im Detail zu berichten, ist hier aus Zeitgründen ganz unmöglich. Sie werden die Vorträge hoffentlich bald in den *Acta Historica Leopoldina* nachlesen können.

Nun ist es nicht nur ein Gebot des Anstandes und eine gewöhnliche Pflichtübung, sondern auch ein Akt der Selbstachtung, wenn unsere Akademie wichtige Daten ihrer Geschichte bedenkt und öffentlich erinnert. Doch der Blick auf die eigene Geschichte ist weit mehr – wir wissen es alle – als eine Ehrenpflicht. Die Frage, warum sollen wir, die wir doch unsere Gegenwart gestalten und die Zukunft gewinnen müssen, in das Vergangene, in verstaubte, uns fremd gewordene Geschichte blicken? Diese Frage ist eine törichte Frage. Nur der Blick in die Herkunft läßt die Gegenwart in ihrem Gewordensein verstehen und eröffnet und befreit so den notwendigen Blick in die Zukunft. Auf die Frage »Wer bist Du?« können wir nur antworten, wenn wir eine Geschichte, wenn wir unsere eigene Geschichte erzählen. Eine Identitätskarte mit Namen, Nummer und vielleicht Beruf sagt nichts über unsere Identität, unseren Charakter, unser Wesen, unsere Person, unsere Bestimmung und unsere Werte aus. Was für uns als Individuen gilt, gilt erst recht für Institutionen, zumal, wenn sie eine so lange Geschichte haben wie unsere Akademie der Naturforscher Leopoldina. Wir brauchen Geschichte, um zu wissen, wer wir sind, um unsere Aufgabe zu kennen und daran die Zukunft zu orientieren. Identität, Selbstvergewisserung und Orientierung sind ohne die Kenntnis der eigenen Geschichte nicht möglich.

Johann Laurentius Bausch war in jedem Sinn ein Sohn seines Vaters Leonhard, der ein Aufsteiger war, als Sohn eines Immigranten in die Freie Reichsstadt

---

[1] Der Bericht über diese Veranstaltung ist auf den Seiten 303–305 abgedruckt.

Schweinfurt kam, Arzt wurde, Vermögen, Ansehen, Einfluß erwarb und seine Stellung als Stadtphysikus und eine beachtliche Bibliothek an den Sohn vererbte. Johann Laurentius BAUSCH war aber keineswegs nur Sohn eines vitalen Vaters. Durch gründliches Studium, das eine zweijährige *Perigrinatio academica* durch Italien mit Schwerpunkt im Padua GALILEIS einschloß, wurde er zu einem hochgebildeten Arzt späthumanistischer Prägung, der die ererbte Bibliothek zu einer der großartigsten Gelehrtenbibliotheken seiner Zeit ausbaute. Was diesen Mann in Gemeinschaft mit drei Schweinfurter Kollegen veranlaßt hat, in einer zwar nie mächtigen, aber einst vermögenden, nun durch kaiserliche wie schwedische Truppen im 30jährigen Krieg bis aufs Blut ausgelaugten Stadt die Gründung einer Naturforscher-Akademie zu wagen, weitab von allen Universitäten, war u. a. eine Frage des Bausch-Symposiums. Das Besondere dieser Gründung ist nicht der Akademie-Gedanke, den hatte BAUSCH in Italien vielfach kennengelernt, sondern die ausschließliche Konzentration der Akademie auf die Erforschung der Natur. *Utilitatem Curiositate*, Gemeinnutzen durch Forschung, durch die Erforschung der Natur war das erklärte Ziel der Gründer. Bei Humanisten, die unter dem Ideal der *Renovatio*, der Renaissance, der Wiederherstellung und Wiedergeburt der Antike lebten, die die Wahrheit bei den großen Autoritäten der Alten suchten, die Hippokratiker, Aristoteliker und Galeniker waren, bei solchen Humanisten muß es gänzlich erstaunen, daß sie nun die Wahrheit, daß sie die Kenntnisse und das Wissen, welches sie zur Erkenntnis und Heilung der Krankheiten brauchten, nicht mehr in den Büchern der alten Autoritäten suchten, sondern nützliche Kenntnisse durch systematische Beobachtung, Beschreibung und Erforschung der Natur gewinnen wollten, und zwar in gemeinsamer, geordneter, abgestimmter Anstrengung vieler Gelehrter. Naturforschung und Teamwork. Beides ist neu. Doch was ist diese Natur? Im Bewußtsein seiner Zeit war sie Gottes Schöpfung, doch eine mit dem Menschen im Sündenfall gefallene, also verderbte Schöpfung, eine dunkle, unsichere, undurchschaubare Macht. Was machte die Schweinfurter Ärzte jetzt plötzlich gewiß, daß die Wahrheit nicht – wie bis dahin allgemein angenommen – in der Natur der Dinge, in ihrem inneren Wesen also, zu suchen sei, sondern in den Dingen der Natur liege, daß es nicht auf die *natura rerum*, sondern auf die *res naturae* ankomme. Diese Frage ist noch immer ein Desiderat der wissenschaftshistorischen Forschung. Sicher ist nur, daß die *Naturae Curiosorum*, die auf die Natur wißbegierigen Männer unserer Akademie die Moderne, die Neuzeit der Wissenschaft eingeleitet haben. Die Erhebung seiner Akademie zur *Sacri Romani Imperii Academia Caesareo-Leopoldina Naturae Curiosorium* durch Kaiser LEOPOLD I. im Jahr 1687 hat BAUSCH nicht mehr erlebt. Er ist 1665 gestorben. Doch diese Erhebung zur Reichsakademie war ganz in seinem Sinne: nicht nur der vielen wichtigen Privilegien – wie Zensurfreiheit und Promotionsrecht – wegen, sondern weil Naturforschung jetzt staatliche Anerkennung, wenn auch keine ausreichende Finanzierung fand. Der stolze, traditionsgesättigte Name Leopoldina ist seither in der Welt ein Markenzeichen, ein Gütesiegel für den Rang der Naturforschung geworden.

Von der Akademiegeschichtsschreibung – zumal der deutschen – ist die epochale Bedeutung der Schweinfurter Gründung nie gesehen, geschweige denn gewürdigt worden. Ein grotesker Befund. Nicht zuletzt verursacht durch ein spezifisch deutsches Phänomen: im Deutschland des 19. Jahrhunderts meinten die damals privilegierten Geisteswissenschaften ihren Vorrang vor den – ach, immer erfolgreicheren – Naturwissenschaften durch elitären Hochmut behaupten zu können. Der ist ihnen heute vergangen. Neben dem Durchbruch institutionalisierter moderner Naturforschung, für die die Gründung der *Academia Naturae Curiosorum* steht, sind es drei weitere Charakteristika unserer Akademie, die ihre Besonderheit, wenn nicht Unvergleichlichkeit ausmachen.

1. Die Deutsche Akademie der Naturforscher Leopoldina ist die einzige höchst lebendige und wirkmächtige Institution des Heiligen Römischen Reiches Deutscher Nation, die den Untergang des Reiches 1806 überlebt hat. Sie hat zwar ihre Privilegien – und damit wichtige Geldquellen wie das bis zum Ende des Reiches fleißig genutzte Promotionsrecht – verloren, ist in ihren Grundstrukturen aber als eine den ganzen deutschsprachigen Raum umfassende, die engen kleinstaatlichen Nationsbildungen des 19. und 20. Jahrhunderts übergreifende Institution moderner Wissenschaft selbständig und frei geblieben. Allen Versuchen und Versuchungen, sich von einem deutschen Territorialstaat einvernehmen zu lassen, hat sie ebenso widerstanden wie dem Versuch, sie zu einer Institution des 2. Deutschen Kaiserreiches zu machen. Nicht zuletzt hatte diese ihre bewahrte »Reichsfreiheit«, wie ich das nennen möchte, sie in den Stand gesetzt, auch dem unseligen 3. Reich und dem unsäglichen SED-Staat gegenüber ihre Unabhängigkeit zu verteidigen und zu bewahren. Diese Unabhängigkeit und ihre alteuropäische Verfassung sind wertvolle Güter, mit denen unsere Akademie im sich neuformierenden Europa einzigartig dasteht. Sie sollte sich daher nicht auf die längst überholte Form einer Nationalakademie zurückstufen lassen, sondern im Verein mit ihrem Vorbild, der *Accademia dei Lincei*, und mit ihren jüngeren Schwestern, der *Royal Society* und der *Académie des Sciences*, ihre Autorität in ihren deutschsprachigen Stammlanden und in Europa sprechen lassen. Was wir brauchen, ist eine europäische Akademie.
2. Dabei kommt unserer Akademie besonders zugute, daß sie von Anfang an auf die Interaktion, auf die Kommunikation unter den Gelehrten angelegt und angewiesen war. Sie war und ist eine Gemeinschaft von Wissenschaftlern, keine Institution von Wissenschaft. Sie hat ein ganz frühes dichtes Netzwerk wissenschaftlichen Austausches mit den Zentren früher Naturforschung in Europa – Neapel, Rom, Padua, dann London und Paris – aufgebaut, und es ist kein Zufall, daß das erste internationale naturwissenschaftsspezifische Periodicum Europas von der Leopoldina herausgegeben wurde. Im Zeitalter des Internet ist über die Modernität dieses Ansatzes wohl kaum noch zu streiten. Dieser Zwang zur Kommunikation hat

3. die Integrationskraft der Akademie geweckt, erhalten und gestärkt. In einer Zeit, in der die notwendige, ständige Spezialisierung und Differenzierung der Wissenschaft ein solches Maß angenommen hat, daß selbst benachbarte Disziplinen nicht mehr nachvollziehen, geschweige denn verstehen können, was beim anderen geschieht, und die Forschergruppen immer kleiner, aber immer weiter über die Welt verstreut arbeiten, wird die Integration des Wissens eine immer größere Aufgabe. In einer Akademie, die die Jugend ernst nimmt und sie fördert, deren Mitglieder noch bereit sind, miteinander zu reden über alle Fachgrenzen hinweg, die noch aufeinander hören und sich verstehen können, ist die Integration des Wissens noch am ehesten zu leisten. Diese Integration des Wissens aber ist die unabdingbare Voraussetzung dafür, daß das Wissen der Wissenschaft einer darauf angewiesenen Öffentlichkeit verantwortlich und kompetent vermittelt werden kann. Unsere Naturforscher-Akademie wird diese einer ihrer vornehmsten Aufgaben, um so besser wahrnehmen, je mehr sie sich den Geisteswissenschaften öffnet, wie sie es jetzt gerade in einem Augenblick der Wissenschaftsgeschichte tut, in der die einst stolzen Geisteswissenschaften sich im öffentlichen Bewußtsein massiv von den medizin-, natur- und technischen Wissenschaften marginalisiert sehen.

Wie keine andere Institution repräsentiert und wahrt die Leopoldina so die bedrohte Einheit der Wissenschaft ganz im Geiste ihres Gründungsvaters Johann Laurentius BAUSCH, der als hochgebildeter Arzt und Humanist den Kosmos der Wissenschaften seiner Zeit noch beherrschte. Deutsche Akademie der Naturforscher Leopoldina: *ad multos annos!*

Prof. Dr. Richard TOELLNER
Wachendorferstraße 31
72108 Rottenburg-Bieringen
Bundesrepublik Deutschland
Tel.: +49 7472 7976

Tagungen und Kolloquien

Internationales Symposium
Protein Sorting

vom 6. bis 8. März 2005 in Freiburg im Breisgau

Veranstaltet vom Sonderforschungsbereich 388 Freiburg gemeinsam mit der Deutschen Akademie der Naturforscher Leopoldina und der Gesellschaft zur Förderung der Immunologie und des Andenkens an Georges KÖHLER.

Alle lebenden Zellen werden durch biologische Membranen in definierte Funktionsräume unterteilt. Da die meisten Proteine im Zytosol der Zellen als Vorstufen synthetisiert werden, müssen die Proteine zu ihren funktionellen Bestimmungsorten transportiert werden. Dazu haben die Zellen zahlreiche spezifische Maschinen entwickelt, die Vorstufenproteine erkennen und durch die Membranen schleusen. Während früher vermutet wurde, daß ein generelles Transportprinzip für die verschiedenen Membransysteme und Zellorganellen verwendet wird, zeigen die aktuellen Forschungsarbeiten eine erstaunliche Vielfalt unterschiedlicher Mechanismen für die Proteinsortierung.

Dieses Symposium an der Universität Freiburg hatte das Ziel, die aktuellen Entwicklungen des Proteintransports in Zellen zu diskutieren und die Systeme der Proteinsortierung von Bakterien bis zu verschiedenen Zellorganellen höher entwickelter Zellen miteinander zu vergleichen. Das Symposium wurde als das abschließende Symposium des Sonderforschungsbereichs 388, der seit 1995 die »Zellulären Funktionen dynamischer Proteinwechselwirkungen« untersucht, gemeinsam mit der Deutschen Akademie der Naturforscher Leopoldina und der Gesellschaft zur Förderung der Immunologie und des Andenkens an Georges KÖHLER durchgeführt. Das Symposium wurde organisiert von Klaus AKTORIES, Matthias MÜLLER, Nikolaus PFANNER, Peter REHLING und Michael RETH aus Freiburg. Es gelang, eine große Zahl der international führenden Wissenschaftler als Redner zu gewinnen. Zahlreiche Redner und Organisatoren sind Mitglieder der Leopoldina.

Das Symposium wurde durch eine Sitzung zu den molekularen Prinzipien der Proteinsynthese und Proteinfaltung mit besonderer Berücksichtigung der Bedeutung molekularer Anstandsdamen (*molecular chaperones*) eröffnet, die von Joachim RASSOW (Stuttgart-Hohenheim) und Wolfgang VOOS (Freiburg) moderiert wurde. Ulrich HARTL (Martinsried) und Johannes BUCHNER (München) berichteten über aktuelle Ergebnisse zu den Mechanismen und der physiologischen Relevanz von Chaperonen. Sabine ROSPERT (Freiburg) beschrieb die frühen Schritte der Wechselwirkung von Chaperonen mit neu synthetisierten Proteinen am Ribosom. Daran schlossen sich die Erläuterungen von Elizabeth CRAIG (Madison, USA) zur Rolle von Hitzeschockproteinen der 70 kDa-Klasse im Zytosol und in Mitochondrien an. Die Sitzung wurde durch den Vortrag von Gunter FISCHER (Halle/Saale) zu chemischen Wegen der Proteinfaltung abgeschlossen.

Die Sitzung zu den Mechanismen des Proteintransports in den Zellkern wurde von Klaus AKTORIES (Freiburg) moderiert. Iain MATTAJ (Heidelberg) zeigte neue Entwicklungen zur Rolle der GTPase Ran und des Kernporenkomplexes im Transport und der Assemblierung auf. Eberhard SCHÄFER (Freiburg) beschrieb die Mechanismen der lichtkontrollierten Transportprozesse von Photorezeptoren in Pflanzen. Daran schloß sich die Sitzung zum Proteinexport und zur Proteinassemblierung in Bakterien an, moderiert von Georg SCHULZ und Hans-Georg KOCH (Freiburg). Arnold DRIESSEN (Groningen, Niederlande), Andreas KUHN (Stuttgart-Hohenheim) und Matthias MÜLLER (Freiburg) erläuterten die vielfältigen Mechanismen und das Wechselspiel der Protein-Translokasen SEC, YidC und TAT an der Plasmamembran von Bakterien. Neue Entwicklungen zu Proteintransport und Proteinassemblierung an der bakteriellen Außenmembran wurden in den Vorträgen von Tony PUGSLEY (Paris, Frankreich) und Jan TOMMASSEN (Utrecht, Niederlande) mit interessanten Verbindungen zur mitochondrialen Proteinassemblierung beschrieben.

Wolf KUNAU (Bochum) und Ralf RESKI (Freiburg) moderierten die Sitzungen zum Proteintransport in Mitochondrien und Chloroplasten, den beiden endosymbiontischen Zellorganellen. Walter NEUPERT (München) und Nikolaus PFANNER (Freiburg) zeigten die große Vielfalt von Import- und Assemblierungswegen in Mitochondrien. Trevor LITHGOW (Melbourne, Australien) präsentierte die atomare Struktur einer neuen Form des mitochondrialen Importrezeptors Tom20. Carla KOEHLER (Los Angeles, USA) und Peter REHLING (Freiburg) beschrieben die unterschiedlichen Mechanismen des Proteintransports zur mitochondrialen Innenmembran und die Kooperation mit Translokasen der Außenmembran. Schließlich diskutierte Toshiya ENDO (Nagoya, Japan) die verschiedenen Modelle zur Funktionsweise des mitochondrialen Proteinimportmotors mit dem Hitzeschockprotein 70. Jürgen SOLL (München) und Felix KESSLER (Neuchâtel, Schweiz) erläuterten die aktuellen Entwicklungen zum Proteintransport über die Hüllmembranen der Chloroplasten. Ken CLINE (Gainsville, USA) entwickelte ein Modell für den Mechanismus der TAT-Translokase der Thylakoide.

Die Vorträge zum Endoplasmatischen Retikulum wurden von Richard WAGNER (Osnabrück) moderiert. Arthur JOHNSON (College Station, USA) und Richard ZIMMERMANN (Homburg) diskutierten die Rolle von Hitzeschockproteinen beim Proteintransport in das Endoplasmatische Retikulum und der regulierten Schließung des Sec-Transportkanals. Matthias SEEDORF (Heidelberg) zeigte verschiedene Möglichkeiten der funktionellen Diversität des Endoplasmatischen Retikulums auf. Schließlich präsentierte Dieter WOLF (Stuttgart) die aktuellen Entwicklungen zur Qualitätskontrolle im Endoplasmatischen Retikulum und der Verknüpfung zum Proteinexport und -abbau.

Den Abschluß des Symposiums bildete der Vortrag von Rolf THAUER (Marburg) mit dem Titel »Of anaerobes and Karl Decker«. Hier wurden spannende Forschungsarbeiten zu anaeroben Organismen und ihren Leistungen diskutiert. Zugleich wurde in diesem Vortrag und in der anschließenden Grußadresse von Gunter FISCHER (Halle), Vizepräsident der Leopoldina, das herausragende wissenschaftliche Lebenswerk von Karl DECKER, des langjährigen Direktors des Instituts für Biochemie und Molekularbiologie der Universität Freiburg, gewürdigt.

Da Proteine an nahezu allen Lebensprozessen beteiligt sind und ihre korrekte Sortierung zu den intrazellulären Funktionsorten lebensnotwendig ist, führte dieses Symposium Forscher und Nachwuchswissenschaftler aus zahlreichen unterschiedlichen Gebieten zusammen. Dazu zählten Biochemie, Molekularbiologie, Zellbiologie, Genetik, Botanik, Biotechnologie, Immunologie, Pharmakologie, Toxikologie, Physiologie und Experimentelle Medizin. Die Nachfrage zur Teilnahme an dem Symposium war sehr groß, so daß schließlich 180 Teilnehmer zugelassen wurden, darunter eine große Anzahl von Nachwuchswissenschaftlern, die durch eine umfangreiche und sehr stimulierende Posterpräsentationen und intensive Diskussionen vielfältig eingebunden wurden. Die vielen spannenden Beiträge in Vorträgen, Diskussionen und Posterpräsentationen zeigten die schnelle Entwicklung der interdisziplinären Thematik »Proteinsortierung« und ihre zentrale Bedeutung für ein Verständnis des Aufbaus und der Funktion lebender Zellen.

Bericht:
Prof. Dr. Nikolaus PFANNER
Priv.-Doz. Dr. Peter REHLING
Institut für Biochemie und Molekularbiologie
Universität Freiburg
Hermann-Herder-Straße 7
79104 Freiburg im Breisgau
Bundesrepublik Deutschland
Tel.:   +49 761 2035224
Fax: +49 761 2035261
E-Mail: nikolaus.pfanner@biochemie.uni-freiburg.de

Meeting
Dendrimere: Plattformen für chemische Funktionalität

in Verbindung mit dem Sonderforschungsbereich »Molekulare Katalysatoren« (SFB 623) vom 18. bis 19. März 2005 in Heidelberg

Dendrimere haben sich als eine neuartige Klasse hochsymmetrisch aufgebauter Makromoleküle etabliert, die in den vergangenen 25 Jahren vielfältige Anwendungen in den Naturwissenschaften gefunden haben. Ihre hochgradig reguläre Molekültopologie basiert auf einer iterativen Wachstumssequenz von Verzweigungsbausteinen. Ausgehend von einer niedermolekularen »Kern«-Einheit kann dieses Bauprinzip zu großen globularen Strukturen mit hoher molekularer Uniformität führen. Die iterative Verzweigungsarchitektur stellt nicht nur ein effizientes symmetrisches Wachstumsprinzip dar, sondern kann zur raschen Multiplikation funktioneller Gruppen führen, wodurch diese Moleküle zu attraktiven »Plattformen chemischer Funktionalität« werden.

Beginnend mit dem Aufbau hochgradig verzweigter Kaskaden-Oligomere in den späten 1970er Jahren, war das erste Jahrzehnt der Arbeiten auf diesem Forschungsgebiet durch die Entwicklung geeigneter Synthesestrategien für Dendrimere sowie der analytischen Methoden zu ihrer Charakterisierung bestimmt. Spätestens seit 1990 hat sich der Schwerpunkt der Forschungsanstrengungen im Zusammenhang mit diesen neuartigen Makromolekülen in Richtung ihrer Anwendungen verschoben. Diese reichen von den Materialwissenschaften bis hin zur molekularen Katalyse (BUHLEIER et al. 1978, NEWKOME et al. 2001).

Dies war das Thema der Leopoldina-Tagung in Heidelberg, organisiert von Lutz H. GADE und Helmut WERNER mit Unterstützung der Deutschen Akademie der Naturforscher Leopoldina und des SFB 623, die vom 18. bis 19. März 2005 stattfand.

Schon der erste Vortrag machte deutlich, wie vielfältig die Chemie der Dendrimere ist: K. MÜLLEN (Mainz) befaßte sich mit Polyphenylen-Dendrimeren (BERRESHEIM et al. 1999), die im Unterschied zu den meisten Dendrimerarten ein starres Grundgerüst bilden. Daher sind diese Verbindungen formstabil, und ihre aktiven Funktionen befinden sich an definierten Positionen im Kern, an den Verzweigungsstellen oder auf der Oberfläche. Dendrimere mit Funktionen auf der Oberfläche wurden z. B. zur Herstellung multichromophorer Systeme verwendet, in denen intramolekulare Energietransfer-Prozesse zwischen den unterschiedlichen Farbstoffmolekülen durch deren relativen Abstand und Ausrichtung im dendritischen Grundgerüst gesteuert werden können. Diese Untersuchungen sind nicht nur wichtig für das grundlegende Verständnis photoinduzierter Prozesse, sondern auch für das Design von Einzelphotonemittern. A. D. SCHLÜTER (Zürich, Schweiz) schilderte die Herstellung und Charakterisierung von dendritischen Monomeren sowie ihre Polymerisation zu Dendron-funktionalisierten Polymeren. Diese Polymere haben einen Durchmesser von einigen Nanometern, zeigen sich in AFM-Aufnahmen als gestreckte, fadenförmige Strukturen (SCHLÜTER 2003) und gehören zu den größten jemals hergestellten Molekülen.

Materialien auf der Basis von Dendrimeren finden zur Zeit breite Verwendung als lösliche Träger der homogenen Katalyse (ASTRUC und CHARDAC 2001) und ermöglichen so eine leichte Wiedergewinnung des Katalysators durch Nanofiltration. Dieses Konzept war auch der Schwerpunkt der Vorträge von J. N. H. REEK (Amsterdam, Niederlande), R. J. M. KLEIN GEBBINK (Utrecht, Niederlande) und D. ASTRUC (Bordeaux, Frankreich). Die katalytisch aktive Einheit kann sich im Dendrimernetzwerk entweder im Kern oder an der Peripherie befinden, was die Katalysatorleistung stark beeinflußt. Von besonderem Interesse ist hierbei die Nutzung nicht kovalenter Wechselwirkungen zum Anbringen des Katalysators am Dendrimergerüst. Die Arbeitsgruppe aus Utrecht entwickelte z. B. ausgehend von Oligoaminen als Kernmolekülen eine neue Art von kationischer Kern-Schale-Dendrimerarchitektur mit dauerhaften positiven Ladungen innerhalb der dendritischen Kernbausteine. Über Ionenaustauschreaktionen kann eine definierte Anzahl anionischer Gastmoleküle mit katalytischen Eigenschaften mit diesen Dendrimeren verbunden werden. Die Reversibilität dieser Art der Verknüpfung ermöglicht eine gesteuerte De- und Refunktionalisierung des Trägers, was die einfache Wiederverwendung des Trägermaterials gestattet (Abb. 1).

R. M. CROOKS (College Station, Texas, USA) beschäftigte sich ebenfalls mit Anwendungen in der Katalyse (NIU und CROOKS 2003), allerdings ausgehend von einem völlig unterschiedlichen Ansatz: Die Materialien wurden durch eine Templatsynthese hergestellt, bei der Metallionen im Inneren von Dendrimeren gebunden und anschließend chemisch reduziert werden können, was bezüglich ihrer Größe die Herstellung nahezu monodisperser Metallpartikel der Oxidationsstufe 0 mit einem Durchmesser von weniger als 4 nm ermöglicht. Der dendritische Teil dieser Kompositmaterialien fungiert dabei nicht nur als Templat bei der Herstellung der Nanopartikel – vielmehr stabilisiert er die Nanopartikel, erlaubt die Veränderung ihrer Löslichkeitseigenschaften und erhöht zudem die katalytische Selektivität. Diese Materialien wurden bei einer ganzen Reihe katalytischer Reaktionen eingesetzt, darunter Hydrierungen, Heck-Kupplungen und Suzuki-Reaktionen.

Auf dem Gebiet der Materialwissenschaften sollte die Größe der Dendrimere im Bereich von Nanometern die Herstellung komplexer Nanoarchitekturen und -apparaturen ermöglichen. J.-P. MAJORAL (Toulouse, Frankreich) unterstrich dabei die Rolle phosphorhaltiger Dendrimere, die in Toulouse zur Herstellung organisch-anorganischer Hybridverbindungen und zur gesteuerten Modifizierung

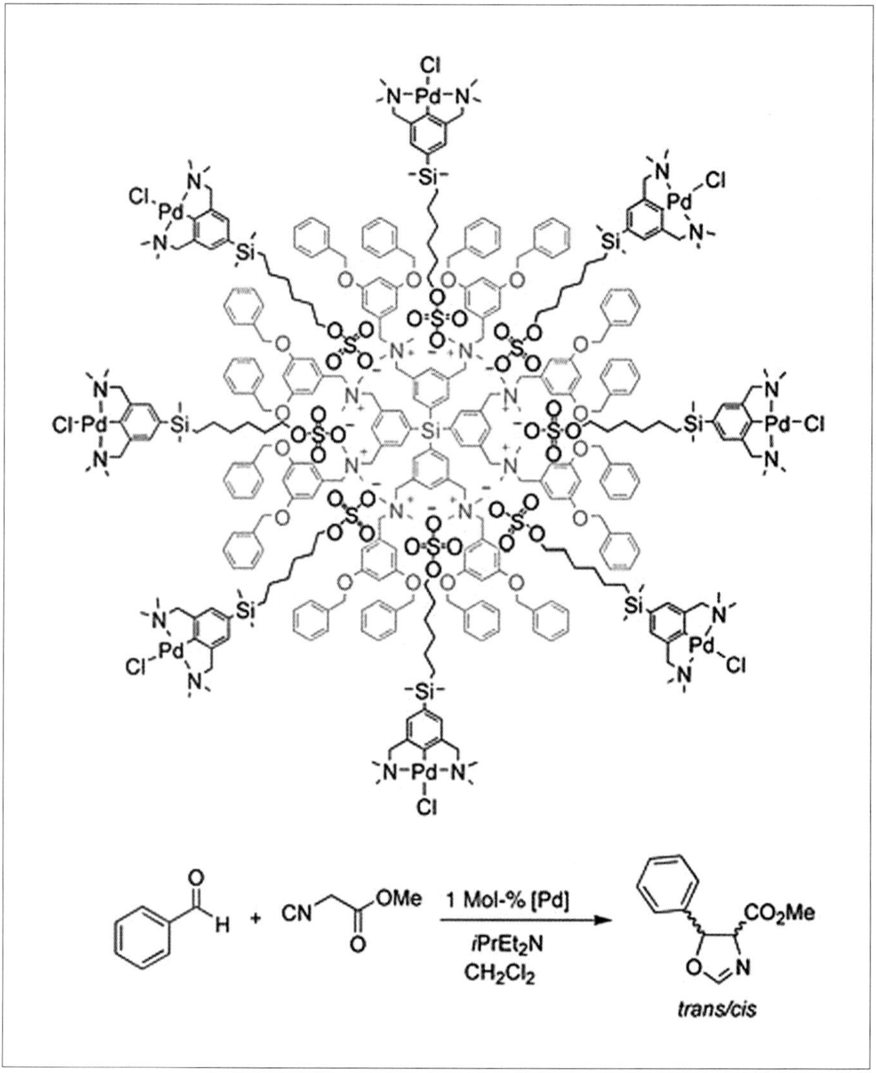

Abb. 1 Dendrimere mit einem polykationischen Kern, der von Poly(arylether)-Einheiten umgeben ist, als Wirtmoleküle für die nicht kovalente Bindung katalytisch aktiver Palladium(ii)-Komplexe (zur Verfügung gestellt von R. J. M. KLEIN GEBBINK, Utrecht).

anorganischer Oberflächen entwickelt wurden (MAJORAL 2002). Besonders vielversprechend sind dabei die Arbeiten zu DNA-Chips, bei denen ein 5'-modifiziertes 35mer Oligonucleotid (Sonde) durch Spotting auf einem Träger aufgebracht wurde, der durch Dendrimere mit peripheren Aldehydeinheiten modifiziert worden war (Abb. 2). Die resultierenden Iminbindungen wurden genauso wie die verbleibenden Aldehydeinheiten reduziert. Anschließend erfolgte die Hybridisierung mit einem fluoreszierenden, 15meren, Cy-5-markierten Komplementstrang (Target). Diese »Dendri-Chips« sind überaus stabil und wiederverwendbar. In der Tat konnte die Hybridisierungs-Ablösungs-Sequenz wiederholt werden, ohne daß dabei eine Abschwächung des Signals beobachtet wurde. Darüber hinaus liegt die Detektionsgrenze dieser Chips weit niedriger als bei den meisten kommerziell erhältlichen aktivierten Trägern. Diese hohe Empfindlichkeit ist besonders interessant und ergibt sich höchstwahrscheinlich aus der dreidimensionalen Form der Dendrimere, welche die Oligonukleotide auf Abstand zu der festen Chip-Oberfläche hält.

Nanotransporter mit dendritischer Struktur haben im letzten Jahr im Zusammenhang mit dem Transport aktiver Substanzen große Aufmerksamkeit erregt (HAAG 2001). R. HAAG (Berlin) präsentierte ein neues molekulares Nanotransportsystem, das sowohl polare als auch unpolare Moleküle aufnehmen kann. Die Struktur dieses universalen »Nanotransporters« besteht aus zwei Schalen unterschiedlicher Polarität, die um einen dendritischen Kern aufgebaut sind. Linker zwischen den Schalen oder zwischen Schale und Kern können chemisch stabil oder labil sein. Dies ermöglicht es, die Freisetzung der eingeschlossenen Moleküle durch externe Signale, wie eine Änderung des pH-Werts, zu induzieren.

Im abschließenden Vortrag gab F. VÖGTLE (Bonn) einen Überblick über das Gebiet der Dendrimere. Dabei zeigte er die Vielfalt einzigartiger physikalischer und chemischer Eigenschaften auf, welche Dendrimere zu einer interessanten Verbindungsklasse für die medizinische Chemie oder die Herstellung neuartiger Materialien mit besonderen Eigenschaften macht. Die möglichen Anwendungen umfassen dabei einen weiten Bereich von Technologien. Ein wichtiges Fazit war, daß die Entwicklung von neuartigen Materialien stark von unserem detaillierten Verständnis ihrer Eigenschaften abhängt. Es wurde betont, daß dieses Forschungsgebiet auf moderner organischer Synthese aufbaut, d. h., Verbindungen müssen zunächst einmal hergestellt und untersucht werden, bevor sie modifiziert werden können, um so geeignete Eigenschaften für gewünschte Anwendungen zu erzielen. Auf lange Sicht wird sich der Schwerpunkt der Dendrimerchemie hin zum Design von neuen Materialien verschieben, die direkt in industriellen Prozessen eingesetzt werden können.

Die Breite des durch die Vorträge abgesteckten wissenschaftlichen Terrains verdeutlichte eindrucksvoll die interdisziplinäre Ausrichtung der Dendrimer-Forschung. Zu den zehn Plenarvorträgen kamen noch ca. 30 Posterpräsentationen von Nachwuchswissenschaftlern, die alle von hoher Qualität waren und während der Poster-Sessions für angeregte Diskussionen sorgten.

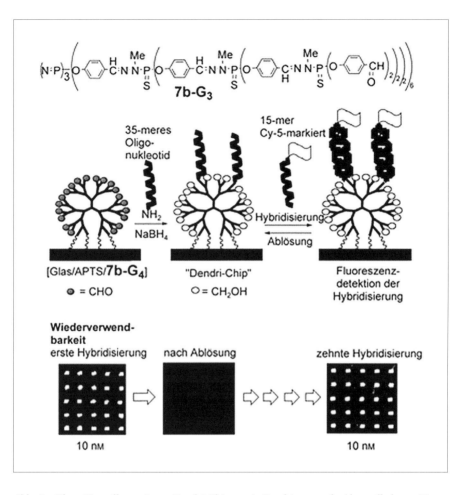

Abb. 2 *Oben*: Herstellung eines »Dendri-Chips« mit Dendrimeren als Abstandhaltern. *Unten*: Fluoreszenzdetektion durch Hybridisierung eines 15-meren, Cy-5-markierten Oligonukleotids auf dem »Dendri-Chip«. Ergebnis nach zehn Hybridisierungs-Ablösungs-Sequenzen bei einer Konzentration des Target-Moleküls von 10 nm (zur Verfügung gestellt von J.-P. MAJORAL und A.-M. CAMINADE, Toulouse).

Der wissenschaftliche Austausch wurde auch während des Konferenz-Banketts im Prinz-Carl-Palais fortgesetzt.

Literatur

ASTRUC, D., and CHARDAC, F.: Dendrimeric catalysts and dendrimers in catalysis. Chem. Rev. *101*, 2991–3024 (2001)

BERRESHEIM, A. J., MÜLLER, M., and MÜLLEN, K.: Polyphenylene nanostructures. Chem. Rev. 99, 1747–1785 (1999)

BUHLEIER, E., WEHNER, W., and VÖGTLE, F.: »Cascade« and »nonskid-chain-like« syntheses of molecular cavity topologies. Synthesis 2, 155–158 (1978)

HAAG, R.: Dendrimers and hyperbranched polymers as high-loading supports for organic synthesis. Chem. Eur. J. 7, 327–335 (2001)

MAJORAL, J.-P., CAMINADE, A.-M., and MARAVAL, V.: The specific contribution of phosphorus in dendrimer chemistry. Chem. Commun. 2002, 2929–2942 (2002)

NEWKOME, G. R., MOOREFIELD, C. N., VÖGTLE, F.: Dendrimers and Dendrons: Concepts, Syntheses, Applications. Weinheim: Wiley-VCH 2001

NIU, Y., and CROOKS, R. M.: Dendrimer-encapsulated metal nanoparticles and their applications to catalysis. C. R. Chim. 6, 1049–1059 (2003)

SCHLÜTER, A. D.: The macromonomer route to dendronized polymers. C. R. Chimie 6, 843–851 (2003)

Bericht:
Dr. Jean-François NIERENGARTEN
Groupe de Chimie
des Fullerènes et des Systèmes Conjugués
Laboratoire de Chimie de Coordination du CNRS,
205 route de Narbonne
31077 Toulouse
France
Tel.: +33 561 333119
Fax: +33 561 553003
E-Mail: jfnierengarten@lcc-toulouse.fr

Prof. Dr. Lutz H. GADE
Anorganisch-Chemisches Institut
Universität Heidelberg
Im Neuenheimer Feld 270
69120 Heidelberg
Bundesrepublik Deutschland
Tel.: +49 6221 548444
Fax: +49 6221 545609
E-Mail: lutz.gade@uni-hd.de

Meeting
Der Wandel der Erdoberfläche im vergangenen Jahrtausend

vom 21. bis 23. April 2005 in Kiel

Die Landschaften der Erde haben sich im vergangenen Jahrtausend unter dem Einfluß von thermischen und hygrischen Klimaschwankungen, natürlichen Witterungsextremen, und von Eingriffen des Menschen, insbesondere durch die Landnutzung, stark verändert. Das Relief wurde ebenso modifiziert wie die Energie-, Wasser-, und Stoffhaushalte, die Bodenbildung und die Bodenzerstörung. Ein ausreichendes Verständnis des heutigen Zustands einer Landschaft und fundierte Aussagen über ihre mögliche zukünftige Entwicklung sind nur möglich, wenn die Veränderungen in den vergangenen Jahrhunderten systemar qualitativ und quantitativ rekonstruiert werden. In dem gemeinsam von der Leopoldina und der Christian-Albrechts-Universität zu Kiel veranstalteten Meeting mit über 90 Teilnehmern wurden neue Forschungsergebnisse zum Wandel der Erdoberfläche im vergangenen Jahrtausend in Vorträgen und während einer wissenschaftlichen Exkursion vorgestellt. Die wissenschaftliche Organisation lag in den Händen von Hans-Rudolf BORK (Kiel) und Jürgen HAGEDORN (Göttingen).

Bereits das gemeinsame Abendessen am 21. April war von zwei Vorträgen umrahmt, die an Hand neuer Untersuchungen zur Natur- und Kulturgeschichte zweier pazifischer Inseln, der Osterinsel (Andreas MIETH) und der Robinson-Crusoe-Insel (Hans-Rudolf BORK), in das Thema der Tagung einführten. Die Vorträge des 22. April gliederten sich in Beiträge zur Kenntnis der Klima- und Reliefdynamik und der Landnutzungswirkungen im vergangenen Jahrtausend. Dabei wurden jeweils unterschiedliche Regionen der Erde in unterschiedlichem Untersuchungsmaßstab und mit unterschiedlichen methodischen Ansätzen dargestellt.

Zunächst begründete Wolf-Dieter BLÜMEL (Stuttgart) in einem einführenden globalen Überblick die Bedeutung von wärmeren Klimaperioden in den mittleren und höheren Breiten als Gunstphasen der Kultur- und Siedlungsentwicklung in prähistorischer und historischer Zeit. Jeff VANDENBERGHE (Amsterdam) zeigte am Beispiel eines kleinen Flußeinzugsgebietes in den Niederlanden wie sich im 19. und 20. Jahrhundert neben Veränderungen des Niederschlags besonders Veränderungen der Landnutzung und Bergbauaktivitäten in der Dynamik und Sedimentation des Flusses widerspiegeln. Frank LEHMKUHL (Aachen) hob an Fallbeispielen aus der Mongolei und aus Tibet den vorwiegenden klimatischen Einfluß auf die Landschaftsentwicklung hervor, konnte aber auch auf anthropogene Wirkungen in diesen extensiv weidewirtschaftlich genutzten Gebieten seit frühgeschichtlicher Zeit hinweisen.

Die weiteren Vorträge zeigten die Bedeutung der Landnutzung für den Wandel der Erdoberfläche. Hans-Rudolf BORK (Kiel) wies den Einfluß auf Bodenbildung, Wasserhaushalt, Feststoffhaushalt und Relief nach und betonte, daß mindestens in Mitteleuropa heute keine anthropogen ungestörten Standorte erhalten geblieben sind. Für die baltischen Länder zeigte Ādolfs KRAUKLIS (Riga) die von den Landnutzungszentren ausgehende Veränderung der Landschaft mit Hilfe archivalischer und paläobotanischer Quellen auf. Brigitta SCHÜTT (Berlin) konnte die Beziehungen der Landschaftsentwicklung auf der Iberischen Halbinsel zur Besiedlungs- und Kulturgeschichte seit den Iberern nachweisen. Schließlich belegte Wilfried ENDLICHER (Berlin) für das außertropische Südamerika das Einsetzen irreversibler Landschaftszerstörungen durch die Landnutzung seit der Besiedlung durch Europäer und die dadurch ausgelöste Bodenerosion. Ein Abendvortrag, in dem Joachim REICHSTEIN (Schleswig) in das Exkursionsgebiet des folgenden Tages einführte, schloß die Vortragsveranstaltungen ab.

Auf der wissenschaftlichen Exkursion am 23. April wurde die holozäne Entwicklung der Landschaften Schleswig-Holsteins im Gelände, z. T. an neu geschaffenen hervorragenden Aufschlüssen, demonstriert und diskutiert: im östlichen Hügelland am Beispiel der Umgebung des Belauer Sees, in den Mooren der Niederen Geest sowie auf der Hohen Geest und in der Marsch Dithmarschens. Die Führung lag vor allem bei Wissenschaftlern des Ökologie-Zentrums der Universität Kiel (Hans-Rudolf BORK, Klaus DIERSSEN, Otto FRÄNZLE u. a.). Die Teilnehmer erhielten dabei auch einen Einblick in die hier beispielhaft praktizierten neuen Methoden und Ansätze der Feldforschung zum Tagungsthema, die wie die Vorträge des Vortages vielfältige Anregungen für zukünftige Forschungen geben dürften.

Die Vorträge sind in der Akademieschriftenreihe *Nova Acta Leopoldina* N.F. Band 94, Nr. 346 veröffentlicht.

Bericht:
Prof. em. Dr. Jürgen HAGEDORN
Georg-August-Universität Göttingen
Geographisches Institut
Goldschmidtstraße 5
37077 Göttingen
Bundesrepublik Deutschland
Tel.: +49 551 398058
Fax: +49 551 398006
E-Mail: jhagedo@gwdg.de

Symposium
Chemistry and Art in Theory and Practice
Gemeinsam veranstaltet von der Deutschen Akademie der Naturforscher Leopoldina und der Académie des Sciences
vom 20. bis 25. Mai 2005 in Les Treilles (Frankreich)

Die 22 Teilnehmer des Symposiums berichteten über unterschiedliche Aspekte der Chemie und der Kunst. Der Tagungsort Les Treilles gehört zur Gemeinde Tourtour, die etwa 20 km westlich von Draguignan in Südfrankreich liegt. Les Treilles ist eine Stiftung der Familie SCHLUMBERGER, die aus einem ausgedehnten Areal mit einem Dutzend über das ganze Gelände verstreuten Häusern besteht.

Eines der wichtigsten Ziele des Symposiums war es, erfahrene Wissenschaftler und junge Forscher aus Europa zusammenzubringen und ihnen ein gemeinsames Forum für die Präsentation und Diskussion ihrer Arbeiten zu geben. Das Symposium wurde von der Académie des Sciences (Guy OURISSON, Strasbourg) und der Leopoldina (H. W. ROESKY, Göttingen) organisiert. Herr OURISSON hat Forscher aus Frankreich, England, Polen, den Niederlanden, der Schweiz, Rumänien und Deutschland eingeladen, die in einstündigen Vorträgen über ihre Arbeiten berichteten.

Eine Ausnahme gab es für die bekannte Kunstinterpretin Florence DE MÈREDIEU (Paris) von der Sorbonne, die in zwei beeindruckenden Vorträgen über »Fluidity, limpness and crystallisation of matter in modern and contemporary art« sprach. In ihren Ausführungen ging sie auf die Werke von PICASSO, Yves KLEIN, Dieter ROTH, Vera MOLNAR, Joseph BEUYS und Max ERNST ein. Für diese Künstler spielen Form und Stoff eine wesentliche Rolle. Die Form ist die Architektur der Materie. Bei Yves KLEIN, zum Beispiel, machte sie deutlich, daß die Farbe Blau das bestimmende Element seines Schaffens ist. Emanuel KANT hält den kristallinen Zustand und die regelmäßige Form für bedeutend, und so spielt auch im Kubismus, beispielsweise bei PICASSO, die Form eine wichtige Rolle. Die Transformation des Glases von flüssig zu fest oder die entsprechende Transformation des Wassers sind wichtige künstlerische Elemente bei der Schaffung von Skulpturen (Max ERNST, Dieter ROTH, Andy GOLDSWORTHY). Bei BEUYS ist das Material die Kunst, z. B. Schokolade oder Fett.

Pierre LASZLO (Paris/Liège) war bereits mehrere Wochen mit seiner Frau in Treilles, um ein neues Buch abzuschließen. In einem Gespräch versicherte er mir, daß die Atmosphäre in Les Treilles so anregend ist, daß man ein Vielfaches von dem schafft, was man zu Hause schaffen könnte. Sein Thema war »Chemistry and the non-graphical arts«. Dabei sprach er über das charakteristische Gelb der Töpferwaren aus der Gegend von Tourtour. Die Grundbestandteile des *giallino* (gelb) sind Antimon- und Zinnoxide, aber auch zwei Bleioxide spielen eine wichtige Rolle.

Alain ROCHE (Paris), eine Koryphäe auf dem Gebiet der Restaurierung und Konservierung, illustrierte seine Arbeiten unter dem Titel: »Art et matière! Matière et chimie! Chimie et art? Art ou oeuvre d'art?« Er ist der Autor eines bekannten Buches über die Restaurierung und Konservierung von alten Bildern auf Leinen.

Jap BOON und Katrien KEUNE (Amsterdam) sprachen über moderne Analysenmethoden, mit deren Hilfe man die Schäden an alten Gemälden erkennen kann. Ihre Themen hießen »Dynamic irreversible changes in old master paintings« und »How red old master paint transforms into black and white«.

Nadia MÖSCH-ZANETTI (Göttingen) präsentierte unter dem Titel »The beauty of threefold symmetry« interessante Beispiele aus der Literatur und ihren eigenen Arbeiten, die diese Symmetrieeigenschaften haben.

Bei Emilie CHALMIN (Grenoble) standen Arbeiten im Mittelpunkt, die zur Aufklärung der Farbzusammensetzung bei alten Höhlenmalereien dienen. Sie referierte über »Palaeolithic rock art: Characterization and conservation«.

Francis TAULELLE (Versailles) präsentierte in einem beeindruckenden Vortrag »Chemistry and arts. From Escher and cathedrals to chemistry«. Seine Aufnahmen vom Straßburger Münster werden allen Teilnehmern unvergeßlich bleiben.

Mit einem verwandten Thema beschäftigte sich Marius ANDRUH (Bukarest): »Chemistry and architecture«. Die Architektur bezieht sich in seinem Beitrag allerdings auf die Architektur von Molekülen.

Jiri PINKAS (Brno) verdeutlichte ebenfalls dieses fruchtbare Wechselspiel zwischen Struktur und Ästhetik mit seinem Vortrag »Hexagons, squares and cubes in the chemistry of alumazene, aluminophosphonates and lanthanide coordination polymers«.

Jean-Pierre MOHEN vom *Laboratoire de Recherche des Musées de France* (LRRMF) und Marc LEDOUX vom CNRS berichteten in beeindruckenden Vorträgen über Fördermöglichkeiten und Forschungsprogramme »Science in art by CNRS« und »The LRRMF-programmes of research, training, publications«. Die Anwesenden konnten erfahren, welche Anstrengungen unternommen werden, um mit wissenschaftlichen Methoden Kunstwerke zu erhalten.

Michel VERDAGUER (Paris) beeindruckte mit seinen herausragenden Aufnahmen von Joan MIRÓ und Henri MATISSE und diskutierte seine eigenen Ergebnisse an Eisenkomplexen.

Janus LEWINSKI (Warschau) veranschaulichte mit seinem Vortrag, daß seine Verbindungen ein chemisches Kunstwerk sind: »The renaissance of metal alkyls oxygenation chemistry after 150 years of experience«.

Den Reigen der Beiträge rundete der Vortrag »Art gallery of chemistry« ab. Anhand einfacher Experimente kann man zeigen, wie man schöne Bilder zaubern und mit Hilfe einer Digitalkamera festhalten kann.

Nicht unerwähnt bleiben darf, daß Philip BALL (London), Beate PEISELER (Basel) und Luc ALLEMAND (Paris) als Beobachter an der Tagung teilnahmen.

Die Kolloquien fanden im Hauptgebäude vormittags und nachmittags statt. Zwischen den beiden Vortragsblöcken gab es genügend Zeit, um mit den Vortragenden ausgiebig über ihre Themen zu diskutieren und auch die einmalige Lage des Tagungsortes mit seiner wunderschönen Umgebung zu genießen.

Die Tagungsteilnehmer waren in den einzelnen Häusern untergebracht und konnten mit zur Verfügung gestellten Autos das zentrale Tagungsgebäude erreichen. Für die Gäste standen Computer zur Verfügung, so daß sie auch während des Symposiums mit der Außenwelt in Verbindung sein konnten.

In der zur Stiftung gehörenden Bibliothek mit 13 000 Bänden aus den Bereichen Philosophie, Naturwissenschaften, Geschichte der Naturwissenschaften und Kirchengeschichte hätte man am liebsten mehrere Monate verbracht, um ein wenig von diesem Schatz zu profitieren. Die im Gelände um das Haupthaus aufgestellten Plastiken regten zu intensiven Diskussionen an, die das Thema der Tagung ausgezeichnet ergänzten.

Die Gastfreundschaft der Stiftung ist einmalig. Die vorzügliche Bewirtung hat ganz wesentlich zu einer angenehmen Atmosphäre beigetragen. Es war ein einmaliges Erlebnis, das ich in dieser Art bisher noch bei keiner derartigen Tagung kennengelernt hatte. Alle Teilnehmer waren begeistert. Besonders dankbar bin ich Professor Guy OURISSON für die vorzügliche Organisation und Frau Catherine AUBOYNEAU für ihre liebenswürdige Betreuung.

Bericht:
Prof. Dr. Herbert W. ROESKY
Universität Göttingen
Institut für Anorganische Chemie
Tammannstraße 4
37077 Göttingen
Bundesrepublik Deutschland
Tel.:   +49 551 393001
Fax: +49 551 393373
E-Mail: croesky@gwdg.de

Meeting
Christian Gottfried Nees von Esenbeck.
Die Bedeutung der Botanik als Naturwissenschaft in der ersten Hälfte des 19. Jahrhunderts – Methoden und Entwicklungswege

vom 9. bis 11. Juni 2005 in Wrocław/Breslau (Polen)

Im Zentrum des zweiten Symposiums, das im Rahmen des Akademievorhabens der Leopoldina »Briefedition Christian Gottfried Nees von Esenbeck« veranstaltet wurde, stand die Entwicklung der Botanik als Naturwissenschaft sowie der Ausbau ihrer Methoden. Wrocław, das ehemalige Breslau, bot sich als Tagungsort an, weil NEES VON ESENBECK (1776–1858) in dieser Stadt die letzten 28 Jahre seines Lebens verbracht hatte. In diese lange Amtszeit fiel nicht nur die Reorganisation des Botanischen Universitäts-Gartens, sondern diese Phase seines Lebens war auch wissenschaftlich die ergiebigste. Überdies hatte der Breslauer Aufenthalt NEES VON ESENBECK die systematische Erschließung der weitgehend unbekannten schlesischen Flora ermöglicht, die er auf seinen zahlreichen Exkursionen ins Riesengebirge erforschte.

Die Realisierung des Symposiums ist vor allem den Breslauer Kollegen, an erster Stelle dem Direktor des Botanischen Gartens und Arboretums, Tomasz NOWAK, und seiner Assistentin Magdalena MULARCZYK sowie dem gesamten Team des Breslauer Botanischen Instituts zu verdanken, die in unermüdlichem Einsatz für eine perfekte Organisation gesorgt und die Teilnehmer mit einer Fülle nicht nur botanischer, sondern auch kunsthistorischer Sehenswürdigkeiten und musikalischer Genüsse überrascht haben. Ihnen gilt daher besonderer Dank ebenso wie der Leopoldina in Halle, die das Vorhaben großzügig gefördert hat. Nicht zuletzt möchte ich meinem Bochumer Kollegen, Herrn Waldemar KOZUSCHEK danken, der, aufgewachsen in Breslau, als Wanderer zwischen zwei Welten, uns engagiert unterstützt hat, über die Grenzen hinweg die Sprachbarrieren zu überwinden.

Die feierliche Eröffnung fand in einem der repräsentativsten Innenräume der Universität statt, dem Oratorium Marianum, einem ursprünglich dem Marienkult gewidmeten, barocken Gesamtkunstwerk, das nach einer wechselvollen Geschichte, Zerstörung und Rekonstruktion (1997) heute wieder als Auditorium und Musiksaal dient. Die hervorragenden akustischen Qualitäten des Saales demonstrierte ein junges Musiker-Ensemble (Amadeus-Klavier-Quartett) mit einer exzellenten Interpretation polnischer, deutscher und österreichischer Komponisten. Der Festsaal und das musikalische Rahmenprogramm bildeten eine würdige Kulisse für die Begrüßung der Teilnehmer durch den Prorektor der Universität Krysztof WÓJTOWICZ und den Präsidenten der Leopoldina Volker TER MEULEN. In dem sich anschließenden, öffentlichen Abendvortrag gab der Direktor der *Royal Botanic Gardens* in Kew, Sir Peter CRANE, einen Überblick über die Entwicklung der botanischen Gärten vom 19. bis zum 21. Jahrhundert und umriß den Wandel ihres Aufgabenspektrums. Während zu Beginn des 19. Jahrhunderts botanische Gärten hauptsächlich der Beschaffung lebender Pflanzen für den akademischen Unterricht, der Vervollständigung des Arteninventars sowie der Bildung und Erbauung des Publikums dienten, zählen heute über diese Funktionen hinaus die Erforschung und Erhaltung der Artenvielfalt, der Schutz gefährdeter Lebensräume, die Bewahrung alter Kultursorten, der Aufbau von Genbanken und Samentausch sowie die Erforschung tropischer Nutz- und Arzneipflanzen zu den vorrangigen Aufgaben dieser Einrichtungen. Das Fundament dieser modernen Forschungsprogramme – auch dies wurde deutlich – haben NEES VON ESENBECK und sein britischer Kollege William Jackson HOOKER (1785–1865) gelegt, der seit 1841 erster Direktor der *Royal Botanic Gardens* in Kew war und mit NEES VON ESENBECK von 1826 bis 1854 kontinuierlich Ideen, Bücher und Pflanzen ausgetauscht hat.

Auf diesen glänzenden Auftakt hin folgten an den beiden nächsten Tagen die Arbeitssitzungen an wechselnden Orten, bald in den Räumen des Botanischen Instituts, bald in der Aula Leopoldina, einem prunkvoll dekorierten, symbolträchtigen Kleinod der Universität, das 1730–1732 zum Ruhm des Stifters der einstigen Jesuiten-Universität, Kaiser LEOPOLD I., erbaut und nach jenem Kaiser benannt ist, dem auch die Deutsche Akademie der Naturforscher Leopoldina in Halle ihren Namen verdankt.

In der ersten Session, die dem universitären und wissenschaftshistorischen Umfeld NEES VON ESENBECKS gewidmet war, gab zunächst der Bochumer Chirurg und Historiker Waldemar KOZUSCHEK einen knappen Überblick über die Geschichte der Breslauer Universität unter besonderer Berücksichtigung der Medizinischen Fakultät. Er verfolgte ihre Vorgeschichte bis hin zu ihrer definitiven Konstituierung 1811, dem Gründungsjahr der Breslauer Universität, die aus der Vereinigung der Jesuitenuniversität (Leopoldina) und Universität in Frankfurt a. d. Oder (Viadrina) hervorgegangen ist. Nach eingehender Würdigung der hervorragendsten Vertreter der fünf Lehrstühle, die zur Medizinischen Fakultät zählten, war die Bilanz des Vortragenden, daß sich an der Breslauer Fakultät in der ersten Hälfte des 19. Jahrhunderts Botanik, Chemie und Pharmazie nur langsam aus der Umklammerung der Medizin lösen konnten und diese Disziplinen erst am Ende des 19. Jahrhundets einen Stand erreichten, der sich mit den Kapazitäten anderer deutscher Universitäten vergleichen ließ.

Der hier schon berührte, jahrzehntelang andauernde Konflikt in der Frage, ob die Botanik Teil der Medizinischen oder der Philosophischen Fakultät sei, hat auch NEES VON ESENBECK zeitlebens beschäftigt, ohne sie gelöst zu haben, wie Daniela FEISTAUER und Uta MONECKE (Halle/Saale) in ihrem gemeinsamen Beitrag über die amtliche Korrespondenz zwischen NEES VON ESENBECK und dem preußischen Kultusminister Karl Sigmund Freiherr VON STEIN ZUM ALTENSTEIN darlegten. Anhand der Korrespondenz läßt sich verfolgen, daß NEES VON ESENBECK das naturwissenschaftliche Engagement und Wohlwollen ALTENSTEINS, der neben seiner juristischen Ausbildung Naturwissenschaften studiert und für dieses Gebiet ein gewisses Interesse bewahrt hatte, offensichtlich nutzte, um die eigenen Pläne bezüglich der Neuorganisation des botanischen Unterrichts innerhalb der Medizinischen Fakultät auszubauen. Die Auslagerung der Botanik in die Philosophische Fakultät hat NEES VON ESENBECK allerdings nicht angestrengt, er hielt vielmehr hartnäckig an der überkommenen Ordnung der Disziplinen fest. Der Kultusminister, der, wie es scheint, in den sich anbahnenden Konflikt zwischen Medizin und Naturwissenschaften nicht eingreifen wollte, zog es jedoch vor, die Pläne weder in der einen noch in der anderen Richtung in die Praxis umzusetzen, so daß sich die Situation der Botanik zu NEES VON ESENBECKS Amtszeit in Breslau nicht veränderte. Insgesamt zeigte der Beitrag, daß die amtliche Korrespondenz eine ergiebige Quelle für das Studium des mühsamen Emanzipationsprozesses der Botanik aus der Vorherrschaft der Medizin darbietet.

Dem pharmazeutischen Umfeld NEES VON ESENBECKS wandte sich der Marburger Pharmaziehistoriker Christoph FRIEDRICH zu. Weil zu jener Zeit die Botanik neben der Chemie zu den wichtigsten Grundlagenwissenschaften der Pharmazie gehörte, war es nicht ungewöhnlich, daß eine beachtliche Anzahl von Apothekern systematische und pflanzengeographische Studien betrieben oder Herbarsammlungen anlegten. Durch eine eingehende Werkanalyse dieser botanisierenden Apotheker fand Christoph FRIEDRICH heraus, daß die meisten nicht nur untereinander, sondern auch mit den Brüdern NEES VON ESENBECK in wissenschaftlichem Kontakt standen. Einigen unter ihnen gelang es sogar, in eine akademische Stellung an der Universität aufzusteigen und die Botanik als eigenständiges Fach in der Hochschule zu verankern.

Eine kritische Standortbestimmung des Botanikers NEES VON ESENBECKS in der Wissenschaftsgeschichte unternahm die Münchener Historikerin der Naturwissenschaften Brigitte HOPPE in ihrem fundierten Grundsatzreferat. Sie warnte vor einer Überbewertung NEES VON ESENBECKS als Verkörperung eines »modernen Naturwissenschaftlers« und wies nach, daß NEES in seiner Formenlehre und idealistisch begründeten Konstruktion der Gestalten weniger innovativ war, als gemeinhin angenommen wird. Zahlreiche Beobachtungen entstammten dem Analogiedenken oder den Experimenten und Berichten anderer, er selbst machte keine Züchtungsexperimente, wie Brigitte HOPPE feststellte. Ihre Kritik richtete sich vor allem auf die in NEES Werken häufig zu beobachtende Vermischung der empirischen Befunde mit naturphilosophischen Interpretationen und auf die Tatsache, daß die monographische Bearbeitung der Familien vielfach nur nach Herbarpflanzen erfolgte. NEES VON ESENBECKS

Verdienst sei vielmehr – so das Resümee Brigitte HOPPES –, die bestätigten Befunde seiner Vorgänger durch genauere Einzelbeobachtungen korrigiert und den Wissensstand durch eine einheitliche Interpretation übersichtlich geordnet zu haben.

In der zweiten Session, die den Botanischen Gärten gewidmet war, unterzog der Direktor des Berliner Botanischen Gartens H. Walter LACK die Arbeiten NEES VON ESENBECKS zur Pflanzensystematik einer kritischen Analyse aus der Sicht des modernen Pflanzenforschers. Am Beispiel der tropischen Akanthusgewächse, jener Familie, mit der sich NEES VON ESENBECK am intensivsten befaßte, versuchte er, die Arbeitsweise zu rekonstruieren. Wie Walter LACK herausfand, war es NEES nur in einigen Fällen gelungen, Akanthusarten im Breslauer Botanischen Garten selbst zum Keimen zu bringen, in der Regel war er bei seinen Bestimmungen auf Herbarmaterial sowie Pflanzenbeschreibungen, Drukke und Zeichnungen älterer Autoren angewiesen. Aus diesen Umständen erklärt sich, daß NEES VON ESENBECK eine große Zahl neuer Species schuf, die nach heutiger Sicht keine neuen Arten waren. H. Walter LACK schloß daher seinen Vortrag mit der Feststellung, daß er zwar der Vielseitigkeit und dem bemerkenswerten Fleiß des Breslauer Botanikers Respekt zolle, wissenschaftshistorisch betrachtet jedoch NEES VON ESENBECK keine bedeutsamen Durchbrüche gelungen seien.

Weniger streng, eher mit einer gewissen Bewunderung, würdigte der Bonner Botaniker Wilhelm BARTHLOTT die Lebensleistung des einstigen Kollegen, der als erster Professor der Botanik an der neu gegründeten preußischen Universität in Bonn (1818) in großer Geschwindigkeit den alten Barockgarten um Schloß »Clemensruh« in eine wissenschaftliche Einrichtung umzuwandeln vermochte. Mehr als 1000 Samenproben aus dem Botanischen Garten in Berlin, 126 Pflanzen aus der Sammlung der Brasilien-Expedition des Prinzen Maximilian ZU WIED-NEUWIED, 300 Kakteen und andere Sukkulenten aus der weltberühmten Sammlung des Fürsten ZU SALM-REIFFERSCHEID-DYCK bereicherten nach kurzer Zeit das Terrain, so daß bereits Ende 1819 NEES VON ESENBECK ca. 4000 Arten auflisten konnte. Als 1880 Eduard STRASBURGER (1844–1912) die Leitung des Botanischen Gartens übernahm, zählte die Bonner Institution zu den größten Einrichtungen ihrer Art, unmittelbar nach dem Breslauer Botanischen Garten.

Über die Entwicklung des Breslauer Universitäts-Gartens, der heute im historischen Kern Breslaus malerisch gelegen ist und nicht nur von 1829 bis 1852 die Wirkungsstätte NEES VON ESENBECKS, sondern zeitweise auch Treffpunkt zahlreicher Anhänger SCHELLINGS und der Naturphilosophie war, informierte die Breslauer Botanikerin Magdalena MULARCZYK.[1] Neben NEES' Verdiensten

---

[1] Eine deutsche Übersetzung ihrer in polnischer Sprache erschienenen, umfangreichen Studie über die Geschichte des Botanischen Gartens in Breslau ist in Vorbereitung und wird dank der Förderung durch die Alfried Krupp von Bohlen und Halbach-Stiftung sowie der Leopoldina in Halle 2007 erscheinen.

würdigte sie im einzelnen die Leistungen seiner Nachfolger GÖPPERT, ENGLER, PRANTL und PAX, die zur Erweiterung der Sammlungen wesentlich beigetragen haben. Wie sie weiter ausführte, wurde nach der Zerstörung der Anlage im Zweiten Weltkrieg seit 1948 mit dem Wiederaufbau, der Einrichtung moderner Laboratorien für Gewebskulturen und Errichtung neuer Forschungsinstitute begonnen. Bei dem anschließenden Rundgang durch das Areal unter der Führung von Frau MULARCZYK konnten sich die Teilnehmer selbst von der inzwischen restaurierten, mustergültigen Anlage des Botanischen Gartens überzeugen, der heute zu den größten und abwechselungsreichsten Einrichtungen dieser Art in Polen zählt.

In der dritten Session, die der polnischen Universitäts- und allgemeinen Landesgeschichte vorbehalten war, befaßte sich der Breslauer Historiker Marek CZAPLINSKI mit den sozialen, religiösen und politischen Bedingungen, die das Universitätsleben um die Mitte des 19. Jahrhunderts folgenreich beeinflußten. Er erläuterte die Auswirkungen der Industrialisierung auf die Textilindustrie, die mit einer zunehmenden Verelendung der schlesischen Bevölkerung einherging und verwies auf die spezifische wirtschaftliche Situation Schlesiens, die den Kampf NEES VON ESENBECKS gegen jede Art moralischer oder militärischer Unterdrückung, seinen Anschluß an die politische Opposition sowie sein Engagement im Breslauer Arbeiterverein verständlich machten.

Eine beeindruckende Dokumentation der polnischen Botanikgeschichte bot die Krakauer Botanikerin Alicjy ZEMANEK in ihrem Beitrag. Sie stellte die vielseitigen Aktivitäten der polnischen Botaniker und ihre Pionierleistungen dar und machte auf das reiche Sammlungsmaterial aufmerksam, das sich in Wilna, Krakau, Warschau, Lwow und Kiew – trotz der vielen Regimewechsel und dramatischen Wendepunkte in der polnischen Geschichte – dank des Einsatzes und politischen Widerstandes herausragender polnischer Gelehrter erhalten hat. Für die Rekonstruktion der Veränderungen in der Vegetation Zentral- und Ost-Europas sind diese Sammlungsbestände von unschätzbarem Wert.

Die letzte Session der Tagung galt dem Verhältnis NEES VON ESENBECKS zu anderen zeitgenössischen Konzepten und Methoden der wissenschaftlichen Botanik. Der Münchener Botaniker Jürke GRAU berichtete über Entstehung und Anlage des Monumentalwerkes der Pflanzenforschung, das der Botaniker und Sammler Carl Friedrich Philipp VON MARTIUS (1794–1868) nach seiner Rückkehr von der spektakulären österreich-bayerischen Brasilienexpedition (1817–1820) in Angriff genommen hatte. Der Anteil NEES VON ESENBECKS an diesem Werk war allerdings nur ein bescheidener. Seine Mitwirkung beschränkte sich auf die Bearbeitung der Gramineen und Hepaticae in der ersten, unvollendeten Ausgabe der *Flora Brasiliensis*, die 1829–1833 erschien.

Ein bisher zu wenig beachtetes Gebiet der Wissenschaftsgeschichte, die naturwissenschaftliche Illustration und Methoden der Visualisierung, behandelte der Marburger Biologie- und Wissenschaftshistoriker Armin GEUS. Wie er zeigte, hat NEES VON ESENBECK den Kupferstich, die Radierung und auch die kurz zuvor von SENEFELDER entwickelte Lithographie als Darstellungsverfahren eingesetzt. NEES VON ESENBECK stellte nicht nur höchste Ansprüche an die künstlerische Qualität, das Kolorit und die Genauigkeit der Wiedergabe, sondern er verlangte vom Künstler auch naturhistorische Kenntnisse, weil »perspektivisch richtig« nicht auch zugleich »naturhistorisch getreu« bedeute.

Die Einflüsse der romantischen Naturphilosophie thematisierten die beiden letzten Beiträge. Nach einer Übersicht über die Verbindung von Naturphilosophie und Naturforschung, Spekulation und Erfahrung, im Denken führender Anhänger der romantischen Naturphilosophie entwickelte der Lübecker Wissenschaftshistoriker Dietrich VON ENGELHARDT aus der idealistisch-romantischen Konzeption fünf Merkmale, die das Wesen der Pflanze in diesem Kontext prägen und überdies Gemeinsamkeiten bzw. Differenzen der Pflanze zur anorganischen Natur einerseits und den tierischen Organismen andererseits widerspiegeln. In diesem Rahmen wird die Pflanze als Objekt der Natur zu einer Metapher überhöht und vorzugsweise in ein Symbol für die enge Verbindung von Natur und Kultur verwandelt – ein Konzept, dem auch NEES VON ESENBECK nicht abhold war.

Die konkreten Schwierigkeiten, die sich aus derartigen Spekulationen für den Naturforscher ergeben, der die Pflanze in chemisch-physikalische Prozesse aufzulösen bestrebt ist, führte eindrucksvoll die Berliner Biologiehistorikerin Ilse JAHN am Beispiel der konträren Positionen Mathias Jacob SCHLEIDENS (1804–1881) und NEES VON ESENBECKS vor Augen. Während für SCHLEIDEN ein nur der Idee nach vorhandener Gegenstand in der Naturwissenschaft ein Unding ist, ging NEES VON ESENBECK von der »Idee« der Pflanze als organismischer Einheit aus. In der Kontroverse zwischen den beiden botanischen Denkwegen erwies sich, wie Ilse JAHN feststellte, SCHLEIDENS Ziel, »an der Entgeistigung der Natur zu arbeiten«, als das erfolgreichere Modell, indem es von der Mitte des 19. Jahrhunderts an das allgemein akzeptierte wissenschaftstheoretische Fundament der Biologie bildete.

Zum Ausklang des Symposiums hatten die Teilnehmer die Gelegenheit, eine der größten botanischen Sehenswürdigkeiten in der Umgebung Breslaus, das sogenannte Arboretum, zu besichtigen, wo die Gäste ein stimmungsvolles rustikales Programm mit einheimischen Gerichten und Darbietungen von Tanz und Musik empfing. Der Park, eine Anlage aus dem 19. Jahrhundert, heute Filiale des Botanischen Gartens in Breslau, beeindruckte durch seinen Bestand an seltenen Coniferen, mehr als 200 Rhodondendronarten und Azaleen sowie die große Anzahl außereuropäischer Pflanzen (Japanischer Ahorn, Libanonzeder, Schirmtanne, Mammutbaum etc.).

Insgesamt hat das Symposium durch die Zusammenführung unterschiedlicher Disziplinen neue Perspektiven eröffnet, den Blick geschärft und zur Korrektur möglicher Fehldeutungen und Überbewertungen NEES VON ESENBECKS beigetragen. Wichtige Fragen wurden gestellt; wenn sie auch nicht immer zu beantworten waren, so bleiben sie Anstoß, dem Botaniker NEES VON ESENBECK auch weiterhin hartnäckig auf der Spur zu bleiben.

Sämtliche Beiträge werden in der Reihe der *Acta Historica Leopoldina* erscheinen.

Bericht:
Prof. em. Dr. Irmgard MÜLLER
Ruhr-Universität Bochum
Medizinische Ethik und Geschichte der Medizin
Markstraße 258 A, Malakowturm
44799 Bochum
Bundesrepublik Deutschland
Tel.:   +49 234 3223394
Fax: +49 234 3214205
E-Mail irmgard.mueller@rub.de

Symposium
BSE – Status quo und Quo vadis?

Gemeinsam veranstaltet von der Deutschen Akademie der Naturforscher Leopoldina und der Österreichischen Akademie der Wissenschaften
vom 25. bis 26. Juni 2005 in Wien

Seit dem 1. BSE-Symposium der Leopoldina in Wien 2001 sind mittlerweile über vier Jahre vergangen. Die BSE-Thematik ist aber trotz rückläufiger Zahlen bei den BSE-Fällen, die ein Erfolg der eingeleiteten Maßnahmen sind, immer noch von hoher wissenschaftlicher, gesellschaftlicher und politischer Brisanz. In der EU stehen beim Parlament und in der Kommission für 2006 Diskussionen über eine Entscheidung an, wie es mit der BSE-Überwachung weitergehen soll.

Ziel des am 25. und 26. Juli 2005 in Wien von der Leopoldina und der Österreichischen Akademie der Wissenschaften gemeinsam veranstalteten Symposiums »BSE – Status quo und Quo vadis?« war es, der Wissenschaft, der interessierten Öffentlichkeit und den Medien, wie bereits im Titel impliziert, einen Überblick des gegenwärtig verfügbaren Wissens und den Stand der Forschung in einer interdisziplinär ausgerichteten Veranstaltung vorzustellen und ein hochrangig besetztes Forum für die Diskussion der in Zusammenhang mit BSE immer noch sehr drängenden Fragen zu bieten. Der wissenschaftliche Teil des Symposiums war in fünf Vortragsblöcke eingeteilt, die sich mit der Prionhypothese und Pathogenesemodellen, den medizinisch-therapeutischen Aspekten, den Nahrungs- und Futtermittelketten, der Anfälligkeit/Resistenz und genetischen Komponenten sowie der öffentlichen Wahrnehmung beschäftigten. Nach jedem Vortrag folgte eine sehr ausführliche und angeregte Diskussion des Auditoriums mit den Vortragenden.

Eröffnet wurde die Veranstaltung vom Rektor der Veterinärmedizinischen Universität Wien (VUW) Wolf-Dietrich VON FIRCKS (Wien), der als Hausherr seine Freude zum Ausdruck brachte, daß für dieses akademische Statusseminar zum Thema BSE, das neben der Wissenschaft vor allem auch die Menschen und die Wirtschaft stärker bewegt, die VUW als Austragungsort gewählt wurde. Kollege Peter SCHUSTER (Wien) sprach als Mitglied beider veranstaltenden Akademien das Grußwort und betonte insbesondere, daß die Breite der vorgesehenen Vortragsthemen einen umfassenden Überblick zum Thema gibt. Frau Maria RAUCH-KALLAT (Wien), die in Österreich für BSE zuständige Bundesministerin für Gesundheit und Frauen, betonte in ihrem Grußwort, daß das Thema BSE auch für Österreich, wo wenige Wochen vor dem Termin des Symposiums der zweite BSE-Fall aufgetreten war, von großer Bedeutung ist. Unter Bezugnahme auf die eine Woche vor dem Symposium von EU-Kommissar KYPRIANOU im Rahmen des Agrarministerrates präsentierte »BSE-Road-Map« wies sie u. a. daraufhin hin, daß eine kritische Überprüfung der Kosten/Nutzenrelation gerechtfertigt sei, wenn man bedenke, daß in der Altersgruppe der unter 48 Monate alten Tiere die Kosten pro Fall bei 64 Millionen Euro lagen, während bei der Altersgruppe über 48 Monate die Kosten pro Fall 0,76 Mio. Euro betrugen.

Das einleitende Hauptreferat über Prionen zwischen Immun- und Nervensystem wurde von Adriano AGUZZI (Zürich) gehalten. Da die Prioneninfektiosität typischerweise im Nervensystem und in Organen des lymphatischen Systems akkumuliert, gilt diese Verteilung bislang auch als Basis für die Risikobewertung. Weil proinflammatorische Zytokine und Zellen des Immunsystems an der Prionenreplikation beteiligt sind, haben AGUZZI und seine Mitarbeiter an Mäusen mit natürlichen und induzierten Entzündungen und Autoimmunerkrankungen durch Inokulation mit Prionen getestet, in welcher Weise Entzündungen die Replikation von Prionen beeinflussen. Das überraschende Ergebnis, daß chronische Entzündungen in Organen, die normalerweise frei von Prionen sind, eine Vermehrung und Akkumulierung von Prionen zur Folge haben, weist auf die Verknüpfung der Prionenreplikation mit der Transduktion von Lymphotoxin-abhängigen Signalen. Diese neuen Erkenntnisse sind von fundamentaler Bedeutung für die Risikobewertung und Verhinderung iatrogener Unfälle. AGUZZI verwies ausdrücklich darauf, daß es wichtig sein könnte, zu überprüfen, ob landwirtschaftliche Nutztiere mit viralen oder mikrobiellen Infektionen oder mit autoimmunen Pathologien eine veränderte Verteilung von Prionen in verschiedenen Organen aufweisen.

Detlev RIESNER (Düsseldorf) konzentrierte sich auf die molekularen Eigenschaften des Prionproteins und schlug den Bogen von *In-vitro*-Untersuchungen zu BioAssays für Infektiosität am Experimentaltier. Aus dem zellulären Prionprotein PrP^C wird in einem katalytischen Zyklus laufend eine Isoform, das Scrapieprotein PrP^{Sc}, gebildet. Wie experimentell bewiesen, können Prionen synthetisch hergestellt werden. Sie haben zwar in der ersten Passage in Mäusen nur eine geringe, aber signifikante Infektion zur Folge, aber bereits in der zweiten *In-vivo*-Passage sind sie natürlichen Prionen sehr ähnlich. Dieses Schlüsselexperiment der Prionenforschung zeigt, daß PrP alleine infektiös sein kann und daß diese Infektiosität keiner Nukleinsäure bedarf! Darüber hinaus konnte ebenfalls gezeigt werden, daß auch für die Stammspezifität, wie früher durchaus diskutiert, selbst Nukleinsäuremoleküle mit weniger als 25 Nukleotiden nicht essentiell sind.

Über eine BSE-Pathogenesestudie und die BSE-Situation in Deutschland berichtete Thomas METTENLEITER (Insel Riems). In den vergangenen Jahren betrug die BSE-Inzidenz in Deutschland zwischen 21 und 44 Fällen pro 1 Mio. untersuchte Rinder. Befürchtungen, es könne in Deutschland zu einer ähnlich epidemischen Entwicklung wie im Vereinigten Königreich kommen, haben sich nicht bestätigt. Um über die Pathogenese von BSE im Rind und die Verteilung des Erregers neue Erkenntnisse zu gewinnen, wurden am Friedrich-Loeffler-Institut 56 Rinder oral mit BSE verseuchtem Rinderhirn infiziert. Zu verschiedenen, vorab definierten Zeitpunkten nach der Infektion werden Tiere getötet und spezifizierte Organproben entnommen. Bislang sind über 130 000 Proben asserviert worden, die nun für entsprechende Untersuchungen zur Verfügung stehen. Der Versuch dient damit insbesondere auch der Gewinnung von definierten Proben aus der Inkubationszeit, um die Entwicklung sensitiver und gegebenenfalls auch *in vivo* anwendbarer Testsysteme zu unterstützen.

Auf den Spuren von Prionen, also der PrP^{Sc}-Wanderung zu Muskeln und der Stammdifferenzierung bei experimentell mit Scrapie und BSE infizierten Nagetieren, bewegte sich der Beitrag von Michael BEEKES (Berlin). In einem Hamstermodell, in dem Scrapie peroral übertragen wurde, konnten detaillierte Aussagen über die Wanderung von TSE-Erregern und die Ausbreitung in Muskeln erarbeitet werden. Da BSE in der Zwischenzeit auch bei kleinen Wiederkäuern diagnostiziert wurde, wären ein epidemiologisches Überwachungssystem und eine verläßliche Stammdifferenzierung von TSEs zur Infektionskontrolle und zum Konsumentenschutz von großer Bedeutung. Die diagnostische Unterscheidung von BSE und Scrapie bei kleinen Wiederkäuern scheint mittels Fourier-Transformation-Infrarot-Spektroskopie möglich zu sein.

Armin GIESE (München) referierte zur Prionentherapie und darüber, wie wichtig die Funktion von PrP ist. Vom Wunschdenken zur Realität im Hinblick auf Therapie und Prophylaxe auf dem Gebiet der Prionforschung bewegte sich Hermann SCHÄTZL (München) in seinen Ausführungen. Eine Reihe von Substanzen wurde hinsichtlich ihrer Einsetzbarkeit *in vivo* getestet. Die bekannten Probleme sind die wegen hoher Toxizität nicht akzeptablen Nebenwirkungen und die fehlende Blut-Hirn-Gängigkeit. Am Menschen getestet wurden Flupritine, ein zentral wirkendes Nicht-Opiat-Analgetikum, Pentosan-Polysulfat und das Malariamittel Quinacrin, ohne allerdings bislang eindeutige Erfolge zu zeigen. Aktive und passive Immunisierung erfahren große Aufmerksamkeit, auch wenn hier die praktische Anwendbarkeit noch nicht erreicht ist. In eigenen experimentellen Ansätzen hat SCHÄTZL versucht, eine Autovakzinierung durch die Verwendung eines modifizierten Immunogens zu induzieren. Um die zelluläre Prionclearance zu erhöhen, wurden Versuche mit Gleevec (Tyrosin-Kinase-Inhibitor STI571), einer beim Menschen für andere Behandlungen bereits zugelassenen Substanz, durchgeführt, die zeigten, daß durchaus dezidierte und vielversprechende Anti-Prion-Effekte *in vivo* zu beobachten waren.

Therapeutische Ansätze zur Behandlung von Prionenerkrankungen waren auch das Thema des Vortrages von Stefan WEISS (München). Er führte aus, daß eine Reihe potentieller therapeutischer Agenzien in experimentellen Modellen überprüft wurden. Bei Nagetieren war eine Verhinderung einer Prioninfektion durchaus nachweisbar, aber eine Heilung der Krankheit in fortgeschrittenem Stadium gelang in keinem Fall. Strategien für die Behandlung von TSE, die das PrP als Angriffspunkt sehen, richten sich auf Moleküle, welche PrP ausschalten, auf Moleküle, welche mit PrP^{Sc} interagieren, auf die Steigerung der PrP^{Sc}-Clearance oder auf den indirekten Effekt mit Störungen der »raft«-Biologie (Beeinträchtigung der Endozytose). Darüber hinaus wird an Wirkstoffen, welche die Blut-Hirn-Schranke überwinden (Chlorpromazin, Quinacrin), an der Beeinflussung follikulär dentritischer Zellen und am Aufhalten der neuronalen Zerstörung sowie an PrP-Rezeptoren und an der Verabreichung von »single chain antibodies« gearbeitet. Trotz allem sind wir weit davon entfernt, TSE beim Menschen heilen zu können.

Natürlich hat sich BSE neben der Nahrungsmittelproduktion auch auf praktisch alle anderen Bereiche, in denen Produkte von Rindern zum Einsatz kamen und noch kommen, insbesondere auch auf die Zukunftsperspektiven für die biopharmazeutische Industrie in dramatischer Weise ausgewirkt. Wie Andrew BAILEY (Wien) ausführte, hatten Maßnahmen zur Risikoreduktion für BSE und vCJD (variante Creutzfeldt-Jakob-Krankheit) signifikanten Einfluß auf Herstellungsverfahren für Biologika. Die EU hat bereits ein umfangreiches Regelwerk für pharmazeutische Produkte entwickelt, und in den USA wurden zwei Richtliniendokumente für Biopharmazeutika herausgegeben. Derzeit liegt der Schwerpunkt in der Gestaltung von Herstellungsprozessen, die darauf abzielen, mögliche Kontaminationen mit Prionen zu entfernen. Solange ein ausreichender Aufreinigungsgrad gezeigt werden kann, bleibt auch die relative Sicherheit der Produkte erhalten. Auch für die Geräte-Dekontamination hat vCJD eine enorme Bedeutung. In Löslichkeitsstudien zur Inaktivierung von Prionen mit einer Anzahl von Agenzien zeigt sich eine biphasische Inaktivierungskinetik.

Aktuelle und zukünftige diagnostische TSE-Tests und deren Eignung für zukünftige Überwachungssysteme wurden von Markus MOSER (Zürich) vorgestellt. Maßnahmen und Alternativen zur Reduzierung des humanen BSE-Expositionsrisikos sind von entscheidender Bedeutung. Wie Ernst LÜCKER (Leipzig) referierte, wurden verschiedene analytische Verfahren zum Nachweis von ZNS in Fleischerzeugnissen entwickelt. Die Lebensmittelüberwachung nutzt leistungsfähige und validierte immunochemische Verfahren, und als Referenzverfahren dienen molekularbiologische Nachweise der Expression von ZNS-spezifischen Proteinen, oder es werden Fettsäuremuster, die mittels Gaschromatographie-Massenspektroskopie erfaßt und quantifiziert werden können, genutzt.

Über die wichtige Frage der Minimierung der Übertragung von BSE-Risikomaterial im Schlachtprozeß wurde von Klaus TRÖGER (Kulmbach) referiert. Prozeßstufen, die zu einer Kontamination von Fleisch mit BSE-Risikomaterial führen können, sind die Betäubung, das Absetzen des Kopfes und die Längsspaltung der Wirbelsäule. Auch der nach der Betäubung noch intakte Blutkreislauf könnte eventuell zu einer Kontamination des Körpers führen. Eine Risikominimierung ist bei der handwerklichen Rinderschlachtung durch das Entbeinen des ganzen Schlachtkörpers und bei der industriellen Rinderschlachtung durch das Absaugen des Rückenmarks vor dem Sägen oder die Herausnahme der ganzen Wirbelsäule möglich.

Patrick CUNNINGHAM (Dublin) schilderte den Verlauf der BSE-Epidemie in Großbritannien und die internationale Ausbreitung. Die diskontierten Kosten der Epidemie belaufen sich nach seinen Schätzungen auf 92 Milliarden Euro. Enorme Probleme bereiten auch die Schlachtabfälle, die einerseits als Proteinquelle fehlen und andererseits hohe Beseitigungskosten und -schwierigkeiten zur Folge haben. Wichtige Ursachen für die Ausbreitung der Epidemie waren die unzureichende Information der Öffentlichkeit, insbesondere in Großbritannien, und das Versagen, eine internationale Ausbreitung durch kontaminiertes Fleisch- und Knochenmehl zu verhindern.

Durch Analyse zirkulierender Nukleinsäuren im Serum BSE-erkrankter und BSE-exponierter Rinder fand Bertram BRENIG (Göttingen), daß alle BSE-positiven Seren wiederholt zu 100 % erkannt wurden. Seine Untersuchungen zeigten, daß BSE-positive und BSE-exponierte Tiere ein spezifisches SINE- (*small interspersed nuclear elements*) assoziiertes Muster von im Blut zirkulierenden Nukleinsäuren aufwiesen und dieses als Marker für eine BSE-Exposition verwendet werden kann. Damit könnten diese Marker für den Nachweis einer BSE-Exposition *ante mortem* geeignet sein.

Genetische Einflüsse auf das Infektionsrisiko mit Scrapie bei Schafen sind bekannt und werden auch für BSE vermutet. Beim Menschen beeinflußt ein Polymorphismus in Codon 129 des Prionproteingens das Infektionsrisiko. Katrin SCHIEBEL (Erlangen) hat für Polymorphismen im Promotorbereich signifikante Unterschiede in der Genotypverteilung zwischen gesunden Kontroll- und BSE-Rindern gezeigt. Um die Hypothese zu untersuchen, daß diese Polymorphismen im bovinen Prionproteingen zu einer Veränderung der Expression führen, hat Tosso LEEB (Hannover) Promotor-Reportergen-Studien *in vitro* und quantitative RT-PCR-Experimente *in vivo* zur Ermittlung der Prionproteinexpression durchgeführt. Der Haplotyp mit zwei Deletionen bewirkte eine höhere Expression als der Haplotyp mit den beiden Insertionen, was sich mit der Beobachtung deckt, daß dieser Haplotyp mit höherer Empfänglichkeit für BSE assoziiert ist.

Da Mäuse, die durch genetischen Knockout kein intaktes Prionproteingen haben, nicht mit Prionen infiziert werden können, stellen, wie Regina KLOSE (München) ausführte, auch Rinder mit reduzierter oder fehlender Prionproteinexpression ein interessantes Modell zur Aufklärung der physiologischen Bedeutung des Prionproteins und seiner Rolle in der Pathogenese von BSE beim Rind dar.

Über die BSE-Connection zum Menschen referierte Herbert BUDKA (Wien). Der Zusammenhang von BSE und der Variante der Creutzfeldt-Jakob-Erkrankung (vCJK) des Menschen ist gesichert. Da bei vCJK das krankheitsassoziierte PrP^{Sc} im lymphatischen Gewebe nachweisbar ist, eröffnet sich die Möglichkeit, schon *ante mortem* eine Diagnose zu untermauern. Wichtig wäre die Entwicklung eines Blutscreeningtests, um das Ansteckungsrisiko über den Blutweg zu minimieren.

Das große Interesse an der Veranstaltung und die überaus regen Diskussionen zeigten, daß das Symposium einem starken Bedürfnis an neuen Informationen zu BSE gerecht wurde. Die Vorträge erschienen als *Nova Acta Leopoldina* N. F. Bd. *94*, Nr. 347.

Bericht:
Prof. Dr. Dr. h. c. Gottfried BREM
Institut für Tierzucht
Veterinärmedizinische Universität Wien
Veterinärplatz 1
A-1210 Wien
Österreich
Tel.:   +43 1 250775600
Fax: +43 1 250775692
E-Mail: gottfried.brem@vu-wien.ac.at

International Conference
Frontiers in Microbiology and Infectious Diseases

vom 13. bis 16. September 2005 in Paris (Frankreich)

Die *Académie des sciences* (Frankreich), die Deutsche Akademie der Naturforscher Leopoldina, die *Academy of Medical Sciences* (Großbritannien) und die *Académie nationale de médecine* (Frankreich) veranstalteten gemeinsam eine internationale Konferenz zu Fragen der modernen Mikrobiologie.

Die Eröffnungssitzung am 13. September 2005 wurde von Gérard ORTH (Académie des sciences, Institut Pasteur, Paris, Frankreich) und Philippe SANSONETTI (Académie des sciences, Institut Pasteur, Paris, Mitglied der Leopoldina) geleitet. Édouard BRÉZIN, Präsident der *Académie des sciences* (Frankreich), Jules HOFFMANN, Vizepräsident der *Académie des sciences* (Frankreich, Mitglied der Leopoldina), Nicole LE DOUARIN, *Secrétaire perpétuelle* der *Académie des sciences* (Frankreich), Jacques-Louis BINET, *Secrétaire perpétuel* der *Académie nationale de médecine* (Frankreich) sowie Volker TER MEULEN, Präsident der Deutschen Akademie der Naturforscher Leopoldina, hielten Begrüßungsansprachen. Die Plenarvorlesung »Influenza Haemagglutinin« hatte Sir John SKEHEL (National Institute for Medical Research, London, Großbritannien) übernommen.

Die erste Fachsitzung (Session 1) zum Thema »Microbe-Host Interface« am 14. September 2005 wurde von den Mitgliedern der Leopoldina Werner GOEBEL (Universität Würzburg) und Philippe SANSONETTI geleitet. Es sprachen Yoshihiro KAWAOKA (Institute of Medical Science, Tokyo, Japan und University of Wisconsin-Madison, USA) über »Enigmas of Emerging Viral Infections«, Jules HOFFMANN (Institut de biologie moléculaire et cellulaire, Strasbourg, Frankreich) über »The Immune Response of *Drosophila*« und André J. OUELLETTE (University of California, Irvine, USA) über »Paneth Cells, α-Defensins in the Enteric Innate Immune Response«. Weiterhin referierten Thomas T. MACDONALD (University of Southampton, School of Medicine, Southampton, Großbritannien) über »Establishing Tolerance to Commensal Microorganisms«, Inigo LASA (Instituto de Agrobiotecnología y Recursos Naturales, Universidad Pública de Navarra, Pamplona, Spanien) zum Thema »Towards the Identification of the Common Features of Bacterial Biofilm Development« sowie Jörg HACKER (Institut für Molekulare Infektionsbiologie, Würzburg, Mitglied der Leopoldina) über »Deconstructing-Reconstructing Pathogens Genomes«. Eine umfassende Diskussion der Beiträge beschloß die Vormittagssession.

Die Nachmittagsveranstaltung (Session 2) widmete sich unter dem Vorsitz von Volker TER MEULEN (Deutsche Akademie der Naturforscher Leopoldina, Halle/Saale, Würzburg) und André CAPRON (Académie des sciences, Institut Pasteur, Lille, Frankreich) dem Gebiet »Molecular Mechanisms of Microbe-Cell Interactions«. Im ersten Teil der Sitzung berichteten Gisou VAN DER GOOT (Université de Genève, Genf, Schweiz) über »Intracellular Trafficking of Bacterial Toxins: The Route of the Anthrax Toxin«, Jean-Pierre GORVEL (Université de la Méditerranée Aix-Marseille 2, Marseilles, Frankreich) über »Biogenesis of Survival Compartments in Cells, the Case of *Brucella*« sowie Hans-Dieter KLENK (Institut für Virologie, Marburg, Mitglied der Leopoldina) über »Pathogenesis of Emerging Ebola and Marburg Hemorrhagic Fevers«. Im Mittelpunkt des zweiten Abschnitts standen die Ausführungen von Michael WAY (Cancer Research-London Research Institute, London, Großbritannien) über »Modulation of RhoA during Vaccinia Virus Infection«, von Dominique SOLDATI (Université de Genève, Genf, Schweiz) über »Molecular and Cellular Analysis of Toxoplasma Pathogenesis« und von Robert MÉNARD (Institut Pasteur, Paris, Frankreich) über »Quantitative Imaging of Malaria Parasite Transmission to the Mammalian Host«. Danach rundete wiederum eine ausführliche Diskussion die Sitzung ab.

In der Vormittagssitzung (Session 3) am 15. September 2005 wurde unter Leitung von Bernhard FLEISCHER (Bernhard-Nocht-Institut für Tropenmedizin, Hamburg, Mitglied der Leopoldina) und Charles PILET (Académie des sciences, Académie nationale de médecine, Paris, Frankreich) der Problemkreis »Innate and Adaptive Immune Responses to Infectious Agents« behandelt. Paola RICCIARDI-CASTAGNOLI (Università degli Studi di Milano-Bicocca, Italien) sprach über »Crosstalks between Microbes and Dentritic Cells«, während Alain FISCHER (Académie des sciences, Groupe hospitalier Necker-Enfants malades, Paris, Frankreich) das Thema »Probing the Human Immune System through Primary Immunodeficiencies« erörterte und Otto HALLER (Universität Freiburg, Mitglied der Leopoldina) »The Battle Between Viruses and Innate Host Defence Mechanisms« beschrieb. Paul J. LEHNER (Cambridge Institute for Medical Research, Cambridge, Großbritannien) beschäftigte sich mit »Kaposi's Sarcoma – Associated Herpesvirus – Ubiquitination and Disposal of Critical Immunoreceptors«, Arturo J. ZYCHLINSKY (Max-Planck-Institut für Infektionsbiologie, Berlin) untersuchte »Polymorphonuclear Cells Fish with a NET«, wohingegen Laurence V. ARBIBE (Institut Pasteur, Paris, Frankreich) dem Problem nachging »How Pathogens ›Carve‹ the Host Cell Transcriptome«. Eine Diskussion beendete das Vormittagsprogramm.

Die von Pascale COSSART (Académie des sciences, Institut Pasteur, Paris, Frankreich, Mitglied der Leopoldina) und Charles R. BANGHAM (Wright Fleming Institute, Imperial College London, Großbritannien) geleitete Session 4 am Nachmittag des 15. Septembers setzte sich mit »Global Approaches to Understand Infectious Diseases« auseinander. Bruce BEUTLER (The Scripps Research Institute, La Jolla, USA) eröffnete die Sitzung mit seinem Beitrag »Genetics Analysis of Innate Immunity in Mice«. Es folgten Michel DESJARDINS (Université de Montréal, Montreal, Kanada) mit seinem Vortrag »The ›Not-So-Virtual‹ Phagosome: Insights into Noval Aspects of Host-Pathogen Interaction« und Jonathan HARDY (Stanford University, School of Medicine, Stanford, USA) mit seinen Ausführungen »Imaging Bacterial Infection in Live Animals: Murine Listeriosis«. Thomas F. MEYER (Max-Planck-Institut für Infektionsbiologie, Berlin, Mitglied der Leopoldina) beschäftigte sich mit dem Gebiet »Applying RNA Interference to Unravel Critical Steps of an Infection«, während Ulrich H. KOSZINOWSKI (Max-von-Pettenkofer-Institut, München, Mitglied der Leopoldina) über »An In Vivo Approach to Cell Tropism and the Host Response to Cytomegalovirus« berichtete. Stewart COLE (Institut Pasteur, Paris, Frankreich) beendete die Vortragsfolge der Session 4 mit seinem Beitrag »Making Sense of Comparative Genomics in Mycobacteria«. Eine Diskussion schloß diesen Teil der Veranstaltung ab.

Am 16. September 2005 tagte die letzte Sitzung (Session 5) unter Vorsitz von Sir Peter LACHMANN (Alt-Präsident der Academy of Medical Sciences, Cambridge, Großbritannien) und Gérard ORTH (Académie des sciences, Institut Pasteur, Paris) zum Thema »Host Factors and Susceptibility to Infectious Diseases«. Jean-Laurent CASANOVA (Inserm, Faculté Necker-Enfants malades, Paris, Frankreich) behandelte die »Genetic Dissection of Immunity to Infection: the Human Model«. Erwin SCHURR (McGill University, Montreal, Kanada) sprach über »Host Genetics of Common Mycobacterial Diseases«, und Alain DESSEIN (Inserm, Faculté de médecine La Timone, Marseille, Frankreich) untersuchte die »Genetic Susceptibility to Leishmania Infection«. Michael H. MALIM (Guy's, King's and St. Thomas' School of Medicine, King's College London, Großbritannien) erläuterte die »Natural Resistance to HIV Infection: the Vif-APOBEC-Interaction«. Danach wandte sich Marc LECUIT (Institut Pasteur, Inserm, Paris, Frankreich) dem Problemkreis »Humanization of the Mouse to Study Human-Specific Infections« zu. Die Diskussion leitete dann zum Abschluß einer gelungenen Veranstaltung über.

Meeting
Johann Laurentius Bausch zum 400. Geburtstag:
Die Gründung der Leopoldina (*Academia Naturae Curiosorum*)
im historischen Kontext

vom 29. September bis 1. Oktober 2005 Schweinfurt (Bibliothek Otto Schäfer)

Am 30. September 2005 jährte sich der Geburtstag von Johann Laurentius BAUSCH (1605–1665) zum 400. Mal. Zusammen mit drei weiteren Schweinfurter Ärzten, Johann Michael FEHR (1610–1688), Georg Balthasar WOHLFARTH (1607–1674) und Georg Balthasar METZGER (1623–1687), verdankt ihm die heutige Deutsche Akademie der Naturforscher Leopoldina ihre Existenz. Angeregt durch italienische Vorbilder gründeten diese vier Ärzte unter Leitung des Johann Laurentius BAUSCH am Neujahrstag 1652 in Schweinfurt die *Academia Naturae Curiosorum*.

In den von BAUSCH entworfenen Statuten stellte sich die junge Akademie ein immenses Arbeitsprogramm, das freilich nur fragmentarisch verwirklicht wurde. Jedes Mitglied sollte halbjährlich eine Monographie über jeweils einen Gegenstand aus den drei Reichen der Natur abliefern, worin das gesamte medizinisch relevante Wissen über diesen Gegenstand nach bewährtem Muster enzyklopädisch erfaßt werden sollte. Als Beispiele sind in den *leges* sechs Monographien genannt, die seit mehr als einem Vierteljahrhundert in BAUSCHS väterlicher Bibliothek standen. Aus heutiger Sicht kommt Vater Leonhard BAUSCH (1574–1636), Sohn eines nach Schweinfurt emigrierten Schmieds und als Stadtphysikus in die höchsten Ratsämter gewählt, für die Vorgeschichte der Akademiegründung durch seine Vorbildfunktion (Bibliothek, Ausbildungsweg, Berufstätigkeit und Sozialstatus) eine bedeutende Rolle zu.

Erst durch Vermittlung des Breslauer Stadtphysicus Philipp Jakob SACHS VON LEWENHAIMB (1627–1672, Mitglied seit 1658) konnten einige solcher Monographien erscheinen, als erste neun Jahre nach Akademiegründung seine eigene über den Weinstock. SACHS war es auch, der eine rege Verbindung zur *Royal Society* herstellte und nach dem Vorbild ihrer *Philosophical Transactions* die Zeitschrift *Miscellanea curiosa medico-physica* begründete (1670), mit der die junge Akademie rasch Anschluß an die zeitgenössische Wissenschaft fand. Auf seine Intentionen geht auch das später erworbene kaiserliche Patronat (1677/1687) zurück, womit der Grundstein für ihre zukünftige – und heutige – Bedeutung gelegt wurde.

Ziel der interdisziplinären, internationalen Tagung war es, die Gestalt des Johann Laurentius BAUSCH in ihren biographischen, sozialen und wissenschaftsgeschichtlichen Bedingungen darzustellen sowie die Gründung der Leopoldina in den Rahmen der internationalen Akademiengeschichte des 17. Jahrhunderts einzuordnen. In drei Fachsitzungen – Leitung: Richard TOELLNER, (Rottenburg-Bieringen, Mitglied der Akademie), Werner KÜMMEL (Mainz, Mitglied der Akademie), Andreas KLEINERT (Halle/Saale, Mitglied der Akademie) – wurde der über die bisherige Literatur hinausgehende aktuelle Forschungsstand in neun Vorträgen präsentiert und von den ca. 60 Teilnehmern diskutiert.

Uwe MÜLLER (Schweinfurt, Mitglied der Akademie) stellte in seinem Beitrag: »Johann Laurentius Bausch und Philipp Jakob Sachs von Lewenhaimb. Von der Gründung der Academia Naturae Curiosorum zur Reichsakademie« nach neuen Quellen die ersten 35 Jahre der Akademie dar. BAUSCHENS Herkunft aus einer Aufsteiger-Familie, das Erbe seines Vaters Leonhard, sein Bildungs- und Berufsweg, seine Mitstreiter und die überragende Bedeutung des SACHS VON LEWENHAIMB für den Aufbau der Akademie bis zu ihrer Privilegierung durch Kaiser LEOPOLD I. wurden kritisch beleuchtet. Danach korrigierte Detlef DÖRING (Leipzig, Sächsische Akademie der Wissenschaften) das alte Vorurteil, die neuzeitliche Naturwissenschaft sei in den Akademien des 17. Jahrhunderts entstanden, während die Universitäten der Zeit völlig bedeutungslos gewesen seien. Nicht die wissenschaftlichen Inhalte, sondern die Organisationsstruktur ist das Unterscheidungskriterium von Akademie und Universität. Der Wunsch nach einer antihierarchischen, statusirrelevanten Gelehrten-Kommunität gleichgesinnter Freunde läßt Gelehrte Gesellschaften entstehen. Laetitia BOEHM (München, Bayerische Akademie der Wissenschaften) vertiefte zum Abschluß der 1. Fachsitzung die Geschichte des Begriffes *Curiositas*, bis er zum Leitmotiv und Zentralbegriff der Schweinfurter Gründung wurde.

Die 2. Fachsitzung galt dem Vergleich der Gründungsgeschichte der Vorläuferin und der Nachfolgerinnen der Leopoldina mit außerordentlich erhellenden Ergebnissen. Zwischen 1600, dem Jahr, da Giordano BRUNO in Rom auf dem Scheiterhaufen stirbt, und 1633, dem Jahr, in dem Galileo GALILEI in Rom angeklagt und verurteilt wird, entsteht 1603 die *Accademia dei Lincei* als Frucht römischer Adelskultur. Der erst 18jährige Federico CESI, Herzog von Aquasparta, gründet mit Freunden eine der Erforschung der Natur gewidmete Akademie im Geiste humanistischer Freiheit und Unabhängigkeit, wie Renato MAZZOLINI (Trento, Mitglied der Akademie) in seinem Vortrag zeigte. Anders die *Royal Society*. Wie Philip BEELEY (Münster, Leibniz-Forschungsstelle) in ihrer sehr britischen Gründungsgeschichte nach bisher nicht berücksichtigtem Material deutlich machen konnte, ist ihre Konstitution 1660 in London unbestritten, aber ob ihre Wurzeln in Oxford oder in London zu suchen sind, ist bis heute umstritten. Auch die *Académie des sciences* entstammte dem Geiste nach der *res publica literaria* Europas, die ein großes Zentrum im Père Marin MERSENNE hatte, doch ihre Gründung durch COLBERT im Jahr 1666 machte sie von Anfang an zu einem Instrument des französischen Staates, so Claude DEBRU (Paris, Mitglied der Akademie).

In der 3. Fachsitzung wurden drei zentrale Themen der jungen Gründung – Medizin, Beobachtung und Sammlung – näher untersucht und in ihren historischen Kontext gestellt. Heinz Schott (Bonn, Mitglied der Akademie) beschrieb aus medizinhistorischer Sicht die Medizin, die Naturphilosophie und die Magievorstellungen des späthumanistischen Arztes Bausch; Gianna Pomata (Bologna) schilderte die seit der 2. Hälfte des 16. Jahrhunderts rapid wachsende Bedeutung der medizinischen Literaturgattung »Observationes«, während Robert Felfe (Berlin, DFG-Sonderforschungsbereich 447/Kulturen des Performativen) die Kunstkammer als Exponentin des Sammelns, als museale Inszenierung von Naturgeschichte in der frühen Neuzeit darstellte. Im öffentlichen Abendvortrag prangerte Richard Toellner das Skandalon an, daß die allgemeine Geschichtswissenschaft und speziell die deutsche Akademiegeschichtsschreibung von der Leopoldina bisher keine Notiz genommen hat, belegte diesen Sachverhalt an einigen markanten Beispielen und ging auf die Gründe für dieses Defizit ein.

Die sehr engagiert diskutierten Vorträge des Symposions werden in den *Acta Historica Leopoldina* publiziert. Die Vorbereitung des Symposiums lag in den Händen von Uwe Müller, Benno Parthier (Altpräsident der Akademie, Halle/Saale) und Richard Toellner unter Mitwirkung von Wieland Berg (Halle/Saale).

Der Stadt Schweinfurt, insbesondere der Frau Oberbürgermeisterin Gudrun Grieser, und der Bibliothek Otto Schäfer, insbesondere Herrn Otto G. Schäfer, danken die Organisatoren für die hervorragende, oft schon gewährte und immer bewährte Gastfreundschaft.

Bericht:
Prof. Dr. Richard Toellner
Wachendorferstraße 31
72108 Rottenburg-Bieringen
Bundesrepublik Deutschland
Tel.:   +49 7472 7976

Dr. Uwe Müller
Stadtarchiv und -bibliothek Schweinfurt
Friedrich-Rückert-Bau
Martin-Luther-Platz 20
97421 Schweinfurt
Bundesrepublik Deutschland
Tel.:   +49 9721 51382
Fax: +49 9721 51728
E-Mail: uwe.mueller@schweinfurt.de

Symposium
Die Zukunft der Wissenschaftsgeschichte zwischen historischer Forschung und Reflexionspotential der Naturwissenschaften

vom 18. bis 19. Oktober 2005 in Halle

Gemeinsam veranstaltet von der Deutschen Akademie der Naturforscher Leopoldina, der Martin-Luther-Universität Halle-Wittenberg und dem Max-Planck-Institut für Wissenschaftsgeschichte, Berlin

Unter diesem Titel veranstaltete die Deutsche Akademie der Naturforscher Leopoldina gemeinsam mit der Martin-Luther-Universität Halle-Wittenberg und dem Berliner Max-Planck-Institut für Wissenschaftsgeschichte vom 18. bis 19. Oktober 2005 ein Symposium, zu dem jüngere Wissenschaftshistoriker eingeladen waren, um über die aktuelle Situation der Wissenschaftsgeschichte an den Universitäten in Deutschland zu diskutieren. Ziel des Symposiums, das auf eine Initiative der Leopoldina zurückging, war es, mögliche Kandidaten für die Einrichtung einer gemeinschaftlich von der Martin-Luther-Universität Halle-Wittenberg und der Volkswagenstiftung zu tragende Lichtenberg-Professur an der Martin-Luther-Universität Halle-Wittenberg anzuhören. Die Bedeutung einer solchen Professur ergibt sich auch aus der gegenwärtigen institutionellen Situation der Wissenschaftsgeschichte in Deutschland. Bisher ist es nur an wenigen Universitäten möglich, dieses Fach zu studieren. Doch selbst an den Universitäten, die diese Möglichkeit bieten, fristet dieses Fach fast ausnahmslos ein Randdasein und sieht sich ständig bedroht durch Kürzungswellen und Stellenstreichungen. Die Universität Halle wird für eine solche Stiftungsprofessur als besonders geeignet angesehen: Sie gehört zu den diesem Fach gegenüber sehr aufgeschlossenen Universitäten und glänzt darüber hinaus mit reichen wissenshistorischen Quellenbeständen.

Der Titel des Symposiums weist auf das Spannungsfeld hin, indem die Wissenschaftsgeschichte zwischen dem Fach Geschichte und den Naturwissenschaften steht. Obwohl dieses Spannungsfeld in der Vergangenheit zur prekären institutionellen Lage der Wissenschaftsgeschichte beigetragen hat, liegt darin zugleich die Chance für eine zukünftige Entwicklung der Wissenschaftsgeschichte hin zu einer Integrationsdisziplin der zerklüfteten universitären Wissenschaftslandschaft. Sie könnte so zu einer Brückendisziplin zwischen Geistes-, Sozial- und Naturwissenschaften werden und zugleich den letzteren ein Reflexionspotential anbieten, das über die Perspektiven einzelwissenschaftlicher Spezialforschung hinausweist.

Die Organisatoren waren gespannt darauf, wie sich gerade die zu dem Symposium eingeladenen führenden jüngeren Vertreter des Fachs in diesem Spannungsfeld positionieren und welche Visionen zur Zukunft der Wissenschaftsgeschichte sie entwickeln würden. Das zweitägige Symposium umfaßte Vorträge von acht Nachwuchswissenschaftlern und -wissenschaftlerinnen mit anschließender Diskussion; die Sitzungen wurden von Prof. Dr. Jürgen RENN und Prof. Dr. Hans-Jörg RHEINBERGER moderiert.

Der Beitrag von Charlotte BIGG (Zürich) trug den Titel: »Observatorium und Kosmos. Ausblick auf eine integrative Wissenschaftsgeschichte«. Ihr Vortrag verband eine Darstellung ihrer eigenen Forschungsperspektive mit Reflexionen zur gesellschaftlichen Relevanz der Wissenschaftsgeschichte und Überlegungen zur Institutionalisierung der Wissenschaftsgeschichte im internationalen Vergleich und den Möglichkeiten einer integrativen Wissenschaftsgeschichte an der Martin-Luther-Universität Halle-Wittenberg. Mit dem Begriff »observatory science« entwickelte sie eine innovative, fachhistorische Horizonte überschreitende Perspektive auf eine im 19. Jahrhundert geprägte komplexe Organisationsform von Wissenschaft, die auch die heutige Wissenschaftskultur noch prägt. Wie Charlotte BIGG im allgemeinen Teil ihres Vortrags ausführte, stellt das exponentielle Wachstum von Wissen und die rasante Entwicklung technologischer Innovationen unsere gesellschaftlichen, politischen, moralischen und religiösen Wertesysteme vor große Herausforderungen. Daher bedürfe es heute mehr denn je tiefgehender Reflexion über die Entstehungsweise, Kommunikation, Vermittlung und Nutzung wissenschaftlichen und technologischen Wissens. Hier kann die Wissenschaftsgeschichte einen kaum zu überschätzenden Beitrag leisten. Diese Bedeutung der Wissenschaftsgeschichte ist im akademischen Bereich international weitgehend anerkannt, wie Charlotte BIGG im zweiten Teil ihres Vortrags deutlich machte. Besonders in den anglophonen Ländern, aber auch in Frankreich, den Niederlanden und der Schweiz ist das Fach institutionell an der Schnittstelle zwischen Natur- und Geisteswissenschaften angesiedelt und eröffnet schon deshalb breite Möglichkeiten interdisziplinärer Vernetzung. Die momentane europaweite Standardisierung von Studienmöglichkeiten und Abschlüssen an Universitäten durch die Umstellung auf Bachelor- und Master-Studiengänge bietet die einmalige Chance, die Wissenschaftsgeschichte auch in Deutschland zu etablieren und auszubauen. Gleichzeitig betonte Charlotte BIGG, daß auch die nicht-akademischen und öffentlichkeitswirksamen Tätigkeitsfelder für Wissenschaftshistoriker präsent bleiben und verstärkt in den Fokus genommen werden müssen, wie etwa die Medien, Museen und andere Institutionen, denen an der Vermittlung von Wissen gelegen ist und die die Rolle von Wissenschaft, Technik und ihrer historischen Entwicklung auch dem fachfremden und besonders dem nicht-akademischen Teil der Gesellschaft näherzubringen vermögen. Eine Institutionalisierung der Wissenschaftsgeschichte an der Universität Halle böte reiche Möglichkeiten, sowohl aus fachlicher als auch aus universitärer Perspektive. Die gemeinschaftliche Ansiedlung des Faches an einer naturwissenschaftlichen und einer geisteswissenschaftlichen Fakultät entspreche dem interdisziplinären Charakter des Faches. Inner- und außeruniversitäre Einrichtungen in Halle, aber auch die enge Kooperation mit den Universitäten Leipzig und Jena böte Wissenschaftshistorikern ein geeignetes und an Möglichkeiten reiches Forschungs- und Tätigkeitsfeld. So könnte die öffentliche Reflexion und Kommunikation über Wissenschaft und Technik gezielt gefördert und somit Wissenschaftsgeschichte in Deutschland wesentlich gestärkt werden.

In seinem Beitrag »Zur Zukunft der Wissenschaftsgeschichte« stellte Klaus HENTSCHEL (Bern) eine eindrucksvolle Bilanz seiner bisherigen Arbeiten vor, aus denen er ein breit gefächertes Forschungsprogramm ableitete. Er sieht die Wissenschaftsgeschichte als eine Zone fachübergreifenden, interdisziplinären Gedankenaustausches und hob hervor, daß Wissenschaftsgeschichte dann als Bindeglied in einer immer mehr auseinanderdriftenden universitären Wissenschaftslandschaft fungieren kann, wenn es ihr gelingt, Impulse aus den Kulturwissenschaften (z. B. der Kunst- und Musikgeschichte), der allgemeinen Geschichte sowie der Sozial- und Wirtschaftsgeschichte und den Naturwissenschaften (Physik, Astronomie, Chemie usw.) aufzunehmen und in diese Fächer zurückzustrahlen. Eine institutionelle Anbindung der Lichtenberg-Professur an die Philosophie, Geschichte oder Physik sei aus seiner Sicht akzeptabel, aber die Öffnung nach möglichst vielen Seiten unabdinglich zur Verhinderung einseitiger Vereinnahmung und inhaltlicher Verengungen. Vor dem Hintergrund seiner eigenen bisherigen Forschungen verdeutlichte er seine Auffassung, daß es auf den Aufbau eines inneruniversitären Netzes von Personen aus verschiedenen Instituten und Disziplinen, die gemeinsame Forschungsinteressen haben, ankomme. Denkbare Themen seien etwa die Analyse sozialer und kognitiver Netzwerke oder eine vergleichende Analyse visueller Wissen(schaft)skulturen. Er stellte Überlegungen zur Beantragung eines Graduiertenkollegs, eines Sonderforschungsbereiches oder ähnlicher Konstruktionen mit hoher Drittmittelförderung an. Als mögliches Vorbild nannte er den Sonderforschungsbereich in Jena zu »Kultur um 1800« und das Interdisziplinäre Zentrum für die Erforschung der Europäischen Aufklärung in Halle, mit dem er zu Themen des 18. Jahrhunderts eng kooperieren würde. Als weiteres Ziel nannte er die Einrichtung eines überregionalen Forschungsverbundes mit Leipzig, Jena, Weimar oder Berlin.

Matthias HEYMANN (München) trug zum Thema »Computerwissen – zur Reichweite und Bedeutung neuer Formen der Erkenntnisproduktion am Beispiel der Atmosphärenwissenschaften« vor. Er stellte seine Arbeiten in den Kontext von Untersuchungen zur historischen Entwicklung von Praktiken der Wissensproduktion, Wissensformen und Institutionen »problemorientierter Wissenschaften« im 19. und 20. Jahrhundert. Für zukunftsweisend hält er Untersuchungen der Wechselwirkung von gesellschaftlichen Problemstellungen und wissenschaftlichen Entwicklungen in ausgewählten Wissens- und Wissenschaftsfeldern, mit dem Ziel, für die Praxis relevante Erkenntnisse über problemorientierte Forschung zu gewinnen. Sein besonderes Interesse gilt dabei den Prozessen des Transfers gesellschaftlicher Ansprüche innerhalb wissenschaftlicher Institutionen und der Veränderung, die diese Ansprüche innerhalb der disziplinären Weiterentwicklung erfahren. Er wolle ein Reflexionswissen zur Verfügung stellen, welches innerhalb der betreffenden wissenschaftlichen Disziplinen oder innerhalb anderer gesellschaftlicher Institutionen von Nutzen sein kann, um aufzuzeigen, daß wissenschaftshistorische Untersuchungen eine wichtige Grundlage für das Verständnis und die Bewertung vergangener und für die Gestaltung zukünftiger problemorientierter Wissenschaft sein können.

Christoph LEHNER (Berlin) betonte in seinem Vortrag mit dem Titel »Historiographie und Deutungshoheit: das Problem der Quantenmechanik« die Geschichte der Quantenmechanik solle als Geschichte ihrer offenen Probleme und internen Dispute verstanden werden, nicht als eine lineare Entwicklung. Er führte aus, wie sich aus der Perspektive einer solchen Problemorientierung die Wissenschaftsgeschichte mit anderen Aktivitäten an der Universität und ihrer Umgebung vernetzen lasse. Sein besonderes Interesse gilt dabei der Zusammenarbeit mit dem Fachbereich Physik. Aus seiner Sicht könnte die Universität Halle zu einem zentralen Knotenpunkt einer groß angelegten internationalen Kooperation zur Geschichte der Quantenmechanik werden, der von einem Netzwerk von Historikern, Physikern und Philosophen getragen wird und der Komplexität und Unabgeschlossenheit dieses Feldes Rechnung trägt. Unabdingbar sei es aber auch, die interdisziplinäre Zusammenarbeit an der Universität auch auf die Biowissenschaften, die Technikwissenschaften und die Sozialwissenschaften auszudehnen und so ein weit gefächertes Netzwerk zu etablieren, um den Studenten und Angehörigen anderer Fakultäten die Möglichkeit für fachübergreifende Reflexionen auf Probleme der Einzelwissenschaften und ihrer Geschichte zu bieten. Auf diese Weise könne auch ohne einen großen Fachbereich in der Wissenschaftsgeschichte ein weit gefächertes Angebot an Veranstaltungen erreicht werden. Weiterhin sei es wichtig, über die Universität hinaus an die Öffentlichkeit zu treten, da einerseits die Wissenschaftsgeschichte eine zentrale Rolle in der Vermittlung wissenschaftlicher Erkenntnisse spielen kann und andererseits ein Forum bietet, um über die Rolle und den Zweck der Naturwissenschaften nachzudenken.

Staffan MÜLLER-WILLE (Exeter) entwickelte in seinem Vortrag zum Thema »Der Fortschritt der Wissenschaften. Genetik und Anthropologie im 20. Jahrhundert« Zukunftsperspektiven für eine Geschichte der Lebenswissenschaften. Darüber hinaus betonte er die Notwendigkeit einer klaren Verortung der Wissenschaftsgeschichte als geisteswissenschaftlicher Disziplin. So hält er auch – anders als dies bei den meisten wissenschaftshistorischen Instituten in Deutschland der Fall sei – eine Verortung an einer geisteswissenschaftlichen und nicht an einer naturwissenschaftlichen Fakultät für sinnvoll, um eine Vernetzung des Fachs mit Geschichte, Soziologie, Philosophie und mit den Kulturwissenschaften zu fördern. Der Bezug zu den Naturwissenschaften solle durch ein entsprechendes Lehrangebot, das sich an Studenten naturwissenschaftlicher Fächer richtet, erhalten bleiben. Nach Staffan MÜLLER-WILLE bezieht die Wissenschaftsgeschichte ihre gesellschaftlich-politische Relevanz aus der Möglichkeit, die Entstehungsdynamik von Wissen und Wissenschaft zu untersuchen. Die historische Dimension der Entstehung von Wissen ist für ihn daher auch die Basis zur Strukturierung des wissenschaftsgeschichtlichen Lehrangebots und Forschungsprogramms an der Universität Halle. Zwei Aspekte sollen dabei den Schwerpunkt bilden, zum einen die Untersuchung der Abhängigkeit der Wissenschaft von induktiven Schlußverfahren und damit von Technologien, Institutionen, Praktiken des Sammelns und des Austauschs und zum anderen die Untersuchung von Erkenntnishindernissen und Brüchen in der Entwicklung des Wissens einschließlich ihrer Bedeutung im historisch-sozialen Kontext. Diese Ausrichtung auf die Veränderungsprozesse in der Wissenschaftsgeschichte wäre sowohl in der fachlichen Disziplin als auch in der deutschen Hochschullandschaft neu und damit eine mögliche Perspektive im Rahmen der Etablierung des Faches an der Universität Halle.

Hermann SCHLIMME (Rom) ging in seinem Vortrag zum Thema »Wissenschaft und ihre Interaktion mit der materiellen Kultur. Die wissenschaftshistorische Perspektive« vor allem auf das Verhältnis wissenschaftlichen und nicht-wissenschaftlichen, praktischen Wissens ein. Die Überwindung der aristotelischen Vorstellung, menschlicher Eingriff in die Natur zerstöre das Gleichgewicht der dort geltenden Regeln, erschloß nach seiner Ansicht den Naturforschern der frühen Neuzeit zunehmend das Potential der in der materiellen Kultur dieser Zeit verkörperten Wissensressourcen, etwa Handwerkstechniken oder alltäglichen Arbeits- und Verfahrensweisen. Als Beispiele führte er u. a. die Diskussionen an, die Philosophen und Naturwissenschaftler von CUSANUS bis GALILEI mit Handwerkern hatten, sowie die systematische Dokumentation von Handwerker- und Alltagswissen in zeitgenössischen Dokumenten. An diesen Beispielen lassen sich seiner Ansicht nach die verschiedenen, bislang wissenstheoretisch nicht zureichend beschriebenen und analysierten Wechselwirkungen zwischen wissenschaftlichen und nichtwissenschaftlichen Wissensbeständen illustrieren. Die Defizite bei der Analyse solcher Wissensinteraktionen haben ihre tiefere Wurzel in der Tatsache, daß Grenzen zwischen wissenschaftlichem und nichtwissenschaftlichem Wissen als selbstverständlich anerkannt und nicht als historischen Einflüssen unterworfen wahrgenommen werden. Ziel einer zur Wissensgeschichte erweiterten Wissenschaftsgeschichte sei es dagegen, auch über diese Grenzen historisch zu reflektieren und übergreifende Wissensstrukturen in ihrem Wandel zu untersuchen.

Als mögliche Zukunftsperspektive für die Wissenschaftsgeschichte an der Universität Halle benannte Henning SCHMIDGEN (Berlin) in seinen Ausführungen unter dem Titel »Zeit, Leben, Erkenntnis: Herausforderungen für die Historische Epistemologie« eine Untersuchung der sich wandelnden Zeitmuster wissenschaftlicher Praxis im 19. und frühen 20. Jahrhundert. Dabei müsse die »Eigenzeit« von Forschungspraktiken und die daraus resultierenden Konsequenzen für das Verhältnis von Wissenschaft und Öffentlichkeit eine besondere Berücksichtigung finden. Die Fokussierung auf den Parameter »Zeit« eröffnet seiner Ansicht nach nicht nur neue systematische Perspektiven für die Wissenschaftsgeschichte, sondern auch ein neues Verständnis für die Entstehung und Entwicklung wissenschaftlichen Wissens. SCHMIDGEN geht dabei von einer Vielzahl wissenschaftlicher Zeitformen aus. Ziel sei die Entwicklung einer Historischen Epistemologie der wissenschaftlichen Zeit, die wesentlich zu einer Geschichte der Lebenswissenschaften beitragen könne. Eine weitere, generelle Zukunftsperspektive der Wissenschaftsgeschichte in Halle sei es, die Potentiale innovativer Wissenschaftsgeschichte in einem interdisziplinär geprägten Kontext zu entwickeln, etwa durch Implementierung neuer Strukturen und Technologien wissenschaftlichen Arbeitens, aber auch durch die Entwicklung eines »europäischen Profils« der Wissenschaftsgeschichte. Beispielhaft nennt SCHMIDGEN die Organisation der Forschungsarbeit innerhalb einer kollektiv genutzten digitalen Arbeitsumgebung, wie der des von ihm mit entwickelten »Virtuellen Labors« sowie die Veranstaltung von Konferenzen zu Themenbereichen wie »Zeit und Bild«, »Zeit und Technik« und »Zeit und Text«. Vor diesem Hintergrund solle die Wissenschaftsgeschichte als Feld etabliert werden, das seine Fragestellungen mit Blick auf den aktuellen Stand der Natur- und Geisteswissenschaften ebenso wie in bezug auf die gegenwärtigen Tendenzen kultureller Praxis generiert. Gerade diese im Fach verankerte Interdisziplinarität zwischen Natur-, Geistes-, Sozial- und Kulturwissenschaften begründe sein Innovationspotential und solle dazu genutzt werden, die Eigenständigkeit der Wissenschaftsgeschichte zur Geltung zu bringen.

Der Vortrag von Claus ZITTEL (Frankfurt/Main) trug den Titel »Wissenschaftsgeschichtsschreibung und Historiographie der Philosophie: Differenzen und Forschungsperspektiven, dargestellt anhand von Fallbeispielen aus der Frühen Neuzeit«. Er zeigte darin, wie sich aus einer Integration wissenschaftshistorischer und philosophiehistorischer Ansätze neue Forschungsperspektiven ergeben können. Mit Blick auf die Situierung des Faches Wissenschaftsgeschichte an der Universität Halle betonte er die Notwendigkeit, sich an den thematischen und politischen Prioritäten zukünftiger Förderung universitärer Forschung zu orientieren. Für den Aufbau der Wissenschaftsgeschichte entwickelte er ein Zweiphasenkonzept: In der ersten Phase solle es schwerpunktmäßig um die Etablierung von Netzwerken, um die Lehre und den Aufbau eines Magister-Nebenfachstudiengangs Wissenschaftsgeschichte gehen. So schlug er die Einrichtung einer wissenschaftshistorischen Arbeitsgruppe und eines Netzwerkes Wissenschaftsgeschichte vor, das durch interdisziplinäre Seminare entwickelt werden soll. Im Bereich der Lehre soll ein Angebot von Veranstaltungen entwickelt werden, die für Natur- und Geisteswissenschaftler gleichermaßen interessant sind. ZITTEL faßte insbesondere die Etablierung von transdisziplinären Studiengängen ins Auge, um so das einzigartige Modell eines gleichermaßen von Geistes- und Naturwissenschaften getragenen Studiengangs umzusetzen. Die parallel zu diesen Aktivitäten startende zweite Phase solle sich dagegen mit der nationalen und internationalen Vernetzung der Wissenschaftsgeschichte auf mehreren Ebenen beschäftigen. Denkbar seien etwa der Aufbau eines internationalen Graduiertenkollegs mit Schwerpunkt Wissenschaftsgeschichte und ein internationaler Studenten- und Dozentenaustausch über Institutspartnerschaften und Förderprogramme. Daneben sei eine Vernetzung mit anderen wissenschaftshistorischen Lehrstühlen und besonders dem Max-Planck-Institut für Wissenschaftsgeschichte in Berlin unabdingbar, gefördert werden könnte dies nicht zuletzt durch die Organisation und Ausrichtung wissenschaftshistorischer Konferenzen und Vorlesungsreihen. Eine Vernetzung mit Forschungsinstitutionen, wie der Leopoldina, aber auch mit Bibliotheken und Museen in Halle, solle diese *Networking*-Bestrebungen abrunden.

Alle Teilnehmer des Symposiums waren sich einig in der Notwendigkeit, zumindest einige der vielfältigen thematischen und institutionellen Vorschläge, die die Vortragenden eingebracht haben, rasch umzusetzen, um den Standort Halle, die Leopoldina ebenso wie die Martin-Luther-Universität und die übrigen akademischen Einrichtungen der Stadt, möglichst bald als Leuchtturm einer Wissenschaftsgeschichte zu etablieren, die sowohl wesentliche Beiträge zur historischen Forschung leistet als auch ein Reflexionspotential für die Naturwissenschaften darstellt.

Bericht:
Prof. Dr. Jürgen RENN
Direktor am
Max-Planck-Institut für
Wissenschaftsgeschichte
Boltzmannstraße 22
14195 Berlin
Bundesrepublik Deutschland
Tel.: +49 30 22667100
Fax: +49 30 22667124
E-Mail: renn@mpiwg-berlin.mpg.de

Symposium
Cardiovascular Imaging
vom 12. bis 22. Oktober 2005 in Würzburg

Molekulare Bildgebung

Die bildliche Darstellung des Herzens und der Gefäße wird immer weiter verfeinert. Während man sich früher auf Form und Größe des Organs konzentrierte, will man heute mit Hilfe der Bildgebung sogar Zellen und Moleküle erkennen. Dadurch sollen Volkskrankheiten, wie die Arteriosklerose, schon im Frühstadium sichtbar und gegebenenfalls therapierbar werden. Auch für neue Behandlungsformen, wie die Stammzelltherapie, wäre die Bildgebung auf zellulärer und molekularer Ebene von immenser Bedeutung. Der aktuelle Stand dieses Themengebietes wurde auf dem internationalen Symposium in Würzburg vorgestellt. Organisiert wurde der Kongreß von Wolfgang BAUER, Georg ERTL, Christoph REINERS und Martin LOHSE.

Während man früher die Arteriosklerose als degenerativen (Alters-) Prozeß aufgefaßt hat, sieht man sie heute als aktiven entzündlichen Vorgang in Abschnitten der Gefäßwand, den sogenannten Plaques. Je höher die Entzündungsaktivität in einer Plaque ist, desto instabiler ist sie. Reißt eine instabile Plaque, dann wird die Gerinnungskaskade an dieser Stelle aktiviert, was z. B. bei einem Herzkranzgefäß zu einem Verschluß mit Herzinfarkt führt. Problematisch ist, daß die instabilen Plaques sich mit angiographischen Techniken morphologisch nicht identifizieren lassen. So hat man z. B. gefunden, daß die bei Herzinfarkten rupturierten Plaques vorher das Kranzgefäß meistens nicht sonderlich eingeengt hatten. Ein Marker, der instabile Plaques identifizieren könnte, ist die Apoptoserate glatter Muskelzellen und Makrophagen, über die Leonard HOFSTRA (Maastricht, Niederlande) in seinem Referat berichtete. Apoptotische Zellen exprimieren Phosphatidylserin auf ihrer Oberfläche. An dieses bindet sich spezifisch Annexin, was die Möglichkeit eröffnet, daran wiederum einen radioaktiven oder optischen Marker zu heften, und so sichtbar zu machen. Dies konnte von Herrn HOFSTRA gezeigt werden. Ching H. TUNG (Charlestown, USA) präsentierte dann, wie Arteriosklerose-Marker konstruiert werden können, die sowohl für optische als auch MR-Verfahren geeignet sind. Ein weiteres Themengebiet war, wie optische Marker dazu gebracht werden können, erst nach »Anschalten«, z. B. durch enzymatische Spaltung, sichtbar zu werden und so als intelligente Kontrastmittel zu fungieren.

Eine andere Möglichkeit, die Entzündungsaktivität in Plaques zu messen, geht über den Nachweis aktivierter Matrix-Metalloproteinasen (MMP), die von den in den Plaques ansässigen Makrophagen exprimiert werden. Michael SCHÄFERS (Münster) stellte radioaktiv markierte MMP-Inhibitoren vor und zeigte, wie diese aktive Plaques bei ApoE-*knockout*-Mäusen darstellen können (Abb. 1). Schließlich ging er noch darauf ein, wie das multimodale Bildgebungsverfahren PET-MRI bei der molekularen Bildgebung die Vorteile der hohen Sensitivität des PET mit der hohen räumlichen Auflösung der MRI kombiniert.

Auch mit der konventionellen Magnetresonanzbildgebung lassen sich arteriosklerotische Plaques charakterisieren, z. B. über Kontraste bei T1- bzw. T2-Wichtung und gleichzeitiger Fettunterdrückung. Frank WIESMANN (Würzburg) zeigte dies an Aorten, Carotiden und Kranzgefäßen von Patienten mit Arteriosklerose.

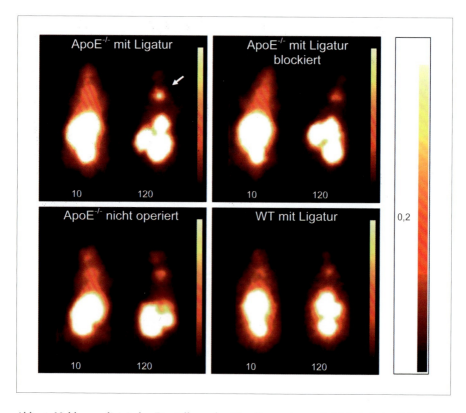

Abb. 1 Nuklearmedizinische Darstellung der Metalloproteinasenaktivität bei ApoE-*knockout*-Mäusen, bei denen eine arteriosklerotische Läsion durch Ligatur der Arteria carotis induziert wurde (Pfeil in der Abb. links oben). Bei nicht operierten ApoE-*knockout*-Tieren (Abb. links unten) ist keine Aktivität im Bereich der Arteria carotis nachzuweisen, ebenso wenig nach Blockade der Metalloproteinase (rechts oben) oder bei Wildtieren (rechts unten). Abbildung modifiziert übernommen aus SCHÄFERS et al. 2004.

Daß auch funktionelle Veränderungen schon früh bei der Arteriosklerose auftreten, konnte anhand der Verminderung der Compliance bzw. der Erhöhung der Pulswellengeschwindigkeit in betroffenen Gefäßen gezeigt werden. Eine weitere funktionelle Störung, die schon früh bei der Arteriosklerose auftritt, ist die endotheliale Dysfunktion. Von Heinrich R. SCHELBERT (Los Angeles, USA) wurde gezeigt, wie diese mittels N-13-Perfusionsmessung am Herzen beurteilt werden kann und daß diese unter Statintherapie z. T. reversibel ist.

Sowohl für die Detektion vulnerabler Plaques als auch für die Beurteilung der (Stamm-) Zellersatztherapie benötigt man zelluläre Bildgebungsverfahren. Eine Möglichkeit, dies mittels MRI zu erreichen, basiert auf der »Markierung« der Zellen mit geeigneten Kontrastmitteln, wobei die wichtigsten Kandidaten Eisenoxydderivate ([U]SPIO = *[ultra] small paramagnetic iron oxide*) sind. Makrophagen und Granulozyten nehmen diese Kontrastmittel natürlicherweise auf, bei Stammzellen existieren effektive Verfahren wie die Elektroporation, d. h., durch elektrische Felder entstehen kurzfristig Löcher in der Zellmembran, so daß die Kontrastmittel aufgenommen werden können. Letzteres wurde von Jeff W. M. BULTE (Baltimore, USA) vorgestellt. Problematisch ist, daß die Kontrastmittel möglicherweise die Zellen bezüglich Migration und Aktivität verändern können. Auch wenn die Zellen genügend Eisen aufgenommen haben, so ist deren Detektion immer noch schwierig. Peter JAKOB (Würzburg) stellte diverse MR-Verfahren (*Off-resonance-*, *Bright-iron*-Techniken) für die zelluläre Bildgebung vor. Dara L. KRAITCHMAN (Baltimore, USA) zeigte als Anwendung die Darstellung von Stammzellen im Myokard, die in ein infarziertes Areal gespritzt wurden und dort längere Zeit detektierbar waren.

Bei der Zelltherapie im Herzen stellt sich die Frage, ob die transplantierten Zellen auch funktionell in den Empfängerzellverband eingegliedert werden. Das betrifft vor allem die elektromechanische Kopplung. Für die elektromechanische Kopplung ist der Calcium-Transient von grundlegender Bedeutung. Michael RUBART (Indiana, USA) stellte vor, wie mittels optischer Verfahren die Ca-Transienten der Empfänger und der Spenderzellen (fetale Kardiomyozyten) simultan dargestellt werden können (Abb. 2). Die Synchronizität beider spricht für eine Integration der fetalen Kardiomyozyten.

Die Darstellung der Genaktivität im Myokard mittels nuklearmedizinischer Verfahren wurde von Frank BENGEL (München) behandelt. Die Grundlage dafür ist, daß die Aktivität des interessierenden Gens und die Aktivität eines Reportergens gekoppelt sind, wobei letzteres die Aufnahme eines radioaktiven Tracers in die Zelle steuert. Es wurden verschiedene Reportergentechniken vorgestellt (HSV1-Thymidinkinase, Natriumiodid-Symporter) und deren Anwendung, z. B. beim Gentransfer von Gefäßwachstumsfaktoren (VEGF), demonstriert. Das Reportergenkonzept läßt sich auch bei der Zelltherapie anwenden.

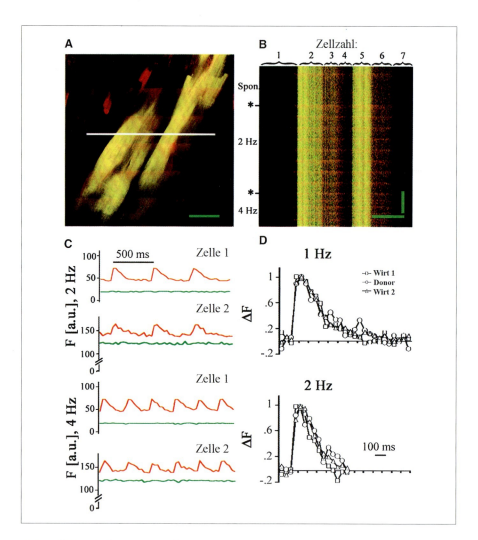

Abb. 2 Elektrische Integration fetaler Kardiomyozyten (exprimieren grün fluoreszierendes Protein) in das Empfängermyokard. Die Synchronizität der Calcium-Transienten (rot) unter elektrischer Stimulation ist evident. Modifiziert übernommen von RUBART 2003.

Elektrotherapie im MR Scanner

Das zweite Themengebiet, das bei dem Symposium behandelt wurde, widmete sich der Elektrotherapie im MR-Scanner. Die Elektrotherapie beinhaltete zwei Unterthemen: Zum einen stand die Frage, ob Patienten mit Schrittmachern oder implantierten Defibrillatoren (ICD) sich einer MR-Untersuchung unterziehen dürfen. Das andere Thema beschäftigt sich mit der Möglichkeit, im MR-Scanner elektrophysiologische Diagnostik und Therapie (Ablation) durchzuführen. Beim Sicherheitsaspekt überschneiden sich beide Themen.

Das erste Thema ist deshalb von großer Relevanz, da die Anzahl der Schrittmacher- und ICD-Patienten in nächster Zeit dramatisch ansteigen wird. Ein Grund ist z. B. die erweiterte Indikation für die Implantation eines ICD zur Primärprophylaxe des plötzlichen Herztods. Andererseits steigt die Zahl der Indikationen für eine MR-Tomographie, da kaum ein anderes Bildgebungsverfahren so viele diagnostische Informationen liefert und gleichzeitig so sicher ist. Letzteres rechtfertigt auch immer mehr den Einsatz der MRT als Screening-Verfahren, z. B. bei der virtuellen Coloskopie. Problematisch ist, daß alle Patienten mit einem Schrittmacher/ICD sich aus Sicherheitsgründen keiner MR-Untersuchung mehr unterziehen dürfen. Sabine WURTZ (Berlin) ging in ihrem Vortrag auf dieses Dilemma ein und berichtete von Fällen, in denen bei Schrittmacher/ICD-Patienten im MR-Scanner Komplikationen aufgetreten waren. WURTZ und Roger LÜCHINGER (Zürich) fächerten die Sicherheitsproblematik auf, indem sie die Wechselwirkung des Schrittmacher/ICD-Systems mit den bei der MRT verwendeten Magnetfeldern (äußeres, Gradienten- und Hochfrequenzfeld) vorstellten. Das Hauptproblem stellt dabei die potentielle Erwärmung an der Spitze der Schrittmacherelektrode dar (Abb. 3). Dies kann zum einen das Gewebe schädigen, was einen Reizschwellenanstieg bedingen kann, zum anderen können Rhythmusstörungen ausgelöst werden.

Thorsten SOMMER (Bonn) berichtete von seiner Studie, bei der 82 Patienten mit Schrittmacher bei 1,5 Tesla untersucht wurden. Er zeigte, daß es nur bei 3 % der Patienten zu einer signifikanten Änderung der Reizschwelle gekommen war. Allerdings räumte auch er ein, daß das Hauptproblem immer noch die Wechselwirkung der Elektrode mit dem Hochfrequenzfeld des MR-Scanners ist, weshalb man Bildgebungssequenzen mit hoher Energie meiden sollte.

Eine Möglichkeit, die Vorteile der kardialen MRT für die interventionelle Elektrophysiologie zu nutzen, besteht in der Fusionsbildgebung. Dabei wird vorab ein MR-Bild des Herzens aufgenommen und dieses dann mit der bei der elektrophysiologischen Untersuchung aufgenommenen Aktivierungskarte übereinander gelegt. Das Verfahren erlaubt es, anatomische Strukturen wesentlich genauer zu erkennen und dementsprechend die erforderlichen Interventionen zu planen. Diese Techniken wurden von Timm DICKFELD (Baltimore) vorgestellt. Will man direkt im MR-Scanner eine elektrophysiologische Untersuchung durchführen, so ergeben sich, neben den oben für die Schrittmacher dargestellten Sicherheitsproblemen, noch weitere Schwierigkeiten. So muß der Katheter bzw. dessen Spitze schnell sichtbar gemacht werden. Harald QUICK und Mark E. LADD (Essen) stellten verschiedene Verfahren vor, so die passiven Techniken bzw. auch aktive Verfahren, bei denen eine Antenne in der Katheterspitze deren Visualisierung erlaubt. Besonders interessant war eine Lösung, bei der die Antenne nur aus einem in der Spitze isolierten Schwingkreis (*wireless loop*) besteht, der somit keine Zu-

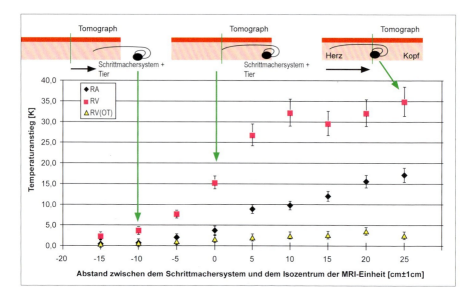

Abb. 3 Erwärmung der Elektrodenspitze von in Schweinen implantierten Schrittmachersystemen im MR-Tomographen (RA – rechter Vorhof, RV – rechter Ventrikel, RV(OT) – rechter ventrikulärer Ausflußtrakt). Variiert wurde die Lokalisation der Tiere (Schrittmachersysteme) relativ zum Isozentrum des Magneten (modifiziert nach LÜCHINGER et al. 2005).

leitungen nach außen benötigt. Boris LUTOMSKY (Hamburg) behandelte dann den Einsatz solcher Katheter für die Hochfrequenzablation am Tier. In diesem Zusammenhang zeigte er, wie auch Oliver RITTER und Florian FIDLER, daß die Ablation im MR-Scanner extrem die Bildgebung stören kann. Grund ist, daß die Hochfrequenzablation (0,5 MHz) aufgrund ihrer Pulsform relevante Oberschwingungen hat, die in den Hochfrequenzbereich der MR-Bildgebung reichen (~ 65 MHz).

Eine wichtige Forderung an die MR-Bildgebung für elektrophysiologische Interventionen ist die Darstellung der Ablationsläsionen. Mit konventionellen Verfahren läßt sich der Effekt der Ablation auf das Gewebe nicht darstellen. Nur über das intrakardiale EKG erhält man Informationen, wo endokardial eine Verödung vorliegt. Über die Tiefe einer Läsion läßt sich nichts aussagen. Sowohl Henry HALPERIN (Baltimore) als auch Oliver RITTER (Würzburg) zeigten, daß sich verödete Bezirke mittels verzögerter Kontrastmittelanreicherung darstellen lassen (*late enhancement*). Eine für die Zukunft interessante Technik wurde von Florian FIDLER (Würzburg) vorgestellt. Er zeigte, wie mittels MR die Temperatur gemessen werden kann. Möglicherweise ist man damit in der Lage, die Tiefenwirkung der Ablation direkt zu erfassen.

Literatur

Lüchinger, R., Zeijlemaker, V. A., Pedersen, E. M., Mortensen, P., Falk, E., Duru, F., Candinas, R., and Boesiger, P.: In vivo heating of pacemaker leads during magnetic resonance imaging. Eur. Heart J. *26*, 376–383 (2005)

Rubart, M., Pasumarthi, K. B., Nakajima, H., Soonpaa, M. H., Nakajima, H. O., and Field, L. J.: Physiological coupling of donor and host cardiomyocytes after cellular transplantation. Circ. Res. *92*, 1217–1224 (2003)

Schäfers, M., Riemann, B., Kopka, K., Breyholz, H. J., Wagner, S., Schafers, K. P., Law, M. P., Schober, O., and Levkau, B.: Scintigraphic imaging of matrix metalloproteinase activity in the arterial wall in vivo. Circulation *109/21*, 2554–2559 (2004)

Bericht:
Prof. Dr. Georg Ertl
Medizinische Universitätsklinik I
Josef-Schneider-Straße 2
97080 Würzburg
Bundesrepublik Deutschland
Tel.:   +49 931 20136301
Fax: +49 931 20136302
E-Mail: ertl_g@klinik.uni-wuerzburg.de

Meeting
Die Bedeutung der naturwissenschaftlichen Bildung für die Zukunft der Gesellschaft

vom 2. und 3. November 2005 in Halle (Saale)

Gemeinsam mit der Stadt Halle (Umweltamt), und freundlicherweise von der Stiftung Klimaschutz in Sachsen-Anhalt finanziert, organisierte die Leopoldina eine Vortragsveranstaltung unter dem Schwerpunkt naturwissenschaftliche Bildung, mit der sie sich an die interessierte Öffentlichkeit wendete. Besonders wurden Lehrer sowie durch Werbung über die Schulen Schülerinnen und Schüler angesprochen. Im Mittelpunkt stand die Bedeutung der Naturwissenschaften für die Allgemeinbildung als Grundlage des Verständnisses der Alltagsphänomene und der Bewältigung des täglichen Lebens, das ja ganz entscheidend durch die Technik auf naturwissenschaftlicher Grundlage geprägt ist. Und nicht zuletzt ist unser modernes Weltbild ohne naturwissenschaftliche Kenntnisse nicht zu verstehen.

Am ersten Tag wurde Grundsätzliches behandelt. Einleitend begründete Professor Dietrich von Engelhardt (Universität Lübeck), daß und warum die Naturwissenschaften zur Bildung gehören. Nicht nur ist »Bildung« an sich schon ein aus den Naturwissenschaften entlehnter Begriff, die Naturwissenschaften sind ohne Geisteswissenschaften nicht denkbar, aber auch umgekehrt beeinflussen jene diese. Durch die Naturwissenschaften wird gelernt, wie Natur ist, wie Phänomene in der Natur ablaufen; aber wie wir mit Natur umgehen können und sollen, das kann nur die Ethik lehren. Andererseits beeinflussen naturwissenschaftliche Erkenntnisse die Kultur, unseren Umgang miteinander und mit der Welt und damit all das, was in die Geisteswissenschaften, die Literatur, die Kunst und unsere Lebens- und Denkweise an sich einfließt. Die Geschichte der Menschheit wurde und wird wesentlich durch die Entwicklung der Naturwissenschaften bestimmt, so daß es völlig unverständlich ist, daß immer noch Geschichtsunterricht ohne einen angemessenen Anteil der Geschichte der Naturwissenschaften angeboten wird. Allein die Forschung betreibenden Persönlichkeiten bieten ein unerschöpfliches Reservoir, Geist und Natur miteinander zu verbinden.

Professor Dieter Röss (Heraeus-Stiftung Hanau) stellte die Rolle der Naturwissenschaften in einer Zeit globalen Wandels dar. Die Konkurrenz erfolgt heute weltweit, in Asien entstehen »demographische Riesen« wie China und Indien als Wettbewerber, die Massenprodukte preiswerter als Europa herstellen. Nur permanente technische Innovationen werden es ermöglichen, den Wohlstand zu bewahren. Das ist nur mit Wissenschaft möglich, wobei es nicht ausreicht, pauschal die Anzahl der Akademiker zu erhöhen, sondern das muß bevorzugt dort geschehen, wo die Voraussetzungen für Innovationen geschaffen werden, und es muß in einer Weise geschehen, daß kreative Wissenschaftler ausgebildet werden. Bildlich gesprochen rühren viel zu viele den Wissenspool nur um, und viel zu wenige tun neue Ingredienzien dazu. Es ist bereits in der Schule notwendig, Interesse für Naturwissenschaften zu wecken und zu erhalten, und zwar für beide Geschlechter – eine Jahrhundertaufgabe für die Lehrerschaft.

Damit kommt selbstverständlich die Schule in Sicht – und wie Professor Gerhard SCHAEFER (Universität Hamburg) herausstellte – deren Aufgabe, die Vermittlung von Wissen und Fertigkeiten sowie, mindestens seit PISA nicht mehr in Frage zu stellen, von Haltungen und Einstellungen, Bestandteilen der Persönlichkeitsbildung, die unverzichtbar sind, leider aber nur noch selten im Fokus schulischer Bildung stehen, obwohl die Schüler durchaus auch Werte im Zusammenhang mit den Naturwissenschaften schätzen. Grundlage dieser Aussage ist eine empirische Untersuchung über die Einstellungen deutscher und japanischer Schüler. Ein überraschendes Ergebnis war, daß gerade die deutschen Schüler besonders Erkenntniswert, Rationalität und Objektivität der naturwissenschaftlichen Fächer schätzen. Es ist notwendig, diese positive Grundhaltung in der Schule und über die Schule hinaus zu bewahren.

Zu Beginn des zweiten Tages wies die Oberbürgermeisterin der Stadt Halle, Ingrid HÄUSSLER, darauf hin, daß eine industrieschwache Region, wie die um Halle, auf Innovationen durch Naturwissenschaften angewiesen ist, um neue Ideen zu entwickeln, um innovative Unternehmen zu gründen und zu fördern. Selbstverständlich rufen einzelne spektakuläre Forschungsergebnisse Aufmerksamkeit hervor, wie der Erfolg der »Langen Nacht der Wissenschaften« zeigt, an der auch die Leopoldina aktiv beteiligt ist. Darüber hinaus ist es aber natürlich notwendig, ein breitgefächertes Interesse zu wecken und dieses mit dem Verständnis für die Grundlagen der Naturwissenschaften zu verbinden. Neben der Schule sind es Erlebnisreiche, heute bevorzugt mit medialer Unterstützung, die dieses leisten können.

Dozent Roland STRAUSS (Universität Halle/Saale) stellte Möglichkeiten der Visualisierung vor, insbesondere auch die Simulation komplexerer Probleme, wobei die Schüler selbst aktiv werden können, dabei nicht selten den Sachverhalt ausnutzend, daß sie mit der Technik oft besser als die Lehrer umgehen können. Professor Jürgen TEICHMANN (Deutsches Museum München) zeigte an vielen beeindruckenden Beispielen die Möglichkeiten, mit denen ein modernes naturwissenschaftliches Museum durch interaktiv zu betreibende Experimente junge Besucher anziehen kann, die auf diese Weise Naturwissenschaften durch Selbsttun lernen.

Wichtig für den Erfolg solcher Einrichtungen ist aber eine Kooperation dieser mit den Schulen, damit solche außerschulischen Angebote auch tatsächlich nachhaltigen Erfolg haben. Das wurde in der abschließenden Podiumsdiskussion unterstrichen, bei der die Referenten der beiden Tage untereinander und mit dem Publikum das Gespräch suchten. Die Bedeutung der Naturwissenschaften wurde nicht in Frage gestellt, aber es wurde darauf hingewiesen, daß bedauerlicherweise das Interesse im Laufe der Schulzeit sehr stark abnimmt. Während sich junge Schüler in der Regel mit der Natur wißbegierig und voller Neugier auseinandersetzen, differenziert sich das trotz der in der deutsch-japanischen Vergleichsstudie festgestellten allgemeinen positiven Haltung zu ungunsten des naturwissenschaftlichen Schulunterrichts, wobei bei den Mädchen das Desinteresse an Chemie und Physik besonders stark ausgeprägt ist. Es besteht die Erwartung, daß Erlebnisräume, wie die oben geschilderten, diese Tendenz verändern könnten, es wurde allerdings auch die Frage gestellt, ob die Begeisterung, mit der solche »Wissenschaftsparks« angenommen werden, nicht mehr der Sensation sowie der damit verbundenen Unterhaltung gilt und kaum etwas zum eigentlichen Verständnis der Thematik beiträgt.

Unabdingbar ist aber auf jeden Fall gutes Grundlagenwissen, das zweifelsohne die Schule liefern muß. Hier hapert es, wie nicht zuletzt die PISA-Ergebnisse zeigen. Schüler, die in die Diskussion einbezogen wurden, führten das auf einen zu wenig motivierenden Unterricht und auf eine, auch durch äußere Bedingungen wie zu große Klassen verursachte, zu wenig anregende Atmosphäre im Schulbetrieb zurück. Das sollte eigentlich Anlaß sein, neben organisatorischen Verbesserungen schulische und außerschulische Aktivitäten miteinander zu vernetzen und aufeinander abzustimmen, um sowohl die Motivation zu fördern als auch die Systematik und damit den Inhalt des Unterrichts zu stärken. Möge es gelingen, das Staunen über die »Wunder der Natur« möglichst lange offenzuhalten und mit wachem Sinn Deutungen und Erklärungen aufzunehmen, die für die Bildung unabdingbar sind.

Bericht:
Prof. Dr. Dr. Gunnar BERG
Martin-Luther-Universität Halle-Wittenberg
Fachbereich Physik
06099 Halle (Saale)
Bundesrepublik Deutschland
Tel.: +49 345 5525520
Fax: +49 345 5527159
E-Mail: gunnar.berg@physik.uni-halle.de

Konferenz
Relativistic Astrophysics and Cosmology –
Einstein's Legacy

vom 7. bis 11. November 2005 in München

Die hundertste Wiederkehr von Albert EINSTEINS »annus mirabilis« wurde 2005 in aller Welt, aber ganz besonders ausgiebig in Deutschland, mit zahlreichen Veranstaltungen gefeiert. Dabei ging es einerseits um die Person, den genialen Wissenschaftler, den Pazifisten und Weltbürger, andererseits um seine bahnbrechenden Werke aus jenem Wunderjahr 1905 – Spezielle Relativitätstheorie, Photoelektrischer Effekt und Brownsche Molekularbewegung – welche nicht nur die Physik grundlegend beeinflußt, sondern auch in der Technik deutliche Spuren hinterlassen haben.

Der Ansatz der Konferenz »Relativistic Astrophysics and Cosmology – Einstein's Legacy« war ein anderer: Hier wurden die neuesten Entwicklungen und Ergebnisse auf einem Forschungsgebiet diskutiert, das in dieser Form vor über 40 Jahren entstand, nachdem die Quasare mit ihren rätselhaft großen Energieabstrahlungen entdeckt worden waren. Heute wissen wir, daß es sich dabei um supermassive Schwarze Löcher handelt, die Gas und Sterne aus ihrer Umgebung verschlucken und die frei werdende Gravitationsenergie in Strahlung verwandeln. In den letzten Jahrzehnten sind im Kosmos viele spektakuläre Phänomene entdeckt worden, deren Erklärung ohne die spezielle und allgemeine Relativitätstheorie EINSTEINS nicht möglich ist. Gleichzeitig gelang es, die Gültigkeit der Relativitätstheorie mit immer größerer Genauigkeit zu bestätigen. Dazu nur ein Beispiel: Ein früher Triumph der allgemeinen Relativitätstheorie war die Erklärung der anomalen Periheldrehung der Merkurbahn, die 43 Bogensekunden pro Jahrhundert beträgt. Wie auf der Tagung berichtet wurde, ist der Effekt bei dem aus zwei Neutronensternen bestehenden Doppelsternsystem PSR J0737–3039 um fünf Größenordnungen stärker (141 000mal) und beträgt 16,9 Grad pro Jahr. Bei diesem System wurden die relativistischen Effekte wie Gravitationsrotverschiebung, Shapiro-Verzögerung der Signallaufzeiten, die Bahnschrumpfung durch Gravitationswellenabstrahlung und geodätischer Präzession mit extremer Genauigkeit gemessen.

An der Konferenz nahmen etwa 200 Wissenschaftler aus 32 Ländern mit 56 hoch interessanten, oftmals faszinierenden Vorträgen und 87 Postern teil. Das Tagungsprogramm umfaßte einen weit gespannten Bogen von hoch aktuellen Themen, die durch folgende Stichworte umrissen werden können:

- Kosmologie: Mikrowellen-Hintergrundstrahlung, Dunkle Materie, Dunkle Energie, Inflation, Gravitationslinsen, kosmischer Röntgen-Hintergrund;
- Entwicklung von Galaxien und Galaxienhaufen;
- Supermassive Schwarze Löcher in normalen und aktiven Galaxien;
- Physik von Jets auf stellaren und galaktischen Skalen;
- Stellare Schwarze Löcher, Neutronensterne, Supernovae, Gammastrahlen-Ausbrüche;
- Gravitationswellen-Astronomie, Verschmelzung von Neutronensternen und Schwarzen Löchern.

Die Konferenz wurde vom 7. bis 11. November 2005 von den vier astrophysikalischen Instituten in München und Garching (Institut für Astronomie und Astrophysik der Universität, Max-Planck-Institute für Astrophysik und für Extraterrestrische Physik und Europäische Südsternwarte ESO) im Auditorium Maximum der TU München veranstaltet. Sponsoren waren die Leopoldina, die Bayerische Akademie der Wissenschaften (BAdW) und die Berlin-Brandenburgische Akademie der Wissenschaften sowie die beiden Münchner Universitäten (LMU und TU). Eröffnet wurde die Konferenz durch Prof. Günther HASINGER und Grußworte vom Staatssekretär im Bayerischen Staatsministerium für Unterricht und Kultus, Herrn Karl FRELLER, MdL, und vom Vizepräsidenten der TU München, Prof. Dr. Ernst RANK. Zum Rahmenprogramm gehörte ein öffentlicher Abendvortrag im nahezu vollen Plenarsaal der BAdW von Prof. Dr. Jürgen EHLERS (Mitglied der Leopoldina) mit dem Titel »Der relativistische Kosmos – was Astrophysiker aus Einsteins Ideen gemacht haben«. Anschließend gab der Präsident der BAdW, Prof. Dr. Dr. h. c. mult. Heinrich NÖTH, im Spiegelsaal der Residenz einen Empfang für die Tagungsteilnehmer und Zuhörer. Ebenfalls in den Räumen der BAdW hielt der Tagungsleiter Günther HASINGER einen Schülervortrag zum Thema »Das Schicksal des Universums«. Ein Konferenz-Dinner im Max-Planck-Institut für Extraterrestrische Physik bot ausgiebige Gelegenheit, in entspannter Atmosphäre den Gedankenaustausch auf nicht-relativistische Themen auszuweiten. Weitere Informationen über die Konferenz und das Programm finden sich unter www.mpe.mpg.de/~e05/. Die Beiträge zur Konferenz werden von G. HASINGER, B. ASCHENBACH und B. LEIBUNDGUT editiert und in der Serie des Springer-Verlags *ESO Astrophysics Symposia* erscheinen.

Dem wissenschaftlichen Programmkomitee der Tagung gehörten unter der Leitung von G. HASINGER an: Roger BLANDFORD, Jürgen EHLERS, Reinhard GENZEL, Bruno LEIBUNDGUT, Gernot NEUGEBAUER, Martin REES, Hans-Walter RIX, Peter SCHNEIDER, Bernard F. SCHUTZ, Rashid SUNYAEV und Joachim TRÜMPER. Das lokale Organisationskomitee mit B. ASCHENBACH (Vorsitz), Vadim BURWITZ,

Irmgard JACOBS, Walburga FRANKENHUIZEN und Manfred LINDNER sorgte für einen reibungslosen und harmonischen Ablauf dieser in jeder Hinsicht gelungenen Tagung.

Bericht:
Prof. Dr. Joachim TRÜMPER
Max-Planck-Institut
für Extraterrestrische Physik
Postfach 1312
85741 Garching
Bundesrepublik Deutschland
Tel:	+49 89 300003559
Fax:	+49 89 300003315
E-Mail: jtrumper@mpe.mpg.de

Symposium der Paul-Martini-Stiftung 2005
Therapie mit monoklonalen Antikörpern – aktueller Stand und Perspektiven

am 11. und 12. November 2005 in Berlin

Gemeinsam veranstaltet von der Paul-Martini-Stiftung in Verbindung mit der Deutschen Akademie der Naturforscher Leopoldina

Das von der Paul-Martini-Stiftung (PMS)[1] in Verbindung mit der Akademie Leopoldina in Berlin veranstaltete wissenschaftliche Symposium war das erste in Deutschland, das sich ausschließlich mit der therapeutischen Anwendung und der Weiterentwicklung von monoklonalen Antikörpern befaßte. Führende Wissenschaftler und Sachverständige aus Kliniken, Forschungseinrichtungen, Behörden und der Industrie diskutierten mit rund 150 Teilnehmern über derzeitige und künftige Einsatzmöglichkeiten dieser vielseitigen Biotech-Arzneimittel. Wissenschaftlich geleitet wurde das Symposium von den Professoren Peter C. SCRIBA und Stefan ENDRES, beide Ludwig-Maximilians-Universität München, sowie Gunther HARTMANN vom Universitätsklinikum Bonn.

Monoklonale Antikörper leiten sich von natürlichen Antikörpern ab, wie sie die B-Zellen zur Abwehr von pathogenen Organismen und Toxinen bilden. Wie diese sind sie Y-förmig mit spezifischen Bindungsstellen an den Enden beider Molekülarme. Im Unterschied zu natürlichen Antikörpern sind monoklonale Antikörper jedoch in ihrer Bindungsspezifität gegen körpereigene Moleküle wie Rezeptoren oder Modulatoren gerichtet und lassen sich zudem außerhalb des Körpers in beliebigen Mengen erzeugen. Derzeit sind weltweit 17 monoklonale Antikörper zur Therapie zugelassen, 15 davon auch in Deutschland. Krebs und

---

[1] Die gemeinnützige Paul-Martini-Stiftung, Berlin, fördert die Arzneimittelforschung sowie die Forschung über Arzneimitteltherapie und intensiviert den wissenschaftlichen Dialog zu Fragen der Arzneimittelforschung und -entwicklung zwischen medizinischen Wissenschaftlern in Universitäten, Krankenhäusern, der forschenden pharmazeutischen Industrie und anderen Forschungseinrichtungen sowie Behörden. Die Stiftung wurde 1966 von sieben in der medizinisch-pharmazeutischen Studiengesellschaft zusammengeschlossenen deutschen Pharmaunternehmen gegründet. 1994 übernahm der Verband Forschender Arzneimittelhersteller e. V. (VFA), Berlin, mit seinen 42 Mitgliedsunternehmen die Trägerschaft. Die Stiftung ist benannt nach dem herausragenden Bonner Wissenschaftler und Arzt Professor Paul MARTINI in Würdigung seiner besonderen Verdienste um die Förderung und Weiterentwicklung der klinisch-therapeutischen Forschung, die er mit seiner 1932 veröffentlichten *Methodenlehre der therapeutischen Untersuchung* über Jahrzehnte wesentlich geprägt hat. Nach ihm ist auch der jährlich von der Stiftung verliehene Preis für herausragende klinische Forschung benannt.

Autoimmunerkrankungen wie rheumatoide Arthritis bilden die wichtigsten Indikationsgruppen. Über 70 weitere monoklonale Antikörper befinden sich in der fortgeschrittenen klinischen Entwicklung oder im Zulassungsverfahren. Weltweit laufen über 400 klinische Studien, in denen diese neuen Antikörper erprobt, die Anwendung vorhandener erweitert oder auch neuartige, von Antikörpern abgeleitete Moleküle getestet werden.

In seiner Begrüßung erinnerte SCRIBA daran, daß alles im Januar 1975 begann, als dem Deutschen Georges KÖHLER im Labor das Argentiniers César MILSTEIN an der *University of Cambridge* die Verschmelzung von Antikörper-bildenden, aber wenig teilungsfreudigen murinen B-Zellen mit teilungsaktiven Tumorzellen gelang; die daraus resultierende Hybridomazelle vereinigte beides: Antikörperproduktion und Proliferation, zudem war sie potentiell unsterblich. Mit diesem Experiment legte KÖHLER die Grundlage für die Erzeugung von Antikörpern definierter Spezifität in großer Menge.

Aber erst mit Hilfe der Gentechnik konnte aus der guten Idee ein tragfähiges Therapieprinzip werden, wie Theodor DINGERMANN von der Universität Frankfurt anschließend erläuterte. Denn nur so ließen sich die nach KÖHLERS Methode erzeugten murinen Antikörper soweit an Humanantikörper angleichen, daß sie auch bei wiederholter Gabe immunkompatibel waren. Gentechnik habe es auch möglich gemacht, bifunktionale Antikörper mit zwei unterschiedlichen Bindungsstellen sowie Fusionsproteine zu schaffen, die ausschließlich oder teilweise aus Antikörperfragmenten zusammengesetzt sind. Diese seien jedoch fast alle noch in der Erprobung. Schon in der Onkologie genutzt werde hingegen die Möglichkeit, monoklonale Antikörper mit Toxinen oder radioaktiven Atomen zu koppeln, die diese dann gezielt ins Tumorgewebe tragen und so eine tumorselektive Radio- oder Chemotherapie initiieren.

Wie Margit URBAN von dem Münchner Biotechnologie-Unternehmen MorphoSys berichtete, wurde bereits ein deutlicher Anteil der humanen monoklonalen Antikörper, die sich heute in der klinischen Entwicklung befinden, nicht nach der Köhlerschen Technik, sondern durch das sogenannte *phage display* entwickelt. Bei dieser Technik, die ohne höhere Organismen, ja selbst ohne B-Zellen auskommt, werden humane Antikörper aus einer bestehenden Antikörperbibliothek isoliert. Der ganze Prozeß findet dabei ausschließlich im Reagenzglas statt. Der entscheidende Vorteil ist, daß so Antikörper mit ganz bestimmten Eigenschaften gezielt ausgewählt und anschließend noch systematisch optimiert werden können. Weiterhin lassen sich humane Antikörper auch gegen toxische Antigene und Substanzen erzeugen, die keine B-Zell-Antwort stimulieren würden. Der Prozeß läßt sich leicht parallelisieren und miniaturisieren, was die Antikörpergenerierung im hohen Durchsatz ermöglicht. Mit Adalimumab ist bereits ein Antikörper, welcher mit *phage display* selektioniert wurde, für die Therapie der rheumatoiden Arthritis zugelassen.

Die Methoden zur Massenproduktion monoklonaler Antikörper in gleich bleibender GMP-Qualität sind aufwendig, aber mittlerweile sehr ausgereift, wie Andreas Klein von Roche in Penzberg berichten konnte. In Penzberg werden unter anderem Antikörper zur Behandlung des Mammakarzinoms mit gentechnisch veränderten Säugerzellen in Fermentern mit bis zu 10 000 l Kapazität erzeugt.

Zahlreiche Vorträge widmeten sich den Wirkungen und Nebenwirkungen bei der Anwendung zugelassener monoklonaler Antikörper bei malignen wie nichtmalignen Erkrankungen. Dabei wurde deutlich, daß diese bevorzugt Teil komplexer Kombinations- und sequentieller Therapien sind. Dies gilt insbesondere für die Onkologie, wie Andreas Schalhorn und Michael Untch, beide Ludwig-Maximilians-Universität München, für die Behandlung des metastasierten Kolorektal- bzw. Mammakarzinoms erläuterten.

Als Teil von Behandlungsregimes für das metastasierte Mammakarzinom ist schon seit 2000 der monoklonale Antikörper Trastuzumab zugelassen. Neuen Studiendaten zufolge läßt sich mit ihm beim adjuvant therapierbaren Mammakarzinom und HER-2/neu-überexprimierenden Tumorzellen das Risiko für Rezidiv und Metastasierung halbieren – ein außergewöhnlich großer Schritt vorwärts für die Krebstherapie! Andere aktuelle Studien zeigen, daß sich mit dem ersten Angiogenesehemmer Bevacizumab, der ebenfalls ein monoklonaler Antikörper ist, das progressionsfreie und das Gesamtüberleben bei metastasiertem Brustkrebs signifikant verbessern lassen. »Gezielte Maßnahmen, die sich biologische Eigenschaften des Tumors zunutze machen, werden zunehmend bedeutender«, kommentierte Untch.

Antikörper in Kombinationstherapien sind aber auch bei der Behandlung von Autoimmunerkrankungen erfolgreich. So berichtete Joachim Robert Kalden, Universität Erlangen-Nürnberg, daß die seit wenigen Jahren verfügbaren TNF-alpha-Blocker, zu denen auch zwei monoklonale Antikörper zählen, das klassische Methotrexat nicht ersetzen; vielmehr sei die Kombination aus alter und neuer Medikation jeder Monotherapie überlegen. Erfreulicherweise seien denkbare Nebenwirkungen, wie die Induktion von Autoimmunität, neutralisierenden Antikörpern oder ein vermehrtes Auftreten von malignen Lymphomen, bislang nicht zu beobachten gewesen. Allerdings träten als kritisch zu betrachtende Nebenwirkung Infektionen auf, die Reaktivierung einer Tuberkulose sei zu bedenken. Da dies im Wirkprinzip angelegt sei, könne es nicht ohne weiteres vermieden werden.

Derzeit wird intensiv untersucht, ob bei einem anderen Antikörper das Auftreten einer seltenen, aber lebensbedrohlichen Infektionskrankheit in ursächlichem Zusammenhang mit der Therapie steht. Es geht um zwei Patienten mit Multipler Sklerose (MS) und einen mit entzündlicher Darmerkrankung, die mit Natalizumab, dem ersten Antikörper gegen das bei beiden Erkrankungen beteiligte VLA-4-Molekül, behandelt wurden und eine virusbedingte progressive multifokale Leukenzephalopathie entwickelten. Die FDA-Zulassung für Natalizumab wurde daraufhin ausgesetzt; in Europa ist das Präparat bislang noch nicht zugelassen. Wenn gezeigt werden könnte, daß die Ereignisse nicht durch die Antikörpertherapie verursacht wurden oder durch ärztliche Vorsichtsmaßnahmen künftig vermieden werden können, wären eine Wiederaufnahme der Therapie und eine Zulassung auch in Europa möglich. Ralf GOLD von der Universität Göttingen diskutierte den aktuellen Erkenntnisstand zu Natalizumab und berichtete von der erfolgreichen klinischen Prüfung anderer, für andere Indikationen bereits zugelassener Antikörper bei speziellen Formen der MS. Er diskutierte auch die Risiken neuer Antikörper-Therapien bei MS im Vergleich zu bisher zugelassenen Behandlungen für schwere Verläufe der MS.

Weitere Vorträge stellten den Einsatz oder möglichen Einsatz monoklonaler Antikörper bei chronischer lymphatischer Leukämie, Ovarialkarzinom, Asthma und Allergien vor und zeigten, wie die Onkologie künftig vom Einsatz bispezifischer Antikörper zur Förderung der T-Zell-vermittelten Immunabwehr profitieren könnte.

Insgesamt machte das Symposium deutlich, welche enormen Chancen für wirksamere Therapien im weiteren Ausbau dieser Wirkstoffgruppe noch liegen.

Bericht:
Prof. Dr. Dr. h. c. Peter C. SCRIBA
Ludwig-Maximilians-Universität München
Medizinische Klinik
Klinikum Innenstadt
Ziemssenstraße 1
80336 München
Bundesrepublik Deutschland
Tel.:   +49 89 51604400
Fax: +49 89 51604422
E-Mail: peter.scriba@med.uni-muenchen.de

Beteiligung an der Langen Nacht der Wissenschaften
am 1. Juli 2005 in Halle (Saale)

Leben und Wirken von Albert EINSTEIN (1879–1955) standen im Mittelpunkt der Leopoldina-Veranstaltung zur Langen Nacht der Wissenschaft am 1. Juli 2005. Weltweit feierte man in diesem Jahr das Erscheinen von EINSTEINS grundlegenden Publikationen zur speziellen Relativitätstheorie vor 100 Jahren und beging gleichzeitig seinen 50. Todestag feierlich. Die Leopoldina stellte daher in Kurzvorträgen, Ausstellungsstücken und einer Filmaufführung ihr einstiges Mitglied EINSTEIN vor. Albert EINSTEIN war, obwohl bereits in den 1920er als Leopoldina-Mitglied in der Diskussion, erst 1932 unter der Präsidentschaft von Emil ABDERHALDEN (1877–1950) in die Akademie aufgenommen worden. Als einer der ersten jüdischen Mitglieder wurde er bereits kurz nach dem Machtantritt der Nationalsozialisten 1933 wieder aus der Leopoldina-Matrikel entfernt. (Das genaue Datum ist nicht bekannt.) Diese Streichung wurde EINSTEIN – wie allen anderen Betroffenen – allerdings niemals mitgeteilt; und EINSTEIN erklärte gegenüber der Leopoldina nie selbst seinen Austritt – im Gegensatz zu den meisten anderen deutschen Organisationen.

Im populärwissenschaftlichen Vortragsteil der Veranstaltung wurde über »Nationalsozialistische und antisemitische Ressentiments von Wissenschaftlern gegen Einstein« (Andreas KLEINERT, Halle/Saale) und EINSTEIN als Leopoldina-Mitglied (Sybille GERSTENGARBE, Halle/Saale) referiert. Eine kleine Ausstellung im Vortragsgebäude der Akademie zeigte u. a. den von EINSTEIN handgeschriebenen Lebenslauf aus Anlaß seiner Aufnahme in die Leopoldina. Ein Kurzfilm beleuchtete das Privatleben des berühmten Physikers.

Eine Posterausstellung zu den in der Akademie bearbeiteten wissenschaftshistorischen Themen (Leben und Wirken der Leopoldina-Präsidenten Christian Gottfried NEES VON ESENBECK [1776–1858], Johannes WALTHER [1860–1937] und Emil ABDERHALDEN sowie zur Leopoldina unter den Bedingungen staatlicher Diktatur) ergänzte wie in den vergangenen Jahren das Angebot. Auf die Leopoldina-Ausgabe von GOETHES naturwissenschaftlichen Schriften lenkte Thomas NICKOL (Halle/Saale) mit der Vorführung optischer Versuche der Goethe-Zeit das Interesse. Historische Bezüge zum Thema der Jahresversammlung 2005 »Evolution und Menschwerdung« zeigte das neue Poster »Zeichen setzen – Die Darwin-Plakette der Leopoldina 1959 und die Evolutionsforschung« (Michael KAASCH und Joachim KAASCH, Halle/Saale). Zu fortgeschrittener Stunde konnten sich die Gäste noch über »353 Jahre Deutsche Akademie der Naturforscher

Leopoldina« (Jutta Schnitzer-Ungefug, Halle/Saale) informieren. Bibliothek und Archiv waren den Neugierigen durch Führungen zugänglich.

Wie in den vorausgehenden Jahren nutzten auch 2005 viele Interessierte die Gelegenheit, in den Räumlichkeiten der Leopoldina Station zu machen, bevor sie ihren Rundgang durch die Institute der Martin-Luther-Universität, der Hochschule für Kunst und Design Burg Giebichenstein und die Veranstaltungsorte in vielen anderen Einrichtungen der Saalestadt Halle fortsetzten.

Bericht:
Dr. Michael Kaasch
Redaktion Nova Acta Leopoldina
Postfach 110543
06019 Halle (Saale)
Bundesrepublik Deutschland
Tel.:   +49 345 4723934
Fax: +49 345 4723939
E-Mail: kaasch@leopoldina-halle.de

Sitzungsberichte

Einfache Heuristiken für komplexe Entscheidungen

Von Gerd GIGERENZER, Berlin
Mitglied der Akademie

(Kurzfassung des in der Sitzung der Akademie am 25. 1. 2005 gehaltenen Vortrages)

Meine Damen und Herren, wie treffen Sie Entscheidungen? Wenn Sie ein Lehrbuch über rationales Urteilen, Denken oder Verhalten öffnen, werden Sie wahrscheinlich Folgendes lesen: Gute Entscheidungen folgen den Regeln der Logik, den Gesetzen der Wahrscheinlichkeitstheorie oder der Maximierung des erwarteten Nutzens. Wenn Ihr Denken davon abweicht, stehen Sie im Verdacht, irrational zu urteilen. Diese und verwandte Ideale prägen das Bild vom vernünftigen Menschen in Bereichen der Ökonomie, Philosophie, Risikoforschung, kognitiven Psychologie, Politikwissenschaft – bis hin zu utilitaristischen Moraltheorien.

Wirkliche Menschen scheinen nicht diesen idealen Bildern zu gleichen, in denen man von möglichst vollständigem Wissen, perfektem Gedächtnis und rechnerischen Fähigkeiten ausgeht. Nebenbei bemerkt, selbst unsere heutigen Computer können diesem Anspruch nicht immer gerecht werden. Menschen folgen oft Gewohnheiten, Daumenregeln oder verlassen sich auf das Urteil anderer.

Nun, wie treffen Sie Entscheidungen? Sehen Sie sich jede Alternative genau an, denken Sie über alle möglichen Konsequenzen nach und schätzen Sie deren Wahrscheinlichkeiten und Nutzen sorgfältig ab? Beispielsweise haben Ökonomen bemängelt, daß viele von uns bei besonders wichtigen Entscheidungen – wie einen Ehepartner zu finden – nach besonders wenig Information suchen. Nach den vorliegenden Statistiken haben etwa 75% aller heute 50- bis 60-jährigen Amerikaner die erste (!) Frau ihres Lebens geheiratet. Bei den 40- bis 50-Jährigen sind es immer noch 50% und bei den 30- bis 40-Jährigen 33%. Wäre es denn rational, mehr potentielle Partner zu testen? So viele wie möglich? Der Astronom Johannes KEPLER, so wird berichtet, soll rational in diesem Sinne vorgegangen sein, als er nach einer unglücklichen ersten Ehe eine zweite Frau suchte. Er hat sich ein bis zwei Jahre Zeit genommen, um etwa ein Dutzend Frauen genauer zu studieren. Freunde haben ihm geraten, Nummer vier zu heiraten, aber er folgte dem Rat nicht, da er der Ansicht war, mehr Informationen zu benötigen. Die Legende sagt, daß der rationale Umgang KEPLERS mit zwischenmenschlichen Beziehungen von dieser Dame als unwürdig und verletzend empfunden wurde und sie sich daher aus seinem »choice set« verabschiedet hat. Trotzdem scheint KEPLER eine glückliche zweite Ehe geführt zu haben. Der Punkt ist: Was als rationales Verhalten erscheint – mehr ist immer besser –, kann mit moralischen Werten unverträglich sein.

Für das andere Extrem steht die frühere Präsidentengattin Barbara BUSH. Sie erklärte einmal: »I married the first man I ever kissed.« Ist weniger Suche, weniger Information besser, und falls ja, in welchen Situationen? Ist der deutsche Wald von Steuergesetzen besser als ein einfaches, transparentes System, wie bis heute vergeblich vorgeschlagen? Hier kann durch Einfachheit Transparenz erzeugt werden und damit wiederum das Vertrauen der Bürger. Sollte man auf komplexe Probleme besser mit komplexen Lösungsversuchen reagieren, oder sind einfache genauso gut, und können diese auch besser sein? Diese Fragen sind Teil der Forschung zur »begrenzten Rationalität«. Ich werde heute anhand von Beispielen diese Forschung einführen, wobei ich mich auf einfache Heuristiken beschränke. Diese Forschung entwickelt die Arbeiten der beiden Nobelpreisträger Herbert A. SIMON und Reinhard SELTEN weiter und kann in mehr formaler Fassung und Detail in GIGERENZER et al. (1999) und GIGERENZER und SELTEN (2001) nachgelesen werden. Heute kann ich Ihnen nur eine kleine Einführung in Form von zwei Thesen geben.

Einfache Heuristiken

Die erste These lautet: *Einfache Heuristiken können Probleme oft schneller und besser lösen als komplexe Strategien.*
Beginnen wir mit Sport. Wie fängt man einen Ball? Einen Ball, der hoch hereinkommt – wie einen »flyball« im Baseball oder Cricket. Wie machen Sie das? Wenn man Spieler befragt, können diese es meist nicht erklären und antworten, sie tun dies intuitiv und ohne nachzudenken. Aber wie? In seinem Buch *The Selfish Gene* gibt Richard DAWKINS (1989/1976, S. 96) eine Antwort: »When a man throws a ball high in the air and catches it again, he behaves as if he had solved a set of differential equations. In predicting the trajectory of the ball, at some subconscious level something functionally equivalent to the mathematical calculation is going on.«

DAWKINS führt dies als ein Beispiel für ein sogenanntes *Als-ob-Modell* (»as-if model«) an. Ein solches Modell hat nicht den Anspruch, den Prozeß der Problemlösung zu modellieren, sondern nur das resultierende Verhalten. Der Spieler verhält sich so, als ob er die Flugbahn berechnen würde. Wir haben viele Als-ob-Theorien in den Sozialwissenschaften und, als Konsequenz, in diesen Fällen relativ wenig Interesse an den psychologischen Prozessen. Mich interessiert, was diese kognitiven, motorischen oder sozialen Prozesse sind. Wie fängt man einen Ball? Eine Reihe von experimentellen Studien weist darauf hin, daß Menschen die Flugbahn nicht berechnen, weder bewußt noch unbewußt. Das technische Problem dabei ist nicht nur die Berechnung der komplexen Bahn, sondern zuallererst die Schätzung der relevanten Variablen in der Kürze der Zeit. Theoretisch hat die Flugbahn die Form einer Parabel. Um diese Parabel zu berechnen, müßten Sie die ursprüngliche Distanz zu dem Punkt, von dem aus der Ball geschossen oder geworfen worden ist, schätzen, dann den ursprünglichen Winkel und die ursprüngliche Geschwindigkeit. Aber in der wirklichen Welt folgt die Flugbahn nicht einer Parabel. Da gibt es Luftwiderstand und Wind. Also müßten Sie sensorische Instrumente haben, welche die Richtung des Windes und die Geschwindigkeit zu jedem Punkt der Flugbahn abschätzen. Das reicht aber auch noch nicht, denn es gibt *Spin* und andere Variablen, welche die Bahn beeinflussen. Kurz, wir kennen keine Intelligenz, natürlich oder künstlich, welche die Flugbahn so schnell berechnen kann, daß Zeit zum Handeln bleibt. Nochmals: Was machen Menschen, wenn sie solche Berechnungen nicht durchführen können?

Gibt es eine einfache Heuristik, die das Problem löst? Eine Heuristik ist eine Strategie, welche mit nur wenig Information arbeitet und den Rest ignoriert. Eine Möglichkeit, Heuristiken zu entdecken, besteht darin, erfahrene Spieler zu beobachten. Experimentelle Studien haben gezeigt, daß Spieler eine Reihe solcher Heuristiken anwenden. Hier ist die einfachste, die aber nur funktioniert, wenn der Ball bereits hoch in der Luft ist, die *Blickheuristik*: »Fixiere den Ball, beginne zu laufen und passe die Laufgeschwindigkeit so an, daß der Blickwinkel konstant bleibt.«

Der Blickwinkel ist der Winkel zwischen Auge und Ball im Verhältnis zum Boden. Ein Spieler, der diese Heuristik nutzt, braucht weder Wind, Luftwiderstand, Spin noch die anderen Größen zu messen. Er kann alle kausalen Variablen ignorieren, die man zur Berechnung der Flugbahn bräuchte. Alles was notwendig ist, ist in einer einzigen Variablen enthalten: dem Blickwinkel. Beachten Sie, daß ein Spieler den Punkt, an dem der Ball landen wird, mit dieser Heuristik nicht berechnen kann. Aber sie wird ihn dorthin bringen, wo der Ball landet.

Die Blickheuristik ist eine schnelle und sparsame Heuristik (»fast and frugal heuristic«, GIGERENZER 2004). Sie ist schnell, weil sie das Problem innerhalb weniger Sekunden lösen kann, und sie ist sparsam, weil sie mit minimaler Information auskommt. Sie illustriert, wie das Gehirn ein komplexes Problem mit einer einfachen Strategie zu lösen versucht statt mit einer komplexen Flugbahn-Berechnung.

Eine Heuristik kann man als Regel formulieren, die folgende drei Eigenschaften aufweist. Die ersten beiden erklären, warum und wann einfache Strategien erfolgreich sind.

1. *Heuristiken nutzen erworbene Fähigkeiten.* Eine Heuristik ist *einfach* im Verhältnis zu den im Laufe der Evolution erworbenen und individuell erlernten Fähigkeiten eines Organismus. So ist es für Menschen einfach, mit den Augen Objekte zu verfolgen, die sich vor einem diffusen Hintergrund bewegen; dazu sind bereits wenige Monate alte Babys in der Lage (ROSANDER und VON HOFSTEN 2002). Roboter haben dagegen Mühe, Objekte in Bewegung zu verfolgen. Bis heute gibt es kein Computerprogramm, das dieses Problem genauso gut wie das menschliche Gehirn bewältigen kann. Ebenso können Menschen – im Unterschied zu Robotern – laufen. Diese komplexen Fähigkeiten, die weitgehend automatisch ablaufen, machen die Blickheuristik für Menschen einfach; ihre Abwesenheit impliziert, daß dies nicht für heutige Roboter gilt. Heuristiken nutzen also intuitive oder erlernte kognitive bzw. motorische Prozesse. Die mathematische Berechnung der Flugbahn dagegen ignoriert diese Fähigkeiten – wie auch die klassische Entscheidungstheorie –, was alternative und schnellere Lösungen nicht sichtbar werden läßt.
2. *Heuristiken nutzen Umweltstrukturen.* Die Rationalität von Heuristiken ist nicht logisch, sondern ökologisch. Ökologische Rationalität impliziert, daß eine Heuristik nicht an sich gut oder schlecht, rational oder irrational ist, sondern nur in bezug auf eine bestimmte Umwelt. Sie kann sich bestimmte Strukturen einer Umwelt zu Nutze machen oder eine Umwelt verändern. So transformiert die Blickheuristik etwa die komplexe Flugbahn, die der Ball in der Umwelt beschreibt, in eine gerade Linie. Alle Heuristiken sind zu einem gewissen Grad bereichsspezifisch; sie sind darauf ausgerichtet, eine spezifische Klasse von Problemen zu lösen. Die Blickheuristik kann Probleme lösen, die mit der Kollision von sich bewegenden Objekten zu tun haben. Wenn Sie Flugstunden nehmen, werden Sie eine Variante der Blickheuristik kennenlernen: Nähert sich ein anderes Flugzeug und fürchten Sie einen Zusammenstoß, so schauen Sie auf einen Kratzer in Ihrer Windschutzscheibe und kontrollieren Sie, ob das andere Flugzeug sich relativ zu diesem Kratzer bewegt. Ist das nicht der Fall, dann nichts wie abtauchen! Das Ziel des Piloten ist es, eine Kollision zu vermeiden, während der Baseballspieler ein Zusammentreffen herbeiführen will. Aber die Natur der Heuristik ist die gleiche. Kurz: Im Laufe der Evolution entstandene und individuell gelernte Fähigkeiten machen eine Heuristik einfach, Umweltstrukturen können sie intelligent machen. Eine Heuristik ist also sowohl im menschlichen Gehirn als auch in der Umwelt verankert.
3. *Heuristiken können anderes Verhalten vorhersagen als Als-ob-Modelle.* Die Blickheuristik veranschaulicht, daß sich die Logik einer Heuristik in erstaunlichem Maße von Als-ob-Modellen unterscheiden kann. Das bietet einen Vorteil. Mit einem guten heuristischen Modell kann man Vorhersagen ableiten, die Als-ob nicht gestattet. Beispielsweise müßte man annehmen, daß Personen, die sich so verhalten, als ob sie die Flugbahn berechnen würden, so schnell wie möglich zu dem Punkt laufen würden, wo der Ball aufschlagen wird, um gege-

benenfalls die Position noch etwas zu korrigieren. Die Blickheuristik sagt dagegen voraus, daß die Spieler den Ball im Laufen fangen. Dies ergibt sich aus der Tatsache, daß sie sich bewegen müssen, um den Blickwinkel konstant zu halten. Darüber hinaus diktiert die Heuristik die Geschwindigkeit, mit der ein Spieler läuft, sowie den Wechsel der Geschwindigkeit. Aus verwandten Heuristiken kann man Situationen voraussagen, in denen ein Spieler einen leichten Bogen laufen wird, wie man es auch tatsächlich bei Baseballspielern beobachten kann. Das gleiche Phänomen kann man auch bei Hunden, die einen Frisbee fangen, beobachten (SHAFFER und MCBEATH 2002).

Eine gesunde Portion Ignoranz kann nützlich sein

Hier ist meine zweite These: *Ignoranz kann nützlich sein.*
  Genaugenommen spreche ich, wie wir sehen werden, von *partieller* Ignoranz. Theorien der Rationalität halten wenig von Ignoranz. Man unterstellt, je mehr Wissen, desto besser, oder zumindest: Mehr Wissen kann nicht schaden, wenn es nichts kostet. Wirkliche Menschen sind dagegen ständig mit ihrer partiellen Ignoranz konfrontiert, und wir untersuchen, wie Menschen aus dieser Ignoranz nützliche Information extrahieren.
  Stellen Sie sich vor, Sie wären Kandidat in einer Fernsehshow und stünden vor der 1 000 000-Euro-Frage: »Welche Stadt hat mehr Einwohner: San Diego oder San Antonio?« Was antworten Sie? Wenn Sie Amerikaner sind, haben Sie gute Chancen, die richtige Antwort – San Diego – zu geben. Daniel GOLDSTEIN und ich befragten Studierende an der *University of Chicago*, und etwa zwei Drittel von ihnen gaben die richtige Antwort (GOLDSTEIN und GIGERENZER 2002). Wenn Sie aber Deutscher sind, scheinen Ihre Chancen schlecht, denn die meisten Deutschen wissen wenig über San Diego, und von San Antonio haben viele noch nie gehört. Welcher Prozentsatz der Deutschen, die wir befragten, beantwortete die Frage richtig? 100 Prozent – obwohl sie so wenig wußten. Wie kann dies sein? Die Antwort ist, daß die Deutschen eine schnelle Heuristik, die Rekognitionsheuristik benutzten: Wenn man von einer Stadt gehört hat, aber von der anderen nicht, dann wird die erste Stadt wahrscheinlich die größere Einwohnerzahl haben.
  Beachten Sie, daß die amerikanischen Studenten diese Heuristik *nicht* anwenden konnten, da sie beide Städte kannten. Sie wußten zu viel. Man braucht partielle Ignoranz, um die Rekognitionsheuristik anwenden zu können. Wie alle Heuristiken ist sie nicht in allen Situationen nützlich; sie ist es dann, wenn eine starke Korrelation zwischen Wiedererkennen und Kriterium besteht. Der Einfachheit halber nehmen wir an, daß diese Korrelation positiv ist. Für Probleme, bei denen man zwischen zwei Alternativen wählen kann (Paarvergleiche), läßt sich die Rekognitionsheuristik folgendermaßen formulieren: Wenn der Name eines von zwei Objekten erkannt wird, der andere aber nicht, dann schließe daraus, daß das erste Objekt den höheren Wert im Kriterium hat.

In Wettbewerbssituationen kann Namenserkennung erfolgreich sein. Wenn Sie die Wahl zwischen der *University of Michigan* und der *University of West Alabama* haben, dann wissen Sie, wohin Sie gehen. Der Umstand, daß viele Menschen jene Produkte lieber kaufen, deren Namen sie kennen, wird von der Werbeindustrie aufgegriffen, und es gibt Werbung, die Ihnen keine Information über das Produkt gibt, sondern nur darum bemüht ist, den Namen des Produkts tief im Gedächtnis der Bevölkerung zu verankern.

Eine Reihe von Studien haben die Bedingungen untersucht, unter denen partielle Ignoranz kombiniert mit der Rekognitionsheuristik mit dem besten Expertenwissen konkurrieren kann. Bei der Vorhersage der Ergebnisse der Herren-Einzel-Spiele in Wimbledon 2003 erreichten die Ranglisten der *Association of Tennis Professionals* (ATP) und jene der Wimbledon-Experten bis zu 68% korrekte Vorhersagen. Deutsche Amateur-Tennisspieler, die von vielen der Teilnehmer noch nie gehört hatten, konnten mit Hilfe der Rekognitionsheuristik jedoch bis zu 72% korrekte Vorhersagen machen (SERWE und FRINGS, im Druck). In einer anderen Studie wurden Laien in Deutschland und den USA befragt, von welchen von insgesamt 798 Aktien sie schon einmal gehört hatten. Die Aktien mit der höchsten Namenserkennung durch partiell ignorante Laien schnitten genauso gut und besser ab als der Markt (Dow und Dax), zufällig gewählte Aktien und Blue-Chip Fonds (BORGES et al. 1999).

Die Bedingungen, unter denen die Rekognitionsheuristik zu richtigen Entscheidungen führt und zu welchem Anteil, sind zum Teil bekannt und formalisiert (GOLDSTEIN und GIGERENZER 2002).

Weniger kann mehr sein

Damit beende ich meine kurze, illustrative Einführung in die Forschung zu einfachen, schnellen Heuristiken. Diese Forschung beschäftigt sich mit drei Fragen. Die erste ist deskriptiv und versucht, die Heuristiken, welche Menschen verwenden, durch Modelle wie die Rekognitionsheuristik abzubilden. Ihr Ziel ist, den Inhalt und die Entwicklung der *adaptive toolbox* zu dokumentieren. Die zweite Frage ist normativ, in welchen Umweltstrukturen wird eine bestimmte Heuristik erfolgreich sein? Dies ist die Frage nach der *ecological rationality* einer Heuristik. Rationalität wird nicht logisch verstanden (durch interne Regeln der Konsistenz), sondern ist als eine Adaptation von Heuristik und Umwelt verstanden, also eine zweistellige, interne-externe Relation. Die dritte Fragestellung betrifft die Anwendung dieser Erkenntnisse zur Entwicklung von »künstlichen Systemen« wie etwa Diagnosesystemen im medizinischen Bereich. Einfache Heuristiken haben gegenüber klassischen Expertensystemen den Vorteil der Transparenz, Robustheit und höheren Akzeptanz durch Ärzte und andere Experten (ELWYN et al. 2001, GREEN und MEHR 1997).

Literatur

Borges, B., Goldstein, D. G., Ortmann, A., and Gigerenzer, G.: Can ignorance beat the stock market? In: Gigerenzer, G., Todd, P. M., and *the ABC Research Group* (Eds.): Simple Heuristics that Make Us Smart; pp. 59–72. New York: Oxford University Press 1999

Dawkins, R.: The Selfish Gene (2nd ed.). Oxford, UK: Oxford University Press 1989 (Original work published 1976)

Elwyn, G. J., Edwards, A., Eccles, M., and Rovner, D.: Decision analysis in patient care. Lancet *358*, 571–574 (2001)

Gigerenzer, G.: Das Einmaleins der Skepsis: Über den richtigen Umgang mit Zahlen und Risiken. Berlin: Berliner Taschenbuchverlag 2004

Gigerenzer, G., Todd, P. M., and *the ABC Research Group* (Eds.): Simple Heuristics that Make Us Smart. New York: Oxford University Press 1999

Gigerenzer, G., und Selten, R. (Eds.): Bounded Rationality: The Adaptive Toolbox. Cambridge, MA: MIT Press 2001

Goldstein, D. G., and Gigerenzer, G.: Models of ecological rationality: The recognition heuristic. Psychological Review *109*, 75–90 (2002)

Green, L. A., and Mehr, D. R.: What alter physicians' decisions to admit to the coronary care unit? The Journal of Family Practise *45*, 219–226 (1997)

Rosander, K., and Hofsten, C. von: Development of gaze tracking of small and large objects. Experimental Brain Research *149*, 257–264 (2002)

Serwe, S., and Frings, C.: Who will win Wimbledon? The recognition heuristic in predicting sport events. Journal of Behavioral Decision Making 2006 (in press)

Shaffer, D. M., and McBeath, M. K.: Baseball outfielders maintain a linear optical trajectory when tracking uncatchable fly balls. Journal of Experimental Psychology: Human Perception and Performance 28, 335–348 (2002)

Prof. Dr. Gerd Gigerenzer
Max-Planck-Institut
für Bildungsforschung
Lentzeallee 94
14195 Berlin
Bundesrepublik Deutschland
Tel.:   +49 30 82406460
Fax: +49 30 82406394
E-Mail: gigerenzer@mpib-berlin.mpg.de

Neue Aspekte der Bedeutung von Melatonin für die Insulinsekretion

Von Elmar PESCHKE, Halle (Saale)
Mitglied der Akademie
Mit 2 Abbildungen

(Kurzfassung des in der Sitzung der Akademie am 25. 1. 2005 gehaltenen Vortrages)

1. Einleitung

Erste systematische Untersuchungen und Mitteilungen zur Bedeutung der Epiphysis cerebri für den Kohlenhydratstoffwechsel gehen auf die rumänische Parhon-Gruppe zurück, die erstmals wissenschaftliches Interesse auf die Bedeutung der Epiphyse für den Glukose-Stoffwechsel lenkte (PARHON 1939). Seitdem wurden kontroverse Diskussionen zum Einfluß von Epiphysenextrakten bzw. Melatonin auf den Kohlenhydratstoffwechsel und seine hormonelle Steuerung durch die Langerhanssche Insel geführt. Zurückliegende Ergebnisse zahlreicher In-vivo- und In-vitro-Untersuchungen sprechen für (1.) fehlende, (2.) Insulin-ähnliche, Diabetes-protektive oder (3.) Insulin-suppressive Effekte von Melatonin bzw. pinealen Peptiden (DIAZ und BLÁZQUEZ 1986, FRANKEL und STRANDBERG 1991). Im Folgenden sollen eigene Untersuchungen und Ergebnisse vorgestellt werden, die vielfach reproduziert und publiziert worden sind.

2. Melatonin senkt die stimulierte Insulinsekretion

Befunde zum Einfluß von Melatonin auf die Insulinsekretion isolierter pankreatischer Ratten-Inseln haben unter Nutzung eines effizienten Superfusionssystems ergeben, daß Melatonin die stimulierte Insulinsekretion hemmt (PESCHKE et al. 1997, CSERNUS et al. 1998, PICINATO et al. 2002b). Die Überlegenheit superfusionstechnischer Untersuchungen beruht auf der Möglichkeit, neben der Sekretionskinetik Vitalitäts-, Synthese-, Freisetzungs- und Kapazitätskriterien von β-Zellen zu erfassen. Im Ergebnis von sowohl kurzzeitig-repetitiven als auch Langzeit-Applikationen senkt Melatonin in pharmakologischen als auch physiologischen Dosen die Glukose-, KCl- und Forskolin-stimulierte Insulinsekretion. Die aufgeführten Ergebnisse wurden zunächst an isolierten Inseln erhoben und erlaubten deshalb keine Aussagen darüber, ob die Effekte auf einem direkten Melatonineinfluß beruhen. Mit der immortalisierten, Insulin-produzierenden, Glukose-responsiven Ratten-Insulinomazelle INS1 war ein Modell gefunden, an dem sich alle an der Insel erhobenen und oben vorgestellten Befunde mit dem Gewinn reproduzieren ließen, daß von einem direkten Einfluß von Melatonin auf die β-Zelle ausgegangen werden kann (PESCHKE et al. 2002, PESCHKE 2003, 2004).

3. Die pankreatische β-Zelle verfügt über hochaffine Melatonin(MT1)-Rezeptoren

Melatonin realisiert seinen Einfluß auf die β-Zelle über spezifische Pertussistoxin-sensitive G_i-Protein-gekoppelte Rezeptoren (PESCHKE et al. 2000b, 2002, KEMP et al. 2002). Im Ergebnis von kompetitiven Rezeptor-Blockierungen mit Luzindol ließen sich Melatonin-Effekte löschen. Diese Reaktion ist an Insel und INS1-Zelle auslösbar. Zusätzliche autoradiographische Untersuchungen mit 2-[^{125}J]Jodmelatonin als auch Bindungsstudien bestätigten, daß die Insel über hochaffine Melatonin-Rezeptoren verfügt. Schließlich wurde die Expression von mRNA für MT_1- und MT_2-Rezeptoren im Pankreasgewebe der Ratte mit Hilfe der RT-PCR-Technik untersucht. Der Einsatz von MT_1-spezifischen Oligonukleotid-Primern führt zu einem Amplifikationsprodukt, das der erwarteten Länge von 329 bp entspricht. Die Spezifität der amplifizierten Sequenz wurde durch Restriktionsanalyse und verschachtelte (*nested*) PCR validiert. Der Einsatz von MT_2-spezifischen Oligonukleotid-Primern führte hingegen zu keinem Amplifikationsprodukt.

Die an der Insel erhobenen Befunde wurden an der INS1-Zelle mit der Frage überprüft, ob auch die INS1-Zelle ausschließlich über MT_1-Rezeptoren verfügt. Die Ergebnisse zeigten, daß der Insulin-senkende Effekt des Melatonins auch bei der INS1-Zelle durch den MT_1-Rezeptor vermittelt wird. Zur weiteren Absicherung der getroffenen Aussagen wurden Bindungsstudien durchgeführt. Die Ergebnisse sprechen für eine spezifische Bindung. Wenn auch die typischen Kenngrößen Bmax (0,916 fmol [^{125}J]Jodmelatonin/mg Protein) und KD (162,2 pmol/l [^{125}J]Jodmelatonin) Ausdruck einer eher geringen Bindungskapazität sind, ist dennoch von der Existenz eines Melatonin-Rezeptors auf der INS1-Zelle auszugehen. Dafür spricht auch, daß durch Applikation des kompetitiven Melatonin-Rezeptor-Antagonisten Luzindol der Insulin-senkende Melatonin-Effekt an der INS1-Zelle nahezu aufgehoben wird. Diese Ergebnisse sind in zweifacher Weise bedeutungsvoll. Einerseits zeigen sie, daß die Effekte durch direkten Melatonin-Einfluß auf die β-Zelle zustande kommen. Andererseits unterstreichen sie die Tauglichkeit der INS1-Zelle als Modell für repräsentative, auf die Insel übertragbare Untersuchungen, da sie den membranständigen Melatonin(MT_1)-Rezeptor konserviert hat.

4. Melatonin wirkt in der β-Zelle über den cAMP- und den IP_3-Weg

Durch zahlreiche Stimulationsversuche mit Forskolin an Inseln und INS1-Zellen konnte gesichert werden, daß Melatonin seine Effekte über Pertussistoxin-sensitive G_i-Protein-gekoppelte Rezeptoren, die Adenylatcyclase (AC) und konsekutiv das cyclische Adenosinmonophosphat (cAMP) entfaltet. Melatonin hemmt die Forskolin-stimulierte Insulinsekretion und den cAMP-Gehalt im Superfusat dosisabhängig. Aus der Literatur ist bekannt, daß cAMP einem unidirektionalen, transmembranösen Transport unterliegt, der durch definierte *multidrug resistance proteins* (MRP), insbesondere MRP4 und MRP5, bestimmt wird und daß diese MRP's als Exportpumpen für Anionen fungieren. Die eigenen Untersuchungen belegen, daß diese Pumpen durch Probenecid hemmbar sind. So wird verständlich, daß Probenecid den Forskolin-stimulierten cAMP-Gehalt in der β-Zelle erhöht, gefolgt von erhöhter Insulinsekretion und erniedrigtem cAMP-Gehalt im Superfusat (PESCHKE et al. 2002). Da sich nicht alle Melatonin-Effekte über den AC/cAMP-Signalweg erklären ließen, wurden weitere Signaltransduktionskaskaden analysiert. Es wurde festgestellt, daß Melatonin auch auf das Inositoltriphosphat(IP_3)-System Einfluß nimmt. Mit der letztgenannten Feststellung wird ein Problem angeschnitten, das einerseits unverständlich anmutet und andererseits von großer Tragweite für das komplexe Wechselspiel zwischen Indolaminen und Insulinsekretion sein könnte. Einerseits besteht kein Zweifel, daß Melatonin über G_i-Proteine und nach Dissoziation der G-Protein-Untereinheiten die AC und konsekutiv den cAMP-Gehalt hemmt. Diese Funktionskaskade führt über die Proteinkinase A (PKA) und Erhöhung des intrazellulären Ca^{2+}-Gehaltes (über Öffnung spannungsabhängiger Ca^{2+}-Kanäle) zu der von uns nachgewiesenen und inzwischen von anderen Autoren bestätigten Melatonin-bedingten Hemmung der Insulinsekretion. Andererseits konnte nachgewiesen werden, daß Melatonin unter bestimmten Bedingungen Einfluß auf G_q-Proteine nimmt und über Aktivierung der Phospholipase C (PLC), IP_3 und konsekutive Freisetzung von Ca^{2+} aus dem endoplasmatischen Retikulum die Insulinsekretion erhöht. Dafür spricht, daß Melatonin den IP_3-Gehalt und die Insulinsekretion nach experimenteller Blockierung von G_i mit Pertussistoxin steigert und die intrazelluläre Ca^{2+}-Konzentration auch im Ca^{2+}-freien Medium erhöht. Es bleibt zu klären, unter welchen Bedingungen Melatonin über G_i-Proteine, AC und cAMP den Insulinspiegel senkt und unter welchen Voraussetzungen Melatonin hingegen über G_q-Proteine, PLC und IP_3 zu einer Erhöhung der Insulinsekretion führt (BACH et al. 2005, PESCHKE et al. 2006a).

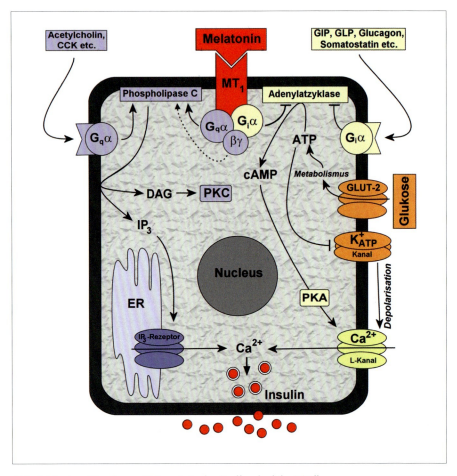

Abb. 1 Die Angriffsstelle von Melatonin in den Stoffwechsel der β-Zelle

5. Die Insulinsekretion erfolgt unter In-vitro-Bedingungen circadian-rhythmisch

Die circadian-rhythmische Insulinfreisetzung isolierter pankreatischer Inseln war im Gegensatz zu Beobachtungen beim Menschen (BODEN et al. 1996) bislang unbekannt. Sie konnte erstmals durch eigene, die Sekretionskinetik erfassende Superfusionsexperimente an pankreatischen Inseln neonater Ratten (PESCHKE und PESCHKE 1998) nachgewiesen werden (siehe auch PICINATO et al. 2002a). Die Ergebnisse belegen die Existenz circadianer Rhythmen der Insulin-Ausschüttung mit Periodenlängen zwischen 21,8 und 26,2 h. In Zusatzexperimenten wurde Melatonin als potentieller Zeitgeber eingesetzt. Die Ergebnisse machen in Einheit mit *phase-response-curves* deutlich, daß der circadiane Rhythmus durch ein peripheres Oszillator-System in der pankreatischen Insel selbst generiert wird. Aus den Befunden leitete sich zwangsläufig die Frage nach Steuermechanismen sowie der Expression von Uhrengenen in der pankreatischen Insel mittels molekularbiologischer Analysen ab. Konkret wurden aus der Gruppe von Uhrengenen *Per1*, *Per2* und *Cry1* ausgewählt, die für Transkriptionsfaktoren mit negativer regulatorischer Wirkung kodieren. Das Translationsprodukt dieser drei Gene supprimiert die Transkription von *Bmal1*, einem Mitglied der Gruppe von Uhrengenen mit positiver Wirkung, welches überwiegend im Zusammenspiel mit dem *Clock*-Gen agiert. Schließlich wurde die mRNA von *Dbp*, einem *clock controlled output gene*, nachgewiesen. Letzteres beeinflußt als Transkriptionsfaktor die Expression weiterer Gene und oszilliert selbst – unter der Kontrolle von Uhrengenen stehend – circadian-rhythmisch im Pankreas sowie anderen peripheren Organen. Es dient als Kontrollgen zur Erfassung von zeitabhängigen Expressionsschwankungen auf mRNA-Ebene im Pankreas. Ergänzend sei angemerkt, daß die Transkripte der genannten Uhrengene auch in der INS1-Zelle nachweisbar sind und circadian-rhythmisch oszillieren (MÜHLBAUER et al. 2004, MÜHLBAUER und PESCHKE 2005).

6. Melatonin ist ein effektiver Radikal-Scavenger

Reaktive Sauerstoffspezies sind sowohl bei der experimentellen β-Zell-Zerstörung durch Gabe von Alloxan (ALX) als auch bei der Entstehung des Typ1-Diabetes maßgeblich beteiligt. Melatonin (1 mmol/l) verhindert ALX-bedingte β-Zell-Nekrosen nahezu vollständig. Die antidiabetogene Bedeutung von Melatonin beruht darauf, daß es konzentrationsabhängig einen Teil der gebildeten Hydroxylradikale neutralisiert. Die halbmaximal wirksame Melatoninkonzentration (IC_{50}) beträgt 23 µmol/l. Mittels chemiluminometrischer und photometrischer Methoden konnte ferner nachgewiesen werden, daß ALX bei Interaktion mit physiologischen Konzentrationen intrazellulärer Reduktionsmittel, hauptsächlich mit Glutathion (GSH), ein Redoxpaar bildet, das molekularen Sauerstoff durch sequentielle Elektronenübertragungen primär zum Superoxidradikal und sekundär zu Wasserstoffperoxid reduziert. Die Anwesenheit geeigneter Eisenkomplexatoren (z. B. $NTA-Fe^{2+}$) führt im nächsten Schritt zur Bildung der äußerst reaktiven und toxisch-wirksamen Hydroxylradikale. Der Nachweis dieser Radikale erfolgte direkt durch Adduktierung an eine spezifische *spin-trap* (DEPMPO) mittels Elektronen-Spin-Resonanz-Spektroskopie. Die Befunde belegen, daß Melatonin ein effizienter *radical scavenger* für Hydroxylradikale ist. Es schützt die pankreatische β-Zelle vor oxidativem Streß. Andere •OH-*Scavenger*, wie z. B. Mannitol, GSH und Dimethylthioharnstoff, interagieren ebenfalls mit •OH. Sie sind aber im direkten Vergleich mit Melatonin weniger wirksam. Zusammenfassend kann festgestellt werden, daß Melatonin zu den effektivsten •OH-Fängern zählt; seine Wirksamkeit ist höher als die von GSH, auch wenn dazu unphysiologisch hohe Melatonin-Konzentrationen nötig sind (BRÖMME et al. 1999, 2000, 2001, 2002, EBELT et al. 2000, PESCHKE et al. 2000a, BRÖMME und PESCHKE 2003).

Die Insulin-produzierende pankreatische β-Zelle verfügt über hochaffine, Pertussistoxin-sensitive Melatonin(MT1)-Rezeptoren

Melatonin erhöht auf dem PLC/IP3-Weg die Insulinsekretion (2. Signalweg)

Diabetiker haben erniedrigte Melatonin-Serumspiegel

Melatonin senkt auf dem AC/cAMP-Weg die Insulinsekretion (1. Signalweg)

Die Insulinsekretion erfolgt circadian-rhythmisch

β-Zellen mit Insulingranula

Kontrollkinder: ●
Typ1-diabetische Kinder: ■

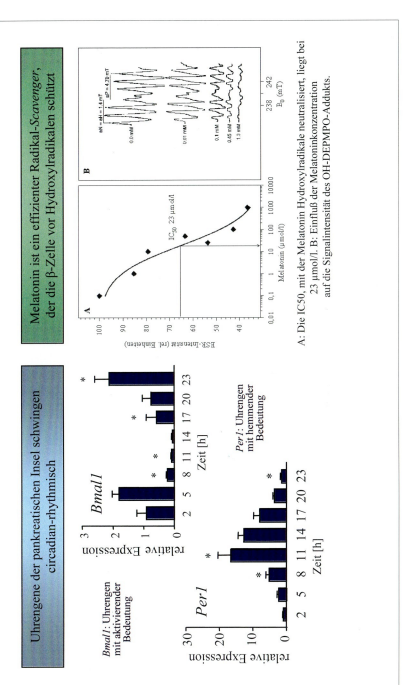

Abb. 2 Synopsis des Einflusses von Melatonin auf die pankreatische β-Zelle

7. Zusammenfassung und klinische Implikationen

In der vorliegenden Zusammenfassung wird festgestellt, daß Melatonin die Insulinsekretion beeinflußt und daß die Effekte über Melatonin(MT1)-Rezeptoren vermittelt werden. Konsekutiv wird – über G_i-Proteine mediiert – das AC/cAMP-System und schließlich die Insulinsekretion gehemmt. Nach Blockierung von G_i-Proteinen mittels Pertussistoxin aktiviert Melatonin – G_q-Protein-vermittelt – das PLC/IP_3-System und erhöht auf diesem Wege die Insulinsekretion. Die Frage nach dem Sinn dieser »Janusköpfigkeit« der Signalsysteme ist Gegenstand derzeitiger Untersuchungen.

Ferner konnte erstmals *in vitro* nachgewiesen werden, daß die Insulinsekretion nicht nur circadian-rhythmisch erfolgt, sondern daß der Rhythmus intrainsulär generiert und durch Melatonin synchronisiert werden kann. Folgeuntersuchungen sollen klären, ob und mit welchem Gewinn die circadian-rhythmische Insulinsekretion durch Uhrengene gesteuert wird.

Schließlich wurde nachgewiesen, daß Melatonin die β-Zelle in pharmakologischen Dosen vor Hydroxylradikalen schützt.

Die Einbeziehung klinischer Aspekte sowie die Übertragbarkeit der Ergebnisse auf den Menschen belegen, daß auch das menschliche Pankreas Melatonin(MT_1)-Rezeptoren aufweist, daß diabetische Patienten ebenso wie diabetische Ratten gestörte oder gänzlich zusammengebrochene Melatonin-Tagesrhythmen aufweisen und daß bei diabetischen Ratten die Melatoninsynthese erniedrigt (Hemmung des Schlüsselenzyms der Melatoninsynthese, der AANAT), die Melatonin-Rezeptorexpression im Pankreas jedoch erhöht ist (Peschke et al. 2006b). Die Aufklärung der kausalen, für die klinische Diabetologie relevanten Mechanismen, ist wesentliches Anliegen gegenwärtiger Untersuchungen, die auf den dargelegten Befunden aufbauen können.

Literatur

Bach, A. G., Wolgast, S., Mühlbauer, E., and Peschke, E.: Melatonin stimulates inositol-1,4,5-trisphosphate and Ca^{2+} release from INS1 insulinoma cells. J. Pineal Res. *39*, 316–323 (2005)

Boden, G., Ruiz, J., Urbain, J. L., and Chen, X.: Evidence for a circadian rhythm of insulin secretion. Amer. J. Physiol. *271*, E246–E252 (1996)

Brömme, H.-J., Ebelt, H., Peschke, D., and Peschke, E.: Alloxan acts as a pro-oxidant only under reducing conditions: influence of melatonin. Cell. Mol. Life Sci. (CMLS) *55*, 487–493 (1999)

Brömme, H.-J., Mörke, W., and Peschke, E.: Transformation of barbituric acid into alloxan by hydroxyl radicals. Interaction with melatonin and with other hydroxyl radical scavengers. J. Pineal Res. *33*, 239–247 (2002)

Brömme, H.-J., Mörke, W., Peschke, E., Ebelt, H., and Peschke, D.: Scavenging effect of melatonin on hydroxyl radicals generated by alloxan. J. Pineal Res. *29*, 201–208 (2000)

Brömme, H.-J., und Peschke, E.: Molekulare Mechanismen der Alloxan-Toxizität sowie der radikalfangenden und antidiabetogenen Bedeutung von Melatonin. In: Peschke, E. (Ed.): Endokrinologie, Vorträge im Rahmen des Projektes »Zeitstrukturen endokriner Systeme«. Abh. Sächs. Akad. Wiss., Math.-nat. Kl., Band *60*, Heft 1, 89–118. Stuttgart, Leipzig: S. Hirzel 2003

BRÖMME, H.-J., WEINANDY, R., PESCHKE, D., and PESCHKE, E.: Simultaneous quantitative determination of alloxan, GSH and GSSG by HPLC. Estimation of the frequency of redox cycling between alloxan and dialuric acid. Horm. Metab. Res. *33*, 106–109 (2001)

CSERNUS, V., HAMMER, T., PESCHKE, D., and PESCHKE, E.: Dynamic insulin secretion from perifused rat pancreatic islets. Cell. Mol. Life Sci. (CMLS) *54*, 733–743 (1998)

DIAZ, B., and BLÁZQUEZ, E.: Effect of pinealectomy on plasma glucose, insulin and glucagon levels in the rat. Horm. Metab. Res. *18*, 225–229 (1986)

EBELT, H., PESCHKE, D., BRÖMME, H.-J., MÖRKE, W., and PESCHKE, E.: Influence of melatonin on free radical induced changes in rat pancreatic beta-cells *in vitro*. J. Pineal Res. *28*, 65–72 (2000)

FRANKEL, B. J., and STRANDBERG, M. J.: Insulin release from isolated mouse islets *in vitro*: no effect of physiological levels of melatonin or arginine vasotocin. J. Pineal Res. *11*, 145–148 (1991)

KEMP, D. M., UBEDA, M., and HABENER, J. F.: Identification and functional characterization of melatonin Mel 1a receptors in pancreatic b cells: potential role in incretin-mediated cell function by sensitization of cAMP signaling. Mol. Cell. Endocrinol. *191*, 157–166 (2002)

MÜHLBAUER, E., und PESCHKE, E.: Uhrengene und ihre Bedeutung für die pankreatische Insel. In: PESCHKE, E. (Ed.): Endokrinologie II, Vorträge im Rahmen des Projektes »Zeitstrukturen endokriner Systeme«. Abh. Sächs. Akad. Wiss., Math.-nat. Kl. Bd. *63*, Heft 2, 33–45. Stuttgart, Leipzig: S. Hirzel 2005

MÜHLBAUER, E., WOLGAST, S., FINCKH, U., PESCHKE, D., and PESCHKE, E.: Indication of circadian oscillations in the rat pancreas. FEBS Lett. *564*, 91–96 (2004)

PARHON, C. I.: Congrès d'Endocrinologie de Bucarest. Vol. *I*, p. *187* (1939)

PESCHKE, E.: Zum Einfluß von Melatonin auf Insulinsekretion, Signaltransduktion und Sekretionsrhythmik pankreatischer B-Zellen *in vitro*. In: PESCHKE, E. (Ed.): Endokrinologie, Vorträge im Rahmen des Projektes »Zeitstrukturen endokriner Systeme«. Abh. Sächs. Akad. Wiss. Math.-nat. Kl. Bd. *60*, Heft 1, 135–160. Stuttgart, Leipzig: S. Hirzel 2003

PESCHKE, E.: Über den phylogenetischen Funktionswandel des Pinealorgans und seine Bedeutung für die Insulinsekretion bei Mammalia. Sitzungsber. Sächs. Akad. Wiss. Math.-nat. Kl. Bd. *129*, Heft 3. Stuttgart, Leipzig: S. Hirzel 2004

PESCHKE, E., BACH, A. G., and MÜHLBAUER, E.: Parallel signaling pathways of melatonin in the pancreatic β-cell. J. Pineal Res. *40*, 184–191 (2006a)

PESCHKE, E., EBELT, H., BRÖMME, H. J., and PESCHKE, D.: ›Classical‹ and ›new‹ diabetogens – comparison of their effects on isolated rat pancreatic islets *in vitro*. Cell. Mol. Life Sci. (CMLS) *57*, 158–164 (2000a)

PESCHKE, E., FAUTECK, J.-D., MUSSHOFF, U., SCHMIDT, F., BECKMANN, A., and PESCHKE, D.: Evidence for a melatonin receptor within pancreatic islets of rats: functional, autoradiographic and molecular investigations. J. Pineal Res. *28*, 156–164 (2000b)

PESCHKE, E., FRESE, T., CHANKIEWITZ, E., PESCHKE, D., PREISS, U., SCHNEYER, U., SPESSERT, R., and MÜHLBAUER, E.: Diabetic Goto Kakizaki rats as well as type 2-diabetic patients show a decreased diurnal serum melatonin level and an increased pancreatic melatonin receptor status. J. Pineal Res. *40*, 135–143 (2006b)

PESCHKE, E., MÜHLBAUER, E., MUSSHOFF, U., CSERNUS, V. J., CHANKIEWITZ, E., and PESCHKE, D.: Receptor (MT_1) mediated influence of melatonin on cAMP content and insulin secretion of rat insulinoma cells INS1. J. Pineal Res. *33*, 63–71 (2002)

PESCHKE, E., and PESCHKE, D.: Evidence for a circadian rhythm of insulin release from perifused rat pancreatic islets. Diabetologia *41*, 1085–1092 (1998)

PESCHKE, E., PESCHKE, D., HAMMER, T., and CSERNUS, V. J.: Influence of melatonin and serotonin on glucose-stimulated insulin release from perifused rat pancreatic islets *in vitro*. J. Pineal Res. *23*, 156–163 (1997)

PICINATO, M. C., HABER, E. P., CARPINELLI, A. R., and CIPOLLA-NETO, J.: Daily rhythm of glucose-induced insulin secretion by isolated islets from intact and pinealectomized rat. J. Pineal Res. *33*, 172–177 (2002a)

PICINATO, M. C., HABER, E. P., CIPOLLA-NETO, J., CURI, R., DE OLIVEIRA CARVALHO, C. R., and CARPINELLI, A. R.: Melatonin inhibits insulin secretion and decreases PKA levels without interfering with glucose metabolism in rat pancreatic islets. J. Pineal Res. *33*, 156–160 (2002b)

Prof. Dr. Elmar PESCHKE
Institut für Anatomie und Zellbiologie
Martin-Luther-Universität Halle-Wittenberg
Große Steinstraße 52
06108 Halle (Saale)
Bundesrepublik Deutschland
Tel.:   +49 345 5571709
Fax: +49 345 5574053
E-Mail: elmar.peschke@medizin.uni-halle.de

Bioinformatische Analyse von HIV-Resistenz

Von Thomas LENGAUER, Saarbrücken
Mitglied der Akademie
Mit 7 Abbildungen

(Kurzfassung des in der Sitzung der Akademie am 22. 2. 2005 gehaltenen Vortrages)

1. Einführung

AIDS ist die Infektionskrankheit, die die meisten Todesfälle weltweit verursacht. Bald wird uns die AIDS-Todesrate einen neuen Rekord bescheren: AIDS wird die größte Epidemie in der niedergelegten Menschheitsgeschichte darstellen. Warum ist AIDS nicht auszurotten? Und was kann man tun, um den AIDS-Patienten, die ihren Erreger nie mehr im Leben loswerden, möglichst lange und effektiv therapeutisch zu helfen? Der Schlüssel für die Antwort dieser Fragen liegt in der Natur des AIDS-Erregers, des Humanen Immundefizienzvirus HIV.

Als Virus ist der Erreger kein Lebewesen, sondern lediglich ein Stück verpacktes Erbgut – gut 9000 genomische Buchstaben, die von einer Proteinhülle umgeben sind (siehe Abb. 1). Diese 9000 Lettern definieren einen der gefährlichsten bekannten Bioterroristen. Der Aufbau des HI-Virus ist übrigens heute sehr genau bekannt.

Wie alle Viren benutzt HIV die von ihm befallene Zelle – in der Regel eine Zelle des menschlichen Immunsystems –, um sich zu vermehren (Abb. 2). Wir müssen zum Verständnis des Weiteren kurz darauf eingehen, wie das geschieht (OETTE et al. 2003).

2. Vervielfältigungszyklus des Virus

Im Falle von HIV besteht das virale Genom nicht aus dem uns bekannten Erbmolekül DNA, sondern aus der mit der DNA eng verwandten Ribonukleinsäure RNA, die beim Menschen als Überträgermolekül für Erbinformation verwendet wird. Das HI-Virus befällt, wie schon erwähnt, vor allem Immunzellen (siehe Abb. 3). Es bindet zunächst an ein Oberflächenmolekül der zu infizierenden Zelle (CD4) und taucht dann in die Zelle ein (*Entry*). Wenn es einmal in der Zelle ist,

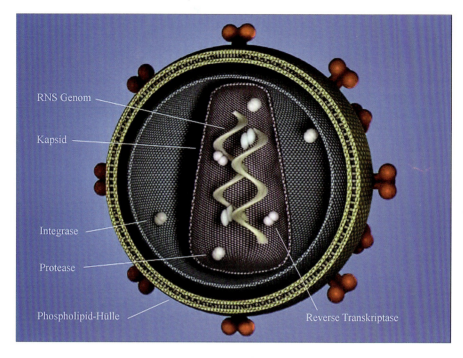

Abb. 1 Die Struktur eines HI-Viruspartikels (modifziert nach Kurowski et al. (2003), mit freundlicher Genehmigung des Georg-Thieme-Verlages Stuttgart)

wird seine Proteinhülle abgestreift. Dann muß das Virus zunächst sein RNA-Genom in die von der menschlichen Zelle ablesbare DNA übersetzen. Diese Aufgabe kann die menschliche Zelle mit ihrem molekularen Repertoire nicht verrichten. Daher bringt das Virus ein spezifisch dafür entwickeltes Werkzeug mit, ein Protein namens *Reverse Transkriptase* (RT, Rückübersetzer). Dieses Protein arbeitet »absichtlich« fehlerhaft, so daß bei praktisch jedem Kopiervorgang neue Varianten des HIV-Genoms entstehen. Ist das Virusgenom in DNA übersetzt, so wird es mit Hilfe eines weiteren vom Virus mitgebrachten Proteins, der sogenannten *Integrase*, in das Genom der befallenen Immunzelle eingebaut. Die normale Vervielfältigungsmaschinerie der menschlichen Wirtszelle ist damit gezwungen, auch das virale Genom zu vervielfältigen. Es entstehen RNA-Kopien des HIV-Genoms, genau, wie das Virus es braucht, – und sogar die Proteine des Virus werden hilfsbereit automatisch von der Wirtszelle erzeugt. Die Teile des Virus sammeln sich und werden in der Nähe der Zellperipherie zusammengebaut (Aggregation). Dann verläßt das neue Viruspartikel die Zelle (*Budding*, siehe auch Abb. 2). Allerdings hängen mehrere virale Proteine noch zusammen und sind daher inaktiv. Sie müssen dadurch aktiviert werden, daß sie auseinander

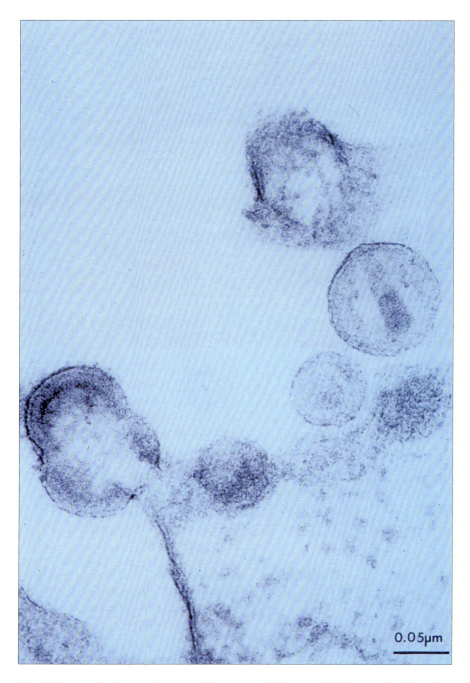
Abb. 2 Von einer befallenenen Immunzelle knospende HI-Viruspartikel (Courtesy Rolf KAISER)

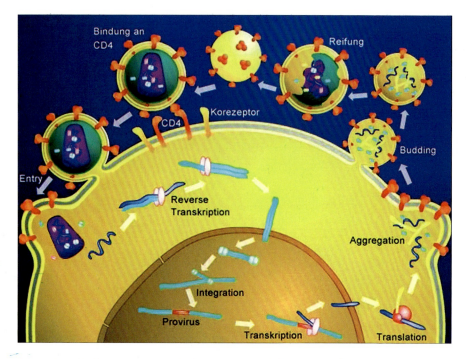

Abb. 3 Vervielfältigungszyklus von HIV (modifziert nach KUROWSKI et al. (2003), mit freundlicher Genehmigung des Georg-Thieme-Verlages Stuttgart)

geschnitten werden. Das Auseinanderschneiden besorgt ein drittes Protein, das das Virus mitbringt, die so genannte *HIV-Protease*. So kann jede befallene Immunzelle tausende Viruspartikel gebären, bevor sie stirbt.

3. Entwicklung von Medikamenten gegen AIDS

Wir mußten uns den Vervielfältigungskreislauf von HIV so genau ansehen, weil er die Basis für alle medikamentösen Therapien gegen AIDS darstellt. Es gibt derzeit etwa 20 Medikamente gegen HIV auf dem Markt, und praktisch alle zielen darauf ab, eines der vom Virus mitgebrachten Proteine unschädlich zu machen. (Das durch das Medikament angegriffene Protein wird in diesem Zusammenhang *Zielprotein* genannt.) Alle Wirkstoffe sind kleine Moleküle. Es gibt mehrere Möglichkeiten, ein virales Protein zu blockieren. Eine beliebte Methode ist, den Wirkstoff so zu konzipieren, daß er sich an diejenige aktive Stelle am Protein heftet, die die Arbeit verrichtet (Abb. 4).

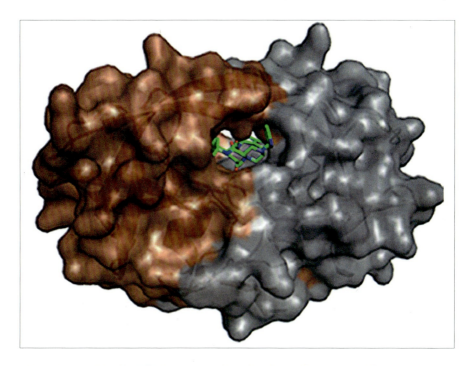

Abb. 4 Raumstruktur der HIV-Protease, mit dem gebundenen Medikament Indinavir

4. Resistenz: Die wesentliche Waffe des HI-Virus

Warum braucht man so viele verschiedene Medikamente? Es sollte doch reichen, mit einem einzelnen Wirkstoff ein virales Protein auszuschalten. Das täte es auch, wenn sich das Virus nicht so rasant – also praktisch bei jedem Kopiervorgang – verändern würde. Im Genom des Virus ist ja abgelegt, wie die viralen Proteine aussehen. Verändert sich das Genom, so ändern sich auch diese Proteine, und plötzlich paßt der Wirkstoff nicht mehr an das geänderte virale Protein: Das Virus ist resistent geworden.

Und da dies so schnell geschieht, gibt man am besten gleich mehrere Wirkstoffe, die sich auch an verschiedene virale Proteine heften – in der Hoffnung, daß sich wenigstens eines der betroffenen Proteine nicht so schnell verändert und der Wirkstoff eine Weile lang wirksam bleibt. So finden heute Kombinationen von drei bis sechs Wirkstoffen Gebrauch, die dem AIDS-Patienten gleichzeitig verabreicht werden.

Aber am Ende gewinnt das Virus immer. Es werden so viele virale Varianten erzeugt, daß über kurz oder lang, meistens im Verlauf von einigen Monaten bis ein oder zwei Jahren, eine neue Variante entsteht, die gegen alle verabreichten Wirkstoffe resistent ist. Jetzt sind wir an dem Punkt angelangt, der die Bioinformatiker interessiert: Die Frage besteht jetzt nämlich, welche neue Wirkstoffkombination nun verabreicht werden sollte.

5. Herkömmliche Art der Therapieauswahl

Die Antwort auf diese Frage hängt natürlich von dem nun im Körper des Patienten herausgebildeten Virusstamm ab, genauer, von der Form seiner Proteine, die in seinem Genom abgelegt ist. Daher wird dem Patienten nun Blut entnommen und das Virusgenom aus dem Blut extrahiert und abgelesen. Das virale Genom ist die Grundlage für die Auswahl einer neuen Therapie.

Wissen über den Zusammenhang zwischen Virusgenom und Resistenz gegen Wirkstoffe wird seit über 15 Jahren im klinischen Feld empirisch angesammelt. Dabei geht es um zweierlei Daten. Zum einen werden bei unseren Kooperationspartnern am Virologischen Institut der Universität zu Köln und in einer Reihe von assoziierten Arztpraxen und Laboren sogenannte *genotypische* Daten gesammelt. Diese umfassen wesentliche Abschnitte des HIV-Genoms des im Patientenblut gefundenen HIV-Stammes zusammen mit klinischen Parametern, wie der Anzahl der Viruspartikel und der Immunzellen in einem Milliliter Blut des Patienten. Zum anderen werden am Referenzzentrum für Retroviren in Erlangen, mit dem wir ebenfalls zusammenarbeiten, sogenannte *phänotypische* Daten gesammelt (WALTER et al. 1999). Hier setzt man den im Patientenblut gefundenen Virenstamm im Labor unterschiedlichen Konzentrationen eines jeden AIDS-Medikamentes aus und mißt dessen Vervielfältigungsrate. Resistente Viren zeichnen sich dadurch aus, daß eine Reduzierung ihrer Vervielfältigungsrate eine höhere Wirkstoffdosis erfordert. Das entsprechende Verhältnis zwischen den Wirkstoffdosen, die erforderlich sind, um die Vervielfältigungsrate des untersuchten HIV-Stammes bzw. eines nicht resistenten Referenzstammes zu halbieren, bildet ein quantitatives Maß für die Resistenz des HIV-Stammes, den sogenannten *Resistenzfaktor*. Ist er hoch, so ist das Virus resistent, ist er niedrig, so wirkt das Medikament (zumindest im Labor).

Das in der klinischen Praxis erworbene vielfältige Wissen über die HIV-Resistenz gegen Medikamente hat man bisher in sogenannten Mutationstabellen gesammelt, die angeben, welche Veränderungen im Virusgenom zu beobachteten Resistenzen gegen einzelne Wirkstoffe geführt haben. Die am häufigsten verwendete derartige Tabelle wird von der *International AIDS Society* fortgeschrieben (JOHNSON et al. 2005). Die herkömmliche Art der Therapieauswahl ist nun wie folgt. Der Arzt sieht sich das aus dem Blut des Patienten isolierte Virusgenom an und sucht nach Wirkstoffen, gegen die keine der in der Mutationstabelle verzeichneten Resistenzmutationen zu finden ist. Eine Kombination solcher Wirkstoffe verabreicht er dann dem Patienten, wobei die genaue Auswahl vielfältige weitere Einflußfaktoren und Nebenbedingungen berücksichtigt.

6. Nachteile der herkömmlichen Therapieauswahl

Die auf dieser Basis stattfindende Auswahl hat jedoch entscheidende Nachteile:

– Es gibt derzeit etwa 10 000 mögliche Wirkstoffkombinationen, und diese Zahl wächst mit jedem neuen AIDS-Medikament, das auf den Markt kommt. Es fällt dem Arzt schwer, aus dieser Vielfalt mit Übersicht auszuwählen. In der Tat sind in der Praxis nur etwas über zwei Dutzend Kombinationen im breitflächigen Einsatz – die, mit denen die Ärzte praktische Erfahrung gewonnen haben. Damit wird die Kombinationsvielfalt nur zu einem kleinen Teil ausgenutzt.
– Die Identifikation einzelner Mutationen kann das Resistenzverhalten des Virus nicht ausreichend beschreiben. Das Virusgenom agiert als Ganzes, nicht als eine Ansammlung einzelner unabhängig voneinander wirkender Mutationen. Es gibt vielmehr subtile Abhängigkeiten zwischen Mutationen. So kann eine Mutation, die aufgrund einer anderen Mutation erworbene Resistenz wieder rückgängig machen (WOLF et al. 2003). Mutationstabellen enthalten diese komplexe, aber wesentliche Information nicht.

7. Bioinformatikmethoden zur Analyse von HIV-Resistenz

Die Grundlage für unsere bioinformatischen Analysen bilden die oben beschriebenen genotypischen und phänotypischen Daten. In der Arevir-Datenbank, deren Entwicklung in meiner Gruppe an der GMD – Forschungszentrum Informationstechnik begonnen wurde, und die jetzt federführend am caesar-Institut in Bonn verwaltet und weiterentwickelt wird, wurden diese Daten für derzeit fast 1000 HIV-Stämme gesammelt. Auf dieser Datenbank basieren unsere bioinformatischen Methoden.

Wir benutzen die in der Arevir-Datenbank vorhandenen Daten zur Erstellung von statistischen Modellen, die die eingangs angesprochene Mutationstabelle ersetzen sollen. Im Gegensatz zu der Mutationstabelle sind unsere Modelle in der Lage, Abhängigkeiten zwischen verschiedenen Mutationen darzustellen. Die Methoden, die wir zur Ableitung der Modelle benutzen, sind aus dem Bereich des statistischen (oder maschinellen) Lernens. Wir haben verschiedene statistische Modelle abgeleitet (BEERENWINKEL et al. 2003), von denen hier eines genauer beschrieben wird, und zwar der Entscheidungsbaum (BEERENWINKEL et al. 2002).

Entscheidungsbäume sind hierarchische Strukturen, die die Entscheidungsfolgen repräsentieren, nach denen bestimmt wird, ob das Virus resistent gegen ein einzelnes Medikament ist. Abbildung 5 zeigt einen Entscheidungsbaum, nach dem bestimmt wird, ob das untersuchte Virus gegen das Medikament Saquinavir resistent ist. Die blauen Zahlen entsprechen Positionen in der Aminosäuresequenz des Zielproteins des Medikamentes, in diesem Fall der Protease. Die durch einzelne Buchstaben angedeuteten Aminosäurevarianten unter den umkreisten blauen Zahlen stellen mögliche Mutationen an der betreffenden Sequenzposition dar. Die Aminosäure des Referenzvirus (Wildtyp) ist mit einem roten Buchstaben gekennzeichnet. An den unteren Enden der Entscheidungshierarchie befinden sich grüne mit s (für suszeptibel = nicht resistent) markierte und rote mit einem r (für resistent) markierte Felder, die die endgültige Entscheidung über die Resistenz des Virus repräsentieren. (Die hier nicht näher erläuterten Zahlen unter diesen farbigen Feldern sagen etwas über die Genauigkeit der entsprechenden Vorhersage aus.) Der Baum in Abbildung 5 liest sich etwa wie folgt: Wenn an Sequenzposition 90 der Protease eine Mutation von der Referenzvariante Leucin (L) nach Valin (V) zu finden ist, dann ist das Virus nicht resistent (gegen Saquinavir). Ist dort eine Mutation nach Phenylalanin (F) oder Methionin (M) zu finden, so ist das Virus resistent. Falls an dieser Positi-

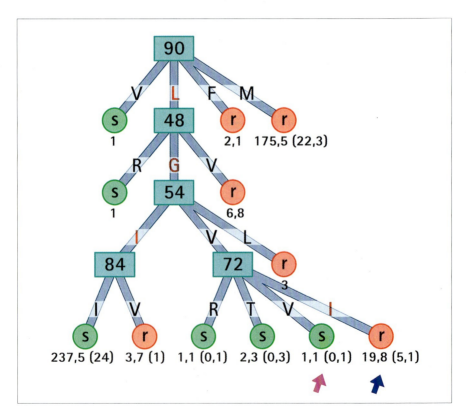

Abb. 5 Entscheidungsbaum für die Resistenz von HIV gegen den Proteasehemmer Saquinavir

on keine Mutation zu finden ist, müssen wir weiter an Position 48 schauen usw. Der Entscheidungsweg, der an der durch den blauen Pfeil markierten Stelle endet, zeigt, daß eine einzige Mutation an Position 54 von Isoleucin (I) nach Valin (V) zur Resistenz des Virus führt. Der Weg, der zur mit dem lila Pfeil markierten Stelle führt, zeigt jedoch, daß eine Mutation an Position 72 von Isoleucin (I) nach Valin (V) (oder auch Arginin (R) oder Threonin (T)) das Medikament wieder wirksam macht – sie hebt die durch die Mutation an Position 54 hervorgerufene Resistenz des Virus auf. Das ist ein Beispiel dafür, wie statistische Modelle die Abhängigkeiten zwischen Mutationen berücksichtigen.

Wir leiten bezüglich ihrer Genauigkeit optimierte Entscheidungsbäume algorithmisch aus den phänotypischen Daten in der Arevir-Datenbank ab. In einem sogenannten Kreuzvalidierungstest stellte sich heraus, daß unsere Entscheidungsbäume in etwa 90 % der Fälle korrekte Aussagen über die Resistenz eines Virus in der Petrischale des Referenzlabors machen.

In der Praxis werden jedoch nicht einzelne Medikamente verabreicht, sondern es werden Wirkstoffkombinationen gegeben. Außerdem wirkt das Virus nicht in der Petrischale, sondern im Körper des Patienten. Erst wenn die Resistenzanalyse diese beiden Aspekte berücksichtigt, kann sie auch als klinisch relevant gelten. Es galt also, die Bioinformatikmethoden in dieser Hinsicht weiter zu entwickeln.

8. Bioinformatikmethoden zur Auswahl von HIV-Kombinationstherapien

In Kombinationstherapien wirken Medikamente auf komplexe Weise zusammen. Daher kann man Resistenzen des Virus gegen einzelne gemeinsam verabreichte Medikamente nicht einfach maximieren oder addieren, um die Effektivität der Therapie zu schätzen. Um das Zusammenwirken von Medikamenten zu modellieren, benutzen wir deshalb wiederum statistische Lernverfahren, die subtile nichtlineare Abhängigkeiten zwischen den verschiedenen Wirkstoffen erkennen. Dabei betrachten wir nicht nur die Resistenz des gegenwärtig beobachteten Virusstammes, sondern wir extrapolieren auch in die Zukunft. Denn für den Erfolg einer Therapie ist nicht nur wichtig, wie resistent der gegenwärtige Virenstamm gegen die verabreichte Therapie ist. Entscheidend ist, wie schnell sich neue Resistenzen ausbilden können. Wir haben daher ein statistisches Maß für die sogenannte *genetische Barriere* entwickelt, das ist die Wahrscheinlichkeit, daß das Virus nach einer gewissen Zeit gegen das betrachtete Medikament resistent wird (BEERENWINKEL et al. 2005a). Durch unsere Modelle vorhergesagte Resistenzen wie auch die Werte der genetischen Barrieren gehen in eine statistische Lernmethode ein, die letztlich über die geschätzte Effektivität einer jeden möglichen Kombinationstherapie Auskunft gibt (BEERENWINKEL et al. 2005b). Abbildung 6 zeigt, in welcher Form unsere Software die Reihung von Kombinationstherapien mit verschiedenen gebräuchlichen Internet-Browsern darstellt. Die Berechnung der Reihung dauert nur einige Sekunden.

9. Wie genau ist die neue Methode zur Therapieauswahl?

Natürlich kann eine solche Analyse nur Vorschläge machen. Viele wichtige Elemente der HIV-Infektion sind hier nicht berücksichtigt, und auch der Umfang, der für unsere Analyse benutzten Meßdaten, ist noch relativ klein. Er umfaßt

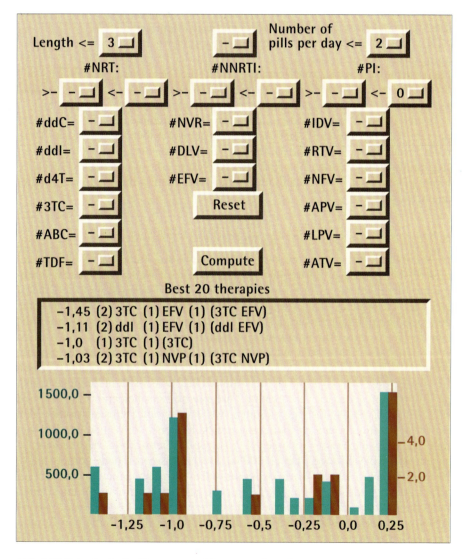

Abb. 6 Web-Applet für die Therapieauswahl im geno2pheno System (www.geno2pheno.org)

etwa 1000 Virusstämme. Der wichtigste ausgelassene Aspekt der Krankheit ist wohl das Genom des Patienten, also die individuelle Variante der Wirtszelle. Wir sind derzeit dabei, diese Komponente in unsere Analyse mit einzubeziehen.

Bei unvollständigen Modellen, wie wir sie hier vorliegen haben, ist die Überprüfung der Aussagekraft des Modells, die sogenannte Validierung, ein wichtiger Teil der Forschung. Wir wenden hier eine Reihe von statistischen Tests an, die nachweisen, daß unsere Aussagen statistisch signifikant sind. So ist etwa die Fehlerrate bei der Bewertung des Erfolgs von Kombinationstherapien unter 14 %. Das ist nicht wenig, aber deutlich besser als die 25 %, die ohne Verwendung der Software erzielt werden. Diese Zahl ist insbesondere beachtlich, als hier an klinischen Daten validiert wurde. Es wurde also die Genauigkeit der Vorhersage bezüglich des Therapieerfolges am Patienten gemessen und nicht lediglich die der viel einfacheren Vorhersage des Resistenzfaktors in der Petrischale. Damit hat unsere Methode ihre klinische Relevanz unzweifelhaft unter Beweis gestellt.

10. *Ein ermutigender Fall aus der klinischen Praxis*

Für den Laien eindrucksvoller ist aber vielleicht folgende Geschichte aus der klinischen Praxis: Einer der mit uns zusammen arbeitenden Ärzte hat einen AIDS-Patienten in Behandlung, nennen wir ihn Georg. (Der wirkliche Name ist mir aus Datenschutzgründen richtigerweise nicht bekannt.) Georg hat sich im Jahre 1987 infiziert. Seitdem ist er in Behandlung. Bisher hat man aber keine Therapie gefunden, die ihm wirklich hilft. In den letzten 15 Jahren waren bei allen verabreichten Therapien wesentliche Zahlen von HI-Viren im Blut zu messen. Unabhängig davon durchlief Georg natürlich den Zyklus von Resistenzentwicklung und Therapiewechsel mehrmals. Im Oktober 2003 boten dann die Mutationstabellen keine Alternative mehr. Der im Blut von Georg isolierte Virenstamm hatte gegen alle Wirkstoffe Resistenzmutationen vorzuweisen. Nach der klassischen Vorgehensweise war Georg »austherapiert«. Der behandelnde Arzt zog zu diesem Zeitpunkt unseren Server zu Rate. Der Server machte einen Vorschlag, den der Arzt aufgrund seiner medizinischen Expertise noch etwas modifizierte. Seit diesem Therapiewechsel war Georg zum ersten Mal in seiner Patientenlaufbahn »virusfrei«, jedenfalls, was sein Blutserum betrifft. (Aus dem Körper kann man HIV, wie schon erwähnt, nicht ganz entfernen.) Dieser Zustand hält jetzt schon über zwei Jahre an.

Sicher ein Einzelfall. Aber er zeigt, wie mächtig der Computer als Hilfsmittel in der molekularen Medizin sein kann.

11. Ausblick

Trotz der Effektivität der entwickelten Methoden stehen wir im Hinblick auf eine adäquate Modellierung des Krankheitsgeschehens bei AIDS und der Wirkung von medikamentösen Therapien auf dieses Geschehen erst am Anfang. Eine wesentliche Auslassung besteht darin, daß das Genom des Patienten nicht in die Analyse einbezogen wird. Bei einer Infektionskrankheit gibt es immer drei Akteure, den Patienten (Wirt), den Erreger (Gast) und den Wirkstoff (Abb. 7).

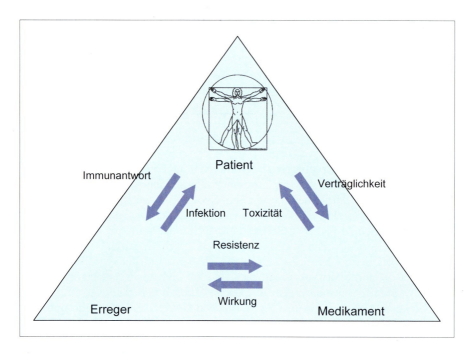

Abb. 7 Interaktionen der drei Aktionspartner bei AIDS

Bisher haben wir nur die Beziehungen zwischen Erreger und Wirkstoff betrachtet. Derzeit sind wir dabei, die Beziehung zwischen Patientengenom – spezifisch dem Teil des Genoms, der das Immunsystem beschreibt, und dem Virus zu analysieren. Es stellt sich nämlich heraus, daß HIV auch Mutationen entwickelt, mit denen es versucht, dem Immunsystem des Wirtes zu entkommen. Eine umfassende bioinformatische Analyse der Interaktionen zwischen allen drei Akteuren liegt noch in geraumer Ferne.

Literatur

BEERENWINKEL, N., DÄUMER, M., OETTE, M., KORN, K., HOFFMANN, D., KAISER, R., LENGAUER, T., SELBIG, J., and WALTER, H.: Geno2pheno: estimating phenotypic drug resistance from HIV-1 genotypes. Nucleic Acids Res. *31*/13, 3850–3855 (2003)

BEERENWINKEL, N., DÄUMER, M., SING, T., RAHNENFUHRER, J., LENGAUER, T., SELBIG, J., HOFFMANN, D., and KAISER, R.: Estimating HIV evolutionary pathways and the genetic barrier to drug resistance. J. Infect. Dis. *191*/11, 1953–1960 (2005)

BEERENWINKEL, N., SCHMIDT, B., WALTER, H., KAISER, R., LENGAUER, T., HOFFMANN, D., KORN, K., and SELBIG, J.: Diversity and complexity of HIV-1 drug resistance: a bioinformatics approach to predicting phenotype from genotype. Proc. Natl. Acad. Sci. USA *99*/12, 8271–8276 (2002)

BEERENWINKEL, N., SING, T., LENGAUER, T., RAHNENFUHRER, J., ROOMP, K., SAVENKOV, I., FISCHER, R., HOFFMANN, D., SELBIG, J., KORN, K., WALTER, H., BERG, T., BRAUN, P., FATKENHEUER, G., OETTE, M., ROCKSTROH, J., KUPFER, B., KAISER, R., and DÄUMER, M.: Computational methods for the design of effective therapies against drug resistant HIV strains. Bioinformatics *21*/21, 3943–3950 (2005)

JOHNSON, V. A., BRUN-VEZINET, F., CLOTET, B., CONWAY, B., KURITZKES, D. R., PILLAY, D., SCHAPIRO, J. M., TELENTI, A., and RICHMAN, D. D.: Update of the drug resistance mutations in HIV-1: Fall 2005. Top HIV Med. *13*/4, 125–131 (2005)

KUROWSKI, M., LUNZEN, J. VON, und WALTER, H.: HIV-Resistenzen (CD-ROM). Stuttgart: Georg Thieme 2003

OETTE, M., KAISER, R., und HÄUSSINGER, D. (Eds.): Resistenz in der HIV-Therapie – Diagnostik und Management. Bremen: UNI-MED Verlag 2003

WALTER, H., SCHMIDT, B., KORN, K., VANDAMME, A. M., HARRER, T., and UBERLA, K.: Rapid, phenotypic HIV-1 drug sensitivity assay for protease and reverse transcriptase inhibitors. J. Clin. Virol. *13*/1–2, 71–80 (1999)

WOLF, K., WALTER, H., BEERENWINKEL, N., KEULEN, W., KAISER, R., HOFFMANN, D., LENGAUER, T., SELBIG, J., VANDAMME, A. M., KORN, K., and SCHMIDT, B.: Tenofovir resistance and resensitization. Antimicrob. Agents Chemother. *47*/11, 3478–3484 (2003)

Prof. Dr. Thomas LENGAUER
Max-Planck-Institut für Informatik
Stuhlsatzenhausweg 85
66123 Saarbrücken
Bundesrepublik Deutschland
Tel.: +49 681 9325300
Fax: +49 681 9325399
E-Mail: lengauer@mpi-sb.mpg.de

Symbiotisches Leben an der Grenze zur Anoxie

Von Hauke HENNECKE, Zürich
Mitglied der Akademie
Mit 2 Abbildungen

(Kurzfassung des in der Sitzung der Akademie am 22. 2. 2005 gehaltenen Vortrages)

Der Mount Everest dürfte nicht wesentlich höher sein, denn sonst wäre sein Gipfel selbst für bestens akklimatisierte Bergsteiger ohne Sauerstoffmaske unerreichbar. Während der Mensch bei den dort herrschenden Sauerstoffkonzentrationen (ca. 7 % O_2) in seinen stoffwechselphysiologischen Leistungen stark beeinträchtigt ist (Hypoxie), können gewisse Bakterien bei 10 000-fach geringerer Sauerstoffkonzentration noch biochemische Atmung (Respiration) unterhalten. Um ein solches Bakterium geht es hier: *Bradyrhizobium japonicum*, ein vermeintlich unscheinbarer Bodenbewohner, der in mehrfacher Hinsicht rekordverdächtige Eigenschaften besitzt:

1. Mit insgesamt sieben verschiedenen respiratorischen Oxidasen ausgestattet, vermag *B. japonicum* seine Zellatmung an jedes Sauerstoffangebot zwischen 21 % und 0,001 % anzupassen.
2. Über 100 verschiedenartige Kohlenstoffverbindungen scheint das Bakterium als Energiequelle für das Wachstum verwerten zu können.
3. Besonders bekannt ist es für seine Fähigkeit, eine wirtsspezifische Symbiose mit der Sojabohne einzugehen. Nach Infektion der Wurzelhaare induziert *B. japonicum* die Entwicklung von Wurzelknöllchen (Abb. 1) und besiedelt anschließend das Zytoplasma der pflanzlichen Zellen im Inneren des Knöllchens (Endosymbiose). Die Symbiose manifestiert sich in einem für beide Partner nützlichen Geben und Nehmen: Die Sojabohne stellt die für den respiratorischen Energiestoffwechsel des Bakteriums nötige Kohlenstoffverbindung zur Verfügung, wohingegen *B. japonicum* die Pflanze mit einer Stickstoffquelle versorgt (Abb. 1). Letztere stammt aus der endosymbiotisch ablaufenden Stickstofffixierung, eine durch das Enzym Nitrogenase katalysierte Umwandlung von Luftstickstoff (N_2) in Ammoniak (NH_3).
4. Wegen der mikrobiellen Stickstoffdüngung von weltweit auf ca. 80 Mio. Hektaren angebauten Sojabohnen ist *B. japonicum* – agroökonomisch betrachtet – das wichtigste Bakterium in der Nutzpflanzenproduktion.

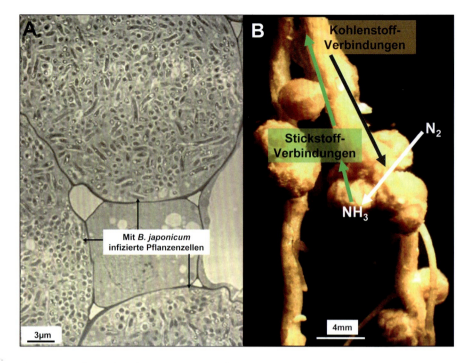

Abb. 1 Wurzelknöllchen der Sojabohne (B) und elektronenmikroskopische Aufnahme von intrazellulär (endosymbiotisch) lebenden Bakterien (A).

5. Das Genom (der vollständige Satz aller Gene eines Organismus) besteht in *B. japonicum* aus ca. 8400 Genen, welche auf einer ringförmigen chromosomalen DNA von 9 105 828 Basenpaaren angeordnet sind. Damit ist dieses Genom das zweitgrößte aller bislang sequenzierten Genome im Bakterienreich.

Ein paradoxes Verhältnis

Zum Sauerstoff haben die endosymbiotischen Knöllchenbakterien ein paradoxes Verhältnis entwickelt. Einerseits sind sie auf adäquate O_2-Versorgung angewiesen, um die von der Pflanze bereitgestellte Kohlenstoffquelle zu veratmen. Andererseits sind geringste Spuren von Sauerstoff für die Nitrogenase toxisch; also muß das Schlüsselenzym der biologischen N_2-Fixierung vor der irreversiblen Oxidation durch O_2 geschützt werden. Die Natur hat diese anscheinend widersprüchlichen Bedürfnisse auf elegante Weise unter einen Hut gebracht. Die Sojabohne sorgt mit verschiedenen Mechanismen dafür, daß die freie O_2-Konzentration im Inneren des Wurzelknöllchens auf einem sehr tiefen Niveau gehalten wird (Mikrooxie). Die symbiotischen *B. japonicum*-Zellen induzieren eine für

Sauerstoff hochaffine respiratorische Oxidase, mit deren Hilfe sie sogar bei mikrooxischen Verhältnissen noch atmen können (PREISIG et al. 1993, 1996). Zulieferung und Verbrauch von O_2 stehen derart geschickt im Gleichgewicht, daß im Zellinneren der Bakterien praktisch kein Sauerstoff mehr vorkommt (Anoxie). Dadurch wird eine für das Funktionieren der O_2-sensitiven Nitrogenase optimale ökologische Nische geschaffen. Es verwundert nicht, daß die Etablierung und Aufrechterhaltung einer solch delikaten Balance in der *B. japonicum*-Zelle strikt kontrolliert werden muß. Wie nimmt das Bakterium im Verlauf der Knöllchenentwicklung die Abnahme der O_2-Konzentration wahr? Wann wird der Energiestoffwechsel auf mikrooxische Atmung umgestellt? Welche Sensoren geben grünes Licht für die Synthese der Nitrogenase? Die Beantwortung solcher Fragen ist Gegenstand eines der Forschungsprojekte in der Arbeitsgruppe des Autors. Einige der bisherigen Erkenntnisse sind in einem vereinfachten Schema in Abbildung 2 dargestellt.

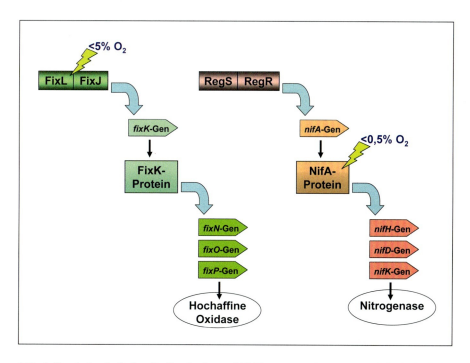

Abb. 2 Regulationskaskaden für Respiration und N_2-Fixierung in *B. japonicum*. Jede Kaskade besitzt einen »Checkpoint« für unterschiedliche O_2-Konzentrationen. Die blauen Pfeile markieren Routen der Gen-Aktivierung. Weitere Erläuterungen im Text.

Intelligentes Regulationssystem

Schon bald nach der Invasion in die Sojabohnenwurzel sieht sich *B. japonicum* vermutlich erstmals mit einer erniedrigten Sauerstoffkonzentration (< 5 % an gasförmigem O_2) konfrontiert (SCIOTTI et al. 2003). Ein aus zwei Proteinen bestehendes Regulationssystem – FixL und FixJ genannt – erkennt die Situation und reagiert mit der Aktivierung eines Gens namens *fixK* und der anschließenden Synthese des entsprechenden FixK-Proteins. In Form einer Signalübertragungskaskade leitet FixK die »< 5 % O_2«-Information an die Gene *fixN*, *fixO* und *fixP* weiter. Die Ablesung und Expression dieser Gene führt zur Bildung der oben erwähnten hochaffinen respiratorischen Oxidase. Nun ist der bakterielle Symbiont für die mikrooxische Atmung gerüstet. – Nach einem ganz ähnlichen Design ist die zweite in Abbildung 2 gezeigte Signalübertragungskaskade aufgebaut. Auch sie beginnt mit einem 2-Komponenten-Regulationssystem (RegS, RegR), für welches das »Input«-Signal allerdings noch nicht bekannt ist. Dieses System aktiviert das *nifA*-Gen und anschließend die Synthese des NifA-Proteins. Mit dem NifA-Protein verfügt *B. japonicum* über einen zweiten Sauerstoffsensor, der sich aber bezüglich Sensormechanismus und Empfindlichkeit deutlich von FixLJ unterscheidet. NifA wird nämlich erst dann aktiv, wenn die O_2-Konzentration in der Gasphase unter 0,5 % gesunken ist. Dies scheint in den symbiotischen *B. japonicum*-Zellen jener Zustand an der Grenze zur Anoxie zu sein, in dem die Zeit reif ist für den Aufbau des Nitrogenase-Apparates. Dementsprechend aktiviert NifA die Ablesung der Gene *nifH*, *nifD* und *nifK* für die Nitrogenase-Proteine. Nun kann die Stickstoffixierung beginnen. Wahrscheinlich sind die beiden Signalübertragungsketten hierarchisch hintereinander geschaltet, d. h., die RegSR-NifA-Kaskade kommt erst dann in Gang, wenn die Arbeit der FixLJ-FixK-Kaskade schon weit vorangeschritten ist. Solche Rangordnung ist sinnvoll, denn die prioritäre Etablierung einer mikrooxischen Atmung ist ja u. a. Voraussetzung dafür, daß die Nitrogenase eine weitgehend anoxische Umgebung vorfindet.

»Systems Biology« und »Gene Chips«

Gegenwärtig ist »Systems Biology« als neue biologische Subdisziplin *en vogue*. Darunter versteht man die gleichzeitige Erfassung möglichst aller in einer Zelle oder in einem spezialisierten Gewebe ablaufenden Prozesse: An- und Abschaltung sämtlicher Gene, Auf- und Abbau sämtlicher Proteine, Synthese und Verbrauch sämtlicher Metabolite. Darüber hinaus will man wissen, zu welcher Zeit und in welcher Reihenfolge und Abhängigkeit welche Prozesse stattfinden (Kinetik, Dynamik), und man will auch noch den Einfluß der umgebenden physikalischen Bedingungen studieren (z. B. Temperatur, Salzkonzentration, eventuell Licht und andere Strahlung, – und die O_2-Konzentration). Ein hervorragend geeignetes Untersuchungsobjekt für die Systembiologie ist die oben beschriebene symbiotische Interaktion zwischen einem Bakterium und einer Pflanze. Es fasziniert hier, wie auf molekularer Ebene zwei so unterschiedliche Symbiosepartner miteinander kommunizieren, um die in beiden Arten parallel ablaufenden Prozesse zu koordinieren, z. B. die Knöllchenentwicklung in den Pflanzen und die Induktion der N_2-Fixierung in den Bakterien. Die Erforschung von komplexen Problemen der Systembiologie ist überhaupt erst möglich geworden, nachdem adäquate »-omics«-Methoden dafür entwickelt worden sind (Genomics, Transcriptomics, Proteomics, Metabolomics), mit denen viele Proben möglichst schnell (»high-throughput«), in möglichst kleinem Analysemaßstab (Nanotechnologie) und mit hoher Nachweisempfindlichkeit untersucht werden können.

Im Laboratorium des Autors haben *B. japonicum*-»Gene Chips« Einzug gehalten (HAUSER et al. 2006, RUDOLPH et al. 2006), die in Kooperation mit der Firma Affymetrix nach einem speziellen Design entworfen und hergestellt worden sind. Auf einer Matrix von nur einem Quadratzentimeter befinden sich über eine halbe Million DNA-Proben, welche die 8400 *B. japonicum*-Gene mitsamt den intergenischen Regionen repräsentieren. Damit gelingt die Identifizierung aller Gene, die während einer spezifischen Wachstumsphase oder einer speziellen Umweltbedingung exprimiert werden. Besonders interessieren uns jene Gene, die *B. japonicum* im symbiotischen Zustand anschaltet, die aber unter nicht-symbiotischen Bedingungen (im Boden oder in Laborkultur) abgeschaltet sind. Des weiteren erlaubt der Vergleich von Genaktivitäten in Wildtyp-Zellen mit einer Mutante die Erforschung von komplexen regulatorischen Netzwerken. Methodisch geht man so vor, daß erst aus beiden Zelltypen separat die Transkripte isoliert werden (d. h. die Gesamtheit aller von der chromosomalen DNA abgelesenen RNA, das Transkriptom). Jede dieser beiden fluoreszenzmarkierten RNA-Mixturen wird auf die Matrix von separaten »Gene Chips« gegeben. Bindung findet nur an jene DNA-Moleküle statt, für welche es komplementäre RNA-Moleküle gibt. Mittels eines speziellen Chip-Scanners im *Functional Genomics Center Zurich* kann man den relativen Anteil der einzelnen Transkripte in der Mischung anhand der Fluoreszenzintensität bestimmen. Ein solches Experiment lieferte zum Beispiel den Befund, daß in einer im *regR*-Gen defekten und in Gegenwart von O_2 kultivierten Mutante über 200 Transkripte fehlten, die im Wildtyp vorhanden waren. Daraus schließen wir, daß das 2-Komponenten-System RegSR (Abb. 2) potentiell für die Aktivierung von >200 Genen zuständig ist. Dies ist zweifellos überraschend, kannten wir doch bisher nur ein Gen, nämlich *nifA*, welches unter solchen Wachstumsbedingungen von RegSR kontrolliert wird. Für manchen Leser mögen die in Abbildung 2 gezeigten Regulationskaskaden schon komplex genug erscheinen. Nach Anwendung der systembiologischen Analytik müssen wir nun aber damit rechnen, daß sie nur die Spitze des Eisbergs darstellen. In ähnlicher Weise, wie wir hier Systembiologie mit dem bakteriellen Symbiosepartner betreiben, soll in Zukunft auch das Transkriptom in den Wurzelknöllchen des pflanzlichen Symbiosepartners untersucht werden. Entsprechend hoch ist die Erwartung, daß die nächsten Jahre eine enorme Erweiterung unserer Kenntnisse über die Vorgänge in der N_2-fixierenden Bakterien-Pflanzen-Symbiose hervorbringen werden.

Dank

Dieser Artikel ist die modifizierte und erweiterte Version eines Artikels im ETH-Bulletin (Nr. 295), einem vierteljährlich erscheinenden Magazin der Eidgenössischen Technischen Hochschule Zürich. Ich danke Frau Martina MÄRKI für das »Copyright«. Der ETH-Leitung danke ich für die großzügige Finanzierung des im Text erwähnten »Gene Chip«.

Literatur

HAUSER, F., LINDEMANN, A., VUILLEUMIER, S., PATRIGNANI, A., SCHLAPBACH, R., FISCHER, H.-M., and HENNECKE, H.: Design and validation of a partial-genome microarray for transcriptional profiling of the *Bradyrhizobium japonicum* symbiotic gene region. Mol. Genet. Genomics *275*, 55–67 (2006)

PREISIG, O., ANTHAMATTEN, D., and HENNECKE, H.: Genes for a microaerobically induced oxidase complex in *Bradyrhizobium japonicum* are essential for a nitrogen fixing endosymbiosis. Proc. Natl. Acad. Sci. USA *90*, 3309–3313 (1993)

PREISIG, O., ZUFFEREY, R., THÖNY-MEYER, L., APPLEBY, C. A., and HENNECKE, H.: A high-affinity cbb_3-type cytochrome oxidase terminates the symbiosis-specific respiratory chain of *Bradyrhizobium japonicum*. J. Bacteriol. *178*, 1532–1538 (1996)

RUDOLPH, G., SEMINI, G., HAUSER, F., LINDEMANN, A., FRIBERG, M., HENNECKE, H., and FISCHER, H.-M.: The iron control element (ICE), acting in positive and negative control of iron-regulated *Bradyrhizobium japonicum* genes, is a target for the Irr protein. J. Bacteriol. *188*, 733–744 (2006)

SCIOTTI, M.-A., CHANFON, A., HENNECKE, H., and FISCHER, H.-M.: Disparate oxygen responsiveness of two regulatory cascades that control expression of symbiotic genes in *Bradyrhizobium japonicum*. J. Bacteriol. *185*, 5639–5642 (2003)

Prof. Dr. Hauke HENNECKE
Eidgenössische Technische Hochschule Zürich
Institut für Mikrobiologie
Wolfgang-Pauli-Strasse 10
CH-8093 Zürich
Schweiz
Tel.: +41 44 6323318
Fax: +41 44 6321382
E-Mail: hennecke@micro.biol.ethz.ch

Leben am Existenzminimum: Energetik syntropher mikrobieller Lebensgemeinschaften

Von Bernhard Schink, Konstanz
Mitglied der Akademie
Mit 2 Abbildungen

(Kurzfassung des in der Sitzung der Akademie am 22. 3. 2005 gehaltenen Vortrages)

Einleitung

Der mikrobielle Abbau organischer Substanz in Gewässersedimenten, Sümpfen oder technischen Systemen, wie z. B. dem Faulraum einer Kläranlage, führt nach der Reduktion verschiedener alternativer Elektronenakzeptoren schließlich zu Methan und CO_2 als den wichtigsten Endprodukten. Der Vorgang ist seit mehr als 200 Jahren bekannt, seitdem Alessandro Volta 1776 erstmals dieses Gasgemisch auffing und durch Explosionsversuche zeigte, daß es einen wesentlich höheren Brennwert hatte als der kurz zuvor entdeckte Wasserstoff und sich damit offenkundig von diesem unterschied (Paoloni 1976).

In der Vergärung von Biomasse zu Methan und CO_2, die man chemisch als eine Disproportionierung des organischen Kohlenstoffs beschreiben kann, wirken eine Vielzahl verschiedener Organismen zusammen, darunter klassische Gärer, methanbildende Archaeobakterien sowie homoacetogene Bakterien und sekundäre Gärer, die die Produkte der primären Gärer, vor allem längerkettige Fettsäuren und Alkohole, durch eine Nachvergärung zu solchen Substraten umwandeln, die von den eigentlichen Methanogenen genutzt werden können, nämlich C_1-Verbindungen, Wasserstoff und Acetat (Zehnder 1978, Bryant 1979, Schink 1997). Über die sekundären Gärer ist noch wenig bekannt, da sie nur unter einigen Schwierigkeiten zu kultivieren sind. Die Reaktionen, die sie katalysieren, sind unter Standardbedingungen endergon und bedürfen einer Kopplung an die methanogenen Partner, die ihre Reaktionsprodukte, vor allem Wasserstoff und Acetat, verwerten und damit die Konzentration dieser Metabolite im Kultursystem niedrig halten. Diese spezifische Form von Symbiose wird Syntrophie genannt. Man kann sich eine syntrophe Gärung als einen Spezialfall eines Gärungsvorgangs vorstellen, in dem der oxidative Ast des Stoffwechsels vom üblicherweise unmittelbar angekoppelten reduktiven Ast getrennt wird und die Elektronen von einem Organismus zum anderen in Form von z. B. molekularem Wasserstoff übertragen werden (Abb. 1). Der wasserstoffverwertende Partner hält den Wasserstoff-Partialdruck niedrig, in der Größenordnung von 10^{-4} bis 10^{-5} atm, und begünstigt auf diese Weise die unter Standardbedingungen endergone Gärungsreaktion des sekundären Gärers so weit, daß sie exergon wird und damit diesem Energiekonservierung und Wachstum ermöglicht.

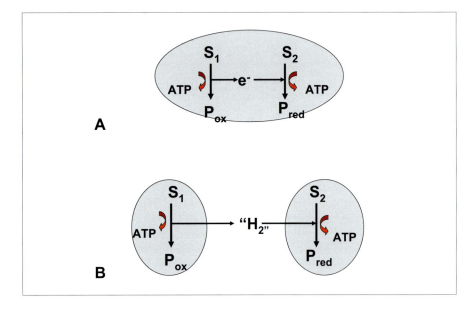

Abb. 1 Konzept einer Gärung in Reinkultur (A) im Vergleich zu einer syntrophen Gärung (B)

Energieaufwand für die ATP-Synthese

Für die Synthese von ATP unter physiologischen Bedingungen in der wachsenden Zelle ist ein Energiebetrag von 60–70 kJ pro Mol ATP erforderlich (THAUER et al. 1977). Membranständige ATPasen (ATP-Synthasen) koppeln die Hydrolyse bzw. Synthese von ATP mit der Translokation von Protonen oder Natrium-Ionen über die zytoplasmatische Membran. Wenn 3–4 Protonen oder Natrium-Ionen pro ATP transloziert werden, so wird das kleinste Energie-Quantum, das noch zur Bildung von ATP genutzt werden kann, bei einem Drittel bzw. einem Viertel ATP-Äquivalent liegen, d. h. in der Größenordnung von 15–20 kJ pro Mol Reaktion. Bisher kennen wir keinen Stoffwechselprozeß, der aus einem nennenswert geringeren Energiebetrag noch ATP-Synthese und Wachstum ermöglichen könnte. Daß ein Energiestoffwechsel mit einem so geringen Energiebetrag grundsätzlich noch möglich ist, konnten wir vor Jahren durch Isolierung eines ungewöhnlichen Gärers, *Propionigenium modestum*, nachweisen, der Succinat zu Propionat vergärt (SCHINK und PFENNIG 1982). Diese Decarboxylierung liefert ca. 25 kJ pro Mol. Schlüsselenzym dieses Stoffwechsels ist eine Methylmalonyl-CoA-Decarboxylase, die ein durch CoA-Austausch und Umlagerung aus Succinat gebildetes Methylmalonyl-CoA zu Propionyl-CoA decarboxyliert. Die Decarboxylase ist eine membranständige primäre Natriumpumpe, die im Zuge der Decarboxylierung einen Natrium-Gradienten über die zytoplasmatische Membran dieses marinen Bakteriums aufbaut. Eine Natrium-pumpende ATPase nutzt den Natriumionen-Gradienten zur ATP-Synthese (HILPERT et al. 1984). Wenn pro ATP-Synthese drei Natrium-Ionen die Membran überkreuzen und pro Decarboxylierung ein Natrium-Ion transloziert wird, laufen die Reaktionen im Verhältnis 3:1 ab, und aus drei Decarboxylierungsreaktionen wird genügend Energie für 1 ATP geschöpft. Insbesondere die Natrium-abhängige ATPase dieses Bakteriums wurde im Labor von Peter DIMROTH später als ein Modell-Enzym für unser gegenwärtiges Verständnis des komplexen Reaktionsablaufs von F_1, F_O-ATPasen untersucht (DIMROTH 2000).

Syntrophe Oxidation von Butyrat

Betrachten wir den Fall der syntrophen Oxidation von Butyrat im Zuge der Methan-Bildung. Die Umsetzung

$$\text{Butyrat}^- + H_2O \rightarrow 2 \text{ Acetat}^- + H^+ + 2 H_2 \qquad [1]$$

ist unter Standardbedingungen endergon ($\Delta G^{0'}$ = +48 kJ pro Mol). Unter *In-situ*-Bedingungen, z. B. im Faulraum einer Kläranlage (Butyrat 10 µM, Acetat 50 µM, H_2 $10^{-4,5}$ atm), verschiebt sich dieser Betrag auf –20 kJ pro Mol, gerade jenen Energiebetrag, den wir als minimal erforderlich für eine ATP-Synthese definiert haben. Der Weg führt über Butyryl-CoA, Crotonyl-CoA, 3-Hydroxybutyryl-CoA und Acetoacetyl-CoA zu zwei Acetyl-CoA, deren eines zu Beginn mit Butyrat austauscht, während das zweite über Phosphotransacetylase und Acetat-Kinase ein ATP per Substratstufen-Phosphorylierung bildet (WOFFORD et al. 1986). Die Oxidation von 3-Hydroxybutyryl-CoA zu Acetoacetyl-CoA (–250 mV) ist bei pH 7,0 und 10^{-4}–10^{-5} atm H_2 ungefähr im Gleichgewicht mit der Reduktion von Protonen zu molekularem Wasserstoff (Abb. 2). Die Oxidation von Butyryl-CoA zu Crotonyl-CoA ($E^{0'}$ = –125 mV) läßt sich nicht direkt mit der Reduktion von Protonen koppeln. Durch Versuche mit Entkopplern und dem ATPase-Hemmstoff DCCD konnten wir zeigen, daß die Wasserstoff-Freisetzung aus dem Butyryl-Rest spezifisch von einem intakten Protonen-Gradienten an der Zytoplasma-Membran und einer aktiven ATPase abhängt (WALLRABENSTEIN und SCHINK 1994). Man muß also hier einen revertierten Elektronentransport postulieren, der möglicherweise mit dem Äquivalent von zwei translozierten Protonen pro Reaktionsschritt ermöglicht wird, so daß den Bakterien das Äquivalent von einem translozierten Proton bzw. ein Drittel ATP-Äquivalent zum Leben erhalten bleibt

(SCHINK 1997). Daß tatsächlich ein solcher vom Redoxpotential her ungünstig gelegener Redoxschritt über Protonentranslokationen mit der ATP-Synthese gekoppelt werden kann, haben wir an einem anderen Beispiel, der syntrophen Oxidation von Glycolat, auch an isolierten Membranvesikeln zeigen können (FRIEDRICH und SCHINK 1993, 1995). Bei diesem System ließ sich sowohl eine ATP-abhängige Wasserstoff-Freisetzung aus Glycolat als auch eine Wasserstoff- und Glyoxylat-abhängige ATP-Synthese nachweisen, was zeigt, daß beide Prozesse reversibel über die geladene Membran miteinander gekoppelt sind. Diese Kopplung ließ sich durch Protonophoren aufheben.

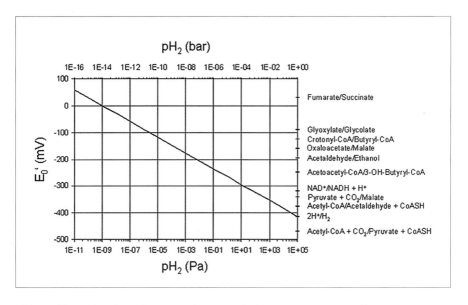

Abb. 2 Abhängigkeit des wirksamen Redoxpotentials des Protonen/Wasserstoff-Paars vom Wasserstoffpartialdruck bei pH 7,0, und Vergleich mit Standard-Redoxpotentialen von Redoxreaktionen im syntrophen Stoffwechsel.

Syntrophe Oxidation von Acetat

Die Vergärung von Acetat zu CO_2 und Methan wird bei Temperaturen von 37 °C und darunter durch methanogene Archaeobakterien katalysiert. Die Reaktion liefert unter Standardbedingungen –35 kJ pro Mol. Lange Zeit war umstritten, ob dieser Betrag für das Wachstum eines Bakteriums ausreichen könnte (ZEIKUS 1977). In einem bei 55 °C betriebenen Abwasserreaktor wurde beobachtet, daß diese Reaktion offensichtlich auch im Zusammenspiel von zwei Partnern bewerkstelligt werden kann (ZINDER und KOCH 1984):

$$CH_3COO^- + H^+ + 2\,H_2O \rightarrow 2\,CO_2 + 4\,H_2 \qquad \Delta G^{0'} = +95 \text{ kJ/mol rct.} \qquad [2]$$
$$4\,H_2 + CO_2 \rightarrow CH_4 + 2\,H_2O \qquad \Delta G^{0'} = -131 \text{ kJ/mol rct.} \qquad [3]$$
$$\text{Summe: } CH_3COO^- + H^+ + \rightarrow CH_4 + CO_2 \qquad \Delta G^{0'} = -35 \text{ kJ/mol rct.} \qquad [4]$$

Die Energie-Ausbeute der Summenreaktion ist bei erhöhter Temperatur ein wenig günstiger ($\Delta G' = -42$ kJ pro Mol bei 60 °C) und kann so gerade noch für beide Partner den erforderlichen Minimal-Energiebetrag erwirtschaften. Der in solchen Kokulturen gemessene Wasserstoff-Partialdruck bei 5–10 Pa liegt genau in dem Bereich, der eine Energieverteilung zu gleichen Teilen zwischen beiden Partnern erwarten läßt. Die Verdopplungszeit der Kokultur liegt bei 8–10 Tagen, was andeutet, daß dieser Stoffwechsel auch kinetisch an die Grenzen seiner Möglichkeiten stößt. Eine ähnliche Kokultur, die bei 35 °C operiert, hat Verdopplungszeiten bei 2–3 Wochen (SCHNÜRER et al. 1996). Die Vergärung von Acetat zu CO_2 und Wasserstoff ist eigentlich eine Umkehrung der Reaktion, auf deren Basis sogenannte homoacetogene Bakterien ihren Stoffwechsel betreiben. Tatsächlich konnte der aus dieser Kokultur isolierte Stamm in Reinkultur aus Wasserstoff und CO_2 Acetat bilden (LEE und ZINDER 1988). Das Beispiel zeigt, wie nahe am thermodynamischen Gleichgewicht in der anaeroben Welt ein Stoffwechsel verlaufen kann: Je nach dem Verhältnis der Konzentrationen von Substraten und Produkten kann die Reaktion mal in die eine, mal in die andere Richtung ablaufen, und kann offensichtlich in jeder Richtung mit der Synthese von ATP gekoppelt werden. An einem späteren Isolat gleichen Typs, *Thermacetogenium phaeum* (HATTORI et al. 2000), haben wir die Biochemie der Acetat-Oxidation in diesem Bakterium untersucht. Es stellte sich heraus, daß in beiden Reaktionsrichtungen die Enzyme des Kohlenmonoxid-Dehydrogenase-Wegs genutzt werden (HATTORI et al. 2005). Unklar bleibt, in welcher Weise jeweils die ATP-Synthese an diese Reaktionskette angebunden wird. Prinzipiell sind alle Schritte der Acetat-Oxidation reversibel. An zwei Stellen ist ATP unmittelbar beteiligt (Acetat-Kinase, Formyltetrahydrofolat-Synthetase), und die Transmethylierung von einem Methyl-Coenzym B_{12} zu Methyltetrahydrofolat ist mit der Translokation von Natrium-Ionen über die Membran gekoppelt. Es bleibt offen, ob und in welcher Weise die beteiligten Tetrahydrofolat-gebundenen Redoxreaktionen bzw. die CO-Dehydrogenase oder die Formiat-Dehydrogenase-Reaktion sich durch Ionen-Translokationen am Energiehaushalt des Bakteriums beteiligen.

Eine andere Form von syntropher Zusammenarbeit bei der Oxidation von Acetat wurde in einer Kokultur des Eisen-reduzierenden Bakteriums *Geobacter sulfurreducens* mit dem Fumarat- oder Nitrat-reduzierenden Bakterium *Wolinella succinogenes* beobachtet. Die energetische Situation dieser Kokultur ist wesentlich günstiger und liefert bei Kopplung an die Reduktion von Nitrat zu Ammonium 505 kJ pro Mol Acetat. Die Kultur wächst sehr viel schneller, mit Verdopplungszeiten von 6 bis 8 Stunden; allerdings ist der Wasserstoff-Partialdruck in der Mischkultur viel zu gering (0,02–0,04 Pa), um einen Elektronentransfer über Wasserstoff in dieser Kokultur zu erklären. Es stellte sich heraus, daß in dieser Kokultur das als Reduktionsmittel zugesetzte Cystein als Elektronencarrier zwischen den beiden Organismen operiert (Kaden et al. 2002). Später konnten wir beobachten, daß auch Schwefel und Schwefelwasserstoff als Elektronenüberträger zwischen diesen beiden Partnern wirksam werden können. Das Redoxpotential des Cystein-Cystin-Paars während des Wachstums der Kultur liegt in der Größenordnung von −200 mV. Damit bieten Schwefel und organische Schwefelverbindungen eine Alternative für den Elektronentransfer in einem Redoxpotentialbereich, der ca. 100 mV positiver liegt als das der sonst üblichen Wasserstoff- bzw. Formiat-CO_2-Systeme, die bisher ausschließlich für Elektronenübertragungen in syntrophen Gemeinschaften diskutiert wurden.

Syntrophe Vergärung von Glucose

Auch klassische Gärungen, etwa die Vergärung von Glucose durch *Clostridium butyricum*, werden durch wasserstoffzehrende Partnerorganismen beeinflußt. Während *C. butyricum* in Reinkultur Glucose zu einem Gemisch von Buttersäure, Essigsäure, CO_2 und Wasserstoff vergärt, wird bei niedrigem Wasserstoffpartialdruck fast ausschließlich Acetat und kaum noch Buttersäure gebildet. Das Bakterium kann unter diesen Bedingungen mehr ATP synthetisieren, als dies in der Reinkultur möglich ist. Es lag nahe zu prüfen, ob am natürlichen Standort Bakterien existieren, die ausschließlich auf diese wasserstoffabhängige Kooperation angewiesen sind und daher nur in Gegenwart von wasserstoffzehrenden Partnern kultiviert werden können. In Verdünnungskulturen aus Sedimentmaterial des Bodensees konnten wir zeigen, daß dort solche obligat syntrophen Zuckerverwerter vorhanden sind und die klassischen, Partner-unabhängigen Gärer an Anzahl um zwei Größenordnungen übertreffen. Tatsächlich konnten wir auf diese Weise die Kultivierungsausbeute in die Nähe der Anzahl der insgesamt vorhandenen, durch Fluoreszenzfärbung zählbaren Gesamtzahl der Bakterien erhöhen. Die Untersuchung zeigt, daß sich, entgegen verbreiteter Vorstellung, durchaus deutlich mehr als ca. 1 % der an einem Standort vorhandenen Bakterien (AMANN et al. 1995) kultivieren lassen, sofern man sich um Kultivierungsstrategien bemüht, die die natürlichen Wachstumsbedingungen hinreichend widerspiegeln. Allerdings wachsen diese Bakterien langsam, mit Verdopplungszeiten von 2 bis 3 Tagen. Sie vertragen auch nur geringe Substratkonzentrationen und werden durch Zucker bei Konzentrationen von mehr als 2 mM deutlich gehemmt. Sie sind daher eher als die bekannten, Partner-unabhängigen Bakterien als die standorttypischen »autochthonen« Zuckerverwerter in einem solchen Sediment zu betrachten, während die üblichen, schnellwüchsigen Gärer der »zymogenen« Gemeinschaft im Sinne WINOGRADSKYS (1949) zuzurechnen sind.

Spezifische Probleme syntropher Kooperationen

Die Verteilung von Stoffwechselleistungen auf mehrere Partnerorganismen, wie wir sie in den syntrophen Lebensgemeinschaften beobachten, bringt den Nachteil mit sich, daß die Kooperation naturgemäß nur auf kurze Distanz funktioniert, die Partnerorganismen sich aber separat vermehren und durch »Nesterbildung« der diffusive Metabolittransfer früher oder später limitierend werden kann. Man würde erwarten, daß sich solche syntrophen Systeme, im Gegensatz zur sonst üblichen Strategie in der biologischen Evolution, durch Maximierung des Unordnungszustandes optimieren (SCHINK 1997). Allerdings haben wir derzeit zur Wachstumsdynamik solcher gekoppelter Kokulturen und ihrer räumlichen Verteilung in naturnahen Gemeinschaften noch sehr wenig Information.

Dank

Allen früheren und derzeitigen Mitarbeitern, die zu unserem Verständnis syntropher Kooperationen beigetragen haben, möchte ich für ihre leidenschaftliche und geduldige Arbeit an diesen nicht immer leicht zu handhabenden Organismen herzlich danken. Ein besonderer Dank richtet sich an meinen Doktorvater H. G. SCHLEGEL, der mir nicht nur als akademischer Lehrer, sondern auch als Wissenschaftlerpersönlichkeit immer ein besonderes Beispiel war. Neben ihm haben J. G. ZEIKUS, R. S. WOLFE, N. PFENNIG und R. K. THAUER meine wissenschaftliche Entwicklung wesentlich bestimmt.

Literatur

AMANN, R. I., LUDWIG, W., and SCHLEIFER, K.-H.: Phylogenetic identification and in situ detection of individual microbial cells without cultivation. Microbiol. Rev. *59*, 143–169 (1995)

BRYANT, M. P.: Microbial methane production – theoretical aspects. J. Anim. Sci. *48*, 193–201 (1979)

DIMROTH, P.: Operation of the F_0 motor of the ATP synthase. Biochem. Biophys. Acta *1458*, 374–386 (2000)

FRIEDRICH, M., and SCHINK, B.: Hydrogen formation from glycolate driven by reversed electron transport in membrane vesicles of a syntrophic glycolate-oxidizing bacterium. Eur. J. Biochem. *217*, 233–240 (1993)

FRIEDRICH, M., and SCHINK, B.: Electron transport phosphorylation driven by glyoxylate respiration with hydrogen as electron donor in membrane vesicles of a glyoxylate-fermenting bacterium. Arch. Microbiol. *163*, 268–275 (1995)

HATTORI, S., GALUSHKO, A. S., KAMAGATA, Y., and SCHINK, B.: Operation of the CO dehydrogenase/acetyl-CoA pathway both in acetate oxidation and acetate formation by the syntrophically acetate-oxidizing bacterium *Thermacetogenium phaeum*. J. Bacteriol. *187*, 3471–3476 (2005)

HATTORI, S., KAMAGATA, Y., HANADA, S., and SHOUN, H.: *Thermacetogenium phaeum* gen. nov., sp. nov., a strictly anaerobic, thermophilic, syntrophic acetate-oxidizing bacterium. Int. J. Syst. Evol. Microbiol. *50*, 1601–1609 (2000)

HILPERT, W., SCHINK, B., and DIMROTH, P.: Life by a new decarboxylation-dependent energy conservation mechanism with Na^+ as coupling ion. EMBO J. *3*, 1665–1670 (1984)

KADEN, J., GALUSHKO, A. S., and SCHINK, B.: Cysteine-mediated electron transfer in syntrophic acetate oxidation by cocultures of *Geobacter sulfurreducens* and *Wolinella succinogenes*. Arch. Microbiol. *178*, 53–58 (2002)

LEE, M. J., and ZINDER, S. H.: Isolation and characterization of a thermophilic bacterium which oxidizes acetate in syntrophic association with a methanogen and which grows acetogenically on H_2-CO_2. Appl. Environ. Microbiol. *54*, 124–129 (1988)

PAOLONI, C.: Storia del metano. Milano 1976

SCHINK, B.: Energetics of syntrophic cooperations in methanogenic degradation. Microbiol. Mol. Biol. Rev. *61*, 262–280 (1997)

SCHINK, B., and PFENNIG, N.: *Propionigenium modestum* gen. nov. sp. nov., a new strictly anaerobic, nonsporing bacterium growing on succinate. Arch. Microbiol. *133*, 209–216 (1982)

SCHNÜRER, A., SCHINK, B., and SVENSSON, B. H.: *Clostridium ultunense* sp. nov., a mesophilic bacterium oxidizing acetate in syntrophic association with a hydrogenotrophic methanogenic bacterium. Int. J. Syst. Bacteriol. *46*, 1145–1152 (1996)

THAUER, R. K., JUNGERMANN, K., and DECKER, K.: Energy conservation in chemotrophic anaerobic bacteria. Bacteriol. Rev. *41*, 100–180 (1977)

WALLRABENSTEIN, C., and SCHINK, B.: Evidence of reversed electron transport involved in syntrophic butyrate and benzoate oxidation by *Syntrophomonas wolfei* and *Syntrophus buswellii*. Arch. Microbiol. *162*, 136–142 (1994)

WINOGRADSKY, S. N.: Microbiologie du sol – problemes et methodes. Paris: Masson 1949

WOFFORD, N. Q., BEATY, P. S., and MCINERNEY, M. J.: Preparation of cell-free extracts and the enzymes involved in fatty acid metabolism in *Syntrophomonas wolfei*. J. Bacteriol. *167*, 179–185 (1986)

ZEHNDER, A. J. B.: Ecology of methane formation. In: MITCHEL, R. (Ed.): Water Pollution Microbiology. Vol. 2, pp. 349–376. London: John Wiley and Sons Inc. 1978

ZEIKUS, J. G.: The biology of methanogenic bacteria. Bacteriol. Rev. *41*, 514–541 (1977)

ZINDER, S. H., and KOCH, M.: Non-aceticlastic methanogenesis from acetate: acetate oxidation by a thermophilic syntrophic coculture. Arch. Microbiol. *138*, 263–272 (1984)

Prof. Dr. Bernhard SCHINK
Universität Konstanz
Fachbereich Biologie
Lehrstuhl für Mikrobielle Ökologie
Postfach 55 60 <M654>
78457 Konstanz
Bundesrepublik Deutschland
Tel.:   +49 7531 882140
Fax: +49 7531 884047
E-Mail: Bernhard.Schink@uni-konstanz.de

Neue Therapieprinzipien bei entzündlich-rheumatischen Erkrankungen

Von Joachim Robert KALDEN, Erlangen-Nürnberg
Mitglied der Akademie
Mit 4 Abbildungen

(Kurzfassung des in der Sitzung der Akademie am 22. 3. 2005 gehaltenen Vortrages)

Die häufigste entzündliche rheumatische Erkrankung ist die Rheumatoide Arthritis (RA). Etwa 1 % der Bevölkerung in Europa und Nordamerika erkrankt daran. Etwa 25 % der RA-Patienten sind 6 Jahre nach Krankheitsbeginn arbeitsunfähig, und etwa 50–60 % der RA-Patienten werden über einen Zeitraum von 10 Jahren arbeitslos. Die Rheumatoide Arthritis ist keine gutartig chronisch-entzündliche Erkrankung, denn Patienten mit dieser Erkrankung haben eine signifikant verminderte Lebenserwartung. Insgesamt ist die Rheumatoide Arthritis sozioökonomisch gesehen eine der teuersten Erkrankungen in Europa.

Der fortschreitende Kenntnisstand über Entzündungsmechanismen, die im Gelenk zu einer Destruktion führen (siehe Abb. 1), hat dazu geführt, neue und effektivere Therapieprinzipien für die Rheumatoide Arthritis zu entwickeln. Eine verbesserte Option des Therapieangebotes an Patienten mit einer Rheumatoiden Arthritis war einmal notwendig, um die erwähnte frühzeitige Invalidisierung zu verzögern bzw. zu verhindern. Zusätzlich müssen die meisten Medikamente, die bis zur Einführung von biologisch wirksamen Substanzen für die Therapie der Rheumatoiden Arthritis zur Verfügung standen und immer noch stehen, wegen Verlustes der Wirksamkeit oder des Auftretens schwerer Nebenwirkungen in der Mehrzahl innerhalb von 5 Jahren abgesetzt werden.

Studien zur Pathogenese der Synovitis sowie zu Mechanismen der Knorpel- und Knochendestruktion ließen sowohl T-Zellen und B-Zellen sowie humorale Faktoren, die in der Perpetuation der Gelenkdestruktion involviert sind, als mögliche Ziele für die Entwicklung neuer Therapieprinzipien diskutieren. Es waren Experimente im Kennedy-Institut in London, die Ende der 1980er Jahre den Tumornekrosefaktor α als zentrales proinflammatorisches Cytokin für den Entzündungsprozeß im Gelenk bei RA-Patienten definierten. Nach erfolgreichen Tierversuchen wurde in einer Phase-2-Studie die Effektivität einer TNFα-Blockade bei der Rheumatoiden Arthritis gezeigt. Drei TNFα-Antagonisten sind zur Therapie der Rheumatoiden Arthritis und anderer rheumatischer Krankheitsbilder zugelassen: Adalimunab (Humira, ein humaner monoklonaler Antikörper),

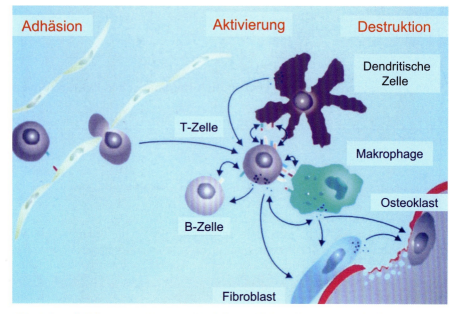

Abb. 1 Die Abbildung zeigt die unterschiedlichen zellulären Komponenten des Immunsystems, T-Zellen, B-Zellen, dendritische Zellen und Makrophagen, die gemeinsam über proinflammatorische Cytokine, wie den Tumornekrosefaktor α, zu einer Knorpel- und Knochendestruktion bei der Rheumatoiden Arthritis führen.

Infliximab (Remicade, ein chimierisierter monoklonaler Antikörper) sowie Enbrel (ein p75 IgG-Fusionsprotein.)

Erstmals konnte durch die Medikation mit TNFα-Antagonisten eine Progression der radiographischen Veränderungen signifikant verändert werden, parallel einhergehend mit einer raschen, deutlichen und anhaltenden Senkung des C-reaktiven Proteins (Abb. 2, Abb. 3).

Alle drei Konstrukte sind in ihrer Wirkung vergleichbar. Die Kombination der TNFα-Antagonisten mit Methotrexat hat sich einer Monotherapie mit den monoklonalen Antikörpern oder dem Rezeptorfusionsprotein bzw. Methotrexat überlegen gezeigt.

Mit der Einführung von TNFα-Antagonisten in die Medikation der Rheumatoiden Arthritis wurde innerhalb einer Dekade ein hochsignifikanter Fortschritt in unserem Therapieangebot an diese Patientengruppe möglich. Gleichwohl ist das Therapieprinzip einer TNFα-Blockade nur in etwa 60–70 % der Patienten wirksam. Zusätzlich ist bei der Mehrzahl der Patienten, die klinisch auf die Behandlung ansprechen, die Besserung nicht ausreichend zufriedenstellend. Dies mußte trotz des signifikanten klinischen Erfolges mit der Medikation von TNFα-Antagonisten dazu führen, daß nach Alternativen mit durch ein ebenso spezi-

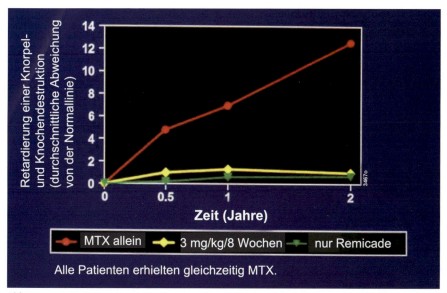

Abb. 2 zeigt Ergebnisse einer signifikanten Retardierung einer Knorpel- und Knochendestruktion bei Patienten, die über 2 Jahre mit Methotrexat (MTX) als Monotherapie bzw. mit Methotrexat in Kombination mit dem chimerischen Antikörper Remicade therapiert worden waren. Die Progression der radiologischen Veränderungen bei Patienten, die Methotrexat alleine erhielten, ist signifikant beschleunigt gegenüber den Patienten, die mit einer Kombination von Remicade und MTX therapiert wurden.

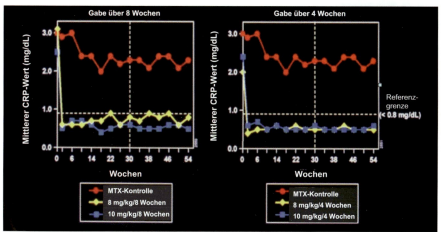

Abb. 3 In der gleichen Studie, wie in Abb. 2 für die radiographische Progression dargestellt, zeigt diese Abbildung einen raschen und signifikanten Abfall des C-reaktiven Proteins bei Patienten, die mit einer Kombination von Methotrexat und Remicade behandelt wurden. Die Unterschiede zu Patienten mit einer Monotherapie mit MTX sind signifikant. Auffallend ist, daß die Normalisierung des C-reaktiven Proteins über den Beobachtungszeitraum von 54 Wochen im Normbereich gehalten werden konnte.

fisches und akzeptables Nebenwirkungsprofil ausgezeichneten neuen Therapiemodalitäten gesucht wurde.

So konnte gezeigt werden, daß Patienten, die nicht die erwartete klinische Besserung auf einen gegebenen TNFα-Antagonisten zeigen, auf die Behandlung günstiger ansprechen, wenn sie auf einen anderen zugelassenen TNFα-Blocker umgesetzt werden. Dabei bleibt die Erklärung für den klinischen Erfolg dieser *Switch*-Option von einem zu einem anderen TNFα-Blocker offen.

Weitere in der Entwicklung befindliche und zum Teil durch klinische Studien bereits in die Klinik eingeführte Therapieprinzipien beruhen auf einer Blockade der kostimulatorischen Moleküle auf T-Zellen. Hierzu wird ein CTLA4-Ig-Fusionsprotein (Abatacept) mit offensichtlich guter klinischer Wirksamkeit verwandt (Abb. 4). Weiterhin besteht die Möglichkeit, den Interleukin-6-Rezeptor durch einen monoklonalen Antikörper zu blockieren. Auch hier liegen erste Erfolg versprechende Ergebnisse aus klinischen Studien vor. Versuche, durch eine Blockade von IL-15 und IL-18 den klinischen Verlauf der Rheumatoiden Arthritis günstig zu beeinflussen, sind in ihrem Ergebnis noch nicht klar einzuschätzen. Beurteilbar ist dagegen die Anwendung von Rituximab, eines in der Onkologie verwandten, gegen B-Zellen gerichteten monoklonalen Antikörpers. So zeigt

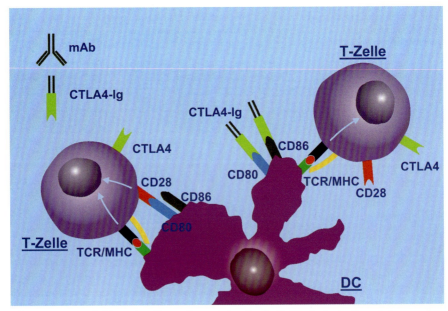

Abb. 4 Neue Möglichkeit einer Immunintervention durch die Blockade der Interaktion von dendritischen Zellen mit T-Zellen. Durch das CTLA4-Ig-Fusionsprotein wird eine Stimulation der T-Zellen über das CD28-Oberflächenmolekül durch dendritische Zellen blockiert. Wie im Text ausgeführt, hat die Einführung des CTLA4-Ig-Fusionsproteins deutliche klinische Erfolge bei RA-Patienten erzielen können.

die Anwendung von Rituximab bei Patienten mit einer Rheumatoiden Arthritis ebenso deutliche klinische Erfolge, die mit jenen bei den anderen, biologisch wirksamen neuen Medikamenten vergleichbar sind.

Insgesamt ist die Entwicklung neuer Prinzipien für die Therapie der Rheumatoiden Arthritis, aber auch anderer Autoimmunerkrankungen des rheumatischen Formenkreises sehr erfreulich. Gleichwohl bleiben auch mit den neuen biologisch wirksamen Medikamenten alte wie auch neue Probleme bei der Behandlung einer Rheumatoiden Arthritis bestehen. Hier ist vor allem die Heterogenität des Krankheitsbildes der Rheumatoiden Arthritis zu nennen, die durch eine unterschiedliche genetische Veranlagung, u. a. zu Unterschieden in der Pharmakogenetik, und unterschiedliche pathogenetische Mechanismen, die zu einer Knorpel- und Knochendestruktion führen, bedingt ist. Ziel weiterer Therapiestudien, basierend auf neuen Kenntnissen zur Immunpathogenese der Rheumatoiden Arthritis, bleibt eine individuelle auf den einzelnen Patienten zugeschnittene Medikation mit einem akzeptablen Nebenwirkungsprofil.

Prof. Dr. med. Dr. h. c. mult. Joachim R. KALDEN
Direktor der Medizinischen Klinik 3
Rheumatologie, Immunologie und Onkologie
und des Instituts für klinische Immunologie der
Friedrich-Alexander-Universität Erlangen-Nürnberg
Postfach 23 06
91012 Erlangen
Bundesrepublik Deutschland
Tel.:   +49 9131 8533418
Fax: +49 9131 8534770
E-Mail: joachim.kalden@med3.imed.uni-erlangen.de

Der Anstieg der Scheidungsraten

Von Hartmut ESSER, Mannheim
Mitglied der Akademie

(Kurzfassung des in der Sitzung der Akademie am 26. 4. 2005 gehaltenen Vortrages)

In so gut wie allen westlichen Industrieländern sind in den letzten 50 Jahren die Scheidungsraten angestiegen, teilweise sogar drastisch. Es wird geschätzt, daß in den USA jede zweite Erstehe geschieden wird, und für Deutschland geht man von etwa 30 % aus. Für die Erklärung dieses Anstiegs gibt es eine Reihe verschiedener Hypothesen: der allgemeine Wertewandel hin zur Individualität; die funktionale Spezialisierung der Ehe auf emotionale Grundlagen allein; die Zunahme von Opportunitäten für Wiederverheiratungen gerade deshalb, weil es mehr Scheidungen und mögliche neue Partner gibt; die wirtschaftliche Unabhängigkeit der Frauen im Zuge der Zunahme ihrer Erwerbstätigkeit; die Zunahme von Kinderlosigkeit, wodurch sich u. a. die »Kosten« einer Scheidung verringern; oder die zunehmende gesellschaftliche Akzeptanz nicht-ehelicher Lebensformen. Keine der Hypothesen ist unumstritten, und die Mannheimer Scheidungsstudie hatte sich das Ziel gesetzt, die Frage mit einer ausreichend großen Stichprobe, gut getesteten Instrumenten und einer ausgearbeiteten theoretischen Erklärung anzugehen. Im Vorfeld und parallel wurden 17 frisch verheiratete Paare vier Jahre lang begleitet und dienten als eine Art ethnographischer Kontrolle der theoretischen Überlegungen und quantitativen Analysen.

Ursprünglich war von der – immer noch – gängigsten theoretischen Grundlage der Erklärung von Scheidungen ausgegangen worden, dem familienökonomischen Ansatz von Gary S. BECKER. Danach lassen sich Paare dann scheiden, wenn die Ehe nicht mehr genug an »Ehegewinn« abwirft, etwa bei Arbeitslosigkeit des Mannes, wenn es kein oder nur wenig »ehespezifisches Kapital« gibt, das seinen Wert mit der Trennung verliert, wie Kinder oder gemeinsames Eigentum, und wenn es Opportunitäten für das Finden eines neuen Partners oder für ein einigermaßen erträgliches Singleleben gibt, wie bei der Erwerbstätigkeit der Frau. Mit diesem Ansatz lassen sich die geläufigsten empirischen Regelmäßigkeiten der Scheidungen bereits ganz gut erklären, wie die Zunahme des Scheidungsrisikos in der Tat dann, wenn es keine Kinder und kein gemeinsames Eigentum gibt, wenn der Mann arbeitslos und/oder die Frau erwerbstätig ist, oder die höheren Scheidungsraten in den Großstädten. Gewisse Probleme hatte dieser »ökonomische« Ansatz, der davon ausgeht, daß die Partner eigentlich beständig Nutzen und Kosten ihres Zusammenlebens kalkulieren, aber immer schon bei der Erklärung der empirisch feststellbaren Wirksamkeit einiger nicht-materieller Umstände: Eine stärkere Religiosität verringert das Scheidungsrisiko deutlich, und vorherige Trennungserfahrungen oder die Erfahrung einer Scheidung der Eltern erhöhen es. Vor allem aber zeigte sich immer dann, wenn das überhaupt erfaßt wurde, daß die *kirchliche* Heirat, auch unabhängig von der Religiosität, einen starken *eigenständigen* Effekt auf die Stabilisierung hatte, und dafür ist es schon recht schwer, eine ausschließlich »rationale« Erklärung zu finden. Die Becker-Theorie macht außerdem eine ganz spezielle Aussage zum Auftreten von Ehekrisen. Danach tritt im Prinzip bei allen Paaren nach relativ kurzer Zeit eine Anpassungskrise auf, die mit der Umstellung auf eine gewisse arbeitsteilige Aufgabenverteilung im Alltag zu tun hat. Je nach den weiteren Umständen fällt diese Krise unterschiedlich stark aus, und einige Paare lassen sich dann auch scheiden, aber einen gewissen Abfall des Glücks und des Verstehens müßte es eigentlich für alle Paare geben.

Für alle Paare sind danach die Vorgänge im Grunde gleich. Die qualitative Studie mit den 17 Paaren erbrachte freilich ein vollkommen anderes Bild. Es gab in der Tat einige Paare, die den vorausgesagten Weg in die Krise gingen, aber anders als gedacht, nämlich gleich zu Beginn und dann immer wieder, und Trennungen gab es in den vier Jahren nur bei diesen Paaren. Bei den meisten Paaren gab es jedoch die Krise nicht, auch nicht nach längerer Zeit oder wenn die Umstellungen in der Organisation der Ehe anstanden. Offensichtlich gab es also zwei sehr verschiedene Typen von Paaren: solche, die von vornherein nicht »paßten« und dann beständig auch »rational« über den Fortbestand ihrer Beziehungen reflektierten und stritten, und solche, bei denen jeder Gedanke an Trennung fehlte und die alle alltäglichen Schwierigkeiten und biographischen Ereignisse in dem festen Rahmen einer von ihnen als Individuen nicht weiter antastbaren, übergreifenden Ordnung ansahen, ganz so, wie das in den religiösen Begründungen der Ehe gedacht wird.

Das Konzept der, auch symbolisch und rituell bekräftigten, »Rahmung« von Ehen erwies sich in der dann folgenden großen quantitativen Untersuchung mit ca. 5000 Paaren als überaus erklärungskräftig. Wie in der qualitativen Studie mit den 17 Paaren zeigte sich, daß es ganz unterschiedliche Typen von Paaren gab, die sich insbesondere nach der Stärke der Rahmung ihrer Beziehung als »kollektive« und als unantastbar angesehene Einheit unterschieden. Vor allem erwies sich, daß (ernsthafte) Ehekrisen so gut wie nur bei einer schwachen Rahmung und dann gleich zu Beginn auftreten. Gibt es solche ernsthaften Krisen aber einmal, dann ist die Trennung nicht mehr fern, und in diesem Fall hält die Ehe nur noch das zusammen, was sie materiell bindet. Bei den stark gerahmten Ehen ist das ganz anders: Es gibt zwar auch hier Probleme, aber an dem Weiterbestand der Beziehung wird in keinem Fall gezweifelt, so daß bei diesen Paaren die eher materiellen Umstände und die »Versuchungen« eine deutlich geringere Auswirkung haben. Günstige Umstände und das ehespezifische Kapital, wie Kinder und gemeinsames Eigentum, unterstützen, verständlicherweise, auch die gut gerahmten Ehen, wie die Rahmung selbst, aber sie sind eben nicht das einzige Band.

Der Anstieg der Scheidungsraten zeigt sich in den quantitativen Analysen in der Form sogenannter Kohorteneffekte: Das Heiratsjahr hat, bezogen auf eine Referenzkohorte, wie etwa die 1950er Jahre, einen eigenen und statistisch signifikanten Einfluß auf das Scheidungsrisiko, und dieser Einfluß nimmt in der Tat immer mehr zu. Dahinter stecken die beschriebenen Einzelprozesse, wie u. a. die höheren Trennungserfahrungen oder zunehmende Kinderlosigkeit. Alles das ist an der Erklärung der Kohorteneffekte und der Zunahme der Scheidungsraten beteiligt, aber der mit Abstand stärkste Effekt ging von der Rahmung aus. Das wohl wichtigste Ergebnis in diesem Zusammenhang aber war, daß der Anteil der stark gerahmten Ehen im Laufe der Zeit nicht besonders abgenommen hat, wohl aber die Wirkung im Falle einer schwachen Rahmung: Die Krisenanfälligkeit ist *nur* bei den *schwach* gerahmten Ehen im Laufe der Zeit dramatisch gestiegen und damit auch das Scheidungsrisiko. Der Grund dafür liegt nun auf der Hand: In den früheren Zeiten gab es für die schwach gerahmten und für die Trennung prädestinierten Paare keine halbwegs attraktive Alternative, und es war dieser Mangel an Opportunitäten, der *diese* Paare noch verband. Nun gibt es diese Opportunitäten mehr und mehr, und *nichts* hält *diese* Paare dann mehr, wenn die Krise kommt.

Das Ergebnis bestätigt eine alte Vermutung der (nicht-ökonomischen) Familiensoziologie seit Emile Durkheim, nicht nur für die Stabilität von Ehen: Mit den Möglichkeiten steigen die Unzufriedenheiten, weil dann nur noch die Interessen und die (Ehe-)»Gewinne« regieren. Und wenn es jetzt kein rahmendes und dadurch begrenzendes gesellschaftliches Band gibt, das die Menschen wieder orientiert, dann sind Anomie und Zerfall nicht fern. Aber auch nicht, so kann man hinzufügen, der nächste Partner, mit dem es vielleicht (wieder) sehr viel besser geht.

Prof. Dr. Hartmut Esser
Lehrstuhl für Soziologie und Wissenschaftslehre
Seminargebäude A5
Universität Mannheim
68131 Mannheim
Bundesrepublik Deutschland
Tel.:   +49 621 1812023
Fax: +49 621 1812021
E-Mail: esser@sowi.uni-mannheim.de

Mechanismus der embryonalen Kopfinduktion bei Amphibien

Von Christof NIEHRS, Heidelberg
Mitglied der Akademie
Mit 2 Abbildungen

(Kurzfassung des in der Sitzung der Akademie am 26. 4. 2005 gehaltenen Vortrages)

Die Entwicklungsbiologie hat traditionell einen zentralen Platz in der Biologie und ist heute dank der Verknüpfung mit der Molekularbiologie eine der aufstrebenden Disziplinen. Entwicklungsprozesse können molekular zerlegt werden, und es wird offenbar, daß die molekularen Prinzipien der Embryonalentwicklung bei Mensch und Tier sehr ähnlich sind. Ein wichtiger Ausgangspunkt für die Entwicklungsbiologie der Wirbeltiere sind die Arbeiten Hans SPEMANNS und seiner Kollegen, deren grundlegende Erkenntnisse für uns bis heute Gültigkeit haben und die wir nun beginnen, molekular zu verstehen.

1. Der Spemannsche Organisator

In einer systematischen Analyse untersuchten SPEMANN und Kollegen nach dem Ersten Weltkrieg, inwieweit verschiedene Bezirke der frühen Amphibiengastrula bereits »wissen«, in welche Gewebe sie sich späterhin entwickeln werden. Hierzu führten sie eine Serie von Transplantationen von Gewebestückchen in Empfängerembryonen durch und prüften, ob sich das transplantierte Stück herkunftsgemäß oder ortsgemäß entwickelt. Eine dieser Transplantationen mit der dorsalen Urmundlippe als Spendergewebe erlangte besondere Berühmtheit. In der dorsalen Urmundlippe nehmen die Gastrulationsbewegungen ihren Ursprung und sind hier auch am stärksten ausgeprägt.

In dem klassischen Experiment zeigten SPEMANN und MANGOLD (1924), daß die Transplantation der dorsalen Urmundlippe eines Molchkeims auf die ventrale Seite eines Wirtskeims zur Induktion eines sekundären Embryos führt. Dieser sekundäre Embryo besteht nicht nur aus Zellen des Spenders, sondern vor allem aus Gewebe des Wirtskeims, welches in den Zwillingsembryo rekrutiert und durch die Zellen der dorsalen Urmundlippe organisiert wird. Die dorsale Urmundlippe ist vor allen anderen Keimbezirken der Gastrula in dieser organisierenden Eigenschaft ausgezeichnet und erhielt daher wegen ihrer besonderen, induktiven Eigenschaften die Bezeichnung Organisator. Der Induktionsvorgang, als dessen hervorragende Charakteristik die Induktion eines vollständigen Nervensystems angesehen wurde, erhielt die Bezeichnung primäre Induktion.

Eine vereinfachte Variante des Organisatorexperiments ist der Einsteckversuch, in dem Gewebestückchen in das Blastocoel eines Empfängerembryos gesteckt und daraus resultierende Induktionen im Bauchbereich untersucht werden können. Mit dieser Methode untersuchte MANGOLD die Induktionsleistungen der dorsalen Urmundlippe verschiedener Gastrulastadien. Auf diese Weise konnte zwischen Kopf-Rumpf- und Schwanzorganisator mit zunehmendem Alter der dorsalen Urmundlippe unterschieden werden (MANGOLD 1933) (Abb. 1).

2. Hemmung von BMP- und Wnt-Wachstumsfaktoren als wirksames Prinzip im Kopfinduktor

Der Spemann-Organisator wird von drei Wachstumsfaktorfamilien negativ reguliert, den Nodal-Proteinen, den *bone morphogenetic proteins* (BMP) und den Wnt-Proteinen. Es handelt sich dabei um Glykoproteine, die zahlreiche Prozesse in der Embryonalentwicklung, z. B. Zellwachstum und Differenzierung, regulieren, indem sie an Rezeptoren auf der Zelloberfläche binden und Signalkaskaden aktivieren. Bei unseren Arbeiten steht die Wnt-Signalkaskade im Vordergrund, die speziell nur den Kopfinduktor antagonisiert. Werden Wnt-Faktoren im Organisator künstlich aktiviert, so führt dies zu kopflosen Embryonen, deren Rumpf jedoch kaum beeinträchtigt ist. Werden hingegen Wnt-Proteine im *Xenopus*-Keim künstlich gehemmt, so haben die Kaulquappen einen stark vergrößerten Kopf. Zu unserer Überraschung stellten wir fest, daß die gleichzeitige, künstliche Aktivierung von Wnt- und BMP-Inhibitoren zur Induktion ganzer sekundärer Köpfe führt (GLINKA et al. 1997). Ein wirksames Prinzip des Spemannschen Kopfinduktors besteht also in der gleichzeitigen Hemmung von BMP- *und* Wnt-Signalen.

3. Identifizierung des Kopfinduktors Dickkopf

Die Beobachtung, daß gleichzeitige Hemmung von BMP- und Wnt-Wachstumsfaktoren das Prinzip des Kopfinduktors ist, veranlaßte uns, nach einem Kopfinduktor im Organisator zu suchen, der im Zusammenspiel mit einem BMP-Inhibitor in der Lage ist, Köpfe zu induzieren. Hierzu führten wir ein molekulares Screening durch und konnten dabei ein neues Gen mit den gewünschten Eigenschaften isolieren (GLINKA et al. 1998). Da dieses Gen bei Überexpression zu Kaulquappen mit vergrößerten Köpfen führt, nannten wir es Dickkopf. Das Gen kodiert für ein sekretiertes Protein, das spezifisch im Kopforganisator aktiv ist. Wenn Dickkopf zusammen mit BMP-Inhibitoren aktiviert wird, so führt dies zur Ausbildung von zusätzlichen Köpfen. Im Gegensatz dazu führt die Mikroinjektion von Antikörpern, die gegen Dickkopf gerichtet sind, zu kopflosen Kaulquappen (Abb. 2). Ferner hat Heiner WESTPHAL (National Institutes

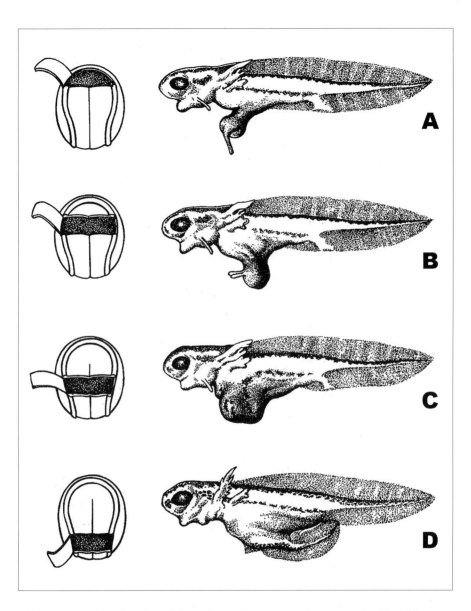

Abb. 1 Regionalspezifität der Induktion durch den Spemann-Organisator. Die Neuralplatte aus Molchkeimen im Neurulastadium wurde an verschiedenen antero-posterioren Bereichen entfernt und das darunterliegende Urdarmdach in eine Wirtsgastrula transplantiert. Die daraus resultierenden Induktionen sind rechts gezeigt. Die Art der Induktion ist abhängig vom antero-posterioren Bereich, aus dem das Urdarmdach entnommen wurde. (A) anteriores Mesendoderm induziert Haftfäden; (B) prächordale Platte und anteriore Chordabereiche induzieren Köpfe. Chorda induziert je nach Position Rumpf (C) oder Schwanzstrukturen (D). Nach MANGOLD 1933.

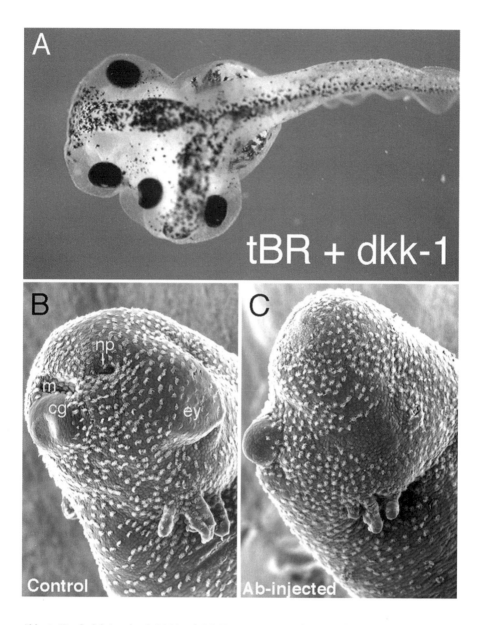

Abb. 2 Kopfinduktion durch Dickkopf. (*A*) Eine *Xenopus*-Kaulquappe, die mit mRNA, kodierend für einen BMP-Inhibitor (tBR) und Dickkopf (dkk1), mikroinjiziert wurde, differenziert sekundäre Köpfe. (*B*) Rasterelektronenmikroskopische Aufnahme eines Kontrollembryos (Control, *links*) und eines Embryos, der mit gegen Dickkopf-Protein gerichteten Antikörpern (Ab-injected) injiziert wurde (*rechts*). Der experimentelle Embryo hat ein zyklopisches Auge und weist weder Mund noch Nasengruben auf. ey, Auge; m, Mund; np, Nasengrube.

of Health, USA) in Zusammenarbeit mit uns das Maus-Dickkopf-Gen durch homologe Rekombination inaktiviert. Diesen Dickkopf-Mausmutanten fehlt der Kopf, während der Rumpf der Mäuse normal ist. Außer den Kopfdefekten weisen die Dickkopf-Mausmutanten auch Mißbildungen der Extremitäten auf, die eine Rolle des Gens im programmierten Zelltod (Apoptose) belegen. Das Dickkopf-Gen ist also hinreichend und notwendig für die Kopfinduktion durch den Spemann-Organisator. Dickkopf ist Mitglied einer Multigenfamilie, und beim Menschen kommen neben dem *Xenopus*-homologen Dickkopf-1-Gen drei weitere Dickkopf-Gene vor, die jedoch nicht an der Kopfinduktion beteiligt sind, sondern vermutlich während der Organentwicklung eine Rolle spielen.

4. Wirkmechanismus von Dickkopf

Entsprechend dem von uns vorgeschlagenen Model, demzufolge Kopfinduktoren als Wnt-Hemmer wirken, konnten wir zeigen, daß Dickkopf erwartungsgemäß ein Wnt-Inhibitor ist. Das Dickkopf-Protein weist jedoch einen komplexen Wirkmechanismus auf. Es hemmt den Wnt-Signalweg, indem es als Antagonist für den Wnt-Korezeptor, das *Lipoprotein-receptor-related protein 6* (LRP6), fungiert. LRP6 ist zusammen mit dem Wnt-Rezeptor Frizzled an der Signalweiterleitung vom Wnt-Liganden beteiligt, vermutlich indem ein ternärer Komplex zwischen Wnt, LRP6 und Frizzled ausgebildet wird. LRP6 vermittelt einen von drei möglichen Signalwegen, die von Wnt-Liganden ausgelöst werden können, nämlich den sogenannten β-Catenin-Signalweg. Gemeinsam mit einem von uns kürzlich entdeckten Membranprotein Kremen bindet Dickkopf an LRP6 und verhindert dadurch spezifisch die Signaltransduktion durch β-Catenin, aber nicht durch die alternativen Wnt-Kaskaden (MAO et al. 2001). Kremen und Dickkopf bilden einen Komplex mit LRP6 und veranlassen dadurch dessen Abtransport von der Zelloberfläche ins Innere der Zelle. Dadurch findet der LRP6-Ligand-Wnt keine Rezeptoren mehr vor und bleibt wirkungslos.

5. Ausblick

Das dkk1-Gen ist nicht nur bei der frühen Embryonalentwicklung aktiv, sondern ist auch an späteren Prozessen der Organogenese beteiligt, z. B. bei der Extremitäten- und Skelettentwicklung. Darüber hinaus ist Dkk1 auch im Krankheitsgeschehen beim Menschen involviert, z. B. bei Knochenkrankheiten (BOYDEN et al. 2002) und beim multiplen Myelom (TIAN et al. 2003) Dies bestätigt die seit langem gemachte Erfahrung, daß die Erforschung von Entwicklungskontrollgenen nicht nur für die Entwicklungsbiologie bedeutsam ist, sondern auch wichtige Aufschlüsse über die Funktion von »Krankheitsgenen« liefern kann.

Literatur

BOYDEN, L. M., MAO, J., BELSKY, J., MITZNER, L., FARHI, A., MITNICK, M. A., WU, D., INSOGNA, K., and LIFTON, R. P.: High bone density due to a mutation in LDL-receptor-related protein 5. New Engl. J. Med. *346*, 1513–1521 (2002)

GLINKA, A., WU, W., DELIUS, H., MONAGHAN, A. P., BLUMENSTOCK, C., and NIEHRS, C.: Dickkopf-1 is a member of a new family of secreted proteins and functions in head induction. Nature *391*, 357–362 (1998)

GLINKA, A., WU, W., ONICHTCHOUK, D., BLUMENSTOCK, C., and NIEHRS, C.: Head induction by simultaneous repression of Bmp and Wnt signalling in Xenopus. Nature *389*, 517–519 (1997)

MANGOLD, O.: Über die Induktionsfähigkeit der verschiedenen Bezirke der Neurula von Urodelen. Naturwissenschaften *21*, 761–766 (1933)

MAO, B., WU, W., LI, Y., HOPPE, D., STANNEK, P., GLINKA, A., and NIEHRS, C.: LDL-receptor-related protein 6 is a receptor for Dickkopf proteins. Nature *411*, 321–325 (2001)

SPEMANN, H., und MANGOLD, H.: Über Induktion von Embryonalanlagen durch Implantation artfremder Organisatoren. Arch. Mikrosk. Anat. Entwicklungsmechan. *100*, 599–638 (1924)

TIAN, E., ZHAN, F., WALKER, R., RASMUSSEN, E., MA, Y., BARLOGIE, B., and SHAUGHNESSY, J. D. Jr.: The role of the Wnt-signaling antagonist DKK1 in the development of osteolytic lesions in multiple myeloma. New Engl. J. Med. *349*, 2483–2494 (2003)

Prof. Dr. Christof NIEHRS
Deutsches Krebsforschungszentrum
Abteilung Molekulare Embryologie/A050
Im Neuenheimer Feld 280
69120 Heidelberg
Bundesrepublik Deutschland
Tel.: +49 6221 424690
Fax: +49 6221 424692
E-Mail: niehrs@dkfz.de

Jahrbuch 2005 der Deutschen Akademie der Naturforscher Leopoldina (Halle/Saale)
LEOPOLDINA (R. 3) 51 (2006): 399–405

Angeborene Immunität in Pflanzen und Tieren

Von Dierk SCHEEL, Halle (Saale)
Mitglied der Akademie
Mit 2 Abbildungen

(Kurzfassung des in der Sitzung der Akademie am 24. 5. 2005 gehaltenen Vortrages)

Alle Lebewesen verfügen über effektive Mechanismen zur Abwehr von potentiellen Krankheitserregern. Erfolgreiche Pathogene können diese aus vielen Komponenten bestehenden Abwehrreaktionen entweder unterdrücken oder haben Resistenzmechanismen gegen sie entwickelt. Tiere besitzen zwei verschiedene, funktionell gekoppelte Immunsysteme, die angeborene und die adaptive Immunität (MCGUINNESS et al. 2003). Das adaptive Immunsystem wird nur dann aktiviert, wenn der jeweilige Krankheitserreger vorher durch das angeborene Immunsystem als nicht-selbst erkannt worden ist und die komplexe angeborene Immunreaktion ausgelöst hat (Abb. 1). Dabei handelt es sich nicht um die spezifische Erkennung eines bestimmten Mikroorganismus, sondern von sogenannten Pathogen-assoziierten molekularen Mustern (PAMPs) (MEDZHITOV und JANEWAY 1998), die neuerdings richtiger auch als Mikroorganismen-assoziierte molekulare Muster (MAMPs) bezeichnet werden (NÜRNBERGER et al. 2004). Dabei handelt es sich zumeist, aber nicht ausschließlich um mikrobielle Oberflächenkomponenten oder Fragmente davon, die evolutionär konserviert und invariabel für zumindest eine Klasse von Mikroorganismen sind. Zudem sind diese MAMPs essentiell für die Biologie der Mikroorganismen und kommen im potentiellen Wirt nicht vor. Typische bakterielle MAMPs sind Lipopolysaccharide, Peptidoglycane, Flagellin oder DNA-Fragmente, während von Pilzen Glukane, Chitin, Mannane und eine Reihe von Proteinen erkannt werden, die in den Wirten nicht vorkommen.

Die Erkennung von MAMPs erfolgt in Insekten und Säugetieren über die konservierte Familie der transmembranen Toll- oder Toll-ähnlichen Rezeptoren (TLRs) (ADEREM und ULEVITCH 2000). Säugetiere verfügen zusätzlich über eine weitere Familie von MAMP-Rezeptoren, die im Zytosol lokalisierten Nod-Proteine (GIRARDIN et al. 2002). Toll-Rezeptoren und TLRs besitzen eine extrazelluläre Domäne mit leucinreichen Wiederholungen (LRR), eine Transmembrandomäne und ein intrazelluläres Signaltransduktionselement (TIR-Domäne für *Toll-Interleukin 1 Receptor like*). Auch die Nod-Rezeptoren verfügen über eine LRR-Domäne, die über eine Nukleotidbindungsstelle (NBS) mit einer variablen Domäne

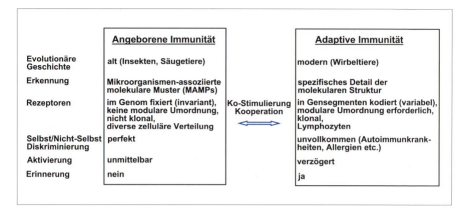

Abb. 1 Charakteristische Eigenschaften der Immunsysteme von Tieren

verknüpft ist. Die Bindung von MAMPs an ihre Rezeptoren resultiert in der Initiation komplexer zellulärer Signaltransduktions-Netzwerke, die verschiedene Kinase-Kaskaden beinhalten und über die Aktivierung spezifischer Transkriptionsfaktoren eine transkriptionelle Reprogrammierung der Genexpression bewirken (ADEREM und ULEVITCH 2000, BOLDRICK et al. 2002). Unabhängig von der Struktur des erkannten MAMPs wird dabei die Expression eines nahezu stereotypen Satzes von Genen vorübergehend herauf oder herunter reguliert und dadurch die komplexe unmittelbare Immunantwort ausgelöst. Darüber hinaus wird über kleine G-Proteine, Proteinkinasen und Phosphatidylsäure der NADPH-Oxidase-Komplex aktiviert, was zur Synthese reaktiver Sauerstoffspezies in Vesikeln führt, die direkt an der Immunabwehr beteiligt sind (DEYULIA et al. 2005).

Bei der pflanzlichen Pathogenabwehr wird zwischen Nicht-Wirts- und Wirtsresistenz unterschieden (Dangl und Jones 2001, Thordal-Christensen 2003). Nicht-Wirts-Resistenz bedeutet, daß eine Pflanzenspezies resistent gegen alle Rassen eines Pathogens ist, also keine Wirtspflanze für dieses Pathogen darstellt. Die Wirtsresistenz tritt dagegen in bestimmten Sorten einer Pflanzenspezies gegen spezifische Rassen eines Pathogens auf, für das diese Spezies eine Wirtspflanze darstellt. Die aus vielen Komponenten bestehende Abwehrreaktion ist in beiden Fällen sehr ähnlich, wenn nicht gar identisch. Bei beiden Resistenztypen erfolgt die Erkennung des Pathogens über Rezeptoren, die in allen Zelltypen der Pflanze vorhanden sind. Im Fall der Wirtsresistenz wird ein spezifischer Avirulenzfaktor durch einen Rezeptor erkannt, der direkt oder indirekt durch ein Resistenzgen kodiert ist. Bei der Nicht-Wirts-Resistenz erkennen in der Plasmamembran lokalisierte Rezeptoren sogenannte Elicitoren, die entweder direkt vom Pathogen (exogene Elicitoren) stammen oder durch Enzyme des Pathogens aus der pflanzlichen Zellwand freigesetzt werden (endogene Elicitoren, Abb. 2) (Ebel und Scheel 1997). Letztere sind Fragmente der pflanzlichen Zellwand, wie beispielsweise Oligogalakturonide. Ansonsten sind die bislang identifizierten Elicitoren strukturell den bei der angeborenen Immunität der Insekten und Säuger erkannten MAMPs ähnlich (Nürnberger et al. 2004). So werden Bakterien über Fragmente ihrer Lipopolysaccharide, Flagellin und verschiedene Proteine erkannt, während Pilze und Oomyceten durch Bestandteile ihrer Zellwände, z. B. Chitin- oder Glukan-Bruchstücke, und verschiedene Proteine beziehungsweise Oligopeptide aus diesen wahrgenommen werden. Dabei gilt offensichtlich das gleiche Prinzip wie bei den MAMPs. Die Elicitoren sind meist typisch für eine ganze Klasse von Mikroorganismen, sie sind häufig Oberflächen-exponiert, sie selbst oder das erkannte Motiv sind konserviert, sie sind essentiell für die Biologie des Mikroorganismus, und sie kommen im potentiellen Wirt nicht vor. Damit stellen Elicitoren offensichtlich das physiologische Äquivalent der MAMPs dar.

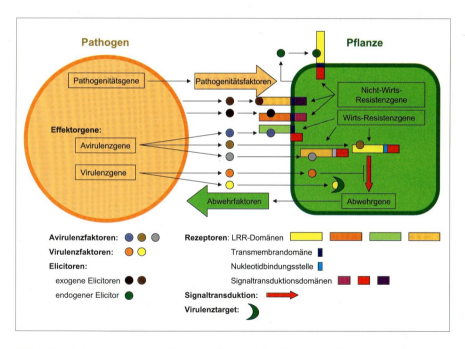

Abb. 2 Wechselwirkung zwischen Pflanzen und potentiellen Pathogenen. Pathogenitätsfaktoren zersetzen enzymatisch die pflanzliche Zellwand, erleichtern dadurch das Eindringen des Pathogens, setzen aber auch Bruchstücke der pflanzlichen Oberfläche frei, die als Signal (endogene Elicitoren) für einen Pathogenangriff fungieren. Weitere während des Angriffs von Pathogenen mit der pflanzlichen Oberfläche in Kontakt kommende Strukturen des Pathogens werden als exogene Elicitoren der Nicht-Wirts-Resistenz mit Hilfe von Rezeptoren erkannt und initiieren die Aktivierung von Abwehrreaktionen. Avirulenzfaktoren von Pathogenen werden während der Wirtsresistenz von Pflanzen über Rezeptoren erkannt und führen ebenfalls zur Auslösung von Abwehrreaktionen. Andere Effektoren, z. B. Virulenzfaktoren, unterdrücken die Nicht-Wirtsresistenz oder haben andere Virulenzfunktionen.

Für etliche Elicitoren konnte biochemisch gezeigt werden, daß sie über Rezeptoren in der pflanzlichen Plasmamembran erkannt werden (NÜRNBERGER und SCHEEL 2001), aber bislang wurden lediglich wenige der korrespondierenden Gene kloniert (NÜRNBERGER et al. 2004). Am besten untersucht und biologisch verstanden ist der pflanzliche Flagellin-Rezeptor FLS2 (GÓMEZ-GÓMEZ und BOLLER 2002), der funktionell dem menschlichen TLR5-Rezeptor entspricht (HAYASHI et al. 2001). Beide Rezeptoren verfügen über eine extrazelluläre LRR- und eine Transmembrandomäne, haben aber nur geringe Sequenzähnlichkeiten. Während der TLR5-Rezeptor eine intrazelluläre TIR-Domäne besitzt, wird die Initiierung der Signaltransduktion beim FLS2-Rezeptor durch eine Proteinkinasedomäne übernommen. Unterschiedliche Bereiche der LRR-Domänen der beiden Rezeptoren erkennen verschiedene Epitope des Flagellins (ANDERSEN-NISSEN et al. 2005, DONNELLY und STEINER 2002). Die Bindung des Liganden an den FLS2-Rezeptor führt zur Aktivierung von MAP-Kinase-Kaskaden, durch die wiederum WRKY-Transkriptionsfaktoren aktiviert werden, während die TLR5-Signaltransduktion andere Elemente beinhaltet. Es kann deshalb davon ausgegangen werden, daß FLS2 und TLR5 keinen gemeinsamen evolutionären Ursprung haben, sondern unabhängige Entwicklungen darstellen. Für *Arabidopsis thaliana* konnte gezeigt werden, daß der FLS2-Rezeptor die Anfälligkeit der Pflanze gegenüber dem bakteriellen Krankheitserreger *Pseudomonas syringae* verringert (ZIPFEL et al. 2004).

Auf ihren Wirtsorganismen unterdrücken Pathogene die angeborene Immunität (Insekten und Säuger) beziehungsweise die Nicht-Wirtsresistenz (Pflanzen) mit Hilfe von Virulenzfaktoren, die z. B. Schritte der Abwehr vermittelnden Signaltransduktion inhibieren (Abramovitch und Martin 2004, DebRoy et al. 2004, Jamir et al. 2004, Kim et al. 2005, Li et al. 2005). Bakterien schleusen diese Effektoren über das Typ-III-Sekretionssystem direkt in die Wirtszellen ein (Alfano und Collmer 2004). Auch Pilze vermögen Effektorproteine über noch unbekannte Mechanismen in Pflanzenzellen einzubringen (Kemen et al. 2005). Auf diese Weise wird eine effektive Abwehr verhindert, und es kommt zur Erkrankung des Wirtsorganismus.

Im Zuge der Koevolution von Wirtspflanzen und Pathogenen hat sich ein weiteres Abwehrsystem entwickelt, bei dem bestimmte Sorten einer Pflanzenspezies resistent gegen spezifische Pathogenrassen sind. Diese Wirtsresistenz beruht auf der Anwesenheit eines Avirulenzgens im Pathogen und eines korrespondierenden Resistenzgens in der Pflanze (Abb. 2). Die direkt oder indirekt von Avirulenzgenen kodierten Avirulenzfaktoren werden durch direkt oder indirekt von pflanzlichen Resistenzgenen kodierte Rezeptoren erkannt, wodurch eine komplexe Abwehrreaktion ausgelöst wird (Hammond-Kosack und Parker 2003). Diese Rezeptoren sind entweder in der pflanzlichen Plasmamembran oder im Zytoplasma lokalisiert. Im ersteren Fall besitzen sie eine extrazelluläre LRR- und eine Transmembrandomäne und nur zum Teil eine intrazelluläre Kinasedomäne (Nürnberger et al. 2004). Sie haben somit bezüglich ihres modularen Aufbaus Ähnlichkeit mit den TLR-Rezeptoren, die allerdings eine intrazelluläre TIR-Domäne tragen und auch sonst keine Sequenzhomologie mit ihnen aufweisen. Die zytosolischen Rezeptoren verfügen zumeist ebenfalls über eine LRR-Domäne, die über eine NBS-Domäne entweder mit einer TIR- oder einer *Coiled-Coil*-Domäne verbunden ist (Nürnberger et al. 2004). Somit haben sie wiederum bezüglich des modularen Aufbaus gewisse Ähnlichkeiten zu den Nod-Proteinen der Säuger, die sich aber ebenfalls nicht auf Sequenzebene erkennen läßt. Darüber hinaus existieren auch zytosolische Rezeptoren einfacherer Struktur, wie die Pto-Proteinkinase (Hammond-Kosack und Parker 2003).

Die Auslösung von Nicht-Wirts- und Wirtsresistenz beinhaltet ähnliche komplexe Abwehrreaktionen (Scheel 1998). Wie bei der angeborenen Immunität der Säuger kommt es zu einer transienten Veränderung der Expression einer Vielzahl von Genen, wobei das Muster der Genexpression bei Auslösung durch unterschiedliche Elicitoren oder Avirulenzfaktoren ähnlich, aber nicht identisch ist (Eulgem 2005). Auch bei der pflanzlichen Abwehr kommt es zur G-Protein-vermittelten Aktivierung einer NADPH-Oxidase und zur Produktion reaktiver Sauerstoffspezies (Scheel 2002).

Die bei der pflanzlichen Abwehr beteiligten zellulären Signaltransduktionsmechanismen sind offensichtlich abhängig vom beteiligten Rezeptor. In vielen Fällen spielen Veränderungen der zytosolischen Ca^{2+}-Konzentration, MAP-Kinase-Kaskaden, NO, reaktive Sauerstoffspezies, WRKY- und weitere Transkriptionsfaktoren eine Rolle (Nürnberger und Scheel 2001). Auch wenn einzelne dieser Signaltransduktionselemente, wie beispielsweise MAP-Kinasen oder reaktive Sauerstoffspezies, sowohl bei der angeborenen Immunität von Insekten und Säugern als auch bei der pflanzlichen Abwehr beteiligt sind, gibt es etliche essentielle Elemente, die spezifisch für nur einen Weg sind.

Zusammenfassend scheinen die Ähnlichkeiten zwischen der angeborenen Immunität der Insekten und Säuger und der pflanzlichen Nicht-Wirtsresistenz nicht auf einen gemeinsamen evolutionären Ursprung hinzudeuten, sondern auf eine konvergente Entwicklung dieses erfolgreichen Prinzips der Pathogenabwehr (Ausubel 2005). Dabei haben offensichtlich verschiedene Rezeptormodule und Signaltransduktionselemente in beiden Abwehrmodellen Verwendung gefunden.

Literatur

ABRAMOVITCH, R., and MARTIN, G.: Strategies used by bacterial pathogens to suppress plant defenses. Curr. Opin. Plant Biol. *7*, 356–364 (2004)

ADEREM, A., and ULEVITCH, R.: Toll-like receptors in the induction of the innate immune response. Nature *406*, 782–787 (2000)

ALFANO, J., and COLLMER, A.: Type III secretion system effector proteins: double agents in bacterial disease and plant defense. Annu. Rev. Phytopathol. *42*, 385–414 (2004)

ANDERSEN-NISSEN, E., SMITH, K., STROBE, K., BARRETT, S., COOKSON, B., LOGAN, S., and ADEREM, A.: Evasion of Toll-like receptor 5 by flagellated bacteria. Proc. Natl. Acad. Sci. USA *102*, 9247–9251 (2005)

AUSUBEL, F.: Are innate immune signaling pathways in plants and animals conserved? Nature Immun. *6*, 973–979 (2005)

Boldrick, J., Alizadeh, A., Diehn, M., Dudoit, S., Liu, C., Belcher, C., Botstein, D., Staudt, L., Brown, P., and Relman, D.: Stereotyped and specific gene expression programs in human innate immune responses to bacteria. Proc. Natl. Acad. Sci. USA 99, 972–977 (2002)

Dangl, J. L., and Jones, J. D. G.: Plant pathogens and integrated defence responses to infection. Nature 411, 826–833 (2001)

DeBroy, S., Thilmony, R., Kwack, Y.-B., Nomura, K., and He, S.: A family of conserved bacterial effectors inhibits salicylic acid-mediated basal immunity and promotes disease necrosis in plants. Proc. Natl. Acad. Sci. USA 101, 9927–9932 (2004)

DeYulia, G., Cárcamo, J., Bórquez-Ojeda, O., Shelton, C., and Golde, D.: Hydrogen peroxide generated extracellularly by receptor-ligand interaction facilitates cell signaling. Proc. Natl. Acad. Sci. USA 102, 5044–5049 (2005)

Donnelly, M., and Steiner, T.: Two nonadjacent regions in enteroaggregative *Escherichia coli* flagellin are required for activation of toll-like receptor 5. J. Biol. Chem. 277, 40456–40461 (2002)

Ebel, J., and Scheel, D.: Signals in host-parasite interactions. In: Carroll, G. C., and Tudzynski, P. (Eds.): The Mycota. Plant Relationships. Part A, pp. 85–105. Berlin, Heidelberg: Springer 1997

Eulgem, T.: Regulation of the *Arabidopsis* defense transcriptome. Trends Plant Sci. 10, 71–78 (2005)

Girardin, S., Sansonetti, P., and Philpott, D.: Intracellular vs extracellular recognition of pathogens – common concepts in mammals and flies. Trends Microbiol. 10, 193–199 (2002)

Gómez-Gómez, L., and Boller, T.: Flagellin perception: a paradigm for innate immunity. Trends Plant Sci. 7, 251–256 (2002)

Hammond-Kosack, K., and Parker, J.: Deciphering plant-pathogen communication: fresh perspectives for molecular resistance breeding. Curr. Opin. Biotech. 14, 177–193 (2003)

Hayashi, F., Smith, K., Ozinsky, A., Hawn, T., Yi, E., Goodlet, D., Eng, J., Akira, S., Underhill, D., and Aderem, A.: The innate immune response to bacterial flagellin is mediated by Toll-like receptor 5. Nature 410, 1099–1103 (2001)

Jamir, Y., Guo, M., Oh, H.-S., Petnicki-Ocwieja, T., Chen, S., Tang, X., Dickman, M., Collmer, A., and Alfano, J.: Identification of *Pseudomonas syringae* type III effectors that can suppress programmed cell death in plants and yeast. Plant J. 37, 554–565 (2004)

Kemen, E., Kemen, A., Rafiqi, M., Hempel, U., Mendgen, K., Hahn, M., and Voegele, R.: Identification of a protein from rust fungi transferred from haustoria into infected plant cells. Mol. Plant-Microbe Interact. 18, 1130–1139 (2005)

Kim, M., da Cunha, L., McFall, A., Belkhadir, Y., DeBroy, S., Dangl, J., and Mackey, D.: Two *Pseudomonas syringae* type III effectors inhibit RIN4-regulated basal defense in *Arabidopsis*. Cell 121, 749–759 (2005)

Li, K., Foy, E., Ferreon, J., Nakamura, M., Ferreon, A., Ikeda, M., Ray, S., Gale, M., and Lemon, S.: Immune evasion by hepatitis C virus NS3/4A protease-mediated cleavage of the Toll-like receptor 3 adaptor protein TRIF. Proc. Natl. Acad. Sci. USA 102, 2992–2997 (2005)

McGuinness, D. H., Dehal, P. K., and Pleass, R. J.: Pattern recognition molecules and innate immunity to parasites. Trends Parasit. 19, 312–319 (2003)

Medzhitov, R., and Janeway, C. Jr.: An ancient system of host defense. Curr. Opin. Immun. 10, 12–15 (1998)

Nürnberger, T., Brunner, F., Kemmerling, B., and Piater, L.: Innate immunity in plants and animals: striking similarities and obvious differences. Immun. Rev. 198, 249–266 (2004)

Nürnberger, T., and Scheel, D.: Signal transmission in the plant immune response. Trends Plant Sci. 6, 372–379 (2001)

Scheel, D.: Resistance response physiology and signal transduction. Curr. Opin. Plant Biol. 1, 305–310 (1998)

Scheel, D.: Oxidative burst and the role of reactive oxygen species in plant-pathogen interactions. In: Inzé, D., and van Montagu, M. (Eds.): Oxidative Stress in Plants; pp. 137–153. London: Taylor & Francis 2002

THORDAL-CHRISTENSEN, H.: Fresh insides into processes of nonhost resistance. Curr. Opin. Plant Biol. *6*, 351–357 (2003)
ZIPFEL, C., ROBATZEK, S., NAVARRO, L., OAKELEY, E., JONES, J., FELIX, G., and BOLLER, T.: Bacterial disease resistance in *Arabidopsis* through flagellin perception. Nature *428*, 764–767 (2004)

Prof. Dr. Dierk SCHEEL
Leibniz-Institut für Pflanzenbiochemie
Abteilung Stress- und Entwicklungsbiologie
Weinberg 3
06120 Halle (Saale)
Bundesrepublik Deutschland
Tel.:   +49 345 55821400
Fax: +49 345 55821409
E-Mail: dscheel@ipb-halle.de

Perspektiven des Klonens in der Tierzucht und in der biomedizinischen Forschung

Von Eckhard WOLF, München
Mitglied der Akademie

(Kurzfassung des in der Sitzung der Akademie am 24. 5. 2005 gehaltenen Vortrages)

Ein Klon (griechisch: κλων Zweig, Schößling) ist eine Gruppe von genetisch identischen Zellen oder Organismen, die durch Teilung (ungeschlechtliche Fortpflanzung) aus einer einzigen Zelle oder einem einzelnen Organismus hervorgegangen ist.

Demnach stellen natürlich entstandene eineiige Zwillinge oder Mehrlinge, ebenso wie Tiere, die gezielt durch mikrochirurgische Teilung früher Embryonalstadien (»Embryo-Splitting«) entstanden sind, Klone dar. Derzeit wird aber vor allem von solchen Tieren als Klon berichtet, die durch Kerntransfer entstanden sind, wie z. B. das Schaf »Dolly« (WILMUT et al. 1997). Streng genommen handelt es sich bei diesen Individuen nicht um echte Klone, sondern um genomische Kopien, da sie zwar identische Erbinformation in ihren Zellkernen enthalten, sich aber hinsichtlich ihrer mitochondrialen DNA unterscheiden können (Übersicht: WOLF 2000).

Meilensteine der Kerntransfertechnik

Die Technik des Klonens nimmt ihren Ursprung in Ideen des deutschen Entwicklungsbiologen Hans SPEMANN (SPEMANN 1938). Robert BRIGGS und Thomas J. KING gelang im Jahr 1952 der erste Transfer von Kernen embryonaler Spenderzellen in enukleierte Eizellen von Fröschen der Spezies *Rana pipiens*. Die resultierenden Embryonen entwickelten sich zu Kaulquappen (Übersicht: DI BERARDINO und MCKINNELL 2004). Bei Säugetieren wurden Kerntransferexperimente erstmals 1983 mit dem Austausch von Vorkernen zwischen befruchteten Eizellen von Mäusen durchgeführt (MCGRATH und SOLTER 1983). WILLADSEN (1986) gelang wenig später die Erzeugung des ersten Schafes durch Fusion einer Blastomere aus einem 8-Zell-Embryo mit der enukleierten Hälfte einer Eizelle. In der Folge wurde das Klonen durch Kerntransfer von embryonalen Kernspenderzellen für weitere Säugetierspezies etabliert: Maus (TSUNODA et al. 1987), Rind (PRATHER et al. 1987), Kaninchen (STICE und ROBL 1988), Schwein (PRATHER et al. 1989), Ziege (YONG und YUQIANG 1998), Rhesusaffe (MENG et al. 1997) und Ratte (ROH et al. 2003). Die Geburt des Schafes Dolly (WILMUT et al. 1997) belegte erstmals, daß das Klonen von Säugetieren durch Kerntransfer auch mit somatischen Zellen als Kernspender möglich ist. In der Folgezeit wurde diese Technik bei folgenden Säugetieren angewandt: Maus (WAKAYAMA et al. 1998), Rind (CIBELLI et al. 1998), Ziege (BAGUISI et al. 1999), Schwein (POLEJAEVA et al. 2000), Kaninchen (CHESNE et al. 2002), Katze (SHIN et al. 2002), Pferd (GALLI et al. 2003) und Ratte (ZHOU et al. 2003). Die Möglichkeit, durch Kerntransfer mit transfizierten Spenderzellen landwirtschaftliche Nutztiere genetisch zu modifizieren, wurde erstmals im Jahr 1997 mit der Geburt des Schafes Polly realisiert (SCHNIEKE et al. 1997). Im Februar 2004 wurde die Etablierung der ersten Stammzell-Linie aus einer menschlichen Kerntransferblastozyste bekannt gegeben (HWANG et al. 2004).

Bedeutung von Klonen in der Tierzucht

Die initiale Zielsetzung des Klonens in der Tierzucht war die identische Vermehrung besonders wertvoller Individuen. Dies wurde zunächst über das Embryo-Splitting realisiert. Mittlerweile haben eine Reihe von Tierzuchtunternehmen weltweit auch die Kerntransferklonierung mit somatischen Zellen in ihrem Portfolio, beispielsweise um von den wertvollsten Besamungsbullen identische Kopien für die Spermaproduktion zu erstellen (Übersicht: BOUSQUET und BLONDIN 2004).

Ein weiteres interessantes Einsatzgebiet von Klonen in der Tierzucht ist die funktionelle Genomforschung. Hier geht es um die Entschlüsselung molekularer Grundlagen von komplexen Merkmalen mit niedriger Heritabilität, wie Fruchtbarkeit und Langlebigkeit. Für solche Studien kann es interessant sein, durch die Verwendung von Klonen die genetische Variabilität auszuschalten. In diesem Fall sind monozygote Zwillinge den Kerntransferklonen überlegen, da letztere aufgrund maternal zytoplasmatischer Effekte (HIENDLEDER et al. 2004b) oder epigenetischer Variabilität (Übersicht: SHI et al. 2003) erhebliche phänotypische Unterschiede zeigen können. Im Rahmen der DFG-Forschergruppe »Mechanismen der embryo-maternalen Kommunikation« (www.ematko.de) verwenden wir durch »Embryo-Splitting« entstandene eineiige Zwillinge, um herauszufinden, welche Signale früher Embryonalstadien beim Rind für die Entstehung und Aufrechterhaltung einer Trächtigkeit wichtig sind. Dafür werden die jeweiligen Zwillinge Zyklus-synchronisiert, wonach einer der Zwillinge Embryonen übertragen bekommt, während der andere als Kontrolle dient und nur einen Scheintransfer ohne Embryonen erhält. Dadurch werden störende, bei nicht verwandten Tieren variable genetische Einflüsse auf die Genexpression in Geweben des weiblichen Genitals eliminiert, was einen enormen Vorteil für die Detektion der spezifisch von Embryonen induzierten Veränderungen der Genaktivitätsprofile darstellt. Nach definierten Zeitintervallen werden dann Embryo-induzierte molekulare Veränderungen im Eileiterepithel oder im Endometrium mittels holistischer

Transkriptom- und Proteomuntersuchungen charakterisiert. Auf diese Weise konnten wir eine Vielzahl neuer Embryo-induzierter Transkriptom- und Proteomveränderungen im Endometrium identifizieren, die charakteristisch für das Stadium kurz vor der Implantation (Tag 18) sind (KLEIN et al. 2005, BERENDT et al. 2005). Die gefundenen Kandidatengene bzw. -proteine sind u. a. für die Entwicklung von Array-basierten Verfahren für die Differentialdiagnostik von Fruchtbarkeitsstörungen interessant. Das für dieses Projekt entwickelte Versuchsdesign mit monozygoten Zwillingen ist auf viele andere Fragestellungen der Tierzucht, beispielsweise das Studium von Wirt-Pathogen-Interaktionen, direkt übertragbar.

Mit Hilfe der Kerntransferklonierung unter Verwendung von genetisch modifizierten Spenderzellen steht ein neuer Weg für den Gentransfer bei Nutztieren zur Verfügung, der effizienter als die klassische DNA-Mikroinjektionstechnik ist (SCHNIEKE et al. 1997). Neben einem additiven Gentransfer mit zufälliger Integration der übertragenen Sequenzen können mit dieser Strategie erstmals auch gezielte genetische Veränderungen im Genom von Nutztieren vorgenommen werden (MCCREATH et al. 2000). Diese neuen technischen Möglichkeiten werden überwiegend für die biomedizinische Forschung und die Biotechnologie genutzt, allerdings sind auch Anwendungen für die landwirtschaftliche Tierzucht vorstellbar. Beispiele sind die Erhöhung des Kaseingehalts in der Kuhmilch (BROPHY et al. 2003), die Veränderung des Fettsäuremusters in tierischen Produkten (SAEKI et al. 2004), die Expression spezifischer Resistenzfaktoren (WALL et al. 2005) oder die Erstellung von männlichen Tieren, die nur X- oder nur Y-Chromosom-tragende Spermien produzieren (FORSBERG 2005). Letzteres würde eine enorme Verbesserung der Selektionsintensität bedeuten. Zudem könnte damit beim Schwein die tierschutzrelevante Kastration männlicher Tiere vermieden werden. Dieser Eingriff ist bislang erforderlich, da Fleisch von Ebern einen typischen, die Genußtauglichkeit beeinträchtigenden Geruch haben kann.

Anwendungen des Klonens in der biomedizinischen Forschung

Die Kerntransferklonierung hat in verschiedenen Ebenen der biomedizinischen Forschung große Bedeutung erlangt. Für die Grundlagenforschung sind die Vorgänge der Reprogrammierung nach dem Kerntransfer ein sehr interessantes Modell, um epigenetische Mechanismen, wie DNA-Methylierung, Histonmodifikationen oder Veränderungen der Zellkernarchitektur zu beobachten und ihre funktionelle Relevanz zu bewerten (Übersicht: SHI et al. 2003). In Kooperation mit der Arbeitsgruppe von Wolf REIK in Cambridge haben wir Veränderungen des globalen DNA- und Histonmethylierungsmusters in Kerntransferembryonen vom Rind untersucht und bei einem Teil der Embryonen eine DNA-Hypermethylierung wie auch eine vermehrte Methylierung von Lysin 9 am Histonprotein H3 beobachtet (DEAN et al. 2001, SANTOS et al. 2003). Diese epigenetischen Veränderungen waren mit einer verringerten Entwicklungskapazität der Kerntransferembryonen assoziiert (Santos et al. 2003). Interessanterweise war auch bei Rinderfeten (Tag 80) eine DNA-Hypermethylierung in der Leber zu beobachten, die mit vermehrtem und disproportionalem Körper- und Organwachstum der Feten einherging (Hiendleder et al. 2004a). Störungen der epigenetischen Reprogrammierung sind vermutlich für die häufig beobachteten Veränderungen bei Klonfeten und Nachkommen verantwortlich und erklären zumindest teilweise die Unterschiede im Erscheinungsbild zwischen Individuen mit identischem Erbgut (Übersicht: Shi et al. 2003). Ein wichtiger Forschungszweig wird die gezielte Beeinflussung dieser epigenetischen Mechanismen sein, um die Effizienz des Kerntransfers zu verbessern oder allgemein die Funktion von Zellen modulieren zu können.

Letzteres stellt ein wichtiges Ziel für die Entwicklung von Zellersatztherapien degenerativer Erkrankungen bzw. für die regenerative Medizin dar. Die Möglichkeit der Reprogrammierung von Kernen differenzierter Zellen zur Totipotenz ist Basis des Konzepts »Therapeutisches Klonen« (Gurdon und Colman 1999). Aus den so entstandenen Kerntransferembryonen bzw. daraus abgeleiteten embryonalen Stammzellen sollen für die Therapie benötigte Zellen entwickelt werden. Die Besonderheit bei diesem Ansatz ist, daß die generierten Zellen das gleiche Erbgut tragen wie der Patient und dadurch vermeintlich durch dessen Immunsystem nicht abgestoßen werden. Trotzdem bleibt die Frage, ob durch eventuell unterschiedliche mitochondriale DNA bzw. Störungen der epigenetischen Reprogrammierung nicht doch Zellen entstehen, die als körperfremd erkannt und eliminiert werden können. Immerhin wurde die Strategie »Therapeutisches Klonen« zumindest im Mausmodell bereits von Anfang bis Ende erfolgreich durchgespielt (Übersicht: Hochedlinger und Jaenisch 2003). Versuche zur Entwicklung des »Therapeutischen Klonens« beim Menschen in Korea haben im Februar 2004 für Schlagzeilen gesorgt (Hwang et al. 2004). Diese Experimente zeigen, daß zumindest die erste Stufe, die Herstellung von pluripotenten Stammzellen aus einem Kerntransferembryo, auch beim Menschen funktionieren kann. Eine neuere Arbeit dieser Gruppe (Hwang et al. 2005), die eine hocheffiziente Etablierung patientenspezifischer Stammzell-Linien aus Kerntransferembryonen beschreibt, wurde als Fälschung entlarvt. Derzeit bestehen, abgesehen von allen ethischen Bedenken, berechtigte Zweifel, ob »Therapeutisches Klonen« jemals eine realistische Option für die Anwendung in der Klinik werden kann. Alternative Strategien der Reprogrammierung von Zellen, etwa durch Behandlung mit Zellextrakten (Hakelien et al. 2002) oder Fusion mit anderen Zelltypen (z. B. humanen embryonalen Stammzellen; Cowan et al. 2005), erscheinen bei gegenwärtigem Stand der Technik zielführender und aussichtsreicher.

Wie bereits oben beschrieben, stellt der Kerntransfer mit genetisch modifizierten Spenderzellen eine neue Möglichkeit zur Erzeugung transgener Nutztiere für die biomedizinische Forschung dar. Die Anwendungsmöglichkeiten sind vielfältig und vielversprechend. Wichtige Beispiele sind die Erzeugung neuer Tiermodelle für die präklinische Forschung, die genetische Modifikation von Schweinen für die Xenotransplantation (LAI et al. 2002) oder die Herstellung therapeutisch wirksamer Substanzen, wie z. B. Antikörper (GROSSE-HOVEST et al. 2004). Wir arbeiten derzeit an der Erzeugung Prionprotein(PrP)-defizienter Rinder und haben inzwischen Feten erzeugt, in denen beide Allele des *PRNP*-Gens deletiert sind und die folglich kein PrP exprimieren (KLOSE et al. 2006). Die Analyse von *PRNP*-mutanten Feten bzw. Nachkommen wird neue Hinweise zur Funktion dieses Gens bzw. seines Produkts im Rind liefern und insbesondere die Klärung der Frage, ob PrP-defiziente Rinder resistent gegen BSE sind, ermöglichen. Klonen mit gezielt genetisch veränderten Spenderzellen schafft somit die Voraussetzung für Genfunktionsstudien in Nutztierspezies. Dies ist insbesondere für Fragestellungen, die in den klassischen Mausmodellen nicht oder nicht umfassend untersucht werden können, als großer Fortschritt zu werten. Insgesamt wird die Bedeutung von genetisch modifizierten Nutztieren, insbesondere von Schweinen, als Modelle für menschliche Erkrankungen zunehmen.

Literatur

BAGUISI, A., BEHBOODI, E., MELICAN, D. T., POLLOCK, J. S., DESTREMPES, M. M., CAMMUSO, C., WILLIAMS, J. L., NIMS, S. D., PORTER, C. A., MIDURA, P., PALACIOS, M. J., AYRES, S. L., DENNISTON, R. S., HAYES, M. L., ZIOMEK, C. A., MEADE, H. M., GODKE, R. A., GAVIN, W. G., OVERSTROM, E. W., and ECHELARD, Y.: Production of goats by somatic cell nuclear transfer. Nature Biotechnol. *17*, 456–461 (1999)

BERENDT, F. J., FROHLICH, T., SCHMIDT, S. E., REICHENBACH, H. D., WOLF, E., and ARNOLD, G. J.: Holistic differential analysis of embryo-induced alterations in the proteome of bovine endometrium in the preattachment period. Proteomics *5*, 2551–2560 (2005)

BOUSQUET, D., and BLONDIN, P.: Potential uses of cloning in breeding schemes: dairy cattle. Cloning Stem Cells *6*, 190–197 (2004)

BROPHY, B., SMOLENSKI, G., WHEELER, T., WELLS, D., L'HUILLIER, P., and LAIBLE, G.: Cloned transgenic cattle produce milk with higher levels of beta-casein and kappa-casein. Nature Biotechnol. *21*, 157–162 (2003)

CHESNE, P., ADENOT, P. G., VIGLIETTA, C., BARATTE, M., BOULANGER, L., and RENARD, J. P.: Cloned rabbits produced by nuclear transfer from adult somatic cells. Nature Biotechnol. *20*, 366–369 (2002)

CIBELLI, J. B., STICE, S. L., GOLUEKE, P. J., KANE, J. J., JERRY, J., BLACKWELL, C., PONCE DE LEON, F. A., and ROBL, J. M.: Cloned transgenic calves produced from nonquiescent fetal fibroblasts. Science *280*, 1256–1258 (1998)

COWAN, C. A., ATIENZA, J., MELTON, D. A., and EGGAN, K.: Nuclear reprogramming of somatic cells after fusion with human embryonic stem cells. Science *309*, 1369–1373 (2005)

DEAN, W., SANTOS, F., STOJKOVIC, M., ZAKHARTCHENKO, V., WALTER, J., WOLF, E., and REIK, W.: Conservation of methylation reprogramming in mammalian development: aberrant reprogramming in cloned embryos. Proc. Natl. Acad. Sci. USA *98*, 13734–13738 (2001)

DI BERARDINO, M. A., and MCKINNELL, R. G.: The pathway to animal cloning and beyond – Robert Briggs (1911–1983) and Thomas J. KING (1921–2000). J. Exp. Zoolog. A Comp. Exp. Biol. *301*, 275–279 (2004)

FORSBERG, E. J.: Commercial applications of nuclear transfer cloning: three examples. Reprod. Fertil. Dev. *17*, 59–68 (2005)

GALLI, C., LAGUTINA, I., CROTTI, G., COLLEONI, S., TURINI, P., PONDERATO, N., DUCHI, R., and LAZZARI, G.: Pregnancy: a cloned horse born to its dam twin. Nature *424*, 635 (2003)

GROSSE-HOVEST, L., MULLER, S., MINOIA, R., WOLF, E., ZAKHARTCHENKO, V., WENIGERKIND, H., LASSNIG, C., BESENFELDER, U., MULLER, M., LYTTON, S. D., JUNG, G., and BREM, G.: Cloned transgenic farm animals produce a bispecific antibody for T cell-mediated tumor cell killing. Proc. Natl. Acad. Sci. USA *101*, 6858–6863 (2004)

GURDON, J. B., and COLMAN, A.: The future of cloning. Nature *402*, 743–746 (1999)

HAKELIEN, A. M., LANDSVERK, H. B., ROBL, J. M., SKALHEGG, B. S., and COLLAS, P.: Reprogramming fibroblasts to express T-cell functions using cell extracts. Nature Biotechnol. 20, 460–466 (2002)

HIENDLEDER, S., MUND, C., REICHENBACH, H. D., WENIGERKIND, H., BREM, G., ZAKHARTCHENKO, V., LYKO, F., and WOLF, E.: Tissue-specific elevated genomic cytosine methylation levels are associated with an overgrowth phenotype of bovine fetuses derived by in vitro techniques. Biol. Reprod. *71*, 217–223 (2004a)

HIENDLEDER, S., PRELLE, K., BRÜGGERHOFF, K., REICHENBACH, H. D., WENIGERKIND, H., BEBBERE, D., STOJKOVIC, M., MULLER, S., BREM, G., ZAKHARTCHENKO, V., and WOLF, E.: Nuclear-cytoplasmic interactions affect in utero developmental capacity, phenotype, and cellular metabolism of bovine nuclear transfer fetuses. Biol. Reprod. *70*, 1196–1205 (2004b)

HOCHEDLINGER, K., and JAENISCH, R.: Nuclear transplantation, embryonic stem cells, and the potential for cell therapy. New Engl. J. Med. *349*, 275–286 (2003)

HWANG, W. S., ROH, S. I., LEE, B. C., KANG, S. K., KWON, D. K., KIM, S., KIM, S. J., PARK, S. W., KWON, H. S., LEE, C. K., LEE, J. B., KIM, J. M., AHN, C., PAEK, S. H., CHANG, S. S., KOO, J. J., YOON, H. S., HWANG, J. H., HWANG, Y. Y., PARK, Y. S., OH, S. K., KIM, H. S., PARK, J. H., MOON, S. Y., and SCHATTEN, G.: Patient-specific embryonic stem cells derived from human SCNT blastocysts. Science *308*, 1777–1783 (2005)

HWANG, W. S., RYU, Y. J., PARK, J. H., PARK, E. S., LEE, E. G., KOO, J. M., JEON, H. Y., LEE, B. C., KANG, S. K., KIM, S. J., AHN, C., HWANG, J. H., PARK, K. Y., CIBELLI, J. B., and MOON, S. Y.: Evidence of a pluripotent human embryonic stem cell line derived from a cloned blastocyst. Science *303*, 1669–1674 (2004)

KLEIN, C., BAUERSACHS, S., and ULBRICH, S. E., et al.: Monozygotic twin model reveals novel embryo-induced transcriptome changes of bovine endometrium in the pre-attachment period. Biol. Reprod. 2005 Oct 5; [Epub ahead of print]

KLOSE, R., BREM, G., und WOLF, E.: Biotechnologische Ansätze zur Klärung der physiologischen Bedeutung des bovinen Prionproteins und seiner Rolle in der Pathogenese von BSE. Nova Acta Leopoldina NF Bd. *94*, Nr. 347, 237–247 (2006)

LAI, L., KOLBER-SIMONDS, D., PARK, K. W., CHEONG, H. T., GREENSTEIN, J. L., IM, G. S., SAMUEL, M., BONK, A., RIEKE, A., DAY, B. N., MURPHY, C. N., CARTER, D. B., HAWLEY, R. J., and PRATHER, R. S.: Production of alpha-1,3-galactosyltransferase knockout pigs by nuclear transfer cloning. Science *295*, 1089–1092 (2002)

McCREATH, K. J., HOWCROFT, J., CAMPBELL, K. H., COLMAN, A., SCHNIEKE, A. E., and KIND, A. J.: Production of gene-targeted sheep by nuclear transfer from cultured somatic cells. Nature *405*, 1066–1069 (2000)

McGRATH, J., and SOLTER, D.: Nuclear transplantation in the mouse embryo by microsurgery and cell fusion. Science *220*, 1300–1302 (1983)

MENG, L., ELY, J. J., STOUFFER, R. L., and WOLF, D. P.: Rhesus monkeys produced by nuclear transfer. Biol. Reprod. *57*, 454–459 (1997)

POLEJAEVA, I. A., CHEN, S. H., VAUGHT, T. D., PAGE, R. L., MULLINS, J., BALL, S., DAI, Y., BOONE, J., WALKER, S., AYARES, D. L., COLMAN, A., and CAMPBELL, K. H.: Cloned pigs produced by nuclear transfer from adult somatic cells. Nature *407*, 86–90 (2000)

PRATHER, R. S., BARNES, F. L., SIMS, M. M., ROBL, J. M., EYESTONE, W. H., and FIRST, N. L.: Nuclear transplantation in the bovine embryo: assessment of donor nuclei and recipient oocyte. Biol. Reprod. *37*, 859–866 (1987)

PRATHER, R. S., SIMS, M. M., and FIRST, N. L.: Nuclear transplantation in early pig embryos. Biol. Reprod. *41*, 414–418 (1989)

Roh, S., Guo, J., Malakooti, N., Morrison, J. R., Trounson, A. O., and Du, Z. T.: Birth of rats following nuclear exchange at the 2-cell stage. Zygote *11*, 317–321 (2003)

Saeki, K., Matsumoto, K., Kinoshita, M., Suzuki, I., Tasaka, Y., Kano, K., Taguchi, Y., Mikami, K., Hirabayashi, M., Kashiwazaki, N., Hosoi, Y., Murata, N., and Iritani, A.: Functional expression of a Delta12 fatty acid desaturase gene from spinach in transgenic pigs. Proc. Natl. Acad. Sci. USA *101*, 6361–6366 (2004)

Santos, F., Zakhartchenko, V., Stojkovic, M., Peters, A., Jenuwein, T., Wolf, E., Reik, W., and Dean, W.: Epigenetic marking correlates with developmental potential in cloned bovine preimplantation embryos. Curr. Biol. *13*, 1116–1121 (2003)

Schnieke, A. E., Kind, A. J., Ritchie, W. A., Mycock, K., Scott, A. R., Ritchie, M., Wilmut, I., Colman, A., and Campbell, K. H.: Human factor IX transgenic sheep produced by transfer of nuclei from transfected fetal fibroblasts. Science *278*, 2130–2133 (1997)

Shi, W., Zakhartchenko, V., and Wolf, E.: Epigenetic reprogramming in mammalian nuclear transfer. Differentiation *71*, 91–113 (2003)

Shin, T., Kraemer, D., Pryor, J., Liu, L., Rugila, J., Howe, L., Buck, S., Murphy, K., Lyons, L., and Westhusin, M.: A cat cloned by nuclear transplantation. Nature *415*, 859 (2002)

Spemann, H.: Embryonic Development and Induction. New Haven, Connecticut: Yale University Press 1938

Stice, S. L., and Robl, J. M.: Nuclear reprogramming in nuclear transplant rabbit embryos. Biol. Reprod. *39*, 657–664 (1988)

Tsunoda, Y., Yasui, T., Shioda, Y., Nakamura, K., Uchida, T., and Sugie, T.: Full-term development of mouse blastomere nuclei transplanted into enucleated two-cell embryos. J. Exp. Zool. *242*, 147–151 (1987)

Wakayama, T., Perry, A. C., Zuccotti, M., Johnson, K. R., and Yanagimachi, R.: Full-term development of mice from enucleated oocytes injected with cumulus cell nuclei. Nature *394*, 369–374 (1998)

Wall, R. J., Powell, A. M., Paape, M. J., Kerr, D. E., Bannerman, D. D., Pursel, V. G., Wells, K. D., Talbot, N., and Hawk, H. W.: Genetically enhanced cows resist intramammary *Staphylococcus aureus* infection. Nature Biotechnol. *23*, 445–451 (2005)

Willadsen, S. M.: Nuclear transplantation in sheep embryos. Nature *320*, 63–65 (1986)

Wilmut, I., Schnieke, A. E., McWhir, J., Kind, A. J., and Campbell, K. H.: Viable offspring derived from fetal and adult mammalian cells. Nature *385*, 810–813 (1997)

Wolf, E.: Kerntransfer und Reprogrammierung – Anwendungen in Biotechnologie und Tierzucht. Nova Acta Leopoldina NF Bd. *83*, Nr. 318, 19–33 (2000)

Yong, Z., and Yuqiang, L.: Nuclear-cytoplasmic interaction and development of goat embryos reconstructed by nuclear transplantation: production of goats by serially cloning embryos. Biol. Reprod. *58*, 266–269 (1998)

Zhou, Q., Renard, J. P., Le Friec, G., Brochard, V., Beaujean, N., Cherifi, Y., Fraichard, A., and Cozzi, J.: Generation of fertile cloned rats by regulating oocyte activation. Science *302*, 1179 (2003)

Prof. Dr. Eckhard Wolf
Lehrstuhl für Molekulare Tierzucht und Biotechnologie
Genzentrum der Ludwig-Maximilians-Universität München
Feodor-Lynen-Straße 25
81377 München
Bundesrepublik Deutschland
Tel.: +49 89 218076800
Fax: +49 89 218076849
E-Mail: ewolf@lmb.uni-muenchen.de
http://www.lmb.uni-muenchen.de/groups/mt/mainmt2.htm

Statistik für poröse Medien

Von Dietrich STOYAN, Freiberg
Mitglied der Akademie
Mit 2 Abbildungen

(Kurzfassung des in der Sitzung der Akademie am 28. 6. 2005 gehaltenen Vortrages)

1. Einleitung

Wir alle haben oft mit porösen Medien zu tun. Viele Lebensmittel sind porös, z. B. Brot, Kuchen, Käse oder Schlagsahne. Poröse Strukturen findet man auch in biologischen Geweben, man denke an Knochen oder Schwämme. Wichtige weitere poröse Medien sind granulare Medien, Haufwerke und Böden. Schließlich seien die vielen porösen Werkstoffe erwähnt, Beton, Sandstein oder Holz. Heutzutage werden für viele Anwendungszwecke gezielt poröse Strukturen erzeugt, z. B. Schäume aus Metallen oder Kunststoffen. Viele dieser Strukturen sind so wichtig, daß sie intensiv erforscht werden. Dabei interessieren natürlich in erster Linie die makroskopischen Gebrauchseigenschaften, also der Geschmack, die Festigkeit und Elastizität, die Permeabilität und Leitfähigkeit. Wie es sich aber oft zeigt, besteht ein enger Zusammenhang zur geometrischen (Mikro-) Struktur der Stoffe, und hier setzen viele wissenschaftliche Untersuchungen an. Meist ist es nämlich einfacher, eleganter und billiger, die Geometrie zu untersuchen und zu charakterisieren, als z. B. mechanische oder elektrische Eigenschaften durch aufwendige Experimente. Umfangreiche Theorien widmen sich der Frage des Zusammenhangs von Mikrostruktur und makroskopischen Eigenschaften.

Die meisten porösen Medien haben eine zufällige geometrische Struktur, was statistische Analysen erzwingt. Dabei wird das System der Poren als eine zufällige Menge interpretiert; die Feststoffmatrix ist dann das mengentheoretische Komplement. An dieser Stelle kann vermerkt werden, daß Methoden der Strukturuntersuchung poröser Medien allgemeiner anwendbar sind, nämlich auf sogenannte zweiphasige Strukturen, wo die eine Phase als zufällige Menge aufgefaßt wird und die andere als das zugehörige Komplement. Ein bekanntes Beispiel ist Stahl mit der Eisen- und Graphitphase.

Die statistischen Untersuchungen der Mikrostruktur poröser Medien verfolgen zwei große Ziele:

- Charakterisierung der Struktur durch Zahlen oder Graphiken, die es dem Kenner erlauben, wichtige Struktureigenschaften zu erfassen und verschiedene Strukturen quantitativ zu vergleichen;
- Modellierung der Struktur, mit den Absichten: a) Verständnis der Strukturentstehung, was Möglichkeiten ihrer Beeinflussung, beispielsweise in Produktionsprozessen, eröffnet, b) Erzeugung von Computermodellen, mit deren Hilfe makroskopische Eigenschaften realitätsnah untersuchbar sind. Zum Beispiel können zufällige Realisierungen von Porenbetonmikrostrukturen erzeugt werden, die dann in Finite-Element-Rechnungen bezüglich ihres mechanischen Verhaltens bewertet werden. Die Ergebnisse solcher Rechnungen werden durch Homogenisierungsverfahren auf Makrostrukturen übertragen.

2. Modelle poröser Strukturen

Viele Modelle poröser Strukturen nehmen vereinfachend an, daß die Poren kugelförmig sind, wobei aber Überlappungen möglich sind und somit sehr komplexe Porensysteme entstehen können. Auch im Folgenden werden, im Interesse einer vereinfachten Darstellung, kugelförmige Poren angenommen. Die benutzten Modelle entstammen der stochastischen Geometrie, zu der deutsche Mathematiker wesentliche Beiträge lieferten (vgl. die Bücher STOYAN et al. 1995, SCHNEIDER und WEIL 2000); Akademie-Mitglied Klaus KRICKEBERG gehört zu ihren Begründern.

Abb. 1 Ebener Schnitt durch ein Boolesches Modell

Es ist vielleicht überraschend, daß das einfachste und heute am besten erforschte mathematische Modell Überlappungen der Kugeln zuläßt (vgl. Abb. 1). Dieses Modell, Boolesches Modell genannt, wird formelmäßig folgendermaßen gegeben:

$$X = X_1 \cup X_2 \cup \ldots \ . \tag{1}$$

Dabei sind die X_i Kugeln mit zufälligen Mittelpunkten und Radien. Das System X der Poren ist gleich der mengentheoretischen Vereinigung der Kugeln. Die Mittelpunkte bilden einen sogenannten Poisson-Prozeß, sind also rein zufällig verteilt. Zwischen den Mittelpunkten und Radien bestehen keinerlei Abhängigkeiten. Diese starken Unabhängigkeitsannahmen machen analytische Rechnungen möglich, die in Abschnitt 3 erläuterten Charakteristiken können formelmäßig berechnet werden. Es gibt für das Modell ausgefeilte statistische Methoden, die u. a. für Brot, Sandstein und Stahl erfolgreich waren.

Leider sind die Annahmen des Booleschen Modells oft nicht erfüllt, und andere, kompliziertere, Modelle sind erforderlich. Beispielsweise kann die Feststoffmatrix aus harten Kugeln bestehen, wie bei granularen Medien, oder – in komplementärer Modellierung – das Porensystem kann durch zufällig im Raum verteilte harte Kugeln beschreibbar sein, wie z. B. bei porösem Silicia. Geeignete mathematische Modelle sind zufällige Packungen harter Kugeln oder Hart-Kugel-Gibbs-Prozesse. Hier gibt es keine Formeln mehr, nur stochastische Simulationen helfen weiter. Heutzutage sind sie für beliebige Durchmesserverteilungen und hohe Packungsdichten möglich, auch für nicht kugelförmige Objekte gibt es Packungsalgorithmen.

Ein Modell »zwischen« dem Booleschen Modell und Hartkugelsystemen ist das Kirschkern-Modell mit teilweise überlappenden Kugeln mit harten Kernen. Letztere bilden ein zufälliges Hartkugelsystem mit kleineren Durchmessern, und die eigentlichen Kugeln ergeben sich dann durch Vergrößerung (bei fixierten Mittelpunkten), wobei Überlappungen entstehen. Dieses Modell wurde z. B. erfolgreich zur Beschreibung von Porenbeton benutzt (KADASHEVICH et al. 2005).

3. Charakteristiken zur Beschreibung poröser Strukturen

Zur statistischen Beschreibung poröser Strukturen und zufälliger Mengen gibt es zahlreiche Charakteristiken. Sie spiegeln die verschiedensten Aspekte solcher Strukturen wider. Im Folgenden wird eine bestimmte Klasse davon beschrieben, die eng mit integralgeometrischen Ideen zusammenhängt. Dabei wird hier explizit gesagt, was implizit auch für Abschnitt 2 galt, daß nämlich die zufälligen Mengen homogen und isotrop sein müssen, daß also im gesamten Raum überall ähnliche stochastische Strukturvariationen auftreten.

In der Integralgeometrie werden konvexe und polykonvexe Körper, also z. B. Systeme von Kugeln, durch sogenannte innere Volumina oder Minkowski-Funktionale beschrieben. Im dreidimensionalen Fall sind das: Volumen, Oberflächen-

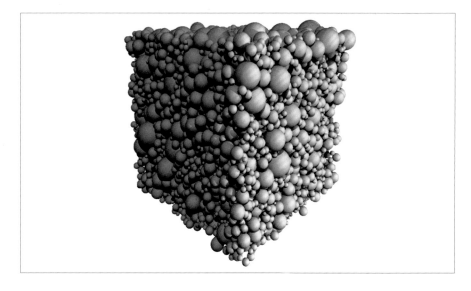

Abb. 2 Packung harter Kugeln mit logarithmisch normalverteilten Durchmessern und einer Packungsdichte von 68%

inhalt, Integral der mittleren Krümmung und Euler-Zahl. Letztere ist eine topologische Kenngröße, welche im Fall von n einander nicht schneidender Kugeln gleich n ist, während sich im Fall von Überlappungen kleinere, eventuell sogar negative Werte ergeben.

Diesen Größen werden nun Mittelwertcharakteristiken – Intensitäten genannt – zugeordnet. Im Fall des Volumens kommt man zum Volumenanteil V_V oder zur Porosität mit Hilfe folgender Definition:

$$V_V = E(V(X \cap Q)). \qquad [2]$$

Hier ist Q ein Würfel mit der Kantenlänge 1; wo er im Raum liegt, ist wegen der Homogenitäts- und Isotropieannahme egal. $V(X \cap Q)$ bezeichnet das Volumen der zufälligen Menge X in Q, das in der Modellierung als Zufallsgröße angesehen wird. »E« bezeichnet die Mittelwertbildung.

Die übrigen drei Mittelwertgrößen heißen spezifische Oberfläche S_V, spezifisches Integral der mittleren Krümmung M_V und spezifische Euler-Zahl N_V.

Diese Größen allein genügen aber nicht zur Beschreibung poröser Medien, es werden auch Variabilitätskenngrößen benötigt. Jeder Naturwissenschaftler und Mediziner benutzt ja in seiner statistischen Arbeit neben dem Mittelwert auch die Streuung, die die Variabilität charakterisiert. Im Fall zufälliger Mengen benutzt man sogenannte Paarkorrelationsfunktionen (ARNS et al. 2005). Diese beschreiben die räumliche Variabilität und räumliche Korrelationen. Am einfachsten zu verstehen und statistisch zu behandeln ist der Fall des Volumens. Hier ist die Paarkorrelationsfunktion proportional zur sogenannten Zweipunkt-Wahrscheinlichkeitsfunktion oder Kovarianz

$$C(r) = P(o \in X,\ x \in X). \tag{3}$$

Sie ist gleich der Wahrscheinlichkeit dafür, daß zwei zufällig gewählte Testpunkte mit dem Abstand r, hier o und x genannt, gleichzeitig in der Menge X, also in den Poren (derselben oder verschiedenen), liegen. Für Oberflächeninhalt, Integral der mittleren Krümmung und Euler-Zahl sind die zugehörigen Funktionen schwerer zu erklären; es sei auf die Literatur verwiesen. Es zeigt sich, daß die verschiedenen Paarkorrelationsfunktionen verschiedene Informationen liefern, daß es sich also lohnt, sie simultan zu benutzen. Mit Hilfe der vier Intensitäten und der zugehörigen Paarkorrelationsfunktionen gelingt eine sehr weit gehende Charakterisierung poröser Medien.

Literatur

ARNS, C. H., MECKE, J., MECKE, K. R., and STOYAN, D.: Second-order analysis by variograms for curvature measures of two-phase structures. Eur. Phys. J. B 47, 397–409 (2005)

KADASHEVICH, I., SCHNEIDER, H.-J., and STOYAN, D.: Statistical modelling of the geometrical structure of the system of artificial air pores in autoclaved aerated concrete. Cement and Concrete Research 35, 1495–1502 (2005)

SCHNEIDER, R., und WEIL, W.: Stochastische Geometrie. Teubner Skripten zur Mathematischen Stochastik. Stuttgart, Leipzig: B. G. Teubner 2000

STOYAN, D., KENDALL, W. S., and MECKE, J.: Stochastic Geometry and its Applications. Chichester: J. Wiley & Sons 1995

Prof. Dr. Dietrich STOYAN
TU Bergakademie Freiberg
Institut für Stochastik
09596 Freiberg (Sa.)
Bundesrepublik Deutschland
Tel.: +49 3731 392118
Fax: +49 3731 393598
E-Mail: stoyan@math.tu-freiberg.de

Vorhofflimmern – eine häufige Rhythmusstörung aus pharmakoloscher Sicht

Von Ursula RAVENS, Dresden
Mitglied der Akademie
Mit 3 Abbildungen

(Kurzfassung des in der Sitzung der Akademie am 28. 6. 2005 gehaltenen Vortrags)

Was ist Vorhofflimmern?

Ein ganzes Menschenleben lang schlägt ein gesundes Herz regelmäßig und pumpt Blut durch den Körper. Voraussetzung hierfür sind bioelektrische Vorgänge. Von einem elektrischen Impulsgeber, dem Sinusknoten, breitet sich eine geordnete Erregungswelle über die Vorhöfe auf die Herzkammern aus und führt zu einer koordinierten Kontraktion aller Herzabschnitte. Die elektrische Erregungswelle kann als Elektrokardiogramm an der Körperoberfläche detektiert werden. Beim Vorhofflimmern treten anscheinend völlig chaotisch viele kleine Erregungswellen gleichzeitig auf und verhindern, daß die Vorhöfe sich koordiniert zusammenziehen. Da nicht jede Erregung der Vorhöfe auf die Kammern übergeleitet wird, gerät das Herz völlig aus dem Takt und rast in unregelmäßiger Folge (Abb. 1).

Es werden drei Formen von Vorhofflimmern unterschieden. Häufig verläuft Vorhofflimmern in Form eines plötzlich einsetzenden Anfalls (*paroxysmales Vorhofflimmern*), bei dem das Herz innerhalb von 24–48 Stunden auch ohne Therapie wieder zur Ruhe kommt. Allerdings haben die Anfälle die unangenehme Eigenschaft, mit zunehmend häufigem Auftreten immer länger anzudauern (WIJFFELS et al. 1995). Das Herz springt nur mit Hilfe von Medikamenten oder durch Elektroschocks in Kurznarkose in seinen gewohnten Rhythmus zurück (*persistierendes Vorhofflimmern*). Wenn schließlich das Flimmern ununterbrochen anhält und resistent geworden ist gegen alle Therapieversuche, sprechen wir von einem *permanenten Vorhofflimmern*.

Vorhofflimmern entsteht in den meisten Fällen auf der Grundlage von Erkrankungen des Herz-Kreislaufsystems wie hoher Blutdruck, Herzklappenfehler, koronare Herzerkrankung oder Herzinfarkt, aber auch Schilddrüsenüberfunktion oder Alkoholexzesse (»Holiday Heart Syndrom«) können Vorhofflimmern auslösen.

Bei vielen Patienten bleibt das Vorhofflimmern ohne subjektive Symptome und wird deshalb nur durch Zufall entdeckt. Andere Patienten empfinden Herzra-

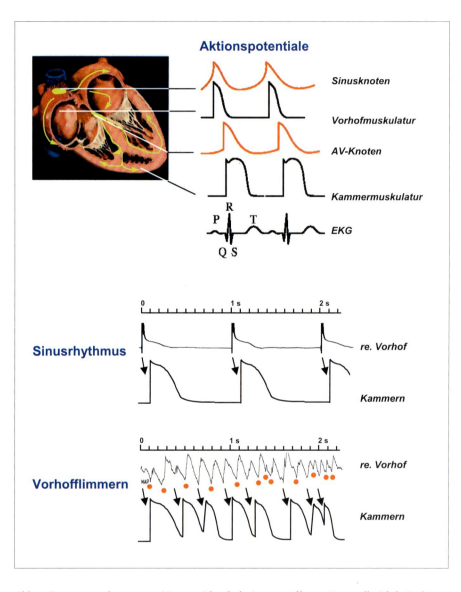

Abb. 1 Erregungsausbreitung im Herzen. *Oben links*: Längs eröffnetes Herz, *gelbe Pfeile*: Richtung der Erregungsausbreitung. *Oben rechts*: Typische Aktionspotentiale aus den verschiedenen Herzabschnitten und das an der Körperoberfläche ableitbare Elektrokardiogramm (EKG). *Unten*: Zeitliche Zuordnung von monophasischen Aktionspotentialen (MAP) aus dem rechten Vorhof und der rechten Herzkammer von einem Patienten mit Sinusrhythmus bzw. mit chronischem Vorhofflimmern. Die Pfeile symbolisieren die Erregungsüberleitung von den Vorhöfen auf die Herzkammern. Beachte: Die mit einem roten Punkt gekennzeichneten Vorhof-MAPs werden nicht auf die Kammern übergeleitet.

sen und Herzklopfen (Palpitationen), Schwindel und Bewußtseinsverlust können auftreten. Langfristig entwickelt sich eine Herzschwäche (Herzinsuffizienz). Als Folge der makroskopisch unbewegten Vorhofwand sinkt die Blutflußgeschwindigkeit in den Vorhöfen, und es bilden sich Blutgerinnsel, die abreißen und einen Schlaganfall auslösen können. Das Risiko für dieses gefürchtete Ereignis ist unabhängig von den übrigen Symptomen und steigt mit dem Alter bzw. mit der Schwere der begleitenden Herzerkrankungen an.

Vorhofflimmern ist die häufigste Herzrhythmusstörung in den westlichen Industrienationen mit einer durchschnittlichen Inzidenz von immerhin 2% in der allgemeinen US-amerikanischen Bevölkerung. Mit zunehmendem Alter tritt Vorhofflimmern immer häufiger auf: Bei den 50–59-Jährigen sind lediglich 0,5%, bei den 80–89-Jährigen sogar 9% betroffen (KANNEL et al. 1998). Hochgerechnet auf Deutschland leiden etwa 650 000 Patienten an Vorhofflimmern.

Wie wird Vorhofflimmern behandelt?

Als Voraussetzung für eine erfolgreiche Therapie von Vorhofflimmern, das in Folge einer anderen Erkrankung entstanden ist, muß zunächst die Grunderkrankung möglichst wirksam behandelt werden (z. B. gute Einstellung eines erhöhten Blutdrucks). Bei der Behandlung des Vorhofflimmerns werden drei wichtige therapeutische Ziele verfolgt, sie betreffen die Prävention von thrombembolischen Komplikationen (Schlaganfall) durch gerinnungshemmende Medikamente, die Wiederherstellung des Sinusrhythmus mit Hilfe von Elektroschocks, Antiarrhythmika oder chirurgischer Durchtrennung von Vorhofgewebe, um die abnormen Erregungen zu isolieren (Ablation), und drittens die Verminderung der Kammerfrequenz mit β-Blockern, Ca-Kanalblockern, Digoxin oder Amiodaron. Mit keiner der therapeutischen Maßnahmen wird das Ziel, Vorhofflimmern sicher zu unterdrücken, erreicht. Deshalb hält die Suche nach neuen Behandlungsformen an. Um wirksame Ansätze für neuartige Antiarrhythmika zu finden, müssen die molekularen Grundlagen des Vorhofflimmerns bekannt sein.

Wie entsteht Vorhofflimmern?

Nach unseren heutigen Vorstellungen wird Vorhofflimmern ausgelöst, wenn ein geeigneter Auslöser (»Trigger«) auf verändertes Gewebe (»Substrat«) trifft (Abb. 2). Trigger sind z. B. abnorme Aktivität des autonomen Nervensystems, außerhalb der Schrittmacherregion entstehende Impulse (ektope Stimuli aus den Pulmonalvenen), Ischämie oder Dehnung der Vorhöfe. Der Triggerimpuls löst ein abnormes Aktionspotential aus, das sich im Vorhofgewebe ausbreiten kann. Trifft es auf wieder erregbares Myokard, läuft die Erregungswelle in »Kreisen« immer wieder rasch durch die Vorhöfe: Es entsteht Vorhofflimmern. Der weitere Verlauf hängt von Veränderungen der elektrischen, mechanischen und strukturellen Eigenschaften der Vorhöfe ab (*Remodeling*), die durch multiple kreisende Erregungen und die damit verbundene Ca^{2+}-Überladung der Zellen angestoßen werden (NATTEL 2002). Zum *Remodeling* gehören die verkürzte Aktionspotentialdauer und Refraktärzeit (elektrisches *Remodeling*), die verminderte Kontraktionskraft der Vorhofmuskulatur (mechanisches *Remodeling*) und die bindegewebige Umwandlung des Vorhofgewebes (Fibrose; strukturelles *Remodeling*). Die Fibrose beeinträchtigt die Erregungsausbreitung und leistet damit den kreisenden Erregungen weiter Vorschub. Es entsteht ein *Circulus vitiosus*, der das Vorhofflimmern unterhält und die Neigung der Rhythmusstörung zur Chronifizierung unterstützt.

Auf der Suche nach neuartigen Antiarrhythmika zur Therapie von chronischem Vorhofflimmern kann das Prinzip verfolgt werden, die durch *Remodeling* hervorgerufenen Veränderungen wieder zu normalisieren. Dabei ist es wünschenswert,

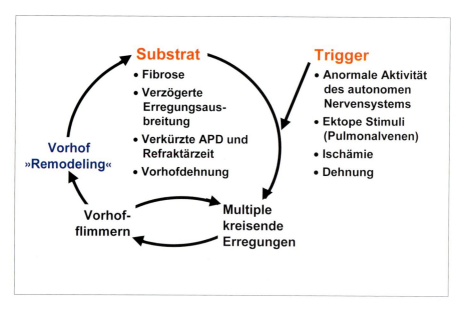

Abb. 2 Entstehung und Aufrechterhaltung von Vorhofflimmern (modifiziert nach DOBREV und RAVENS 2003)

Substanzen zu finden, die nur am Vorhof wirken. In eigenen Untersuchungen haben wir das elektrische *Remodeling* bei Vorhofflimmern an einem Kaliumkanal, der besonders im Vorhofgewebe eine große Rolle spielt, charakterisiert. Dabei handelt es sich um den durch Acetylcholin aktivierbaren Einwärtsgleichrichter I_{KACh}. Dieser Kanal wird von dem Neurotransmitter im parasympathischen

Nervensystem Acetylcholin aktiviert und spielt eine Rolle bei der parasympathischen Signaltransduktion. In den üblichen Strommessungen ist er nur schwer von einem auch in Ruhe aktiven Kanal, dem Einwärtsgleichrichter I_{K1}, zu unterscheiden. Wir haben die beiden Ströme an Vorhofmyozyten von Patienten mit Sinusrhythmus und chronischem Vorhofflimmern gemessen und fanden, daß bei Vorhofflimmern sehr viel größere Ströme unter Kontrollbedingungen fließen als im Sinusrhythmus. Dagegen ist die Amplitude des mit dem stabilen Acetylcholin-Analogon Carbachol aktivierbaren Stroms I_{KACh} im Vorhofflimmern kleiner. Erst die Einzelkanalanalyse erlaubt die Unterscheidung der beiden Ströme (Abb. 3) und hat eine klare Erklärung für dieses *Remodeling* geliefert: Beim Vorhofflimmern öffnen sich normalerweise ruhende I_{KACh}-Kanäle spontan auch bei völligem Fehlen des aktivierenden Liganden, d. h., sie sind konstitutiv aktiv. Die Befunde konnten unter vielen experimentellen Bedingungen bestätigt werden, u. a. wird die konstitutive Aktivität bei Vorhofflimmern mit einem selektiven Blocker der I_{KACh}-Kanäle, Tertiapin, unterdrückt (DOBREV et al. 2005).

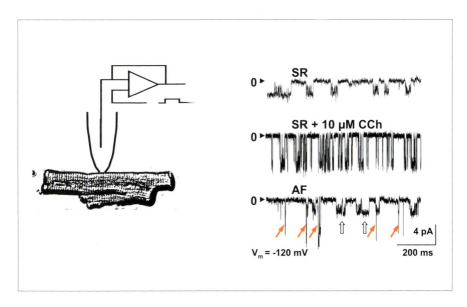

Abb. 3   Einzelkanalaktivität an menschlichen Vorhofzellen. *Links*: Isolierte Herzmuskelzelle und schematische Darstellung der Spannungsklemme. *Rechts*: Einzelkanalregistrierung von Kaliumströmen in Vorhofmyozyten von Patienten im Sinusrhythmus (SR) und mit chronischem Vorhofflimmern (AF). Bei »0« fließt kein Strom, die Kanäle sind geschlossen. Die Ausschläge nach unten markieren den Stromfluß durch einen einzelnen Ionenkanal, die steilen Flanken kennzeichnen das rasche Öffnen und Schließen eines Kanals. Beachte, daß durch die Zugabe von Carbachol (CCh) in der SR-Zelle ein weiterer Kanal mit höherer Leitfähigkeit (Amplitude) und schnellerer Kinetik (Öffnen und Schließen) als unter Kontrollbedingungen öffnet. Beim Vorhofflimmern öffnet dieser Kanal (*rote Pfeile*) zusätzlich zu Kanälen wie im SR (*offene Pfeile*) auch in *Abwesenheit* des Aktivators Carbachol, d. h., der Kanal ist »konstitutiv aktiv«.

Diese Untersuchungen geben Hinweise auf neue therapeutische Möglichkeiten bei Vorhofflimmern. Während eine Modulation des I_{K1} auch die Herzkammern beeinträchtigt, wirkt sich die Blockade von I_{KACh}-Kanälen nur an den Vorhöfen aus. Somit könnte die Unterdrückung von spontan aktivem I_{KACh} ein günstiges therapeutisches Prinzip bei Vorhofflimmern sein.

Literatur

DOBREV, D., FRIEDRICH, A., VOIGT, N., JOST, N., WETTWER, E., CHRIST, T., and RAVENS, U.: The G-protein gated potassium current $I_{K,ACh}$ is constitutively active in patients with chronic atrial fibrillation. Circulation *112*, 3697–3706 (2005)

DOBREV, D., and RAVENS, U.: Remodeling of cardiomyocyte ion channels in human atrial fibrillation. Basic Res. Cardiol. *98*, 137–148 (2003)

KANNEL, W. B., WOLF, P. A., BENJAMIN, E. J., and LEVY, D.: Prevalence, incidence, prognosis, and predisposing conditions for atrial fibrillation: population-based estimates. Amer. J. Cardiol. *8*, 2N–9N (1998)

NATTEL, S.: New ideas about atrial fibrillation 50 years on. Nature *415*, 219–226 (2002)

WIJFFELS, M. C., KIRCHHOF, C. J., DORLAND, R., and ALLESSIE, M. A.: Atrial fibrillation begets atrial fibrillation. A study in awake chronically instrumented goats. Circulation *92*, 1954–1968 (1995)

Prof. Dr. med. Ursula RAVENS
Institut für Pharmakologie und Toxikologie
Medizinische Fakultät Carl-Gustav-Carus
Technische Universität Dresden
Fetscherstraße 74
01307 Dresden
Bundesrepublik Deutschland
Tel.: +49 351 4586300
Fax: +49 351 4586315
E-Mail: ravnes@rcs.urz.tu-dresden.de

Wie wächst ein Keim?
Strukturbildung bei Schneeflocken, Ölförderung, Metallurgie und Bakterienkolonien

Von Heiner MÜLLER-KRUMBHAAR, Jülich
Mitglied der Akademie
Mit 12 Abbildungen

(Kurzfassung des in der Sitzung der Akademie am 27. 9. 2005 gehaltenen Vortrages)

Die Natur erfreut uns mit einer Vielfalt von Formen und Mustern, von Eisblumen und Schneeflocken über bizarre Gesteinsformationen bis zu Wolkentürmen. Das wunderbare Wechselspiel von Ordnung und Chaos, von kompakten und fraktalen Strukturen, läßt sich erstaunlicherweise aus einheitlichen Konzepten erklären und jeweils auf wenige Grundregeln zurückführen. Was haben nun etwa Schneeflocken und Bakterienkolonien gemeinsam? In beiden Fällen beginnt das Wachstum mit einem ersten Keim, einem angeflogenen Bakterium oder einem winzigen Kriställchen, dem sprichwörtlichen »Kristallisationskeim«, welcher durch thermische Fluktuationen aus unterkühltem Wasserdampf entsteht. Die dann folgende dynamische Entwicklung der vielfältigen Formen erfolgt unter Anlieferung von Nahrung, Zuführung von Feuchte oder Ableitung von Wärme. Die Ergebnisse der in den letzten Jahren hierzu entwickelten physikalischen Theorie zur Selbstorganisation und Strukturbildung an Grenzflächen haben mögliche Auswirkungen u. a. im Gießereiwesen, bei der Ölförderung, bei der Chipherstellung oder in der Verfahrenstechnik.

Die vielfältigen Formen und Muster, die wir in der Natur finden, sind typischerweise die Folgen von Wachstumsprozessen. Diese laufen in Biologie, Physik, Chemie oder auch Ingenieurprozessen scheinbar völlig unterschiedlich ab, sie haben aber doch einen gemeinsamen Kern. Der erste Keim einer neuen Form ist nahezu strukturlos. Er enthält in seinem Inneren die neue »Phase«, die durch eine Grenzfläche von der Umgebung oder der alten Phase getrennt ist. Nehmen wir als Beispiel zunächst den Kristallisationskeim. Wird feuchte Atmosphäre unter den Gefrierpunkt von 0 °C abgekühlt, so sind die Moleküle des Wasserdampfs bestrebt, sich zu Eiskristallen zusammenzulagern. Die zur Formierung einer Oberfläche erforderliche Energie verhindert Eiskristallbildung aber solange, bis durch zufällige thermodynamische Fluktuationen ein Keim entsteht, der eine gewisse kritische Größe überschreitet. Dieser überkritische Keim wächst als kompaktes Gebilde weiter, wobei die Oberflächenspannung die Form stabilisiert. Die Unterkühlung der Atmosphäre vor dem größer werdenden Festkörper wirkt nun dagegen destabilisierend auf die zunächst glatte Grenzfläche zwischen Kristall und Umgebung, da in der unterkühlten Umgebung eigentlich die neue, wachsende Phase energetisch bevorzugt ist.

Bald schießen aus der Grenzfläche nadelförmige Spitzen in den Wasserdampf und bilden ihrerseits Seitenäste aus, die sich zu baumartigen Strukturen entwickeln, wie wir sie von der Schneeflocke (Abb. 1) kennen. Die sechszählige Symmetrie ist charakteristisch für die Anisotropie des Eises, die Struktur jedes der sechs entstehenden Dendriten wird durch allgemeine Selbstorganisationsprinzipien bestimmt, die wir hier diskutieren.

Abb. 1 Schneeflocke aus den Bergen von Hokkaido (FURUKAWA, Sapporo)

Das große Interesse von Physikern und Metallurgen an diesem Mechanismus stammt vor allem daher, daß die innere Struktur praktisch aller technisch relevanten Legierungen ebenfalls durch dendritische, baumartige, Erstarrung definiert ist (Abb. 2). Diese innere Struktur definiert in hohem Maße die mechanischen, thermischen und chemischen Eigenschaften des Materials. Auch bei der Erstarrung einer Legierung ist es wieder die Oberflächenspannung zwischen der schon festen Legierung und der Schmelze, die die Grenzfläche zu stabilisieren sucht, während die Unterkühlung der Schmelze einen Konzentrationsgradienten und eine chemische Übersättigung in der Flüssigkeit vor der Phasengrenze entwickelt, die destabilisierend auf die Grenzfläche wirken. Resultat dieser gegeneinander konkurrierenden Kräfte ist eine wellige Struktur der Phasengrenze, deren Amplitude anwächst und deren typische Wellenlänge sich als geometrisches Mittel zwischen der atomaren stabilisierenden Kapillaritätslänge (proportional zur Oberflächenspannung) und der makroskopischen destabilisierenden Diffusionslänge (umgekehrt proportional zur Erstarrungsgeschwindigkeit) verstehen läßt. Derartigen Instabilitäten von Phasengrenzen begegnen wir in zahlreichen weiteren Situationen, wo eine treibende Kraft einer stabilisierenden Kraft entgegenwirkt. In Abbildung 3 sehen wir eine Bakterienkolonie (*Bacillus subtilis*), die in einer Petrischale auf einem Nährboden wächst. Von außen muß Nahrung herandiffundieren, von innen müssen Stoffwechselprodukte abdiffundieren. Der chemische Konzentrationsgradient, der diesen Austausch von Stoffen ermöglicht, entspricht dem Konzentrationsgradienten bei der Erstarrung einer Legierung oder dem Temperaturgradienten beim Wachstum einer Schneeflocke.

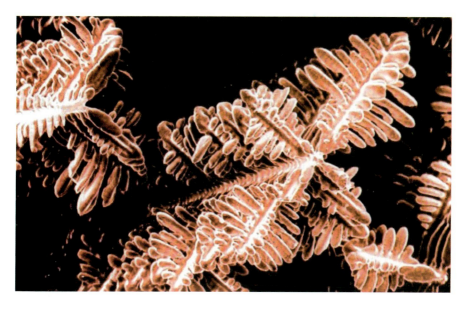

Abb. 2 Dendritische Struktur einer Legierung [CoSnCu]; typische Längenskala etwa 0,1 mm (KURZ, Lausanne)

Abb. 3 Bakterienkolonie, die sich seetangartig kompakt ausbreitet (Ben-Jacob, Tel Aviv, Ben-Jacob und Garik 1990).

Abb. 4 Bakterienkolonie in einer Petrischale, die sich entlang einer Rille im Substrat dendritisch, anisotrop, ausbreitet (Ben-Jacob).

Das entstehende Muster der Bakterienkolonie ist eher isotrop, seetangartig, als dendritisch. Wir sehen aber in Abbildung 4 den gleichen Bakterienstamm, der nunmehr ein dendritisches Wachstum zeigt. Grund für die offensichtliche Anisotropie des Wachstums ist eine in Abbildung 4 nicht sichtbare feine Rille im Nährboden, die durch Eintrocknen entstanden ist. Sobald also räumliche Vorzugsrichtungen existieren, das Wachstum also nicht mehr isotrop, sondern anisotrop erfolgt, bilden sich offensichtlich Dendriten aus.

Die ersten Ansätze zum Verständnis dieses Prozesses von Keimbildung und Keimwachstum reichen in die 20er und 30er Jahre des 20. Jahrhunderts zurück (VOLMER und WEBER 1926, BECKER und DÖRING 1935). Es dauerte dann 30 Jahre, bis die Instabilität der propagierenden Wachstumsfronten in Ansätzen verstanden war (MULLINS und SEKERKA 1963, 1964). Ein Durchbruch in der Beschreibung des dendritischen Wachstums erfolgte in den späten 70er Jahren (LANGER und MÜLLER-KRUMBHAAR 1977, 1978 a, b, c), aber erst in den 90er Jahren wurde ein gewisser Abschluß in der Theorie des anisotropen dendritischen Wachstums erreicht (IHLE und MÜLLER-KRUMBHAAR 1993, 1994, BRENER und TEMKIN 1995). Abbildung 5 zeigt eine Computergrafik der analytisch berechneten Dendritenspitze eines Festkör-

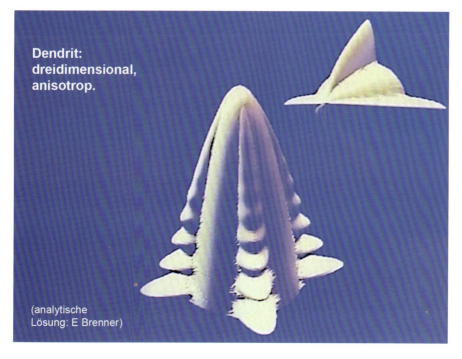

Abb. 5 Dendrit mit Seitenarmen in kubischer Symmetrie (analytisch berechnet, BRENER und TEMKIN 1995).

pers mit kubischer Symmetrie. Die Theorie ist inzwischen glänzend experimentell bestätigt worden (BISANG und BILGRAM 1995, STALDER und BILGRAM 2001).

Völlig offen geblieben war jedoch die Frage, wie sich ein völlig isotroper Keim, der immer weiter wächst, im Laufe der Zeit entwickeln würde. Computersimulationen zeigten nun ein erstaunliches Phänomen. Aus der wellenförmigen Instabilität des isotrop wachsenden Keims bildet sich eine zwillingsartige Doppelfingerstruktur aus (Abb. 6). Die Einhüllende über das Zwillingspaar ist, wie beim Dendriten, wieder etwa parabolisch, die wachsenden Zwillinge sind jedoch durch einen geraden Kanal voneinander getrennt (hier zunächst als zweidimensionale Simulation gezeigt; IHLE und MÜLLER-KRUMBHAAR 1993, 1994). Die Zwillinge interagieren dabei nur über ihr Diffusionsfeld, nicht über direkten Kontakt ihrer Oberflächen. Das scheinbar einfachere Problem des Wachstums eines isotropen Keims entpuppte sich tatsächlich als das schwierigere, im Vergleich zur anisotropen Dendritenbildung. Eine Durchforstung älterer und neuerer Experimente aus ganz unterschiedlichen Gebieten ergab nun, daß diese »Doublonen« bei einer

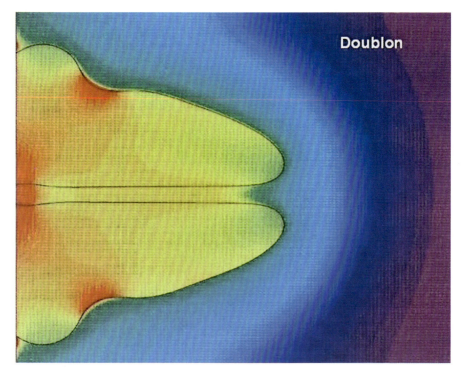

Abb. 6 Doublon als Zwillingswachstumsmuster (Computersimulation, IHLE; IHLE und MÜLLER-KRUMBHAAR 1993, 1994)

Vielzahl von Wachstumsprozessen ganz natürlich auftreten. Als ein Beispiel beobachtet man die langen »Kanäle« im quasi zweidimensionalen Wachstum eines sogenannten »Tyndall-Sternchens« (Abb. 7). Dies ist eine wäßrige Schmelzfigur in einem klaren durchsichtigen Eiskristall, erstmals vom britischen Physiker John TYNDALL im 19. Jahrhundert bei Gletscherwanderungen im Monte-Rosa-Gebiet beobachtet und beschrieben. Aber wir finden diese Strukturen auch beim Abtrocknen einer Glimmeroberfläche, die von einem dünnen Wasserfilm benetzt war (Abb. 8).

Abb. 7 Doublonen in einem von innen schmelzenden Eiskristall, »Tyndall-Sternchen«.

Wie wir in den letzten Jahren zeigen konnten (BRENER et al. 1994, 1996, 1997, 2000, MÜLLER-KRUMBHAAR et al. 2001), lassen sich alle hier beschriebenen Prozesse auf das gleiche mathematische Modell mit entsprechenden Randbedingungen abbilden, welches sich als nichtlineares Integro-Differential-System formulieren läßt. Das aufwendige Lösungsverfahren benutzt eine Kombination verschiedener mathematischer Techniken und ist daher leider kaum anschaulich darzustellen.

Eine weitere Komplikation erfährt das Problem dadurch, daß Fluktuationen etwa der Temperatur oder der chemischen Zusammensetzung den beschriebenen Strukturbildungsprozeß substantiell verändern können. Zur Illustration ist in Abbildung 9 nochmals besagter Bakterienstamm gezeigt, der nunmehr in einer stark verzweigten, »fraktalen« Struktur wächst. Auslöser hierfür war offen-

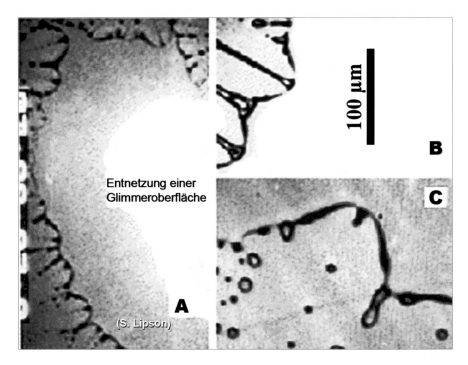

Abb. 8 Entnetzung einer Glimmeroberfläche. Die sich auf Kosten der feuchten Phase ausbreitende trockene Phase schiebt sich mit Doublonen gegen die noch benetzte Fläche vor (SAMID-MERZEL et al. 1998).

bar eine relative Verknappung des Nährstoffangebotes. Ähnliche Muster findet man auch, wenn man versucht, eine niedrigviskose Flüssigkeit durch ein poröses Medium zu treiben, welches mit einer hochviskosen Flüssigkeit gefüllt ist. Dies entspricht etwa dem Versuch der Erdölindustrie, das im Boden befindliche zähflüssige Öl durch Einpumpen von Wasser nach oben zu drücken. Das Wasser drückt das Öl aber nicht einfach vor sich her, sondern durchdringt es in dünnen, fraktal verästelten Kanälen.

Die Computersimulation des Modells (Abb. 10) zeigt bei geringen treibenden Kräften oder starken Fluktuationen (BRENER et al. 1994) eine völlig analoge fraktale Struktur. Als fraktal bezeichnet man nach B. MANDELBROT Strukturen, die entweder im ganz Großen oder im ganz Kleinen asymptotisch selbstähnlich werden, also keine bestimmte Längen- oder Zeitskala auszeichnen. Sie leben auch irgendwo zwischen den Dimensionen, sind also hier zwar nicht eigentlich flächenfüllend, zweidimensional, aber auch nicht einfach linienartig, eindimensional. Man kann sie daher mit einer dazwischen liegenden nicht-ganzzahligen fraktalen Dimension d, in unserem Falle mit einem Wert von etwa $d \sim 1{,}7$, charakterisieren.

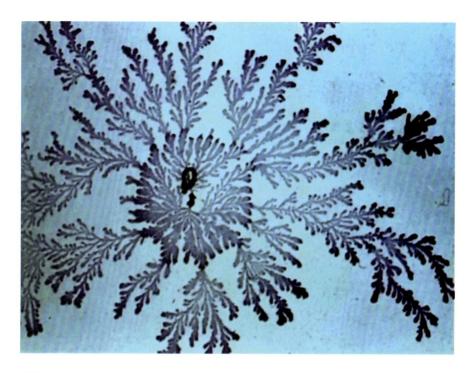

Abb. 9 Fraktale Bakterienkultur. Bakterienkolonie wie in Abb. 4, aber nun fraktale Strukturen ausbildend aufgrund reduzierten Nahrungsangebots (MATSUSHITA und FUJIKAWA 1989, BEN-JACOB und GARIK 1990).

Trotz dieses sehr unregelmäßigen Charakters der fraktalen Struktur läßt sich aber eine Einhüllende als mittlere Wachstumsfront definieren, welche ihrerseits einem dendritischen oder doublon-artigen Wachstumsgesetz folgt. Wir konnten die verschiedenen Teilaspekte dieser Theorie zu einem Gesamtbild zusammenführen, das im Morphologiediagramm (Abb. 11) dargestellt ist (BRENER et al. 1996, 1997, 2000). Auf der horizontalen Achse ist hierbei die relative Stärke der kristallinen Anisotropie aufgetragen. Der Wert 0 entspricht dabei dem isotropen Fall, der keine spezielle Richtung auszeichnet, beim Wert 1 bilden sich Spitzen oder Facetten in der Oberfläche der entstehenden Struktur aus, wie etwa bei der Schneeflocke. Auf der vertikalen Achse ist die treibende Kraft als Unterkühlung, bzw. als Abweichung vom thermodynamischen Gleichgewicht, aufgetragen. Der Wert 0 entspricht also dem thermodynamischen Gleichgewicht oder der Koexistenz von zwei Phasen, also Wasser und Eis bei 0 °C. Der Wert 1 entspricht der sogenannten Einheitsunterkühlung. Bei der Eisbildung würde dies beispielsweise eine Unterkühlung auf −80 °C bedeuten. Innerhalb der gesamten Parameterebene finden wir dendritische Wachstumsmuster als Lösung der Modellgleichungen.

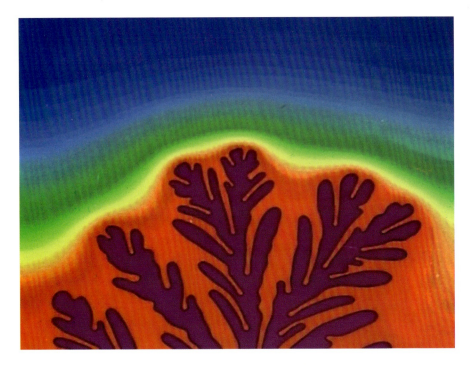

Abb. 10 Fraktale Struktur (Computersimulation, IHLE; IHLE und MÜLLER-KRUMBHAAR 1993, 1994)

Bei Anisotropie 0 oder entsprechend hohen treibenden Kräften bilden Doublonen aber seetangartige Strukturen. Sobald diese Doublonstrukturen existieren, beherrschen sie das Systemverhalten, da sie schneller wachsen als die konkurrierenden Dendriten und letztere verdrängen.

In der linken oberen Ecke des Diagramms dominiert also der doublon-getriebene Seetang. In der linken unteren Ecke führen Fluktuationen (BRENER et al. 1994, 1996, 1997, 2000) in der Temperatur oder der chemischen Zusammensetzung zum Zerbrechen der Doublonen bzw. der Dendriten und somit zu fraktalen Strukturen. Je stärker die Fluktuationen sind, desto mehr weitet sich dieser fraktale Bereich auf Kosten des Bereiches der kompakten Dendriten unten rechts oder der kompakten Doublonen oben links aus. Während der Übergang von Dendriten zu Doublonen rechts oben im Bild diskontinuierlich ist, wir also mit der Zeit entweder nur Dendriten oder nur Doublonen vorfinden, sind die Übergänge zu den fraktalen Bereichen und innerhalb des fraktalen Bereichs in der Parameterebene eher kontinuierlich.

Wir haben damit ein sehr allgemeines Bild der Strukturbildung oder Morphogenese von propagierenden Phasengrenzflächen unter diffusivem Transport gefunden, welches im wesentlichen nur von den drei Parametern treibende Kraft, Anisotropie und Intensität der Fluktuationen abhängt. Diese Parameter (MÜL-

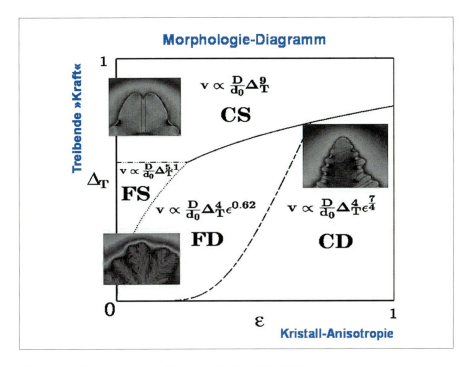

Abb. 11 Morphologiediagramm (BRENER et al. 1996, 1997, 2000)

LER-KRUMBHAAR et al. 2001) müssen natürlich je nach Material oder physikalisch-chemisch-biologischer Situation aus den mikroskopischen Eigenschaften des betrachteten Systems abgeleitet werden. Das Morphologiediagramm (Abb. 11) ist davon aber nicht betroffen, es hat also universellen Charakter.

Einschränkend muß hier noch angemerkt werden, daß dieses im Detail zunächst nur für praktisch zweidimensionale Strukturbildung gilt, da die Dynamik des dreidimensionalen Analogons der genannten Doublonen (Abb. 6 und 8) noch nicht vollständig bestimmt ist. Die Struktur dieser dreidimensionalen »Triplonen« (BRENER et al. 1996, 1997, 2000) wurde von uns erstmals auch per Computersimulation entdeckt (Abb. 12). Die Erstarrungsfront eines isotropen Materials wandert hier von links unten nach rechts oben, bildet dabei eine wiederum etwa parabolische Spitze aus, die ihrerseits aber gespalten ist, und zwar in eine Drillingsstruktur, ähnlich den drei Klemmbacken einer Bohrmaschine. Einmal aus einer überkritischen Fluktuation entstanden, wächst also ein dreidimensionaler isotroper Keim zunächst kugelförmig, bis er eine wellige Instabilität an der Oberfläche entwickelt, die sich nach und nach auf einige wenige auseinander strebende Spitzen konzentriert, ähnlich den Stacheln eines Seeigels. Jede dieser Spitzen weist dann aber die beschriebene Triplonstruktur auf. Eine ein-

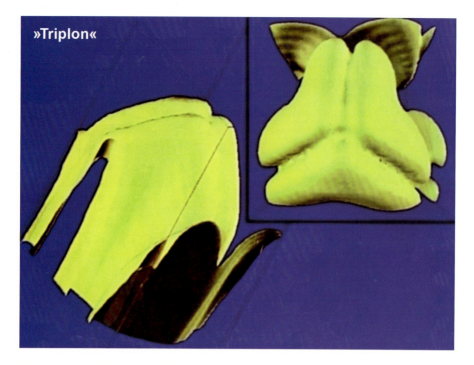

Abb. 12 Triplon als Erweiterung des Doublon-Konzeptes in die dreidimensionale Welt (Computersimulation, ABEL; BRENER et al. 1996, 1997, 2000)

deutige experimentelle Bestätigung der durch Computerrechnungen gefundenen Triplonstrukturen steht gegenwärtig noch aus.

Die Erkenntnisse, die sich im Laufe dieser Untersuchungen zur Strukturbildung von Phasengrenzflächen ergeben haben, werden inzwischen in einem ganz anderen Gebiet wirksam, nämlich bei der Frage nach der Struktur und Dynamik der Ausbreitung von Rissen. Erste Ansätze hierzu sind sehr vielversprechend (SPATSCHEK et al. 2006), so daß wir hoffen, zu einem etwas späteren Zeitpunkt hierüber berichten zu können.

Literatur

BECKER, R., und DÖRING, W.: Kinetische Behandlung der Keimbildung in übersättigten Dämpfen. Ann. Phys. *24*, 719–752 (1935)

BEN-JACOB, E., and GARIK, P.: The formation of patterns in non-equilibrium growth. Nature *343*, 523–530 (1990)

Bisang, U., and Bilgram, J. H.: Shape of the tip and the formation of sidebranches of xenon dendrites. Phys. Rev. Lett. *75*, 3898 (1995)

Brener, E. A., Müller-Krumbhaar, H., and Temkin, D. E.: Structure formation in diffusional growth and dewetting. Solid State Ionics *131*, 23–33 (2000)

Brener, E., and Temkin, D.: Noise-induced sidebranching in the three-dimensional nonaxisymmetric dendritic growth. Phys. Rev. *51*, 351–359 (1995)

Brener, E., Ihle, T., Müller-Krumbhaar, H., Saito, Y., and Shiraishi, K.: Fluctuation effects on dendritic growth morphology. Physica A *204*, 96 (1994)

Brener, E., Müller-Krumbhaar, H., and Temkin, D.: Structure formation and morphology diagram in two-dimensional diffusional growth. Phys. Rev. E. *54*, 2714 (1996)

Brener, E., Müller-Krumbhaar, H., Temkin, D., and Abel, T.: Morphology diagram of possible structures in diffusional growth. Physica A *249*, 73 (1997)

Fujikawa, H., and Matsushita, M.: Fractal growth of Bacillus subtilis on agar plates. J. Phys. Soc. Japan *58*, 3875–3878 (1989)

Ihle, T., and Müller-Krumbhaar, H.: Diffusion-limited fractal growth morphology in thermodynamical two-phase systems. Phys. Rev. Letters *70*, 3083 (1993)

Ihle, T., and Müller-Krumbhaar, H.: Fractal and compact growth morphologies in phase transitions with diffusion-transport. Phys. Rev. E *49*, 2972 (1994)

Langer, J. S., and Müller-Krumbhaar, H.: Stability effect in dendritic crystal growth. J. Cryst. Growth *42*, 11 (1977)

Langer, J. S., and Müller-Krumbhaar, H.: Theory of dendritic growth I: Elements of a stability analysis. Acta Metall. *26*, 1681 (1978a)

Langer, J. S., and Müller-Krumbhaar, H.: Theory of dendritic growth II: Instabilities in the limit of vanishing surface tension. Acta Metall. *26*, 1689 (1978b)

Langer, J. S., and Müller-Krumbhaar, H.: Theory of dendritic growth III: Effects of surface tension. Acta Metall. *26*, 1697 (1978c)

Müller-Krumbhaar, H., Kurz, W., and Brener, E.: Solidification. In: Kostorz, G. (Ed.): Phase Transformations in Materials; pp. 81–170. Weinheim: Wiley-VCH 2001

Mullins, W., and Sekerka, R.: Morphological stability of a particle growing by diffusion or heat flow. J. Appl. Phys. *34*, 323–329 (1963)

Mullins, W., and Sekerka, R.: The stability of a planar interface during solidification of a dilute binary alloy. J. Appl. Phys. *35*, 444–451 (1964)

Samid-Merzel, N., Lipson, S., Tannhauser, D.: Pattern formation in drying water films. Physica A *257*, 413 (1998)

Spatschek, R., Hartmann, M., Brener, E., Müller-Krumbhaar, H., and Kassner, K.: Phase field modeling of fast crack propagation. Phys. Rev. Lett. *96*, 15502 (2006)

Stalder, I., and Bilgram, J. H.: Morphology of structures in diffusional growth in three dimensions. Europhys. Lett. *56*, 829 (2001)

Volmer, M., und Weber, A.: Keimbildung in übersättigten Gebilden. Z. Phys. Chem. *119*, 277–301 (1926)

Prof. Dr. Heiner Müller-Krumbhaar
Forschungszentrum Jülich
Institut für Festkörperforschung III
52425 Jülich
Bundesrepublik Deutschland
Tel.: +49 2461 613428
Fax: +49 2461 612620
E-Mail: h.mueller-krumbhaar@fz-juelich.de

Elektronentomographie auf dem Weg zu einem molekularen Atlas der Zelle

Von Wolfgang BAUMEISTER, Martinsried
Mitglied der Akademie
Mit 2 Abbildungen

(Kurzfassung des in der Sitzung der Akademie am 27. 9. 2005 gehaltenen Vortrages)

Die Kryoelektronentomographie verbindet die Vorteile einer lebensnahen Strukturerhaltung biologischer Objekte mit dem Potential einer hochauflösenden dreidimensionalen Abbildung. Ohne weitere Vorbehandlung, d. h. ohne chemische Fixierung und Kontrastierung, werden die Proben schockartig auf die Temperatur von flüssigem Stickstoff (–196 °C) abgekühlt und dadurch in einem dünnen Film (< 1 μm) aus amorphem Eis eingeschlossen. Diese Probe wird dann im Elektronenstrahl schrittweise über einen möglichst großen Winkelbereich gedreht, und dabei wird ein Satz von Projektionsbildern aufgezeichnet, aus dem die räumliche Struktur des Objekts berechnet wird. Wegen der außerordentlich hohen Strahlenempfindlichkeit vitrifizierter biologischer Proben schien es lange Zeit unmöglich, tomographische Datensätze von molekularen oder zellulären Objekten aufzuzeichnen, ohne diese massiv zu schädigen. Erst in den letzten Jahren gelang es durch die Automatisierung komplexer Datenakquisitionsprozeduren mit vollständig rechnergesteuerten Mikroskopen und ausgestattet mit empfindlichen großflächigen Detektoren, die Strahlenbelastung der Objekte über die gesamte Messung hinweg unter einem kritischen Schwellwert zu halten (KOSTER et al. 1997, LUCIC et al. 2005). Dadurch wurde es möglich, nicht-invasiv Zellorganelle oder ganze Zellen dreidimensional mit molekularer Auflösung (derzeit ca. 4 nm) abzubilden. Es ist absehbar, daß mit weiteren methodischen und technischen Verbesserungen in den nächsten Jahren eine Auflösung von 1,5–2 nm erreichbar sein wird.

Tomogramme von Zellorganellen oder ganzen Zellen mit molekularer Auflösung sind im Prinzip dreidimensionale Bilder des gesamten Proteoms einer Zelle (BAUMEISTER 2005, NICKELL et al. 2006). Sie liefern Informationen über die räumliche Verteilung und die Interaktionen von Makromolekülen (»Interaktom«). Beim Versuch, sich diese Information wirklich nutzbar zu machen, wird man allerdings mit zwei gravierenden Problemen konfrontiert: Tomogramme von eiseingebetteten Proben, die unter Minimaldosisbedingungen aufgezeichnet wurden, haben ein sehr ungünstiges Signal-zu-Rausch-Verhältnis, und die etablierten bildverarbeitenden Verfahren der Rauschminderung schaffen nur eine gewisse Abhilfe. Weiterhin sind, bedingt durch die Unvollständigkeit der Datensätze (begrenzter »Kippwinkelbereich«), die Tomogramme nicht isotrop aufgelöst, also etwas verzerrt, was sich allerdings durch komplexere Kippgeometrien (Zweiachsenkippung) entscheidend verbessern läßt. Zudem ist das Zytoplasma der Zelle derart »überfüllt« mit makromolekularen Strukturen, daß diese einander berühren. Unter diesen Bedingungen ist eine Interpretation der Tomogramme von Auge im allgemeinen unmöglich. Lediglich größere Strukturen von charakteristischer Gestalt wie Membranen oder das Zytoskelett sind direkt erkennbar (MEDALIA et al. 2002).

Allerdings können rechnergestützte Mustererkennungstechniken eingesetzt werden, um spezifische Moleküle zu detektieren und zu identifizieren. Wenn eine hoch- oder mittelaufgelöste Struktur des interessierenden Moleküls verfügbar ist, kann man diese als Referenz für eine systematische Suche nach entsprechenden Strukturen mittels dreidimensionaler Kreuzkorrelation nutzen (Abb. 1).

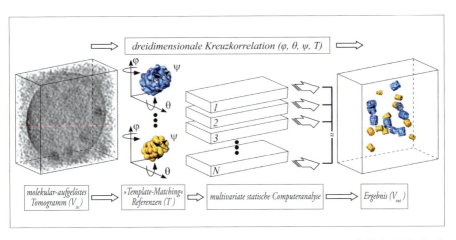

Abb. 1 Kartographierung der räumlichen Verteilung von Proteinkomplexen innerhalb der Zelle durch Mustererkennung. Ein molekular-aufgelöstes Tomogramm einer Zelle (V_{in}) ist im wesentlichen ein dreidimensionales Abbild des gesamten Proteoms der Zelle. Ein ungünstiges Signal-zu-Rausch-Verhältnis und das molekulare »Gedränge« im Zytoplasma der Zelle lassen jedoch eine direkte visuelle Interpretation nicht zu. Folglich müssen dreidimensionale Mustererkennungsmethoden eingesetzt werden, um die vorhandene Information zu nutzen. Ein Ansatz, dessen Machbarkeit inzwischen nachgewiesen ist, ist das »Template-Matching«: Referenzstrukturen der gesuchten makromolekularen Komplexe (oder Teile davon) müssen zunächst mit Hilfe verschiedener hochauflösender Techniken (Röntgenkristallographie, NMR, EM-Einzelpartikelanalyse) oder hybrider Methoden bestimmt werden. Diese Referenzen (T) werden zur Suche nach entsprechenden Strukturen mittels Kreuzkorrelation eingesetzt, und das Ergebnis wird durch die multivariate statistische Analyse verfeinert. Da nicht nur die Positionen der Komplexe, sondern auch deren Orientierungen zunächst unbekannt sind, muß V_{in} mit jeder Referenz in allen möglichen Orientierungen abgesucht werden. Das Ergebnis (V_{out}) zeigt dann die Orte und die Orientierungen der Komplexe in der Zelle. Im Prinzip ist es auf diese Weise möglich, eine Karte der räumlichen Interaktionen aller größeren Komplexe einer Zelle – einen molekularen Atlas der Zelle – zu erstellen.

Ein solcher auf der »molekularen Signatur« basierender Ansatz ist zwar rechnerisch sehr aufwendig, aber, da sich die Suche effizient parallelisieren läßt, durchaus praktikabel. Wenn die räumlichen Koordinaten eines Komplexes in einer Zelle bestimmt sind, können Subtomogramme, die den Komplex und seine Nachbarschaft umfassen, weiter analysiert werden. Die multivariate statistische Analyse solcher Subtomogramme kann Veränderungen in der funktionellen Umgebung eines Moleküls aufzeigen. Nach Klassifizierung und Mitteilung kann die nun weitgehend rauschfreie Struktur präzise im Tomogramm positioniert werden und so die ursprünglich verrauschte Dichte ersetzen (Abb. 2).

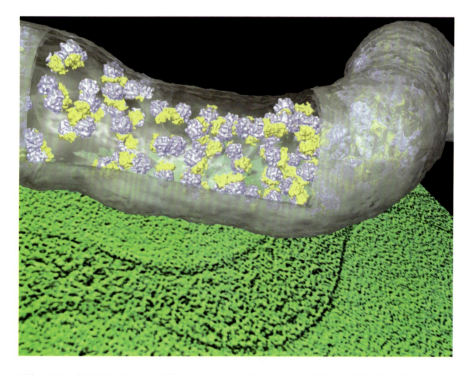

Abb. 2 Räumliche Verteilung von Ribosomen in einer *Spiroplasma-melliferum*-Zelle. Das Tomogramm (in der unteren Bildhälfte als Schnitt angedeutet) wurde mit einer hochaufgelösten Referenzstruktur (»Template«) systematisch auf entsprechende Strukturen abgesucht. Nach Bestimmung der Koordinaten aller Ribosomen im untersuchten Zellvolumen wurde eine Mittelung erstellt, die dann an Stelle der ursprünglichen (verrauschten) Dichte im Tomogramm plaziert wurde.

Mit Phantomzellen, d. h. mit Makromolekülen gefüllten Lipidvesikeln, sind erfolgreich Machbarkeitsstudien durchgeführt worden. Phantomzellen stellen ein realistisches experimentelles Szenario dar, und sie erlauben eine Beurteilung der

Zuverlässigkeit dieses Ansatzes. Mit der derzeitigen (nicht-isotropen) Auflösung von 4–5 nm kann man nur größere (> 400 kDa) Komplexe in Zellen nachweisen und sichtbar machen (Böhm et al. 2000, Frangakis et al. 2002).

Längerfristig sollte es möglich sein, auch deutlich kleinere Strukturen präzise, d. h. mit einer Auflösung im Nanometerbereich bezüglich Ort und Orientierung, zu lokalisieren. Da die meisten Proteine in der Zelle nicht einzeln, sondern in Form von Komplexen bzw. »funktionellen Modulen« vorliegen, kann somit ein großer Teil des Proteoms präzise kartiert werden. Voraussetzung ist allerdings, daß entsprechende Referenzstrukturen (»Template Libraries«) zur Verfügung stehen. Vielfach wird es möglich sein, auf Strukturen aus Proteindatenbanken zurückzugreifen; der zunehmende Einsatz von Hochdurchsatzmethoden in der Strukturbiologie läßt erwarten, daß auch komplexe Strukturen dort bald entsprechend repräsentiert sind. Der Elektronentomographie wird die wichtige Rolle zukommen, diese Strukturen in einen funktionellen Kontext zu bringen und die Brücke zu schlagen zwischen der molekularen und der zellulären Ebene.

Literatur

Baumeister, W.: From proteomic inventory to architecture. FEBS Lett. *579*, 933–937 (2005)
Böhm, J., Frangakis, A. S., Hegerl, R., Nickell, S., Typke, D., and Baumeister, W.: Toward detecting and identifying macromolecules in a cellular context: template matching applied to electron tomograms. Proc. Natl. Acad. Sci. USA *97*, 14245–14250 (2000)
Frangakis, A. S., Böhm, J., Förster, F., Nickell, S., Nicastro, D., Typke, D., Hegerl, R., and Baumeister, W.: Identification of macromolecular complexes in cryoelectron tomograms of phantom cells. Proc. Natl. Acad. Sci. USA *99*, 14153–14158 (2002)
Koster, A., Grimm, R., Typke, D., Hegerl, R., Stoschek, A., Walz, J., and Baumeister, W.: Perspectives of molecular and cellular electron tomography. J. Struct. Biol. *120*, 276–308 (1997)
Lucic, V., Förster, F., and Baumeister, W.: Structural studies by electron tomography: from cells to molecules. Annu. Rev. Biochem. *74*, 833–865 (2005)
Medalia, O., Weber, I., Frangakis, A. S., Nicastro, D., Gerisch, G., and Baumeister, W.: Macromolecular architecture in eukaryotic cells visualized by cryoelectron tomography. Science *298*, 1209–1213 (2002)
Nickell, S., Kofler, C., Leis, A., and Baumeister, W.: A visual approach to proteomics. Nature Rev. Mol. Cell Biol. *7*, 225–230 (2006)

Prof. Dr. Wolfgang Baumeister
Direktor
Max-Planck-Institut für Biochemie
Molekulare Strukturbiologie
Am Klopferspitz 18 a
82152 Martinsried
Bundesrepublik Deutschland
Tel.:   +49 89 85782652
Fax: +49 89 85782641
E-Mail: baumeist@biochem.mpg.de

Zelluläre Hydratation – biologische und klinische Relevanz

Von Dieter Häussinger, Düsseldorf
Mitglied der Akademie

(Kurzfassung des in der Sitzung der Akademie am 22. 11. 2005 gehaltenen Vortrages)

Modulation der zellulären Hydratation

Die Hydratation der Zelle, d. h. ihr Wassergehalt, unterliegt physiologischer Weise raschen Schwankungen. Sie ist damit eine dynamische Größe, obwohl potente volumenregulatorische Mechanismen in fast allen Zelltypen bekannt sind. Diese volumenregulatorischen Mechanismen verhindern dabei lediglich exzessive Zellvolumenverschiebungen, erlauben aber Schwankungen der zellulären Hydratation innerhalb gewisser Grenzen. Darüber hinaus können solche volumenregulatorischen Mechanismen auch nichtosmotisch aus dem »Ruhezustand« heraus aktiviert werden, und auf diese Weise können Änderungen der zellulären Hydratation induziert werden. Hydratationsänderungen der Zelle treten dann auf, wenn osmotisch wirksame Ionen- oder Substratgradienten über die Zellmembran aufgebaut oder dissipiert werden. So kann selbst bei konstanter extrazellulärer Osmolarität unter dem Einfluß physiologischer Stimuli der Wassergehalt einer Zelle innerhalb von wenigen Minuten um bis zu 15 % steigen oder fallen. Zum Beispiel wird eine Leberzellschwellung durch Aminosäuren, bestimmte Hormone (Insulin), aber auch durch Alkohol hervorgerufen. Auch elektrische Stimulation der Lebernerven steigert den Wassergehalt der Leberzelle innerhalb von wenigen Minuten um etwa 7%. Umgekehrt induzieren andere Hormone (Glukagon), oxidativer Stress, toxische Gallensäuren und hohe Harnstoffkonzentrationen, wie sie bei Nierenversagen auftreten, eine Leberzellschrumpfung. Aminosäuren wie Alanin oder Glycin werden einfach über natriumgekoppelte Aufnahmesysteme in der Zelle konzentriert. Dabei wird ein osmotischer Gradient aufgebaut, Wasser strömt nach und die Zelle schwillt. Hormone wie Insulin, aber auch Alkohol in kleinen Konzentrationen bewirken ebenfalls eine Zellschwellung durch Aktivierung des $Na^+/K^+/2Cl^-$-Kotransporters oder des Natrium/Protonen-Austauschers (Lang et al. 1997).

Als besondere Aminosäure sei hier noch Glutamin erwähnt, einer der potentesten »Zellschweller«, den wir kennen. Dies beruht auf den Besonderheiten des Glutamin-Transportsystems in der Leberzellmembran, welches *de facto* einen

Glutamin-Natrium-Symport mit einer Natrium-Protonen-Austauscheraktivität kombiniert, d. h., diese Aminosäure aktiviert eigentlich gleich zwei Zellschwellungsmechanismen. Das ist wohl auch der Grund, warum diese Aminosäure mittlerweile zunehmend bei katabolen Zuständen in Infusionslösungen eingesetzt wird. Zellschrumpfung unter dem Einfluß von oxidativem Stress, Harnstoff oder Glukagon entsteht durch Eröffnung von Ionenkanälen, und der Ionenausstrom aus der Zelle ist von einem osmotisch bedingten Wasserausstrom begleitet.

Hydratationsänderungen als Signal

Hydratationsänderungen, wie sie unter dem Einfluß physiologischer Effektoren auftreten, sind bereits für sich genommen ein wesentlicher Regulator der Zellfunktion, und viele lange bekannte metabolische Effekte von Aminosäuren oder Hormonen werden durch Hydratationsänderungen mediiert. Diese Beziehung zwischen zellulärer Hydratation und Zellfunktion ist ein grundlegender Mechanismus, mit dessen Hilfe sich Zellen an Umweltgegebenheiten anpassen. So führt Nahrungsaufnahme zum vermehrten portalen Anfluten von Aminosäuren und Insulin mit der Folge einer Hydratationszunahme der Hepatozyten. Bereits diese Hydratationszunahme induziert eine Hemmung von Proteolyse und Glykogenolyse, eine Steigerung von Protein- und Glykogensynthese und der Gallebildung sowie Änderungen der Genexpression. Gegenläufige Veränderungen werden initiiert, wenn Hepatozyten schrumpfen, d. h. ihren Wassergehalt verringern. Während Zellschwellung also eine anabole Stoffwechselsituation einleitet, wirkt Zellschrumpfung katabol (HÄUSSINGER et al. 2004). Die Hydratation der Leberzelle ist eine der entscheidenden Determinanten des Proteinabbaus. Wann immer Zellen schwellen, also der Wassergehalt zunimmt, wird die Proteolyse blockiert, wenn sie schrumpfen, dann nimmt der Proteinabbau zu. Dabei ist es ziemlich gleichgültig, auf welche Weise die Zellen zur Schwellung oder zur Schrumpfung gebracht werden, sei es durch Hormone, anisotone Bedingungen, verschiedene Aminosäuren, Hemmstoffe, Kanalblocker oder Kombinationen davon. Es gilt eine grobe Faustregel: Nimmt das Zellwasser um ein Prozent zu, sinkt die Proteolyse um zwei Prozent.

Osmosensing und Osmosignaling

Die Steuerung der Leberzellfunktion durch ihren Hydratationszustand bedarf Mechanismen des *Osmosensing* und *Osmosignaling*, d. h. Strukturen, welche Änderungen des Wassergehalts der Zelle bzw. ihres Volumens erfassen und diese Information auf intrazelluläre Signalsysteme hin zur Zellfunktion übertragen. Während in Hefen und manchen Bakterien distinkte osmosensorische Systeme identifiziert werden konnten, gelang es bis heute nicht, analoge Systeme in Säugetierzellen nachzuweisen. Jedoch konnte kürzlich gezeigt werden, daß Integrine als Osmosensoren in Leberzellen fungieren (HÄUSSINGER et al. 2003, VOM DAHL et al.

2003, SCHLIESS et al. 2004). Integrine sind heterodimere Membranproteine, die an bestimmte Motive der extrazellulären Matrix binden können und nach Bindung eine aktive Konformation einnehmen, welche zur Aktivierung von intrazellulären Proteinkinasen wie c-Src und der *focal adhesion kinase* führt, die wiederum *Downstream*-Kinasen, wie p38^{MAPK}, Erks und die PI3-Kinase aktivieren können. Hepatozytenschwellung führt zur raschen Aktivierung des α_5,β_1-Integrinsystems im Sinne einer Mechanotransduktion mit Aktivierung der obengenannten Proteinkinasesysteme. Für die antiproteolytische Wirkung der Zellschwellung, welche auf einer Hemmung der Autophagosomenbildung beruht, ist das p38^{MAPK}-Signal essentiell, während für die Stimulation der Gallesekretion im Rahmen einer Zellschwellung sowohl das p38^{MAPK}-Signal als auch das Erk-Signal erforderlich ist. Die choleretische Wirkung der Zellschwellung beruht auf einer durch Osmosignalketten getriggerten Insertion von kanalikulären Transport-ATPasen, wie Bsep und Mrp2, in die kanalikuläre Membran des Hepatozyten (SCHMITT et al. 2001). Durch diesen Einbau von zuvor intrazellulär gelagerten Transportermolekülen führt eine etwa 10%ige Hepatozytenschwellung zu einer Verdoppelung der Gallensäuresekretionskapazität.

Die osmosensorischen Mechanismen, über welche Leberzellschrumpfung registriert wird, sind weniger klar. Dabei wird zum einen das Integrin-*Signaling* blockiert, aber wesentlich wichtiger ist die Aktivierung eines zweiten Signalwegs. Seine Aktivierung resultiert in einer Sphingomyelinase-abhängigen Ceramidfreisetzung mit nachfolgender Aktivierung der Proteinkinase Cζ und Phosphorylierung von p47^{phox}, einer regulatorischen Untereinheit von auch im Hepatozyten exprimierten Isoformen der NADPH-Oxidase (Reinehr et al. 2005). Deren Aktivierung führt dazu, daß innerhalb von Sekunden nach Zellschrumpfung ein oxidatives Stresssignal produziert wird, welches wiederum c-Jun-Kinasen, aber auch Yes, eine Proteinkinase aus der Src-Familie, aktiviert (Reinehr et al. 2004). Die Aktivierung dieser Proteinkinasen führt u. a. zur Membrantranslokation und Scharfschaltung eines Todesrezeptors (CD95), was erklärt, daß geschrumpfte Leberzellen hochgradig apoptoseempfindlich sind. Die molekularen Mechanismen sind dabei komplex: zunächst assoziiert die Proteinkinase Yes mit einem Wachstumsfaktor-Rezeptor, dem *epidermal growth factor receptor* (EGFR), der durch Yes aktiviert wird. Unter dem Einfluß des Jun-Kinase-Signals erfolgt die Assoziation des aktivierten EGFR mit dem intrazellulär lokalisierten Todesrezeptor CD95 (Eberle et al. 2005). Letzterer wird durch den EGFR Tyrosin-phosphoryliert, und der EGFR/CD95-Proteinkomplex wird zur Plasmamembran transloziert. Dort bildet sich der todessignalinduzierende Komplex nach Anlagerung von FADD und Caspase 8.

Interessanterweise werden dieselben Mechanismen, welche zur zellschrumpfungsbedingten CD95-Aktivierung führen, auch unter normoosmotischen Bedingungen im Rahmen der Apoptoseinduktion durch CD95-Liganden oder toxische Gallensäure aktiviert.

Klinische Relevanz

Die Beziehung zwischen Zellhydratation und Zellfunktion hat außerordentliche klinische Relevanz. Nur einige Beispiele seien angesprochen.

Proteinkatabolie des kritisch Kranken. Die Beziehung zwischen Zellhydratation und Proteinabbau gilt wahrscheinlich nicht nur für die Leberzelle, sondern auch für die Skelettmuskelzelle. Extrem proteinkatabole Zustände sind ein ernstes klinisches Problem beim schwerkranken Patienten, z. B. nach Verbrennungen, Traumen oder bei schwerer Pankreatitis. Solche Patienten können innerhalb von Tagen ihre Substanz weitgehend aufzehren mit negativen Konsequenzen für Abwehrfunktionen und Infektanfälligkeit. Dabei zeigt sich, daß der Wassergehalt der Skelettmuskelzelle invers mit der Negativität der Stickstoffbilanz dieser Patienten korreliert (Häussinger et al. 1993). Zelluläre Dehydratation ist daher als eine Ursache der Proteinkatabolie des Schwerkranken anzusehen.

Wirkungsmechanismus von Ursodesoxycholsäure. Ursodesoxycholsäure, bzw. sein Taurinkonjugat (TUDC), wird seit Jahren empirisch und erfolgreich bei der Behandlung cholestatischer Lebererkrankungen, wie der primär biliären Zirrhose, eingesetzt. Es konnte gezeigt werden, daß TUDC nichtosmotisch das integrinabhängige *Osmosensing* und *Signaling* aktiviert und so zur Cholerese führt.

Insulinresistenz und Zell-Hydratation. Der Insulinrezeptor ist sicher eines der am besten untersuchten Rezeptorsysteme in der Zellbiologie. Die Beladung des Rezeptors mit seinem Liganden Insulin führt zur Auto-Phosphorylierung des Rezeptors. Nachfolgend wird das Insulinrezeptorsubstrat phosphoryliert, wodurch es zur Anlagerung verschiedener Adapterproteine mit Aktivierung von Proteinkinasen, u. a. der PI3-Kinase, kommt. Diese wiederum aktiviert den $Na^+/K^+/2Cl^-$-Kotransporter, so daß Ionen einströmen und die Leberzelle unter dem Einfluß von Insulin schwillt. Diese Zellschwellung aktiviert naturgemäß *Osmosensing* und Osmosignalwege, die damit integraler Bestandteil der Insulinwirkung sind. Tatsächlich kommt es nach Insulingabe zur sofortigen Aktivierung des Integrinsystems mit nachfolgender Aktivierung von Osmosignalketten, die u. a. für die proteolysehemmende Wirkung von Insulin verantwortlich sind. Werden dagegen experimentell *Osmosensing* und/oder *Osmosignaling* im Rahmen der Insulinwirkung blockiert, tritt Insulinresistenz bezogen auf die Proteolyseeffekte auf. Daraus ergibt sich eine Reihe von interessanten Aspekten bezüglich des Verständnisses von Insulinresistenzzuständen. Es ist seit vielen Jahren bekannt, daß Schleifen-Diuretika eine diabetogene Stoffwechsellage induzieren können. Dies erklärt sich daraus, daß diese Diuretika die insulininduzierte Schwellung verhindern. Ferner ist seit Jahren bekannt, daß im diabetischen Koma, also in einer Situation, in der Insulin kaum noch eine Wirkung zeigt, meist Dehydratation besteht. Allein die Zugabe von freiem Wasser verbessert schon die Insulinwirksamkeit bei solchen Patienten. Der Grund ist wohl, daß man auf diese Weise wieder Zellschwellung ermöglicht. Möglicherweise beruht die bei Leberzirrhose häufig zu beobachtende Insulinresistenz auf Störungen des Integrin-*Sensings* infolge veränderter Komposition der extrazellulären Matrix.

Hypernatriämie und primäres Lebertransplantatversagen. Transplantatlebern, die von einem Donor stammen, der vor seinem Tod an Hypernatriämie oder an hoher Osmolarität litt, weisen eine außerordentlich hohe Frequenz an primärem Transplantatversagen auf. Eine Ursache hierfür könnte die zellschrumpfungsbedingte Aktivierung des CD95-abhängigen Apoptoseprogramms in solchen Lebern sein.

Organische Osmolyte

Organische Osmolyte sind organische kleinmolekulare Substanzen, die bei Zellschrumpfung von den Zellen in sehr hoher Menge angereichert und bei Zellschwellung abgegeben werden können. Wichtige organische Osmolyte bei Säugetierzellen sind Taurin, Betain, myo-Inositol, Sorbitol und α-Glycerophosphorylcholin. Diese Substanzen dienen dabei nicht nur der Erhaltung der intrazellulären Osmolalität, sondern haben auch Chaperon-Eigenschaften, indem sie sich in die Proteinhydrathülle einlagern können und einer Proteotoxizität hoher Salzkonzentrationen entgegenwirken.

Da Osmolyte die Zellhydratation steigern und letzteres antiapoptotisch wirkt, sollte das Fehlen solcher Osmolyte zu Zellschädigungen prädisponieren. Diese Hypothese, nämlich, daß Defekte im Taurintransport oder in seiner Verfügbarkeit zu Krankheiten prädisponieren können, wurde im Tierexperiment an der eigens für diesen Zweck hergestellten Taurintransporter-*Knockout*-Maus bestätigt. Die Tiere sind auf den ersten Blick unauffällig, haben aber stark erniedrigte (bis zu 99%) Taurinspiegel in ihren Geweben. Im Herzen und in der Skelettmuskulatur wurde das Taurin auf 1% gesenkt; in der Leber ist es weniger, weil die Mausleber noch etwas Taurin selbst synthetisieren kann. Bei näherer Untersuchung ließen sich eine Reihe von Phänotypen feststellen. Die Tiere erblinden innerhalb von 8 Wochen, weil die Retina komplett degeneriert (Heller-Stilb et al. 2001). Sie haben eine Skelettmuskeldysfunktion und weisen Störungen der synaptischen Plastizität im Gehirn auf (Sergeeva et al. 2003, Warskulat et al. 2004). Interessanterweise entwickeln die Tiere im Alter in einem hohen Prozentsatz eine Leberkrankheit mit unspezifischer Hepatitis und Leberfibrose (Warskulat et al. 2006). Tatsächlich läßt sich zeigen, daß den Organschäden dieser Tiere eine verstärkte Apoptose zugrunde liegt. Bezüglich der Leberschäden gibt es interessanterweise einen Gen-Dosis-Effekt, da heterozygote Tiere ebenfalls überdurchschnittlich oft einen Leberschaden entwickeln, obwohl sie noch normale Plasmataurinspiegel aufweisen. Es ist denkbar, daß Taurintransporter-Polymorphismen auch beim Menschen ein Faktor sein können, welcher zu bestimmten Lebererkrankungen prädisponieren kann.

Evolutionsbiologischer Aspekt

Einfache Organismen, wie Bakterien, Algen, Hefen, sind stark wechselnden Umgebungsosmolaritäten ausgesetzt. Die Weinhefe z. B. lebt unter hypo- und hyperosmotischen Bedingungen je nach Wetterlage, so daß diese Zellen starken osmotisch-bedingten Volumenschwankungen ausgesetzt sind. Die Zellen haben daher potente volumenregulatorische Mechanismen entwickelt, indem sie Osmolytsynthese und Transport an die Volumenhomöostase anpassen. Des weiteren können sie eine Umwandlung von osmotisch aktiven Monomeren in Polymere durchführen, die weniger osmotisch aktiv sind, oder sie können diese Polymere wieder zerlegen, um die intrazelluläre Osmolarität zu steigern. Das heißt, diese Zellen stellen den Stoffwechsel in den Dienst ihrer Volumenregulation. Bei den Zellen höherer Organismen ist dieses Prinzip offenbar erhalten, wird allerdings anders genutzt. Säugetierzellen sind durch eine weitgehend stabile Umgebungsosmolarität gekennzeichnet, d. h., die Erhaltung der Volumenhomöostase stellt für sie, im Gegensatz zu Einzellern, kein Problem dar. Sie erzeugen sich jedoch artifiziell kleine Zellvolumenveränderungen, um auf diese Weise ihren Stoffwechsel zu regulieren. Solchen artifiziellen Veränderungen liegt letztendlich die Erfindung konzentrativer Transporter und von Hormon/Rezeptorsystemen, die an Ionenkanäle oder Ionen/Substrattransportsysteme koppeln, zugrunde. Mit anderen Worten, höhere Zellen stellen Zellvolumenveränderungen in den Dienst der Stoffwechselregulation, während Einzeller das Umgekehrte tun. Es erinnert daran, daß das Prinzip der Umwandlung von Monomeren in Polymere auch bei Zellen höherer Organismen erhalten bleibt, denn die Steigerung der Proteolyse oder der Glykogenolyse bei Zellschrumpfung ist gleichbedeutend mit einer Umwandlung eines osmotisch wenig aktiven Polymers in osmotisch wirksamere Monomere.

Literatur

EBERLE, A., REINEHR, R., BODE, J. G., and HÄUSSINGER, D.: Fluorescence resonance energy transfer analysis of proapoptotic CD95/EGFR interactions in Huh7 hepatoma cells. Hepatology *41*, 315–326 (2005)

HÄUSSINGER, D., ROTH, E., LANG, F., and GEROK, W.: The cellular hydratation state: a major determinant for protein catabolism in health and disease. Lancet *341*, 1330–1332 (1993)

HÄUSSINGER, D., KURZ, A. K., WETTSTEIN, M., GRAF, D., VOM DAHL, S., and SCHLIESS, F.: Involvement of integrins and Src in tauroursodesoxycholate-induced and swelling-induced choleresis. Gastroenterology *124*, 1476–1487 (2003)

HÄUSSINGER, D., KUBITZ, R., REINEHR, R., BODE, J. G., and SCHLIESS, F.: From experimental to clinical hepatology. Molecular Aspects in Medicine *25*, 221–360 (2004)

HELLER-STILB, B., VAN ROEYEN, C., WARSKULAT, U., SELIGER, M., RASCHER, K., HARTWIG, H. G., and HÄUSSINGER, D.: Disruption of the taurine transporter (TAUT) gene leads to retina degeneration in mice. FASEB J. *16*, 231–233 (2002)

LANG, F., BUSCH, G. L., RITTER, M., VÖLKL, H., and HÄUSSINGER, D.: The functional significance of cell volume. Physiol. Rev. *78*, 247–306 (1997)

REINEHR, R., BECKER, S., HÖNGEN, A., and HÄUSSINGER, D.: The Src-family kinase Yes triggers hyperosmotic activation of the epidermal growth factor receptor and CD95. J. Biol. Chem. *279*, 23977–23987 (2004)

Reinehr, R., Becker, S., Eberle, A., Grether-Beck, S., and Häussinger, D.: Involvement of NADPH oxidase isoforms and Src family kinases in CD95-dependent hepatocyte apoptosis J. Biol. Chem. *280*, 27179–27194 (2005)

Schliess, F., Reissmann, R., Reinehr, R., vom Dahl, S., and Häussinger, D.: Involvement of integrins and Src in insulin signaling towards autophagic proteolysis in rat liver. J. Biol. Chem. *279*, 21294–21301 (2004)

Schmitt, M., Kubitz, R., Lizun, S., Wettstein, M., and Häussinger, D. : Regulation of the dynamic localization of the Bsep gene encoded bile salt export pump by anisoosmolarity. Hepatology *33*, 509–518 (2001)

Sergeeva, O. A., Chepkova, A. N., Doreulee, N., Eriksson, K. S., Poelchen, W., Mönnighoff, I., Heller-Stilb, B., Warskulat, U., Häussinger, D., and Haas, H. L.: Taurine-induced long-lasting enhancement of synaptic transmission: role of transporters. J. Physiol. *550*, 911–919 (2003)

vom Dahl, S., Schliess, F., Reissmann, R., Görg, B., Weiergräber, O., Dombrowski, F., Kacalkova, M., and Häussinger, D.: Involvement of integrins in osmosensing and signaling towards autophagic proteolysis in rat liver. J. Biol. Chem. *278*, 27088–27095 (2003)

Warskulat, U., Flögel, U., Jacoby, C., Hartwig, H. G., Thewissen, M., Merx, M. W., Molojavy, A., Heller-Stilb, B. , Schrader, J., and Häussinger, D. : Taurine transporter knockout depletes muscle taurine levels and results in severe skeletal muscle impairment, but leaves cardiac function uncompromised. FASEB J. *18*, 577–579(2004)

Warskulat, U. , Borsch, E., Reinehr, R., Hell-Stilb, B., Mönnighoff, I., Buchzyk, D., Donner, M., Flögel, U., Kappert, G., Soboll, S., Beer, S., Pfeffer, K., Marschall, U., Gabrielsen, M., Amiry-Moghaddam, M., Dienes, H. P., and Häussinger, D. : Chronic liver disease is triggered by taurine transporter knockout in the mouse. FASEB J. *20*, 574–576 (2006)

Prof. Dr. Dieter Häussinger
Klinik für Gastroenterologie,
Hepatologie und Infektiologie
Moorenstraße 5
40225 Düsseldorf
Bundesrepublik Deutschland
Tel.: +49 211 8117569
Fax: +49 211 8118838
E-Mail: haeussin@uni-duesseldorf.de

Frauenärztliche Tätigkeit und demographische Entwicklung

Von Hans Georg BENDER, Düsseldorf
Mitglied der Akademie

(Kurzfassung des in der Sitzung der Akademie am 22. 11. 2005 gehaltenen Vortrages)

Frauenheilkunde ist von ihrer Entstehung her eine auf primäre Lösung von akuten Problemen ausgerichtete Disziplin: Wie der Name Geburtshilfe andeutet, ging es ursprünglich um die erfolgreiche Lösung von verfahrenen Geburtssituationen und die Durchführung unvermeidbarer Operationen bei Tumoren oder bedrohlichen Blutungen. Dies gilt auch noch heute – teilweise unter extremem Zeitdruck – wie etwa bei Hypoxiezeichen des Feten unter der Geburt. Aber im Laufe der Zeit hat sich aus der Weiterentwicklung unseres Faches ergeben, daß die Frauenheilkunde mehr als andere medizinische Spezialisierungen mit grundsätzlichen Problemfeldern von ethischer und gesellschaftlicher Relevanz konfrontiert ist. Dies sind im einzelnen:

– die Diskussion um die genetische Diagnostik am Präimplantationsembryo;
– Aufgaben und Probleme im Zusammenhang mit dem Schwangerschaftsabbruch nach §218;
– die Bewertung der Pränataldiagnostik und die sich möglicherweise daraus ergebenden Konsequenzen;
– Aspekte der Palliativmedizin und der Sterbebegleitung in Zusammenhang mit der onkologischen Tätigkeit.

Anläßlich des 54. Kongresses der Deutschen Gesellschaft für Gynäkologie und Geburtshilfe im September 2002 in Düsseldorf haben wir die vielfältigen Zusammenhänge zwischen frauenärztlicher Tätigkeit und der derzeit intensiv diskutierten dramatischen demographischen Entwicklung thematisiert.

1954 – also vor etwa 50 Jahren – wurde mit der Entwicklung oral wirksamer synthetischer Substanzen mit Progesteronwirkung die Grundlage für eine breit anwendbare orale Kontrazeption geschaffen, die dann ab 1960 von PINCUS und ROCK in Form einer Östrogen-Gestagen-Kombination in großem Stil eingeführt wurde. Am Ende der 60er Jahre des letzten Jahrhunderts wurden zusätzlich moderne Intrauterinpessare mit Kupferdraht-Umwicklung angeboten. Damit waren die Voraussetzungen gegeben, daß Sexualität ohne reproduktive Konsequenz gelebt werden kann und insbesondere Frauen ihren Lebensweg unter Berücksichtigung von persönlichen Interessen, wie beruflicher Karriere und anderen Formen der Selbstverwirklichung einerseits sowie Familienplanung und Schwangerschaft andererseits, frei gestalten können. Mit den Beratungen, Verordnungen und Behandlungen der täglichen frauenärztlichen Sprechstunde wurden letztendlich die Voraussetzungen geschaffen, daß Deutschland, wie andere europäische Nationen, heute die niedrigsten Geburtenzahlen hat. Heute wenden 54 % der potentiell fertilen Frauen in Deutschland eine Methode der Kontrazeption an. Die sich dadurch ergebende Überalterung unserer Bevölkerung war schon lange absehbar, hat aber in den letzten Jahren unter den sich verschlechternden ökonomischen und finanziellen Rahmenbedingungen ein breiteres Echo gefunden. Die frühere sogenannte Alterspyramide wird ihrem Namen nicht mehr gerecht. Die älteren Jahrgänge werfen ihren Schatten über den dünnen Stamm der jüngeren Mitglieder unserer Gesellschaft und überfordern die Tragfähigkeit des Unterbaues. Die Politik unseres Landes sieht die Hauptprobleme für die Haushaltsstabilisierung in Deutschland in der Anpassung des Rentensystems, der Krankenversorgung und der Pflegeversicherung an die neuen Verhältnisse von Beitragszahlern und Leistungsempfängern. Es ist anzunehmen, daß die Zunahme der älteren Bevölkerung – zu einem Teil sicherlich auch ein Resultat medizinischer Leistungen – eine andere Grundbewertung ärztlichen Handelns zur Folge haben könnte: auch wenn dem Heilen primär ein karitativer Selbstzweck zukommt, war in früheren Zeiten auch ein positives Merkmal ärztlichen Handelns, daß mit der Heilung die rasche Reintegration von Arbeitskraft in das Erwerbsleben und den Produktionsprozeß bei entsprechendem Bedarf an Arbeitskräften erfolgen konnte. Unter den heutigen Bedingungen führt erfolgreiche ärztliche Behandlung zunehmend zu einer weiteren Lebensverlängerung nach dem Erwerbsleben unter häufig eingeschränkten Funktionsverhältnissen und Hilfsbedürftigkeit, zum anderen aber auch der Wiederherstellung von Erwerbspotential, für das der Arbeitsmarkt in mindestens 10 % der Fälle keine Verwendung anbieten kann.

Die zu vielen dieser Probleme führende Kontrazeption unter frauenärztlicher Mithilfe kann unter Berücksichtigung des Anspruchs von Frauen und Familien auf eine selbstbestimmte Verwirklichung grundsätzlich nicht in Frage gestellt werden, weil etwaige Interessen der Gesamtbevölkerung mit der Individualentscheidung konkurrieren. Beratungen mit dem Inhalt, statt Kontrazeptiva anzuwenden lieber schwanger zu werden, würden nicht lange akzeptiert werden und sind auch alleine deswegen nicht wirksam. Darüber hinaus hat die Kontrazeption eine wichtige Präventionsfunktion für die Begrenzung von Schwangerschaftsabbrüchen. Unter diesen Gegebenheiten ist der wichtigste Beitrag, den Frauenärztinnen und Frauenärzte zur Förderung einer Bereitschaft zu höheren Kinderzahlen leisten können, die Einflußnahme auf Gesellschaft und Politik, sogenannte »kinderfreundlichere« Bedingungen in unserem Lande zu schaffen. Dies bedeutet, daß Frauenärztinnen und Frauenärzte über ihre praktische Tätigkeit hinaus eine weiterreichende Aufgabe zu übernehmen und sich gesellschaftlich für die Interessen der Frauen zu engagieren haben. Daß politische Konzepte in die Praxis umzusetzen sind, hat Frankreich mit einem deutlichen Anstieg der Schwangerschaftsrate nachgewiesen, die deutlich über den Gegebenheiten in Deutschland liegt (SCHUBERT 2005). Es gilt daher die konkreten Probleme zu benennen, die der Bereitschaft entgegenstehen, sich für ein oder mehrere Kinder zu entscheiden, und die dafür verantwortlichen Gründe zu reduzieren. Es muß alles dafür getan werden, an die Stelle der Wahl zwischen Beruf und Familie die Vereinbarkeit dieser beiden vermeintlichen Kontrapunkte zu setzen. Dazu zählt auch die Verbesserung der familiären Rahmenbedingungen für Familien mit Kindern. Nach der Angabe von HEPP (2004) steigt der Wohlstandsabstand zwischen Kinderlosen und Familien. Der Anteil von Kindern, die in Deutschland mit Unterstützung der Sozialhilfe leben, stieg in wenigen Jahren von 2,1% auf 7,1%. Nach HEPPS Darstellung heißt Kinderhaben oft, materiell arm zu sein. Dabei ergibt sich aus Umfragen immer wieder, daß Kinder durchaus mit einer Priorität gegenüber anderen Interessen im Leben gewünscht werden.

Im Konkreten hat die Frauenheilkunde einiges für die bessere Akzeptanz von Schwangerschaften und die Steigerung der Geburtenzahl getan. Mit der Verbesserung in der Schwangerschafts- und Geburtsbetreuung ist die Sicherheit für Frauen, die sich für eine Schwangerschaft entscheiden, und auch für ihr Kind erheblich gesteigert worden. Mit einer perinatalen Mortalität von 6‰ liegt Deutschland im internationalen Vergleich in einer Spitzenposition, die sich nur sehr schwierig und wegen der Hauptmortalitätsursachen – schwere Fehlbildungen und Frühgeburtlichkeit – nur noch teilweise weiter verbessern läßt. Die mütterlichen Todesfälle im Zusammenhang mit Schwangerschaften lagen 2000 in Deutschland bei 5,6 auf 100 000 Lebendgeborene und damit in einer Kategorie, die noch vor kurzem unerreichbar schien. 1970 lag die Zahl mit 51,8 fast noch zehnmal so hoch. In Entwicklungsländern ist eine Sterblichkeit von 1000 auf 100 000 Lebendgeburten eine der wesentlichen Faktoren für die niedrige durchschnittliche Lebenserwartung von Frauen und ein vordringliches Aufgabengebiet für die Verbesserung der medizinischen Versorgung.

Nicht nur die Sicherheit von Schwangerschaft und Geburt ist erheblich verbessert worden, auch die Bemühungen um individuelle Betreuungskonzepte in der Schwangerschaft und ein möglichst befriedigendes Erlebnis der Geburt für die Frau und ihren Partner sind heute wesentliche Elemente der Angebote von konkurrierenden Entbindungsinstitutionen an die schrumpfende Anzahl der Schwangeren, die immer intensiver umworben werden. Das positive Erleben der Geburt hat nach NEISES (2004) eine wichtige Bedeutung für das Selbstwertgefühl der Frau, ihre Bindung an das Kind und dessen seelische Entwicklung, wie auch für das soziale Umfeld. Mit zu diesem Themenfeld gehört auch die aus meiner Sicht fälschlicherweise als *Wunsch* apostrophierte geplante Kaiserschnittentbindung. Vielmehr entscheidet sich die moderne aufgeklärte Frau nach einem reiflichen Erwägungsprozeß trotz der Tatsache, daß sie sich auf eine Operation mit Schmerzen und Komplikationen einläßt, für die planbare und für sie scheinbar besser kontrollierbare operative Entbindung. Diese Entscheidung wird erleichtert durch die Statistik, die den heutigen geplanten Kaiserschnitt hinsichtlich Mortalität und Komplikationen als ebenbürtig zur vaginalen Entbindung ausweist. Letztere ist aber mit dem Risiko behaftet, daß der Versuch der vaginalen Entbindung sich aus verschiedenen Gründen als nicht realisierbar erweisen und in einer wesentlich komplikationsbelasteteren sekundären, eventuell sogar Notfallsektio enden kann.

Die Frauenheilkunde hat nicht nur der Kontrazeption zu einem breiten Durchbruch verholfen, sondern mit der Reproduktionsmedizin eine Palette konkreter Hilfsangebote für Paare mit Sterilitätskonstellationen entwickelt. Dies ist um so wichtiger, als die geringere Anzahl von Schwangerschaften in eine spätere Lebensphase verlagert wurde und sich daraus eine Zunahme an Sterilitätskonstellationen ergibt. Inzwischen werden etwa 5% der jährlich geborenen Kinder durch die assistierte Reproduktion ermöglicht. Pro Jahr begeben sich 200 000 Paare in die Behandlung von Sterilitätssprechstunden. 42 000 Geburten werden durch die verschiedenen Behandlungsformen ermöglicht, davon 18 000 durch *In-vitro*-Fertilisation und intrazytoplasmatische Spermieninjektion. Nach den Daten des Deutschen *In-vitro*-Fertilisationsregisters (DIR) liegt die Geburtenrate nach *In-vitro*-Fertilisation pro Zyklus bei 21% und damit nicht wesentlich niedriger als die 24%, die für die spontane Konzeptionswahrscheinlichkeit angegeben werden. Ein wesentliches Problem der Reproduktionsmedizin ist die mit ihren Maßnahmen in Zusammenhang stehende hohe Rate an Mehrlingsschwangerschaften, die als Komplikation der Behandlungskonzepte aufzufassen ist. Nach dem DIR liegt die Rate an Gemini bei 33%, die der Drillinge bei 6,2% und die der Vierlinge bei 0,03%. Mit den höhergradigen Mehrlingen verbinden sich frühgeburtsbedingte Komplikationsbelastungen für die betroffenen Kinder und Familien wie auch für die Gesellschaft. Mit der hohen perinatalen Mortalität reduziert sich letztendlich auch die Anzahl der schließlich verbleibenden Kinder. Mit der Anfang 2004 in Kraft getretenen Gesundheitsgesetzgebung, die nur drei Behandlungszyklen für Frauen zwischen 24 und 40 Jahren vorsieht und die Erstattung der Versicherungsträger auf 50% begrenzt, hat sich die Anzahl der Behandlungen nach den Daten des DIR von 107 000 im Jahr 2003 auf 50 000 im Jahr 2004 verringert. Man schätzt, daß in diesem Zusammenhang im Jahr 2004 10 000 Kinder weniger geboren wurden als in den Vorjahren. Darüber hinaus sind Patientinnen und Ärzte zur Erzielung rascherer Erfolge bedauerlicherweise bereit, größere Risiken einzugehen, indem mehr Embryonen übertragen werden, als dies unter optimalen Bedingungen erfolgen würde. Daraus resultieren wieder höhere Mehrlingsraten mit den Folgen für die Frühgeburtlichkeit und mütterliche Belastung. Daher hat sich die Frauenheilkunde für eine Korrektur der gesetzlichen Regelungen einzusetzen und sich darüber hinaus um eine Neugestaltung der Reproduktionsmedizin in einer grundsätzlichen und verantwortungsbewußten Regelung im Fortpflanzungsmedizin-Gesetz zu bemühen.

Bei der Bewertung der einzelnen Komponenten frauenärztlicher Tätigkeit mit Auswirkungen auf die demographische Entwicklung darf aus meiner Sicht das

Problem der Schwangerschaftsabbrüche nicht unerwähnt bleiben. Während in den letzten 40 Jahren eine Halbierung der Geburtenzahl eingetreten ist, ist in den letzten Jahren konstant eine Größenordnung von ca. 130 000 Schwangerschaftsabbrüchen pro Jahr registriert worden. Unter der zunehmenden Verschärfung der demographischen Verhältnisse und krisenhaften Zuspitzung der finanziellen Auswirkungen könnte es zu einer grundsätzlichen Veränderung in der Bewertung des Schwangerschaftsabbruches kommen, die die Rolle der frauenärztlichen Mitwirkung noch kritischer als bisher bewerten und hinterfragen lassen könnte. Es ist nach meiner Ansicht dringende Pflicht für alle Frauenärztinnen und Frauenärzte, auf eine Reduktion der Anzahl der Schwangerschaftsabbrüche bis auf unvermeidbare Notsituationen hinzuwirken. Im Grunde müßte Konsens darüber bestehen, daß ein Schwangerschaftsabbruch für alle Beteiligten – die betroffene Frau, die mitwirkenden Ärzte wie auch für die Gesellschaft – eine Belastung darstellt. Es müssen alle Möglichkeiten ausgeschöpft werden, unerwünschte Schwangerschaften zu verhindern und die Voraussetzung für das Austragen einer Schwangerschaft zu verbessern. Es ist unverständlich und nicht akzeptabel, daß bisher keine Ansätze zu einer systematischen Analyse der Ursachen von Schwangerschaftsabbrüchen zu erkennen sind. Die Gründe für die hohe Anzahl an im Prinzip vermeidbaren Abtreibungen müssen herausgearbeitet und auf dieser Analyse aufbauend Lösungskonzepte für die Konflikte entwickelt werden. Nicht zuletzt sind wiederum nach HEPP (2004) die Haushalte der Länder in den letzten fünf Jahren durch die Finanzierung von Schwangerschaftsabbrüchen mit 197 Mill. Euro belastet worden, wobei 2002 in Bayern bei 67 % und in Brandenburg bei 99 % der durchgeführten und gemeldeten Abbrüche eine Kostenübernahme erfolgte, die nach dem Wortlaut des §218 a, Abs. 1 nur in »besonderen Fällen« geschehen sollte.

Nach der eingangs beschriebenen Tradition unseres Faches als primär operatives hat sich die Frauenheilkunde zu einer schwerpunktmäßig in der Prävention agierenden Spezialität entwickelt – erkennbar an dem Aufbau der Krebs-Früherkennung und der vorbeugenden Schwangerschaftsbetreuung. Der Sinngehalt der Prävention hat in den letzten Jahren eine neue Dimension erhalten, indem sich neue Aufgaben im Engagement für bessere Lebensumstände für Frauen ergeben haben. Frauenheilkunde im umfassenderen Sinne muß ihren Beitrag dazu leisten, daß sich die einzelne Frau für einen auf ihren Vorstellungen und Möglichkeiten aufbauenden Lebensentwurf entscheiden kann. Dazu zählt auch und ganz besonders die Erleichterung eines Entschlusses für Schwangerschaft und Kind. Auf ihrem Weg durch Schwangerschaft und Geburt sollten ihr alle spezifischen Präventions- und Hilfsangebote unter zügiger Einbindung aktueller Forschungsergebnisse zukommen. Insbesondere sind in diesem Zusammenhang die Bemühungen auf die Vermeidung von Frühgeburten und damit in Zusammenhang stehende Belastungen zu konzentrieren.

Moderne Frauenheilkunde muß über die tägliche wissenschaftlich geprägte Praxis hinaus im besonderen Maße gesellschaftliche Auswirkungen ihrer Maßnahmen in der Summation reflektieren. Dies gilt um so mehr, weil sich diese Tätigkeit auf wichtigen Problemfeldern von gesellschaftlicher Relevanz abspielt. Gynäkologie und Geburtshilfe müssen in den einzelnen Vertretern und ihren standespolitischen Organisationen als Interessenvertreter der von ihnen betreuten Frauen agieren. Wir sind dazu insbesondere deswegen verpflichtet, als in vielen Umfragen immer wieder das besondere Vertrauensverhältnis zwischen Patientinnen in frauenärztlicher Betreuung zu den für sie sorgenden Ärztinnen und Ärzten zum Ausdruck kommt. Darüber hinaus sind Frauenärzte über längere Lebensphasen die einzigen ärztlichen Begleiter von Frauen und tragen auch dadurch eine besondere Verantwortung.

Literatur

HEPP, H.: Kontrazeption – Integration in die Lebensplanung der Frau. Gynäkologe 37, 573–578 (2004)

NEISES, M.: Die Bedeutung eines positiven Geburtserlebnisses für die Frau. Gynäkologe 37, 579–584 (2004)

SCHUBERT, C.: »Ich habe sechs Rolls-Royce zu Hause – meine Kinder«. Wie Frankreich seinen Nachwuchs fördert. Frankfurter Allgemeine Zeitung. S. 13 (6. Dezember 2005)

Prof. Dr. Hans Georg BENDE
Universitätsfrauenklinik
Moorenstraße 5
40225 Düsseldorf
Bundesrepublik Deutschland
Tel.:   +49 211 8117500
Fax: +49 211 8118483
E-Mail: benderhg@uni-duesseldorf.de

Musik als Sprache der Gefühle – Neurobiologische und musikpsychologische Aspekte

Eckart ALTENMÜLLER, Oliver GREWE, Frederik NAGEL und Reinhard KOPIEZ
Mit 3 Abbildungen und 1 Tabelle

(Kurzfassung des in der Sitzung der Akademie am 13. 12. 2005 gehaltenen Vortrages)

Was ist Musik, was sind Emotionen?

Musizieren und Musikhören wird nach Umfragen von der Mehrzahl der Deutschen immer noch als die wichtigste Freizeitbeschäftigung angesehen. Immerhin etwa 4 Millionen Mitbürger musizieren regelmäßig an einem Instrument oder singen in einem Chor (GEMBRIS 1998). Die neurobiologischen und anthropologischen Grundlagen dieser Vorliebe für Musik sind bislang wenig erforscht, aber allgemein wird angenommen, daß die Wirkung der Musik vor allem auf der Auslösung intensiver Emotionen beruht. Häufig wird daher Musik auch als »Sprache der Gefühle« bezeichnet.

Bevor wir uns der Frage zuwenden, welche Musik bei Menschen starke Emotionen auslösen kann, sollen die Begriffe »Musik« und »Emotion« definiert werden. Musik sind bewußt gestaltete, zeitlich strukturierte akustische Phänomene. In dieser reduktionistischen Musikdefinition fehlt allerdings noch eine wesentliche Eigenschaft von Musik, nämlich ihr kommunikativer Aspekt. Man sollte also eher sagen, *Musik ist die bewußt gestaltete, zeitlich strukturierte Ordnung von nicht sprachlichen akustischen Ereignissen in sozialen Kontexten*. Als Argument für diese erweiterte Definition kann angeführt werden, daß Musik in zahlreichen sozialen Kontexten stattfindet und häufig spezifische Funktionen erfüllt. Viel zitierte Beispiele sind die Wiegenlieder, die der Mutter-Kind-Bindung und wahrscheinlich auch dem Spracherwerb dienen (TREHUB 2003), oder der Tanz, der eine Ausschüttung des Hypophysenhormons Oxytocin bewirkt und dadurch die Erinnerung an ein spezifisches Gruppenerlebnis fördert. Bei zahlreichen Gelegenheiten wird Musik als Markersignal von Gruppenidentität eingesetzt. Man denke nur an Nationalhymnen, Fußballgesänge und an die Identität stiftende Wirkung, die bestimmte Lieder von ethnischen Minderheiten in einem Staatswesen haben (KOPIEZ und BRINK 1998). Schließlich dient Musik als Mittel zur Verhaltenssynchronisation, beispielsweise als Marschmusik beim Militär (MCNEILL 1995).

Der zweite zu definierende Begriff ist der der Emotion. Wir wollen an dieser Stelle auf eine ausführliche Terminologiediskussion verzichten und uns an die Lehrbuchdefinition halten: Beim Menschen versteht man unter Emotion *ein Reaktionsmuster, das auf vier Ebenen wirksam wird: a.) als subjektives Gefühl, b.) als motorische Äußerung, z. B. als Ausdrucksverhalten in Mimik, Gestik, und Stimme, c.) als physiologische Reaktion des autonomen Nervensystems, z. B. Erhöhung der Herzschlagfrequenz, und d.) als kognitive Bewertung* (ZIMBARDO und GERRIG 1999).

Es ist nicht einfach, Emotionen objektiv zu messen, insbesondere, wenn es sich um subtile ästhetische Erlebnisse beim Musikhören handelt. Allerdings gibt es ein Phänomen, das man sich hier zu nutze machen kann und das als »starke *Emotion beim Musikhören* (SEM, *Strong Emotions of Music*)« bekannt ist (GABRIELSON 2001). Es handelt sich um intensive Musikerlebnisse, die zu Reaktionen des autonomen Nervensystems führen. Sie werden häufig als »Gänsehaut«-Erlebnisse beschrieben. Im Englischen hat sich dafür der Begriff »Chill« durchgesetzt, der hier im Weiteren verwendet werden soll. In den letzten Jahren untersuchten wir, welche Musik bei welchen Menschen unter welchen Bedingungen derartige »Chills« auslöst. Die Ergebnisse dieser Studien sollen im Folgenden zusammengefaßt werden.

Wie kann man Emotionen messen?

Die erste Schwierigkeit war, die Entwicklung von Emotionen in der Zeit zu erfassen. Um dieses Problem zu lösen, wurde ein Versuchsaufbau entwickelt, mit dem die Probanden kontinuierlich während des Hörens von Musik ihre wechselnde emotionale Befindlichkeit berichten konnten (NAGEL et al. 2006). Dazu bewegten sie mit der Computermaus auf dem Bildschirm einen Cursor, mit dem sie auf einem Achsenkreuz angeben konnten, wie Ihnen die Musik gefalle (Valenzurteil) und ob sie die Musik als eher aufregend oder beruhigend empfinden (Arousalurteil, Abb. 1). Chillerlebnisse wurden mit dem Drücken einer Maustaste angezeigt. Als psychophysiologische Marker des emotionalen Erlebens registrierten wir Hautleitwert, Aktivität von Emotionen anzeigenden Gesichtsmuskeln, Atemfrequenz, Hauttemperatur und Herzrate.

Während eines öffentlichen Vortrags wählten wir 38 Versuchspersonen unterschiedlichen Alters und unterschiedlicher sozialer Herkunft aus. Ihr Altersdurchschnitt war 38 Jahre (11–72 Jahre), 9 Probanden waren männlich, 29 weiblich. 25 Probanden spielten oder hatten früher ein Instrument gespielt, 13 Probanden waren musikalische Laien. Die Probanden hörten sieben zuvor von uns ausgewählte Stücke und brachten eigene Musik mit, von der sie wußten, daß sie darauf stark emotional reagieren würden. In Tabelle 1 sind die von uns ausgewählten Stücke und ihre speziellen Merkmale zusammengefaßt.

Da wir auch feststellen wollten, ob es eine typische »emotionale« Hörerpersönlichkeit gibt, füllten die Probanden nach dem Versuch standardisierte Persön-

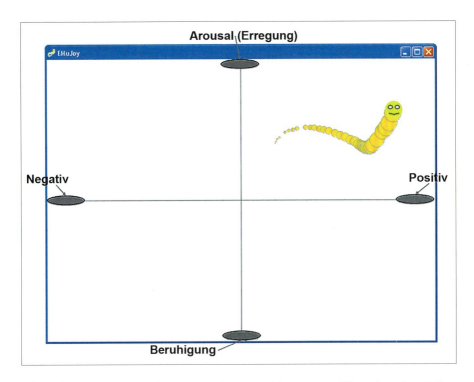

Abb. 1 Das auf RUSSELL (1989) beruhende 2-dimensionale Emotionsmodell mit den Achsen Valenz (Gefallen) und Arousal (Erregung). Die Probanden konnten während des Hörens von Musik ihre momentane Stimmungslage auf diesem Achsenkreuz mit einer Computermaus angeben.

lichkeitsskalen aus, u. a. das Temperament- und Charakter-Inventar (TCI) von CLONINGER (CLONINGER et al. 1999) und die *Sensation Seeking Scale* von LITLE und ZUCKERMAN (BEAUDUCEL et al. 1999). In zwei von uns entwickelten Fragebögen wurde zusätzlich nach jedem Stück Bekanntheit, Gefallen, Angenehmheit, Erinnerungen und körperliche Reaktionen erfragt. Am Ende des Versuches wurden Fragen zu demographischen Daten, zu Erfahrung mit Musikstilen, zur musikalischen Biographie und zu eventuellen Krankheiten und emotionalen Ereignissen der letzten Zeit gestellt.

Alle Chillmusikstücke wurden nach psychoakustischen und nach musikwissenschaftlichen Kriterien analysiert. Außerdem wurden diese Eigenschaften der Musik zu den physiologischen Daten und zur Selbstauskunft in Beziehung gesetzt. Auf die Details der Methodik und der statistischen Auswertung soll hier nicht weiter eingegangen werden, wir verweisen diesbezüglich auf zwei aktuelle Publikationen (NAGEL et al. 2006 im Druck, GREWE et al. 2006 im Druck).

Tab. 1 Musikstücke und ihre hervorstechenden Eigenschaften

No	ID	Musikstück	Eigenschaften
1	59	Tuba mirum – Requiem KV 626 Wolfgang Amadeus MOZART (VON KARAJAN, 1989)	In diesem Stück setzen die Solostimmen und der Chor nacheinander ein, ohne daß es zu Überlappungen kommt. Daher konnte der Effekt der verschiedenen Stimmlagen untersucht werden.
2	48	Toccata BWV 540 Johann Sebastian BACH (1997)	Dieses Stück war ein Beispiel für ein komplexes Werk Barocker Kompositionstechnik. Unterschiedliche Themen werden entwickelt und treten wiederholt auf. Hier konnte der Effekt musikalischer Wiederholungen untersucht werden.
3	60	Making love out of nothing Air Supply (1997)	Ein Beispiel für Pop-Musik mit einem sehr expressiven Tenor und starker emotionaler Wirkung.
4	3	Main title – aus dem Film *Chocolat*, Rachel PORTMAN (2000)	Ein Beispiel für eher melancholische Filmmusik.
5	2	Coma Apocalyptica (2004)	Von der Cello-Rockband Apocalyptika gespieltes düster-melancholisches Musikstück.
6	4	Skull full of maggots Cannibal Corpse (2002)	Sehr aggressive *Death-metal*-Rock-Music. Schlagzeug und wilde Schreie dominieren dieses sehr motorische Stück.
7	5	Bossa nova Quincy JONES (1997)	Der Bossa nova ist ein Beispiel für beschwingte und fröhliche Tanzmusik.

Die Wissenschaft von der Gänsehaut

Die Ergebnisse dieser explorativen Studie zeigten erstmalig, welche Menschen bei welcher Musik starke Emotionen erleben. Insgesamt sammelten wir 291 Chillstellen in 126 Musikstücken. In 117 von 126 Stücken waren Hautleitwert und Chillerlebnisse korreliert. Meist stieg der Hautleitwert bereits wenige Sekunden vor dem Zeitpunkt des Chills an. Ähnlich verhielt sich die Herzrate – auch sie stieg wenige Sekunden vor dem Chillerleben an. Die Häufigkeit der Chills war naturgemäß bei den mitgebrachten Stücken mit hohem Bekanntheitsgrad und Gefallen am größten. Überraschenderweise ist allerdings die Beziehung zwischen Chills und psychophysiologischen Antworten nicht eindeutig, d. h., es treten in seltenen Fällen Chillerlebnisse auf, ohne daß sich dies in psychophysiologischen Parametern widerspiegelt, umgekehrt kommt es zu starken psychophysiologischen Reaktionen, ohne daß die Probanden einen Chill angeben! Ein eindrucksvolles Beispiel ist in Abbildung 2 zu sehen.

Die psychoakustische Analyse der Chillstellen ergab, daß sich starke emotionale Antworten bei Zunahme der Lautheit insbesondere im höheren Frequenzbereich um 1000 bis 3000 Hz häuften. Abgesehen von diesen einfachen psychoakustischen Parametern entstehen starke Emotionen auch häufiger bei bestimmten musikalischen Ereignissen. Dazu gehören der Beginn eines neuen Abschnitts,

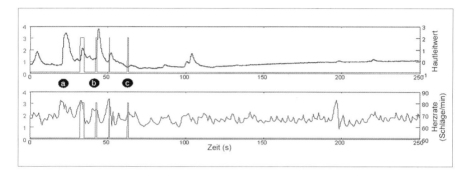

Abb. 2 Beispiel der Ableitung von Hautleitwert (SCR, obere Kurve) und Herzrate (untere Kurve) eines Probanden. Die Chillantwort (Rechtecke) korreliert nur teilweise mit den beiden physiologischen Parametern. So kommt es in Situation »a« zu starkem Anstieg der Hautleitwerte und der Herzrate ohne Chillantwort. In der Situation »b« stimmen Chillantwort, Hautleitwert und Herzrate überein, in der Situation »c« ist die Chillantwort nur an eine Herzratenerhöhung gekoppelt.

der Einsatz einer Solostimme und der Einsatz eines Chores. Damit mehren sich die Hinweise, daß einerseits emotionale Erlebnisse beim Beginn von etwas Neuem – oder anders ausgedrückt, bei einer Verletzung der Erwartung – entstehen und daß andererseits die menschliche Stimme ein besonderes Potential hat, starke Emotionen auszulösen. Eine Detailanalyse der Stücke ergibt aber auch Hinweise darauf, daß das Erkennen von Strukturen, zum Beispiel in der Toccata von Johann Sebastian BACH, starke Emotionen auslösen kann. Derartige, eher intellektuelle Erlebnisse sind jedoch geübten Hörern vorbehalten, da die Fähigkeit zum Erkennen dieser komplexen Strukturen eine Vorbedingung für diese Chills zu sein scheint. Schließlich hängen starke Erlebnisse auch von bestimmten Persönlichkeitseigenschaften ab. So haben Chillpersönlichkeiten grundsätzlich niedrigere Reizschwellen bezüglich ihres emotionalen Erlebens, sie sind tendentiell schüchterner und abhängiger von Belohnungen, sie identifizieren sich stärker mit der von ihnen bevorzugten Musik, und Musik hat eine größere Wichtigkeit in ihrem Leben.

Ausblick

Wie kann man diese heterogenen Ergebnisse einordnen? In Abbildung 3 präsentieren wir ein Arbeitsmodell zu der Entstehung von Chillerlebnissen. Wir gehen dabei von einem mehrstufigen Prozeß aus, bei dem die *Qualität der Musik*, etwa der Einsatz der menschlichen Stimme oder der Beginn von etwas Neuem, die *Persönlichkeitseigenschaften der Hörer*, z. B. Empfindsamkeit, und Belohnungsabhängigkeit und die *musikalische Biographie* wichtig sind. Alle drei Faktoren müssen zusammenkommen, um eine hohe Wahrscheinlichkeit eines Chillerlebens zu erreichen.

Es gibt auch einen direkten Weg, der Chills erzeugt, z. B. bei plötzlicher Lautstärkenänderung in dem berühmten Barrabasruf aus der Matthäuspassion von Johann Sebastian Bach. Diese Gänsehauterlebnisse hängen mit Orientierungs- und Schreckreaktionen zusammen.

Was aber sind nun die evolutionären Ursprünge dieser Chillantwort? Bei der Beantwortung dieser Frage muß man bedenken, daß Chillerlebnisse mit einer Ausschüttung von Endorphinen einhergehen, die das Belohnungssystem aktivieren und die Gedächtnisbildung verstärken (Blood und Zatorre 2001). Der

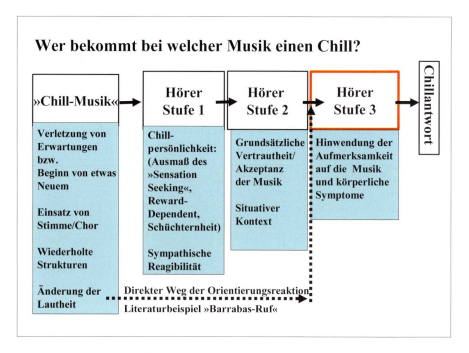

Abb. 3 Dreistufiges Modell der Auslösung von Chillantworten. Der »direkte Weg« führt bei stark überschwelligen, lauten oder auch aversiven Geräuschen zu einem Chill.

biologische Hintergrund des Gänsehaut-Reflexes, der ja dem Chillerleben zu Grunde liegt, besteht in der Erwärmung durch Aufstellen der Körperbehaarung. Die Trennungsrufe mancher Primaten führen ebenfalls zu einer Aufstellung der Körperbehaarung und sind ein verwandtes Phänomen. Man kann also spekulieren, daß Chillreaktionen ursprünglich Bestandteil eines lautlichen Kommunikationssystem gewesen sind, das dazu diente, soziale Bindung – metaphorisch gesprochen »Wärme« – zu erzeugen und wichtige Veränderungen der Hörwelt anzuzeigen sowie durch Ausschüttung von Endorphinen die Gedächtnisbildung zu unterstützen. Später wurden möglicherweise Chillreaktionen spielerisch in der Musik als Mittel zur Selbstbelohnung unter feindlichen Lebensbedingungen eingesetzt.

Literatur

BEAUDUCEL, A. B., BROCKE, B., STROBEL, A., and STROBEL, A.: Construct validity of sensation seeking. Zeitschrift für differentielle und diagnostische Psychologie 20/3, 155–171 (1999)

BLOOD, A., and ZATORRE, R.: Intensely pleasurable responses to music correlate with activity in brain regions implicated in reward and emotion. Proc. Natl. Acad. Sci. 98, 11818–11823 (2001)

CLONINGER, R. C., PRZYBECK, T. R., SVRAKIC, D., und WETZEL, R.: Das Temperament- und Charakter-Inventar. Übersetzung und Bearbeitung von RICHTER, J., EISEMANN, M., RICHTER, G., und CLONINGER, R. C. Frankfurt (Main): Swets & Zeitlinger B. V. 1999

GABRIELSON, A.: Emotions in strong experiences with music. In: JUSLIN, P., and SLOBODA, J. (Eds.): Music and Emotion: Theory and Research; pp. 431–452. Oxford: Oxford University Press 2001

GEMBRIS, H.: Grundlagen musikalischer Entwicklung. Augsburg: Wißner 1998

GREWE, O., NAGEL, F., KOPIEZ, R., and ALTENMÜLLER, E.: Does music induce emotion? Communalities and differences in affective processing. Music Perception (2006, in press)

KOPIEZ, R., und BRINK, G.: Fußball-Fangesänge. Eine Fanomenologie. Würzburg: Königshausen & Neumann 1998

MCNEILL, W. H.: Keeping Together in Time. Dance and Drill in Human History. Cambridge: Harvard University Press 1995

NAGEL, F., GREWE, O., KOPIEZ, R., and ALTENMÜLLER, E.: EMuJoy' – Software for continuous measurement of perceived emotions in music: Basic aspects of data recording and interface features. Behavior Res. Methods (2006, in press)

RUSSELL, J.: Measures of emotion. In: PLUTCHIK, R., and KELLERMAN, H. (Eds.): Emotion: Theory Research and Experience. Vol. 4, pp. 81–111. New York: Academic Press 1989

TREHUB, S.: Musical predispositions in infancy: an update. In: PERETZ, I., and ZATORRE, R.: The Cognitive Neuroscience of Music; pp. 57–78. Oxford: Oxford University Press 2003

ZIMBARDO, P. G., and GERRIG, R. J.: Psychologie. 6. Auflage. Berlin: Springer 1999

Prof. Dr. med. Eckart ALTENMÜLLER
Institut für Musikphysiologie und Musiker-Medizin
Hochschule für Musik und Theater Hannover
Hohenzollernstraße 47
30161 Hannover
Bundesrepublik Deutschland
Tel.:   +49 511 3100552
Fax: +49 511 3100557
E-Mail: altenmueller@hmt-hannover.de

Wissenschaftshistorische Seminare

Die 1999 eingeführten Seminare zur Aktivierung wissenschaftshistorischer Studien der Akademie sowie des kollegialen wissenschaftlichen Austausches wurden auch 2005 mit einer Reihe von Veranstaltungen fortgesetzt. Die Referate mit anschließender ausführlicher Diskussion fanden im monatlichen Turnus statt. Wie in den letzten Jahren waren außer den Mitgliedern und den wissenschaftshistorisch arbeitenden Mitarbeitern der Leopoldina die Mitglieder des Lehrkörpers der Martin-Luther-Universität sowie besonders interessierte Laien und die hallesche Studentenschaft besonders angesprochen.

Die Vorträge sollen in speziellen Heften der Reihe *Acta Historica Leopoldina* veröffentlicht werden. Im Berichtszeitraum sprachen:

18. 1. 2005
Jürgen HELM, Halle (Saale)
»Ein guter Anfang zu künfftiger Reformation in rebus medicis«: Georg Ernst Stahls medizinische Theorie und der Pietismus des 18. Jahrhunderts

8. 2. 2005
Gerd GRASSHOFF, Bern (Mitglied der Akademie)
Keplers vergeblicher »Kampf um den Mars« – einer der größten Triumphe der Wissenschaftsgeschichte war eine Niederlage für Kepler

8. 3. 2005
Urs BOSCHUNG, Bern (Mitglied der Akademie)
»Medelam quaerere« – Lehren aus der ärztlichen Praxis am Beispiel Albrecht von Hallers

12. 4. 2005
Heinz SCHOTT, Bonn (Mitglied der Akademie)
Die Natur als Magierin: Zum paracelsischen Erbe neuzeitlicher Medizin

10. 5. 2005
Michael SCHÜRING, Berlin
Klassifizierung und Diskriminierung: Die Kaiser-Wilhelm-/Max-Planck-Gesellschaft und die Verfolgung jüdischer Wissenschaftler im Nationalsozialismus

21. 6. 2005
Friedrich STEINLE, Wuppertal
Wie die Elektrizität salonfähig wurde: Charles Dufay und die zwei Elektrizitäten

5. 7. 2005
Anke TE HEESEN, Berlin
Albert Einstein ausschneiden

8. 11. 2005
Armin HERMANN, Hausham
Albert Einstein – Kultfigur des 20. Jahrhunderts

6. 12. 2005
Jürgen RENN, Berlin (Mitglied der Akademie)
Die Herausforderungen der Artillerie

5. Reden, Berichte, Abhandlungen

Empfehlungen zur Bekämpfung von Infektionskrankheiten [1]

Herausgegeben vom Präsidium der Deutschen Akademie der Naturforscher Leopoldina

Zusammenfassung

Die Deutsche Akademie der Naturforscher Leopoldina hat sich in der Vergangenheit immer wieder mit dem Thema Infektionskrankheiten beschäftigt, um Politik und Öffentlichkeit auf die besondere, gesundheitsrelevante Rolle von Krankheitserregern aufmerksam zu machen. Dabei geht es vor allem um Vorschläge, wie die Forschung auf dem Gebiet der Infektionskrankheiten vorangetrieben werden kann und welche gesundheitspolitischen Maßnahmen zum Schutz der Bevölkerung zu treffen sind. Nach wie vor werden neue Krankheitserreger, wie z. B. SARS-Coronavirus oder Vogelgrippevirus, entdeckt, und durch den Bioterrorismus ist es zu einer zusätzlichen Bedrohung gekommen. Etwa 30 % aller Todesfälle weltweit sind Folge von Infektionserkrankungen, wobei ein großer Teil auf das Konto von AIDS, Hepatitis, Tuberkulose, Malaria und anderen, seit langem bekannten Infektionen geht. Hinzu kommen neue Probleme, zu denen insbesondere eine beständig ansteigende Zahl therapieresistenter Bakterien oder neue pandemische Influenzaviren gehören.

Die Bedrohung, die von diesen Erkrankungen ausgeht, wird häufig nur unzureichend wahrgenommen. Die Leopoldina hält deswegen verstärkte Anstrengungen zur Bekämpfung von Infektionskrankheiten für dringend geboten und wendet sich im folgenden mit Empfehlungen zur gezielten Förderung von (1) gesundheitspolitischer Überwachung, (2) Infrastruktur, (3) Forschung sowie (4) Lehre und Weiterbildung auf diesem Gebiet an Politik und Öffentlichkeit.

---

[1] Bereits erschienen als Broschüre mit der englischen Übersetzung: Präsidium der Deutschen Akademie der Naturforscher Leopoldina (Ed.): Empfehlungen zur Bekämpfung von Infektionskrankheiten/Recommendations on Combating Infectious Diseases (2005).

Die wichtigsten Empfehlungen

(1) Ausbau von Nationalen Referenzzentren und der entsprechenden Strukturen auf dem Gebiet der Tierseuchen zur Erfassung des gesamten Spektrums von Infektionserregern bei Mensch und Tier; Vernetzung der Überwachungssysteme im medizinischen und veterinärmedizinischen Bereich auf nationaler und internationaler Ebene.
(2) Zügige Realisierung des Alarmplans für importierte gefährliche Infektionen; Ausbau klinischer Zentren für die intensivmedizinische Behandlung; Errichtung weiterer BSL3-Laboratorien, Bau von Hochsicherheitslaboratorien der Risikogruppe BSL4.
(3) Ausbau der Forschung vor allem an human- und tierpathogenen Mikroorganismen, Viren und Prionen, die besondere Gesundheitsprobleme hervorrufen; Neu- und Weiterentwicklung von Methoden zur Untersuchung von Mikroorganismen; Entwicklung neuer Tiermodelle; Weiterentwicklung bioinformatischer Techniken und Methoden.
(4) Konsequente Umsetzung der novellierten Approbationsordnung für Ärzte in der Infektiologie; Ausbau und Internationalisierung von Graduierten- und Postgraduiertenprogrammen für Naturwissenschaftler und Mediziner.

1. Vorbemerkungen

Die Deutsche Akademie der Naturforscher Leopoldina hat in den vergangenen Jahren mehrere internationale Symposien zum Thema Infektionskrankheiten durchgeführt. So fand im Juli 2004 in Würzburg das Symposium zum Thema »Threat of Infection – Microbes of High Pathogenic Potential – Strategies for Detection, Control and Eradication« statt, das zusammen mit der *Académie des Sciences*, Paris, und dem Zentrum für Infektionsforschung, Würzburg, veranstaltet wurde. Im Oktober 2004 folgte die Leopoldina-Konferenz »Microbes in Malignancy« am Deutschen Krebsforschungszentrum in Heidelberg.

Unter dem Einfluss der wissenschaftlichen Erkenntnisse dieser Tagungen und ihrer Tragweite auf nationaler wie auch europäischer Ebene setzte das Präsidium der Leopoldina in Abstimmung mit dem *European Academies Science Advisory Council* (EASAC) eine internationale Kommission ein. Diese sollte Empfehlungen zur Infektionsforschung erarbeiten, die sich an die Europäische Union richten werden. Diese Empfehlungen werden im Sommer 2005 nach Verabschiedung im EASAC unter dem Titel »Infectious Diseases – Importance of Co-ordinated Activity in Europe« (www.easac.org) veröffentlicht. Sie werden jedoch nicht gezielt auf nationale Besonderheiten einzelner EU-Länder eingehen, sondern eher globaler Natur sein.

Daher war es dem Präsidium der Leopoldina wichtig, auch eine nationale *Ad-hoc*-Kommission einzusetzen, die sich dieser Thematik aus den Notwendigkeiten der Bundesrepublik Deutschland widmen sollte. Die Empfehlungen dieser *Ad-hoc-*

Kommission werden nach Verabschiedung durch das Präsidium der Leopoldina hiermit veröffentlicht. Gleichwohl muss die Empfehlung der Leopoldina-Kommission im Zusammenhang mit den Empfehlungen von EASAC gesehen werden.

2. Ausgangssituation

2.1 Bedrohung durch neue Erreger – Resistenzentwicklung

Dass die Bedrohung, die Infektionserreger für die Gesundheit von Mensch und Tier darstellen, ungebrochen ist, haben SARS und die Vogelgrippe in den vergangenen Monaten wieder deutlich vor Augen geführt. Dabei handelt es sich nur um die Spitze eines Eisberges. Denn jedes Jahr sind weltweit etwa 30 % aller Todesfälle auf übertragbare Krankheiten zurückzuführen; in den Entwicklungsländern verursachen diese Krankheiten fast die Hälfte aller Todesfälle, wobei der allergrößte Teil auf das Konto von akuten Darm- und Atemwegsinfektionen bei Kindern sowie AIDS, Tuberkulose, Malaria und Masern geht. Aber auch in den Industrieländern stellen Infektionskrankheiten ein zunehmend größeres Problem dar. Von besonderer Bedeutung ist dabei die Resistenzentwicklung gegen Antibiotika und antivirale Wirkstoffe, die z. B. dazu geführt hat, dass eine zunehmende Zahl bakterieller Infektionen sich einer Behandlung entziehen. Immer wieder tauchen neue Infektionserreger auf, vor denen kein Land sicher ist. Selbst wenn es sich dabei um begrenzte Ausbrüche handelt, sind die Folgen insbesondere auf wirtschaftlichem Gebiet dramatisch und weltweit spürbar. BSE sowie die jüngeren Beispiele SARS und Vogelgrippe belegen dies sehr eindrucksvoll. Nicht zu unterschätzen ist schließlich die Gefahr des Bioterrorismus, die angesichts weltpolitischer Entwicklungen neue Aktualität bekommen hat.

2.2 Gesetzgeberische Maßnahmen
   (Infektionsschutzgesetz, Nationaler Influenzapandemieplan)

Obwohl die Wissenschaft in Stellungnahmen des Gesundheitsforschungsrats des Bundesministeriums für Bildung und Forschung, der Deutschen Forschungsgemeinschaft sowie von Fachgesellschaften und Berufsverbänden immer wieder auf die Problematik der Infektionskrankheiten hingewiesen hat, rückt diese nach Jahrzehnten der Nichtbeachtung und Vernachlässigung erst jetzt wieder allmählich in das Bewusstsein der Politik. Als Erfolge können die Verabschiedung des Infektionsschutzgesetzes und die Fertigstellung des Nationalen Influenzapandemieplans angesehen werden. Besonders zu begrüßen ist auch die zügige Erstellung eines Pockenalarmplans und die Bereitstellung von Pockenvakzine, mit der im Bedarfsfall die Gesamtbevölkerung geimpft werden kann. Schließlich hat die schnelle Identifizierung des SARS-Erregers, bei der deutsche Laboratorien eine führende Rolle spielten und die sicher von entscheidender Bedeutung für die erfolgreiche Eindämmung der Epidemie war, gezeigt, dass die in den vergangenen Jahren in Deutschland geschaffenen Instrumente zur Bekämpfung derartiger Ausbrüche greifen. Allerdings sind viele dringend erforderliche Maßnahmen noch nicht in Angriff genommen worden, andere sind erst in Ansätzen verwirklicht. Zu bedenken ist auch, dass das Interesse der Öffentlichkeit an der Thematik bei dramatischen Ausbrüchen stark ist und in Zeiten scheinbarer Ruhe erlahmt. Der permanenten Bedrohung können jedoch nur nachhaltige und langfristig angelegte Maßnahmen gerecht werden.

2.3 Stand der Infektionsforschung – wissenschaftliche Grundlagen

Das Verständnis der *Pathogenität* eines Erregers setzt eine genaue Kenntnis seiner Wechselwirkungen mit dem Wirt auf Zell- und Organebene voraus. Derartige Untersuchungen haben zu einer weitgehenden Aufklärung der Mechanismen geführt, über die bakterielle Toxine (Tetanus-, Botulinus-, Milzbrand-, Shigatoxin) in die Zelle eindringen und vitale zelluläre Funktionen außer Kraft setzen. Faktoren, die für den intrazellulären Parasitismus von Bakterien und Hefen verantwortlich sind, sind ebenfalls wichtige Pathogenitätsdeterminanten. Wichtig für die krankmachenden Eigenschaften von Pockenviren sind wiederum Gene, die den Export von Viruspartikeln aus der infizierten Zelle und ihre Einschleusung in Nachbarzellen vermitteln.

Die pathogenen Eigenschaften vieler Mikroorganismen werden durch ihre genetische Flexibilität bestimmt. Die meisten bakteriellen Krankheitserreger zeichnen sich durch sogenannte Pathogenitätsinseln aus. Dabei handelt es sich um leicht austauschbare Gene wichtiger Virulenzfaktoren. Integrons, die Antibiotikaresistenz vermitteln, sind ein weiterer Bestandteil dieses flexiblen Genpools. Hohe genetische Variabilität ist besonders gefährlich, wenn die Erreger aus einem sogenannten Tierreservoir stammen, in dem sie in großer Mannigfaltigkeit vorkommen. Ein Beispiel sind die Grippeepidemien, die dann entstehen, wenn Influenzaviren oder einzelne Gene dieser Viren von Wasservögeln, ihrem natürlichen Wirt, auf den Menschen übertragen werden.

Krankheitserreger können nur überleben, wenn sie sich im infizierten Wirt massiv vermehren und deswegen leicht auf neue Wirte übertragen werden. Angesichts der vielfältigen Abwehrmechanismen des Wirts ist diese Aufgabe nicht leicht. Vor allem dem *angeborenen Immunsystem* fällt dabei eine wichtige Funktion im frühen Infektionsstadium zu. Es wird zunehmend deutlich, dass Krankheitserreger Strategien entwickelt haben, mit denen sie diese Abwehrfunktionen unterlaufen können. Dies konnte bei vielen Viren, wie z. B. Papillomviren, Herpesviren, Pockenviren, Filoviren, Influenzaviren und Paramyxoviren, aber auch bei Bakterien, wie z. B. Shigellen und Franciselllen, gezeigt werden.

Der molekularbiologischen Forschung sind eine ganze Reihe *neuer Techniken* zu verdanken, die von revolutionärer Bedeutung für die Bekämpfung von Infektionskrankheiten sind. Mit Hilfe der Polymerasekettenreaktion lassen sich bekannte und – wie das Beispiel SARS gezeigt hat – auch neue Erreger mit vorher nicht gekannter Schnelligkeit identifizieren. Die RNA-Interferenz (RNAi) ist ein vielversprechender Ansatz für die Aufklärung von Genfunktionen bei Erreger und Wirt und unter Umständen auch für neue therapeutische Interventionen. Die sogenannte Microarray-Technik versetzt uns in die Lage, die An- und Abschaltung von Wirts- und Erregergenen während der Infektion in ihrer ganzen Komplexität zu erkennen. Sie wird detaillierte Einblicke in Pathogenitätsmechanismen und neue diagnostische Möglichkeiten eröffnen.

2.4 Neue Impfstoffe – neue Perspektiven

Auch bei der Entwicklung von *Impfstoffen* zeichnen sich neue Perspektiven ab. Eine Impfung gegen die humanen Papillomvirus-Typen 16 und 18, die vorrangig den Gebärmutterhalskrebs auslösen, dürfte im Jahre 2006 allgemein verfügbar werden. Vielversprechende Ansätze beruhen auf der Verwendung gentechnisch veränderter Bakterien und Viren sowie sogenannter nackter DNA. Der spezifischen Stimulierung des angeborenen Immunsystems wird ebenfalls eine große Bedeutung beigemessen. Im Prinzip ist es heute möglich, Impfstoffe gegen die meisten Infektionskrankheiten herzustellen. Wenn dies tatsächlich nur in einer geringen Zahl von Fällen geschieht, liegt es vor allem daran, dass die Herstellung und Entwicklung von Impfstoffen für die Industrie wirtschaftlich wenig reizvoll sind. Dies ist umso bedauerlicher als die Impfung mit der Ausrottung der Pocken und vermutlich bald der Poliomyelitis ihre Schlagkraft eindrucksvoll unter Beweis gestellt hat. Bei der Eradikation eines Erregers stellen sich mit der Frage nach der Weiterführung von Impf- und Überwachungsmaßnahmen neue Probleme. Eine nicht mehr geimpfte Bevölkerung wäre durch den beabsichtigten oder unbeabsichtigten erneuten Ausbruch eines als ausgerottet angesehenen Erregers besonders bedroht. Bei einem Wiederauftauchen der Pocken würden vermutlich 75% der Bevölkerung von der Krankheit betroffen. Vorhaltung von Pockenimpfstoff und Notfallpläne sind deswegen unbedingt erforderlich.

3. Empfehlungen

Im Folgenden werden eine Reihe von Maßnahmen zur Stärkung der gesundheitspolitischen Überwachung, der Infrastruktur, der Forschung sowie der Lehre und Weiterbildung auf dem Gebiet der Infektionskrankheiten empfohlen. Diese Empfehlungen beruhen auf Erkenntnissen, die auf den beiden eingangs erwähnten wissenschaftlichen Veranstaltungen der Leopoldina vorgetragen und diskutiert wurden. An beiden Veranstaltungen nahmen internationale Experten aus fast allen Gebieten der Infektionsforschung teil. Die folgenden Empfehlungen wurden von einer *Ad-hoc*-Arbeitsgruppe der Leopoldina zusammengestellt und bilden darüber hinaus, wie erwähnt, die Basis für die Stellungnahme des *European Academies Science Advisory Council* (EASAC) zur Bedeutung der Infektionskrankheiten in der EU.

3.1 Überwachung von Infektionen

Zur Verbesserung der *Überwachung von Infektionen* sind unter anderem erforderlich:

- der Ausbau von Nationalen Referenzzentren und Konsiliarlaboratorien sowie der entsprechenden Strukturen auf dem Gebiet der Tierseuchen zur Erfassung und Kontrolle des gesamten Spektrums von Infektionserregern bei Mensch und Tier;
- die Erweiterung des zu erfassenden Spektrums um Erreger, die bislang nur peripher mit Krankheiten assoziiert werden;
- die Vorhaltung von Maßnahmen zu Diagnostik, Prophylaxe und Therapie von Erregern über den Zeitpunkt ihrer Ausrottung hinaus;
- die Vernetzung der Überwachungssysteme im medizinischen und im veterinärmedizinischen Bereich;
- die Vernetzung der Überwachungssysteme auf nationaler und internationaler Ebene;
- der Ausbau und die Einführung neuer Techniken (PCR, Microarrays) im Bereich der Infektionsdiagnostik.

3.2 Infrastruktur

Die *Infrastruktur* auf infektiologischem Gebiet muss gestärkt werden insbesondere durch:

- die zügige Realisierung des Alarmplans für importierte gefährliche Infektionen und bioterroristische Anschläge, einschließlich des Ausbaus von klinischen Zentren für die intensivmedizinische Behandlung unter den Bedingungen des »barrier nursing« sowie von Hochsicherheitslaboratorien für die Erregerdiagnostik;
- die Einrichtung weiterer BSL3-Laboratorien und insbesondere den zügigen Bau der in Berlin, Hamburg, Marburg und auf der Insel Riems geplanten Hochsicherheitslaboratorien der Risikogruppe BSL4, die wegen der Nichtzulassung der derzeit in der Bundesrepublik vorhandenen BSL4-Laboratorien für gentechnische Arbeiten und der mit Sicherheit bevorstehenden Erweiterung des Erregerspektrums in der Risikogruppe 4 dringend erforderlich sind;
- die Umkehr der immer stärker werdenden Tendenz der Industrie, sich aus der Entwicklung und Herstellung von Impfstoffen und Antiinfektiva zurückzuziehen;
- die Erweiterungen der Produktionskapazitäten bei Impfstoffen und Antiinfektiva für die Pandemiebekämpfung, insbesondere im Falle der Influenza;
- die Schwerpunktbildung bei der Infektionsforschung auf lokaler und überregionaler Ebene unter Einbeziehung der Gebiete Mikrobiologie, Parasitologie, Virologie, Mykologie, Hygiene, Immunologie, Krebsforschung, Zellbiologie, Epidemiologie und klinische Infektiologie.

3.3 Forschung

Die *Forschung an human- und tierpathogenen Mikroorganismen* (Bakterien, Parasiten, Pilze), die auf Grund ihres hohen pathogenen Potenzials oder der hohen Resistenzproblematik gegen herkömmliche antimikrobielle Agenzien besondere Gesundheitsprobleme darstellen, ist auszubauen.

Dies betrifft u. a. folgende Krankheiten:

– Nosokomiale Infektionen, verursacht durch Bakterien, insbesondere Staphylokokken, Enterokokken, *Pseudomonas aeruginosa*, *Escherichia coli* und Pilze (hierbei insbesondere *Candida* und *Aspergillus*);
– Pneumonien und andere Atemwegserkrankungen, ausgelöst vor allem durch *Mycobacterium tuberculosis*, Pneumokokken, *Legionella pneumoniae*, *Chlamydophila pneumoniae*, *Mycoplasma pneumoniae*;
– Meningitiden, verursacht insbesondere durch Meningokokken, Pneumokokken, *Haemophilus influenzae*, *Escherichia coli* und *Listeria monocytogenes*;
– Darminfektionen und Lebensmittelkontaminationen durch Salmonellen, *Campylobacter*, *Escherichia coli*, *Listeria monocytogenes*, *Staphylococcus aureus*, *Bacillus cereus* und *Yersinia enterocolitica*, Entamoeben;
– sekundäre Pathologien wie z. B. Krebs und Autoimmunerkrankungen, die im infizierten Wirt durch Mikroorganismen wie *Helicobacter pylori* und Chlamydien ausgelöst werden können;
– Tropenerkrankungen (Malaria, Schlafkrankheit, Leishmaniose), hervorgerufen durch einzellige Parasiten.

In der Forschung an human- und tierpathogenen Viren und Prionen, die besondere Gesundheitsprobleme darstellen, sollten die Schwerpunkte z. B. auf folgenden Gebieten liegen:

– Hepatitis, verursacht durch Hepatitis A-, B-, C-, D- und E-Viren;
– AIDS, verursacht durch HIV im Verbund mit den für die Pathogenese wichtigen opportunistischen Bakterien, Pilzen und Viren;
– transfusions- und transplantationsbedingte Infektionen, verursacht durch Hepatitis B- und C-Viren, HIV und das menschliche Zytomegalievirus;
– Pneumonien und andere Atemwegserkrankungen, ausgelöst durch Influenzaviren und das Respiratorisch-syncytiale Virus;
– Tumorerkrankungen, bedingt durch Papillom-, Herpes-, Hepatitis- und Retroviren sowie durch Bakterien und Parasiten;
– neue oder periodisch vom Tier auf den Menschen übertragene Erkrankungen, verursacht durch Influenzaviren, SARS-Coronavirus, Erreger der hämorrhagischen Fieber;
– Enzephalopathien, verursacht durch Prionen.

Bei der Untersuchung der Biologie dieser pathogenen Mikroorganismen und der Reaktion des Wirtsorganismus auf Krankheitserreger sind besonders folgende Themen zu bearbeiten:

- die Ökologie und Zusammensetzung von Populationen pathogener Mikroorganismen,
- der Metabolismus pathogener Mikroorganismen und ihrer Wirtszellen unter Infektionsbedingungen,
- die Evolution mikrobieller Virulenz und Antibiotika-Resistenz,
- die Biofilmbildung,
- die Genomplastizität und die Erfassung des Virulenzgenpools,
- die Antigendiversität von Krankheitserregern,
- die genetische Suszeptibilität von Wirtsorganismen gegenüber Krankheitserregern.

Die Forschung sollte sich verstärkt der Interaktionen zwischen Erreger und Wirten widmen. Schwerpunkte sollten u. a. sein:

- *In-vivo*-Pathogenese der Infektionen unter Einbeziehung geeigneter Tiermodelle, *In-vivo*-Imaging-Verfahren und RNAi-Techniken;
- Aufklärung der Mechanismen, die dem Durchbrechen von epithelialen und endothelialen Barrieren zu Grunde liegen (Blut-Hirnschranke, Darmepithel, Pulmonalepithel, Plazenta). Hierbei sollen vor allem Rezeptoren und andere Zelloberflächenstrukturen der Wirtszelle und die korrespondierenden Strukturen auf der Oberfläche der mikrobiellen Partner sowie die dadurch ausgelöste Zell-Zell-Kommunikation zwischen den beiden Partnern analysiert werden;
- Metabolische Vorgänge, die zur Adaptation der Mikroorganismen an das von den jeweiligen Mikroorganismen bevorzugte »Kompartiment« des Wirtes führen;
- Aufklärung der Mechanismen, die Wirtsbereich, Wirtsadaptation und Überwindung von Speziesbarrieren determinieren;
- Mechanismen der Evasion der Wirtsimmunabwehr durch die Krankheitserreger;
- Studium des Zusammenhangs zwischen Kommensalismus und Nosokomialinfektionen;
- sekundäre Pathologien wie Krebs oder Autoimmunerkrankungen, die im infizierten Wirt ausgelöst werden.

Für die genannten Untersuchungen sind Neu- bzw. Weiterentwicklungen von Methoden erforderlich. Dazu gehören insbesondere:

- die Entwicklung neuer Bioassays zur Identifizierung von Targets für die Therapie und die Vakzinierung gegen Krankheitserreger (insbesondere *M. tuberculosis*, Pneumokokken, Meningokokken);
- die Erforschung neuer diagnostischer Strategien;

- die Etablierung reproduzierbarer Metagenome von mikrobiellen Gemeinschaften wie z. B. der Darmflora;
- die Entwicklung neuer *In-vivo*-Screening-Techniken zur Erfassung infektionsrelevanter Gene und metabolischer Targets;
- die Weiterentwicklung von Biolumineszenz und anderer Imaging-Verfahren zur Verfolgung von Infektionen unter *In-vivo*-Bedingungen;
- die Weiterentwicklung der für das Verständnis von Infektionsabläufen wichtigen Hochdurchsatzverfahren wie z. B. Trancriptomics, Proteomics, Metabolomics und Interactomics;
- die Entwicklung neuer Tiermodelle durch transgene Techniken;
- die Etablierung umfassender Stamm- und Gewebesammlungen;
- die Weiterentwicklung bioinformatischer Techniken und Methoden.

3.4 Lehre und Weiterbildung

Den Herausforderungen durch Infektionskrankheiten kann nur dann erfolgreich begegnet werden, wenn Spezialisten für dieses Gebiet ausgebildet werden. Diese Ausbildung sollte bereits während des Studiums erfolgen, aber auch für Postgraduierte und Postdoktoranden müssen Programme entwickelt oder ausgebaut werden, um dem Bedarf an Ärzten und Naturwissenschaftlern auf den Gebieten der Erforschung von Infektionskrankheiten und ihrer Diagnostik, Therapie und Prävention nachzukommen.

Dieses Ziel wäre zu erreichen durch:

- die konsequente Umsetzung der novellierten Approbationsordnung für Ärzte mit einem praxisorientierten und patientennahen Unterricht in der Infektiologie einschließlich der Tropenmedizin,
- die Implementierung von studienbegleitenden Programmen zur wissenschaftlichen Ausbildung von Medizinstudenten auf dem Gebiet der Infektionsforschung,
- den Ausbau und die Internationalisierung von Graduiertenprogrammen und Promotionskollegs für Naturwissenschaftler,
- die Entwicklung und den Ausbau von Ausbildungsprogrammen für Infektionsepidemiologen,
- den Ausbau der klinischen Infektiologie und Förderung des ärztlichen Nachwuchses durch Ausbildungs- und Trainingsprogramme.

Anhang 1

Mitglieder der EASAC-Kommission und Autoren der EASAC-Empfehlungen
»Infectious Diseases – Importance of Co-ordinated Activity in Europe«
(www.easac.org)

Volker TER MEULEN, Institut für Virologie and Immunbiologie, Würzburg (Vorsitz)
Reinhard BURGER, Robert-Koch-Institut, Berlin
Hans EGGERS, Institut für Virologie, Köln
Bernhard FLEISCHER, Bernhard-Nocht-Institut, Hamburg
Matthias FROSCH, Institut für Hygiene und Mikrobiologie, Würzburg
Werner GOEBEL, Biozentrum der Universität, Würzburg
Jörg HACKER, Institut für Molekulare Infektionsbiologie, Würzburg
Jürgen HEESEMANN, Max-von-Pettenkofer-Institut, München
Franz HEINZ, Institut für Virologie, Wien (Österreich)
Stefan KAUFMANN, Max-Planck-Institut für Infektionsbiologie, Berlin
Hans-Dieter KLENK, Institut für Virologie, Marburg
Reinhard KURTH, Robert-Koch-Institut, Berlin
Thomas METTENLEITER, Friedrich-Löffler-Institut, Insel Riems
Bela NAGY, Veterinary Medical Research Institute, Budapest (Ungarn)
Rino RAPPUOLI, Chiron Vaccines, Siena (Italien)
Philippe SANSONETTI, Institut Pasteur, Paris (Frankreich)
Geoffrey SMITH, Department of Virology, Imperial College London (Großbritannien)
Robin FEARS, European Academies Science Advisory Council, London (Großbritannien)

Anhang 2

Mitglieder der Ad-hoc-Kommission und Autoren der Leopoldina-Empfehlungen

Matthias FROSCH, Institut für Hygiene und Mikrobiologie, Würzburg
Werner GOEBEL, Biozentrum der Universität, Würzburg
Jörg HACKER, Institut für Molekulare Infektionsbiologie, Würzburg
Hans-Dieter KLENK, Institut für Virologie, Marburg (federführend)

Empfehlungen zur »Arzneimitteltherapie im Kindesalter« und zum Vorschlag für eine Verordnung über Kinderarzneimittel der Europäischen Kommission [1]

Herausgegeben vom Präsidium der Deutschen Akademie der Naturforscher Leopoldina

Zusammenfassung

Kinder bedürfen wegen ihrer alters- und entwicklungsbedingten Besonderheiten eines besonderen Schutzes. Dieses ist auch deshalb erforderlich, weil in der Kindheit wichtige Vorbedingungen für das spätere Leben gesetzt werden, der Kindheit daher ein hoher gesellschaftlicher Zukunftswert zukommt. Nach Auffassung des Präsidiums der Deutschen Akademie der Naturforscher Leopoldina muss sichergestellt werden, dass Kinder weder durch die Behandlung mit ungeprüften Arzneimitteln gefährdet, noch in klinischen Prüfungen medizinisch oder ethisch unvertretbar belastet werden.

Das Präsidium der Leopoldina fordert mit dieser Empfehlung die gesellschaftlich und politisch Verantwortlichen auf, zum Schutz der Kinder sowie zur Optimierung der Prävention bei allen Lebensaltern folgendes Aktionsprogramm engagiert umzusetzen:

- Unterstützung des Vorschlags der EU-Kommission zu einer Europäischen Verordnung über Kinderarzneimittel, die die Entwicklung und Erprobung von Arzneimitteln für Kinder und Jugendliche zum Ziele hat.
- Schnellstmöglicher Aufbau einer Infrastruktur in der klinischen Medizin für die Entwicklung und Prüfung von Arzneimitteln zur Anwendung bei Kindern.
- Obligatorische Einbindung pädiatrischer und weiterer fachärztlicher Expertisen bei der Erstellung und Begutachtung von Studienprotokollen zur Prüfung von Arzneimitteln bei Kindern.
- Implementierung eines interdisziplinären Arbeitskreises »Arzneimitteltherapie im Kindesalter«, z. B. bei den Zulassungsbehörden, der in breitem Umfang die medizinischen und sozialwissenschaftlichen Bereiche einschließen sollte.

---

[1] Bereits erschienen als Broschüre mit der englischen Übersetzung: Präsidium der Deutschen Akademie der Naturforscher Leopoldina (Ed.): Arzneimitteltherapie im Kindesalter/Recommendations on Drug Therapy in Childhood (2005).

– Die bereits an sechs Koordinierungszentren für Klinische Studien (KKS) etablierten pädiatrischen Zentren müssen weiter ausgebaut und langfristig finanziell abgesichert werden.

Dieses Aktionsprogramm könnte – neben der Stärkung des Gemeinwohls – auch einen Innovationsschub für die Arzneimittelindustrie – sowohl für die forschende Großindustrie als auch für kleine und mittelgroße Unternehmen – bewirken.

I. Wissenschaftliche Bedeutung der Arzneimittelforschung an Kindern und Jugendlichen

Kinder dürfen wegen ihrer alters- und entwicklungsbedingten Besonderheiten von der Gesellschaft nicht benachteiligt werden; sie bedürfen vielmehr ihres besonderen Schutzes. Dieses ist auch deshalb erforderlich, weil in der Kindheit wichtige Vorbedingungen für das spätere Leben gesetzt werden und der Kindheit daher ein hoher gesellschaftlicher Zukunftswert zukommt. Daher sind Forschungsarbeiten im Arzneimittelbereich, die Alter und Entwicklungszustand berücksichtigen, überaus wichtig. Für die Dosisfindung, den Wirksamkeitsnachweis, die Nutzen-Risiko-Bewertung des anzuwendenden Arzneimittels und für die Qualitätssicherung der Arzneimitteltherapie sind klinische Prüfungen von Arzneimitteln an Kindern und Jugendlichen unentbehrlich. Kindern dauerhaft einen solchen Therapiestandard, der Erwachsenen selbstverständlich gewährt wird, mit der Begründung vorzuenthalten, klinische Prüfungen seien wegen der mangelhaften Einwilligungsfähigkeit *a priori* unethisch, ist eine Argumentation, bei der keine ausreichende Güterabwägung stattgefunden hat. Nach Auffassung des Präsidiums der Leopoldina muss sichergestellt werden, dass Kinder weder durch die Behandlung mit ungeprüften Arzneimitteln gefährdet, noch in klinischen Prüfungen medizinisch oder ethisch unvertretbar belastet werden.

Dieses ist keine leichte Aufgabe. Trotzdem kann es in einem modernen Industrieland nicht hingenommen werden, dass – anders als bei den Arzneimitteln für Erwachsene – über 50 % der in Deutschland und auch weltweit zur Behandlung von Kindern eingesetzten Arzneimittel nicht an diesen geprüft und eigens für die Verwendung bei Kindern zugelassen sind. Das Präsidium der Leopoldina sieht mit Besorgnis, dass aufgrund dieser Tatsache kranke Kinder bei notwendiger Pharmakotherapie gefährdet und Kinder- und Jugendärzte sowie andere (Fach-)Ärzte, die Kinder und Jugendliche behandeln, gezwungen sind, nicht zugelassene Arzneimittel einzusetzen. Denn Studien aus England und Frankreich haben gezeigt, dass durch die Verordnung von Arzneimitteln, die nicht bei Kindern und Jugendlichen geprüft wurden, sowohl im stationären als auch im ambulanten Bereich die unerwarteten bzw. unerwünschten Arzneimittelwirkungen doppelt so häufig sind wie im Falle von Arzneimitteln, die bei Kindern und Jugendlichen geprüft wurden.

Zur Beseitigung dieses, die Gesundheit und damit die Lebensqualität der Kinder sowie das Zukunftspotential unserer Gesellschaft benachteiligenden Zustandes hat die Europäische Kommission im September 2004 einen Vorschlag zu einer Europäischen Verordnung über Arzneimittel zur Anwendung bei Kindern unterbreitet (siehe dazu: http://pharmacos.eudra.org/F2/home.html). Dieser Vorschlag möchte sicherstellen, dass nur Medikamente zugelassen werden, die auch für die Arzneimittelbehandlung bei Kindern und Jugendlichen erforscht und entwickelt wurden. Er definiert im Wesentlichen die Rahmenbedingungen für solch einen Entwicklungsprozess, der auch die Unterstützung und Aktivität der einzelnen Mitgliedsländer zur Lösung dieser komplexen Aufgabenstellung dringend notwendig macht.[2]

II. Gegenwärtige Aktivitäten in der Bundesrepublik Deutschland

Eine wesentliche Entwicklung in der Bundesrepublik Deutschland hin zu einer schrittweisen Verbesserung der Infrastruktur für klinische Prüfungen wurde durch die von Seiten des Bundesministeriums für Bildung und Forschung (BMBF) finanziell unterstützten Koordinierungszentren für Klinische Studien (KKS) geschaffen. Derzeit bestehen an deutschen Universitätskliniken bereits zwölf KKS, die durch die enge Verbindung von Klinikern und Wissenschaftlern beste Voraussetzungen für klinische Prüfungen bieten. Sie werden im Auftrag des BMBF regelmäßig von unabhängigen Experten begutachtet. Vor zwei Jahren wurde dieses Projekt durch eine spezifisch auf die Pädiatrie ausgerichtete Anschubförderung in Form sogenannter KKS-Pädiatrie-Module an sechs der zwölf Zentren ergänzt. Die pädiatrischen Zentren für klinische Studien wiederum sind in einem Netzwerk als PaedNet zusammengefasst.

Die ersten Aktivitäten dieses Kompetenznetzes reichen von gemeinsamen Studien bis zur gezielten Aus- und Fortbildung von pädiatrischen Studienärzten und Studienassistenten (»study nurses«). Auch wenn die Zeit noch zu kurz und die bisherigen Fördergelder sicher zu wenig sind, um eine wirklich tiefgreifende und vor allem nachhaltige Veränderung der Studienmöglichkeiten zu gewährleisten, ist ein Anfang gemacht, auf dem sich aufbauen lässt.

---

2 Es darf in diesem Zusammenhang auf die guten Erfahrungen in den USA verwiesen werden. Dort bestehen seit 1997 bzw. 1998 gesetzliche Regelungen, welche klinische Prüfungen in der Pädiatrie gleichermaßen fordern und fördern (»Pediatric Exclusivity«, FDA Modernisation Act (1997) und »Pediatric Rules« (1998) sowie erneut im »Pediatric Research Equity Act« (2003)). Durch die Forderung der US-Legislative nach Klinischen Studien in der Pädiatrie, verbunden mit einer erweiterten Markt-Exklusivität für 6 Monate, wurden im Zeitraum von 1998 bis 2004 insgesamt 64 Pädiatrie-spezifische Indikationserweiterungen durch die *Food and Drug Administration* (FDA) zugelassen. Etwa zwei Drittel dieser Indikationserweiterungen enthielten wesentliche neue Angaben zur Sicherheit und zum Nutzen der entsprechenden Medikamente in der Anwendung an Kindern.

III. Empfehlungen für die künftige Arzneimittelforschung

Das Präsidium der Deutschen Akademie der Naturforscher Leopoldina fordert alle parlamentarischen und außerparlamentarischen Verantwortungsträger (u. a. die Mitglieder des Deutschen Bundestages und des Bundesrates, der Arzneimittel-Zulassungsbehörden, der Bundesärztekammer, der wissenschaftlichen Fachvertretung der Kinder- und Jugendmedizin sowie der klinischen Pharmakologie, des Verbandes der pharmazeutischen Industrie und der Kostenträger sowie Patienten- und Selbsthilfegruppen) auf, zum Schutz der Kinder sowie der präventiven Optimierung aller Lebensalter folgendes Aktionsprogramm engagiert zu unterstützen:

1. Unterstützung des Vorschlags der EU-Kommission zu einer Europäischen Verordnung über Kinderarzneimittel. Diese Verordnung stellt u. a. Anreize für die Arzneimittelentwicklung der pharmazeutischen Industrie für Kinder und Jugendliche sowie die Förderung von Studienprogrammen, die die Entwicklung und Erprobung von Arzneimitteln für Kinder und Jugendliche zum Ziele haben, in Aussicht.
2. Schnellstmöglicher Aufbau einer Infrastruktur in der klinischen Medizin für die Entwicklung und Prüfung von Arzneimitteln zur Anwendung bei Kindern.

Hierzu zählen beispielsweise:

- Fortbildungsmöglichkeiten zum pädiatrisch ausgerichteten klinischen Pharmakologen.
- Etablierung eines Ausbildungsprogramms für Pädiater und weitere Fachärzte, die ausschließlich Kinder und Jugendliche behandeln, zum Prüfarzt und für die Kinderkrankenpflege zum Prüfassistenten.
- Einrichtung von Kompetenznetzwerken zur Durchführung multizentrischer Studien und zur frühzeitigen Erfassung von Arzneimittelnebenwirkungen bzw. -schäden bei Kindern und Jugendlichen.
- Unterstützung wissenschaftlicher Forschungsansätze, die die Bedeutung des Kindesalters für spätere Lebensphasen einschließlich des Alters zum Gegenstand haben.
- Klare Trennung zwischen zeitlichen und finanziellen Aufwendungen für diese Forschungsaufgabe und der Krankenversorgung an den Hochschulen.
- Finanzielle Beteiligung der Kostenträger an der Versorgungsforschung bzw. an Studien zur Therapieoptimierung und zur Indikationserweiterung von Arzneimitteln für Kinder und Jugendliche. Diese Studien sind ein unverzichtbarer Bestandteil des Qualitätsmanagements (*evidence based medicine*) in der Krankenversorgung.

Bei den oben aufgeführten erforderlichen Maßnahmen gilt es, keine Zeit zu verlieren, um mit dem Inkrafttreten der EU-Verordnung (2006/2007) für deren Umsetzung in Deutschland ausreichend vorbereitet zu sein.

3. Obligatorische Einbindung pädiatrischer und weiterer fachärztlicher Expertisen bei der Erstellung und Begutachtung von Studienprotokollen zur Prüfung von Arzneimitteln bei Kindern, bei der Arzneimittelzulassung (Bundesinstitut für Arzneimittel und Medizinprodukte, BfArM, und Paul-Ehrlich-Institut, PEI) und bei der regelmäßigen Auswertung gemeldeter Arzneimittel-Nebenwirkungen. Die Implementierung eines interdisziplinären Arbeitskreises »Arzneimitteltherapie im Kindesalter«, z. B. bei den Zulassungsbehörden, könnte dem aktuellen Dilemma begegnen. Dieser dürfte allerdings nicht nur mit Kinder- und Jugendmedizinern besetzt sein, sondern sollte die medizinischen und sozialwissenschaftlichen Bereiche im allgemeinen Sinn einschließen.
4. Die bereits an sechs Koordinierungszentren für Klinische Studien (KKS) etablierten pädiatrischen Zentren müssen weiter ausgebaut und langfristig finanziell abgesichert werden.

IV. Ausblick

Der Nutzen dieses Aktionsprogramms für die Volksgesundheit ist offensichtlich. Aber auch für die wissenschaftliche Weiterentwicklung in der gesamten Medizin und hier insbesondere für die Kinder- und Jugendmedizin ist die Umsetzung dieser Empfehlungen von großem Nutzen.

Darüber hinaus könnte dieses Aktionsprogramm auch einen Innovationsschub für die Arzneimittelindustrie – sowohl für die forschende Großindustrie als auch für kleine und mittelgroße Unternehmen – bewirken. Deutschland und Europa können durch diese Initiative wieder Anschluss an die sehr erfolgreiche Entwicklung in den USA gewinnen. Das in Europa gut etablierte Gesundheitswesen garantiert den Europäern eine günstige Ausgangsbedingung, z. B. für die Entwicklung eines Pharmakovigilanz-Netzwerkes in der Kinder- und Jugendmedizin. Des Weiteren besteht seit langem eine europäische Expertise in der pharmazeutischen Galenik und Technik, die essentiell für die Herstellung von geeigneten pädiatrischen Darreichungsformen ist. Die traditionell anerkannten fundierten Kenntnisse in den Naturwissenschaften können in diese anwendungsbezogene Versorgungsforschung sehr förderlich eingebracht werden.

Anhang

Diese Empfehlung entstand im Anschluss an die von der Paul-Martini-Stiftung und der Deutschen Akademie der Naturforscher Leopoldina gemeinsam in Berlin vom 12. bis 13. November 2004 durchgeführte Tagung »Arzneimitteltherapie bei Kindern und Jugendlichen – Probleme und Perspektiven«. Zur Erarbeitung dieser Stellungnahme hatte die Leopoldina eine *Ad-hoc*-Kommission unter Vorsitz des Leopoldina-Mitglieds Lothar PELZ (Rostock) eingesetzt.

Mitglieder der *Ad-hoc*-Kommission waren die Leopoldina-Mitglieder, die Professoren

Hubert E. BLUM, Medizinische Universitätsklinik, Abteilung Innere Medizin II, Freiburg;
Matthias BRANDIS, Universitätsklinikum, Zentrum Kinderheilkunde und Jugendmedizin, Freiburg;
Klaus-Michael DEBATIN, Universitätskinderklinik, Ulm;
Michel EICHELBAUM, Dr. Margarete-Fischer-Bosch-Institut für Klinische Pharmakologie, Stuttgart;
Károly MÉHES, Universitäts-Kinderklinik, Pécs (Ungarn);
Lothar PELZ, Rostock;
Helmut REMSCHMIDT, Universität Marburg, Klinik für Kinder- und Jugendpsychiatrie, Marburg;
Wilhelm THAL, Zerbst;

sowie die externen Experten, die Professoren

Hannsjörg W. SEYBERTH, Universitäts-Kinderklinik, Marburg;
Herbert MAIER-LENZ, Universitätsklinikum Freiburg, Zentrum Klinische Studien, Freiburg.

6. Veröffentlichungen der Akademie

Nova Acta Leopoldina, Neue Folge

Herausgegeben von Harald ZUR HAUSEN, Vizepräsident der Akademie (Heidelberg)
(ISSN 0369-5034, Kommissionsverlag Wissenschaftliche Verlagsgesellschaft mbH Stuttgart, Birkenwaldstraße 44, 70191 Stuttgart, Bundesrepublik Deutschland)

Band 92
Nr. 343   **Cardiovascular Healing**
Leopoldina-Symposium
vom 24. bis 26. Juni 2004 in Würzburg
Herausgegeben von Johann BAUERSACHS, Stefan FRANTZ und Georg ERTL (Würzburg)
(2005, 126 S., 32 Abb., 7 Tab., 25,95 Euro, ISBN 3-8047-2253-9)

Das Symposium wurde gemeinsam von der Deutschen Akademie der Naturforscher Leopoldina und dem Sonderforschungsbereich 355 der Deutschen Forschungsgemeinschaft »Pathophysiologie der Herzinsuffizienz« organisiert und veranstaltet. Ziel der Tagung war der interdisziplinäre Austausch über kardiovaskuläre Heilungsprozesse. Die ischämische Herzerkrankung ist die häufigste Ursache für die Herzinsuffizienz. Ein initiales Ereignis für den akuten Herzinfarkt ist die spontane Ruptur einer arteriosklerotischen Plaque in einem Herzkranzgefäß. Sie wird vom Gerinnungssystem als Gefäßwunde mißverstanden. Die Konsequenz ist der thrombotische Verschluß des Herzkranzgefäßes. Die Folge ist eine ischämische Wunde des Myokards – der Myokardinfarkt. Trotz aggressiver Therapie bleibt die Prognose ernst. Es ist daher wünschenswert, den Heilungsverlauf der Infarktwunde so zu beeinflussen, daß die Struktur und Funktion des Herzens erhalten bleiben. Bisher jedoch haben Kardiologen die myokardiale Wunde nicht im biochemischen oder zellulären Sinne betrachtet. Die Beiträge des Bandes zeigen, daß das Konzept der Wundheilung neue alternative Aspekte für die Pathophysiologie des thrombotischen Koronargefäßverschlusses und des Herzinfarktes bietet. Generelle erworbene oder hereditäre Störungen der Wundheilung können Auswirkungen für die Heilung des Herzinfarktes haben. Interventionen zur Verbesserung der Wundheilung öffnen ein bisher nicht berücksichtigtes Zeitfenster für die Behandlung des Herzinfarktes. Therapeutische Konzepte, die die »Wundheilung« (Kollagenbildung, Hypertrophie) verbessern, unterscheiden sich ganz grundsätzlich von der Behandlung des »Remodelling« (Prävention von Fibrose und Hypertrophie). Die Entwicklung einer differentiellen Therapie unter Nutzung des unterschiedlichen Zeitverlaufes der Heilungsprozesse und des Remodelling erscheint möglich. Die Beiträge sind in englischer Sprache verfaßt.

Band 94
Nr. 346 **Der Wandel der Erdoberfläche im vergangenen Jahrtausend**
Leopoldina-Meeting
vom 21. bis 23. April 2005 in Kiel
Herausgegeben von Hans-Rudolf BORK (Kiel) und Jürgen HAGEDORN (Göttingen)
(2006, 278 S., 119 Abb., 5 Tab., 27,95 Euro, ISBN-10: 3-8047-2317-9, ISBN-13: 978-3-8047-2317-7)

Die internationale Forschung zum globalen Wandel der Geo-/Biosphäre hat beachtliche Erkenntnisse über die vorzeitlichen Veränderungen unserer Umwelt, besonders seit dem Spätglazial, als Folge von Klimaänderungen und anthropogenen Einflüssen erbracht. Heute können aus vorzeitlichen Abläufen Schlüsse auf zukünftige Entwicklungen gezogen werden. Es gilt jetzt als gesicherte Erkenntnis, daß seit dem jüngeren Neolithikum der Mensch zumindest in einigen Regionen des Nahen Ostens, Süd-, West- und Mitteleuropas sowie Ostchinas zum entscheidenden Faktor der Landschaftsveränderungen wurde. Die Intensivierung und Ausdehnung der Landnutzung im vergangenen Jahrtausend hat die Entwicklung von Landschaften verstärkt beeinflußt. Dabei sind die direkten und indirekten Einflüsse von thermischen und hygrischen Klimafluktuationen (z. B. *Little Ice Age*) und von natürlichen Witterungsextremen beachtlich. Trotz der großen Anzahl von Forschungen in verschiedensten Regionen mit unterschiedlichen methodischen Ansätzen fehlt bisher ein geschlossenes Bild des Wandels der Erdoberfläche im letzten Jahrtausend und seiner Auswirkungen auf den Wasserhaushalt, den Energiehaushalt, den Stoffhaushalt, auf die Bodenbildung und Bodenzerstörung sowie auf die Reliefentwicklung. Art und Ausmaß der Landschaftsveränderungen durch die Landnutzung stehen in enger Beziehung zu den jeweiligen Kulturen und ihrer Entwicklung und weisen daher weitgehende räumliche Differenzierungen auf, die die Übertragbarkeit von regional bezogenen Erkenntnissen erheblich einschränken. Der Band versucht, einen ersten Überblick über den derzeitigen Kenntnisstand zu den Landschaftsveränderungen im letzten Jahrtausend für verschiedene Regionen der Erde zu erlangen. Behandelt werden u. a. die Bedeutung von Klimafluktuationen für die Kultur- und Siedlungsgeschichte, der Vorgang des Landschaftswandels sowie der Vergleich unterschiedlicher Formen der Landnutzung und ihrer Wirkungen insbesondere auf Landschaftsstruktur, Böden und Relief. Die untersuchten Beispiele stammen u. a. aus Spanien, den baltischen Staaten, aus Chile und Argentinien, von den Osterinseln, aber auch aus Schleswig-Holstein (vom östlichen Hügelland bis zur Dithmarscher Geest).

Band 94
Nr. 347 **BSE – Status quo und Quo vadis?**
Gemeinsames Symposium der Deutschen Akademie der Naturforscher Leopoldina und der Österreichischen Akademie der Wissenschaften (ÖAW)
vom 25. bis 26. Juli 2005 in Wien
Herausgegeben von Gottfried BREM und Mathias MÜLLER (Wien)
(2006, 265 S., 70 Abb., 17 Tab., 27,95 Euro, ISBN 10: 3-8047-2318-7, ISBN 13: 978-3-8047-2318-4)

TSEs (Transmissible spongiforme Enzephalopathien) sind übertragbare Hirnerkrankungen mit schwammartigen degenerativen Veränderungen bei Mensch und Tier, die stets tödlich verlaufen. Besonders bekannt wurde die Bovine spongiforme Enzephalopathie (BSE). Noch immer gibt es weder eine verläßliche Prophylaxe noch Therapie. Seit 1996 hat die Deutsche Akademie der Naturforscher Leopoldina die Problematik wiederholt aufgegriffen und eine verbesserte und international koordinierte Tierseuchenbekämpfung, unabhängig von nationalstaatlichen Vorgaben, gefordert. Ziel der Veranstaltung 2005 war es, einen Überblick des gegenwärtig verfügbaren Wissens und des Stands der Forschung zu liefern. Der Band diskutiert die Auswirkungen der BSE-Problematik auf Landwirtschaft, Veterinärmedizin und Pharmaindustrie sowie die Wahrnehmung des »Rinderwahnsinns« in Medien und Öffentlichkeit. Behandelt werden außerdem die neuesten Forschungen zur Prion-Hypothese und zu Fragen von Anfälligkeit/Resistenz sowie zu genetischen Komponenten bei verschiedenen Tierarten, darüber hinaus werden Pathogenese-Modelle und medizinisch-therapeutische Ansätze sowie Maßnahmen zur Sicherheit in den Nahrungs- und Futtermittelketten erörtert. Die BSE-Thematik ist auch nach über zehn Jahren intensiver Forschung noch von hoher wissenschaftlicher, gesellschaftlicher und politischer Brisanz.

Jahrbuch der Akademie
Herausgegeben von Volker TER MEULEN (Würzburg – Halle/Saale)
(ISSN 0949-2364, Kommissionsverlag Wissenschaftliche Verlagsgesellschaft mbH Stuttgart, Birkenwaldstraße 44, 70191 Stuttgart, Bundesrepublik Deutschland)

Jahrbuch 2004
Leopoldina (Reihe 3), Jahrgang 50. 2004
(2005, 479 S., 37 Abb., 30,00 Euro, ISBN 3-8047-2254-7)

Das Jahrbuch berichtet über die wissenschaftlichen und wissenschaftspolitischen Aktivitäten der Leopoldina im Jahre 2004. Der Band enthält, neben Angaben zu Präsidium, Senatoren und Mitgliedern, Berichte über die Tagungen, Symposien und Meetings »From Bench to Bedside in the Neurosciences«, »Pathologie im Wandel«, »DNA-Methylation – an Important Genetic Signal: Its Significance in Biology and Pathogenesis«, »Science and Music – The Impact of Music«, »Cardiovascular Healing«, »Threat of Infections: Microbes of High Pathogenic Potential – Strategies for Detection, Control and Eradication«, »J. C. Poggendorff und das Handwörterbuch der exakten Naturwissenschaft«, »Arzneimitteltherapie bei Kindern und Jugendlichen – Probleme und Perspektiven« und »RAS-RAF Signalling Networks – from Biochemistry to Clinical Application«. Kurzzusammenfassungen über die monatlichen Sitzungen der Akademie sowie Mitteilungen aus Archiv, Bibliothek und Redaktion der Akademie ergänzen die Jahresübersicht.

Acta Historica Leopoldina

Herausgegeben von Benno PARTHIER (Halle/Saale), Altpräsident der Akademie (ISSN 0001-5857, Kommissionsverlag Wissenschaftliche Verlagsgesellschaft mbH Stuttgart, Birkenwaldstraße 44, 70191 Stuttgart, Bundesrepublik Deutschland)

Nr. 18(9) **Der Briefwechsel von Johann Bartholomäus Trommsdorff** (1770 – 1837)
Bearbeitet und kommentiert von Hartmut BETTIN (Marburg), Christoph FRIEDRICH (Marburg) und Wolfgang GÖTZ (Waiblingen)
Lieferung 9: Romershausen – Sertürner
(2006, 312 S., 15 Abb., 19,95 Euro, ISBN-10: 3-8047-2288-1, ISBN-13: 978-3-8047-2288-0)

J. B. TROMMSDORFF gilt als »Vater der wissenschaftlichen Pharmazie«. Er begründete das vielbeachtete »Journal der Pharmacie« und engagierte sich in standes- und sozialpolitischen Fragen der Goethe-Zeit. Seine umfangreiche Korrespondenz spiegelt die Entwicklung von Chemie und Pharmazie im beginnenden 19. Jahrhundert, aber auch die Veränderungen des Apothekenwesens und der Apothekerausbildung seiner Zeit. Die gesamte Edition (mehr als 250 Briefpartner und über 1500 erhaltene Briefe) ist jetzt schon eine bedeutende wissenschaftshistorische Quelle.
    Im Mittelpunkt dieses Bandes stehen umfangreiche Korrespondenzen mit Elard ROMERSHAUSEN (1784–1857) aus Aken, Georg Wilhelm RÜDE (1765–1830) aus Kassel, mit dem Berliner Apotheker Johann Christian Carl SCHRADER (1762–1826), dem Morphin-Entdecker Friedrich Wilhelm Adam SERTÜRNER (1783–1841) und Franz Wilhelm SCHWEIGGER-SEIDEL (1795–1838) aus Halle. Es geht darin um technische Innovationen (Luftpresse, Dampfpresse, Destillierapparate), um die Wahrnehmung sozialer Verantwortung der Apotheker durch den Verein zur Unterstützung alter ausgedienter Apothekergehilfen, den Erwerb einer Apotheke, um die Gründung eines pharmazeutischen Instituts sowie um den wissenschaftlichen Austausch. In der 9. Lieferung wird erneut das weit gespannte Netz der Auslandskontakte TROMMSDORFFS deutlich. Briefpartner aus Rußland, Dänemark, England, Italien und der Schweiz kommen zu Wort. Herauszuheben sind hierbei vor allem die Schreiben von Alexander Nikolaus SCHERER (1771–1824) aus St. Petersburg, der Einblicke in das Medizinal- und Apothekenwesen St. Petersburgs vermittelt.
    Eine Grußnote des polnischen Adligen und Kammerherrn des russischen Zaren Alexander Antoni SAPIEHA (1773–1812) läßt sogar auf Beziehungen TROMMSDORFFS zum Zarenhof schließen, während die Briefe von Heinrich Rudolph SCHORCH (1776–1822) auf TROMMSDORFFS wenig bekanntes dichterisches Schaffen verweisen.

Nr. 45 *Physica et historia* – **Festschrift für Andreas Kleinert zum 65. Geburtstag**
Herausgegeben von Susan SPLINTER, Sybille GERSTENGARBE, Horst REMANE und Benno PARTHIER (Halle/Saale)
(2005, 528 S., 45 Abb., 2 Farbtafeln, 24,95 Euro, ISBN 3-8047-2259-8)

Der kleinste gemeinsame Nenner einer Festschrift ist naturgemäß ihr Anlaß, hier das Jubiläum des Wissenschaftshistorikers und Leopoldina-Mitglieds Andreas KLEINERT. Das Spektrum der Beiträge reicht von der altchinesischen Mathematikgeschichte des 3. Jahrhunderts v. Chr. (Joseph W. DAUBEN, Peking/New York) bis zu Albert EINSTEIN als Kultfigur des 20. Jahrhunderts (Armin HERMANN, Stuttgart). Es umfaßt neben Fallstudien zu speziellen biographischen und theoretischen Aspekten aus der gesamten Geschichte der Naturwissenschaften und Medizin auch übergreifende Überlegungen und Analysen von weiteren 39 ausgewiesenen Autorinnen und Autoren. Das sind in Stichpunkten: PLATONS Atomlehre (Gunnar BERG, Halle/Saale), die Entwicklung der Uhrenmetapher als Sinnbild guter Herrschaft (Anja WOLKENHAUER, Hamburg), die schwarz-rot-weiße Wüste des Felix FABRI (Siegfried BODENMANN, Halle), die Naturwissenschaften der Frühen Neuzeit (Fritz KRAFFT, Weimar/Lahn), KEPLERS »Kampf um den Mars« (Gerd GRASSHOFF, Bern), wissenschaftliche Bildpropaganda (Alfred STÜCKELBERGER, Bern), René DESCARTES face à l'épreuve d'Utrecht (Catherine CHEVALLEY, Tours), WALLIS, LEIBNIZ und der Fall von HARRIOT und DESCARTES (Philip BEELEY, Münster und Christoph J. SCRIBA, Hamburg), Handschriften in der Bausch-Bibliothek (Uwe MÜLLER, Schweinfurt), zu einer Rechenmaschine von LEIBNIZ (Susan SPLINTER, Halle), DE MOIVRE'S central limit theorem (Ivo SCHNEIDER, München), über zwei unbekannte Texte von Johann BERNOULLI (Fritz NAGEL, Basel), Preisschriften VOLTAIRES und der Marquise DU CHÂTELET (Klaus HENTSCHEL, Bern), naturphilosophische Metaphern in der Medizin (Heinz SCHOTT, Bonn), Verbrechen und Strafe im Urteil von Michael ALBERTI (Irmgard MÜLLER und Daniela WATZKE, Bochum), Albrecht VON HALLER über den Nutzen des Reisens (Urs BOSCHUNG, Bern), die Wandlungen der Magia naturalis bei Nikolaus MARTIUS (Oliver HOCHADEL, Wien), ein Fundstück zu GOETHES Aufsatz Naturlehre (Jutta ECKLE, Halle/Saale, und Dorothea KUHN, Weimar), physikalische Chemie bei Heinrich BUFF (Christoph MEINEL, Regensburg), Rudolf BREFIN und die Beugungstheorie des Lichtes (Emil A. FELLMANN, Basel), Sur quelques aspects d'une définition du temps chez Ernst MACH (Claude DEBRU, Paris), Werner HEISENBERG and the development of quantum physics (David C. CASSIDY, Hempstead, NY), Max HARTMANNS Experiment zur Regulation und seine Allgemeine Biologie (Hans-Jörg RHEINBERGER, Berlin), die akademischen Karrieren von Paula und Günther HERTWIG (Sybille GERSTENGARBE, Halle/Saale), Neapel als Ort medizin- und wissenschaftshistorischer Reisen (Dietrich VON ENGELHARDT, Lübeck), eine Interpretationsskizze zu den Gefühlsfaktoren, mit denen Wissenschaft betrieben wurde und wird (Jürgen TEICHMANN, München), Elektrizität im Spiegel der Philatelie (Hans WUSSING, Leipzig), Johann Salomo Christoph SCHWEIGGER und der »Verein zur Verbreitung von Naturerkenntniß und höherer Wahrheit« (zwei Interpretationen von Johanna BOHLEY, Halle/Saale, sowie von Michael und Joachim KAASCH, Halle/Saale), sächsische Behörden und Öffentlichkeit im Kampf um Expertise und Experten für Radium (Beate CERANSKI, Stuttgart), Emil FISCHER und der »Krieg der Geister« (Horst REMANE, Halle/Saale), die Streichung von Albert EINSTEINS Mitgliedschaft in der Leopoldina (Benno PARTHIER, Halle/Saale), Berufsentscheidung Luftfahrtforschung bei Marie-Luise SCHLUCKEBIER und Arnold FRICKE (Renate TOBIES, Kaiserslautern), Institutionalisierung der Geschichte der Naturwissenschaften in München (Menso FOLKERTS, München), Alexander-von-Humboldt-Biographik in der DDR (Nicolaas A. RUPKE, Göttingen), der Wettlauf um den Laser-Effekt in der DDR (Helmuth ALBRECHT, Freiberg), einige Sehenswürdigkeiten in der Wilhelm-Ostwald-Gedenkstätte Großbothen (Wolfgang SCHREIER, Leipzig) und die Orientierung der bundesdeutschen Universitäten auf die Berufsausbildung (Kai HANDEL, Gütersloh).

Sonderschriften

Deutsche Akademie der Naturforscher Leopoldina
Geschichte, Struktur, Aufgaben
Herausgegeben von Volker TER MEULEN (Würzburg – Halle/Saale)
(10. Aufl. 2006, 38 S., 19 Abb.)

The German Academy of Natural Scientists Leopoldina
History, Structure, Tasks
Herausgegeben von Volker TER MEULEN (Würzburg – Halle/Saale)
(4. Aufl. 2006, 38 S., 19 Abb.)

Die Deutsche Akademie der Naturforscher Leopoldina gehört zu den ältesten, ununterbrochen bestehenden Gelehrtengesellschaften der Welt und ist die älteste Akademie in Deutschland. Durch ihre historisch bedingte Struktur, durch ihre Geschichte sowie ihre Mitgliederzusammensetzung aus Naturwissenschaftlern, Medizinern und Wissenschaftshistorikern nationaler und internationaler Herkunft besitzt die Leopoldina ein einzigartiges Profil, das in den letzten Jahren um Vertreter der empirisch orientierten Gesellschafts- und Kulturwissenschaften erweitert wurde. Die kleine Schrift in deutscher bzw. englischer Ausgabe stellt die Leopoldina in ihrem spezifischen Aufbau und ihren besonderen Aufgaben vor und gibt einen kurzen Überblick über die wechselvolle Geschichte der Akademie.

Deutsche Akademie der Naturforscher Leopoldina
Neugewählte Mitglieder 2005
(2005, 58 S., 54 Abb.)

Deutsche Akademie der Naturforscher Leopoldina
Informationen Nr. 62, II/2005
(2005, 129 S.)

Deutsche Akademie der Naturforscher Leopoldina
German Academy of Sciences Leopoldina
Thesenpapier der Leopoldina zum Thema »Energie«
Leopoldina Thesis Paper on »Energy«
Herausgegeben vom Präsidium der Deutschen Akademie der Naturforscher Leopoldina
(2006, 18 Seiten)

Deutsche Akademie der Naturforscher Leopoldina
German Academy of Sciences Leopoldina
Stellungnahme des Präsidiums der Deutschen Akademie der Naturforscher Leopoldina zum Entwurf des novellierten Gentechnikgesetzes (Gesetz zur Neuordnung des Gentechnikrechts)
Comments by the Presidium of the German Academy of Sciences Leopoldina concerning the Draft Amendment of the Genetic Engineering Act (Act on the Restructuring of Genetic Engineering Laws)
Herausgegeben vom Präsidium der Deutschen Akademie der Naturforscher Leopoldina
(2006, 8 Seiten)

Goethe. Die Schriften zur Naturwissenschaft
Vollständige mit Erläuterungen versehene Ausgabe. Begründet von K. Lothar WOLF und Wilhelm TROLL. Herausgegeben im Auftrage der Deutschen Akademie der Naturforscher Leopoldina von Dorothea KUHN, Wolf VON ENGELHARDT und Irmgard MÜLLER.
(Verlag Hermann Böhlaus Nachfolger Weimar)

Zweite Abteilung: Ergänzungen und Erläuterungen

Band 2 **Zur Meteorologie und Astronomie**
Ergänzungen und Erläuterungen
Bearbeitet von Gisela NICKEL (Ober-Olm)
(2005, XXX, 808 S., 15 S. farbige Abb., 99,95 Euro, ISBN 3-476-1198-X)

Dieser Band der Leopoldina-Ausgabe von GOETHES Schriften zur Naturwissenschaft bietet Ergänzungen und Erläuterungen zu GOETHES astronomischen und meteorologischen Studien. Die Kommentare zu den Texten, die in den Bänden 8, 9 und 11 der ersten Abteilung vorliegen, werden ergänzt durch eine große Zahl von vielfach hier erstmals veröffentlichten Materialien aus GOETHES Nachlaß und begleitet von vielen Zeugnissen über GOETHES Tätigkeit, seine Lektüre, Korrespondenzen und Gespräche. Sie weisen nach, welch große Bedeutung vor allem auch die Witterungskunde für GOETHE besaß und wie sehr er sich auf diesem Gebiet engagierte, so etwa bei der Gründung und Einrichtung eines der ersten staatlichen meteorologischen Meßnetze im deutschsprachigen Raum. Damit bietet der Kommentar nicht nur Einblick in GOETHES Studien und deren Verbindung zu seinem Leben und seinem Werk, sondern auch in die gesamte Wissenschaftsszenerie seiner Zeit.

Band 10, Teil B
Zur Morphologie 1825–1832
1. Teilband: Materialien und Zeugnisse
2. Teilband: Überlieferungen, Erläuterungen, Anmerkungen und Register
Bearbeitet von Dorothea KUHN (Weimar)
(2004, XXXIII, 1267 S., 14 Abb., 16 farbige Taf., 179,90 Euro,
ISBN 3-7400-1167-X)

Der Band enthält Ergänzungen und Erläuterungen zu GOETHES morphologischen Schriften aus den Jahren 1825 bis 1832, einer letzten Epoche der Beschäftigung mit morphologischen Fragestellungen. Sie ist einmal bestimmt durch umfangreiche Vorarbeiten für eine deutsch-französische Ausgabe botanischer Schriften; zum anderen durch deren Erscheinen als »Versuch über die Metamorphose der Planzen/Essai sur la Métamorphose des Plantes« im Jahr 1831 und zum dritten durch die lebhafte Anteilnahme am sogenannten »Akademiestreit« vor der Académie des Sciences in Paris 1831/32, in dem GOETHE für GEOFFROY DE SAINT HILAIRE und damit für eine ganzheitliche Naturbetrachtung Partei ergriff. Insgesamt ist diese Epoche also als eine der Wiederholung und Zusammenfassung zu sehen. Ausblicke auf die Bereiche von Physiologie, Morphologie und Entwicklungsfragen hat GOETHE auch in dieser Schlußphase immer wieder eröffnet.

7. Spender für das Archiv und die Bibliothek 2005

Klaus Aktories, Freiburg (Br.)
Alexander-von-Humboldt-Stiftung, Bonn
Horst Aspöck, Wien
Mathias Bähr, Göttingen
Margot Becke, Heidelberg
Wieland Berg, Halle (Saale)
Dieter Birnbacher, Düsseldorf
Hubert E. Blum, Freiburg (Br.)
Hans-Georg Borst, München
Botanischer Verein Sachsen-Anhalt, Halle (Saale)
Otto Braun-Falco, München
Axel Brennicke, Ulm
Günter Burg, Zürich
Erich Burghardt, Graz
G. Roberto Burgio, Pavia (Italien)
Anne Kristin Commen-Halbach, Lübeck
Deutsche Forschungsgemeinschaft, Bonn
Deutsche Gesellschaft für Geschichte und Theorie der Biologie, Berlin
Deutsches Krebsforschungszentrum, Heidelberg
Johannes Eckert, Zürich
Eisenbibliothek, Schlatt
Dietrich von Engelhardt, Lübeck
European Science Foundation, Strasbourg
FAO, Rom
Menso Folkerts, München
Jan-Peter Frahm, Bonn
Friedrich-Christian-Lesser-Stiftung, Nordhausen
Fritz-Thyssen-Stiftung, Köln
D. Carleton Gajdusek, Tromso (Norwegen)
Garden History Society, Leeds (Großbritannien)
Alfred Gierer, Tübingen
Martina Gross, Sprockhövel
Ekkehard Grundmann, Münster
GSF-Forschungszentrum, Neuherberg
Rudolf Guthoff, Rostock
Fritz Hartmann, Hannover
Bernhard Hassenstein, Merzhausen
Philipp U. Heitz, Zürich
Gotthilf Hempel, Molfsee
Klaus Hentschel, Bern
Peter Herrmann, Halle (Saale)
Stefan Hildebrandt, St. Augustin
Wieland Hintzsche, Halle (Saale)
Friedrich Hirzebruch, St. Augustin
Gerald Holton, Cambridge (Mass., USA)
Uwe Hossfeld, Jena
Hunt Institute for Botanical Documentation, Pittsburgh (USA)
Ellen Ivers-Tiffée, Karlsruhe
Walter Jonat, Kiel
Ingrid Kästner, Leipzig
Ernst Kern, Würzburg
Andreas Kleinert, Halle (Saale)
Konrad Klügling, Halle (Saale)
Josef Knoll, Budapest (Ungarn)
Helmut Koch, Berlin
Eduardo B. Kolchinsky, St. Petersburg (Rußland)
Fritz Krafft, Marburg

Dorothea Kuhn, Weimar
Landesanstalt für Pflanzenbau, Pforchheim
Landesverband Sachsen-Anhalt, Magdeburg
Wolfgang Löscher, Hannover
Thomas A. Luger, Münster
Heinz Lüllmann, Kiel
Ulrich Lüttge, Mühltal
Hubert Markl, Konstanz
Andreas Marneros, Halle (Saale)
Rainer Mausfeld, Dänisch-Nienhof
Ernst Mayr †
Hans Mohr, Freiburg (Br.)
Marco Mumenthaler, Zürich
Naturkunde-Museum, Erfurt
Naumann-Museum, Köthen
John North, Oxford (Großbritannien)
Eugenkasz Nowak, Bonn
John M. Opitz, Salt Lake City (USA)
Benno Parthier, Halle (Saale)
Heinz Penzlin, Jena
Detlev Ploog †
Wiltrud Proske, Aischgrund
Horst Remane, Halle (Saale)
Jürgen Renn, Berlin
Hans Rotta, Stuttgart
Walter Roubitschek, Halle (Saale)
Nikolaas A. Rupke, Göttingen
Joachim-Hermann Scharf, Halle (Saale)
Frank Scherbaum, Potsdam
Theodor Heinrich Schiebler, Veitshöchheim
Heinz Schott, Bonn
Christoph J. Scriba, Hamburg
Konrad Seige, Lieskau
Dietmar Seyferth, Lexington, MA (USA)
Walter Siegenthaler, Zürich
Siemens-Stiftung, München
Michael Spinka, Halle
Klaus Starke, Freiburg (Br.)
Horst Stegemeyer, Paderborn
Manfred Stern, Halle (Saale)
Wolfram Sterry, Berlin
Stifterverband für die deutsche Wissenschaft, Essen
Horst Stoeckel, Bonn
Studienstiftung des deutschen Volkes, Bonn
Jochen Thamm, Halle (Saale)
Michael Tomasello, Leipzig
Union der deutschen Akademien der Wissenschaften, Mainz
Vince Varró, Szeged (Ungarn)
Wolfgang Wimmer, Jena
Wissenschaftliche Verlagsgesellschaft, Stuttgart
Wissenschaftskolleg, Berlin
Gisbert Wüstholz, Wermatswil
Hubert Ziegler, München
Zoologischer Garten, Köln
Zoologischer Garten, Leipzig

Personenregister

Abderhalden, E. 335
Abel, T. 438, 439
Abo-Shaeer, J. R. 58
Abrahamson, N. A. 96
Abramovitch, R. 402, 403
Acil, Y. 54
Ackenheil, M. 175
Adenot, P. G. 411
Aderem, A. 399, 400, 403, 404
Aguilera, A. 50
Aguzzi, A. 294
Ahangari, R. 102
Ahlfors, L. 184
Ahn, C. 412
Akira, S. 60, 404
Aktories, K. 269, 270, 493
Alberti, M. 489
Albrecht, H. 489
Albrecht, R. 215
Alfano, J. 402–404
Alizadeh, A. 404
Allemand, L. 283
Allessie, M. A. 426
Allis, C. D. 104
Aloni, E. 14
Aloni, R. 13, 14
Alt, H. 106
Altenmüller, E. 459, 465
Altenstein, K. S. Freiherr von Stein zum Altenstein 287
Alur, R. 44
Amann, R. I. 380, 381
Amiry-Moghaddam, M. 451
Ampère, A. M. 98
Amprino, R. 215
Andersen-Nissen, E. 402
Andrews, M. R. 58
Andruh, M. 282
Anthamatten, D. 374
Antunez, O. 50
Anzil, A. P. 102
Aono, A. 60
Appelt, H. 94
Appleby, C. A. 374
Arbibe, L. V. 300
Arigoni, D. 169

Aristoteles 45, 46
Arjomand, M. 54
Arnold, G. J. 411
Arns, C. H. 418, 419
Aroyo, M. 210
Arzt, E. 217
Aschenbach, B. 328
Aschenbrenner, R. 215
Aspöck, H. 227, 493
Assmann, G. 217
Astruc, D. 274, 277
Atienza, J. 411
Auboyneau, C. 283
Augath, M. 68
Auhagen, W. 256
Aurich, H. 121
Ausubel, F. 403
Ayala, F. J. 123
Ayares, D. L. 412
Ayres, S. L. 411

Bach, A. G. 347, 352, 353
Bach, J. S. 62, 462–464
Baguisi, A. 408, 411
Bahnen, A. 123
Bähr, M. 15, 16, 493
Bailey, A. 296
Baird, A. 78
Ball, P. 283
Ball, S. 412
Baltes, P. B. 11, 226, 237, 241, 252, 259
Baltuska, A. 38
Bamann, E. 166
Ban, N. 22
Bangham, C. R. 300
Bannerman, D. D. 413
Baratte, M. 411
Barbe, M. 82
Barbuto, S. 104
Barnes, F. L. 412
Bärnighausen, H. 210
Barr, F. A. 84
Barrett, S. 403
Barth, F. G. 213
Barthlott, W. 288

Battersby, A. R. 159–161, 214
Baudouin, C. 36
Bauer, C. 64
Bauer, C. S. 40
Bauer, W. 315
Bauersachs, J. 485
Bauersachs, S. 412
Baumeister, W. 128, 149–151, 441, 444
Bausch, J. L. 265, 266, 268, 303, 304
Bausch, L. 265, 303
Bazarsuren, A. 92
Beadle, G. W. 211
Beaty, P. S. 382
Beauducel, A. B. 461, 465
Beaujean, N. 413
Bebbere, D. 412
Becke, M. 215, 493
Becker, D. 40
Becker, G. S. 389
Becker, R. 431, 438
Becker, S. 450, 451
Beckmann, A. 353
Beekes, M. 295
Beeley, P. 304, 489
Beer, S. 451
Beerenwinkel, N. 361, 363, 367
Behboodi, E. 411
Beier, H. 213
Beier, W. 161–163, 192, 214
Beitz, B. 127, 135, 136
Belcher, C. 404
Belkhadir, Y. 404
Belsky, J. 398
Ben-Jacob, E. 430, 435, 438
Bénard, M. 20
Bender, H. G. 453, 458
Bengel, F. 317
Benjamin, E. J. 426
Benkert, O. 175
Bente, D. 173, 174
Berendt, F. J. 409, 411
Berg, G. 11, 213, 227, 252, 325, 489

Berg, L. 214
Berg, W. 305, 493
Bergner, C. 238
Bernoulli, J. 489
Berresheim, A. J. 273, 278
Bertalanffy, L. von 131
Besenfelder, U. 412
Besinger, U. A. 102
Bethe, H. A. 121
Bethge, H. 136
Betke, K. 215, 240
Bettin, H. 488
Bettstetter, C. 26
Beutler, B. 300
Beuys, J. 281
Beveridge, W. 215
Beyermann, M. 56
Bigg, C. 308
Biko, L. 102
Bilbao-Cortés, D. 76
Bilgram, J. H. 432, 439
Bimberg, D. H. 144
Binet, J.-L. 299
Birnbacher, D. 493
Bisang, U. 432, 439
Bischof, N. 214
Blacklow, S. C. 104
Blackwell, C. 411
Blandford, R. 328
Blatow, M. 82
Blázquez, E. 345, 353
Blécourt, W. de 100
Blest, A. D. 86
Bloch, I. 38
Bloembergen, N. 214
Blokesch, M. 129, 155, 156
Blondin, P. 408, 411
Blood, A. 464, 465
Blossfeld, H.-P. 17, 18
Blum, H. E. 11, 217, 484, 493
Blümel, W.-D. 279
Blumenstock, C. 398
Böck, A. 217
Bock, H. E. 252
Bode, J. G. 450
Bödeker, R. H. 54
Boden, G. 348, 352
Bodenmann, S. 489
Boehler, N. 42
Boehm, L. 304

Boelmans, K. 42
Boesiger, P. 321
Bohley, J. 489
Böhm, J. 444
Böhme, H. 166
Bohnsack, M. 32
Boldrick, J. 400, 404
Boller, T. 402, 404, 405
Bommer, J. J. 96
Bonhoffer, F. 16
Bönigk, W. 56
Bonk, A. 412
Boockmann, H. 62
Boon, J. 282
Boone, J. 412
Borges, B. 342, 343
Bork, H.-R. 217, 279, 280, 486
Borkhardt, A. 128, 141, 142
Born, B. 237
Bornemann, T. 22
Bórquez-Ojeda, O. 404
Borsch, E. 451
Borst, H.-G. 493
Boschung, U. 467, 489
Bostedt, H. 217
Botstein, D. 404
Bott, R. 122
Böttger, M. 40
Boulanger, L. 411
Bousquet, D. 408, 411
Bouwmeester, D. 118
Boyden, L. M. 397, 398
Boyer, H. W. 212
Brandis, M. 484
Braun, P. 367
Braun-Falco, O. 252, 493
Braunstein, P. 19, 20
Bredekamp, H. 217
Brefin, R. 489
Brehmer, D. 22
Brem, G. 298, 412, 486
Brener, E. 431, 433–439
Brenig, B. 297
Brennicke, A. 493
Brettschneider, S. 50
Brewer, A. A. 68
Breyholz, H. J. 321
Brézin, É. 299
Briegel, J. 120
Briggs, R. 407, 411

Brink, G. 459, 465
Brinkhoff, J. 102
Brochard, V. 413
Brocke, B. 465
Brömme, H.-J. 349, 352, 353
Brophy, B. 409, 411
Brown, J. E. 56
Brown, P. 404
Brüggerhoff, K. 412
Bruhn, S. 120
Brun-Vezinet, F. 367
Brunet, F. 24
Brunner, F. 404
Bruno, G. 304
Bruzzone, R. 82
Bryant, M. P. 375, 381
Buchardt, O. 90
Buchner, J. 270
Buchwald, B. 102
Buchzyk, D. 451
Buck, S. 413
Budka, H. 297
Buff, R. 489
Buhleier, E. 273, 278
Bukau, B. 21, 22, 129, 153, 154
Bulmahn, E. 243
Bulte, J. W. M. 317
Bungum, H. 96
Burchert, W. 42
Burg, G. 493
Burg, M. 204
Burger, R. 478
Bürger-Prinz, H. 172
Burghardt, E. 493
Burgio, G. R. 493
Burmester, B. R. 215
Burwitz, V. 328
Busch, G. L. 450
Busch, H. 40
Buschmann, A. 54
Bush, B. 338
Byrne, M. 86

Cajal, S. R. y 132
Caminade, A.-M. 277, 278
Cammuso, C. 411
Campbell, K. H. 112, 413
Candinas, R. 321
Capron, A. 300

Caputi, A. 82
Carazo-Salas, R. E. 76
Cárcamo, J. 404
Carpinelli, A. R. 353
Carroll, G. C. 404
Carter, D. B. 412
Casanova, J.-L. 301
Ceranski, B. 220, 489
Cesi, F. 304
Chalmin, E. 282
Chance, B. 215
Chanfon, A. 374
Chang, S. S. 412
Chankiewitz, E. 353
Chardac, F. 274, 277
Châtelet, G. E. le Tonnelier de Breteuil, Marquise du 489
Chen, E. Y.-C. 74
Chen, F. 88
Chen, S. 404
Chen, S. H. 412
Chen, X. 352
Chen, X. H. 70
Cheong, H. T. 412
Chepkova, A. N. 451
Cherifi, Y. 413
Chesne, P. 408, 411
Chevalley, C. 489
Choi, D. W. 81
Chopin, C. J. B. 23, 24
Chou, J. J. 104
Christ, T. 426
Christophers, E. 201, 217
Cibelli, J. B. 408, 411, 412
Cipolla-Neto, J. 353
Clark, R. J. H. 19
Clarkson, K. L. 106
Clausing, A. 233, 235
Cline, K. 270
Cloninger, R. C. P. 461, 465
Clotet, B. 367
Coates, M. M. 86
Cohen, R. 227
Colberg, J. M. 108
Colbert, J.-B. 304
Cole, S. 301
Collas, P. 412
Colleoni, S. 411
Collmer, A. 402–404
Colman, A. 410, 412, 413

Commen-Halbach, A. K. 493
Conway, B. 367
Cook, J. W. 193
Cook, N. J. 56
Cookson, B. 403
Cordes, V. 32
Cornell, E. A. 58
Cossart, P. 300
Cotton, F. 96
Cowan, C. A. 410, 411
Coyne, J. A. 123
Cozzi, J. 413
Craig, E. 270
Cramer, J. 94
Cranach, M. von 175
Crane, P. 286
Crooks, R. M. 274, 278
Crotti, G. 411
Crutzen, P. J. 217
Csanady, M. 114
Csernus, V. J. 345, 353
Cunha, L. da 404
Cunningham, P. 297
Curi, R. 354
Cusanus, N. 311
Czaplinski, M. 289

Dacke, M. 86
da Cunha, L. 404
Dahl, S. vom 446, 450, 451
Dai, Y. 412
Dangl, J. L. 400
Daniel, H. 217
Darwin, C. 248
Dauben, J. W. 488
Däumer, M. 367
Davey, G. 88
Davidoff, M. S. 213
Davies, P. J. 14
Davis, K. B. 58
Davis, M. 108
Dawkins, R. 338, 343
Day, B. N. 412
Dean, W. 409, 411, 413
Debatin, K.-M. 484
DebRoy, S. 402, 404
Debru, C. 304, 489
Decker, K. 163–165, 214, 271, 382
Dehal, P. K. 404

Delius, H. 398
Della Bruna, R. 64
Demek, J. 214
de Mèredieu, F. 281
Demmer, I. 16
Demus, D. 213
Denk, H. 213
Denniston, R. S. 411
de Oliveira Carvalho, C. R. 354
de Quervain, D. J. 88
Descartes, R. 489
Desjardins, M. 301
Dessauer, F. 192
Dessein, A. 301
Destrempes, M. M. 411
Deuerling, E. 22
DeYulia, G. 400, 404
Diaferio, A. 108
Diamond, J. 123
Diaz, B. 345, 353
Di Berardino, M. A. 407, 411
Dichgans, J. 190
Dicke, K. 239
Dickfeld, T. 319
Dickman, M. 404
Diederichs, S. 129, 157, 158
Diehn, M. 404
Diem, R. 16
Dienes, H. P. 451
Dierickx, B. 215
Dierßen, K. 280
Dietmaier, W. 94
Dietrich, P. 40
Dietz, H. 254
Dilling, H. 175
Dimroth, P. 377, 381
Dingermann, T. 332
Dirnagl, U. 28
Dobrev, D. 424–426
Doden, W. 35
Doğramaci, I. 215
Dombrowski, F. 451
Dommisch, H. 54
Dongen, R. J. A. M. van 214
Donnelly, M. 402
Donner, M. 451
Doreulee, N. 451
Döring, D. 304
Döring, W. 431, 438

Dorland, R. 426
Dorn, R. 66
Dörner, E. 162
Dorpe, J. van 88
Dötsch, V. 104
Douarin, N. le 299
Dougan, D. A. 22
Doye, V. 50
Drachman, D. B. 102
Draeger, J. 35
Drenckhahn, D. 218
Driessen, A. 270
Drobnic, S. 18
Druten, N. J. van 58
Du, Z. T. 413
Duchi, R. 411
Dudoit, S. 404
Dülmen, R. van 100
Dunsche, A. 54
Durfee, D. S. 58
Durkheim, E. 391
Duru, F. 321
Düzel, E. 42
Dyke, T. E. van 78
Dyson, F. 121

Ebel, J. 400, 404
Ebelt, H. 349, 352, 353
Eberle, A. 447, 450, 451
Eberspächer, J. 25, 26
Eccles, M. 343
Echelard, Y. 411
Eck, M. J. 104
Eckard, A. 36
Eckert, J. 227, 493
Eckle, J. 489
Edelsbrunner, H. 106
Edwards, A. 343
Efstathiou, G. 108
Eggan, K. 411
Eggers, H. 478
Eghom, M. 90
Ehlers, J. 328
Ehrenreich, H. 16
Eibl, M. 118
Eibl-Eibesfeldt, I. 218
Eichelbaum, M. 484
Eiden, F. 165–168, 214
Einhäupl, K. M. 27, 28, 238
Einstein, A. 327, 335, 488, 489

Eisemann, M. 465
Eklöf, M. 100
Elizabeth II. 171
Ellenberg, J. 40
Elliott, M. 171
Elofsson, R. 85
Elsner, N. 178, 213
Elwyn, G. J. 343
Ely, J. J. 412
Emig, S. 50
Endlicher, W. 280
Endo, T. 270
Endres, S. 114, 331
Enescu, G. 237
Eng, J. 404
Engel, A. G. 48
Engel, C. 94
Engel, P. 210
Engelhardt, D. von 81, 290, 323, 489, 493
Engelhardt, W. Baron von 215, 491
Engelmeier, M.-P. 174
Engler, H. G. A. 289
Enss, H. 174
Erbse, A. 22
Eriksson, K. S. 451
Ernst, M. 281
Ertl, G. 315, 321, 485
Esbjörner, E. 90
Eschenmoser, A. 168, 169, 214
Escher, I. 104
Esser, H. 389, 391
Eulgem, T. 403, 404
Ewerbeck, V. 218
Eyestone, W. H. 412

Fabri, F. 489
Fahn, A. 13
Falk, E. 321
Falkenburger, B. 230
Faraday, M. 98
Farhi, A. 398
Fateh-Mognadam, A. 102
Fatkenheuer, G. 367
Fauteck, J.-D. 353
Fears, R. 478
Fehr, J. M. 303
Fehrenbach, C. 215
Feistauer, D. 287

Felfe, R. 305
Felix, G. 405
Felix, K. 181
Fellmann, E. A. 489
Ferbitz, L. 22
Fernandez, J. M. 40
Ferreon, A. 404
Ferreon, J. 404
Fichter, M. 175
Fidler, F. 320
Field, L. J. 321
Figger, H. 66
Figura, K. von 218
Finckh, U. 353
Finkelman, R. D. 54
Fircks, W.-D. von 293
First, N. L. 412
Fischer, A. 300
Fischer, E. 489
Fischer, E. O. 19
Fischer, G. S. 11, 154, 226, 252, 270, 271
Fischer, H.-M. 374
Fischer, J. 231
Fischer, R. 214
Fischer, T. 50
Fischer, U. 62
Fitze, G. 94
Fitzenberger, B. 29, 30
Flagiello, A. 92
Fleckenstein, B. 218
Fleischer, B. 300, 478
Fletcher, C. M. 104
Flögel, U. 451
Flondor, M. 120
Flühler, H. 218
Folkerts, M. 489, 493
Fornerod, M. 76
Forsberg, E. J. 409, 411
Forss, H. 78
Förster, F. 444
Fowden, L. 170–172, 214
Fowden, P. 171
Foy, E. 404
Frahm, J.-P. 493
Fraichard, A. 413
Frangakis, A. S. 444
Frankel, B. J. 345, 353
Frankenhuizen, W. 329
Frantz, S. 485

Fränzle, O. 280
Freller, K. 328
Frenk, C. S. 108
Frese, T. 353
Freudenberg, K. 207
Freund, H.-J. 213, 218
Friberg, M. 374
Fricke, A. 489
Friedl, W. 94
Friedrich, A. 426
Friedrich, B. 11, 156, 226, 253
Friedrich, C. 287, 488
Friedrich, M. 378, 381
Frings, C. 342, 343
Fritz-Niggli, H. 122
Frohlich, T. 411
Frömter, E. 204, 213
Frosch, M. 478
Frühwald, W. 213, 218, 238, 252, 253
Fuchs, I. 40
Fuhrmann, W. 205
Fujikawa, H. 435, 439
Fulde, P. 218
Fürstner, A. 218
Furukawa, Y. 428

Gabrielsen, M. 451
Gabrielson, A. 460, 465
Gade, L. H. 273, 278
Gajdusek, D. C. 493
Gale, M. 404
Galilei, G. 266, 304, 311
Gallas, J. A. C. 66
Galli, C. 408, 411
Galushko, A. S. 381
Garcia, E. 88
Garik, P. 430, 435, 438
Garm, A. 86
Gässler, C. S. 22
Gasteiger, H. 52
Gaupp, S. 102
Gauss, R. 56
Gavin, W. G. 411
Gazzaniga, M. S. 42
Gebert, J. 94
Gehrke, H.-J. 248
Geiler, G. 240
Gembris, H. 459, 465
Genscher, H.-D. 136

Genzel, R. 328
Geoffroy de Saint Hilaire, E. 491
Gerisch, G. 444
Gerok, W. 450
Gerrig, R. J. 460, 465
Gerstengarbe, S. 220, 335, 488, 489
Gethmann, C. F. 218
Geus, A. 289
Geyer, C. 262
Giegerich, G. 102
Gierer, A. 127, 137, 138, 493
Giese, A. 295
Giese, B. 213
Giese, T. 114
Giess, R. 102
Gigerenzer, G. 337–339, 341–343
Girardin, S. 399, 404
Gires, O. 114
Gislén, L. 86
Gitsch, E. 214
Glasmann, J. 26
Gläßer, D. 11, 226, 253
Glauber, R. 38
Glaubrecht, M. 123
Glemser, O. 122
Glinka, A. 394, 398
Glockshuber, R. 92
Godke, R. A. 411
Goebel, W. 478
Goebeler, S. 78
Goethe, J. W. von 98, 335, 488, 489, 491
Gohle, C. 38
Goksör, M. 90
Gold, R. 102, 334
Golde, D. 404
Goldstein, D. G. 341–343
Goldsworthy, A. 281
Golueke, P. J. 411
Gómez-Gómez, L. 402, 404
Gonzales, J. 54
Goodall, J. 218
Goodlet, D. 404
Goot, G. van der 300
Göppert, J. H. R. 289
Görg, B. 451
Görgens, H. 94

Görlich, D. 31, 32
Gorvel, J.-P. 300
Gös, A. 42
Gossen, M. 94
Göthert, M. 219
Gottfried, K. 121
Gottschalck, C. 202
Gottschalk, G. 140, 213, 219
Götz, J. 88
Götz, K. H. 64
Götz, W. 488
Goulielmakis, E. 38
Goya, F. J. de 132
Graf, D. 450
Graham, R. L. 34
Graßhoff, G. 467, 489
Grau, J. 289
Grauert, H. 214
Grauschopf, U. 92
Graw, J. 147
Greckschj, W. 239
Green, L. A. 342, 343
Greenstein, J. L. 412
Greiner, M. 38
Greten, H. 219
Grether-Beck, S. 451
Grewe, O. 459, 461, 465
Grieser, G. 239, 305
Grimm, R. 444
Grohmann, R. 174
Grolle, J. 123
Gross, J. D. 104
Gross, M. 493
Grosse-Hovest, L. 411, 412
Grosse-Wilde, H. 48, 102
Großmann, S. 214
Grötschel, M. 33, 34
Growdon, J. H. 88
Grubeck-Loebenstein, B. 110
Grundmann, E. 493
Gruss, O. J. 76
Gruss, P. 219
Guarguaglini, G. 76
Guderian, S. 42
Guibas, L. J. 106
Guiderdoni, B. 108
Gundlach, K. K. H. 36
Günther, P. 121
Güntz, E. 188
Guo, J. 413

Guo, M. 404
Gurdon, J. B. 410, 412
Guthoff, R. F. 35, 36, 493

Haag, R. 276, 278
Haas, H. L. 451
Habener, J. F. 353
Haber, D. 158
Haber, E. P. 353, 354
Haberl, R. L. 28
Habib, R. 42
Habler, O. 120
Hacker, J. 299, 478
Haffer, J. 123
Haga, K. 40
Hagedorn, H. 122
Hagedorn, J. 279, 280, 486
Hagen, V. 56
Hagner, T. 42
Hahlbrock, K. 213
Hahn, M. 404
Hahn, T. 210
Hakelien, A. M. 410, 412
Hall, J. L. 38
Haller, A. von 489
Haller, H. 214
Haller, M. 120
Haller, O. 300
Halperin, H. 320
Hamann, M. 64
Hammer, T. 353
Hammond-Kosack, K. 402–404
Hanada, S. 381
Handel, K. 489
Hänggi, P. 219
Hanitzsch, R. 213
Hänsch, T. W. 37, 38
Hanser, A. 120
Hansmann, I. 11, 226, 253
Harada, H. 60
Hardie, R. 86
Hardy, A. 121
Hardy, J. 301
Harper, M. C. 48
Harrer, T. T. 367
Harriot, T. 489
Hartl, F. U. 151, 219, 270
Hartmann, E. 32, 114
Hartmann, F. 214, 493

Hartmann, G. 114, 331
Hartmann, K. 174
Hartmann, M. 439
Hartmann, Max 489
Hartung, H. P. 102
Hartwig, H. G. 450
Haschen, R. J. 214
Hasinger, G. 328
Hassenstein, B. 493
Hattori, S. 379, 381
Hatzipolakis, A. P. 122
Hauff, A. 230, 254
Haupt, W. 122
Hausen, H. zur 11, 219, 241, 485
Hauser, F. 373, 374
Hauska, G. 49
Häussinger, D. 219, 367, 445, 446, 448, 450, 451
Haussler, D. 106
Häußler, I. 239, 324
Haustein, U.-F. 239
Hawk, H. W. 413
Hawley, J. R. 412
Hawn, T. 404
Haworth, R. D. 193
Hayaishi, O. 214
Hayashi, F. 402, 404
Hayes, M. L. 411
He, S. 404
Heber, U. 214
Hedderich, J. 54
Hedrich, R. 39, 40
Heesemann, J. 478
Heesen, A. te 468
Hegerl, R. 444
Heidrich, J. 62
Heininger, K. 48, 102
Heinrich, K. 174
Heinz, B. 54
Heinz, F. 478
Heinze, H. J. 41, 42
Heisenberg, M. 213
Heisenberg, W. 489
Heitz, P. U. 11, 493
Helbig, A. 56
Heldt, H.-W. 39
Helinski, D. R. 212
Heller-Stilb, B. 449–451
Helm, J. 467

Helmchen, H. 176
Hempel, G. 493
Hempel, U. 404
Henke, K. 88
Henle, G. 215
Hennecke, H. 369, 374
Henry, C. 24
Hentschel, K. 309, 489, 493
Hentschel, M. 38
Henzinger, T. A. 43, 44
Hepp, H. 455, 457, 458
Hepp, O. 188
Herb, A. 82
Herfarth, C. H. 219
Hermann, A. 468, 488
Herrmann, P. 493
Herrmann, T. 227
Herrmann, W. A. 219
Herschfield, V. 212
Hertwig, G. 489
Hertwig, P. 489
Hetzer, M. 76
Heyden, W. von 239
Heydenreich, J. 214
Heymann, M. 309
Hiendleder, S. 408, 410, 412
Hildebrand, E. 56
Hildebrandt, S. 185, 493
Hillyard, S. A. 42
Hilpert, W. 377, 381
Hinrichs, H. 42
Hinrichsen, H.-J. 62
Hintzsche, W. 493
Hippius, H. 172–176, 214
Hirabayashi, M. 413
Hirano, T. 60
Hirata, M. 60
Hirose, T. 56
Hirzebruch, F. 493
Hobom, M. 16
Hochadel, O. 489
Hochedlinger, K. 410, 412
Hock, C. 88
Hoegl, S. 120
Höffe, O. 45, 46
Hoffmann, Daniel 367
Hoffmann, Dieter 121, 220
Hoffmann, E. 92
Hoffmann, J. A. 219, 299
Hoffmann, T. 54

Hoffmann-Berling, H. 214
Hofmann, E. 165, 214
Hofmann, H. 180
Hofmann, M. 88
Hofsten, C. von 340, 343
Hofstetter, C. 120
Hofstra, L. 315
Hohlfeld, R. 47, 48, 102
Holinski-Feder, E. 94
Hölldobler, B. 123, 219
Höllt, V. 239
Holmes Bullock, T. 177
Holmgren, J. 125
Holtmann, B. 102
Holtmannspötter, M. 120
Holton, G. 493
Holzwarth, R. 38
Hon, G. 98
Honeggers, A. 62
Hong, S. 74
Höngen, A. 450
Hooker, W. J. 286
Hopf, J. M. 42
Hoppe, B. 287, 288
Hoppe, D. 398
Hoppe, G. 122
Höppner, R. 238
Hormuzdi, S. G. 82
Horn, S. 121
Horner, L. 215
Horowicz, R. J. 66
Horowitz, B. 44
Horsthemke, B. 219
Horstmann, H. 50
Horwich, A. L. 22
Hosoi, Y. 413
Hoßfeld, U. 493
Hoth, S. 40
Howard, J. 86
Howcroft, J. 412
Howe, L. 413
Hu, D. H. 72
Huber, F. 176–178, 214
Huber, Frau 178
Huber, R. 150
Huhtala, H. 78
Huisgen, R. 214
Hundeshagen, H. 42
Hurt, E. 49, 50
Hwang, J. H. 412

Hwang, W. S. 408, 410, 412
Hwang, Y. Y. 412

Iaccarino, I. 94
Ihle, T. 431, 432, 436, 439
Ii, K. 48
Ikeda, M. 404
Ilveskoski, E. 78
Im, G. S. 412
Imagawa, T. 60
Inhoffen, W. 68
Inouye, S. 58
Insogna, K. 398
Inzé, D. 404
Iritani, A. 413
Irsch, W. 123
Issekutz, B. 179
Ivers-Tiffée, E. 51, 52, 493
Iwamatsu, A. 60
Iwata, N. 60

Jablońska, S. 214
Jacob, F. 212
Jacobs, C. 259
Jacobs, F. 213
Jacobs, I. 329
Jacobs, W. 177
Jacoby, C. 451
Jaencke, L. 42
Jaenicke, R. 91, 214
Jaenisch, R. 112, 410, 412
Jäger, F. 98
Jagodzinski, H. 209
Jahn, I. 290
Jäkle, U. 32
Jakob, P. 317
Jamir, Y. 402, 404
Janeway, C. Jr. 399, 404
Janket, S. J. 78
Jansen, M. 220
Janzarik, W. 214
Jenuwein, T. 413
Jeon, H. Y. 412
Jepsen, K. 54
Jepsen, S. 53, 54
Jerry, J. 411
Jeske, B. 94
Jhala, R. 44
Johannes, S. 42
Johnson, A. 270

Johnson, K. R. 413
Johnson, V. A. 360
Jonat, W. 493
Jones, J., 405
Jones, J. A. 78
Jones, J. D. G. 400, 404
Jones, Q. 462
Jost, N. 426
Juhlin, L. 122
Jung, G. 412
Jungermann, K. 382
Junker, T. 123
Juslin, P. 465
Jütte, R. 100

Kaasch, J. 123, 335, 489
Kaasch, M. 123, 335, 336, 489
Kacalkova, M. 451
Kadashevich, I. 417, 419
Kaden, J. 380, 381
Kadla, Z. 214
Kaiser, R. 357
Kajander, O. 78
Kajita, T. 60
Kalden, J. R. 220, 333, 383, 387
Kalies, I. 48, 102
Kamagata, Y. 381
Kandler, O. 214, 220
Kane, J. J. 411
Kang, S. K. 412
Kangawa, K. 56
Kanig, K. 173
Kannel, W. B. 423, 426
Kano, K. 413
Kant, E. 281
Kant, I. 45, 46
Kao, I. 102
Kappers, J. A. 215
Kappert, G. 451
Karajan, H. von 462
Karhunen, V. 78
Karsenti, E. 76
Kashiwamura, S. 60
Kashiwazaki, N. 413
Kasparick, U. 238, 243, 246, 247, 251
Kassner, K. 439
Kästner, I. 493
Katakura, S. 60

Katona, I. 82
Kauffmann, G. 108
Kaufmann, S. 478
Kaupp, U. B. 55, 56
Kawaoka, Y. 299
Kealy, T. 193
Kellerman, H. 465
Kemen, A. 404
Kemen, E. 402, 404
Kemmerling, B. 404
Kemming, G. 120
Kemp, D. M. 346, 353
Kendall, K. 52
Kendall, W. S. 419
Kepler, J. 337, 338, 489
Kermer, P. 16
Kern, E. 493
Kern, H. 50
Kerr, D. E. 413
Kessler, F. 270
Kessler, H. 213
Ketterle, W. 57, 58
Keulen, W. 367
Keune, K. 282
Khand, I. U. 194
Kharasch, M. S. 193
Khawaja, E. 66
Kielmannsegg, P. 239
Kim, H. S. 412
Kim, J. M. 412
Kim, K. S. 104
Kim, M. 402, 404
Kim, P. 104
Kim, S. 412
Kim, S. J. 412
Kind, A. J. 412, 413
King, T. J. 407, 411
Kinoshita, M. 413
Kippenhahn, R. 220
Kirchhof, C. J. 426
Kirchner, T. 220
Kirsch, C. M. 44
Kirsche, W. 215
Kisch-Wedel, H. 120
Kishimoto, T. 59, 60
Klauss, V. 187
Kleber, W. 209
Kleen, M. 120
Klein, A. 333
Klein, C. 409, 412

Klein, J. 239
Klein, Y. 281
Kleinert, A. 213, 220, 304, 335, 488, 493
Klein Gebbink, R. J. M. 274, 275
Kleinkauf, H. 214
Klenk, H.-D. 228, 300, 478
Klieber, U. 239
Klijzing, E. 18
Klinger, W. 180, 181
Klinkmann, H. 213
Klitzing, K. von 220
Klöcker, N. 16
Klose, R. 411
Klostermann, S. 16
Klostermeier, D. 22
Klügling, K. 493
Knabe, J. 123
Knebel, D. M. von 94
Kneisel, F. F. 120
Knippers, R. 128, 145–147
Knobloch, E. 220
Knoflach, M. 110
Knoll, J. 179–181, 214, 493
Koch, H. 493
Koch, H.-G. 270
Koch, M. 378
Kochsiek, K. 214
Kocka, J. 229, 259
Ködel, U. 28
Koeberle, P. 16
Koehler, Carla 270
Koehler, Carolina 120
Koenker, R. 30
Kofler, C. 444
Köhler, G. 269, 332
Köhler, W. 239
Kolber-Simonds, D. 412
Kolchinsky, E. B. 493
Köle, H. 215
Kondratyev, K. 215
Konietzko, U. 88
König, F. 66
König, I. R. 94
Konnerth, A. 220
Konrad, K. R. 40
Konrad, U. 61, 62
Koo, J. J. 412
Koo, J. M. 412

Kopiez, R. 459, 465
Kopka, K. 321
Kopke, P. W. 43
Koppenfels, M. von 231
Korn, K. 367
Korolkova, N. 66
Korsmeyer, S. J. 104
Koss, L. G. 215
Koster, A. 441, 444
Kostorz, G. 439
Koszinowski, U. H. 301
Koyama, K. 60
Kozuschek, W. 285, 286
Kraemer, D. 413
Kraepelin, E. 175
Krafft, F. 213, 220, 489, 493
Kraitchman, D. L. 317
Kramer, G. 22
Kramer, K. 202
Krampitz, L. 140
Krauklis, A. 280
Krausz, F. 38
Krebs, B. 220
Krebs, V. 52
Kreisler, F. 237
Kreuz, F. R. 94
Krickeberg, K. 416
Krüger, F. 96
Krüger, G. 220
Krüger, L. 97
Krüger, S. 94
Krumke, S. O. 34
Kubista, M. 90
Kubitz, R. 450, 451
Kuebler, W. M. 120
Kügler, S. 16
Kuhlisch, E. 94
Kuhn, A. 270
Kuhn, C. 32
Kuhn, D. 227, 489, 491, 494
Kühn, H. A. 182
Kühn, P. J. 213
Kuhn, W. 202
Kuhs, W. F. 210
Kümmel, W. 304
Kummer, H. 214
Kunau, W. 270
Kundaliya, D. 116
Kung, A. L. 104
Kunze, A. 30

Kupfer, B. 367
Kupferman, O. 44
Kuprijanov, V. V. 215
Kuritzkes, D. R. 367
Kurn, D. M. 58
Kurowski, M. 356, 358
Kurth, R. 478
Kurtz, A. 63, 64
Kurucsev, T. 90
Kurz, A. K. 450
Kurz, K. 18
Kurz, W. 429, 439
Kwack, Y.-B. 404
Kwon, D. K. 412
Kwon, H. S. 412
Kyprianou, M. 294

L'Huillier, P. 411
Labes, M. 16
Lachmann, P. 301
Lack, H. W. 288
Ladd, M. E. 319
Lagutina, I. 411
Lai, L. 411, 412
Laible, G. 411
Lam, P. K. 66
Lamm, A. 52
Land, M. F. 86
Landsverk, H. B. 412
Lang, F. 445, 450
Lang, S. 114
Langer, J. S. 431, 439
Langhans, M. 14
Laporte, Y. 215
Largiadèr, F. 214
Larsson, R. 89
Lasa, I. 299
Lasch, H. G. 181–184, 214
Laskey, R. A. 31
Lassmann, H. 102
Lassnig, C. 412
Laszlo, P. 281
Laufen, T. 22
Laves, F. 209
Law, M. P. 321
Lazzari, G. 411
Lea, P. 172
Lechner, K. 199
Leck, K.-J. 116
Lecuit, M. 301

Ledoux, M. 282
Lee, B. C. 412
Lee, C. K. 412
Lee, E. G. 412
Lee, J. B. 412
Lee, M. J. 379, 381
Lee, S. 22
Lee, S. S. 116
Leeb, T. 297
Le Friec, G. 413
Lehmkuhl, F. 279
Lehner, C. 310
Lehner, P. J. 300
Lehto, O. 184, 185, 214
Leibniz, G. W. 489
Leibundgut, B. 328
Leis, A. 444
Lemke, U. 88
Lemon, S. 404
Lengauer, T. 355, 367
Lennert, K. A. 198
Leopold I. 266, 286, 304
Leuchs, G. 65, 66
Levchenko, V. 40
Levkau, B. 321
Levy, D. 426
Lewinski, J. 282
Li, J. 104
Li, K. 402, 404
Li, Y. 70
Li, Yan 398
Lichter, P. 220
Lifton, R. P. 398
Lilie, H. 92
Lin, Y. 104
Lincoln, P. 90
Lindelöf, E. 184
Lindemann, A. 374
Lindgren, P.-E. 125
Lindner, M. 329
Lingor, P. 16
Linker, R. A. 102
Linsenmair, E. 213
Linß, W. 197
Lippard, S. J. 213
Lipson, S. 439
Lithgow, T. 270
Litle, P. 461
Liu, C. 404
Liu, L. 413

Lizun, S. 451
Ljung, K. 40
Löffler, M. 94
Logan, S. 403
Logothetis, N. K. 67, 68
Lohse, M. 315
Longmire, W. P. 125
Lorenz, K. 178
Löscher, W. 494
Loudon, R. 66
Lovász, L. 34, 106
Lovett, M. A. 212
Lu, K. 69, 70
Lu, L. 70
Lu, Yongxiang 71, 72, 230, 255
Lu, Yuan 71, 72
Lüchinger, R. 319–321
Lucic, V. 441, 444
Luck, S. J. 42
Lücker, E. 296
Ludwig, W. 381
Luft, F. 221
Luger, T. A. 221, 494
Lugovskoy, A. A. 104
Lüllmann, H. 494
Lund, O.-E. 186–188, 214
Lunzen, J. von 367
Luo, M.-J. 50
Lüst, R. 240
Lüthen, H. 40
Lütjen-Drecoll, E. 221, 239
Lutomsky, B. 320
Lütteken, L. 62
Lüttge, U. 494
Lyko, F. 412
Lynen, F. 140, 163
Lyons, L. 413
Lytton, S. D. 412

Ma, Y. 398
MacDonald, T. T. 299
Mach, E. 489
Machado, J. A. F. 30
Mackey, D. 404
Maddalena, A. 88
Maglica, Z. 22
Maier, K. 16
Maier, M. 22
Maier-Lenz, H. 484

Majoral, J.-P. 274, 276, 277, 278
Majumdar, R. 44
Malakooti, N. 413
Malia, T. J. 104
Malim, M. H. 301
Mandel, O. 38
Mandelbrot, B. 434
Mangold, E. 94
Mangold, H. 393
Mangold, I. 218
Mangold, O. 394, 395, 398
Mangun, G. R. 42
Mao, B. 398
Mao, J. 397, 398
Mao, S. 108
Maramorosch, K. 215
Maraval, V. 278
Marino, G. 92
Marintchev, A. 104
Märki, M. 374
Markl, H. 221, 494
Markram, H. 82
Marks, T. J. 73, 74
Marneros, A. 494
Marra, G. 94
Marschall, U. 451
Marshallsay, B. 50
Martin, G. 402, 403
Martini, P. 186, 331
Martini, R. 102
Martius, C. F. P. von 289
Martius, N. 489
Marx, H. J. 62
Mason, P. 50
Masuda, S. 50
Matisse, H. 282
Matoušek, J. 106
Matsuda, Y. 60
Matsui, H. 60
Matsumoto, K. 413
Matsumoto, T. 60
Matsumoto, Takeo 210
Matsuo, H. 56
Matsushita, M. 435, 439
Mattaj, I. W. 75, 76
Matthes, K. 181, 182
Matthiaß, H.-H. 188, 189, 214
Mattle, K. 118
Matussek, N. 175

Maurer, H. 105, 106
Maurer, M. 102
Mausfeld, R. 494
Maximilian zu Wied-Neuwied, Prinz 288
Mayer, M. P. 22
Mayerl, C. 110
Mayersbach, H. von 132
Mayr, E. 123, 252, 494
Mayrhofer, O. 215
Mazzolini, R. 304
McBeath, M. K. 341, 343
McCarthy, J. 104
McCreath, K. J. 409, 412
McFall, A. 404
McGrath, J. 407, 412
McGuinness, D. H. 399, 404
McInerney, M. J. 382
McKinnell, R. G. 407, 411
McNeill, W. H. 459, 465
McWhir, J. 112, 413
Meade, H. M. 411
Mecke, J. 419
Mecke, K. R. 419
Medalia, O. 442, 444
Medzhitov, R. 399, 404
Méhes, K. 484
Mehlhorn, K. 106
Mehr, D. R. 342, 343
Meinel, C. 489
Meisner, F. 120
Melican, D. T. 411
Melton, D. A. 411
Ménard, R. 300
Mendgen, K. 404
Meng, L. 408, 412
Menke, W. 215
Menzel, R. 213
Mèredieu, F. de 281
Merkel, M. 120
Merkler, D. 16
Mersenne, P. M. 304
Merx, M. W. 451
Mettenleiter, T. 294, 478
Metzger, G. B. 303
Meulen, V. ter 11, 127, 134–136, 138, 140, 142, 144, 147, 149, 151, 154, 156, 158, 161, 163, 165, 168, 169, 172, 176, 178, 181, 184, 185,

188–190, 192, 195, 197, 199, 201, 204, 206, 209, 210, 212, 225, 227, 228, 231, 245, 247, 251, 263, 286, 299, 300, 478, 487, 489
Meurman, J. H. 77, 78
Mewes, M.-O. 58
Meyer, A. 123, 249
Meyer, A. H. 82
Meyer, R. 16
Meyer, T. F. 301
Meyer-Schwickerath, G. 186
Meyle, J. 54
Michard, A. 24
Michelsen, A. 213
Midura, P. 411
Miesner, H.-J. 58
Mieth, A. 279
Mikami, K. 413
Mikkelsson, J. 78
Milberg, J. 79, 80
Millonig, G. 110
Mills, M. 18
Milstein, C. 332
Minamoto, S. 60
Mingot, J. 32
Minoia, R. 412
Miro, J. 282
Mitchell, R. 382
Mitnick, M. A. 398
Mittelstraß, J. 221
Mitzner, L. 398
Miyamae, T. 60
Miyata, T. 56
Mo, H. J. 108
Moerke, N. J. 104
Mogk, A. 22
Mohen, J.-P. 282
Mohr, H. 171, 214, 494
Moivre, A. de 489
Möllendorff, W. von 132
Möller, R. 240
Molnar, V. 281
Molojavyi, A. 451
Monaghan, A. P. 398
Mond, R. 191
Monecke, U. 287
Mönnighoff, I. 451
Montagu, M. 404
Monod, J. 212

Monti, M. 92
Monyer, H. 81, 82
Moon, S. Y. 412
Moorefield, C. N. 278
Mori, M. 60
Morimatsu, K. 90
Morise, X. 20
Moritz, E. 88
Mörke, W. 352, 353
Mörl, H. 184, 213
Morrison, J. R. 413
Mortensen, P. 321
Mösch-Zanetti, N. 282
Moser, M. 296
Möslein, G. 94
Mothes, K. 140, 160
Motulsky, A. 205
Mozart, W. A. 61, 62, 462
Mühl, H. 120
Mühlbauer, E. 349, 352, 353
Mularczyk, M. 285, 288, 289
Mulder, D. G. 125
Müllen, K. 273, 278
Müller, A. 221
Müller, C. 231
Müller, H. J. 215
Müller, H. K. 186
Müller, I. 291, 489, 491
Müller, Markus 278
Müller, Mathias 486
Müller, Matthias 269, 270
Muller, M. 412
Müller, P. 110
Muller, S. 412
Müller, Ulrich 210
Müller, Uwe 304, 305, 489
Müller-Jung, J. 123
Müller-Krumbhaar, H. 427, 431–433, 436, 437, 439
Müller-Röber, B. 40
Müller-Tillmanns, B. 88
Müller-Wille, S. 310, 311
Mullins, J. 412
Mullins, W. 431, 439
Mumenthaler, M. 190, 214, 494
Mund, C. 412
Münte, T. F. 42
Müntz, K. 171
Murata, N. 413

Murphy, C. N. 412
Murphy, K. 413
Musshoff, U. 353
Mutvei, A. 50
Mycock, K. 413
Myrberg, P. 184

Nachtsheim, H. 204, 206
Nagakura, S. 215
Nagel, Frederik 459–461, 465
Nagel, Fritz 489
Nagy, B. 478
Naka, T. 60
Nakajima, H. 321
Nakajima, H. O. 321
Nakajima, K. 60
Nakamura, K. 413
Nakamura, M. 404
Narazaki, M. 60
Nattel, S. 424, 426
Naud, F. 20
Naumann, G. 188
Naumann, G. O. H. 213
Navarro, J. F. 108
Navarro, L. 405
Nees von Esenbeck, C. G. 285–291, 335
Nees von Esenbeck, T. F. L. 287
Neher, E. 39, 40, 221
Nehrbass, U. 50
Neises, M. 455, 458
Nelson, M. 100
Neubauer, P. 92
Neubüser, J. 210
Neugebauer, G. 213, 328
Neuhaus, A. 209
Neumann, H. W. 189, 221
Neumann, M. J. M. 213
Neupert, W. 270
Neuweiler, G. 213
Nevanlinna, R. 184
Newkome, G. R. 273, 278
Newton, I. 97, 98
Nicastro, D. 444
Nickel, G. 491
Nickell, S. 441, 444
Nickol, T. 335
Nicolai, O. 61, 62
Nicollin, X. 43

Niehrs, C. 393, 398
Nielsen, P. E. 90
Nierengarten, J.-F. 278
Nigg, E. A. 83, 84
Niidome, T. 56
Nilsson, D.-E. 85, 86
Nilsson, L.-A. 125
Nims, S. D. 411
Nishimoto, N. 60
Nitsch, R. M. 87, 88
Niu, Y. 274, 278
Noesselt, T. 42
Nomura, K. 404
Nordén, B. 89, 90
North, J. 494
Nöth, H. 239, 328
Nowak, E. 494
Nowak, T. 285
Numa, S. 56
Nunn, M. 78
Nürnberger, T. 399, 401–404
Nüsslein-Volhard, C. 221
Nuutinen, P. 78
Nyholm, R. S. 19, 20

O'Carroll, D. C. 86
Oakeley, E. 405
Oberer, M. 104
Obst, H. 239
Obwegeser, H. L. 215
Oelßner, W. 215
Oeltermann, A. 68
Oesterhelt, D. 213
Oette, M. 355, 367
Oh, H.-S. 404
Oh, S. K. 412
Ohno, M. 76
Oksche, A. 221
Olbertz, J.-H. 238, 247, 250, 251
Oliveira Carvalho, C. R. de 354
Ōmura, S. 213
Önfelt, B. 90
Onichtchouk, D. 398
Opitz, J. M. 213, 494
Oppizzi, M. 50
Oro, L. A. 20
Orth, G. 299, 301
Ortmann, A. 343

Ostwald, W. 489
Ouchterlony, Ö. 125
Ouellette, A. J. 299
Ourisson, G. 281, 283
Overstrom, E. W. 411
Ozinsky, A. 404

Pääbo, S. 221, 261
Paal, K. 22
Paape, M. J. 413
Paasonen, M. 124
Pach, J. 106
Packschies, L. 22
Paczyński, B. 213
Paek, S. H. 412
Page, R. L. 412
Pagenstecher, C. 94
Palacios, M. J. 411
Palade, G. E. 215
Pallivathukal, S. 120
Pampaloni, F. 56
Pan, J.-W. 118
Panzner, S. 92
Paoloni, C. 375, 382
Papaefthymiou, G. C. 116
Papassotiropoulos, A. 88
Parhon, C. I. 345, 353
Park, E. S. 412
Park, J. H. 412
Park, K. W. 412
Park, K. Y. 412
Park, S. W. 412
Park, Y. S. 412
Parker, J., 402, 403
Parthier, B. 11, 136, 220, 240, 305, 488, 489, 494
Passow, H. 191, 192, 214
Pasumarthi, K. B. 321
Patrignani, A. 374
Patzelt, H. 22
Paufler, P. 213, 222
Pauls, J. 68
Pauson, P. L. 193–195, 214
Pawlik, K. 239
Pax, F. A. 289
Pearce, J. 122
Pedersen, E. M. 321
Peiseler, B. 283
Pelger, S. 86
Pelz, L. 228, 483, 484

Penner, R. 64
Penttilä, A. 78
Penzlin, H. 222, 494
Peretz, I. 465
Perez-Ortin, J. E. 50
Perola, B. 78
Perry, A. C. 413
Persson, D. 90
Peschke, D. 348, 352, 353
Peschke, E. 134, 345–349, 352–354
Pestronk, A. 102
Peter, K. 120
Peters, A. 413
Peters, G. 186
Petersen, C. 81
Petnicki-Ocwieja, T. 404
Petrovskij, B. V. 215
Pfanner, N. 222, 269–271
Pfannstiel, J. 50
Pfeffer, K. 451
Pfeilschifter, J. 64
Pfennig, N. 377, 381, 382
Pfister, H. W. 28
Philippar, K. 40
Philpott, D. 404
Piater, L. 404
Picasso, P. 281
Picinato, M. C. 345, 348, 353, 354
Pickett, J. 171, 172
Pilet, C. 300
Pillay, D. 367
Pincus, G. 453
Pinkas, J. 282
Pistorius, S. 94
Plaschke, J. 94
Platon 489
Pleass, R. J. 404
Ploog, D. 124, 215, 494
Plutchik, R. 465
Poelchen, W. 451
Poggendorff, J. C. 487
Pöldinger, W. 173
Polejaeva, I. A. 408, 412
Polge, E. J. C. 111
Pollak, S. 222
Pollock, J. S. 411
Pomata, G. 305
Ponce de Leon, F. A. 411

Ponderato, N. 411
Pöppel, E. 213
Pörksen, U. 213
Porter, C. A. 411
Portman, R. 462
Powell, A. M. 413
Pożaryski, W. 215
Prantl, K. A. E. 289
Prather, R. S. 407, 408, 412
Preac-Mursic, V. 28
Predel, B. 69
Preisig, O. 371, 374
Preiss, U. 353
Prelle, K. 412
Pries, R. 114
Propping, P. 175, 205
Proske, W. 494
Proust, M. 81
Provart, N. 40
Pryor, J. 413
Przybeck, T. R. 465
Pugsley, T. 270
Pühler, A. 213
Pulverer, G. 214
Puri, A. 43
Pursel, V. G. 413
Putz, R. 222

Qian, L. H. 70
Quabis, S. 66
Queisser, H.-J. 222
Quervain, D. J. de 88
Quick, H. 319
Qvarnström, M. 78

Rafiqi, M. 404
Rahnenfuhrer, J. 367
Raithby, P. R. 20
Rajewsky, B. 192
Räka, L. 181
Ralph, T. C. 66
Rambau, J. 34
Rammer, G. 129
Ramón y Cajal, S. 132
Rank, E. 328
Ranta, H. 78
Rapoport, T. A. 31, 32
Rappuoli, R. 478
Rascher, K. 450
Raschke, K. 39

Rasmussen, E. 398
Rassow, J. 269
Rattenholl, A. 92
Rauch, H. 117
Rauch, T. 22
Rauch-Kallat, M. 293
Rauschenbach, S. 100
Ravens, U. 421, 424, 426
Ray, A. 90
Ray, S. 404
Redheffer, R. M. 124
Reed, R. 50
Reek, J. N. H. 274
Rees, M. J. 108, 328
Reetz, M. T. 209, 222
Regitz, M. 213
Rehling, P. 269–271
Reich, E. 54
Reichenbach, H. D. 411, 412
Reichstein, J. 280
Reid, B. G. 22
Reik, W. 409, 411, 413
Reinehr, R. 447, 450, 451
Reiners, C. 315
Reinhart, G. 80
Reinherz, E. L. 104
Reinstein, J. 22
Reissmann, R. 451
Reith, R. 98
Relman, D. 404
Remane, H. 220, 488, 489, 494
Remschmidt, H. 484
Renard, J. P. 411, 413
Renn, J. 308, 313, 468, 494
Reski, R. 270
Reth, M. 269
Reusch, D. 92
Reuter, D. 120
Rheinberger, H.-J. 98, 308, 489
Ribbeck, K. 32
Ricciardi-Castagnoli, P. 300
Richman, D. D. 367
Richter, G. 465
Richter, H.-E. 174
Richter, J. 465
Richter, S. 54
Rieckmann, P. 102
Riedel, R. 235

Riederer, M. 222
Rieger, J. W. 42
Rieger, M. 50
Rieger, R. 214
Rieke, A. 412
Riemann, B. 321
Riesner, D. 294
Riethmüller, G. 113
Rist, W. 22
Ritchie, M. 413
Ritchie, W. A. 112, 413
Ritter, H. 123
Ritter, M. 450
Ritter, O. 320
Rix, H.-W. 328
Ro, A.-I. 86
Robatzek, S. 405
Robl, J. M. 408, 411–413
Roche, A. 282
Rock, J. 453
Rockstroh, J. 367
Rodriguez-Navarro, S. 50
Roelfsema, M. R. G. 40
Roesky, H. W. 213, 222, 239, 281, 283
Roesner, D. 94
Roeyen, C. van 450
Roh, S. 408, 412, 413
Rohmer, M.-M. 20
Rohwer, G. 18
Rom, T. 38
Romershausen, E. 488
Rondón, A. G. 50
Roomp, K. 367
Rorsman, H. 214
Rosander, K. 340, 343
Rosenbluh, M. 38
Rösler, F. 222
Rospert, S. 270
Röss, D. 323
Rotblat, J. 121
Roth, D. 281
Roth, E. 450
Rothenfusser, S. 114
Rothman, S. 200
Rothstein, A. 191
Rotta, H. 240, 494
Rotte, M. 42
Rotz, R. C. von 88
Roubitschek, W. 494

Rouscher, R. 102
Rovner, D. 343
Rozov, A. 82
Rubart, M. 317, 318, 321
Ruckdeschel, G. 28
Rüde, G. W. 488
Rüdiger, S. 22
Rudolph, G. 373, 374
Rudolph, R. 91, 92
Ruf, W. 256
Rugila, J. 413
Ruiz, J. 352
Rummel, R. 222
Rumrich, G. 203
Ruoppolo, M. 92
Rupke, N. A. 489, 494
Rüschoff, J. 94
Russell, J. 461, 465
Rüther, E. 174
Ryu, Y. J. 412

Sachs, A. B. 104
Sachs, T. 13
Sachs von Lewenhaimb, P. J. 303, 304
Saedler, H. 212
Saeger, H. D. 94
Saeki, K. 409, 413
Saito, Y. 439
Sakiyama, F. 60
Salm-Reifferscheid-Dyck, J. F. M. zu 288
Salpeter, E. E. 121
Salvesen, G. S. 104
Samid-Merzel, N. 434, 439
Samuel, M. 412
Sandberg, G. 40
Sandhoff, K. 238
Sansonetti, P. 299, 404, 478
Santos, F. 409–411, 413
Sanz, M. 78
Sapieha, A. A. 488
Sato, H. 96
Sättler, M. B. 16
Saussine, L. 20
Sautter, H. 35
Savenkov, I. 367
Sayk, J. 124
Schackert, H. K. 93, 94
Schaefer, G. 324

507

Schäfer, E. 270
Schäfer, O. G. 305
Schäfer, W. 92
Schafers, K. P. 321
Schäfers, M. 316, 321
Schalhorn, A. 333
Schall, J. D. 68
Scharf, J.-H. 11, 127, 131–134, 494
Scharla, S. 54
Schatten, G. 412
Schatz, G. 49
Schätzl, H. 295
Scheel, D. 399, 400, 402–405
Schelbert, H. R. 317
Schelling, F. W. J. von 288
Scheraga, H. A. 91
Scherbaum, F. 95, 96, 494
Scherbaum, W. A. 222
Scherer, A. N. 488
Scherg, M. 42
Schettler, G. 182
Schichlein, H. 52
Schickore, J. 98
Schiebel, K. 297
Schiebler, T. H. 494
Schierz, G. 28
Schierz, M. 94
Schilling, G. 214
Schiltz, P. 54
Schink, B. 375, 377, 378, 381, 382
Schirotzek, A. 58
Schittkowski, M. P. 36
Schlapbach, R. 374
Schlegel, H. G. 127, 139, 140, 381
Schlegel, J. 239
Schleiden, M. J. 290
Schleifer, K.-H. 381
Schlieker, C. 22
Schliess, F. 447, 450, 451
Schlimme, H. 311
Schlögl, R. 202
Schluckebier, M.-L. 489
Schlumberger (Familie) 281
Schlüter, A. D. 274, 278
Schlüter, J. 145
Schmid, K. 52
Schmid, M. C. 68

Schmidgen, H. 311, 312
Schmidt, B. 367
Schmidt, F. 353
Schmidt, K.-H. 124
Schmidt, M. 81
Schmidt, O. G. 128, 143, 144
Schmidt, R. 22
Schmidt, S. E. 411
Schmiedt, E. 215
Schmitt, B. 114
Schmitt, M. 447, 451
Schmitt, W. 174
Schmutzer, E. 214
Schneider, D. 124
Schneider, H. 36
Schneider, H.-J. 416, 419
Schneider, I. 489
Schneider, P. 328
Schneider, R. 419
Schneider, W. 215
Schneider-Mergener, J. 22
Schneyer, U. 353
Schnieke, A. E. 408, 409, 412, 413
Schnitzer-Ungefug, J. 336
Schnürer, A. 379, 382
Schober, O. 321
Schoenfeld, M. A. 42
Schöler, H. R. 223
Schollmeier, R. 26
Scholtz, C. H. 86
Scholz, M. 42
Schorch, H. R. 488
Schostakowitsch, D. 237
Schott, H. 305, 467, 489, 494
Schrader, J. 451
Schrader, J. C. C. 488
Schreiber, M. 94
Schreier, W. 489
Schreyer, W. 24, 214
Schrijver, A. 34
Schröder, H. 22
Schroeder, J. I. 40
Schubert, C. 455, 458
Schubert, J. 227
Schuh, G. 80
Schulmann, K. 94
Schulte, V. 223
Schulz, G. E. 163, 270
Schulz, H. 213

Schulz, M. 214
Schulze-Specking, A. 22
Schumacher, G.-H. 195–197, 214
Schumann, R. 61, 62
Schunck, C. H. 58
Schüring, M. 467
Schurr, E. 301
Schuster, P. 11, 293
Schütt, B. 280
Schutz, B. F. 328
Schütz, G. 213
Schüz, A. 68
Schwägerl, C. 123
Schwaiger, M. 223
Schwalm, K. 14
Schwarz, E. 92
Schweigger, J. S. C. 489
Schweigger-Seidel, F. W. 488
Schwentner, C. 110
Sciotti, M.-A. 372, 374
Scott, A. R. 413
Scriba, C. J. 489, 494
Scriba, P. C. 213, 228, 331, 332, 334
Scrinzi, A. 38
Sculean, A. 54
Seebach, D. 169, 223
Seeburg, P. H. 81
Seedorf, M. 270
Segref, A. 50, 76
Seibold, E. 129, 240
Seibold, I. 129
Seifert, F. A. 24, 223
Seifert, R. 56
Seige, K. 494
Seitz, F. 215
Sekerka, R. 431, 439
Selbach, H. 173
Selbig, J. 367
Seliger, M. 450
Selten, R. 338, 343
Selvan, S. T. 116
Semini, G. 374
Sendtner, M. 102
Senefelder, A. 290
Sergeeva, O. A. 449, 451
Sertürner, F. W. A. 488
Serwe, S. 342, 343
Seyberth, H. W. 484

Seyferth, D. 494
Shaffer, D. M. 341, 343
Sharir, M. 105, 106
Shaughnessy, J. D. Jr. 398
Shelton, C. 404
Shen, Y. F. 70
Shewry, P. 171
Shi, W. 408, 409, 410, 413
Shibata, S. 215
Shin, T. 408, 413
Shioda, Y. 413
Shiraishi, K. 439
Shoun, H. 381
Shull, C. G. 117
Siegenthaler, W. 494
Siewert, J. R. 213
Sifakis, J. 43
Signorell, A. 88
Silber, A. S. 94
Silberhorn, C. 66
Sillje, H. H. 84
Simon, A. 213
Simon, H. A. 338
Sims, M. M. 412
Sing, T. 367
Singhal, S. C. 52
Siniossoglou, S. 50
Siri, O. 20
Sizmann, A. 66
Skalhegg, B. S. 412
Skehel, J. 299
Skogh, C. 86
Slack, B. E. 88
Sloboda, J. 465
Smilansky, U. 256
Smirnakis, S. M. 68
Smith, G. 478
Smith, K. 403, 404
Smith, S. J. 66
Smolenski, G. 411
Snead, M. 54
Soboll, S. 451
Soldati, D. 300
Soll, J. 270
Solter, D. 407, 412
Solzin, J. 56
Sommer, C. 102
Sommer, T. 319
Sönnichsen, N. 214
Soonpaa, M. H. 321

Sorger, H. 121
Spatschek, R. 438, 439
Speiser, F. 20
Speiser, P. 215
Spemann, H. 393, 398, 407, 413
Sperling, K. 206
Spessert, R. 353
Spinka, M. 494
Splinter, S. 220, 488, 489
Springer, I. 54
Spur, G. 79
Stach, K. 173
Stacher, A. 198, 199, 214
Stachs, O. 36
Stadelmann, C. 16
Staehelin, M. 62
Stahl, G. E. 138, 467
Stair, P. C. 74
Stalder, I. 432, 439
Stamper-Kurn, D. M. 58
Stämpfli, R. 191
Stannek, P. 398
Starke, K. 494
Staudt, L. 404
Stave, J. 36
Stavenga, D. G. 86
Stefanovits, P. 215
Stegemeyer, H. 494
Steigleder, Frau 201
Steigleder, G. K. 200, 201, 214
Stein, U. 94
Steiner, T. 402, 404
Steininger, F. F. 223
Steinle, F. 97, 98, 468
Steinmann, G. 210
Stemmler, S. 94
Stenger, J. 58
Stephan, R. 61
Stern, M. 494
Sterry, W. 494
Stetter, H. J. 214
Stevens, T. S. 193
Stice, S. L. 408, 411, 413
Stieve, F.-E. 215
Stille, G. 174
Stock, G. 239
Stoeckel, H. 214, 494
Stojkovic, M. 411–413
Stolberg, M. 99, 100

Storch, M. K. 16
Stoschek, A. 444
Stouffer, R. L. 412
Stoyan, D. 213, 415, 416, 419
Strandberg, M. J. 345, 353
Strasburger, E. 288
Sträßer, K. 50
Strauß, R. 324
Streffer, J. 88
Strobe, K. 403
Strobel, Alexander 465
Strobel, Anja 465
Strong, D. 54
Struhl, K. 50
Strunz, H. 215
Stückelberger, A. 489
Stühmer, W. 56
Stüven, T. 32
Sugie, T. 413
Sui, M. L. 70
Sun, L. J. 104
Sun, T. 116
Sun, Z.-Y. J. 104
Sunyaev, R. 328
Sutre, G. 44
Suzuki, I. 413
Svensson, B. H. 382
Svrakic, D. 465
Syka, J. 238
Szabó, T. 106
Szegi 180

Taga, T. 60
Taguchi, Y. 413
Tai, B. C. U. 116
Takahara, Y. 60
Takahashi, M. 90
Takhtajan, A. L. 215
Talbot, N. 413
Tanabe, T. 56
Tang, X. 404
Taniguchi, T. 60
Tanner, W. 49
Tannhauser, D. 439
Tao, G. 72
Tao, N. R. 70
Taquet, J.-P. 20
Tasaka, Y. 413
Tatum, E. L. 211
Taube, R. 195

Taugner, R. 64
Taulelle, F. 282
Teichmann, A. 123
Teichmann, J. 324, 489
Tekotte, H. 50
Telenti, A. 367
Temkin, D. 431, 439
Tempelmann, C. 42
Terada, S. 56
ter Meulen, V. 11, 127, 134–136, 138, 140, 142, 144, 147, 149, 151, 154, 156, 158, 161, 163, 165, 168, 169, 172, 176, 178, 181, 184, 185, 188–190, 192, 195, 197, 199, 201, 204, 206, 209, 210, 212, 225, 227, 228, 231, 245, 247, 251, 263, 286, 299, 300, 478, 487, 489
Tessarz, P. 22
Thal, W. 484
Thamm, J. 494
Tharp, B. 81
Thauer, R. K. 11, 226, 253, 271, 376, 381, 382
Theissig, F. 94
Thelen, M. 213
Thewissen, M. 451
Thiel, G. 40
Thies, E. 16
Thilmony, R. 404
Thöny-Meyer, L. 374
Thordal-Christensen, H. 400, 405
Thorén, P. 90
Tian, E. 397, 398
Timonen, S. 215
Tits, J. 214
Todd, P. M. 343
Toellner, R. 214, 265, 268, 304, 305
Toennies, J. P. 214
Tolias, A. S. 68
Tomasello, M. 494
Tommassen, J. 270
Tong, W. P. 70
Tost, M. 214, 223
Toyka, K. V. 48, 101, 102
Tracy, J. 88
Trehub, S. 459, 465

Trinath, T. 68
Troe, J. 213
Tröger, K. 296
Troll, W. 491
Trommsdorff, E. V. 124
Trommsdorff, J. B. 488
Trott, K.-R. 213
Trounson, A. O. 413
Trudzinski, R. M. 72
Trümper, J. 328, 329
Tsai, F. T. F. 22
Tschebotarew, D. F. 215
Tsunasawa, S. 60
Tsunoda, Y. 407, 413
Tudge, C. 112
Tudzynski, P. 404
Tulving, E. 42
Tung, C. H. 315
Turini, P. 411
Tyndall, J. 433
Typke, D. 444

Ubeda, M. 353
Uberla, K. 367
Uchida, T. 413
Udem, T. 38
Uexküll, T. von 182
Uiberacker, M. 38
Ulbrich, S. E. 412
Ulevitch, R. 399, 400
Ullrich, A. 158
Ullrich, C. I. 14
Ullrich, Frau 204
Ullrich, K. J. 202–204, 214
Umbricht, D. 88
Underhill, D. 404
Untch, M. 333
Urbain, J. L. 352
Urban, M. 332
Usborne, C. 100

Vahlquist, A. 122
Vandamme, A. M. 367
Vandenberghe, J. 279
van der Goot, G. 300
van Dongen, R. J. A. M. 214
Van Dorpe, J. 88
van Druten, N. J. 58
van Dülmen, R. 100
Van Dyke, T. E. 78

van Montagu, M. 404
van Roeyen, C. 450
van Zwieten, P. A. 224,
Varaiya, P. 43
Varro, V. 494
Vaught, T. D. 412
Veinot, J. G. C. 74
Venetianer, P. 213
Verdaguer, M. 282
Verdine, G. L. 104
Vesztergombi, K. 106
Vidne, Y. 38
Vielstich, W. 52
Viglietta, C. 411
Vinci, F. 92
Virkar, A. V. 52
Virtanen, K. 185
Voegele, R. 404
Vogel, F. 204–206, 214
Vogel, G. 123
Vögel, H.-J. 26
Vogel, M. 22
Vögtle, F. 276, 278
Voigt, E. 252
Voigt, N. 426
Völkl, H. 450
Volmer, M. 431, 439
Volta, A. 375
Voltaire (Arouet, J. F. M.) 489
Von der Haar, T. 104
Voos, W. 269
Vorderwülbecke, S. 22
Vuilleumier, S. 374

Wagener, H. 106
Wagner, C. 64
Wagner, G. 66, 103, 104
Wagner, M. 114
Wagner, Richard I 61, 62
Wagner, Richard II 270
Wagner, S. 321
Wagner, U. 106
Wakayama, T. 408, 413
Walckiers, E. 237
Walensky, L. D. 104
Walker, R. 398
Walker, S. 412
Wall, R. J. 409, 413
Wallis, J. 489
Wallrabenstein, C. 377, 382

Walter, H. 360, 367
Walter, J. 411
Walther, H. 11, 66, 213
Walther, J. 335
Walther, T. C. 76
Walther, W. 94
Walz, J. 444
Wan, A. C. A. 116
Wandell, B. A. 68
Wang, J. 69
Wang, X. 72
Wang, Z. B. 70
Warrant, E. J. 86
Warskulat, U. 449–451
Watanabe, Y. 60
Watzke, D. 489
Waubke, T. N. 124, 187
Way, M. 300
Weber, A. I 52
Weber, A. II 431, 439
Weber, I. 444
Weber, M. 96
Weber-Ban, E. 22
Wegner, R. N. 195, 196
Wehner, R. 213, 223
Wehner, W. 278
Weibezahn, J. 22
Weidenmüller, H. 256
Weiergräber, O. 451
Weil, W. 416, 419
Weinandy, R. 353
Weinfurter, H. 118
Weise, C. 50
Weishaupt, A. 102
Weiss, E. 214
Weiss, O. 66
Weiss, S. 295
Weissert, R. 16
Weizsäcker, C. F. Frhr. von 215
Wekerle, H. 48
Wells, D. 411
Wells, K. D. 413
Welte, M. 120
Welter, R. 20
Welzl, E. 105, 106
Wenigerkind, H. 412
Werner, H. 273
Wessig, C. 102
Westerlund, F. 90

Westhusin, M. 413
Westphal, H. 394
Wettstein, M. 450, 451
Wettwer, E. 426
Wetzel, R. 465
Weyand, I. 56
Wheeler, T. 411
White, S. D. M. 107, 108
Whittington, M. A. 82
Wichert, P. von 213
Wick, G. 109, 110
Widera, A. 38
Wiedemann, H.-R. 215
Wieland, F. 223
Wieler, P. 135
Wieman, C. E. 58
Wieniawski, H. 237
Wiesmann, F. 316
Wiestler, O. D. 223
Wijffels, M. C. 421, 426
Wilhelmsson, M. 90
Wilke, D. 209
Wilke, G. 206–209, 214, 239
Willadsen, S. M. 407, 413
Williams, J. L. 411
Willmitzer, L. 40
Wilmut, I. 111, 112, 407, 408, 413
Wilske, B. 28
Wimmer, C. 50
Wimmer, W. 494
Windt, K. 231
Winkelmann, E. 124
Winnacker, E.-L. 11, 226, 238, 252, 253
Winogradsky, S. N. 380, 382
Winsor, M. P. 123
Winter, J. 54, 92
Winterfeldt, E. 161
Wirth, C. J. 213
Wirz, H. 202
Wissemann, V. 123
Wittig, S. 213
Wittung, P. 90
Wizenmann, A. 16
Wobus, A. 226
Wofford, N. Q. 377, 382
Wohlfarth, G. B. 303
Wójtowicz, K. 286
Woldorff, M. G. 42

Wolf, D. 271
Wolf, D. P. 412
Wolf, E. 407, 409, 411, 412, 413
Wolf, K. 361, 367
Wolf, K. L. 491
Wolf, P. A. 426
Wolfe, R. S. 381
Wolff, K. 213
Wolff, O. H. 215
Wolgast, S. 352, 353
Wolkenhauer, A. 489
Wollenberg, B. 113, 114
Wollmer, A. 88
Wolman, M. 215
Wondratschek, H. 209, 210, 214
Woo, P. 60
Woodward, R. B. 169
Wozny, M. 92
Wright, I. R. 104
Wu, D. 398
Wu, W. 398
Wurtman, R. J. 88
Wurtz, S. 319
Wußing, H. 489
Wüstholz, G. 494
Wüthrich, K. 104

Xu, Q. 110

Yakovlev, V. S. 38
Yanagimachi, R. 413
Yanofsky, C. 211, 212, 214
Yasui, T. 413
Yasukawa, K. 60
Yi, D. K. 116
Yi, E. 404
Ying, J. Y. 115, 116
Yokota, S. 60
Yong, Z. 408, 413
Yoon, H. S. 412
Yoshida, M. 76
Yoshizaki, K. 60
Yovine, S. 43
Yuan, J. 104
Yuqiang, L. 408, 413

Zachau, H. G. 214
Zacher, H. F. 240

Zahn, R. 22
Zakhartchenko, V. 411, 412, 413
Zarur, A. J. 116
Zassenhaus, H. 210
Zatorre, R. 464, 465
Zehnder, A. J. B. 375, 382
Zehnder, E. 213
Zeidler, E. 213, 223
Zeidler, R. 114
Zeijlemaker, V. A. 321
Zeikus, J. G. 378, 381, 382
Zeilinger, A. 117, 118
Zemanek, A. 289
Zenk, M. H. 168, 223
Zentgraf, H. 22

Zgliczyński, S. L. 215
Zhan, F. 398
Zhou, J. 104
Zhou, P. 104
Zhou, Q. 408, 413
Ziegler, A. 94
Ziegler, H. 494
Ziegler, K. 207
Ziegler, M. von 62
Zillig, W. 125
Zimbardo, P. G. 460
Zimmermann, F. 114
Zimmermann, K. F. 223
Zimmermann, R. 270
Zinder, S. H. 378, 379, 381
Zinkernagel, R. M. 224

Ziomek, C. A. 411
Zipfel, C. 402
Zittel, C. 312
Zuccotti, M. 413
Zuckerman, M. 461
Zufferey, R. 374
zur Hausen, H. 11, 219, 241, 485
zu Salm-Reifferscheid-Dyck, J. F. M. 288
Zwierlein, M. W. 58
Zwieten, P. A. van 224
Zwißler, B. C. G. 119, 120
Zychlinsky, A. J. 300